Klaus Müller

Geldtheorien

Vom Altertum bis zur Neuzeit

DE GRUYTER

ISBN 978-3-11-156771-6
e-ISBN (PDF) 978-3-11-156833-1
e-ISBN (EPUB) 978-3-11-156884-3

Library of Congress Control Number: 2025934888

Bibliografische Information der Deutschen Nationalbibliothek
Die Deutsche Nationalbibliothek verzeichnet diese Publikation in der Deutschen Nationalbibliografie; detaillierte bibliografische Daten sind im Internet über http://dnb.dnb.de abrufbar.

Einbandabbildung: audriusmerfeldas/iStock/Getty Images Plus
Satz: Integra Software Services Pvt. Ltd.
Druck und Bindung: CPI books GmbH, Leck

www.degruyter.com
Fragen zur allgemeinen Produktsicherheit:
productsafety@degruyterbrill.com

MIX
Papier | Fördert gute Waldnutzung
FSC® C083411

Gewidmet meiner lieben Frau Ursula,
meinen wunderbaren Enkeltöchtern Felicitas und Tamina,
sowie meinen Eltern Liesbeth und Paul Müller,
denen ich die Liebe zum Lesen und Schreiben verdanke

Inhalt

Theoriengeschichte des Geldes – wozu?

Die Meinungen gehen auseinander. Die Beschäftigung mit Vergangenem ist historischer Ballast für die einen, angesichts der vielen unterschiedlichen aktuellen Auffassungen überflüssig wie das Körnchen Sand am Strand. Sie ist für andere zwar erhellend, aber belanglos – weshalb sich ausführlich erinnern an verstaubte Thesen toter Männer und Frauen? Zumal das Wesentliche der alten Theorien ohnehin eingeflossen sei in moderne Theorien, wie George Stigler (1911–1991) sagt (Stigler 1969: 217–230) und nach Mark Blaug (1927–2011) ältere Theorien danach beurteilt werden müssten, inwieweit sie sich gegenüber neueren behaupten können. (Blaug 1971: 23, 349) Doch gibt es mindestens einen Grund, sich zu beschäftigen mit Vergangenem: Im 21. Jahrhundert verschwindet das Bargeld nach und nach und macht neuen unsichtbaren Formen des Geldes Platz. Die Änderungen regen dazu an, über die alten Fragen neu nachzudenken. Was ist das Geld? Wie ist es entstanden? Wie ist der Zusammenhang seiner Formen? Ist, was die „Alten" dazu gesagt haben, heute noch brauchbar?

Der Autor sieht die ökonomische Theoriengeschichte eingeordnet in den zeit- und sozialhistorischen Kontext. Das Heute ist das gewordene Gestern und das werdende Morgen. Alles fließt, immerzu. Zustände, Materielles und Ideelles zu begreifen, bedingt, zu wissen, wie und unter welchen Bedingungen es entstand. Um das Heutige zu verstehen, kann es hilfreich sein, zurückzugehen zu den Wurzeln des Existierenden und zu den Gründen des sich Geänderten und des sich Ändernden. Die Geschichte der Geldtheorie ist wie alle Geschichte kein Selbstzweck; sie leistet einen Beitrag, das Gewordene – die heutige Geldpraxis und geldtheoretischen Auffassungen – zu verstehen. Das schließt ein, frühere Fehler zu vermeiden. Seit der Antike beschäftigen sich Autoren mit den gleichen Grundfragen der Philosophie und der Ökonomik. Bis heute beantworten sie sie unterschiedlich und regen so immer wieder an, über sie nachzudenken. Die Geschichte der Theorien ist Teil der Theorie selbst. Sie analysiert die Theorie aus der Sicht ihres Werdens, aus historischer Perspektive. Die Geschichte der Geldtheorie ist beides: Sie ist Geschichte und sie ist Theorie.

Die Theoriengeschichte generell, auch die des Geldes, kann keine reine Ideengeschichte sein, obgleich Ideen eigenen Bewegungsgesetzen gehorchen. Sie werden im Disput gewonnen, präzisiert, korrigiert, ergänzt, bestätigt und verworfen. Ideen und Bedürfnisse, die geistigen Interessen, Talente, Ansichten und Temperamente von Persönlichkeiten sollten aber stets in Verbindung mit den wirtschaftlichen und gesellschaftlichen Problemen der jeweiligen Zeit betrachtet werden. Der Gefahr, heutige Ideen in frühere Gedankenwelten hineinzulesen, um sie durch den Verweis auf die scheinbar vornehme historische Herkunft zu adeln, kann durch eine konkrethistorische Analyse der alten Auffassungen begegnet werden. Eine solche darf ökonomische Auffassungen der Vergangenheit nicht wegen ihrer historischen Beschränktheit verwerfen, sie muss helfen, ihre zeitbedingte Berechtigung zu verstehen. (Lehmann et al. 1977: XXI) Die Theoriengeschichte unterliegt keinesfalls der

https://doi.org/10.1515/9783111568331-001

Logik zunehmender Erkenntnis. Das ist ein Ergebnis auch der historischen Analyse der Geldtheorien, das hier vorweggenommen werden soll. Sie hilft aber, historische Problemlagen zu verstehen und bietet, gleichgültig, ob Aussagen richtig oder falsch beurteilt werden müssen, Anregungen für aktuelle Fragenstellungen.

Vornehmlich personenfokussierte dogmengeschichtliche Abhandlungen und biografische Lobgesänge auf die verblichenen Helden der schreibenden Ökonomenzunft mögen aufschlussreich sein. Aber die Theoriengeschichte lässt sich nicht auf sie reduzieren. Sie muss geldtheoretische Fragen und Antworten einbinden in den jeweiligen zeitgeschichtlichen Zusammenhang. Die Geschichte der Geldtheorie reflektiert die Geschichte des Geldes und die Geschichte des Geldes wurzelt in der Entwicklung der Produktion, der Produktivkräfte und der Produktionsverhältnisse. Sie widerspiegelt die soziale Gliederung der Gesellschaft in Klassen, Stände, Schichten und Gruppen, die Widersprüche und den Kampf zwischen ihnen. „Die letzten Ursachen aller gesellschaftlichen Veränderungen", sagt Friedrich Engels, sind „zu suchen nicht in den Köpfen der Menschen [...], sondern in Veränderungen der Produktions- und Austauschweise; sie sind zu suchen [...] in der Ökonomie der betreffenden Epoche" (Engels 1962: 248 f – MEW 20). Zu bedenken dabei ist, dass die Produktions- und Austauschweisen, die gesellschaftlichen Systeme und Ordnungen, auf menschliches Verhalten und menschliche Entscheidungen zurückgehen. Sie unabhängig vom menschlichen Tun begreifen zu wollen, vereinfacht den Zusammenhang zwischen dem Menschen und den Wirkungen seines Tuns. Das heißt nicht, dass das Gewordene stets das gewollte Resultat bewussten Handelns ist. Der Zweck menschlichen Verhaltens ist oft ein anderer als dessen Wirkung. Die als Emergenz bezeichnete Erscheinung ökonomischer Systeme wird erstaunlicherweise nur in wenigen Lehrbüchern thematisiert. (vgl. dazu Müller 2020: 22 f)

Die Geschichte der Theorien kann nützlich sein als ein integraler Teil der notwendigen Analyse moderner Probleme und helfen, neuere Modelle kritisch zu würdigen. Das sollte wiederum nicht dazu führen, alte Theorien allein danach zu beurteilen, was und wie sie zum gegenwärtigen Denken beitragen und den aktuellen Mainstream stützen oder seine Thesen infrage stellen. Der sozial- und wirtschaftshistorische Hintergrund, der Zusammenhang zur sozialen und wirtschaftlichen Praxis der jeweiligen Zeit bilden Maß und Kriterium, sie zu verstehen und zu bewerten. Das ist das Credo einer Theoriengeschichtsschreibung, die zeigen will, wie sich die Beziehungen, die Menschen eingehen bei der Produktion, dem Tausch und der Verteilung der materiellen Güter, in ihren Köpfen widerspiegeln und sich niederschlagen in Kategorien, Begriffen, Anschauungen und Theorien. (Behrens 1981: 16 f; Meißner 1985: 9–13)

Das Problem ist, ob die ökonomische Wissenschaft wertfrei sein kann, wie Max Weber und Werner Sombart forderten oder annahmen. Die Struktur der gesellschaftlichen Realität steht der Wertfreiheit entgegen. Die Gesellschaft lebt und entwickelt sich durch Widersprüche. Sie sind Ursache, Quelle und Triebkraft aller Bewegung und Änderung. Die Einheit und der Kampf der Gegensätze dominieren auch die Ökonomie. Kapitalisten – Arbeiter, Kapitalisten – einfache Warenproduzenten, Monopolkapitalisten – Nichtmonopolisten, Produzenten – Konsumenten, Verkäufer – Käufer, Gläubiger – Schuldner, Angebot – Nachfrage, Kontinuität – Diskontinuität, Gleichgewicht – Ungleichgewicht, Produktion – Verteilung –, das alles sind Gegensätze, die zusammengehören und sich gegenseitig voraussetzen. Sie bilden eine Einheit, ein zusammengehöriges Ganzes. Doch sind sie eine widersprüchliche Einheit. Streit und Konflikte sind das Bestimmende zwischen ihnen. Kapitalisten wollen, dass die Arbeiter lange arbeiten, wollen ihren Beschäftigten wenig Urlaub gewähren, sie mit niedrigen Löhnen und geringen Sozialleistungen abfinden. Arbeiter kämpfen um das Gegenteil. Ohne Arbeiter keine Kapitalisten und umgekehrt. Gläubiger möchten hohe, Schuldner niedrige Zinsen; Verkäufer hohe, Käufer niedrige Preise. Ohne Gläubiger keine Schuldner, ohne Verkäufer keine Käufer. Ohne Produktion keine Konsumtion, ohne Konsumtion keine Produktion. Der griechische vorsokratische Philosoph Heraklit (um 520–um 460 v. u. Z.) sagt, dass der Kampf und die Einheit der Gegensätze den Weltprozess, das Werden vorantreibe: „Man muss wissen, dass der Kampf das Gemeinsame ist und das Recht der Streit, und dass alles Geschehen vermittels des Streits und der Notwendigkeit erfolgt." (zit. bei Seidel 1982: 75)

Die ökonomische Wissenschaft ist parteilich, auch wenn sie vorgibt, es nicht zu sein. Sie schlägt sich auf eine Seite der wirtschaftlichen Kontrahenten, ob bewusst oder unbewusst, gewollt oder ungewollt, subjektiv ehrlich oder nicht. Selbst wenn der Ökonom in ehrlicher Absicht seinen Gegenstand unvoreingenommen, unparteiisch untersucht und seine Untersuchungen nicht ausrichtet an einem vorgegebenen Ziel, befriedigen die Ergebnisse seines Nachdenkens und Forschens in unterschiedlicher Weise die Interessen von Menschen und Menschengruppen, manchmal mehr die der Unternehmer, manchmal mehr die der abhängig Arbeitenden. Wer die Inflation positiv sieht, steht an der Seite der Schuldner, wer sich Deflation wünscht, auf der der Gläubiger. Marxistische Autoren versuchen die ökomisch-theoretischen Anschauungen aus den Lebensverhältnissen der Menschen, v. a. aus den Klassenverhältnissen und den Klassenauseinandersetzungen abzuleiten. Andere fragen nicht nach dem Klassencharakter der ökonomischen Theorie und haben den Zusammenhang zwischen der Theoriebildung und der wirtschaftlichen Praxis „zumeist sträflich vernachlässigt", sagt Toni Pierenkemper, der für einen komplexeren Ansatz ist, „in dem sowohl die realgeschichtlichen Probleme der jeweiligen Epochen als auch der zeitgenössische geistesgeschichtliche Hintergrund mit reflektiert wird". (Pierenkemper 2012: 10) Die Theoriengeschichte ist keine bloße Abfolge ökonomischer Ideen und Lehrmeinungen. Sie kann aber auch nicht so tun, als ob allein die Zeit und ihre Umstände reichten, um zu verstehen, welche Fragen gestellt und welche Antworten auf sie gegeben wurden. Intelligenz, Weitsicht, Originalität und Geisteskraft großer Denker waren erforderlich, die Probleme zu erkennen, die richtigen Fragen aufzuwerfen und Lösungen anzubieten. Deshalb ist die Geschichte der ökonomischen Theorie zwar keine reine Ideengeschichte, kommt aber ohne sie nicht aus. Die Schriftstellerin Marie von Ebner-Eschenbach sagt, die Kritik sei „von geringer Qualität, die meint, ein Kunstwerk nur dann richtig beurteilen zu können, wenn sie die Verhältnisse kennt, unter denen es entstanden ist." (Simon 1974: 271) Ökonomische Analysen und Theorien sind keine Kunstwerke, doch die intellektuellen Voraussetzungen, die ihre Protagonisten besaßen und besitzen müssen, sind wichtig, um ökonomische Theorien und Modelle in angemessener Qualität erstellen zu können.

Die aus der widersprüchlichen Beschaffenheit der ökonomischen Realität erwachsenen Interessenkonflikte sind der Grund dafür, dass es keine homogene ökonomische Theorie und Lehre geben kann. Die Zerstrittenheit war und ist ein Merkmal auch der Geldtheorie von Anfang an. Jahrhundertelang beispielsweise haben die Gelehrten nachgedacht über die Frage, welcher Preis als gerecht angesehen werden könnte und ihre Meinung den sich ändernden Verhältnissen angepasst. (vgl. Kapitel 2, 3 und Abschnitt 4.2) Ein aktuelles Beispiel: In der Geldtheorie gibt es vier Auffassungen über die Geldpolitik mit unterschiedlichem Gewicht (siehe dazu Kapitel 11): Die Zentralbank könne die Geldmenge, nicht aber den Marktzins steuern. Das ist im Wesentlichen die neoliberale-neomonetaristische Meinung friedmanscher[1] Prägung. Die Zentralbank könne den Zins, nicht aber die Geldmenge steuern, behaupten im Gegensatz dazu Ökonomen, die sich zur keynesschen[2] Tradition im ökonomischen Denken bekennen bzw. eine gewisse Affinität zu dieser nicht bestreiten. Die Zentralbank könne sowohl die Geldmenge als auch den Zins exakt kontrollieren, sagen andere. Sie könne zwar beide Kategorien nicht unabhängig voneinander gleichzeitig steuern, wohl aber wahlweise sich für eine Stabilisierung des Zinsniveaus oder für die der Geldmenge entscheiden. Der Autor schließt sich John K. Galbraith an, der sagt, dass die Zentralbank weder die umlaufende Geldmenge noch den Marktzins nach Belieben regulieren kann, ihr aber zugesteht, mit geldmengen- und zinspolitischen Maßnahmen die beiden Größen und anderes (z. B. die Entwicklung der Aktienkurse) zu beeinflussen. (Galbraith 2005: 85 ff)

Die Geschichte der Geldtheorien wird in diesem Buch von Anfang an systematisch dargestellt. Bislang wird sie meist kursorisch als Teil der Geschichte der theoretischen Volkswirtschaftslehre en passant abgehandelt oder setzt wie die personenzentrierte Arbeit Jan Greitens erst im späten Mittelalter ein und klammert die Jahrtausende lange Vorgeschichte aus. (Greitens 2022) Die Vorgeschichte beginnt, als sich urgemeinschaftliche Verhältnisse auflösten, die Menschen ein Mehrprodukt erzeugten, als sich privates Eigentum bildete und die lange noch sporadische, immer wieder unterbrochene Warenproduktion sich schließlich durchzusetzen vermochte. Geld entstand in diesem Prozess – warum und wozu, und was ist Geld? Die großen Denker der Antike waren die ersten, die so fragten. Sie fragten nach der Berechtigung von Geld und Zins, nach den Gründen ihrer Herkunft. Sie grübelten über die Beziehungen zwischen dem Geld und dem Tausch. Ihre Fragen werden heute nach zweieinhalbtausend Jahren

1 Milton Friedman (1912–2006), US-amerikanischer Ökonom.
2 John M. Keynes (1883–1946), britischer Ökonom.

noch immer diskutiert. Sie sind umstritten wie eh und je. Dazu mehr in den beiden letzten Kapiteln.

Das Geld ist keine rein ökonomische Kategorie, obgleich es eine herausragende Rolle im System der ökonomischen Elemente spielt. Es besitzt zugleich philosophische, soziologische, anthropologische, ethnologische, politische, psychologische, ethisch-moralische, religiöse, kulturelle, sprachtheoretische, kommunikationswissenschaftliche und andere Inhalte. Geld ist derart komplex, dass einige glauben, es könne gar nicht aus der Sicht einer einzigen Disziplin umfassend erklärt werden. (Busch 2020: 26 f) Es verlange unterschiedliche Darstellungen. (Engster, Haesler, Schlaudt 2024: 45) Die Spuren und Wirkungen des Geldes sind nicht auf die Wirtschaft beschränkt. Sie verlieren sich in allen Sphären der Gesellschaft, die sie durchdringen. Daher ist es verdienstvoll, den Wirkungen des Geldes in Sprache, Poetik, Psychologie, Philosophie und anderen Bereichen nachzuspüren. (Brodbeck 2012 und 2014) Eine interdisziplinäre Zusammenarbeit zwischen Ökonomen, Soziologen und Philosophen könnte helfen, das Potenzial zum vollen Verständnis der jedem bekannten, aber nur von wenigen *er*kannten Kategorie des Geldes zu nutzen. Doch die zentrale Frage des Ökonomen ist nicht, wie das Geld nichtökonomisch, philosophisch, psychologisch oder religiös beispielsweise, erklärt werden kann (Laum 1924, Schmölders 1982, Simmel 1900/2009, Gerloff 1940, Sohn-Rethel 1978, Seaford 2004) – man hat es neuerdings sogar in Beziehung zur Musik gesehen (Bockelmann 2004) – sondern wie man es ökonomisch begründen muss. Der Fehler ist nicht, außerökonomische Gelderklärungen gelten zu lassen – sie werden ebenso gebraucht wie die ökonomietheoretischen –, sondern mit ihnen ökonomische ersetzen zu wollen. Nichtökonomische Deutungen des Geldes – z. B. als Denk-, Sprach- oder Kommunikationsform oder gar als Lebensweise – sind nicht falsch, doch sie helfen wenig, um die ökonomische Spezifik des Geldes, seinen Inhalt, zu erfassen. Geld hat sicher zu tun mit dem Vertrauen, das Menschen in es setzen, aber ob das Vertrauen allein das Wesen des Geldes begründet und den Wert des Geldes bestimme, ist zweifelhaft. Eine Einschränkung ist notwendig: Der Autor bezweckt keine Geschichte der Geldtheorie, die sämtlichen Aspekten gerecht zu werden und alle Meinungen zu berücksichtigen versucht, die in irgendeiner Weise verbunden sind mit der Kategorie des Geldes. Nichtökonomische Geldbegriffe – wie die Deutung des Geldes als ein religiöses Opfer, als Symbol zur Anzeige von Reichtum und Status (Hort- oder Prestigegeld) oder als Sprach- und Kommunikationsmittel – sind für sein Anliegen irrelevant. Er sieht als Ökonom das Geld ökonomisch, so wie der Biologe die Pflanzen botanisch sieht, obwohl sie den Gesetzen der Physik untertan sind, sich in ihnen chemische Prozesse vollziehen und sie in Folklore und Kunst auftauchen. Der Autor will die Geschichte der *ökonomischen* Geldtheorien nachzeichnen und bedeutende ihrer Autoren vorstellen. Bei dem inzwischen ins Unermessliche angewachsenen Umfang an geldtheoretischer Literatur müssen selbst wichtige von ihnen unerwähnt bleiben. Und viele können nur mit wenigen Worten bedacht werden, obgleich sie dicke Abhandlungen über das Geld geschrieben haben. Eine ihnen gebührende Rezeption ist das leider nicht.

Der Leser möge bedenken, dass Systematisierungen bzw. gedankliche Ordnungen stets nur eine Möglichkeit darstellen und andere ebenso denkbar sind. Eine jegliche Gesamtheit von Elementen lässt sich unterschiedlich sortieren, je nachdem, welche Differenzierungskriterien man wählt. Das trifft auch zu für die Periodisierung der Theoriengeschichte und die Zuordnung der Geldautoren zu Lehrmeinungen und Denkschulen. Zum einen ist das zurückzuführen darauf, dass sich die Betroffenen oft widersprüchlich äußern, zum anderen, dass es objektiv mehrere Kriterien der Unterscheidung gibt, die Zuweisungen erlauben. So erfolgt beispielsweise in der Theoriengeschichtsschreibung die personelle Abgrenzung zwischen Monetarismus und Merkantilismus oder zwischen der Klassik und der Neoklassik uneinheitlich. Es kommt vor, dass Ökonomen sich anders sehen, als sie von ihren Interpreten beurteilt werden. So bezeichnet die Theoriengeschichtsschreibung einige Autoren als Kameralisten, die sich selbst als Gegner des kameralistischen Denkens verstanden. Selbst eine naheliegende Zuordnung der Geldtheorien zu den Grundschulen der Theoriengeschichte ist nicht möglich, weil i. d. R. innerhalb der großen Schulen unterschiedliche Geldauffassungen geäußert werden. So sagt Greitens mit Recht, dass im Merkantilismus neben Anhängern einer Warentheorie des Geldes wie Thomas Mun (1571–1641) oder Johann Heinrich Gottlob Justi (1717 – 1771) auch Quantitätstheoretiker wie John Locke (1632 – 1704) oder Bernardo Davanzati (1529–1606) vertreten waren. (Greitens 2022: 125) Oder Karl Knies (1821–1898), Angehöriger der Historischen Schule, der Neoklassiker Carl Menger (1840–1921) und der „Altliberale" Ludwig von Mises (1889–1973) vertraten ähnliche Auffassungen über die Herkunft des Geldes wie ihr Gegner Karl Marx (1818 – 1883).

Der Weg geldtheoretischen Denkens wird in chronologischer Abfolge nachgezeichnet. Er beginnt mit den Anfängen des ökonomischen Denkens in den letzten Jahrhunderten vor unserer Zeitrechnung. Er setzt sich fort, indem gezeigt wird, wie antike Erkenntnisschranken über die Warenwirtschaft überwunden werden. Geldtheoretische Ansichten des frühen und späteren Mittelalters folgen. In der Epoche des Übergangs von feudalen zu kapitalistischen Produktionsverhältnissen sagen sich die Denker des Monetarismus und des Merkantilismus los von der aristotelischen Kritik des ungehemmten Gelderwerbs und begründeten die neue, „fortschrittliche" Rolle des Geldes. Danach werden die Geldlehren der Klassik, der Nach- bzw. Neoklassik sowie die von Karl Marx dargestellt. Eingegangen wird auf die geld- und währungstheoretischen Probleme beim Übergang zum Monopolkapitalismus und in der Zeit der Weltkriege und Weltwirtschaftskrise. Die Reise durch die Vergangenheit mündet im 21. Jahrhundert, wo ein Überblick über die wesentlichen strittigen Fragen über das Geld gegeben wird. In Kapitel 10 und 11 werden „moderne" Auffassungen und Theorien darüber vorgestellt. Die wenigsten von ihnen sind neu, weil es auch die meisten Geldprobleme nicht sind. Vieles, worüber die Wissenschaftler heute diskutieren, war, in teilweise anderen Zusammenhängen, unter anderen Bedingungen bereits erörtert worden. Alte Texte besitzen daher mitunter eine verblüffende Aktualität. Im Zentrum geldtheoretischen Denkens standen von Beginn an und stehen auch gegenwärtig die

Fragen nach Wesen, Formen, Herkunft, Wert und Funktionen des Geldes – aber nicht nur. Das Geld ist keine Kategorie, die isoliert für sich allein untersucht und verstanden werden könnte. Sie gehört zu einem System ökonomischer Kategorien und Elemente, mit denen sie kausal und wechselseitig vernetzt ist und ihre Bedeutung erst durch diese Verknüpfung erhält. Deshalb schließen Geldfragen auch Fragen nach den Gründen des Preises ein, ist doch der Preis zunächst nichts anderes als ein Geldbetrag. Geldfragen können daher nicht unabhängig von den Bestimmungsfaktoren des Preises und des Wertes der Waren erörtert werden. Aussagen über Zusammenhänge zwischen dem Geld, den Preisen, dem Zins, dem Kapital und dem Wirtschaftswachstum gehören daher zu den Geldtheorien im weitesten Sinne, die Gegenstand des Buches sind. Und es gehört auch die Frage dazu, was der Staat mit dem Geld machen sollte. Sollte er eine Geldpolitik betreiben, wenn ja, wie konkret?

Seit über zwei Jahrtausenden sind die zentralen geldtheoretischen Fragen, die nicht unabhängig voneinander beantwortet werden können, umstritten: Ist das Geld das spontane, evolutionäre Ergebnis bewusster Tauschhandlungen der Menschen oder ist es eine Festlegung, eine juristische Anweisung des Staates, ein „Geschöpf der Rechtsordnung"? Ist das Geld eine Ware und besitzt es einen Wert oder ist das Geld ein wertloses Zeichen oder gar ein substanzloses Symbol? Hat das Geld einen „inneren" Wert oder wird ihm ein „äußerer" Wert von Menschen zugeordnet? Existiert der Geldwert unabhängig und außerhalb des Bewusstseins oder wird er vom Staat dekretiert? Beruhte der Wert der Münze auf dem Feingehalt an Edelmetallen (Sachwert) oder bestimmte er sich nach dem offiziellen Prägestempel (Nominalwert)? Schon Platon und Aristoteles legten den Grundstein für den Gegensatz zwischen dem Geld als einer juristischen Norm und dem Geld als einer Ware, ein Widerspruch, der in Form von Nominalismus, Metallismus und arbeitswerttheoretischem Geldverständnis zwei Jahrtausende lang die Diskussion über den Wert und das Wesen des Geldes bis zum heutigen Tag bestimmt – ohne zu einem definitiven, von allem akzeptierten Ergebnis geführt zu haben. Vielleicht aber sind die scheinbaren oder offensichtlichen Gegensätze doch miteinander vereinbar, ähnlich der Relativitätstheorie und der Quantenmechanik, die die Physiker auch lange Zeit für unvereinbar gehalten hatten. Es wäre überraschend, aber kein dialektisches Wunder.

Was ist das wissenschaftliche Unterscheidungskriterium? „Die wirkliche Wissenschaft der modernen Ökonomie beginnt erst", so Marx, „wo die theoretische Betrachtung vom Zirkulationsprozeß zum Produktionsprozeß übergeht." (MEW 25: 349) Bedeutet das, dass Arbeiten und Analysen, die der Zirkulationssphäre gewidmet sind, per se (noch) nicht wissenschaftlich, vorwissenschaftlich oder gar unwissenschaftlich sind? Eine solche Konsequenz ist fragwürdig. Nimmt man dagegen das Kriterium „wahr/unwahr" für die Unterscheidung zwischen wissenschaftlich und unwissenschaftlich, ergibt sich, dass natürlich auch theoretische Betrachtungen der Zirkulation wissenschaftlich sein können, sofern sie zu Erkenntnissen führen. Doch was ist wahr, was unwahr? Wer entscheidet das? Wie kann man die Antwort finden? Marx hat mit seiner Differenzierung vermutlich etwas anderes gemeint. Wollte er sagen, dass Analysen, die sich selbstgenügsam an der ökonomischen Oberfläche aufhalten – darunter in der Zirkulation – also lediglich die Erscheinungen (richtig) beschreiben, noch nicht wissenschaftlich genannt werden können, solange sie am Wesen der Sache vorbeigehen? Und das Wesen der Sache zu erkennen, erfordere, die Produktion und ihre Strukturen zu analysieren.

Aufgrund der Kompliziertheit des Untersuchungsgegenstandes wäre es vermessen, würde der Autor so tun, als verkünde er die reine Wahrheit. Anspruch kann nur sein, eine Interpretation der Geldtheorien und ihrer Geschichte vorzunehmen, die den originären theoriengeschichtlichen Quellen gerecht wird und sie einzuordnen in den zeithistorischen Kontext. Die Darstellung ist ein unvollständiger Diskussionsbeitrag und eine mögliche Sicht auf den Inhalt und die Entwicklung der Theorien über das Geld.

Sie ist nicht die einzige Sicht. Das die wesentlichen Aspekte zusammenfassende Schlusskapitel 12 kann dem Leser als Orientierungshilfe durch das Gestrüpp der unterschiedlichsten geldtheoretischen Auffassungen dienen.

Ich danke den Mitarbeitern des De Gruyter-Verlages, insbesondere Herrn Stefan Giesen, Herrn Maximilian Geßl und Herrn Jegan Jothi Chandrasekar, für die professionelle, hilfreiche und verständnisvolle Betreuung und angenehme Zusammenarbeit.

1 Klassisches Altertum – Anfänge des ökonomischen Denkens (5.–1. Jh. v. u. Z.)

1.1 Die Auflösung der Urgesellschaft

Seit wann denken Menschen über ökonomische Probleme nach? Die urgemeinschaftlichen Sippen der Steinzeit kannten keine ökonomischen Geheimnisse. Das Leben war schwierig, aber einfach und überschaubar. Die sehr niedrige Arbeitsproduktivität erforderte, dass die Produktionsmittel – Arbeitsmittel und Arbeitsgegenstände – allen gemeinsam gehörten. Die Arbeit wurde gemeinsam getan und das Erzeugte (Erbeutete, Gesammelte, Hergestellte) gleichmäßig unter die Mitglieder des Gemeinwesens verteilt. Die Menschen produzierten gemeinsam für den Eigenbedarf. Sie produzierten nicht, um das Produzierte zu tauschen.

> Der Mensch produziert nur, um für sich zu *haben*; der Gegenstand seiner Produktion ist die Vergegenständlichung seines *unmittelbaren*, eigennützigen *Bedürfnisses*. Der Mensch, für sich – im wilden, barbarischen Zustand – hat daher das Maß seiner Produktion an dem *Umfang* seines unmittelbaren Bedürfnisses, dessen Inhalt *unmittelbar* der produzierte Gegenstand selbst ist.
>
> Der Mensch produziert daher in diesem Zustand *nicht mehr*, als er unmittelbar bedarf. Die *Grenze seines Bedürfnisses* ist die *Grenze seiner Produktion*. Nachfrage und Zufuhr decken sich daher genau. Seine Produktion ist *gemessen* durch *sein* Bedürfnis. In diesem Fall findet kein Austausch statt, oder der Austausch reduziert sich auf den Austausch seiner Arbeit gegen das Produkt seiner Arbeit [...] (MEW 40: 459).

Im Laufe von Jahrmillionen verbesserten die Menschen die Mittel, mit denen sie arbeiteten. Sie erhöhten so die Ergiebigkeit ihrer Arbeit. Die Urgesellschaft begann sich aufzulösen, als die Produktivität ein Niveau erreichte, das es den Menschen ermöglichte, mehr zu produzieren, als sie für den Lebensunterhalt benötigten. Mit Beginn der Jungsteinzeit gingen die Menschen von der aneignenden zur produzierenden Wirtschaftsweise über. Die als neolithische Revolution bezeichnete Entwicklungsphase beinhaltet die Anfänge von Viehzucht und Ackerbau. Aus nomadisierenden Jägern und Sammlern wurden sesshafte Viehhalter und Ackerbauern. Sie bauten Nahrungsmittel an, die sie vorher in der Natur gesucht und gesammelt hatten. Der Übergang begann in den Weltregionen zu sehr unterschiedlichen Zeiten. In der Levante (im engeren Sinne die Ostküste des Mittelmeeres und ihr Hinterland) etwa um 9500 v. u. Z., breitete sich nach Anatolien und in den Balkan aus, bis er Mitteleuropa um 5600 v. u. Z. erreichte. Die Menschen produzierten jetzt ein Mehrprodukt, Überschüsse, die bevorratet wurden und eine Bevölkerungsexplosion auslösten, da jetzt mehr Menschen ernährt werden konnten. Und – aus unserer Sicht bedeutsam – sie konnten getauscht werden gegen Anderes, das man begehrte, aber nicht besaß. Menschen, die nicht arbeiteten, konnten sich das Mehrprodukt aneignen. Die Urgesellschaft löste sich auf. Die Sklavenhaltergesellschaft entstand zwischen dem vierten

https://doi.org/10.1515/9783111568331-002

und dritten Jahrtausend v. u. Z. Sie hielt sich in den am weitesten entwickelten Ländern Asiens, Europas und Afrikas bis zum dritten und vierten Jahrhundert unserer Zeitrechnung. Ihre höchste Blüte erreichte sie in Griechenland und später in Rom. Die Produktivkräfte waren so weit fortgeschritten, dass die Menschen permanent mehr produzierten, als sie für den eigenen Konsum benötigten. Die Vermögen wuchsen ungleich, eine wohlhabende Oberschicht sonderte sich ab und privates Eigentum an den Produktionsmitteln bildete sich. Wichtigste Produktionszweige waren der Ackerbau, die Viehzucht und das Handwerk. Sie waren bereits im Schoße der Urgemeinschaft entstanden. Die Vervollkommnung der Arbeitsinstrumente ging langsam voran. Pfeil und Bogen, Speere aus Holz und Knochen, Messer, Schaber, Bohrer und vor allem Faustkeile waren Millionen von Jahren die wichtigsten Werkzeuge gewesen.[3] Viel später wurden der Hakenpflug, die Egge, die Spitzhacke, die Heugabel und die Sichel die wichtigsten Werkzeuge. Die Menschen bauten Transportmittel. Sie gebrauchten Last- und Rollschlitten, Karren und setzten Lasttiere ein. Die Erfindung des Segels ermöglichte es ihnen, mit Booten die Meere zu überqueren. Entscheidend war die Anwendung von Bronze – die Bronzezeit begann in Palästina um 3300 v. u. Z., in Ägypten um 2700 v. u. Z. und in Mitteleuropa um 2200 v. u. Z. – und später von Eisen, das im Nahen Osten ab 1200 v. u. Z. und in Europa etwa ab 750 v. u. Z. verstärkt verwendet wurde. Die Menschen stellten Werkzeuge aus Metall her, die sie statt steinernen und hölzernen Geräten nutzten. Sie bewässerten die Böden, steigerten so beträchtlich die Produktivität. Sie erfanden den Blasebalg, der die Glut in der Esse anfacht, die Töpferscheibe, das Wagenrad, das den Transport erleichterte, und den Webstuhl, auf dem sie feines Gewebe herstellten. Die Hauptproduktivkraft war die einfache und große Kooperation der Sklaven. In Kooperation mussten die Sklaven, verwendet als Steinbruch- und Transportarbeiter sowie für handwerkliche Tätigkeiten, gewaltige Prestigebauten, wie Tempel und Pyramiden, errichten. In den Latifundien der römischen Sklavenhalter schufteten Tausende von Sklaven im Feldbau. Die massenweise Beschäftigung und Ausbeutung von Sklaven erbrachte im Gegensatz zur Klein- und Einzelproduktion so viel Mehrprodukt, dass die Sklavenhalter ihre Bedürfnisse vollends befriedigen konnten und nicht mehr arbeiten mussten. Sie verachteten die körperlich-produktiven Arbeiten, schätzten dagegen Wissenschaft, Kunst, Literatur und Philosophie. Die einzigartigen Schöpfungen der antiken Zivilisation besaßen ihre materielle Grundlage in der täglichen Arbeit vieler Generationen von Sklaven.

3 Faustkeile gab es in Afrika schon vor 1,9 Millionen Jahren, hergestellt von den Homini-Arten Homo habilis, Homo rudolfensis (der Mensch vom Rudolfsee) und Homo ergaster. In den meisten Regionen Euroasiens sind sie erst deutlich später, vor etwa 600.000 Jahren, häufiger nachgewiesen. https://de.wikipedia.org/wiki/Acheul%C3%A9en# (letzter Aufruf: 15.02.2025)

1.2 Früher geldloser Tausch

Dass vor der Entstehung des Geldes die Menschen schon Waren untereinander getauscht haben und Geld in einem langen historischen Prozess aus dem Warentausch entstanden ist, war Jahrhunderte lang die dominierende Auffassung unter den Ökonomen. Heute wird sie von einigen angezweifelt. Anthropologische Forschungen, wird behauptet, hätten keinen Hinweis erbracht, dass der Naturaltausch – der Tausch ohne Geld – in urgemeinschaftlichen Zeiten der Ausgangspunkt und der Ursprung des Geldes gewesen sei, wie es Adam Smith und die meisten Ökonomen nach ihm angenommen haben. David Graeber nennt die Mär vom Tauschhandel ohne Geld den „großen Gründungsmythos der Wirtschaftswissenschaften", eine pure „Fantasievorstellung", ein von Ökonomen ersonnenes „fernes Märchenland". (Graeber 2012: 29, 31) Er zitiert aus dem „anthropologischen Standardwerk über Tauschhandel" von Caroline Humphrey von der Universität Cambridge: „Schlicht und einfach wurde nicht ein einziges Beispiel einer Tauschwirtschaft jemals beschrieben, ganz zu schweigen davon, dass daraus Geld entstand; nach allen verfügbaren ethnografischen Daten hat es das nicht gegeben." (Graeber 2012: 35)

Auch der Sozialanthropologe James Suzman hält die Annahme für falsch, Smith' Austausch und Handel hätten ihre Ursprünge in den Urgesellschaften. (Suzman 2021: 225 ff) Martin zitiert den amerikanischen Anthropologen Dalton: „Naturaltausch im strengen Sinn geldloser marktbasierter Tauschgeschäfte war zu keinem Zeitpunkt in irgendeinem vergangenen oder gegenwärtigen Wirtschaftssystem, über das wir gesicherte Informationen besitzen, eine quantitativ bedeutsame oder vorherrschende Form des Handels." (Martin 2014: 20) Die genannten Autoren glauben, dass die „Kredit- und Verschuldungsbeziehungen zwischen Landwirten [...] – und den auf deren Ernteüberschüsse angewiesenen Menschen" das Geld hervorgebracht hätten. (vgl. dazu auch Abschnitt 10.6, insbesondere 10.6.6) Grundlage sei die zeitliche Differenz zwischen dem arbeitsintensiven Anbau und den ungewissen Erträgen gewesen. (Suzman 2021: 227) Und erst das Geld habe dann die Menschen bewogen, miteinander Handel zu treiben. Und wenn schon die Tauschökonomie eine gewisse historische Relevanz aufweise, dann hätte sie nicht das Geld hervorgebracht:

> Weder in historisch dokumentierten Naturalwirtschaften, noch in modernen Geldwirtschaften ist der Tausch eine wirtschaftlich wesentliche Erscheinung. Die für Lehrbücher häufige Ableitung der Wirtschaft aus dem Tauschmotiv führt zu keiner Theorie, die Relevanz mit Bezug auf historisch reale oder real gewesene Wirtschaften beanspruchen kann [...] Wohl kam Tausch zu allen Zeiten vor, aber der Wechsel von einem früheren zu dem heutigen Wirtschaftssystem hat deswegen nicht schon als Höherentwicklung vom direkten Tausch zum durch Geld vermittelten Tausch stattgefunden. (Stadermann 1996: 29 f.)

Die urkommunistischen Eigentümer produzierten für den Eigenbedarf. Auch nachdem sie gelernt hatten, sich wirksamer mit der Natur auseinanderzusetzen, blieben Überschüsse lange Zeit zufällig. Nur Überschüsse konnte der Stamm anderen anbieten. Der frühe Tausch war fragmentarisch. Es liegt in der Natur der Sache, dass es wenige Belege darüber gibt, aber sie sind aussagekräftig. Sie zeigen, dass schon die Menschen der Steinzeit Nahrung, Material und Werkzeug untereinander tauschten. Warum setzen sich Autoren über die Belege hinweg, die die wirtschaftshistorische Forschung über einen frühen Tauschhandel erbracht hat? Dabei spielt keine Rolle, ob der Tausch bedeutsam oder vorherrschend war, sondern allein, ob es ihn gegeben hat. Der frühe Tausch war nicht systematisch und geplant. Er ergab sich oft zufällig, kam vereinzelt vor, dann, wenn sich Angehörige unterschiedlicher Horden bzw. Sippen an den Grenzen ihrer Schweifgebiete begegneten und jeweils Güter des anderen begehrten. Der zufällige, vereinzelte, spontane Tausch innerhalb der Urgemeinschaft war selbstverständlich nicht prägend gewesen für die Art des Zusammenlebens. Aber er sollte sich als der „Urknall des Geldsystems" erweisen. Entscheidend war, dass mit ihm etwas Neues begann, sich entfalten, wandeln und schließlich das Geld hervorbringen sollte. Friedrich Engels schätzt vorsichtig, dass der Warenaustausch aus einer Zeit datiere, „die vor aller geschriebnen Geschichte liegt, die in Ägypten auf mindestens drittehalbtausend, vielleicht fünftausend, in Babylonien auf viertausend, vielleicht sechstausend Jahre vor unsrer Zeitrechnung zurückführt". (MEW 25: 909) Dass der Tausch vorherrschend gewesen sei, sagt er damit nicht. Die Archäologin Waltraud Sperlich hält einen steinzeitlichen Handel für möglich, weit früher als die Schätzungen Engels' besagen, auch wenn es schwer ist, die vorstellbaren Handschlag-Geschäfte nach Tausenden von Jahren zu beweisen.

> Zumindest denkbar scheint der Transport von Sushi, stießen doch Forscher in der Aviones-Höhle im Südosten Spaniens auf die Überreste von Muscheln und Meeresschnecken, die da vor etwa 50 000 Jahren ausgepult worden sind. Da sich neben all den Schalen große Packungen von Rotalgen fanden, nehmen die Wissenschaftler an, dass die Algen als Verpackung dienten, um die Meeresfrüchte frisch zu halten. (Sperlich 2013: 154 f.)

Wirtschaftshistoriker zweifeln nicht daran, dass es einen Tauschverkehr – v. a. einen Fernhandel – auf sehr frühen Stufen der Menschheit gegeben hat. Die Belege darüber können nicht einfach als „Fabeleien" aus der Frühzeit des prämonetären Tauschs abgetan werden. Erste Hinweise darauf, dass Menschen Handel trieben, reichen 50 000 bis 60 000 Jahre zurück, also bis weit vor die neolithische Revolution, mit der der Tausch zwischen den sesshaft werdenden ehemaligen Jägern und Sammlern eine regelmäßige Erscheinung zu werden begann. So gelang es den Homo Sapiens, die in Ostafrika lebten, vor 45 000 Jahren das offene Meer zu überqueren und bis nach Australien vorzudringen. Aus dieser Zeit stammen die ersten Hinweise auf Religion, Handel und gesellschaftliche Schichten. Nach der gängigsten Theorie entstanden damals in der indonesischen Inselwelt die ersten Seefahrernationen. Sie lernten seetüchtige Schiffe zu bauen und fuhren weit aufs offene Meer hinaus, um zu fischen, zu handeln und zu forschen. (Harari 2013: 33, 86)

Bei der Ausgrabung von 30 000 Jahre alten Sapiens-Fundstätten in Zentraleuropa finden Archäologen immer wieder Muscheln von der Mittelmeer- oder der Atlantikküste. Diese Muscheln gelangten vermutlich durch den Handel zwischen verschiedenen Gruppen von Sapiens ins Innere des Kontinents. (Harari 2013: 51) Ein anderes Beispiel aus dem Südpazifik: Die Sapiens-Gruppen, die auf der Insel Neuirland nördlich von Neuguinea lebten, benutzten ein Vulkanglas namens Obsidian, um besonders harte und scharfe Werkzeuge herzustellen. Laboruntersuchungen haben gezeigt, dass das Vulkanglas von der vierhundert Kilometer entfernten Insel Neubritannien stammte. Einige Einwohner der Insel müssen also geschickte Seefahrer gewesen sein, die zwischen den Inseln Handel trieben. Das sind eindeutige Hinweise auf einen regen Handel zwischen einigen Inseln. (Harari 2013: 86)

Ihre Lebensweise bringt die Nomadenvölker „beständig mit fremden Gemeinwesen in Kontakt", was zum Produktentausch anregt. (MEW 23: 103) Mit hoher Wahrscheinlichkeit kann angenommen werden, dass sich selbst versorgende Wildbeuter erstmals vor etwa 60 000 bis 40 000 Jahren mit Fremden Güter tauschten. Sie produzierten zwar noch nicht mit der Absicht, zu tauschen, sondern für die eigene Konsumtion. Wird aber ein solches Produkt dennoch getauscht, weil zufällig zu viel produziert wurde (reiche Lagerstätten entdeckt, die Ernte oder Beute überraschend üppig ausgefallen waren) und/oder zufällig bemerkt wurde, dass andere Stämme Begehrtes besaßen, was einem selbst fehlte, könnte man von einem unmittelbaren Produktentausch sprechen. „Der unmittelbare Produktenaustausch hat einerseits die Form des einfachen Wertausdrucks und hat sie andrerseits noch nicht. Jene Form war x Ware A = y Ware B. Die Form des unmittelbaren Produktenaustausches ist: x Gebrauchsgegenstand A = y Gebrauchsgegenstand B. Die Dinge A und B sind hier nicht Waren vor dem Austausch, sondern werden es erst durch denselben." (MEW 23: 102)

M. a. W.: Jeglicher Tausch macht ein Produkt zur Ware. „Im unmittelbaren Produktenaustausch ist jede Ware unmittelbar Tauschmittel für ihren Besitzer." (MEW 23: 103) Solange die Produkte nicht unmittelbar für den Austausch produziert werden, hat ihre Herstellung auch noch nicht den Charakter der Warenproduktion. Aber die Arbeitsprodukte wurden vereinzelt und durch zufälligen Austausch in Waren verwandelt. Marx unterscheidet also auch hinsichtlich der frühesten Stufen des Tauschs klar zwischen Produkt und Ware. In der ersten der vier Wertformen (vgl. Kap. 8) sind die Existenzbedingungen der einfachen Warenproduktion – das Mehrprodukt, die gesellschaftliche Arbeitsteilung zwischen Ackerbau, Viehzucht und Handwerk sowie das Privateigentum an den Produktionsmitteln – erst dem Keim nach vorhanden. Dieser historischen Situation – die Auflösung urgemeinschaftlicher Verhältnisse und der beginnende Übergang zur Sklavenhaltergesellschaft und zur einfachen Warenproduktion – entspricht der einfachste Wertausdruck der Ware, wie Marx sie in der einzelnen und zufälligen Wertform beschreibt. Marx orientiert auf das Dynamische, das sich Entwickelnde. Zwar werden die Produkte zunächst noch nicht für den Tausch produziert, ihr (zufälliger) Tausch enthält aber bereits in Embryonalform das sich historisch später Vollendende, wenn in einer Warenproduktion Produkte per se als Waren hergestellt und noch später schließlich gegen Geld getauscht werden. Deshalb verbirgt sich in der einfachen, einzelnen oder zufälligen Wertform auch schon das Wesen der am weitesten entwickelten Wertform, der Geldform, was schon Aristoteles bewusst gewesen war, ohne dass er es vollständig begriffen hatte. Wenn auch nicht bestimmend für die Art des Zusammenlebens der Menschen – die ersten Tauschakte waren einzeln und zufällig (!) – wurden Arbeitsteilung und Tausch nach und nach wichtiger und sollten die Entwicklung der Zivilisation prägen.

Die Ursprünge des Geldes verstecken sich in jenen zufälligen, vorsichtigen und aus heutiger Sicht manchmal außergewöhnlichen Tauschakten, die tief in die Urgeschichte zurück reichen. Spätestens seit dem Jungpaläolithikum (jüngerer Abschnitt der Altsteinzeit, 40000-9600 v. u. Z.) dürfte es sie gegeben haben. Einige besaßen begehrte Rohstoffe, Steine guter Qualität wie Flint – der Feuerstein –, Obsidian u. a., aus denen sie Erdfarben wie Mangan-, Eisenoxide u. a. herstellten. Aus dem Feuerstein schlugen die Steinzeitmenschen feinstes Werkzeug, scharfe Spitzen für Pfeile und Lanzen. Der Obsidian war sehr begehrt. Das vulkanische Gesteinsglas kam nur auf den Inseln im Mittelmeer vor. „Und nach Sizilien oder Milos in der Ägäis überzusetzen war in der vornautischen Zeit eine abenteuerliche Expedition. Für den Obsidian lohnte sich das Risiko, denn das tiefschwarze Gestein lieferte Klingen, die den Ruf hatten, Stein leicht wie Fleisch zu durchschneiden." (Sperlich 2013: 157 f.) Geräte aus Obsidian wurden nicht nur in Jericho gefunden, obgleich das vulkanische Gestein in der Umgebung des Ortes nicht vorkommt. Historiker nehmen an, dass es aus Anatolien bezogen wurde. Ebenso gab es im 5. Jahrhundert eine exportbasierte Obsidianproduktion auf den Äolischen Inseln. Manche gewannen seltenes pflanzliches Rohmaterial, z. B. Speerholz, fertigten Körbe und Matten, fanden leichter als andere Edelsteine, Elfenbein, Muschelschalen und andere Materialien, die sich zu Schmuck eigneten.

> Bei relativ stabilen Stammessitzen begründeten schon in der Jägergesellschaft die Unterschiede der natürlichen Produktionsbedingungen und das Nebeneinanderbestehen verschiedener Wirtschaftszweige zwischengesellschaftliche Arbeitsteilungen und feste Austauschbeziehungen, wie z. B. zwischen binnenländischen und küstenbewohnenden Lokalgruppen der Andamaner, zwischen Berg-, Steppen-, Wald- und Küstenbewohnern usw. (Radandt et al. 1981: 276)

Bei Ausgrabungen fand man ortsfremdes Gesteinsmaterial oder Schmuckmuscheln, die aus weit vom Fundplatz entfernten Lagerstätten stammen. In Fundstellen Ostmährens und Nordost-Ungarns kommt weißgetüpfelter Feuerstein aus Südpolen vor. In Gönnersdorf, Kreis Neuwied, wurde Feuerstein aus dem Niederrheingebiet, 150 km entfernt, verwendet. (Grünert 1982: 144)

Man weiß heute, dass die Jäger und Sammler in den Bergländern des Vorderen Orients während des 10. und 9. Jahrtausends v. u. Z. oder früher neben Wildgetreideernten dazu übergingen, Pflanzen anzubauen, Tiere zu halten, lokal auch Fische zu züchten. Bescheidene Überschüsse wurden möglich. (Grünert 1982: 181 f.) Solange diese nicht stabil waren, wurde nicht bewusst für den Austausch produziert. Ausgrabungen von Jericho (Westjordanien) belegen, dass sich während des 8. Jahrtausends v. u. Z. die kombinierte Pflanzen- und Tierproduktion durchgesetzt hatte, die Pflanzenproduktion sogar früher, in Jericho im späten 8. Jahrhundert (vgl. Tubb 2005: 25) Engels spricht davon, dass sich Hirtenstämme aus der übrigen Masse der „Barbaren", d. h. primitiver Ackerbauern aussonderten. (MEW 21: 155) Die marxistische Geschichtsschreibung hatte das eine Weile nicht ernst genommen und als Arbeitsteilung zwischen Ackerbau und Viehzucht falsch interpretiert. Gemeint war damit, dass sich nahrungserzeugende Stämme, d. h. Pflanzen- und Haustierproduzenten, herauslösten aus der übrigen Masse primitiver Ackerbauern und überlebender Jäger und Sammler. Dieser Vorgang hatte entscheidende Wirkung auf die Überwindung der Urgesellschaft. Der Austausch von Produkten spielte eine zunehmende Rolle. Auch andere Dinge wurden im Austausch erworben: Salz und Erdpech, das als Klebemittel, z. B. zur Schäftung von Steingeräten gebraucht wurde, von den Ufern des Toten Meeres, Schwefel aus dem Jordantal, Muscheln von den Küsten des Mittelmeeres, Kaurischnecken von den Küsten des Roten Meeres, Türkise von der Halbinsel Sinai. Dazu benötigte man zunächst Überschüsse an eigenen Produkten, solange der Austausch noch nicht stabil war. (Grünert 1982: 185)

In den Siedlungen des 7. und 6. Jahrtausends v. u. Z. finden sich weitere Materialien, die über weite Strecken im Austausch gegen andere Güter erworben werden mussten, um aus ihnen Geräte und Schmuck zu fertigen. Das betrifft Steine wie Kalzit, Alabaster, Marmor, Bergkristall, Jaspis, Karneol, Apatit u. a., Kupfererze – Malachit, Cuprit, Azurit –, Bleiglanz, verschiedene mineralische Rohstoffe, Schwefel, Bauholz u. a. (Grünert 1982: 192) Ab 5500 v. u. Z. war im Vorderen Orient die Blütezeit der Urgesellschaft vorbei. Die ersten Keime der Warenproduktion sprossen kräftig. Jedoch finden sich Belege für einen einfachen Produktenaustausch noch in späteren Jahrhunderten. Im ersten Jahrhundert u. Z. lieferten römische Händler in den grenznahen Germanengebieten vor allem Gefäße aus Silber, Bronze, Glas und Keramik, u. a. Terra Sigillata – reliefiertes rotes Tongeschirr –, Wein, Votivfiguren, Geschenke, mit denen die Götter gnädig gestimmt werden sollten. Die Germanen gaben Landesprodukte, vor allem Vieh und Fleisch, Häute und Felle, Gänsedaunen, Honig, Bernstein, Getreide, Kosmetika, blondes Frauenhaar für Perücken, Sklaven u. a. (Grünert 1982: 314)

Auch in späteren Epochen, das Geld gab es längst, konnte es zum naturalen Austausch von Waren kommen. Die Grenzen zwischen Warentausch und dem Austausch von Geschenken waren fließend gewesen, so dass es zweifelhaft ist, die Tauschwirtschaft der Gabenwirtschaft gegenüberzustellen und zu behaupten, letztere, nicht erstere sei der historische Ausgangspunkt des Geldes gewesen. Produktentausch durch Verschenken spielte bei den Indianern noch lange Zeit eine Rolle. Karl Bücher erwähnt die Warraus, die unter den Küstenstämmen Südamerikas die besten Boote bauten. Sie versorgen damit die benachbarten Stämme. Im Landesinnern haben sich die Wapianas auf den Bau von Booten für alle Stämme des Gebietes spezialisiert. Die Macufis besitzen das Urali zum Vergiften der Pfeile des Bogens und des Blasrohrs sowie baumwollene Hängematten. Beide Produkte werden von allen anderen Stämmen begehrt. „Die Acaunas bauen und spinnen den größten Teil der Baumwolle, die von den Macufis und anderen zu Hängematten und andren Dingen verwendet wird; außerdem liefern sie Blasrohre, und die dazu benötigten Palmenstämme, die nur in der Nähe der venezuelischen Grenze wachsen, verschaffen sie sich von einem daselbst wohnenden Stamme." (Bücher 1918: 8 f.)

Der Gütertausch spielte sich ab in Form gegenseitiger Gastgeschenke, von Raub und Kriegsbeute abgesehen. Die Indianer Nordamerikas handelten untereinander mit Pferden und Waren, die von den Weißen stammten, z. B. mit Pemmikan, Pfeifenstein, Trocken- und Räucherfisch vor allem von der Westküste, Tabak, Kürbis, Mais etc. Dieser urgesellschaftliche Tauschhandel florierte nur zwischen den Kulturarealen. So tauschten die Prärienomaden gern ihr Trockenfleisch gegen die Feldfrüchte westlicher Bauernvölker wie der Iowas, Missouris oder Caddos. Raubzüge waren genauso an der Tagesordnung, wenn das „unterm Strich" weniger aufwendig erschien. Die Stämme zogen saisonal gegen ihre Nachbarn aus, zumal Kriegstaten den sozialen Aufstieg förderten. Es gab Kriegerbünde und Medizingesellschaften – Rotary Clubs und Logen des Neolithikums. Königsdisziplinen waren das Berühren des Feindes mit einem Coup-Stab, das Stehlen von Pferden, der Zweikampf mit anschließendem Skalpieren und dergleichen mehr.

Auch bei den Stämmen der Westküste spielte Verschenken eine Rolle. Dieser Brauch, der sich Potlatch, Fest des Schenkens, nennt, wurde in der Neuzeit von Staats wegen streckenweise verboten, weil er ruinöse Wirkungen auf die Klans hatte. Die soziale Stellung hing davon ab, was man verschenkte. Früher erschlug man brauchbare Sklaven, um zu zeigen, was man sich leisten konnte. Das Werkzeug dazu, der sogenannte Sklavenhammer, gehörte zum Hausrat. Sonst behandelten Stämme wie die Haida oder Nuxalk ihre Sklaven eher human – wie bei den Germanen gehörten sie zur Familie, sonst wären sie bei der geringen Besiedlungsdichte der Zeit zu häufig weggelaufen. Von Tacitus wissen wir, dass die Sklaven auch für unsere Altvorderen als Spieleinsatz beim Würfeln herangezogen wurden. In der Blütezeit Roms – bis zum 5. Jahrhundert – standen 20 000 römischen Bürgern 400 000 Sklaven gegenüber, die in allen Lebensbereichen Arbeit ohne Lohn verrichteten.[4]

Die Menschen zerstörten Reichtümer, entsagten lebensnotwendigen Gütern und machten großzügige Geschenke nicht aus reiner Menschenliebe und aus Edelmut. „Das Motiv dieser übertriebenen Gaben und dieser rücksichtslosen Konsumtion, dieser unsinnigen Verluste und Eigentumszerstörungen ist in keiner Weise uneigennützig, vor allem in den Potlatsch-Gesellschaften. Zwischen Häuptlingen und Vasallen und deren Dienern etabliert sich mittels Gaben die Hierarchie." (Mauss 2016: 151)

Je wertvoller und erlesener die beim Potlatch gereichten Gaben ausfielen, desto bedeutender galten Abstammungslinie und Position dessen, der das Fest ausrichtete. Die Einordnung in die Reihe der Ahnen war wesentlich in der indianischen Gesellschaft, galten die Toten doch als gegenwärtiger Teil der realen Welt. Es ehrte auch die

4 https://www.planet-wissen.de/geschichte/menschenrechte/sklaverei/index.html, (letzter Aufruf: 15.02.2025)

Vorfahren, wenn ein Potlatch große Ehre brachte: es schärfte dem Rest des Stammes die ruhmvolle Genealogie der Potlatch-Veranstalter ein. Dies trug dazu bei, die Ordnung und den Bestand der indianischen Welt zu sichern. Die Geschenke konnten einen für die Verhältnisse des Gebers und dessen gesellschaftliches Umfeld enormen Wert erreichen. Es kam vor, dass die Erben eines ranghohen Verstorbenen ihr gesamtes ererbtes Wirtschaftsvermögen im Rahmen eines derartigen Festes hingaben. Sie bezweckten auf diese Weise, ihren Vorfahren ausreichend zu huldigen – oder redeten sich das ein –, und sich deren Wohlwollens zu versichern. Auf jeden Fall hofften sie, sie könnten von nun an in der Wertschätzung ihrer Zeitgenossen einen ihrer Abstammung entsprechenden Rang einnehmen. Für das soziale Gleichgewicht hatte dies zur Folge, dass Personen oder Familien keinen dauerhaften Reichtum anhäufen, aber ihren Rang bewahren konnten. Ähnliches gab es nicht nur bei den Indianern:

> Wer mit Hilfe seiner engeren Familie und seiner Verwandten die meisten Produkte an Nahrungsmitteln, Vieh-, Gebrauchs- und vor allem Wertgegenständen [...] erzeugte, konnte im Rahmen eines Rangfestes, einer Totenfeier, eines Erntefestes o. ä. einen höheren sozialen Grad erreichen. Damit anerkannte das Gemeinwesen seine Leistung, die in Festessen, Vernichten von Vieh und anderen Wertobjekten und Geschenken an die Festteilnehmer [...] bestanden. (Radandt et al. 1981: 285)

Der Übergang vom zufälligen Produktentausch und gegenseitigen Geschenken zum geregelten Warentausch ist folgerichtiges Ergebnis regelmäßiger Überschüsse privater Produzenten. Alle Firmen der Weißen, die mit den Indianern handelten – Hudson's Bay Company, North West Company, Rocky Mountains Fur Company, American Fur Company usw. – tauschten ihre Waren gegen Pelze. Kupferkessel, Flinten, Wolldecken und dergleichen wurden beispielsweise in Biberfellen ausgepreist. Auch im Handel der Stämme untereinander, den es im Beobachtungszeitraum überall gab, spielte Geld keine Rolle. Was Geld ist, wussten die letzten freien Stämme noch nicht einmal gegen Ende des 19. Jahrhunderts. 1876 machten die kleinen Sioux aus den Dollarscheinen der am Little Bighorn massakrierten Soldaten noch Satteldecken für ihre Lehmpferdchen. (nach einer Information des Schriftstellers und Indianerkenners Rainer Klis)

Solange die Produkte für die Selbstversorgung erzeugt werden, besitzt ihre Herstellung nicht den Charakter der Warenproduktion. Dazu kommt es erst, wenn die Techniken der Rohstoffgewinnung und Möglichkeiten der Gütererzeugung einen entsprechenden Stand erreicht haben, der es ermöglichte, mehr zu produzieren, als man selbst benötigte. Vor allem gute Steinsorten und Erdfarben, Metalle und Schmuckmaterialien wurden von einzelnen Gruppen gefördert, um sie auszutauschen, was Homer beschreibt. Mit der Zeit vertiefte sich die Arbeitsteilung. Der Warenaustausch zwischen individuellen Eigentümern wurde zu einer regelmäßigen Erscheinung. „Er erreichte seit den Frühstufen der bäuerlichen Urgesellschaft, wenn auch in nur bescheidenen Mengen, bereits Kollektive in Entfernungen bis zu mehr als 1000 km in den Lagerstätten der Rohstoffe“. (Radandt et al. 1981: 276) Der österreichische Schriftsteller und Kulturhistoriker Egon Friedell (1878–1938) sagt: „Die eigentliche Form des ägyptischen Handels ist zu allen Zeiten der Tausch gewesen; sie ist sogar noch heute auf dem Lande nicht verschwunden. Auf Darstellungen sieht man, wie ein Fisch gegen einen Kasten, ein Beutel gegen ein Paar Sandalen, ein Kuchen gegen ein Halsband, Gemüse gegen eine Schreibtafel eingetauscht werden [...]" (Friedell 1998: 190)

In der westanatolischen Siedlung Hacilar sonderten sich um 5300 v. u. Z. die Töpferwerkstätten aus den Wohnstätten ab. Die Töpfer – und andere „Spezialistenkollektive" – widmeten sich ausschließlich ihrer handwerklichen Tätigkeit. Sie erwarben Nahrungsmittel im Austausch gegen ihre Erzeugnisse. Das sind Keimformen der Warenproduktion, Übergänge vom ungeplanten zum geplanten Warentausch. (Grünert 1982: 203)

Der Tausch macht weder das Wesen der Sklavenhalter- noch der Feudalordnung aus, und der Urgesellschaft schon gar nicht. Wer ihn aber historisch unwichtig nennt, verkennt seine Bedeutung und urteilt falsch. Die historischen Fakten sprechen eine andere Sprache: Geldloser Tausch von Produkten und später Waren ist, wie exemplarisch gezeigt werden konnte, durch die wirtschaftshistorische Forschung belegt. Was für einen Grund gibt es, an dieser Stelle Aristoteles zu misstrauen? Er hatte geschrieben:

> In der ältesten Gemeinschaft nun, der Familie, bedurfte es natürlich eines Tausches nicht, sondern er wurde erst dadurch zur Notwendigkeit, dass die Gemeinschaften größer wurden. Denn bei den einen war hier alles, was ihnen zur Verfügung stand, das nämliche, andere wiederum hatten auch manches gesondert für sich, und solches musste dann je nach Bedürfnissen auf dem Wege des Tausches in Umlauf gebracht werden, wie auch manche griechische Völkerschaften es noch gegenwärtig machen. Sie beschränken sich nämlich darauf, die Verbrauchsgegenstände selbst gegeneinander auszutauschen, indem sie z. B. Wein für Korn geben und nehmen, und ebenso für alle anderen derartigen Artikel. (Aristoteles 1948: 18 f.)

Weitere empirische Belege: Das älteste Handelsgut in Vorderasien war, wie bereits erwähnt, der Obsidian Anatoliens, Armeniens und der Äolischen Inseln – besuchen Sie das Museum von Lipari und achten Sie dort auf die Datierungen! Der Stein vulkanischen Ursprungs wurde für die Herstellung von Werkzeugen geschätzt. Er gelangte im 7. Jahrtausend v. u. Z. bis in den Südwestiran, nach Syrien und Transjordanien. Da bis zu einer Tonne davon in Grabungsorten gefunden wurde, nehmen Historiker an, dass ein beträchtlicher Export stattgefunden haben muss. Als Austauschgut könnten Salz und Schwefel gedient haben, auch Häute, Felle oder Trockenfleisch. Bekannt ist das nicht. (Radandt et al. 1981: 338)

Die Besiedlung der Stromtäler im 6. und 5. Jahrtausend v. u. Z. trennte die Bewohner der mesopotamischen Tiefebene von den Rohstoffen der Bergländer. Es fehlte an Kupfer, dass später mit Zinn zu Bronze verarbeitet wurde, aus der die Menschen geeignetere Arbeitsgeräte herstellen konnten. Holz und Steine kamen in den Ebenen nicht ausreichend vor. In den Tausch flossen die Überschüsse aus den Tempelwirtschaften: Getreide, Datteln, Wolle, Stoffe, Gefäße und andere Produkte. (Donat et. al. 1988: 51) Der Handel ging bei günstiger Gelegenheit, d. h. dem Aufeinandertreffen ungleich starker Gruppen, oft in Raub über. Aus dem Gebiet des heutigen Afghanistans holten die Händler den Halbedelstein Lapislazuli, aus Indien Karneole. Die Stadt Uruk im heutigen Süd-Irak war vor 5300 Jahren die erste „Megacity" der Welt. 40 000 bis 50 000 Menschen lebten in der Stadt zwischen den Flüssen Euphrat und Tigris, die neben Akkad und Ninive für mehr als zwei Jahrtausende die größte Stadt der Welt war, bis sie von Babylon übertroffen wurde, der Stadt, in der zwischen 1770 und 1670 v. u. Z. mehr als 200 000 Einwohner lebten. Sie bezahlten für aus der Ferne bezogenen Güter mit Getreide. Es gab ein ausgeklügeltes Wirtschafts- und Verwaltungssystem. Eine archaische Tontafel aus dem Jahre 3000 v. u. Z. ist überliefert, die zur Abrechnung von Getreide diente. Den Austausch organisierte der „damgar", was auf sumerisch Kaufmann bedeutet. (Radandt et al. 1981: 339) Der Fernhandel, den es weit früher gab, wie die Bernsteinstraßen zeigen, ist auch für die Uruk-Zeit (4000 bis 3000 v. u. Z.) gut belegt. Uruk-Keramik ist weit verbreitet gewesen. Forscher fanden sie in den Bergländern und in Syrien, die begehrte Rohstoffe besaßen. Der Handel mit Metall gewann an Bedeutung. Kupfer könnte aus dem Gebiet am Persischen Golf sowie aus dem südöstlichen Kleinasien importiert worden sein. Das für die Bronzeproduktion benötigte Zinn wurde aus Mittelasien, vor allem aus Afghanistan, beschafft. Später wurde Cornwall bedeutsam, legte den Grund zum Aufblühen Phöniziens, dessen Flotte die „Säulen des Herkules" darum dicht machte. Importiert wurden auch Zedern, Zypressen, lebendes Vieh und andere Güter. Der Schiffsbau florierte. Die wesentlichen Rohstoffquellen der Sumerer lagen am Persischen Golf bzw. waren per See zu erreichen. Haupthandelsplatz war das „Tilmun" genannte Bahrain. Es diente als Stapelplatz und vermittelte den Handel zwischen Mesopotamien, Ostarabien, Südiran und Indien. (Radandt et al. 1981: 340)

Warenaustausch bildete sich in den Grenzzonen aus. Hier trafen Händler aus höher entwickelten Gesellschaften auf Angehörige urgemeinschaftlich lebender Stämme, die sie oft betrogen, da diese die entwickelten Herstellungstechniken und Produkte, z. B. die begehrten phönizischen Glaswaren, nicht kannten. Neue und höhere Gebrauchswerte (Metallwaffen, Gefäße, Werkzeuge, Schmuck, Kleider, Wein u. a.) der fortgeschrittenen Gesellschaften regten die Gentilkollektive an, Dinge zu produzieren, die Händler aus fremden Ländern zu erwerben wünschten. Die Angehörigen der Gentilgesellschaften gaben Nahrungsmittel (Vieh, Getreide, Waldprodukte, Salz u. a.), Rohstoffe (Metalle, Edelsteine, Felle, Wolle, Sammelprodukte u. a.) und regionale Spezialitäten (Heilkräuter, Gewürze, Kosmetika, Frauenhaar u. v. a. m.). „Der Drang nach Warenbeziehungen mit der Klassengesellschaft führte – neben dem Raub von Menschen [...] auch zum Verkauf von Menschen in die Sklaverei durch Angehörige der gentilen Oberschicht". (Radandt et al. 1981: 277)

Austausch und Handel setzen Transportmittel und Transportwege voraus. Bekannt sind heute noch bedeutende Fernwege wie die „Seidenstraße", ein Netz von Karawanenstraßen, dessen Hauptroute das Mittelmeer auf dem Landweg mit Indien und China verbindet. Oder die „Bernsteinstraße", die vom Delta der Wisła über das Tal der Prosna zum Oberlauf der Oder, über die Märische Pforte entlang der Morava zur römischen Stadt Carnuntum und weiter zum Nordufer der Adria verlief. (Radandt et al. 1981: 279) Seide war für den Westen das außergewöhnlichste Handelsgut, das die Seidenstraße passierte: Seide faszinierte als „Gebrauchswert", ihre Herstellung blieb verborgen. Karawanen transportierten nicht nur Seide über versengtes, wasserloses Land, durch Schluchten und über eisige Pässe. Sie brachten Gold, Edelsteine und vor allem Glas nach China. Mit der Glasproduktion klemmte es im Reich der Mitte. Von Ost nach West wurden – außer Seide – vor allem Pelze, Keramik, Porzellan, Jade, Bronze, Lacke und Eisen getragen. Viele dieser Güter wurden unterwegs eingetauscht und wechselten so mehrmals den Besitzer und gewannen so durch den Transport an Wert, bevor sie ihr endgültiges Ziel erreichten. Neben Seide waren vor allem Gewürze bis in die Neuzeit wichtige Handelswaren aus Südostasien. Sie wurden nicht nur als Würzmittel und Aromastoffe, sondern auch als Medikamente, Anästhetika, Aphrodisiaka, Parfum und für „Zaubertränke" verwendet. Wasserfahrzeuge sind die ältesten Verkehrsmittel. Fischer und Meerestierjäger bauten Floß, Einbaum, Rinden- und Fellboot.

> Der Antrieb erfolgte mit Paddel oder Riemen. Das Segel ist seit dem 3. Jt. vom Nil belegt, war dort im 5./4. Jt. bekannt, wo der häufige Nordwind seinen Einsatz zur Fahrt stromaufwärts ermöglichte. Im Bootsbau entstanden hochseetüchtige Konstruktionen [...] Große Bedeutung für die Landtransporte erlangte nach der urtümlichen menschlichen Tragleistung [...] die Nutzung von Zug-, Last- (Pack-) und Reittieren. Jägervölker verwendeten besonders in kalten Zonen Hunde für den Lastentransport und Zugleistung (Hundeschlitten). [...] Der Einsatz von Zugtieren erfolgte schrittweise in Abhängigkeit vom Stand der Schirrtechnik zunächst für Rutschen und Schleifen, später auch für Schlitten und [...] für zwei- und vierrädrige Karren und Wagen [...] Nach dem Scheibenrad (5./4. Jt.) wurde in der altorientalischen Klassengesellschaft das Speichenrad mit Nabe (wahrscheinlich Anfang des 2. Jt.) entwickelt. (Radandt et al. 1981: 280).

Es ist unverständlich, wie man behaupten kann, weder die Geschichtswissenschaft noch die Ethnologie hätten Hinweise erbracht, dass es Gesellschaften gegeben hat, in denen der Warentausch eine Rolle gespielt, das Geld jedoch noch gefehlt habe. „Geld", oder genauer Geldvorläufer, in der Funktion als Wertmesser und Tauschmittel, ist durch archäologische Funde nachgewiesen worden für die jungsteinzeitlichen und bronzezeitlichen Kulturen des vorderen Orients, d. h. seit dem fünften Jahrtausend v. u. Z. hat es diesen Handel gegeben. Ihm und damit dem „Kleider- und Gerätegeld" ist ein geldloser Tausch vorausgegangen. (Born 1988: 361)

1.3 Nachteile des Naturaltauschs und ihre Überwindung

Je mehr sich die Arbeitsteilung vertiefte und die Produktivkräfte sich entwickelten, umso schwieriger und umständlicher wurde es, ohne Geld zu tauschen. Je mehr Produkte es gab, umso stärker zeigten sich die Nachteile des naturalen Tausches. Dessen Tücke: Er setzt eine doppelte gegenseitige Übereinstimmung der Wünsche voraus (doppelte Koinzidenz). Sie bedeutet, dass erstens ein Anbieter A sein Produkt nur verkaufen kann, wenn ein Interessent B es von ihm haben möchte – die gewöhnliche gegenseitige Übereinstimmung, die jeglichem Tausch zugrunde liegt – und gleichzeitig der Interessent B ein Gut besitzt und wegzugeben bereit ist, das Partner A benötigt – die zweite gegenseitige Interessenübereinstimmung. Wie umständlich der Naturalaustausch sein konnte, erzählt Cameron, einer der zahllosen britischen Afrika-Forscher im 19. Jahrhundert anhand einer auf Tatsachen beruhenden Geschichte:

> Für die Fahrt über den Tanganjikasee wollte ich einen Kahn mieten. Ich wandte mich an Syde ibn Habid mit der Bitte, mir einen Kahn zu vermieten. Er forderte Elfenbein als Bezahlung. Ich hatte kein Elfenbein, erfuhr aber, daß Muhammed ben Salib solches hat. Das half mir aber nichts, weil jener gegen das Elfenbein Baumwollstoff eingetauscht haben wollte. Stoff hatte ich ebenfalls nicht. Da sagte man mir, daß Muhammed ibn Garib Baumwollstoffe hat, aber Draht benötigt. Zum Glück hatte ich Draht. So gab ich Muhammed ibn Garib die entsprechende Menge Draht, dieser gab Muhammed ben Salib den Baumwollstoff, und dieser gab Syde ibn Habid das Elfenbein. Der letzte erlaubte mir dann, den Kahn zu benutzen. (Cameron 1877)

Ein derartiger Warenaustausch war ein Such- und Glücksspiel, konnte lange dauern und nervenaufreibend sein. Oft waren, wie das Beispiel des Afrikareisenden zeigt, weitere Tauschgeschäfte nötig, um den ursprünglich beabsichtigten Tauschakt vollziehen zu können. Die Leute nennen das einen Ringtausch. Er setzt bereits ein relativ breites Angebot an Gütern voraus. Auf einer weiteren Stufe der Geldwerdung, zu der es kommt, weil die gesellschaftliche Arbeitsteilung voranschreitet, die Produktenvielfalt zunimmt und sich die einfache Warenproduktion mehr und mehr etabliert, sondert sich eine besondere Ware aus der Warenwelt ab und sticht aus ihr hervor, eine Ware, die sich gegen alle anderen Waren tauschen lässt, die „allgemeine" Ware. Geeignet als „allgemeine" Ware waren vor allem Güter, die man häufig tauschen konnte, weil sie dauerhaft und sehr begehrt waren. Die Tauschpartner akzeptierten sie als Gegenleistung auch dann, wenn sie an ihrem jeweiligen Gebrauchswert nicht interessiert waren, das Produkt nicht selbst konsumtiv oder produktiv nutzen wollten. Sie akzeptierten es, weil sie es ohne Mühe und Zeitverlust gegen das Gut wegtauschen konnten, das sie haben wollten. Die Bedeutung liegt darin, dass auf diese Weise, die doppelte Koinzidenz als Voraussetzung des Tauschs aufgehoben wurde. Eine einfache Interessenübereinstimmung genügte fortan: Der Verkäufer musste jemanden finden, der sein Produkt abzunehmen bereit war, mehr nicht.

Die Zeiten und Völker kannten unterschiedlichste allgemeine Waren, geldähnliche Güter. Es handelte sich um die unmittelbaren Vorläufer des ersten Geldes, Waren, die als allgemeines Äquivalent für den Wert der anderen Waren dienten. Die Wirtschaftshistoriker nennen sie auch Nutz- oder Naturalgeld.

Aus der Geschichte sind viele Formen des „Naturalgeldes" bekannt:

Güter, die eine längere Zeit Nutzen abwerfen und sich zur Wertaufbewahrung eignen, wie Sklaven, Vieh oder Saatgut – das „Viehgeld",

Werkzeuge und Geräte von einheitlicher Beschaffenheit wie Pfeilspitzen, Angelhaken, Äxte, Sicheln, Nägel, Nadeln – das „Gerätegeld",

Spekulative Güter, die einen Wertzuwachs versprechen, wie z. B. Jungvieh,
Schmückende Güter, mit denen man Reichtum zur Schau stellen konnte wie bunte Federn, Kauri-Muscheln, Muschelschalen, Marmorringe, Totenschädel, Wampums, Glasperlen, Hunde- und Eberzähne, Schalen von Straußeneiern, Steine v. a. Edel- und Halbedelsteine usw. – das „Schmuckgeld",
Rohstoffe, vor allem Metalle in einheitlichen, handlichen Barren, Armreifen, Ringen und abgewogener Goldstaub, v. a. die Edelmetalle Gold, Silber, Kupfer – das „Metallgeld" und andere Rohstoffe wie z. B. Gummi
Kleidungsstücke oder die Tierfelle des nordamerikanischen Pelzhandels, z. B. Biber- und Elchfelle – das „Kleidergeld" und „Fellgeld",
Konsumgüter, v. a. Nahrungsmittel wie z. B. Getreidekörner, Tee, Datteln, Nüssen, Kakao- und Kaffeebohnen, Kokosnüsse, Salz, Zucker, Reis, Fische, Tabak, Whiskey – das „Nahrungsmittelgeld". (vgl. Leverkus 1990: 30 f; Lips 1961: 259 ff)

Die „allgemeinen" Güter bzw. „Äquivalentwaren" fungierten nicht nur als Tauschmittel. Sie waren auch Recheneinheit und Vergleichsmaß. Sie drückten den Wert der Waren aus. Quantitativ ist der Wert identisch mit der einfachen Arbeitszeit, die im gesellschaftlichen Durchschnitt erforderlich ist, die Ware zu produzieren. Der Ausdruck „1Axt = 10 kg Korn" besagt, dass 1 Axt 10 kg Korn wert sind. Um eine Axt herzustellen, braucht man unter normalen, durchschnittlichen Bedingungen die gleiche Arbeitszeit wie zur Produktion von 10 kg Getreide.

> Wenn zwei Tauschpartner die Tauschrelation ihrer beiden Waren nicht mehr jeder für sich in der besonderen Ware des anderen bestimmen [...], sondern wenn jeder der beiden seine Ware auf eine gemeinsame dritte Ware bezieht, zu der beide auf Grund der Häufigkeit, mit der diese getauscht wird, die Tauschrelation zu seiner Ware bereits im Kopf fixiert hat, können beide durch diesen Bezug die Tauschrelation zueinander bestimmen. In diesem Falle dient diese dritte Ware als gemeinsames Äquivalent [...], beziehen sich alle Tauschpartner bei ihren Einzeltauschen regelmäßig auf diese Ware, wird diese dritte Ware im Laufe der Zeit durch die Gewohnheit zum Wertspiegel für alle anderen Waren oder zum allgemeinen Äquivalent. (Wagner, Mondelears 1986: 9)

1.4 Edelmetalle – Die Geburt des Geldes

Die allgemeinen Äquivalentwaren (das „Nutz- Naturalgeld") waren Gegenstände gewesen, die Menschen in den jeweiligen Regionen der Erde besonders begehrten, die ihre natürlichen Eigenschaften längere Zeit bewahrten, die sich gut transportieren und teilen ließen. Vor allem die Metalle besitzen diese Eigenschaften und wurden daher in der Antike gern als „Vorläufer" des späteren Geldes gebraucht. Die ersten Funde von vermutlichem Metallgeld stammen aus dem Mittelmeerraum und datieren um die Zeit 2000 v. u. Z. Es handelt sich dabei um Haustierminiaturen aus Bronze.[5]

5 https://de.wikipedia.org/wiki/M%C3%BCnze, (letzter Abruf: 15.03.2025)

Das erste Münzmetall soll etwa 1700 v. u. Z. in Babylon im Umlauf gewesen sein. Gestempelte Metallscheiben gab es 1500 –1000 v. u. Z. in Troja, auf Kreta und in Mykene, im Altertum einer der bedeutendsten Städte Griechenlands. (Greitens 2022: 55)

Aus der Vielfalt der „allgemeinen" Waren setzte sich das Edelmetallgeld durch, nachdem in Griechenland zunächst das Eisen, in Form des Gerätegeldes (Hacken, Wurfmesser, Lanzen- und Speerspitzen, Eisenstäbe und Barren), später in Münzform, in Italien und China das Kupfer, bei den Malagen, reich gesegnet mit entsprechenden Vorkommen, Zinn die ersten Geldmetalle waren. Vor rund 4 500 Jahren tauchte in Mesopotamien der Silberschekel auf. Der Schekel war keine Münze, sondern entsprach 8,33 Gramm Silber. Neben dem Getreide wurde Silber immer häufiger als „allgemeine" Ware und Äquivalent genutzt. Als Zeugnis kann der schwarze Obelisk des Königs Manischtuschu (um 2330 – 2255 v. u. Z.) dienen. Der Text dieses Denkmals berichtet, dass der König von Akkad für etwa 150 Kilogramm Silber ungefähr 300 ha Land kaufte. (Sellnow 1977: 154) In der Zeit der III. Dynastie von Ur (2048 –1940 v.u.Z.) wurde Silber das wichtigste Zirkulationsmittel unter den sumerischen Händlern. (Radandt et al. 1981: 339) Für lange Zeit galt: Tötete ein Freigeborener eine Sklavin, so hatte er nach den Gesetzen des Hammurapi (1792–1750 v. u. Z.) dem Besitzer 20 Silberschekel zu zahlen, also 166 Gramm Silber, nicht 20 Münzen, die es noch nicht gab. (Harari 2013: 223)

Egon Friedell sagt über die Ägypter: „[...] sie verwendeten als Zahlungsmittel Kupferbarren und Goldringe, die immer erst wieder gewogen und geprüft werden mussten wie jede andere Ware. Wenn sie von ‚Weißgold' sprechen, so meinen sie Silber, das das seltenere und wertvollere Metall war; daneben gab es später auch noch Elektron, eine Legierung aus Gold und Silber. Die erste richtige Münze, die Dareike, wurde in Ägypten erst um 500 vor Christus durch die Perser eingeführt." (Friedell 1998: 189) Das Beispiel Ägyptens zeigt, dass kein Kredit, keine Schuld- und Schatzscheine den Tausch vermittelten, sondern die Geldware. Die wirtschaftliche Blüte Ägyptens hielt länger als in irgendeinem anderen Land an (Friedell 1998: 190) „Streng genommen erfolgte der Übergang von der allgemeinen Wertform zur Geldform erst, als Gold in einem bestimmten Territorium alle besonderen Äquivalente verdrängt und in dieser gesellschaftlichen Funktion eine Monopolstellung errungen hatte." (Radandt et al. 1981: 279). Am besten bekannt ist aus zahlreichen Tontafeln der altassyrische Metallhandel in Anatolien – jener Teil der heutigen Türkei, der zu Vorderasien gehört – um 1900 v. u. Z. Dort sei Gold erstmals als Währung aufgetreten, in die alle anderen Waren umgerechnet wurden. (Radandt et al. 1981: 326) In Nuzi, nahe dem heutigen Kerkuk, ist Gold als Zahlungsmittel nachgewiesen für die Mitte des zweiten Jahrtausends v. u. Z. In Babylon ist während der Kassitenzeit (1530–1160) unter Burnaburias II (1375–1347 v. u. Z.) zum ersten Mal Gold als Geld verwendet worden. (Born 1988: 361) Im Chemnitzer archäologischen Museum können Besucher Bronze- und Goldspiralen bestaunen, die von 1200–1000 v. u. Z. stammen. Sie wurden im sächsischen Weinböhla (bei Meißen) gefunden. Größe und Gewicht der Ringe widersprechen der Annahme, dass es sich um Schmuck gehandelt hat. Sie besaßen die Funktion von Barren oder Geldeinheiten und wurden über weite Strecken gehandelt. Das Museum zeigt außerdem Beile und Sicheln, gefunden in Wildenhain bei Meißen, die vermutlich auch als Geld- bzw. Werteinheit dienten. In der Bronzezeit (2200–750 v. u. Z.) waren Barren, häufig in Form von Ringen, ein geläufiges Tausch- und Zahlungsmittel. Bei der Geldform unterscheidet man drei Stufen: das vormünzliche Metallgeld in Form von Schmuck und Geräten (Schmuck- und Gerätegeld), das vormünzliche Geld in Form von „Klumpen" oder Barren und das gemünzte Metallgeld. Bereits für die oben dargestellte erste Stufe muss ein Maß- und Gewichtssystem existiert haben. Solche Systeme gab es im Zweistromland, der Kulturlandschaft zwischen Euphrat und Tigris, seit dem 3. Jahrtausend, in Ägypten seit dem Alten Reich (Mitte des 3. Jahrtausends), auf Kreta erst seit dem beginnenden 2. Jahrtausend v. u. Z. (Radandt et al. 1981: 336)

Gold und Silber verdrängten in den altorientalischen Hochkulturen nach und nach die anderen „allgemeinen" Waren aus ihrer bevorzugten Stellung innerhalb der Warenwelt. Die Assyrer, Babylonier und Ägypter benutzten es neben Kupfer und Blei früh als Tauschmittel im Fernhandel, während auf den lokalen Märkten weiterhin der Naturaltausch üblich war. (Born 1988: 361) Zuerst wurden Silber in Babylonien im 3. und 2. Jahrtausend v. u. Z. und Gold in Barrenform um 3000 v. u. Z. im alten Ägypten allgemeines Äquivalent, tauschbar mit allen anderen Waren und geeignet als Vergleichs- und Rechenmittel. Die Edelmetalle eroberten eine Position, in der sie dazu dienten, den Wert der „gewöhnlichen" Waren auszudrücken. In diesem Moment wurden sie zu Geld. Aus der Fülle der Geldvorläufer erwiesen sich Gold und Silber am besten geeignet, die Geldrolle zu übernehmen. Schönheit, Glanz und Formbarkeit machten sie zu einem begehrten Werkstoff für Schmuck und Prunkgegenstände. In uralten Zeiten sahen die Menschen in der Blässe des Silbers den Mond oder das Symbol der Mondgöttin. Das feurige Gold steht für den Sonnengott. Aus dem Umlauf von Sonne und Mond ergab sich das Verhältnis von 1 zu $13\frac{1}{3}$ zwischen Gold und dem Silber. Es entsprach der Relation zwischen dem Jahr und den Mondmonaten. Die sumerischen Priester hatten die Gold-Silber-Parität den vermeintlichen Beziehungen der beiden Metalle zu den Gestirnen und ihren Göttern entlehnt. Erst im Laufe einer langen Zeit haben die Wertrelationen der Edelmetalle dieses Verhältnis korrigiert. Ob auch Kupfer in dieses Bezugssystem passt, kann nur vermutet werden. Es könnte dem Tag, dem 360sten Teil des Jahres entsprechen. Ein Pfund Gold wäre dann so viel wert gewesen wie 360 Pfund Kupfer.

Sobald es das Monopol des allgemeinen Äquivalents erobert hat, wird Gold zur Geldware und übt in seinen natürlichen Formen oder verarbeitet zu Schmuck die Funktionen des Geldes aus. Gold und Silber sind kein Geld von Natur aus, wie die Monetaristen und Merkantilisten, so Thomas Mun, Dudley North (1641–1691) oder Ferdinando Galiani (1728–1787) glaubten. Die Auffassung ist bis heute im Alltagsbewusstsein verbreitet, weil das Wesen des Geldes nicht unmittelbar erkennbar ist. Vielen bleibt verborgen, dass das Geld die Erscheinung oder der Ausdruck eines spezifisch historischen Produktionsverhältnisses ist. Die Edelmetalle werden erst auf einer bestimmten Stufe der wirtschaftlichen Entwicklung zu Geld. Ihre besondere Eignung dazu resultiert daraus, dass die Edelmetalle, vor allem das Gold, gegen Umwelteinflüsse widerstandsfähig sind und sich beliebig lange aufbewahren lassen. Gold und Silber sterben nicht wie das Vieh, und rosten nicht wie Eisen. Vor allem haben selbst kleine Mengen viel Arbeit verschlungen. Widerstandsfähigkeit gegenüber physikalischen und chemischen Einflüssen aus der Umwelt, die daraus resultierende unbegrenzte Lagerfähigkeit ermöglichen es, den Aufwand für Stapelung und Transport gering zu halten. Und die Edelmetalle besitzen gegenüber allen Geldvorläufern den Vorteil, in allen ihren Teilen gleich zu sein. Gleiche Mengen desselben Metalls besitzen die gleiche Wertgröße. Edelmetallgewicht und Wert verhalten sich direkt proportional zueinander. Edelmetalle lassen sich – auch das ein Vorteil – in kleinste Teile zerlegen. Selbst dünnste Plättchen und Goldstaub haben ihren Wert. Die problemlose Teilbarkeit und die Möglichkeit, kleinste Metallstückchen zu größeren Gewichtseinheiten zusammenfügen zu können, machen Gold und Silber zu einem idealen Maßstab der Preise. Wertverhältnisse können stabil ausgedrückt, selbst kleinste Werte gemessen, beliebig große Werte dargestellt werden. Da sie wertvoll sind, benötigt man nur eine kleine Menge von ihnen, um Waren zu kaufen. Hoher Wert in geringen Mengen ist vorteilhaft für den Tausch. Da das Metallgeld dauerhaft und leicht transportiert werden kann, eignet es sich nicht nur für die Wertmaß- und Rechenfunktion, sondern auch gut für die eines Tauschmittels.

Doch jeglicher Fortschritt bringt auch Nachteile. Auch das Gold- und Silbergeld besaßen sie, spontane Ergebnisse Jahrhunderte langen Tauschs, dessen weitere Entfaltung sie wesentlich erleichterten. Scharlatane konnten sich durch Beimischung von minderwertigen, unedlen Metallen bereichern und ihre „Geschäftsfreunde" betrügen. Gold, das in Form von Nuggets, Staub oder Stücken in Zahlung genommen wurde, musste gewogen, geteilt und sein Feingehalt an edlem Metall geprüft werden. Das war für den Handel hinderlich. Bei den Griechen wurde noch zu Zeiten Homers (8. Jahrhundert v. u. Z.) und bei den Römern bis zur Zeit des Decemviri (541 v. u. Z.) Metallgeld gewogen. Wiegen und aufwendige Prüfverfahren erschwerten den Tausch. Früher oder später mussten sich die Grenzen des vormünzlichen Geldes zeigen. Eine Verbesserung war erwünscht. Mit dem abwiegbaren Metall und einem Maß- und Gewichtssystem waren die Entwicklungsmöglichkeiten des vormünzlichen Geldes fast erschöpft. Es blieb nur noch die „Stempelung" des Barrens. Sie erfolgte zunächst mit einem Nagel, später mit einem speziellen Werkzeug. Private Stempelungen, die Händler und Erzeuger auf Barren und Bruchstücken von diesen vornahmen, sind aus dem 8. Jahrhundert v. u. Z. bekannt. Händler vertrauten jedoch der Waage eher als den Stempelungen.

1.5 Münzen – Eine historische Stunde

Wiegen und aufwendige Prüfverfahren, die großen Hindernisse des Tausches, entfielen, als man Metalle zu Münzen schlug. Wie so vieles in der Weltgeschichte, ist auch die Münze mehr als einmal erfunden worden. Nach Herodot müssten wir die Lydier als ihre Erfinder preisen:

> Bei dem Volke der Lyder geben alle Töchter sich preis, um eine Mitgift damit zu gewinnen, und sie tun dies, bis sie sich verheiraten, indem sie sich selbst ausstatten [...] Es haben die Lyder dieselben Gebräuche, wie die Hellenen, außer dass sie ihre Töchter Hurerei treiben lassen; sie sind aber unter allen, die wir kennen, die ersten, welche Münzen von Gold und Silber geprägt [...]" (Herodot 2011: 80)

Die Flüsse Lydiens, in der heutigen Türkei, führten ein natürliches Edelmetallgemisch, Elektron genannt. Es bestand aus 80 Anteilen Gold und 20 Anteilen Silber. Daraus prägten die Lydier im 7. Jahrhundert v. u. Z. die ersten Münzen, angeblich erstmals zur Bezahlung ausländischer Söldner. Sie waren auf den Handel gekommen, weil die hohen Berge des Taurosgebirges die Möglichkeit begrenzten, das für die Landwirtschaft benötigte Ackerland zu erweitern – da erwiesen sich die oberflächlichen Bodenschätze als nützlich. Der Handel hat die Münzen von Lydien nach Vorderasien und Griechenland gebracht, von wo aus sie sich nach und nach die Welt eroberten. Die ältesten Goldmünzen sind der Dareikos (Persien, 515–348 v. u. Z.), der Stater in den altgriechischen Staaten (390–320 v. u. Z.), im römischen Reich der Aureus (1. Jh. v. u. Z.–324) und der Solidus (312–1092 u. Z.) Bekannte Goldmünzen des Mittelalters und der Neuzeit sind u. a. der Gulden (in ganz Europa von 1325–1867, Gulden wurden nicht nur in Gold geprägt), die Dukaten (erstmals 1248 in Venedig geprägt, auch Zechine genannt), der Louisdor von 1640 bis 1793 in Frankreich, die Guinee von 1663 bis 1816 in Großbritannien, der Friedrichsdor von 1740 bis 1850 in Preußen, der Sovereign in England von 1489 bis 1603 und von 1817 bis heute. Ab 1957 wird der Sovereign nur noch als Anlagemünze geprägt und nicht zu Zahlungszwecken verwendet. Wie andere Anlagemünzen – der südafrikanische Krügerrand, der American Gold Eagle oder der kanadische Gold Maple Leaf – ist er geeignet, Werte zu bewahren und vor Inflation zu schützen. Archäologische Hinweise belegen, dass gemünztes Geld in China weit früher, mindestens 2300 v. u. Z. und in Persien und sowie in Indien spätestens zu Beginn des 9. Jahrhunderts v. u. Z. vorhanden gewesen sein muss. Die ältesten Münzen Chinas waren aus Bronze. Ihre Formen haben sich aus Gegenständen des Gebrauchs entwickelt wie Klappern, Triangeln, Spaten, Äxte, Messer. Diese Münzen belegen, dass ihnen ein Gerätegeld vorausgegangen war. (Gerloff 1940: 57) Ihre spätere Entwicklung bleibt undurchsichtig. Auf jeden Fall galt: Durch eine Stempelung, die sich auf die Edelmetalle leicht aufprägen lässt, werden mit der Münze Gewicht und Feingehalt bestätigt. Der jeweilige Münzherr, später der Staat bürgen so mit ihrem Ansehen für Gewicht und Feingehalt der Münzen. Wiegen und Prüfen können entfallen – eine gewaltige Erleichterung des Handels. Eine einheitliche und schnelle Abwicklung des Zahlungsverkehrs wird möglich. Die gleichartigen Geldstücke ersetzen und vertreten sich gegenseitig. Stempelungen treten zwar nicht erst mit der Münze auf. Sie finden sich auch auf Gewebestücken, Salzgeld und Teeziegeln. Auch Barren wurden, wie schon erwähnt, individuell gestempelt, wiesen aber in Feinheit und Gewicht Unterschiede auf, die eine allgemeine Beglaubigung ausschlossen. Diese wird erstmals charakteristisch für die Münze. Ihre Stempelung erfasst bald die gesamte Oberfläche. Sie wird Gepräge genannt. Gold und Silber werden in unterschiedlich wertige Münzen gestückelt, eine große Erleichterung für den Zahlungsverkehr. Im Gegensatz zu Barren eignen sich die Münzen für den Kleinhandel, damit für den historisch so späten Binnenhandel. Die Eignung der Edelmetalle für Geldzwecke wird damit noch erhöht. Anstelle des Wiegens und Rechnens mit Feingehaltszahlen genügt das Zählen. Da innerhalb der Münzsorten die Stücke in festen Relationen zueinander stehen, ist es möglich, beliebige Wertsummen zu ermitteln, indem man die Münzen zählt. Mit der Münze werden Edelmetalle in eine Form gebracht, die ihre Übertragung erleichtert und vereinfacht. Es ist keine Übertreibung: In Form der Münze schlägt der Geldgeschichte eine historische Stunde. Der österreichische Ökonom Carl Menger sagt, sie sei vielen Menschen rätselhaft geblieben:

> Dass ein Gut von seinem Besitzer gegen ein anderes, ihm nützlicheres, im Austausche hingegeben wird, ist ein Vorgang, welcher auch dem gemeinsten Verstande einleuchtet. Dass aber bei allen einigermaßen zivilisierten Völkern jedes wirtschaftliche Subjekt bereit, ja eifrig bemüht ist, seine zum Austausch bestimmten Güter gegen kleine, an sich nutzlos erscheinende Metallscheiben [...] auszutauschen; dies ist ein dem gemeinen Lauf der Dinge so widersprechender Vorgang, dass es uns nicht wundernehmen darf, wenn er als „geheimnisvoll" erscheint. (Menger 1970: 3)

Zum ersten Mal wird das allgemeine Äquivalent für den Wert der Waren auch äußerlich, durch eine selbständige Gestalt, aus der gesamten Warenwelt abgehoben und dieser gegenübergestellt. „Solange die Metallbarren ebenso den Rohstoff für Schmuckgegenstände darstellten, solange Goldspiralen und Ringe ebenso Schmuck waren, wie sie auch zum Austausch gegen andere Güter verwendet wurden, – solange war der Unterschied zwischen Gebrauchsgut und Tauschmittel nicht in der Augenfälligkeit gegeben, mit welcher er jetzt in Erscheinung trat, wo der Unterschied in der Münze seinen körperlichen Ausdruck fand." (Helfferich 1923: 28) Auch wenn dies nicht dauerhaft und unumkehrbar geschah – Münzen konnten jederzeit eingeschmolzen und zu Schmuck verarbeitet werden – war das bedeutsam und unterschied die Münze von allen bisherigen Geldarten. Jetzt tritt zum „erstenmal eine Klasse auf, die, ohne an der Produktion irgendwie Anteil zu nehmen, die Leitung der Produktion im ganzen und großen sich erobert und die Produzenten sich ökonomisch unterwirft; die sich zum unumgänglichen Vermittler zwischen je zwei Produzenten macht und sie ausbeutet" – die Kaufleute. (MEW 21: 161) Mit den Kaufleuten bildet sich aus

> das Metallgeld, die geprägte Münze, und mit dem Metallgeld ein neues Mittel zur Herrschaft des Nichtproduzenten über den Produzenten und seine Produktion. Die Ware der Waren, die alle andern Waren im Verborgnen in sich enthält, war entdeckt, das Zaubermittel, das sich nach Belieben in jedes wünschenswerte und gewünschte Ding verwandeln kann. Wer es hatte, beherrschte die Welt der Produktion, und wer hatte es vor allem? Der Kaufmann. In seiner Hand war der Kultus des Geldes sicher. Er sorgte dafür, daß es offenbar wurde, wie sehr alle Waren, damit alle Warenproduzenten, sich anbetend in den Staub werfen mußten vor dem Geld (...) Nie wieder ist die Macht des Geldes aufgetreten in solch ursprünglicher Rohheit und Gewaltsamkeit wie in dieser Jugendperiode. (MEW 21: 161 f)

Semantische, philologische Aspekte unterstreichen den Zusammenhang des Geldes zu seinen Vorläufern, den „allgemeinen" Waren bzw. den Äquivalenten der allgemeinen Wertform. Sie belegen zugleich, dass die Behauptung fragwürdig ist, man könne nicht nachweisen, dass sich das Geld in Form der Edelmetalle aus einer Vielfalt von Geldvorläufern abgesondert habe. Gustav Cassel, der sich auf Ridgeway bezieht (Ridgeway 1892), berichtet, dass vom Atlantischen Ozean bis nach Zentralasien der Ochse Jahrtausende hindurch als Haupteinheit für die Preisrechnung benutzt worden war. Er übte vor allem die Wertmaßfunktion aus, belegt auch durch die Wertausdrücke in Homers „Illias". Dort taucht an vielen Stellen das Rind als Wertmesser auf. Der Wert eines Schiffes oder einer Rüstung wurde in Ochsen gemessen. Der Harnisch des Diomedes hatte den Wert von neun, der des Glaukos von hundert Ochsen. Im 23. Gesang seiner Ilias schildert Homer die Kampfspiele, die zu Ehren des Helden Patroklos abgehalten wurden. Achilles bestimmte für den Ringkampf zwischen Ajax und Odysseus als Preis „ein groß dreifüßig Geschirr auf dem Feuer, welches an Wert 12 Rinder bei sich die Danaer schätzten." Der Unterlegene des Kampfes erhielt „ein blühend Weib [...] klug in mancherlei Kunst und geschätzt 4 Rinder an Wert." Herdentiere, vor allem die Milchkuh, sind die frühesten Wertmesser auch bei den Germanen und indoeuropäischen Völkern. Sie bildeten die Werteinheit, die Grundlage einer Wertskala ist. Im altisländischen Rechtsbuch (Gragas) wird als Werteinheit die „Kuh, drei bis zehn Jahre alt, tragfähig, milchend, gehörnt und fehlerfrei und nicht kleiner als ein Ochse mittlerer Größe" angegeben. Einem Kuhwert entsprach ein Ochse mittlerer Größe, drei einjährige oder zweijährige, nicht kastrierte Rinder, sechs Schafe usw. Zwar bevorzugten die Griechen das Rind als Wertmaß, benutzten es aber weder im Binnen- noch im Außenhandel ausgiebig als Tauschmittel. Das war viel zu umständlich gewesen. Gezahlt wurde gewöhnlich mit anderen Dingen.

Trotzdem: Der Ochse stand an der Spitze des „Viehgeldes". Er war das „Maß aller Dinge". Das lateinische Wort pecunia heißt Geld. Es stammt ab von pecus – dem Vieh. Daneben kamen auch Untereinheiten, wie z. B. das Schaf, vor. Vielleicht wurde auch der Sklave als eine höhere Einheit – vermutlich im Wert von drei Ochsen – benutzt. Schon sehr früh sind aber andere Güter, die Metalle, als allgemeine Tausch- oder Zahlungsmittel in Gebrauch gekommen. Auf den frühesten Stufen wurden die Metalle nach Maß geschätzt, in Stangen hergestellt und mit einer dem menschlichen Körper entnommenen Längeneinheit gemessen. Gold wurde in Form von Armringen als Schmuck, aber auch bei Bedarf als Zahlungsmittel benutzt, wobei die Form die Schätzung der Menge erleichterte. Gustav Cassel schreibt, es sei

> eine sehr bemerkenswerte Tatsache, dass Gold immer in einer Einheit gemessen wurde, die dem Wert eines Ochsen entsprach. Diese Einheit hatte das Gewicht von ungefähr 130 grains[6] (= 8,45 g). Auch vor der Erfindung des Wiegens wurde Gold wahrscheinlich in Stücken hergestellt, die

6 Grain = Gerstenkorn, Maßeinheit der Masse, das römische Grain entsprach 0,065 Gramm. (Grierson 1976: 314)

den Wert des Ochsens darstellten. Das Gewichtssystem hat sich dann einfach dieser Tradition angeschlossen und die erste Gewichtseinheit wurde das Stück Gold, das seit alters her als die Goldeinheit betrachtet wurde und den Wert eines Ochsens vertrat. Es kann keinem Zweifel unterliegen, dass diese Goldmenge als Zahlungsmittel in der noch viel älteren Preisrechnung nach der Ochseneinheit gebraucht worden ist (...) Es ist unter solchen Verhältnissen natürlich, wenn die Goldmenge, die einen Ochsen vertrat, mit dem Namen „Ochse" bezeichnet wurde, und wenn dieser Name auch beibehalten wurde, nachdem die betreffende Goldmenge die Form einer Münze erhalten hatte. Das wesentliche der Entwicklung liegt also darin, dass eine bestimmte Goldmenge, die im Wert dem Ochsen gleich geschätzt wurde, allgemein als Zahlungsmittel mit bestimmter Zahlungskraft anerkannt wurde. Mit dem Hervortreten der Staatsmacht ist diese Zahlungskraft auch eine gesetzliche geworden. Unter diesen Veränderungen ist der Zusammenhang der Rechnungseinheit mit dem wirklichen Ochsen aufgelöst worden. Auch andere Metalle sind als Zahlungsmittel in Quantitäten, die den früheren Rechnungseinheiten angepasst waren, benutzt worden. So in Rom das Kupfer, von dem 100 as dem Wert des Ochsen, 10 as dem Wert des Schafes gleichgesetzt wurden. (Cassel 1923: 343 f)

Die Urform des nord- und mittelitalienischen As, das aes grave, wog anfangs exakt ein römisches Pfund (libra) und damit etwa 327,45 Gramm. Diese Begriffe bzw. Gewichtsbezeichnungen belegen eindeutig den Zusammenhang zwischen dem Gold bzw. Metallgeld und seinen Vorläufern, hier dem „Viehgeld". Ähnliche Zusammenhänge: In den kalten Regionen der Erde dienten Felle als Vorläufer des Geldes. Für China, Sibirien und Afrika ist dies belegt. Alte russische Geldbezeichnungen belegen die herausragende Rolle der Pelze in der Funktion des allgemeinen Äquivalents: Kuny (von kunica „Marder", Bely (von belka „Eichhörnchen") oder Lobki (von lobok „Fellchen"). Das Eichhörnchen erscheint später auf österreichischen, schlesischen und polnischen Pfennigen. Felle und Pelze sind Naturalgeldarten, die Kleidungs-, Wohn- und Schmuckbedürfnisse befriedigen. Tuche und Seidenstoffe, begehrte Tauschobjekte aus frühester Zeit in China und Japan, übten Geldfunktionen aus. Einige glauben, dass dies in China während der Longshan-Kultur (3200–1850 v. u. Z.) der Fall war und bis hinein in die Dschou-Dynastie (1134–247 v. u. Z.) reichte. Zu Geld sagen die Chinesen Bu oder Bi. Bu heißt auch Tuch und Bi Seidenstoff. In Bu wurden Steuern entrichtet und Strafen auferlegt.

Die Ablösung der Natural- bzw. Selbstversorgungswirtschaft durch eine Geldwirtschaft darf man sich nicht als einen linearen Vorgang vorstellen.

Obgleich das Geld sehr früh und allseitig eine Rolle spielt, so ist es im Altertum doch als herrschendes Element nur einseitig bestimmten Nationen, Handelsnationen, zugewiesen. Und selbst im gebildetsten Altertum, bei Griechen und Römern, erscheint seine völlige Entwicklung, die in der modernen bürgerlichen Gesellschaft vorausgesetzt ist, nur in der Periode ihrer Auflösung [...] Zum Beispiel im römischen Reich, in seiner größten Entwicklung, blieb Naturalsteuer und Naturallieferung Grundlage. Das Geldwesen eigentlich nur vollständig dort entwickelt in der Armee. (MEW 42: 23 f)

Natural- und geldwirtschaftliche Verhältnisse gab es oft nebeneinander, wie auch verschiedene Formen des Geldes. Systematisierungen, auch historische, sind stets in gewisser Weise willkürlich. Das betrifft auch das an anderer Stelle vorgeschlagene und begründete historische Zehn-Stufen-Schema der Geldentstehung und des Wandels der Geldformen. Es umfasst den Zeitraum seit 40 000 v. u. Z. bis heute. (vgl. Müller, K. 2015: 108–217) Die Geschichte verläuft uneinheitlich, widersprüchlich, im Zickzack. Völker können stehen bleiben wie die australischen Aborigines, die das Stadium der Jäger und Sammler nie überwanden. Andere fielen zurück, verloren wie die Menschen auf Tasmanien, der isolierten Insel im Indischen Ozean, im Laufe der Jahrtausende zivilisatorische Errungenschaften. Historiker nennen das Phänomen die tasmanische Regression. (Eberle 2013: 134–137) Die Systematisierung der Geldgeschichte ist eine Behelfskonstruktion. Epochen werden danach unterschieden, was in ihnen prägend gewesen ist. Die Formen oder Arten des Geldes sind nicht in jedem Fall neu, erleben aber ihre Blütezeit in der jeweiligen Phase. So spielen z. B. Kredit- oder Buchgeld im Kapitalismus eine neue herausragende Rolle. Sie sind aber viel älter.

1.6 Antike Auffassungen über die Ware und das Geld

Die frühesten Zeugnisse ökonomischen Denkens sind aus jener Zeit überliefert, als sich die Arbeitsteilung und das Privateigentum an Produktionsmitteln durchsetzten und sich die Urgemeinschaft aufzulösen begann. Das älteste Dokument, das wir über die Wirtschaft besitzen, entstammt der Zeit um 4500 v. u. Z.; es ist ein babylonischer Bericht über das bewegliche und unbewegliche Besitztum des Herrschers. Da die Volkswirtschaftslehre nichts anderes ist als die Einsicht in die Funktionsweise der ökonomischen Realität, so kann sie nur „insoweit vorkommen, wie gewisse Erscheinungen: Warenproduktion, Handel, Geld, zinstragendes Kapital usw." (MEW 20: 213) auftreten und erklärungsbedürftig sind. Das war bereits im Altertum der Fall, Jahrhunderte vor Beginn unserer Zeitrechnung. Die ökonomischen Ideen jener Periode sind erstmals am gründlichsten ausgearbeitet in den Gesetzen des Bilalama von Eschnunna (20. Jahrhundert v. u. Z.) und des babylonischen Königs Hammurapi (18. Jahrhundert v. u. Z.). Hervorzuheben sind die Geistesriesen der Antike: Solon (640 – vermutlich 560 v. u. Z.), Herodot (um 484 – 425 v. u. Z.), Sokrates (469 – 399 v. u. Z), Platon (428/427 – 348/347 v. u. Z.), Xenophon (430 – 354 v. u. Z.), Aristoteles (384 – 322 v. u. Z.) und andere, die sich gelegentlich äußerten zu den neuen ökonomischen Fragen ihrer Zeit. Das Geld in Gestalt der Edelmetalle hatte sich längst aus der Warenwelt herauskristallisiert und die ersten Münzen liefen um. Selbst Buch- und staatliches Papiergeld waren in einigen Regionen der Erde bekannt. Das „fliegende Geld", wie die Chinesen ihr Papiergeld nannten, gab es seit dem 9. Jahrhundert v. u. Z. Auch die ersten Zeugnisse über Schulden und Überschuldung, die Anfänge des Kreditwesens also, sind rund 5 000 Jahre alt, etwa so alt wie das Geld. Sie stammen aus der frühen babylonischen Zeit. Missernten, Naturkatastrophen oder Kriege trieben die Menschen zu den Tempelpriestern oder reichen Kaufleuten, um von ihnen Kredite zu erbeten. Sie wurden in Silber und Naturalien, z. B. Gerste, ausbezahlt und führten die Schuldner direkt in die Schuldknechtschaft. Die Zinssätze konnten bis zu fünfzig Prozent der Kreditsumme betragen. In Babylon lag der normale Zinssatz für ein Darlehen in Silber zwischen zehn und zwanzig Prozent, für ein Darlehen in Korn zwischen zwanzig und dreißig Prozent. Im Zuge der Entwicklung eines einfachen Zahlungs- und Kreditsystems wurde Getreidesaat an Bauern verliehen, welches erst nach der Ernte zuzüglich Zinsen zurückgegeben werden musste. Der Tausch, das Geld, der Zins und der Wucher standen von Anfang an im Mittelpunkt des Interesses. Soweit die Griechen gelegentlich Streifzüge in ökonomische Gefilde unternehmen, „zeigen sie dieselbe Genialität und Originalität wie auf allen anderen Gebieten. Ihre Anschauungen bilden daher geschichtlich die theoretischen Ausgangspunkte der modernen Wissenschaft.“ (MEW 20: 213)

1.6.1 Eine große Frage

Griechische und römische Denker der Sklavenhalterordnung beschäftigten sich mit den neu entstandenen Fragen und Problemen. Eine grundlegende Frage, die danach Jahrhunderte lang bis in die Neuzeit hinein diskutiert werden sollte, ist offenbar ein Rätsel geblieben, das die theoretische Ökonomie noch heute entzweit. Sie besitzt eine zentrale Bedeutung und lautet: wie kommen Tauschrelationen zustande? Weshalb bekommen Tauschende für ihr Gut manchmal viele, manchmal wenige andere Güter? Warum verändern sich die Tauschverhältnisse ständig? Auf den ersten Blick scheinbar harmlose Fragen. Doch hängt von ihrer Beantwortung ab, wie die Produzenten, Konsumenten und Händler leben. Ohne Übertreibung kann man sagen, dass die Fragen für die Menschen von existenzieller Bedeutung gewesen waren und sind. Davon, ob sie viel oder wenig Güter für ihr Produkt im Tausch erhalten, hängt ab, wie gut sie leben können, ob sie sich zu den Wohlhabenden zählen dürfen oder arm bleiben. Werden Waren gegen Geld getauscht, ist die Frage nach dem Zustandekommen von Tauschrelationen identisch mit der Frage nach den Bestimmungsgründen des Preises. Der Preis ist der Geldbetrag, den der Verkäufer für sein Produkt erhält. Lenin schrieb, dass das Bestreben herauszufinden, wie sich Preise bilden und ändern, von Aristoteles bis Marx geht und sich durch die ganze klassische politische Ökonomie hindurchzieht. (LW 20: 198) Mit dem oberflächlichen Eindruck, der Tauschwert sei etwas Zufälliges, Willkürliches, das sich nicht erklären ließe, fanden sich die Ökonomen nicht ab. Sie erkannten schnell, dass die Tauschrelationen bestimmt werden durch das Verhältnis von Angebot und Nachfrage. Die Anspruchsvolleren unter ihnen, so die Klassiker, darunter Marx, interessierten sich wenig für derart Banales. Ihre Aufmerksamkeit galt der Frage, wie Tauschrelationen zustande kommen und erklärt werden müssen, wenn Angebot und Nachfrage „ausgespielt“ haben, d. h. im Gleichgewicht zwischen ihnen. Einige von ihnen gelangten so zur Arbeitswerttheorie. Mit ihr erklären sie das Wesen des Preises und begründen dessen Höhe, indem sie von den Preisschwankungen abstrahieren, die durch Änderungen des Verhältnisses zwischen Angebot und Nachfrage hervorgerufen werden.

Man darf nicht übersehen, dass trotz Vorhandensein von Ware und Geld in der Antike noch lange Zeit die Naturalwirtschaft dominierte. Folglich richtete sich das Denken vorrangig darauf, die Produktion für den Verbrauch der Sklavenhalter zu steigern und die Qualität der Güter – den Gebrauchswert – zu sichern und zu verbessern.

1.6.2 Xenophon und Platon – Sinnvolle Teilung der Arbeit

Xenophon, Schüler des Sokrates, erläutert in seinem Werk „Oikonomos" (Gespräch über die Haushaltsführung) wie die Sklavenwirtschaft organisiert werden müsse. Sein Werk war in Griechenland, im Römischen Reich und später noch im feudalen Westeuropa weit verbreitet. (Lehmann et al. 1977: 7) Er behandelte Fragen der Landwirtschaft, kritisierte den Großhandel und den Wucher, billigte aber den Getreidehandel der Landaristokratie und den Kleinhandel, aus dem die landwirtschaftlichen Produzenten ihre notwendigen Produktionsmittel bezogen. Das Geld war für ihn konzentrierter Reichtum und Tauschmittel, diente zugleich als Wertaufbewahrungsmittel und so als Sicherheitsfonds für Missernten und Kriege. Geld solle auch genutzt werden, um die Produktionskapazitäten zu erweitern. In seinem Werk „De Vectigalibus" beschrieb Xenophon Mittel und Wege, dem Staat Geld zu beschaffen. Er sah unbegrenzte Möglichkeiten, Geld anzuhäufen und als Tauschmittel zu verwenden. (Lehmann et al. 1977: 7) Der Mensch, so Xenophon, könne nie so viel Geld besitzen, dass er nicht noch mehr haben wollte.

Der Austausch beruht auf der Arbeitsteilung. Xenophon sah in ihr das Mittel, die Produktion zu erhöhen, die Güte der Erzeugnisse zu verbessern und den Menschen zu ermöglichen, ihrer Eignung nach sich in der Produktion zu verwirklichen.

> Es ist rein unmöglich, dass ein Mensch, der so vielerlei treibt, alles gut mache. In den größten Städten aber [...] genügt auch ein Handwerk, um seinen Mann zu nähren. Ja oft gehört dazu nicht einmal ein ganzes Handwerk, sondern der eine macht Männerschuhe, der andre Weiberschuhe. Hier und da lebt einer bloß vom Nähen, der andre vom Zuschneiden der Schuhe; der eine schneidet bloß Kleider zu, der andre setzt die Stücke nur zusammen. Notwendig ist nun, dass der Verrichter der einfachsten Arbeit sie unbedingt auch am besten macht. (MEW 23: 388, Fn 81)

Auch Platon hebt die Bedeutung der Arbeitsteilung und die Notwendigkeit hervor, dass sich die Produzenten auf die ihren Fähigkeiten und Interessen entsprechenden Arbeiten konzentrieren sollten. Er will, „dass man mehr von allen verfertigt und sowohl schöner als auch leichter, wenn einer nur eine Sache macht, seiner natürlichen Begabung gemäß [...]." (MEW 23: 387, Fn 80) Aus der Arbeitsteilung folgten mit Notwendigkeit der Tausch und das Geld: „Wie sollen sie nun aber einander mitteilen, was jeder gefertigt hat, weshalb sie dort eigentlich die Gemeinschaft eingegangen sind und die Stadt gegründet haben? Offenbar durch Kauf und Verkauf. Hieraus wird nun also ein Markt und eine Münze oder bestimmtes Zeichen zum Behuf des Tausches entstehen.“ (zit. bei Behrens 1981: 44) Nach Platon sollte Geld ein Symbol sein, das den Warentausch erleichterte und auf das sich die Menschen verständigten. Der Wert des Geldes sollte von der stofflichen Substanz unabhängig sein und nur im Inland gelten. Geld sei Konvention – eine politische Kategorie.

1.6.3 Aristoteles – Eine geniale Verlegenheitslösung

Aristoteles, ein Schüler Platons, war der „universellste Kopf unter den alten griechischen Philosophen“. (MEW 20: 19) Er hat alle zu seiner Zeit vorhandenen wissenschaftlichen Disziplinen behandelt und maßgeblich beeinflusst, andere wie die Soziologie, die Wissenschaft von der menschlichen Gesellschaft, selbst begründet. Das Online-Lexikon Wikipedia nennt die Wissenschaftstheorie, die Naturphilosophie, die Logik, die Biologie, die Medizin, die Physik, die Ethik, Staatstheorien und Dichtungstheorie, nicht aber – und das erstaunt – die Ökonomik[7], in die Aristoteles „gelegentliche Streifzüge“ unternahm und auch hier zu bemerkenswerten, bleibenden Einsichten gelangte. Sie haben die weitere Entwicklung des ökonomischen Denkens wesentlich geprägt und beherrschten den ökonomischen Disput während der feudalen Epoche. „Wenn wir das aus Fragmenten zusammengestellte ‚ökonomische System‘ des Aristoteles mit den ersten fünf Kapiteln des ‚Reichtums der Nationen‘ von Adam Smith und mit dem ersten Abschnitt vom ersten Band des Kapitals von Karl Marx vergleichen, dann entdecken wir eine überraschende Kontinuität des Denkens, die eine neue Stufe erreicht und sich dabei auf Vorangegangenes stützt“, sagt der russisch-sowjetische Theorienhistoriker A. W. Anikin (1927–2001). (Anikin 1974: 33) Er nennt Aristoteles den ersten Ökonomen in der Geschichte der Wissenschaft. (Anikin 1974: 31) Zur Zeit des Aristoteles gab es zwar eine entwickelte Warenproduktion – Sklaven, die lebendigen oder sprechenden Werkzeuge, produzierten Waren – aber vorherrschend war die Naturalwirtschaft. Das Interesse galt dem Austausch der Gebrauchswerte, mit dem die Tauschenden bezweckten, wechselweise ihre Bedürfnisse besser zu befriedigen. Umso bemerkenswerter ist es, dass Aristoteles als Erster unterschied zwischen dem Gebrauchswert und einem Tauschwert einer Ware.

> Denn zweifach ist der Gebrauch jedes Guts. – Der eine ist dem Ding als solchem eigen, der andre nicht, wie einer Sandale, zur Beschuhung zu dienen und austauschbar zu sein. Beides sind Gebrauchswerte der Sandale, denn wer die Sandale mit dem ihm Mangelnden z. B. der Nahrung tauscht, benutz die Sandale als Sandale. Aber nicht in ihrer natürlichen Gebrauchsweise. Denn sie ist nicht da des Austausches wegen. (zit. aus MEW 23: 100)

Tausch und die Ökonomik sind dazu da, die für das Leben notwendigen und für den Staat nützlichen Güter zu beschaffen. Der Tauschhandel ist „eine Art Erwerbskunst,

7 https://de.wikipedia.org/wiki/Aristoteles (letzter Aufruf: 15.02.2025)

ein Teil der Haushaltskunst“ und diene dazu, das „natürliche Selbstgenügen“ zu ergänzen und zu vervollständigen (Aristoteles 1948: 18 f). Er sei unentbehrlich. Und er habe das Geld und die Münze hervorgebracht, vor allem der Tausch über weite Entfernungen:

> Als nämlich die durch Einfuhr des Bedarfs und Ausfuhr des Überflusses gewonnene Hilfe sich nach immer ferneren Ländern ausdehnte, musste notwendig das Geld in Gebrauch kommen, da nicht alle Naturalbedürfnisse leicht zu transportieren waren. Man kam daher überein, behufs Tausches gegenseitig eine Sache zu geben und anzunehmen, die selbst zu den nützlichen Dingen zählte und bei ihrer Verwendung im Verkehr am leichtesten zu handhaben war, wie es z. B. das Eisen, Silber und dergleichen ist. Zuerst bestimmte man sie einfach nach Größe und Gewicht, schließlich aber drückte man ihr ein Zeichen auf, um sich das Messen und Wägen zu ersparen, indem die Prägung als Zeichen ihrer Quantität galt. (Aristoteles 1948: 19)

Aristoteles weiß, dass der Tauschwert der Waren den Warenpreisen vorausgesetzt ist: dass [...] „es den Tausch gab, bevor es das Geld gegeben, ist einleuchtend; denn es macht keinen Unterschied, ob fünf Polster für ein Haus oder für soviel Geld, wie fünf Polster wert sind.“ (zit. aus MEW 13: 52) War er der Meinung, dass das Geld als Tauschmittel selbst eine Ware ist und eine Substanz (einen Substanz- oder Sachwert) besitzt? Dem steht entgegen, dass Aristoteles in der Prägung das Wesentliche des Geldes gesehen hat. Im Kapitel V 8 der Nikomachischen Ethik heißt es, das Geld sei nach Maßgabe der gesetzten Übereinkunft zustande gekommen. Aristoteles betont hier die politische Natur des Geldes:

> Gäbe es keine Bedürfnisse oder gäbe es darin kein Gleich wider Gleich, so gäbe es keinen Austausch oder doch keinen von der gegebenen Art. So hat man denn durch Übereinkunft das Geld eingeführt gleichsam als Unterlage für den Austausch der Gegenstände des Bedürfnisses, und den Namen nomisma hat das Geld davon erhalten, daß es nicht der Natur, sondern dem Gesetz (nomos) seine Existenz verdankt und es in unserer Macht steht, es umzuändern und es außer Kurs zu setzen.[8] (vgl. auch Asmuth, Nonnenmacher, Schneidereit 2016: 23)

Deshalb war Nomisma das altgriechische Wort für Geld, abgeleitet von nomos, was bedeutet so viel wie Zugeteiltes, Brauch, Gesetz oder Verordnung. Widernatürlich sei eine andere Art der Erwerbskunst, die Aristoteles „Chrematistik“ nennt (vom Griechischen „chrema“ – Vermögen, Besitz) und als die „Kunst des Gelderwerbs oder der Bereicherung“ bezeichnet. (Aristoteles 1948: 17) Für diese „Kunst“ gibt es „kein Ende und keine Schranke“. (Aristoteles 1948: 20) Ziel der Chrematistik ist die grenzenlose, die absolute Bereicherung. Die ursprüngliche Form des Warenhandels war der geldlose Tausch, aber mit seiner Ausdehnung entstand das Geld. Mit der Geburt des Geldes wurden die Ware-Ware-Beziehungen zu Ware-Geld-Beziehungen. Die neuen Beziehungen gerieten in einen Widerspruch zu dem ursprünglichen Zweck, Bedürfnisse

8 http://www.linke-buecher.de/texte/romane-etc/Aristoteles–Nikomachische%20Ethik.pdf, S. 214 (letzter Aufruf: 15.02.2025)

durch den Tausch besser zu befriedigen als ohne ihn. Der Zweck des Handelns wurde nun ein anderer: Jetzt kam es auf die Kunst an, Geld zu machen, rastlos und immer mehr.[9]

> Nachdem nun einmal die Notwendigkeit des Tauschhandels das Geld geschaffen hatte, kam die andere Erwerbsart auf, das Händler- oder Krämergewerbe, das zu Anfang wohl nur ganz einfach, später aber bei zunehmender Routine auch mit steigendem Raffinement betrieben wurde, indem man sorgfältig darauf achtete, woher man die Waren beziehen und wie man sie umsetzen müsse, damit sie einen möglichst großen Gewinn abwürfen [...] daher postuliert man einen Unterschied zwischen Reichtum und Gelderwerb, und zwar mit Recht. Gelderwerb und naturgemäßer Reichtum sind zweierlei. Dieser letztere gehört zur Hauswirtschaft (Ökonomik, K.M.), jener dagegen beruht auf dem Handel und schafft Vermögen rein nur durch Vermögensumsatz. Und dieser Umsatz scheint sich um das Geld zu drehen. Denn das Geld ist des Umsatzes Anfang und Ende. Daher hat denn auch dieser Reichtum, der aus dieser Art der Erwerbskunst (Chrematistik, K.M.) fließt, kein Ende und keine Schranke, [...] indem alle, die sich mit Erwerb befassen, ihr Geld schrankenlos zu vermehren trachten. (Aristoteles 1948: 19 f)

Eine solche Verkehrung von Mittel und Zweck – jetzt erscheint die Konsumtion als das Mittel des Gelderwerbs und der Bereicherung – ist nach Aristoteles wider die Natur und die Vernunft. Jeder gerechte Staat müsse das maßlose Streben unterbinden. (vgl. Seidel 1984: 90)

Aristoteles begreift und akzeptiert das Geld als Tauschmittel, als ein Mittel zum Zweck. Er verurteilt es als Selbstzweck. Doch darauf beschränken sich seine geldtheoretischen Einsichten nicht. Ihm ist bewusst, dass dem Warentausch ein Gleichheitsverhältnis zugrunde liegen muss und dass es den Tauschwert der Waren schon gab – die Waren sich tauschten – lange bevor er sich durch das Geld in den Preis verwandelte. Er suchte in der hochentwickelten Warenzirkulation seiner Zeit nach der „proportionalen Gleichwertigkeit". Er wollte herausfinden, was die unterschiedlichsten Gebrauchswerte vergleichbar mache. Denn einen proportionalen Tausch könne es nicht geben, wenn die Tauschgüter nicht in irgendeiner Beziehung gleich sind. (Aristoteles 1974: 106) Er schrieb:

> Nehmen wir folgendes an: A ist ein Haus, B zehn Minen, C ein Bett; dann ist A die Hälfte von B, wenn das Haus fünf Minen wert [...] ist. Dass Bett, also C, ist ein Zehntel von B. Somit ist klar, wie viele Betten dem Haus gleich sind, nämlich 5. Dass der Austausch auf diese Weise vor sich ging, bevor es Geld gab, ist klar, denn es ist kein Unterschied, ob 5 Betten für das Haus gegeben werden oder der Geldwert von 5 Betten. (Aristoteles 1974: 108)

Die Bedeutung dieser Aussage besteht darin, dass Aristoteles hier als Erster überhaupt die Wertform analysiert und klar ausspricht, „dass die Geldform der Ware nur die weiter entwickelte Gestalt der einfachen Wertform ist, d. h. des Ausdrucks des Werts

9 Aristoteles entwickelt die beiden Bewegungen der Zirkulation Ware – Geld – Ware (W–G–W) und Geld – Ware – Geld (G–W–G) in ihrem Gegensatz unter dem Namen der „Ökonomik" und „Chrematistik". (MEW 13: 115)

einer Ware in irgendeiner beliebigen andren Ware [...] (MEW 23: 73) Tatsächlich unterscheidet sich der Ausdruck 5 Minen = 1 Haus nicht von 5 Minen = soundso viel Geld. Aristoteles weiß, dass die verschiedenartigen Dinge (Gebrauchswerte) an sich inkommensurabel (nicht vergleichbar) sind und daher auch quantitativ nicht gleich sein können. Was er sucht und nicht findet, ist das, was die unterschiedlichen Gebrauchswerte gemeinsam besitzen und sie daher doch vergleichbar macht – die ihnen innewohnende Arbeit. Er scheitert am Wertbegriff und glaubt dagegen, dass es das das Geld sei, welches die unterschiedlichen Dinge vergleichbar mache:

> Das also ist die Funktion, die das Geld übt; es ist ein Maß, das alle Güter kommensurabel macht und so die Gleichheit herzustellen ermöglicht. Ohne Austausch kein Verkehr, ohne Gleichheit kein Austausch, ohne gemeinsames Maß keine Gleichheit, in Wirklichkeit nun ist es allerdings nicht möglich, daß das was so verschieden ist, kommensurabel werde; aber wohl läßt es sich in einer für das Bedürfnis ausreichenden Weise herstellen. Dazu also muß es ein einheitliches Maß geben und zwar durch Übereinkunft, und deshalb heißt es Geld, nomisma, „was nach Satzung gilt". (Aristoteles 1974: 108)

Das Geld mache, so Aristoteles, einem Maße gleich, die Dinge des Austausches kommensurabel, um sie dann einander gleichsetzen zu können. „Denn es gibt keine Gesellschaft ohne Austausch, der Austausch aber kann nicht sein ohne Gleichheit und die Gleichheit nicht ohne Kommensurabilität." (zit. aus MEW 13: 52) Der Theorienhistoriker Günter Fabiunke nennt dies eine „höchst geniale Verlegenheitslösung". (Fabiunke 1985: 45) Mit ihr habe das theoretische Denken des Aristoteles seine historische und klassenmäßige Erkenntnisschranke erreicht. Denn nicht das Geld macht die unterschiedlichen Gebrauchswerte vergleichbar. Vergleichbar werden sie durch die in ihnen enthaltene Arbeit. Und diese Arbeit – die Wertgröße – wird durch das Geld ausgedrückt, weil sie sich nicht selbst ausdrücken kann. In einer Gesellschaft, in der die physische Arbeit verachtet wird, konnte es auch einem großen Forscher und Denker wie Aristoteles, der ein überzeugter Vertreter seiner Klasse war und für den die „natürliche" Ungleichheit der Menschen feststand, „nicht gelingen, die unterschiedslose, gleiche und allgemeine (abstrakte) menschliche Arbeit als Teil der von isolierten Privatproduzenten geleisteten gesellschaftlichen Gesamtarbeit, als die tatsächliche Substanz des Wertes zu erkennen." (Fabiunke 1985. 46)

> Daß aber in der Form der Warenwerte alle Arbeiten als gleiche menschliche Arbeit und daher als gleichgeltend ausgedrückt werden, konnte Aristoteles nicht aus der Wertform selbst herauslesen, weil die griechische Gesellschaft auf der Sklavenarbeit beruhte, daher die Ungleichheit der Menschen und ihrer Arbeitskräfte zur Naturbasis hatte [...] Das Genie des Aristoteles glänzt gerade darin, daß er im Wertausdruck der Waren ein Gleichheitsverhältnis entdeckt. Nur die historische Schranke der Gesellschaft, worin er lebte, verhindert ihn herauszufinden, worin denn „in Wahrheit" dies Gleichheitsverhältnis besteht. (MEW 23: 74)

Der aristotelische Irrtum blieb als offenbar unüberwindbarer Teil geldtheoretischen Denkens bis in die Gegenwart erhalten. Zeitgenössische Ökonomen, die das Geld als eine Rechnungseinheit oder Verrechnungseinheit sehen, sind überzeugt, dass es auch das „moderne“ Geld Unvergleichbares vergleichbar mache. Das Geld ermögliche es, zu rechnen, Geschäftsbücher zu führen, zu bilanzieren und heterogenes Sachvermögen zu addieren.

Aristoteles, der die Chrematistik, den schrankenlosen Gelderwerb vehement ablehnt, muss zwangsläufig Wucher und das Zinsnehmen verurteilen. Mit dem Handel und dem Handelskapital war auch Geldkapital – zinsnehmendes Kapital, in krasser Form das Wucherkapital – entstanden. Aristoteles erkannte, dass der Gewinn, den der Gläubiger aus dem Verleihen des Geldes zieht, der Übervorteilung des Schuldners entspringt.

> Da es aber eine doppelte Erwerbskunst gibt, die des Händlers und die des Hausvorstandes, und diese letztere notwendig und löblich ist, jene erstere, auf dem Umsatz beruhende, dagegen gerechten Tadel erfährt, weil sie nicht bei der Natur bleibt, sondern den einen Menschen vom anderen sich bereichern läßt, so ist ein drittes Gewerbe, das des Wucherers, mit vollstem Rechte eigentlich verhaßt, weil es aus dem Gelde selbst Gewinn zieht und nicht aus dem, wofür das Geld allein erfunden ist. (Aristoteles 1948: 22 f)

Geld vermehrt sich scheinbar durch sich selbst. Daher hat der Zins „den Namen tokos (Junges) bekommen; denn das Geborene (tiktemenon) ist seinen Erzeugern ähnlich, der Zins aber stammt als Geld vom Gelde. Daher widerstreitet auch diese Erwerbsweise unter allen am meisten dem Naturrecht.“ (Aristoteles 1948: 23) Geld mehren, Zinsnehmen waren – die embryonalen Elemente kapitalistischer Ökonomik – lehnte Aristoteles ab. Der Zins war in vorkapitalistischen Produktionsweisen systemfremd. Man lieh nicht zu produktiven Zwecken, sondern um eine Notlage zu überstehen. Darlehen dienten vor und zu Aristoteles‘ Zeiten dazu, konsumtive Bedürfnisse zu befriedigen. Sich dafür Zinsen zahlen zu lassen, galt als ungerecht und verwerflich. Aristoteles lehnt die gewinnorientierte Geldwirtschaft ab, weil die Bedürfnisse der Naturalwirtschaft der Ausgangspunkt für seine Analyse sind. Sein Ideal war die kleine Ackerbauwirtschaft, wo Sklaven arbeiteten. Sie sollte sich selbst versorgen und nur das Fehlende über einen gerechten Austausch vom Nachbarn holen. Er betrachtete die Warenwirtschaft, inklusive die Ware-Geld-Beziehungen, als eine Ergänzung der Naturalwirtschaft. Geld- und das Wucherkapital erschienen ihm dagegen mit der herrschenden Produktionsweise unvereinbar und als theoretisch widersinnig.

Fazit: Die Aussagen von Platon und Aristoteles zum Geld legen den Grundstein für eine geldtheoretische Diskussion, die über zwei Jahrtausende anhält und die sich bis heute noch immer um die von beiden griechischen Geistesriesen aufgeworfenen Fragen dreht: Ist Geld eine Ware oder ist es nur ein Zeichen, ein Symbol? Ist es als Ware aus dem Tausch entstanden oder ist es eine Anweisung des Staates, quasi ein Produkt der Politik? Ist der Wert des Geldes zurückzuführen auf seine Substanz oder wird er vom Staat bzw. dem Münzherrn festgelegt? In Form des Metallismus wird die Auffassung vertreten, dass das Geld eine Ware ist, deren „Sachwert“ identisch sei mit dem Edelmetallgehalt der Münze. Die Klassik, deren Vertreter die Arbeitswerttheorie begründen, wird später den Geldwert identifizieren mit dem Arbeitsaufwand, der zur

Produktion der Geldware erforderlich ist. Auch die Arbeitswerttheoretiker sind der Meinung, dass das Geld eine Ware sei, aber anders als die Metalllisten ist für sie nicht der Edelmetallgehalt, sondern der Arbeitsaufwand zur Produktion der Geldmünze konstitutiv für ihren Wert. Im Gegensatz zum metallischen und arbeitswerttheoretischen Verständnis von Geldwesen und Geldwert ist für die antiken Denker des Nominalismus das Geld eine Konvention oder eine staatliche Anweisung. Aristoteles war der Meinung, dass, um eine Ware einzutauschen, müsse man zwar etwas Wertvolles geben, doch bedeute das nicht, dass das Zirkulationsmittel selbst aus etwas Wertvollem bestehen müsse. Um Tauschmittel zu sein, bedarf das Geld keiner wertvollen Substanz. „Aristoteles sagt vielmehr ausdrücklich, daß das Geld als bloßes Zirkulationsmittel bloß konventionelles oder gesetzliches Dasein zu haben scheine [...].“ (MEW 13: 96) Sein Wert werde bestimmt durch den offiziellen Stempel, mit dem der Staat bzw. der Münzherr die Münze versieht. Platon und Aristoteles, die nur die metallische Zirkulation beobachten konnten, fassen daher bereits die Goldmünze als Wertzeichen oder als ein Symbol auf, die nicht aufgrund ihres Edelmetallgehalts und -gewichts oder gar aufgrund der Arbeit, die in ihr verselbständigt ist, Wert besitzt, sondern weil der Staat ihr Wert verleihe. Gekrönt und verschleiert wird der Eindruck vom Geld als bloßem Zeichen durch das wertlose Papiergeld, das die Edelmetalle aus der Geld- und Warenzirkulation einst vollständig verdrängen wird. Der Kaiser ist skeptisch: „Und meinen Leuten gilt's für gutes Gold? Dem Heer, dem Hofe gnügt's zu vollem Sold?“ Mephistopheles antwortet: „Ein solch Papier, an Gold und Perlen Statt, Ist so bequem, man weiß doch, was man hat; Man braucht nicht erst zu markten noch zu tauschen, Kann sich nach Lust in Lieb und Wein berauschen.“ Goethe lässt seinen Narren sagen: „Die Zauberblätter! Ich versteh's nicht recht.“ (Goethe 1945: 42–43)

2 Überwindung antiker Erkenntnisschranken über die Warenwirtschaft (1.–5. Jh.)

Im Untergangsstadium der Sklavenhaltergesellschaft, teils auch schon auf dem Boden der mit Elementen der Sklaverei verknüpften Urgesellschaft oder im Zuge der Auflösung der asiatischen oder altorientalischen Produktionsweise[10] – auch sie war mit Elementen der Sklaverei verbundenen –, entstanden zahlreiche neue Vorstellungen und Ideen über die Wirtschaft. Sie markieren den Übergang von antiken zu frühfeudalen Positionen im ökonomischen Denken. Einerseits setzte sich die von Aristoteles verurteilte Geldgier der Latifundienbesitzer[11] fort, andererseits gab es Reformbestrebungen mit dem Ziel, die Lage der von den großen Grundeigentümern, den Handels- und Wucherkapital ausgeplünderten freien Bauern zu verbessern. Sie setzten bereits in den letzten Jahrhunderten vor der Zeitenwende ein.

2.1 Die neue Vorstellung von der Arbeit

Sklaven waren nicht daran interessiert, intensiv und produktiv zu arbeiten. Die Landbesitzer sahen im Kolonat einen Weg, die geringe Produktivität der Sklavenarbeit in der Landwirtschaft zu überwinden. Sie gaben verarmten, freien Bauern und freigelassenen Sklaven – den Kolonen – Bodenparzellen zur selbständigen Bewirtschaftung und verlangten dafür Pacht in Form eines Teils der Ernte. Die Pächter waren an den Boden gebunden, aber sie waren keine Sklaven mehr. Engels nennt sie, deren Zahl stark zunahm, „die Vorläufer der mittelalterlichen Leibeigenen". (MEW 21: 144) Der römische Philosoph und Dichter Lucius Annaeus Seneca (1–65) vertrat die damals als sehr ungewöhnliche und im Gegensatz zur aristotelischen Lehre stehende Auffassung, dass alle Menschen, selbst die Sklaven, vor dem Schicksal gleich seien. (Seneca 1923: 37; Seneca 1924: 156) Das frühe Christentum nahm Partei für die Sklaven, die kleinen Handwerker und die Armen, die von ihrer Arbeit lebten. Die Parteinahme für die Unterdrückten und Entrechteten war verbunden damit, die Bereicherung der Reichen zu verurteilen. Engels nennt die frühe christliche Entwicklung „eines der revolutionärsten Elemente in der Geschichte des menschlichen Geistes." (MEW 22: 459) In den christlichen Schriften aus dem zweiten Jahrhundert äußerte sich der religiöse Grundgedanke von der Gleichheit der Menschen vor Gott sehr deutlich in der Auffassung, dass auch die arbeitenden Menschen gleich sind. Die frühchristliche Wertschätzung der Arbeit bildete den Ausgangspunkt für die soziale Kritik. Geübt wurde sie v. a. von

10 Die asiatische oder altorientalische Produktionsweise beruht auf dem Obereigentum des Despoten am Gemeineigentum urgesellschaftlicher Gemeinwesen und/oder auf der ihnen durch außerökonomischen Zwang auferlegten Tributpflicht gegenüber dem Despoten. (Fabiunke 1985: 48, Fn 44)

11 Latifundien: große, meist von Sklaven bewirtschaftete, Landgüter über 125 ha

https://doi.org/10.1515/9783111568331-003

den sogenannten Kirchenvätern. Sie lebten vom zweiten bis zum sechsten Jahrhundert. Die Bedeutendsten waren Clemens von Alexandria (um 150–bis um 215), Rufinus von Aquileia (340–410), Laktanz (um 250–um 320), Tertullian (160–222), Cyprian (um 200–258), Gregor von Nyssa (um 335/340–nach 394), Gregor von Nazianz (329–390), Johannes Chrysostomos (344–407) und vor allem Aurelius Augustinus (354–430). Ihr Verdienst für die Fortentwicklung des ökonomischen Denkens besteht darin, dass sie die antike Abwertung der körperlichen Arbeit überwanden und – in moralischer Form – den Gedanken der Gleichheit der Arbeitenden in die ökonomische Überlegung einbrachten. Sie stießen dabei auch auf die Frage der Herkunft des Reichtums in den Händen der nicht produktiv Tätigen. Reichtum erschien ihnen als Diebstahl an den Bedürftigen. (Lehmann et al. 1977: 19)

Sie lehnten in Übereinstimmung mit Aristoteles und den Lehren der Heiligen Schrift vehement ab, Zinsen für Kredite zu nehmen, erblickten darin ein Mittel, Bedürftige, Mühselige und Beladene auszubeuten. „Wenn Du Silber leihst einem aus meinem Volke, sei gegen ihn nicht wie ein Schuldner, legt ihm nicht Zins auf.“ (2. Buch Mose 22, Vers 24/5) „Und wenn dein Bruder verarmt und seine Hand neben dir wackelt, so sollst du ihn festhalten wie einen Fremdling und Beisassen, auf das er neben dir lebe. Nimm nicht von ihm Zins und Mehrung und fürchte dich vor deinem Gott, auf das dein Bruder neben dir lebe. Dein Geld gib ihm nicht auf Zins und um Mehrung gib ihm nicht deine Nahrungsmittel.“ (3. Buch Mose, 25, Vers 35–37) Im 15. Psalm spricht David: „Herr, wer wird bleiben auf Deinem heiligen Berge? [...] Wer sein Geld nicht auf Zinsen leiht und nimmt nicht Geschenk über den Unschuldigen.“ Und Jesus befiehlt: „leihet, daß ihr nichts dafür hoffet.“ (Lukas 6, 35) Für den griechischen Bischof Gregor von Nyssa ist das Zinsnehmen Diebstahl: „Was ist für ein Unterschied, durch Einbruch in Besitz fremden Gutes zu kommen auf heimliche Weise und durch Mord als Wegelagerer, indem man sich selbst zum Herrn des Besitzes jenes Menschen macht, oder ob man durch Zwang, der in den Zinsen liegt, das in Besitz nimmt, was einem nicht gehört?“[12] Die Gelehrten lehnten den Zins über weitere 1000 Jahre ab. Die Ablehnung war nicht mehr aufrechtzuerhalten, als die Warenproduktion und Geldwirtschaft sich verknüpften mit den aufkeimenden frühkapitalistischen Wirtschaftsformen.

2.2 Der gerechte Preis und der Bereicherungstrieb

Die praktische Bedeutung der Frage, was angemessene Tauschrelationen sind, stieg mit dem Verfall des Geldwerts und den Preissteigerungen, wenn sie hoch ausfielen und anhielten. Die Erfindung der Münze, ein historisches Ereignis von ähnlicher Be-

12 https://www.sozialoekonomie.info/Grundlagen-3.a-roland-geitmann-bibel-kirchen-zinswirtschaft.html (letzter Aufruf: 15.02.2025)

deutung wie die der Schrift, leitete eine verhängnisvolle Entwicklung ein. Die Münzgeschichte ist eine Geschichte permanenter Münzverschlechterungen. Die Herrschenden bedienten sich dieses Mittels von Anfang an, um sich zu bereichern. Schon die ersten geprägten Münzen waren davon betroffen. Jahrtausende lang entwerteten sie das Münzgeld, um ihren Geldbedarf zu decken, der beständig hoch blieb durch Völlerei, Prasserei, Prunk, Günstlingswirtschaft und Verschwendungssucht an den Höfen der Könige, Kaiser, des hohen und niederen Adels. Vor allem diente die Entwertung des Münzgelds noch bis zum Preußenkönig Friedrich des Großen (1712–1786) dazu, Aufrüstung und Kriege zu finanzieren. Die Mächtigen ließen gute, werthaltige Münzen einziehen und gaben minderwertige in den Umlauf. So machten es im dritten Jahrhundert unserer Zeitrechnung die sich in dauernder Geldnot befindlichen Soldatenkaiser Roms. Sie führten Kriege nach außen und im Innern. Unter ihnen brach das römische Münzwesen zusammen. Goldmünzen – der Aureus, später der Solidus – behielten zwar ihren Wert, liefern aber nur in vergleichsweise geringen Mengen um. Roms Kaiser Septimius Severus (193–211) ließ den Silbergehalt des Denars um ein Drittel verringern, um mehr Münzen zu prägen. Unter seinen Nachfolgern wurde der Silbergehalt weiter verringert. Marcus Aurelius Claudius II. (268–270) ließ so viele Denare (Silbermünzen) prägen, dass sich in ihnen nur noch Spuren von Silber nachweisen ließen. (Born 1988: 363) Kaiser Aurelian (270–275) wertete den Denar auf ein Zwanzigstel seines bisherigen Nennwertes ab. Für den Kleinhandel wurden immer mehr Bronze- und Kupfermünzen geprägt. Sie ersetzten die Silbermünzen, die vor allem gebraucht wurden, um die Heere zu bezahlen. Die Bevölkerung wurde getäuscht, indem man am Anfang die Kupfermünzen mit einer hauchdünnen Silberschicht überzog. Später ersetzte man sie durch weiße Zinnfarbe. Sie sollte Silber vortäuschen. Die Manipulationen bewirkten, dass die Preise um das Zehn- bis Hundertfache stiegen. (Gaettens 1955: 28 f, 30, 36) Vor dem inflationären Hintergrund erhielten die theoretischen Überlegungen über angemessene Tauschrelationen und die richtigen Preise einen eminent praktischen Bezug.

Eine in der Geschichte des ökonomischen Denkens bemerkenswerte Leistung war die von den Kirchenvätern entwickelte Lehre vom gerechten Preis, dem justum pretium. Was ist der richtige, der korrekte Geldbetrag, den die Verkäufer verlangen durften und mit dem die Käufer die Waren bezahlten? Der Preis sei richtig festgesetzt worden, wenn er allen am Warentausch Beteiligten, den Produzenten, Händlern und Konsumenten gleichermaßen von Nutzen sei, den Lebensunterhalt sicherten, Bereicherung und Übervorteilung ausschlossen. Augustinus sagt: „Wer immer nur dieses ausreichende Auskommen und nicht mehr will, der will nicht Ungeziemendes; denn wer mehr will, dann begehrt er über sein Auskommen, und dann will er nichts Geziemendes“. (Augustinus 1966: 248) Die Vorstellung vom gerechten Preis diente dazu, die einfachen Warenproduzenten, Händler und Käufer gegen Wucher, Preisspekulationen und Inflation zu schützen. Das theoretisch Bedeutsame, das Aristoteles noch außer Acht gelassen hatte, war die Einsicht, dass der Preis der Ware die Mühen zu ersetzen habe, die Produzenten und Händler auf sich nehmen, wenn sie Produkte herstellen und Waren herbeischaffen. Damit war erstmalig, wenn auch ethisch-religiös vernebelt, der Zusammenhang von Tauschwert bzw. Preis des Gutes und der Arbeit ausgesprochen.

> Die neue Arbeitsvorstellung, die aus der Krise der auf Sklavenausbeutung beruhenden Produktionsverhältnisse und dem Kolonat erwachsen war und auch der Interessenlage der städtischen einfachen Warenproduzenten entsprach, hatte es ermöglicht, die Vorstellung vom gerechten Preis mit einer groben Vorstellung von den Kosten für die Erzeugung und Herbeischaffung der Ware in Verbindung zu bringen. Unter den Kosten wurde der konkrete Aufwand des Produzenten und des Händlers verstanden [...] Durch diesen Fortschritt haben die Denker während des Übergangs zum Feudalismus dje Entwicklung von vereinzelten ökonomischen Erkenntnissen und Auffassungen zu einer in sich geschlossenen ökonomischen Theorie vorangetrieben. (Lehmann et al. 1977: 25)

Die Auffassung vom gerechten Preis war unvereinbar mit dem Streben, sich zu bereichern. Gerechter Preis und Bereicherungssucht schlossen sich aus. Die Kirchenväter übernahmen die Auffassung Aristoteles', dass das Geld ein unfruchtbares Ding ist, das selbst kein neues Geld zeugen kann. „Nichts ist so unwürdig", sagt der Bischoff von Mailand Ambrosius, „als wenn man [...] von steter Gewinnsucht gequält wird." (zit. aus Mombert 1927: 67) Die Ansichten der Kirchenväter wurden gestützt durch die Vorschriften des Alten Testaments. Sie verurteilen das Zinsnehmen, weil es bedeutet, eine Notlage der Armen und Bedürftigen auszunutzen. Wer mehr zurückfordere, als er gegeben hat, betrüge. Gregor von Nazianz: „Derjenige, der Zins nimmt, sammelt, wo er nicht ausgestreut hat, und erntet, wo er nicht gesät hat." (zit. aus Mombert 1927: 69)

> Sowohl in der bedingungslosen Ablehnung des egoistischen Gewinnstrebens der Produzenten und Händler als auch in der strikten Verurteilung des Wuchers, also in der Bekämpfung der vorkapitalistischen Bewegungsformen des Geldes (G-W-G' und G-G'), standen die christlich-religiösen ökonomischen Lehren der Kirchenväter in voller Übereinstimmung mit den naturrechtlich-heidnischen ökonomischen Lehren des Aristoteles. In ihnen widerspiegelt sich die im Übergang von der Sklavenhaltergesellschaft zum Feudalismus weiter bestehende Vorherrschaft der Naturalwirtschaft gegenüber der Warenwirtschaft. (Fabiunke 1985: 49)

3 Ökonomische Auffassungen im Mittelalter (6.–15. Jh.)

3.1 Die feudale Gesellschaft

Im Mittelalter bildete sich die feudale Gesellschaftsordnung heraus und entfaltete sich. Im Gegensatz zur entwickelten Sklaverei, die nur manche Völker erlebten, herrschten feudale Verhältnisse 2 000 Jahre in weiten Teilen der Welt[13]. Die Produktivkräfte verbesserten sich bis zum 10. Jahrhundert zögerlich, danach rasch und eindrucksvoll. Neue landwirtschaftlichen Arbeitsmittel, wie eiserne Pflugscharen, Eggen, Wasser- und Windmühlen steigerten seit dem 11. Jahrhundert in Europa die Produktivität. Mit eisernen Werkzeugen konnten die Menschen größere Wälder roden und schwerere Böden wirksamer bearbeiten. Der Hakenpflug, später der Pflug mit Wendebrett ermöglichten es, Ackerbau zu betreiben auch außerhalb der Flusstäler. Der Übergang von der Brand- zur Zwei- und Dreifelderwirtschaft erlaubte es den Bauern, die Böden intensiver zu nutzen. Die Fortschritte in der Entwicklung der Produktivkräfte vergrößerten das Mehrprodukt. Die Feudalherren schöpften es ab. Sie waren die Eigentümer des Bodens, den sie von den Bauern bearbeiten ließen. Sie zwangen die von ihnen Abhängigen, dafür Abgaben zu leisten, das Mehrprodukt. Die Hörigen – zum Boden gehörende – durften auch Mühlen, Brau- und Kelterhäuser sowie Backöfen nur gegen Abgaben benutzen. Die Grundherren eigneten sich bäuerliches Gemeineigentum, die Allmende an. Das Ringen um das bäuerliche Kollektiveigentum zog sich durch alle Phasen des Feudalismus und war Teil des mittelalterlichen Klassenkampfes. (Radandt et al. 1981: 469) Die herrschende Klasse verfügte über das Land und über die agrarischen Produzenten und dies war ausschlaggebend für ihren Reichtum und ihre Macht.

Der Trieb, sich immer größere Teile des Geschaffenen unentgeltlich anzueignen, wurzelte in den Konsumbedürfnissen der weltlichen und geistlichen Herren, die viele Fehden und Kriege untereinander führten, um ihre Herrschaft auszudehnen und das bäuerliche Mehrprodukt abzuschöpfen. Die Feudalherren eigneten sich das Mehrprodukt mit außerökonomischer Gewalt an, da den Bauern Anteilland – das Bauernland – überlassen worden war und sie Eigentümer der Produktionsmittel – landwirtschaftlichen Geräte, Werkzeuge, Arbeits- und Nutzvieh – waren, die sie benötigten, um ihre Wirtschaft zu führen. Am Beginn des Mittelalters sind in Westeuropa die Felder eines Dorfes in drei Teile geteilt: „die Felder, die die Bauern für ihren eigenen Bedarf bestel-

13 In China bestand die Feudalordnung mehr als zweitausend Jahre. In den Ländern Westeuropas erstreckte sich der Feudalismus über Jahrhunderte, vom Untergang des Römischen Reiches (5. Jahrhundert) bis zu den bürgerlichen Revolutionen in England (17. Jahrhundert) und in Frankreich (18. Jahrhundert); in Russland bestand der Feudalismus vom 9. Jahrhundert bis zur Bauernreform 1861, in Transkaukasien vom 4. Jahrhundert bis in die siebziger Jahre des 19. Jahrhunderts.

https://doi.org/10.1515/9783111568331-004

len; diejenigen, die der Gutsbesitzer mit Hilfe der unbezahlten Arbeit der zur Fron verpflichteten Bauern ausbeutet, und schließlich das Gemeindeland, wie Wald, Wiesen, Brachland usw., das mehr oder weniger zur freien Verfügung der Bauern und des Gutsherren besteht.“ (Mandel 1970: 101) Der Gutsherr hätte ohne Gewalt keinen Bauern, der Land und eigene Wirtschaft besaß, zwingen können, für ihn zu arbeiten. Das Mehrprodukt nahm die Form der Grundrente an, die zunächst eine Arbeits- und Produktenrente war und sich wandelte im 12. und 13. Jahrhundert zur Geldrente in dem Maße, wie sich die Warenwirtschaft entfaltete und die Rückbildung der Geldwirtschaft nach dem Untergang des Römischen Reiches im 4./5. Jahrhundert überwunden ward. Typisch war aber auch für den Feudalismus noch längere Zeit die austauschlose Naturalwirtschaft. Die Arbeitsrente beruhte auf Arbeitsleistungen (der Fron), erbracht von leibeigenen Bauern mit eigenen Werkzeugen auf dem Land des Grundherrn. Sie war „die einfachste und ursprünglichste Form der Rente“, bei welcher Rente und Mehrprodukt zusammenfielen. „Die Arbeit des [...] Produzenten für sich selbst ist hier räumlich und zeitlich geschieden von seiner Arbeit für den Grundherrn und die letztere erscheint unmittelbar in der brutalen Zwangsarbeit für Dritte“. (MEW 25: 800) Es bedurfte der Leibeigenschaft, um den Bauern Frondienste abzutrotzen. Der Bauer arbeitete die Hälfte der Woche (oder weniger) auf den eigenen Feldern und die andere Hälfte (oder mehr) auf denen des Gutsherrn. In der ersten Hälfte leistete er notwendige Arbeit, erzeugte die Produkte, die er für den eigenen Unterhalt benötigte. Auf den Feldern des Gutsherrn leistete er Mehrarbeit. Sie lieferte das Mehrprodukt, das angeeignet wurde von den Angehörigen der feudalen Klasse, die an der Produktion nicht mitwirkten. Die Effektivität dieser primitiven Ausbeutung war gering. Der in Westeuropa herrschende weltliche und geistliche Feudaladel ging daher dazu über, sich das steigende bäuerliche Mehrprodukt in Form der Natural- oder Produktenrente zu sichern, ohne die Fron und Arbeitsrente sofort aufzugeben. Die Mehrarbeit wurde „nicht mehr in ihrer Naturalgestalt; also auch nicht mehr unter direkter Aufsicht und Zwang des Grundherrn“ verrichtet. Der Produzent wird „durch die gesetzliche Bestimmung statt durch die Peitsche angetrieben“, die Produktrente zu leisten. (MEW 25: 803) Jetzt besaß der Bauer einen größeren Spielraum für die Erzeugung eines Mehrprodukts. Die Möglichkeit, Teile von ihm zu behalten, regte den Bauer an, die Produktivität der Arbeit zu erhöhen. Schon im frühen Mittelalter wurden Erzeugnisse feudaler Produktion in Waren verwandelt. Vom 10. Jahrhundert an wird dies typisch. Arbeits- und Produktenrente befriedigten jetzt nicht mehr nur unmittelbar die Bedürfnisse der Feudalherren, sondern wurden gegen verschiedenste Luxusgüter getauscht. (Mottek 1983: 139) Mit der Entwicklung der Ware-Geld-Beziehungen und dem steigenden Bedarf der Feudalherren verdrängte die Geldrente nach und nach die Natural- oder Produktenrente.

Die Umwandlung des landwirtschaftlichen Mehrprodukts von der Naturalrente in die Geldrente wälzt die Gesellschaft von Grund auf um. Damit der Bauer seine Rente zahlen kann, muss er künftig notgedrungen auf den Markt gehen und dort seine Erzeugnisse verkaufen. Aus der iso-

> lierten Naturalwirtschaft tritt er in eine Wirtschaft ein, die größtenteils geldwirtschaftlichen Charakter trägt. Das Geld, das es möglich macht, eine unbegrenzte Vielfalt von Waren zu erwerben, erlaubt auch eine unbegrenzte Entfaltung der Bedürfnisse. (Mandel 1970: 103)

Die Feudalherren eigneten sich das bäuerliche Mehrprodukt immer mehr in Form von Steuern an. Der Produzent war nach wie vor „erblicher oder sonst traditioneller Besitzer des Bodens, der dem Grundherrn als Eigentümer [...] überschüssige Zwangsarbeit, d. h. unbezahlte, ohne Äquivalent geleistete Arbeit in der Form des in Geld verwandelten Mehrprodukts zu entrichten hat". (MEW 25: 805) Gleichzeitig treten die Bauern „als Verkäufer bestimmter Produkte auf, von denen sie einen Überschuss produzierten" (Mottek 1983: 139), der beträchtlich sein konnte. Viele Bauern wurden wohlhabend, „weil es den Feudalherren zu dieser Zeit nicht gelang, sich das steigende bäuerliche Mehrprodukt vollständig anzueignen". (Mottek 1983: 140) Seit dem Ende des 11. Jahrhunderts verkauften Bauern und Handwerker immer mehr Waren. Die Bauern trugen das Marktrisiko und konnten abhängig werden vom städtischen Bürgertum, das sich Teile des Mehrprodukts aneignete, indem es die Preise zwischen agrarischen und gewerblichen Erzeugnissen zu seinen Gunsten differenzierte. Die Eigentümer der Minen und die Feudalherren, die über das Berg- bzw. bei Silber über das Münzregal verfügten, eigneten sich das von den Bergarbeitern im 14./15. Jahrhundert erzeugte Mehrprodukt an. In den asiatisch-afrikanischen Feudalsystemen war der Staat der oberste Grundherr und der damit verbundene Zusammenfall von Rente und Steuer der „Schlüssel zum ganzen Orient". (MEW 28: 254, 259) Das Staatsterritorium war gemeinsames Eigentum der herrschenden Klasse. Der feudale Staat oder die von ihm eingesetzten Feudalherren besaßen Bewässerungsanlagen, Getreidespeicher und Transportmittel. Sie zogen die Rente von den Bauern mit Hilfe des zentralisierten Staatsapparates ein, wobei die Produktenrente überwog. Sie konnte „einen Umfang besitzen, der die Reproduktion der Arbeitsbedingungen, der Produktionsmittel selbst, ernsthaft gefährdet, Erweiterung der Produktion mehr oder minder unmöglich macht und die unmittelbaren Produzenten auf das physische Minimum von Lebensmitteln herabsetzt". (MEW 25: 804) Die herrschende Klasse – einschließlich Steuerbeamten, Verwaltungsbeamten, Offizieren – saß nicht, wie in Europa, in Fronhöfen und auf Burgen auf dem Lande, sondern in Städten, „wo sie die ihr vom Kalifen als staatlichem und religiösem Oberhaupt zugewiesenen Rentenanteile verzehrte". (Radandt et al. 1981: 475) Im Gegensatz zum europäischen Feudalismus bestand eine starke ökonomische Bindung der Bauern an die Feudalherren oder den Feudalstaat, die keine Leibeigenschaft oder Hörigkeit erforderte, um das Mehrprodukt abzuschöpfen. Hauptform der Ausbeutung war die Pacht. Der Herr schöpfte das gesamte Mehrprodukt ab, nahm so dem Produzenten die Möglichkeit, seine Produktion zu erweitern. Die Lehensbesitzer und hohen Staatsbeamten hatten keine Eigenbetriebe, legten die Pachterträge nicht in der Landwirtschaft an, sondern „verzehrten sie mit ihrem Gefolge oder trieben damit Wucher". (Radandt et al. 1981: 475) Der Drang, sich das Mehrprodukt anzueignen, sprengte nationale Ketten, war verbunden mit internationalen Expansionen. Kolonialreiche entstanden. Sie ermöglichten es, den Rohstoffbedarf der Metropolen zu decken und sich das in den Kolonien erzeugte Mehrprodukt bzw. den Mehrwert und Teile des notwendigen Produkts der Einheimischen anzueignen. Ziel war es, die begrenzten, wenn auch verschwenderischen konsumtiven Bedürfnisse der Herrschenden zu erfüllen. Das feudale System kannte nicht den unstillbaren Wunsch nach grenzenlosem Mehrprodukt, wie er typisch ist für den Kapitalismus. Die entwickelten Länder trieben die Erzeugung des Mehrprodukts in den Kolonien voran, holten es in die Mutterländer, wo sie es akkumulierten. Auf diese Weise erwies das Handelskapital der Entwicklung des Kapitalismus in den Mutterländern einen unersetzlichen Dienst.

3.2 Münzverrufungen und Handelsgeld

In der Geldsphäre sind vor allem zwei Prozesse hervorzuheben, auf die das ökonomische Denken reagierte: Einmal setzten die Münzherren die rigorose Münzverschlechterung aus fiskalischen Gründen fort, zum anderen setzte sich das Handelsgeld in Form des Wechsels durch, was den Eindruck verstärkte, das Geld ein bloßes Zeichen sei.

3.2.1 Schlechte Münzen

Die Geschichte des Münzgeldes ist vor allem die seiner ständigen Verschlechterung. Mangelhafte Prägetechnik und ungleicher Feingehalt reizten dazu, die schwereren Stücke einer Münzsorte auszusuchen und zurückzuhalten. Gezahlt wurde mit den zu leicht geratenen. An den Münzen wurde gefeilt und geschnitten. Oder man mischte ihnen von vornherein minderwertige Metalle bei. Münzen, die sich lange im Umlauf befanden, viele Hände wechselten, nutzten sich auf natürliche Weise ab. Gleiches Geld konnte es so nicht geben. Nachteilig war auch, dass die Prägung der kleineren Münzen relativ hohe Kosten verursachte. Ob Fünf-, Zehn- oder Zwanzigmarkstück, die Prägekosten unterschieden sich wenig, wenn die Stücke gleich groß waren. Zur Prägung einer Geldsumme in Zehnmarkstücken fielen doppelt so viel Kosten an wie die der Prägung der gleichen Summe in Zwanzigmarkstücken. Noch größer ist der Unterschied in den Prägekosten, wenn silberne, kupferne und goldene Münzen verglichen werden. Die höheren Prägekosten machen es zum Teil verständlich, dass der Münzherr den Metallgehalt seines Kleingeldes verringerte. Jedoch geschah dies in höherem Maße, als es den höheren Prägekosten entsprochen hätte. Er zog gerade aus der Prägung des Kleingeldes zusätzlichen Gewinn. Wichtiger ist, dass jene, die berechtigt waren, Münzen zu prägen – die Münzherren – den Münzfuß festsetzen konnten. Der Münzfuß ist das Verhältnis zwischen dem Nennwert einer Münze und ihrem Edelmetallgehalt. Der Nennwert einer Münze sollte in etwa ihrem Metallwert entsprechen. Doch die Münzherren bestimmten, wie viele Münzen aus einer Gewichtseinheit des Metalls hergestellt werden sollten. Grundsätzlich besaßen sie zwei Möglichkeiten den Gewinn aus der Münzprägung zu erhöhen und sich zu bereichern: Sie verschlechterten den Schrot, das Gesamtgewicht der Münze, und das Korn, den Feingehalt, d. h. die Relation der Edelmetallmenge zum Gesamtgewicht. Sie setzten das Feingewicht der Münzen herab, prägten also aus der gleichen Edelmetallmenge mehr Münzen wie vorher. Oder sie setzten bei gleichem Feingewicht den Nennwert der Münzen herauf. Die Entwertung des Kleingeldes äußerte sich in steigenden Preisen. Dies zwang den Münzherrn erneut, den Metallgehalt seines Kleingeldes zu senken, um auf seine Prägekosten zu kommen. Geld sollte mit Gewinn produziert werden. Es ist wie ein Teufelskreis. Aussichtslos, den Kleingeldumlauf stabil zu halten. Münzen von gleichbleibender Güte und konstantem Gewicht waren die große Ausnahme. Vom echten oder alten Schrot und Korn zu sein, heißt: die Münze ist wert, was darauf steht – höchste Anerkennung von bald sprichwörtlicher Bedeutung.

> Ursprünglich dazu gedacht, das Land von Zeit zu Zeit mit einer neuen einheitlichen Münze zu versorgen, dienten die Verrufungen den Münzherrn seit dem Hochmittelalter dazu, oft mehrmals jährlich die im Umlauf befindlichen Münzen einzubeziehen und durch neue und leichtere zu ersetzen. Die Münzverrufung brachte den Münzherrn einen Gewinn, dem Münzbesitzer aber einen realen Verlust und stellte gleichsam eine Form indirekter Besteuerung dar. Wenn wie in vielen Fällen 12 alte Denare gegen 9 neue gegeben wurden, entsprach das – auf den Nennwert bezogen – einer Kapitalsteuer von 25 %. (North 2009: 11)

Den Münzherren ging es nur noch darum, Gewinn zu machen, indem sie den Metallgehalt der Münzen verringerten. Die Münzprägung war auf Gewinn ausgelegt, der umso höher ausfiel, je stärker die Münzherren ihre Münzen verschlechterten. Der Münzgewinn (Schlagsatz oder Seigniorage) ergibt sich aus der Differenz zwischen dem Nennwert einer Münze und den bei ihrer Herstellung anfallenden Kosten. Zu diesen zählen Materialkosten, d. h. solche für die bei der Prägung verwendeten Metalle, Kosten für Brennstoffe, Werkzeuge bzw. Maschinen und eventuell Säuren zum Weißsieden der Münzen, Kosten für die Gebäude der Münzstätte und die Arbeitskosten für das mit der Prägung beschäftigte Personal. Der Schlagschatz wird von der münzberechtigten Obrigkeit eingezogen. Im Mittelalter und in der Frühen Neuzeit war seine Höhe häufig von vornherein in den Münzordnungen bzw. in den Verträgen zwischen Obrigkeit und Münzpersonal festgelegt. In diesen Fällen bestanden für das Münzpersonal starke Anreize, die Münzen unterwertig auszuprägen. Bis zu 25 Prozent ihres Geldbesitzes wurden auf diese Weise den Untertanen genommen, wenn es für zwölf alte nur neun neue Pfennige gab. Der raffende Münzherr und der raubende Ritter – die Symbole der feudalistischen Zeit. Zunächst nur anlässlich der Amtseinführung oder des Jubiläums eines hohen Herrn erlaubt, war es bald Gewohnheit, mehrmals im Jahr die alten Münzen zu „verrufen“ und durch Neuprägungen zu ersetzen. Es gab Verordnungen, die zu jeder Messe neues Geld vorsahen. „Von den Erträgnissen dieser Münzerneuerung kann man sich ungefähr ein Bild machen, wenn man weiß, daß Erzbischof Wichmann einige Jahre verpflichtet war, aus der „moneta Magdeburgensi“ jährlich 236 Mark Silber – die ‚Kölnische Mark zu 233 g oder rund 240 Denarii – an den Domschatz abzuführen. Das waren also jeweils mehr als 56 000 Silberpfennige!“ (K. Walker 2009: 40) Die Münzerneuerung hat eine Kehrseite. Sie läuft hinaus auf eine ständige Enteignung der kleinen Leute. Der Chronist Cosmas von Prag (1045–1125) findet sie „ärger denn Pest, verheerender als Feindeseinfall, Hungersnot und andere Landplagen.“ (K. Walker 2009: 45)

Daher spielte der Kampf um den ewigen Pfennig (denarius perpetuum) im gesamten Spätmittelalter eine große Rolle. Der Pfennig sollte „ewig“ gelten, nicht verrufen und nicht mehr periodisch durch minderwertige Exemplare ersetzt werden. Der permanente Zwangsumtausch sollte endlich ein Ende haben. Handelsstädte waren daran interessiert, ein stabiles Zahlungsmittel zu schaffen, das keiner Münzverschlechterung und den ständigen Münzverrufungen unterworfen war. Sie profitierten von einer gleichbleibenden Münze, einem einheitlichen Münzumlauf, versuchten das Einströmen fremder Münzen zu unterbinden. Otto von Lohnsdorf, Bischof zu Passau, soll der erste sein, der einen ewigen Pfennig einführte. Das war im Jahre 1260. Im Jahre 1295 wird der ewige Pfennig erstmals auch in Konstanz geschlagen. Er trägt ein Bischofsbrustbild zwischen Halbmond und Stern. Auch in Braunschweig, in der Mark Brandenburg und später in vielen Städten gibt es den ewigen Pfennig. Man darf nicht vergessen: es war eine Zeit, in der die Naturalwirtschaft noch (oder wieder) dominierte, auch wenn das Münzgeld zunehmend an Bedeutung gewann. Es war nicht das einzige Geld. Aus der Mark Brandenburg ist überliefert, dass in dieser Zeit Getreide, Hühner, Wachs und Pfeffer Geldfunktionen wahrnahmen. Was den „ewigen“ Pfennig betrifft, so ist einleuchtend, dass die Bereicherungssucht stärker sein musste: Da die Städte untereinander keine einheitlichen Regelungen fanden und in vielen Gegenden die Münzverrufungen weiterhin praktiziert wurden, konnte der „Ewige Pfennig“ die allgemeine Münzverschlechterung langfristig nicht aufhalten. Soweit die Landesherren die Münzen schlagen ließen, hatten sie wenig Interesse an „ewigen“ Pfennigen und praktizierten die Münzverrufung bis weit in die Neuzeit hinein.

Der Großhandel bevorzugte als Zirkulations- und Zahlungsmittel Barren. Umlaufmittel wurden gewonnen, indem man Edelmetallschmuck einschmolz. England schmolz Kirchengerät ein, um 150 000 Silbermark Lösegeld für den gefangenen König Richard Löwenherz an den deutschen König Heinrich V. (1190–1197) zahlen zu können. Erzbischof Wichmann von Magdeburg schmolz im Jahre 1182 den Domschatz ein, weil er Geld brauchte. Die Nachfolger von Erzbischof Willigis von Mainz ließen einen 600 Pfund schweren Goldkorpus, der an einem Kreuz aus Zypressenholz befestigt war, nach und nach einschmelzen, um Wahlen und Fehden zu finanzieren.

Zur Finanzierung des Hundertjährigen Krieges (1337–1453) werteten die französischen Könige die Währung mehrmals massiv ab. Man nannte das 14. Jahrhundert das Zeitalter der „Falschmünzerkönige“, die berühmt-berüchtigsten unter ihnen Philipp IV. (1268–1314), der Schöne genannt, Philipp VI. (1293–1350) und dessen Sohn Johann II. (1319–1364), den man den Guten nannte. Allein zwischen 1337 und 1360 gab es über

80 Münzverrufungen. 1342 hatte der französische Groschen nur noch die Hälfte des Silberwertes von 1336. (Greitens 2022: 151)

3.2.2 Der Wechsel

Münzgeld ist schwer. Die Landstraßen sind unsicher. Ein hohes Risiko ist es für den Kaufmann, größere Mengen Gold- und Silbermünzen mit sich zu führen. Vor allem, wenn er Geschäfte über weite Entfernungen abwickelt. Der Frankfurter Ökonom und Geldhistoriker Karl Häuser (1920–2008) hat errechnet, dass Goethe für seine zweite Italienreise 1786–1788 rund 7 000 Taler hätte mitnehmen müssen. Das sind rund drei Zentner Bargeld. Die Händler fanden schnell einen Ausweg, um derartige Bargeldtransporte zu vermeiden: den Wechsel. Der Wechsel ist ein schriftliches Zahlungsversprechen des Käufers (Schuldners). Er ist ein dokumentierter Zahlungsanspruch aus der Sicht des Verkäufers (Gläubigers). Der Wechsel ist eine Urkunde über ein Gläubiger-Schuldner-Verhältnis. Sombart nennt den Wechsel die Versachlichung eines Schuldverhältnisses. (Sombart 1987b: 202) Der Wechsel ist eine Urkunde. Mit ihr fordert der Gläubiger (Aussteller, Trassant) den Schuldner (Bezogenen, Trassat) auf, eine bestimmte Geldsumme an eine bestimmte Person (Wechselnehmer, Remittent) zu zahlen. Liegt dem Wechsel ein Warengeschäft zugrunde, handelt es sich um einen Handels- oder Warenwechsel. Liegt kein Warengeschäft zugrunde, sondern eine selbständige Kreditleistung, spricht man vom Finanzwechsel.

Meist werden die Handelsstädte im Norden Italiens genannt als Geburtsstätte des Wechsels, das 12. Jahrhundert als dessen Geburtszeit. (Bernstein 1909: 1) Tatsache ist, dass er von da und dort an seine Blütezeit erlebt. Doch der Wechsel ist keine Erfindung des europäischen Mittelalters, des Handelsgebietes um die Zentren Venedig und Florenz. Um 700 v. u. Z. war der Wechsel in China, in Nippur, der sumerischen Stadt südöstlich von Bagdad, und Babylon bekannt, im zweiten und ersten Jahrhundert v. u. Z. auch in Rom, dem wichtigsten Kapitalmarkt des Mittelmeerraumes. (Bog 1988: 426 f.) Der Warenkäufer verspricht in Form des Wechsels, Zahlung später zu leisten, in einer festgelegten Höhe, zu einem fixierten Termin, an einem benannten Platz. Noch kann er sein Geld behalten. Oder er gewinnt Zeit, es sich zu beschaffen. Oft war er gar nicht imstande, die Ware sofort zu bezahlen. Er musste mit ihr erst andere Güter herstellen und verkaufen. Der Verkäufer der Ware erhält keine sofortige Zahlung. Er wird zum Kreditgeber und zieht einen zusätzlichen Vorteil aus dem Geschäft: Er verlangt Zins. Der Zins wird in einem höheren Preis „versteckt". So unterliefen die Kaufleute das Zinsverbot. Der Wechselkredit war von großer Bedeutung für den internationalen Handel. Nach Sombart hatte der Wechsel im 13. bis in das 15. Jahrhundert hinein „ausschließlich die Funktion, dem Kaufmann an einem fremden Orte das erforderliche Bargeld zu verschaffen, ohne dass er es nötig hatte, es von seinem Wohnorte nach dort mitzuschleppen. Der Wechsel dient hier der Durchführung der strengsten Bargeldzahlung." (Sombart 1987a: 525) Ein Kaufmann aus Genua wandte sich an einen Geldwechsler seiner Stadt, wenn er in Brügge Tuche kaufen wollte. Er zahlte die betreffende Summe ein, zum Beispiel 750 Dukaten. Er erhielt kein flämisches Geld, sondern einen Brief an den Geschäftsteilhaber des Wechslers in Brügge. Dieser wird darin beauftragt, den Wert von 750 Dukaten in flämischer Münze dem italienischen Kaufmann auszuzahlen. Die Verschickung und die Mitnahme von Bargeld wurden so vermieden, das damit verbundene Risiko umgangen. Der Genuese konnte in Brügge die gewünschten Waren kaufen und bezahlen, ohne sein Geld mit auf die beschwerliche Reise zu nehmen. Der Wechsel – probates, hilfreiches Mittel des internationalen Geldtransfers.

An den Brennpunkten des Handels fanden Warenmessen statt. Kaufleute strömten zusammen aus allen Himmelsrichtungen. Wechsler siedelten sich an. Sie nahmen Zahlungsaufträge der Kaufleute an, die Waren kaufen wollten. Oder sie bestätigten die Einzahlungen derer, die Waren verkauft hatten. Diese Anweisungen sicherten ihren Inhabern, dass ihnen in der Heimat der entsprechende Gegenbetrag ausgezahlt wurde. Diese Zahlungsanweisungen nannte man Wechsel, weil sie mit einem Umtausch der Münzen verbunden waren. Ihre Bedeutung stieg in einem solchen Maße, dass analog zur Warenmesse jetzt Wechselmessen aufkamen. „Durch die Gewöhnung, möglichst nur ‚Messwechsel' auszustellen, machte man die Einziehung der Wechsel überhaupt erst allgemein üblich." (Sombart 1987a: 526) Messwechsel – auch Marktwechsel – wurde ein Wertpapier genannt, auf welchem kein Zahlungstag angegeben war. Die Zahlungszeit ist auf eine Messe oder auf einen Markt gestellt: ein Wechsel, der die Anweisung enthält, auf einer künftigen Handelsmesse eine bestimmte Geldsumme zu zahlen. Auf den Wechselmessen war es leicht möglich, Schuld und Forderungen durch Aufrechnung auszugleichen. Diesen Ausgleich nennt man Skontration. Er macht Geld überflüssig. Manche sagen, die Wechsel fungierten absolut als Geld, wenn sie sich durch Ausgleichung von Forderung und Schuld aufheben. Denn dann finde keine Verwandlung in Geld statt. (Knolle-Grothusen 2009: 188) Der Wechsel drückt ein Gläubiger-Schuldner-Verhältniss aus. Er ist eine Forderung des Gläubigers und zugleich eine Verbindlichkeit des Schuldners und kann niemals Geld überflüssig machen. Das Geld ist nur dann entbehrlich, wenn sich die Schulden und die Forderungen gegenseitig aufheben, der Gläubiger nicht nur Forderungen, sondern in gleicher Höhe Schulden hat, dito der Schuldner. Es ist keine Eigenschaft des Wechsels, Gläubiger-Schuldner-Verhältnis zu beenden. Dass Forderungen und Verbindlichkeiten gegenseitig aufgerechnet werden können und damit Geld entbehrlich machen, hat mit den Merkmalen des Wechsels nichts zu tun.

Im 13. Jahrhundert entstehen Wechselmessen in der Campagne und Provence. Später sind sie nachweisbar in Lyon, Besançon und Piacenza. Seit dem 15. Jahrhundert wird der Wechsel mehr und mehr eine Zahlungsanweisung, die dazu dient, eine Schuld zu begleichen, die aus einem Warenkauf entstanden war. Der bargeldlose Zahlungsverkehr mittels Wechsel setzte sich im Laufe des 14. Jahrhundert im Handel der Italiener mit den Bewohnern des westlichen Mittelmeers und Westeuropas durch. (North 2009: 30) Sombart nennt einen wichtigen Mangel dieses frühen Wechsels. Er war noch nicht indossabel, d. h. man konnte ihn nicht durch Indossament übertragen. Der Wechsel blieb bis zum Ende des 17. Jahrhunderts eine rein persönliche Schuldurkunde. Sie begründete ein Schuld- und Forderungsverhältnis nur zwischen drei (vier) Personen, die auf dem Wechsel genannt sein mussten: der Aussteller des Wechsels (der Warenverkäufer und Gläubiger), der Bezogene (Warenkäufer und Schuldner), der Empfänger, an den der Geldbetrag ausgezahlt werden sollte (Remittent) und der „Bankier", der für den Empfangsberechtigten den Wechsel beim Schuldner einlösen sollte. Seiner Verwendung als Handelsgeld waren so enge Grenzen gesetzt. Auch auf den Wechselmessen mussten der Schuldner und der Empfangsberechtigte anwesend sein. Oder Vermittler wurden eingeschaltet, die durch weitreichende Beziehungen imstande waren, an verschiedenen Orten Wechsel einzuziehen und sie an anderen zu honorieren. (Sombart 1987a: 526) Erst in der ersten Hälfte des 17. Jahrhunderts kommt das Indossament auf. Es wurde bald als eine große Erleichterung empfunden. Der Verkäufer einer Ware, der anstatt Geld zu bekommen, nur das Versprechen erhält, es später zu empfangen, braucht nicht zu warten, bis der Termin da ist. Er kann das Zahlungsversprechen, den Wechsel, mit allen Rechten an andere übertragen. Das sind seine Gläubiger, von denen er Waren bezieht. Durch Unterschrift auf der Rückseite des Wechsels – Indossament, von „in dosso", auf dem Rücken – erklärt er sich bereit, für die Zahlung zu haften, falls der ursprüngliche Wechselschuldner zahlungsunfähig sein sollte. Die Wechsel wurden so Zirkulationsmittel. Sie ersetzen die Geldware, das Münzgeld in der Zirkulation. Marx nennt sie das Handelsgeld. (MEW 25: 413, MEGA II/15: 389) Es ist eine Form des Kreditgelds, weil es anderes – „richtiges" – Geld fordert. Kreditgeld verkörpert Gläubiger-Schuldner-Verhältnisse, während „richtiges" Geld sie beendet, auflöst.

3.3 Wider Zins und Wucher – Umgehungsversuche

Da die Ware-Geld-Beziehungen zunächst eine untergeordnete Rolle spielten, als sich die feudale Gesellschaftsordnung durchzusetzen begann, blieb das ökonomische Denken weitgehend stehen auf dem Niveau der ersten fünf Jahrhunderte. Es wurde dominiert durch die Ansichten der Kirchenväter. Soweit das ökonomische Denken Neues erfasste, schlägt es sich nieder in Rechtssatzungen, in Vorschriften über die Verwaltung der Krongüter, in Regelungen des Zoll- und Münzwesens und in der Gestaltung der Lehensverhältnisse und der bäuerlichen Feudallasten. (Lehmann et al. 1977: 26) Papst Pius V. erließ im Jahre 1569 erstmals eine Wechselordnung. Die bedeutendste westgermanische Rechtssatzung der frühfeudalen Zeit ist die zu Beginn des 6. Jahrhunderts auf Anordnung des Merowingerkönigs Chlodwig I. verfasste Lex Salica. Das Gesetzbuch enthält Festlegungen zum Schutz des Privateigentums und der daraus resultierenden Klassenbeziehungen. Es verteidigte das Eigentum der freien Bauern, anerkannte aber auch Sklaverei, Kolonat und Großgrundbesitz. Es sah hohe Strafen für Diebstahl und Mord vor. Dabei unterschieden sich die Strafen, je nachdem wer geschädigt wurde und wer der Täter war, sodass anhand der unterschiedlichen Strafmaße die Standesunterschiede der Gesellschaft deutlich wurden. Beispielsweise stand auf Ermordung eines „Römers“, das heißt eines zur Provinzbevölkerung gehörenden Galloromanen, eine Geldstrafe in Höhe von 100 Solidi – der Solidus war eine Goldmünze –, was etwa dem Wert von 100 Rindern entsprach, während die Tötung eines freien Franken in doppelter Höhe mit 200 Solidi geahndet wurde. Wiederum höher stand die Gruppe der galloromanischen „Tischgenossen“ des Königs mit 300 Solidi, während das höchste Sühnegeld von 600 Solidi für die Tötung von Kriegern des unmittelbaren Gefolges des Königs zu entrichten war.[14] Die 70 Paragrafen der von Karl dem Großen (742–814) erlassenen „Verordnung über die königlichen Höfe im fränkischen Reich“ enthielten Vorschriften über die Fronarbeit der Leibeigenen auf den königlichen Gütern, über Acker-, Garten-, Waldbau, Vieh-, Bienen und Geflügelzucht. Es wurde eine sinnvolle Rodung und Aufforstung des Waldes gefordert. Erwähnt werden Eisen-, Gold- und Silberschmiede, Schuster, Drechsler, Wagenbauer, Sattler, Schildmacher, Fischer und Bäcker. Die Verordnung bezweckte, dass das karolingische Reich sorgfältig bewirtschaftet werden sollte und verlangte eine genaue Rechnungsführung. „Wir wollen, dass die Amtleute alles, was sie an unsere Hofhaltung gegeben oder für diese verwaltet haben, auf einen Merkzettel schreiben. Was sie verteilt haben, soll ebenso aufgezeichnet werden. Über den verbleibenden Rest soll schriftlich Bereich erstattet werden.“ (Epperlein 1971: 80)

Seit dem 10. Jahrhundert belebten sich die Ware-Geld-Beziehungen und die ökonomischen Ansichten der Kirchenväter, insbesondere das Wucher- und Zinsverbot, wurden erneut aufgegriffen. Die Verbote bezweckten, die Bereicherung der Wucherer so einzuschränken, dass die feudalen Machtpositionen ungefährdet blieben. (Lehmann et al. 1077: 28) „Wer den Zins nimmt, wird mit dem Königsbann belegt, wer wiederholt Zins nimmt, wird aus der Kirche ausgestoßen und soll vom Grafen festgesetzt werden“, deklamierte Kaiser Lothar im Jahre 825 nach einem Gesetz, das Karl der Große im Jahr 789 erlassen hatte. Auf dem zweiten Laterankonzil im Jahre 1139 wurde Zinsnehmern damit gedroht, ihnen den geistlichen Beistand und das christliche Begräbnis zu verweigern. 40 Jahre danach bezeichnete Papst Alexander III. auf dem Laterankonzil das Zinsnehmen als eine Sünde wider die Gerechtigkeit. Priestern wurde untersagt, sich von Wucherern durch „Almosen“ korrumpieren zu lassen. Papst Gregor X. ordnete 100 Jahre später, auf dem Konzil von Lyon von 1274 an, Wucherer zu vertreiben und befahl jene zu bestrafen, die sich dem widersetzten. Er erklärte Testamente von Wucherern für ungültig, die keine Zinsen zurückgezahlt hatten. Die Wucherfrage fiel damit unter die Rechtsprechung kirchlicher Gerichte. Papst Clemens V. unternahm den letzten, bedeutendsten Schritt. Auf dem Konzil von Vienna im Jahre 1311 erklärte er alle weltliche Gesetzgebung zugunsten der Zinsnahme für

14 https://de.wikipedia.org/wiki/Lex_Salica (letzter Aufruf: 15.02.2025)

null und nichtig und die Auffassung für Ketzerei, Zinsen zu nehmen sei keine Sünde. (Lehmann et al. 1977: 28)

So überflüssig und unbegründet das Zinsnehmen vom Standpunkt naturalwirtschaftlicher Produktionsverhältnisse erscheinen musste, so unentbehrlich war es für die sich entwickelnde Geld- und Kreditwirtschaft und für den Anspruch und das Selbstbewusstsein, mit dem das an Bedeutung gewinnende Geldkapital die Bühne betrat. Der Versuch der mittelalterlichen Scholastiker musste scheitern, das für den Warentausch erkannte Äquivalenzprinzip auch auf die Bewegung des Leihkapitals anzuwenden und dabei dogmatisch das kanonische Zinsverbot zu rechtfertigen. Der Widerspruch zwischen einer überholten Theorie und einer neuen Praxis wurde offensichtlich.

> Trotz aller himmlischen und irdischen Strafen, die darauf gesetzt waren, dauerte in der Praxis das Zinsnehmen fort, teils unverhüllt, teils in mannigfachen Verkleidungen, die der erfinderische Geist der Geschäftsleute ersonnen hatte, um in ihnen, aller Kasuistik der zinsfeindlichen Gesetze zum Trotz, durch die Maschen der letzteren hindurchzuschlüpfen. Und je blühender der Zustand in einem Lande war, desto stärker reagierte die Praxis gegen die noch alleinherrschende Theorie. (Böhm-Bawerk 1921: 20)

Auf die Dauer konnte sich die Kirche den neuen Realitäten nicht verschließen, mehr noch: auch Bischöfe, Priester und Äbte verwickelten sich in Geldgeschäfte, traten als Zinsnehmer und Zinszahler auf. Seit dem 13. Jahrhundert ließ daher die Kurie eine Reihe von Ausnahmen vom strikten Zins- und Wucherverbot zu. Das Zins- und Wucherproblem wurde in die Ware-Geld-Beziehungen eingeordnet. So wurde akzeptiert, dass Schäden aus einer verspäteten Rückzahlung, der entgangene Gewinn und das Risiko, das der Gläubiger eingeht, Mehrleistungen über die verliehene Summe hinaus rechtfertigten, auch wenn es nicht gelang, die Überzahlungen gänzlich vom Makel des Wuchers zu befreien. Der Klerus war gezwungen, sich den sich durchsetzenden geldwirtschaftlichen Beziehungen anzupassen. Als einer der ersten scholastischen Theoretiker verzichtete Antonin von Florenz (1389–1459) auf das Argument, Zinsen zu erheben auf Geld sei unrechtmäßig, da der Borger das geliehen Geld konsumtiv verbrauche. Seiner Ansicht nach sind Zinsen erlaubt, wenn das geliehen Geld produktiv verwendet werde, die Borger mit ihm Produktions- und Handelsunternehmen errichten, ausbauen und Gewinne erzielen.

Mit der Entwicklung der Geldwirtschaft fand man neue Wege, das Zinsverbot formal aufrechtzuerhalten und es zu umgehen. Der Handelswechsel war schon erwähnt worden. Er bot eine Möglichkeit, Zinsen zu nehmen, ohne sie auszuweisen. Seit dem Jahr 1150 etwa spielte v. a. der „Rentenkauf" eine Rolle. Dabei verpflichtete sich der Eigentümer eines Grundstückes – der „Rentenverkäufer" – gegen Empfang einer Geldsumme, regelmäßig Rente (Gült) an den Geldgeber zu zahlen. Der ursprüngliche Eigentümer blieb im Besitz des Grundstückes, woraus zu entnehmen ist, dass es sich um ein verdecktes Darlehen handelte. Es wurde auch gern von städtischen Händlern aufgenommen. Sie bezahlten den Zins aus ihrem Handelsgewinn. Der Geldgeber kaufte die Rente und wurde Rentherr oder Gültherr genannt. Die Rente war anfangs für beide unablöslich, wurde deshalb auch Ewiggeld – „ewiger Zins" – genannt. Seit dem 14. Jahrhundert konnte sie abgelöst werden, indem man den Kaufpreis zurückerstattete. Sie ersetzte den verbotenen Zins und war weit verbreitet. Heinrich von Gent (1207–1293) verwarf den Rentenkauf. Er erkannte, dass es auf dasselbe hinausläuft, einen Geldbetrag anderen zu überlassen und dafür einen Zins zu nehmen oder eine Rente zu erhalten. Nach und nach musste die Zinstheorie der veränderten Realität Tribut zollen. So stimmte der Erzbischof Antonin von Florenz zu, den Zins unter bestimmten Bedingungen zu erlauben. Er billigte Gewinne privat finanzierter Leihhäuser durch den Nutzen, den solche Einrichtungen stifteten. Auch könnte der Preis im Vergleich zum Sofortgeschäft höher sein, werde wie im Kreditgeschäft später gezahlt. Mit der Theorie des gerechten Preises schien diese Annahme allerdings nur vereinbar, wenn man verschiedene Grade dieses Preises akzeptierte. Forderte ein Kaufmann bei Barzahlung die mittlere Stufe des gerechten Preises, so könnte er sich bei Kreditgewährung an die obere Stufe halten, meinte Antonin von Florenz. Das zeigt, wie die Theoretiker an der traditionellen Lehre vom gerechten Preis festzuhalten versuchten, obgleich sie zu Konzessionen an die fortgeschrittene Entwicklung des Wirtschaftslebens gezwungen waren.

> Zusammenfassend kann gesagt werden, dass während der Entfaltung der feudalen Gesellschaftsordnung im ökonomischen Denken der Warenwirtschaft ein gewisser Fortschritt eingetreten war. Mit der Anerkennung einiger Darlehensformen war die bisherige absolute Zurückweisung aller frühen Kapitalformen durchbrochen worden [...] da die Naturalwirtschaft trotz der zunehmenden Entwicklung der Ware-Geld-Beziehungen weiterhin vorherrschte, stellte zwar der naturalwirtschaftliche Vergleich des Gelds mit einem unfruchtbaren Ding noch die Ausgangsthese für die Betrachtung des Wucherkapitals dar. Aber das Zinsproblem wurde jetzt im Zusammenhang mit der Warenwirtschaft erörtert. Dadurch wurde [...] das naturalwirtschaftliche Denken innerhalb der ökonomischen Vorstellungswelt weiter zurückgedrängt. (Lehmann et al. 1977: 31 f)

3.4 Modifikation der Lehre vom gerechten Preis

Auch wenn es zunächst zögerlich voranging: Die Arbeitsteilung zwischen Landwirtschaft und Handwerk, zwischen Stadt und Land erweiterte und vertiefte sich, mit ihr gewannen die Ware-Geld-Beziehungen wieder an Bedeutung und ergänzten immer stärker die noch dominierenden naturalwirtschaftlichen Verhältnisse. Folgerichtig gerieten der Austausch und der Tauschwert – die Tauschrelationen bzw. der Preis der Güter – erneut in den Fokus des ökonomischen Denkens. Fast 1 000 Jahre waren vergangen, als die Kirchenväter erstmals über die Bestimmungsgründe des richtigen, des gerechten Preises nachzudenken begonnen hatten. Nun waren die damals gewonnenen Einsichten an den neuen feudalen Realitäten zu überprüfen. Der Gütertausch sollte in Übereinstimmung mit dem kirchlichen Dogma nach dem Prinzip der Gerechtigkeit erfolgen. Aber die der Theorie vom gerechten Preis ursprünglich zugrunde gelegte Auffassung von der Gleichwertigkeit der menschlichen Arbeiten, mit der überwunden worden war, die körperliche Arbeit zu verachten, musste der hierarchischen Struktur der Feudalgesellschaft angepasst werden. Die feudale Auffassung von der unterschiedlichen sozialen Wertigkeit der Arbeit löste das Postulat von der Gleichwertigkeit der Arbeit ab.

> Was die scholastischen Theologen und Juristen als das den Warentausch bestimmende „Prinzip der proportionalen Gleichheit", als das „kanonische Preisgesetz" verkündeten, war nichts anderes als die ideologische Reflexion der Sozialstruktur des Feudalismus. In dieser „Proportionalität" der Preise widerspiegelte sich in der Tat die strenge Hierarchie der feudalen Stände und Berufe und die dementsprechend beim Warenaustausch genauestens zu beachtende unterschiedliche soziale Rangordnung der „wertbildenden" Arbeiten. (Fabiunke 1985: 55)

Die Kinder adliger Familien erbten die vom Adel genossenen Vorrechte. Die Bauern waren als Leibeigene und Hörige an den Boden gebunden, den sie bearbeiteten und ohne Zustimmung des Herrn nicht verlassen durften. Die Bewohner der Städte, darunter Handwerker und Händler, waren frei, doch wurde ihr ökonomisches und soziales Verhalten geregelt von den Vorstehern der Zünfte. Nur die Mitglieder der Zünfte, Gilden und Berufsgenossenschaften waren berechtigt, die entsprechende Tätigkeit auszuüben. Streng organisierte Handwerker, Kaufleute und Mitglieder der offiziell anerkannten Berufe kontrollierten monopolistisch die Märkte – das Grundprinzip der mittelalterlichen Wirtschaft. (Pribram 1998: 32) Der auf die feudalen Sozialstrukturen bezogene gerechte Preis sollte die unterschiedlichen standesgemäßen Aufwendungen berücksichtigen und damit faktisch den standesgemäßen Lebensunterhalt gewährleisten.

3.4.1 Albertus Magnus – Standesunterschiede im Tausch

Der Universalgelehrte Albert Magnus (1193–1280) ging von der Lehre des Aristoteles aus, dass unterschieden werden müsse zwischen Ökonomik, die dazu diene, den „natürlichen Reichtum" in Form mannigfacher Gebrauchswerte zu erzeugen, wozu der Warenaustausch und der Handel zu nutzen sei, und der von ihm verworfenen Chrematistik, die bezwecke, Reichtum in Geldform – in Gold und Silber – anzuhäufen. Wie Aristoteles war Geld auch für Albertus Magnus nur Tauschmittel, das den Wert der zu tauschenden Waren messe und die unterschiedlichen Gebrauchswerte damit vergleichbar mache. „Das Geld misst nämlich alles. Es misst auch das Zuviel und das Zuwenig. Und durch dasselbe wird gemessen, wie viele Schuhe dem Hause an Wert gleichkommen, das der Baumeister in den Tauschverkehr bringt, und wie viele der Speise gleich sind, d. h. einem Scheffel Getreide oder irgendetwas anderm, das zum Bedürfnis nach Speise gerechnet wird." (Magnus 1923: 35 f) Während Aristoteles bei dieser Einsicht stehengeblieben war, knüpfte Albertus Magnus an die Lehre der Kirchenväter vom gerechten Preis an und führte das im Geld gemessene und ausgedrückte Austauschverhältnis der Waren auf die von ihren Produzenten verrichteten Arbeiten und Ausgaben – labores et expensae – zurück.

> Die Proportion muss derart aufgestellt werden, dass, wie der Baumeister zum Schuster sich verhält hinsichtlich der Arbeiten und Aufwendungen für sein Produkt dem Überschusse nach, so viele Schuhe der Zahl und Größe nach durch Hinzufügung von Geld gegen den Besitz des Hauses oder der Speise getauscht werden, und zwar gegen den Besitz des Hauses, wenn der Vergleich stattfindet im Verhältnis zum Baumeister, gegen den Besitz der Speise, wenn der Vergleich stattfindet im Verhältnis zum Landmann [...] ein Tausch wird [...] nur stattfinden, wenn die Arbeitsprodukte auf irgendeine Weise zu einer Gleichheit der Proportion gebracht werden. (Magnus 1923: 36)

Der erkenntnistheoretische Fortschritt gegenüber den antiken und frühchristlichen Vorstellungen besteht darin, dass Albertus Magnus den Tauschwert mit dem Verhältnis der Kosten erklärt, die bei der Produktion der Güter entstehen. Das feudale Element der Gleichheitsauffassung kommt dabei darin zum Ausdruck, dass die Höhe der Arbeiten und Aufwendungen bestimmt würden durch den unterschiedlichen sozialen Rang der am Austausch Beteiligten. Festgesetzt wurden die aufgewandten Produktionskosten von Feudalherren, städtischen Behörden und Zünften. Auch die Arbeiter würden entlohnt nach ihrer sozialen Stellung sowie nach ihrer Geschicklichkeit und der Art der Arbeit. (Pribram 1998: 40) Die Preise waren dieser Auffassung zufolge nur gerecht, wenn sie eine, dem jeweiligen Stand angemessene Existenz gewährleisteten, die dem sozialen Rang der Tauschpartner gerecht werde. Damit wird der frühchristliche Standpunkt von der Gleichheit unterschiedlicher produktiver Tätigkeiten aufgegeben.

3.4.2 Thomas von Aquino – Die einzig wahre Philosophie

Thomas von Aquino (1225–1274) war der wichtigste Denker, der sich im Feudalismus mit ökonomischen Fragen befasste. Er war Schüler von Albertus Magnus, lehrte in Paris, Bologna, Pisa und Rom. In seiner „Summa theologica“, seinem Hauptwerk, erörtert er Probleme des Werts und der Preise, die Natur des Geldes, die Prinzipien des Gütertausches, die „distributive“ (verteilende) Gerechtigkeit. Er rechtfertigt das Privateigentum, äußert sich über die Organisation der Produkte und der Märkte, verurteilt den unrechtmäßigen Gewinn. Sein Lehrsystem ist in die Wissenschaftsgeschichte als Thomismus eingegangen, die ökonomischen Ausführungen verdienen zu Recht die Bezeichnung „Thomistische Wirtschaftslehre“. (Pribram 1998: 23) Papst Leo XIII. entschied Ende des 19. Jahrhunderts, dass die Lehre Aquinos die einzig wahre Philosophie der katholischen Kirche sei. Thomas von Aquino folgt in seinen ökonomischen Auffassungen fast in wortwörtlicher Übereinstimmung seinem Lehrer Albertus Magnus.

Auch er verstand unter dem Wert eines Tauschgutes dessen gerechten Preis, der beizutragen habe, die feudale Gesellschaft zu erhalten. Dazu müsse er die standesgemäßen Lebenshaltungskosten der Person berücksichtigen, dessen produktive Leistung im Tausch entgolten werde. Es müsse gesichert sein, dass das Leben „in angemessener Weise entsprechend den Lebensverhältnissen und dem Stand geführt werden kann". (Aquino 1923: 140 f) Die mittelalterliche Wirtschaftslehre des Thomas von Aquino bestand aus Definitionen und Geboten, die den Menschen in Produktion, Konsumtion, Distribution und Gütertausch (Zirkulation) christliches Verhalten vorschrieben. Die Bürger in den Städten sollten umfassend für den Bedarf des lokalen Marktes produzieren. Dem Kauf und Verkauf unmittelbar zwischen Produzenten und Verbrauchern wurde der Vorrang eingeräumt vor einer Versorgung mit Gütern aus der Fremde. Die Arbeitsteilung und die Gliederung der Bevölkerung nach Beschäftigung, Beruf und Besitz wurden der göttlichen Vorsehung zugeschrieben. Sie sollten für alles Lebensnotwendige sorgen. Der Gütertausch durch Verkauf und Kauf hatte dem allgemeinen Wohl zu dienen. (Pribram 1998: 31) Thomas von Aquino sagte, dass Änderungen im Verhältnis von Angebot und Nachfrage den Warenwert beeinflussen können. Daher sei der gerechte Preis eines Gutes nicht mit mathematischer Genauigkeit zu ermitteln. Er hinge von der Wertschätzung durch die Tauschpartner ab, sodass leichte Erhöhungen oder Minderungen die gerechte Gleichheit nicht verletzten. Für unrechtmäßig hielt er einen Kauf mit der Absicht, das Gut teurer weiter zu verkaufen, und monopolistische Großeinkäufe. Er schreibt: „Es ist gegen die Gerechtigkeit, daß einer eine Sache teurer verkauft und billiger kauft, als sie wert ist (Art. 1). Wenn aber einer im Handel eine Sache teurer verkauft, als er sie gekauft hat, hat er sie notwendigerweise billiger eingekauft, als sie wert war, oder er verkauft sie zu teuer. Also kann das nicht ohne Sünde sein." (zit. aus Asmuth et al. 2016: 33) Die „eigentliche" Aufgabe des Handels bestehe aber darin, teurer zu verkaufen als einzukaufen. Daraus entspringe ein unrechtmäßiger Profit, Grund, weshalb Kirchenväter jahrhundertelang das Geschäft des Händlers verdammt haben. (Pribram 1998: 45) Der gerechte Preis entspräche dem Wert des erworbenen Gutes, jener sei wie dieser zeitbeständig und dürfe keinen Schwankungen unterliegen. Er werde bestimmt durch die innere Güte der Dinge. Beim Gütertausch solle zwischen den intrinsischen Werten der Güter Äquivalenz herrschen. Der innere Wert der Güter widerspiegele sich in ihren Preisen. Das sei bei jedem Kaufvertrag zu gewährleisten, sodass nach Aquino der eine nicht mehr belastet werde als der andere. (Pribram 1998: 37) Da der gerechte Preis den dauerhaften, unveränderlichen Qualitäten entsprechen sollte, wurde jede Preiserhöhung eines Gutes als unrechtmäßig angesehen, es sei denn, man hätte es veredelt und seine Nützlichkeit erhöht.

Geld dagegen besäße anders als die Handelsgüter keinen „inneren" Wert. Seine Nützlichkeit verdanke es allein einer Übereinkunft der Menschen. Aquino widerspricht damit denen, die den Wert der metallischen Währung gleichsetzen mit der Quantität und der Qualität des in der Münze enthaltenen Metalles. Geld sei Tauschmittel, stellt Aquino fest und lehnt folglich den Zins – die Geldvermehrung aus dem Geldtausch – ab.

> Und so ist der eigentliche und tatsächliche Gebrauch des Geldes zugleich sein Verbrauch oder sein Ausgeben, soweit es zu Tauschgeschäften aufgewendet wird. Deshalb ist es an sich unerlaubt, für den Gebrauch geliehenen Geldes einen Preis, der Zins heißt, anzunehmen. Und wie der Mensch gehalten ist, anderes, was er gegen Gerechtigkeit erworben hat, zurückzugeben, so ist er auch verpflichtet, das Geld, das er als Zins empfangen hat, wiederzuerstatten. (Aquino 1923: 251)

Die Vorstellung des heiligen Thomas von Aquino, dass das Geld im Gegensatz zu allen anderen Gütern keinen inneren Wert besitze, sondern ein reines Zeichen sei, eine Marke, auf das sich die Menschen verständigt hätten und auf das ein Wert „aufgepfropft" werde, war geeignet, die Münzverrufungen zu rechtfertigen. Sie stützte die feudale Theorie des Geldes, schrieb Karl Pribram, „nach welcher sich das Recht der Staatsgewalt, den Metallgehalt der Währung zu verändern, aus dem Monopol der Feudalherren auf die Bestimmung der Messinstrumente ergab. Von daher hatte die scholastische Geldlehre in der wirtschaftlichen Praxis beträchtliche Konsequenzen." (Pribram 1998: 40)

3.4.3 Aegidus Lessines – Valor impositus

Einige direkte Schüler des Thomas von Aquino versuchten, die naturalwirtschaftliche Betrachtung des Geldes als Zirkulationsmittel und als Geldkapital zu überwinden. So unterschied der in Paris lehrende Dominikaner Aegidus Lessines (um 1235–nach 1304) einen Gebrauchswert der Ware, der den Marktpreis bestimme, und einen Substanzwert des Geldes, der auf dem von der Staatsgewalt auferlegten Wert (valor impositus) beruhe und mit dem Metallwert nichts zu tun habe. Auf diese Weise trennte er das Geld von den übrigen Waren, die einen „inneren" Wert besitzen. Er interpretierte das Zinseinkommen durch die Vergabe eines Darlehens als „Rentenkauf", der sich dadurch unter dem Gesichtspunkt des gerechten Preises erfassen ließe und nicht unter die Regelungen des Zins- und Wucherverbots fiele. (Lehmann et al 1977: 48)

3.4.4 Johannes Andreae – Valor intrinsecus

Johannes Andreae (um 1270–1348), bedeutender Rechtsgelehrter, Professor in Bologna und Padua, wies die naturalwirtschaftliche, rein konsumtive Betrachtung des Geldes zurück, wonach eine Geldvermehrung auszuschließen sei, und akzeptierte gewisse Ausnahmen vom Zinsverbot bei der Vergabe von Darlehen. Andererseits meinte er, dass alle nach Zahl, Gewicht oder Größe bestimmbaren Güter, auch das Geld, über einen „inneren Wert" (valor intrinsecus) verfügten. Dieser Wert komme jeweils in einer bestimmten Menge zum Ausdruck. Er sei stabil und beständig, rechtfertige daher keinen Aufschlag auf das Darlehen. Andernfalls würde die Tauschgerechtigkeit, „die Gleichwertigkeit von Hingegebenem und Empfangenem, verletzt." (Lehmann et als 1977: 49)

3.4.5 Johannes Nider – Der erlaubte Zins

Mit der weiteren Entfaltung der Ware-Geld-Beziehungen wurde es irgendwann unvermeidlich, jede Art von Geldgeschäften zu akzeptieren. So erklärt der deutsche Theologe und Dominikaner Johannes Nider (1380– 1438), der Geldwechsler könne die Mühe, Arbeit und das Risiko des Geldwechselns in Anschlag bringen und einen Zins berechnen, der erlittene Verluste ausgleicht. „Der Geldwechsler kann“, sagt er, „genauso wie der Kaufmann, zu Recht aus den verschiedenen Ursachen und Leistungen einen Gewinn ziehen; denn wie die preisliche Bewertung der Waren ändert sich auch der Wert der Münzen, wenn auch nicht so allgemein und in geringerem Ausmaß.“ (zit. bei Lehmann et al 1977: 50) Bemerkenswert ist weniger, dass Nider das Geschäft des Geldwechselns in das Schema der feudalen Tauschgerechtigkeit einbezog, sondern deren Grundprinzipien änderte. Er ließ die Forderung nach dem festen Preis fallen und billigte den Produzenten und Kaufleuten das Recht zu, den Warenpreis „entsprechend der Kaufkraft gegen die allgemeine Vorstellung festzusetzen.“ (Lehmann et al 1977: 50)

3.4.6 Johannes Buridan – Gegen die Münzverschlechterung

Die thomistische Wirtschaftslehre geriet unter Kritik. Wilhelm von Ockham (um 1288–1347) wollte beweisen, dass Begriffe und Ideen ausschließlich Schöpfungen des menschlichen Geistes, bloße Namen sind. Sie besäßen keine Entsprechungen in der Realität, außerhalb des menschlichen Geistes. Die Lehre wurde Nominalismus genannt.

Johannes Buridan – auch Buridanus – (um 1300–1358), ein Schüler Ockhams und Rektor der Pariser Universität, betrachtete die menschlichen Bedürfnisse als das natürliche Maß der Tauschgüter. Er entwarf damit die Grundsätze einer vorwiegend subjektiven Werttheorie, die den Wert mit dem Nutzen in Verbindung brachte, dem subjektiv empfundenen Grad der Bedürfnisbefriedigung. So fragte er sich auch, weshalb Reiche und Arme für das Brot den gleichen Preis zahlten, obgleich ihre individuellen Bedürfnisse sehr verschieden sind. Buridan argumentierte gegen den valor impositus des Geldes, den dem Geld „aufgepfropften“ Wert, der ein zentrales Element der thomistischen Geldlehre gewesen war. Das Theorem vom Wert des Geldes als menschliche Konvention rechtfertigte das Recht der Fürsten, den Edelmetallgehalt der Münzen willkürlich festzusetzen und zu ändern. Buridan war einer der ersten Gelehrten, die gegen die Münzverschlechterungen auftraten, mit denen sich die Herrschenden bereicherten. Er war der Meinung, dass der Geldwert auf dem Metallwert des Münzgelds beruht.

3.4.7 Nikolas von Oresme – Begründer des Metallismus

Buridans Schüler Nikolas von Oresme (vor 1330–1382) – auch Oresmius –, Professor an der Sorbonne und Bischoff von Lisieux (Frankreich), war vermutlich der erste Theologe, der sich in einer gesonderten Schrift mit dem Ursprung, dem Wesen und der Entwertung des Geldes auseinandersetzte. (Oresme 1999) Sie gehört zu den wichtigsten ökonomischen Abhandlungen des 14. Jahrhunderts. Er nennt die Eigenschaften, die das Gold und das Silber besonders geeignet machen, die Funktionen des Geldes wahrzunehmen, wobei für Oresme wie für Aristoteles das Geld das Mittel zum Warenaustausch ist: kleine Mengen besitzen hohen Wert, sie sind leicht zu zählen und zu transportieren, können nicht künstlich erzeugt werden, sie sind knapp etc.) Vor allem begründet er, weshalb Geldmanipulationen – Änderungen der Gestalt des Geldes, der Geldproportionen, der Benennungen, des Gewichtswandels, des Stoffwandels – schädlich sind, eine große Gefahr für die wirtschaftliche Stabilität darstellen, verachtenswert für den Fürsten und ein großes Ärgernis für das Volk sind.

> Nun verhält es sich [...] so, dass der Wert der Zahlungsmittel in einem Königreich eine Art Gesetz und feste Bestimmung sein muss, in der Weise nämlich, dass bestimmte Gehälter und Jahreseinkünfte dem Geldpreis entsprechend auf eine bestimmte Summe von Pfund und Silbermünzen festgelegt wurden. Daraus ist zu folgern, dass man niemals eine Änderung der Zahlungsmittel vornehmen darf, außer im Zustande höchster Not oder zum offensichtlichen Nutzen aller Geldbesitzer. (Oresme 1999: 21)

Im Falle höchster Not oder wenn alle Geldbesitzer Nutzen daraus ziehen, sei eine leicht minderwertige Ausprägung gestattet, die die Prägekosten ersetzt. Wie Buridan ging auch Oresme davon aus, dass das Geld einen inneren Wert besitzt, der Wert der Münze identisch sei mit ihrem Edelmetallgehalt. Wenn die Wahrheit der Inschrift – der aufgeprägte Nennwert der Münze – nicht mit dem Gewicht übereinstimmt, nennt Oresme dies einen üblen Betrug und eine „niederträchtige Täuschung". (Oresme 1999: 33) Er verdammte den Gewinn, den die Münzherren aus der Münzverschlechterung zogen, als Unrecht – Gewinn aus Geldabwertungen sei tyrannisches Tun (Oresme 1999: 73) –, weil jede Geldmutation den Untertanen gegen ihren Willen das Geld entzieht und die Untertanen verarmen lasse. Sie wirke wie eine Steuer (Oresme 1999: 51), sei eine gewaltsame Plünderung oder betrügerische Ausbeutung. (Oresme 1999: 43). Allein Notstände wie Kriege oder Lösegeldzahlungen sowie ein Mangel an Edelmetallen würden es rechtfertigen, die Münzen zu verschlechtern. Das sollte aber nicht der Fürst, sondern die Gemeinschaft festlegen, worunter Oresme den Adel meint. (Greitens 2022: 159) Lange vor Sir Thomas Gresham bewies Oresme, dass schlechtes Geld das gute Geld aus dem Umlauf verdrängt und im Maße seiner Verschlechterung steigende Preise zur Folge habe. Er schrieb:

> Wegen der Mutationen [Münzverschlechterungen] hört auch der Zufluss guter Waren und natürlicher Reichtümer aus dem Ausland in das abwertende Land auf, denn die Kaufleute bevorzugen unter sonst gleichen Umständen jene Orte, wo sie sicheres und gutes Geld erhalten. Auch der

> Handel der Kaufleute im Lande wird durch solche Mutationen gestört und in vielerlei Hinsicht blockiert. Dauern diese Mutationen überdies an, so können Geldbeträge, Jahrespensionen, Mieten, Steuern und derartiges nicht gut und gerecht taxiert oder festgelegt werden, wie bekannt ist. Auch lässt sich Geld nicht mit normaler Sicherheit ausleihen und übertragen. Wegen solcher Mutationen sind viele nicht mehr zu karitativen Hilfeleistungen bereit. Und dennoch sind ausreichender Münzstoff, Handel und allen anderen erwähnten Bedingungen für die menschliche Natur notwendig oder sehr gut und nützlich. Der gegenteilige Zustand bewirkt für die ganze bürgerliche Gemeinschaft Schaden und Nachteil. (Oresme 1999: 53)

Export und Import werden beeinträchtigt, der Export der Edelmetalle angeregt und die Einfuhr von schlechten Münzen begünstigt. Die wirtschaftliche Entwicklung wird geschwächt, weil die Vergabe von Krediten gehemmt wird. Oresme zeigt ferner, wie das Zitat belegt, dass die Falschmünzerei zu Lasten der einfachen Bürger die Einkommensverteilung ändert. Die Untertanen verarmen, „da keine Steuer drückender, keine größer und keine umfassender sei“ (Oresme 1999: 51) als die Entwertung der Münze. Fürsten, Adlige, Spekulanten und Geldwechsler dagegen bereichern sich. Die ehrbaren Mitglieder der Gesellschaft – die Kirche, die Richter, Soldaten, Bauern, Handwerker, Händler und Bezieher nominaler Einkünfte – sind die Verlierer. Das Unrechtbewusstsein geht verloren, weil der König als Tyrann gilt. Von erstaunlicher Aktualität sind die von Oresme klar genannten Gefahren einer unsozialen Einkommens- und Vermögensungleichheit für das Staatsgebilde, verursacht durch die Abwertung des Münzgelds. Sie treffen sinngemäß zu auch auf die „modernen“ Abwertungen des pausenlos inflationierenden Fiat-Geldes des 21. Jahrhunderts, die, um das „Volk“ zu beruhigen, daher niedriger ausgewiesen werden, als sie sind. (vgl. dazu Müller 2024: 144 ff) Oresme:

> Das Gemeinwesen oder Königreich gleicht einem menschlichen Körper, wie Aristoteles im fünften Buch der Politik lehrt. Der Körper wird geschwächt, wenn Säfte im Übermaß in eines seiner Glieder strömen, das sich dadurch entzündet und anschwillt, während andere austrocknen und schrumpfen. Die Proportionen sind nicht mehr gewahrt und ein solcher Körper wird nicht lange überleben. In übertragenem Sinn steht es genauso mit der Gemeinschaft oder dem Königreich, falls Reichtümer über die Maßen von einer Seite her angezogen werden. Denn ein Gemeinwesen oder ein Königreich, in dem ein leitender Teil im Vergleich zu den Untertanen an Reichtum, Macht und Prunk in ungeheurem Maße anwächst, gleicht einem Monstrum oder einem Menschen, dessen Haupt so übermäßig ist, das es der übrige Körper nicht zu tragen vermag. Wie sich aber ein solcher Mensch nicht zu helfen weiß noch lange überleben wird, so kann ein Reich, dessen Fürst in ungeheurem Maße Reichtümer an sich reißt, wie es durch die Geldmutationen geschieht [...] nicht lange währen. (Oresme 1999: 66 f)

Durch Geldabwertungen erfolge der Übergang zur Tyrannei und Tyrannei setze die Nation der Vernichtung aus. „Abwertungen müssen daher schon aus Rücksicht auf die Zukunft um jeden Preis vermieden und umgangen werden.“ (Oresme 1999: 71, 73)

Greitens schreibt, Oresme stehe „am Anfang (mit Bezügen zur Antike, insb. Aristoteles) einer wissenschaftlichen und spezifisch ökonomischen Geldliteratur [... und begründe] den Beginn des Metallismus als geldtheoretische Richtung.“ (Greitens 2022: 159) Oresme vertrete eine Geldwarentheorie – Geld habe einen inneren Wert. Er lege den Schwerpunkt auf die Werterhaltung der Münzen, die Voraussetzung dafür ist, dass das Geld die Wertaufbewahrungsfunktion erfüllen kann. Auf die Bezahlung mit Kreditgeld wie Wechsel reagiert Oresme nicht. Geld existiert für ihn nur in Form von Münzen. (Greitens 2022: 160)

3.4.8 Gabriel Biel – Todsünde Falschmünzerei

Gabriel Biel (1410–1495), Professor an der Universität Tübingen und der „letzte der Ockhamschen Scholastiker", distanzierte sich vom Begriff des gerechten Preises. Das Geld sei aus dem Tausch hervorgegangen, den es erleichterte. Kein Kauf oder Verkauf käme zustande, so sein Argument, wenn nicht jede Partei vom Abschluss einer Tauschtransaktion einen größeren Vorteil als vom Nichtabschluss erwartete. Statt auf ein objektives Wertmaß zu setzen, wurde nunmehr der Einfluss individueller Schätzungen der Tauschenden auf die Preisbestimmung anerkannt. (Pribram 1998: 62) Biel sagte, „dass die Münze ihrem Gewicht nach ebenso viel wert sein muss, wie ihr Stoff im ungemünzten Zustand wert wäre und nicht mehr, natürlich unter Abzug der Prägekosten." (zit. bei Lehmann et al 1977: 50) Damit widersprach auch er der Auffassung, das Geld sei nur ein konventionelles Zeichen, über dessen Wert sich die Akteure einigen würden. Vor dem Hintergrund der periodischen Verschlechterung des Edelmetallgehalts der Münze stellte Biel fest, dass das Geld keinem allein, d. h. dem Herrscher gehöre, sondern allen, der Gemeinschaft:

> Denn die Münze ist ein Mittel, um die natürlichen Reichtümer auszutauschen und ist diesen gleichwertig. Deshalb kommt das Eigentum an Geld denjenigen zu, die die natürlichen Reichtümer innehaben. Denn wenn jemand sein Brot oder die Arbeit seines eigenen Körpers für Geld hergibt, dann ist dieses Geld nach Empfang sein Eigentum, so wie das Brot und die Arbeit sein waren; und er hat freie Verfügungsgewalt darüber. (zit. bei Lehmann et al 1977: 51)

Biel nennt die Falschmünzerei eine Todsünde, „wenn damit eine Person oder die Gemeinschaft geschädigt wird, da mit dem gefälschten Geld quasi Diebstahl begangen wird. Der Fälscher muss daher dem geschädigten eine Wiedergutmachung zahlen." (Greitens 2022: 164) Greitens notiert, Biel stehe in der Tradition von Oresme, lege wie dieser den Fokus auf die Wertaufbewahrungsfunktion des Geldes. Wie Oresme betrachte er nur die Münzen, reflektiert also noch nicht das Kreditgeld.[15] Eine Veränderung des Geldwerts hielt Biel für zulässig, wenn der Landesherr unvorhergesehene Verteidigungsaufgaben finanzieren musste oder wenn die Gemeinschaft eine Senkung des Münzwerts als nützlich betrachtete. Die Auffassung, dass das Geld einen inneren Wert besitzt, hatte sich weitgehend durchgesetzt. Antonin von Florenz war aufgefal-

15 Der Florentiner Rechtsgelehrte Laurentius de Rodulphis war vermutlich der erste, der die verschiedenen Arten der von Geldwechslern durchgeführten Transaktionen analysierte. (Pribram 1998: 65)

len, dass man in Zeiten, in denen Gold gehortet wird und knapp wird, für die gleiche Menge Geld mehr Güter erhielt. Damit deutete er an, dass es sinnvoll ist, zwischen dem intrinsischen Wert des Geldes und seinem Tauschwert zu unterscheiden, um erklären zu können, dass der Wert der Münzen schwankte, obgleich der ihnen innewohnende Wert stabil sein sollte. Der Tauschwert der Metalle würde schwanken, weil die ihn beeinflussenden Faktoren – Änderungen der Nachfrage, des Angebots, der Nützlichkeit und andere – sich auch änderten. (Pribram 1998: 60, 69)

Zusammenfassend kann gesagt werden, dass drei Geldauffassungen miteinander konkurrierten, als das Mittelalter zu Ende ging: Thomas von Aquino und der Fürsprecher der herrschaftlichen Münzprivilegien betrachteten das Geld als bloßes Zeichen und als Resultat menschlicher Konvention, dem der Wert von außen zugewiesen werde (valor impositus.) Die Ockhamschen Scholastiker vertraten dagegen die Theorie des werthaltigen Geldes. Sie kritisierten die Münzverschlechterungen und die Falschmünzer. Schließlich unterschied Antonin von Florenz zwischen dem inneren Wert des Geldes (valor intrinsecus) und einem davon abweichenden Tauschwert. Die Lehre vom gerechten Preis wurde in Übereinstimmung gebracht mit den Standesunterschieden der feudalen Gesellschaft. Die Ablehnung des Bereicherungstriebes, des Zinsnehmens und des Wuchers begann aufzuweichen und in ihr Gegenteil umzuschlagen – zweifelsohne ein Tribut der Theorie an die sich ändernde Realität. Das ökonomische Denken der feudalen Theoretiker bot sowohl die Möglichkeit, die Tauschrelationen bestimmt zu sehen durch die Aufwandsunterschiede bei der Erzeugung der Waren, als auch sie zu erklären mit ihren Nutzenunterschieden. Es bot der objektiven Arbeitswertlehre und der subjektiven Nutzentheorie gleichermaßen Anknüpfungspunkte. Der ständige Widerspruch zwischen den Mahnungen, den Wert der Münzen stabil zu halten und ihren anhaltendenden Abwertungen, erklärte sich aus dem Mangel an Edelmetallen im Vergleich zu den Finanzbedürfnissen des Adels.

4 Renaissance – Übergang vom Mittelalter zur frühen Neuzeit (15./16. Jh.)

Die Renaissance („Wiedergeburt“) ist eine europäische Kulturepoche, die sich über drei Jahrhunderte (14. bis. 16. Jahrhundert) erstreckt, den Übergang vom Mittelalter zur Neuzeit umfasst und gekennzeichnet ist von einem bemerkenswerten Aufstieg in Wissenschaft, Kunst und Literatur. Die Bezeichnung ist jedoch ungenau. Sie bringt die sozialökonomischen Wurzeln des Aufschwungs jener Epoche nicht zum Ausdruck und beschränkt ihren Inhalt darauf, dass das antike Erbe wiederbelebt wurde. In der Ökonomik greift antifeudale, antipäpstliche, antikatholische Kritik um sich, werden feudale ökonomische Denkweisen untergraben. Die Verweltlichung der Kirche, die üppige Hofhaltung und ihre Finanzierung durch Zwangsabgaben entfachte den Unmut gegen die Kirche in ganz Europa. Zeitgeschichtlicher Hintergrund waren die wirtschaftlichen Fortschritte und die revolutionären, frühbürgerlichen Kämpfe vom Ende des Mittelalters ab (etwa 1450). Bürger und Bauern wehrten sich gegen die Unterdrückung durch den Adel. Bedeutung erlangten die tschechische Hussitenbewegung, die Reformation und der Bauernkrieg 1524/1525 in Deutschland und der Freiheitskampf in den Niederlanden ab 1566.

4.1 Wirtschaftliche Veränderungen

Das Erblühen der städtischen Kultur und ein hoher Entwicklungsstand der Warenproduktion in den mittelalterlichen Städten bildeten den zeitgeschichtlichen Hintergrund dafür, dass die geistigen Positionen des feudalen ökonomischen Denkens ins Wanken gerieten. Kapitalistische Manufakturen entstanden in Florenz, Siena und andern Städten Italiens, das schon im 13./14. Jahrhundert das am weitesten entwickelte Land in Europa war. Mit den Manufakturen erblühte auch das Handwerk, besonders das Weber-, Uhrmacher-, Färberhandwerk, die Metallurgie, die Herstellung von Brillen. Schießpulver und Feuerwaffen wurden produziert, Spinnräder drehten sich. Mühlen stellten Papier aus Lumpen her. Die Webstühle wurden verbessert, ebenso die Techniken des Bergbaus, des Schiffbaus, der Eisengewinnung. Gutenberg erfand den Buchdruck. Das städtische Bürgertum erstarkte. Im Norden gewann das Patriziat aufgrund überlegener Handelspositionen – die Hanse – an Macht und Bedeutung. Im Süden Deutschlands stiegen im 15. Jahrhundert die Familien Fugger und Welser auf, die späteren Finanziers der Kaiser und Päpste. Geografische Entdeckungen stellten das bisherige Weltbild in Frage. Sie sind mit großen Namen verbunden – Marco Polo, Kolumbus, Vasco da Gama, Magellan [...] – und führten zur Einbeziehung bisher unbekannter Länder und Regionen in die von Europa aus entstehende Weltwirtschaft, später zur Entstehung des Kolonialsystems, das verbunden war mit der Unterdrückung, Ausbeutung und Ausrottung von Völkern durch europäische Großmächte.

https://doi.org/10.1515/9783111568331-005

4.2 Radikale Kritik, Akzeptanz und frühe Utopien

Die Kritik war nicht nur antifeudal, sie richtete sich auch gegen die frühkapitalistischen Erscheinungen, gegen den aufziehenden Geist des Kapitalismus. Meist verurteilte sie das große Handelskapital, deren Vertreter gemeinsam mit dem Feudaladel die Reichtümer unproduktiv konsumierten. Die Zeit des Umbruchs, des Übergangs von feudalen zu frühbürgerlichen Formen des Zusammenlebens und der sozialen Widersprüche verursachte ein geldtheoretisches Denken, das Auffassungen einschloss, die hätten nicht widersprüchlicher sein können; von der zunehmenden Rechtfertigung der Geldvermehrung bis zu ihrer konsequenten Verurteilung nahezu alles enthielten, was überhaupt denkbar war.

4.2.1 Michael Gaismair – Wider Handelsgewinn und schlechte Münzen

Die alte Forderung, dass der Handel zu gerechten Preisen zu erfolgen habe und die Frage, wie man erkennen kann, dass der Preis gerecht und damit richtig ist, waren weiterhin aktuell. Die ursprünglich feudale Interpretation, dass der Preis eine standesgemäße Lebensführung ermöglichen sollte und daher den Handelsgewinn einschlösse, geriet unter Kritik. Der Handelsgewinn gehöre nicht zu den Kosten, und nur die Kosten habe der Preis zu decken. Wie man ihn, diesen gerechten Preis, finden könne, dazu schreibt Michael Gaismair (1490–1532), der Tiroler Bauernführer:

> Es soll im Land niemand Kaufmannschaft treiben, auf daß sich mit der Sünd des Wuchers niemand befleck. Aber damit in solchem [Herstellen und Austauschen der Waren] nicht Mangel erschein und gut Ordnung gehalten wird, auch niemand überschätzt und betrogen, sondern alle Ding in einem rechten Kauf[preis] und guter War[enqualität] gefunden werden mögen, so soll anfänglich ein Ort im Land angenommen werden [...], dahin man alle Handwerk einrichten und vom Land verlegen solle, um seiden Tuch, Hüte, Messingzeug, Samt, Schuhe und anderes zu machen, und [es] soll etwa ein Generalamtmann, der alle Ding verrechnet, darüber gesetzt werden; und was im Land, wie Gewürz und anderes nicht erlangt werden kann, das soll außerhalb bestellt werden. Darauf [sollen] an etlichen Orten der Gelegenheit nach im Lande gehalten [werden], in denen allerlei angeboten wird, und [man] soll auf nichts einen Gewinn aufschlagen, sondern allein die Kosten, die dabei entstehen, berücksichtigen; damit würde aller Betrug und Falsch verhütet werden, und man könnte alle Ding im rechten Wert haben, und das Geld bleibt im Land und käme dem gemeinen Mann zu gar großem Nutzen. (zit. aus Lehmann et al. 1977: 60)[16]

Gaismair will den Handel nicht verbieten und das Geld nicht abschaffen. Er wendet sich gegen Wucher und Bereicherung. Gerecht soll es zugehen im Gütertausch. Und dazu bedarf es einer soliden Münze. „Man soll ein gute schwere Münz, wie bei Herzog Siegmund Zeiten, wiederum aufrichten und die jetzig Münz aus dem Land tuen und

16 Vgl. auch http://www.bauernkriege.de/gaismair.html, (letzter Aufruf: 15.02.2025)

vertreiben und ferrer kein auswertig Münz, weder viel noch wenig, nehmen, damit das Geld soll probiert werden und soll valuiert werden und was gegen Landnutz wert ist, also solls genummen werden."[17] Also schlechte Münzen weg, solides Geld her, keine Spekulation auf Fremdwährungen – eine damals aktuelle Forderung angesichts anhaltender Münzverschlechterungen.

4.2.2 Erasmus von Rotterdam – Widerliche Kaufleute

Erasmus von Rotterdam (um das Jahr 1467–1536), niederländischer Universalgelehrte und der bedeutendste Repräsentant des „Renaissance-Humanismus", den die protestantische und katholische Kirche wegen seinen kritischen Ansichten attackierte, verurteilte die Kaufleute, die personifizierte Frühform des Kapitals, die feudalen Müßiggänger und die Leibeigenschaft gleichermaßen als widernatürlich. Über die Kaufleute schrieb er: „Gibt es doch nichts niedrigeres als ihren Beruf, den sie dazu noch auf gemeine Weise ausüben; denn in der Regel sind sie Lügner, Meineidige, Diebe, Betrüger und Schwindler." Sie sind „ehrlose Reiche", die das Geld unrecht erwerben. (Erasmus 1961: 88) Großes Unrecht herrsche: der Dieb einer Münze wird mit dem Tode bestraft, wer sich dagegen durch Zinsen und Monopole Geld aneignet, geht straflos aus. Erasmus: „Wer eine Münze wegnimmt, wird gehängt, wer aber öffentlich Gelder unterschlägt, wer mit Monopolen, Zinsen und tausend Künsten und Schlichen so viele hintergeht, gilt als hochgestellt." (Erasmus 1948: 406) Der deutsche Ökonom Paul Mombert (1876–1938) wird den Humanisten vorwerfen, im traditionellen Denken des Mittelalters befangen gewesen zu sein und die volkswirtschaftliche wichtige Bedeutung des Handels in der „angebrochenen Neuzeit" nicht erkannt zu haben. (Mombert 1927: 89)

4.2.3 Thomas More – Unnötiges Geld

Radikaler die Kritik und Utopie des Thomas More, auch Thomas Morus (1478 – 1535), der mit dem wenige Jahre älteren Erasmus freundschaftlich verbunden war. Er verurteilte die feudale Aneignung des Mehrprodukts und die frühkapitalistische Entwicklung. Über die Feudalherren schreibt er: „Selber müßig, leben sie wie die Drohnen von der Arbeit anderer, nämlich von der der Bauern auf ihren Gütern, die sie bis aufs Blut aussaugen, um ihre persönlichen Einkünfte zu erhöhen." (Morus 1974: 20) Die sozialen Missstände erforderten radikale Änderungen, einen tiefgreifenden „Umbau" der Gesellschaft. Reformen, die nur an den Symptomen angriffen, seien völlig unzureichend. Er forderte „die Gleichheit des Besitzes", die nie erreicht werden könnte, „wo die einzelnen ihr Hab und Gut noch als Privateigentum besitzen." (Morus 1974:

17 Vgl. auch http://www.bauernkriege.de/gaismair.html, (letzter Aufruf: 15.02.2025)

49) „Wo alle an alles das Geld als Maßstab anlegen", wird es keine Gerechtigkeit geben. (Morus 1974: 48) Eine tägliche Arbeitszeit von sechs Stunden reiche, um alles Notwendige herzustellen. Verzichtete man auf das unnütze und überflüssige Gewerbe, die nur der Verschwendung und Genusssucht dienten, könnte mit geringeren Arbeitszeiten sogar ein Überfluss an lebensnotwendigen Gütern und solchen erzeugt werden, die das Leben angenehmer machen und mit denen sinnvolle Bedürfnisse befriedigt werden. Inmitten des Überflusses an allen notwendigen Gebrauchswerten sei es nicht mehr erforderlich, Handel zu treiben. Und wo die Notwendigkeit des Warentauschs entfällt, wird auch kein Geld benötigt. Jeder Bürger erhält in städtischen Magazinen „was er selbst und die Seinen brauchen, und nimmt alles, was er haben will, mit, und zwar ohne Bezahlung und überhaupt ohne jede Gegenleistung [...] Alles ist ja im Überfluss vorhanden, und man braucht nicht zu befürchten, dass jemand die Absicht hat, mehr zu verlangen, als er braucht." (Morus 1974: 70) Außer für den Kauf notwendiger Güter aus dem Ausland und um fremde Söldner zu bezahlen, wenn ein Krieg geführt werden muss, wird kein Geld gebraucht. Gold und Silber sind ihrer Geldfunktionen enthoben, sie werden zurückgeführt auf ihre natürlichen Gebrauchswerte.

> Da die Utopier nämlich selber kein Geld verwenden, sondern es nur für den Fall aufsparen, der ebenso gut eintreten wie nicht eintreten kann, so schätzt niemand von ihnen Gold und Silber, woraus das Geld gemacht wird, höher, als es ihrem natürlichen Werte angemessen ist. Wer sieht da nicht, wie weit dort Gold und Silber unter dem Eisen stehen! (Morus 1974: 77 f)

Sie würden aus Gold und Silber mancherlei Dinge herstellen, selbst Nachtgeschirre. Lenin übernahm die Idee und verkündete, im Kommunismus die öffentlichen Bedürfnisanstalten aus Gold bauen zu lassen.[18] Hauptsache, man kann die Edelmetalle im Bedarfsfalle leicht einschmelzen. Ist das Geld abgeschafft, könne man hoffen: „Hier ist mit dem Gebrauch des Geldes selbst zugleich jede Geldgier aus der Welt geschafft [...] Wer weiß nämlich nicht, dass Betrug, Diebstahl, Raub, Streit, Unruhe, Zank, Aufstand, Mord, Verrat und Giftmischerei, die jetzt durch tägliche Bestrafungen mehr geahndet als eingeschränkt werden, mit der Beseitigung des Geldes absterben müssen und dass außerdem Furcht, Unruhe, Sorge, Anstrengungen und durchwachte Nächte in demselben Augenblick wie das Geld verschwinden würden?" (Morus 1974: 139) Auch die Illusion, die Probleme der Welt verschwänden, schaffe man das Geld ab, hat sich bis in die Gegenwart hinein erhalten.

18 „Wenn wir dereinst im Weltmaßstab gesiegt haben, dann werden wir, glaube ich, in den Straßen einiger der größten Städte der Welt öffentliche Bedürfnisanstalten aus Gold bauen. Das wäre die ‚gerechteste' und beste anschaulich-belehrende Verwendung des Goldes für die Generationen, die nicht vergessen haben, wie man des Goldes wegen zehn Millionen Menschen niedergemetzelt und dreißig Millionen zu Krüppeln gemacht hat." (LW 3: 740)

4.2.4 Thomas Campanella – Der Sonnenstaat

Ähnliche Ansichten und Hoffnungen finden sich bei Thomas Campanella (1568–1639), dem italienischen Philosophen und Franziskanermönch. Sein nach 1602 geschriebenes und 1623 erstmals in deutscher Übersetzung in Frankfurt am Main erschienenes Buch „Der Sonnenstaat" ist durchdrungen vom Geist der Renaissance und des Humanismus. Auch Campanella, der 27 Jahre seines Lebens in Haft zubringen musste und mehrfach gefoltert wurde[19], stellte sich eine frühchristliche Gesellschaft vor, in der das Gemeineigentum das private Eigentum verdrängt hat und in der in kürzeren Arbeitszeiten – kaum vier Stunden am Tage für den einzelnen – ein Überfluss an allem Notwendigen geschaffen wird, der nach Bedarf verteilt wird. Die Bedeutung von Handel und Geld wird minimiert. Über die Menschen im „Sonnenstaat" schreibt er:

> Der Handel bringt ihnen zwar nur geringen Nutzen, doch kennen sie den Wert des Geldes und prägen selbst Münzen, damit ihre Gesandten und Kundschafter das, was sie zum Leben brauchen, mit Geld beschaffen können. Aus allen Weltgegenden kommen Kaufleute nach Sonnenstadt, um ihren Bewohnern die überflüssigen Güter abzukaufen. Diese weigern sich, Geld dafür anzunehmen, und nehmen statt dessen im Austausch solche Waren an, an denen sie Mangel haben, oder kaufen sie auch oft mit Geld. (Campanella 1955: 72 f)

Die im Überfluss vorhandenen Güter werden zentral verteilt. Der innerstaatliche Handel werde dadurch entbehrlich. Das Geld habe nur noch Restfunktionen, beschränkt auf den Handel mit Ländern, die es noch nutzen, aber selbst im Handel mit fremden Ländern nehme seine Bedeutung ab.

4.2.5 Ulrich von Hutten – Räuberisches Rom

Reformation und Bauernkrieg machen in ihrer Einheit den Kern der frühbürgerlichen Revolution aus. Der Kampf richtet sich gegen das Feudalsystem und sollte den Weg freimachen für die weitere Entwicklung des Kapitalismus und die Konstituierung des bürgerlichen Nationalstaates. Vor diesem zeitgeschichtlichen Hintergrund sind die damals geäußerten Auffassungen über Warenproduktion, Handel, Geld und Bereicherungstrieb zu beurteilen. Ulrich von Hutten (1488–1523), den seine Zeitgenossen vor allem als lateinischen Dichter schätzten, prangerte das römische Papsttum mit scharfen Worten an. Seine Schriften sind „eine Fundgrube für jeden, der das ökonomische Denken aus der Zeit der frühbürgerlichen Revolution einschätzt", schreibt Günther Rudolph. (Rudolph 1972, zit. aus Lehmann 1977: 76) Huttens Kritik der kirchlichen Machenschaften, des verschwenderischen Feudalstaates und der großen Handels- und Geldkapitalisten entsprach den Interessen des Stadtbürgertums, dem finan-

19 https://de.wikipedia.org/wiki/Tommaso_Campanella, (letzter Aufruf 15.02.2025)

zielle Mittel zur Entwicklung der Produktion fehlten, verprasst durch Feudalherren und päpstliche Kirche. Hutten nennt Rom

> die weithin berüchtigte Scheuer der Welt, in die man fährt und zusammenträgt, was man von jedermann geraubt und genommen hat, [und] in deren Mitte der unersättliche Geizwurm sitzt, der viel verschlingt und stets einen großen Haufen guter Früchte verzehret. [Er ist] umgeben von seinen Mitfressern, die uns zunächst unser Blut ausgesogen, danach vom Fleisch gefressen [haben], bis sie uns jetzt [...] an das Mark gekommen [sind], uns die innersten Knochen zerbrechen und was noch übrig ist auch verzehren wollen [...] Denen geben wir Geld. (Hutten 1972: 143 f)

Hutten geißelt den Ablasshandel, mit dem die römische Kirche das deutsche Volk ausplündert mit scharfen Worten:

> [...] haben auch dieselben geistlichen Väter, zunächst für einen längeren Zeitraum, bald danach jährlich und jetzt schließlich fast täglich, einen neuen Ablassmarkt hier errichtet, Absolution, Dispensation, Remissorien, Relaxation und dergleichen unzählige Bullen verkauft, das gemeine Volk durch Betrug und schalkhafte Lügen dahin gebracht, dass es solche diebische Räuberei und böse Stücke für rechtmäßig erachtet und oft sich selbst geplündert und belastet hat, um die Torheiten kaufen zu können. Durch diese und andere unzählige Wege [...] haben sie uns leider eine lange Zeit irregeführt und so geblendet, dass sie währenddes ungehindert eine gewaltige Geldmenge fort nach Rom geführt [haben]. (Hutten 1974: 89 f)

Und in Rom finanziere das geraubte Geld den verschwenderischen Luxus des verkommenen, angeblich frommen und sich bescheiden gebenen Klerus:

> Denn einen Teil zerstreuet Papst Leo unter seine neuen Vettern und Freunde, deren er so viel hat [...] Einen Teil verzehren nämlich viele Hochwürdigste (d. h. Kardinäle), von denen Leo an einem Tag einunddreißig ernannt hat, ebenso viele Refendare, Auditores, Protonotare (d. h. Oberschreiber), Abbreviatoren (d. h. Ausfertiger päpstlicher Breven), päpstliche Kanzler und Schreiber, des Papstes Kämmerer, Offiziale (d. h. Beamte) und dergleichen andere, die Vornehmsten der römischen Kirche. Welche danach [...] mit viel Geld erhalten werden müssen, das sind Kopisten, Pedelle, Läufer, Köche, Einkäufer, Auskehrer, Eselstrieger, Stallbuben, eine unzählige Schar Huren und Buben und ein großes Heer der Ruffianer (d. h. Kuppler). Solche halten Hunde, Pferde, Meerkatzen, Affen und anders Getier aus Vergnügen. Etliche bauen Häuser von eitel Marmor, essen und trinken reichlich und gut, kleiden sich kostbar, und ohne auf das zu verzichten, was nicht allein zur leiblichen Notdurft, sondern auch zum Vergnügen gehört, leben sie im Müßiggang. Man findet also allezeit eine unaussprechliche große Zahl böser, unflätiger, untauglicher Leute in Rom durch unser Geld müßiggehen. (Hutten 1974: 106)

Ulrich von Hutten fordert, dass die

> unglaublich große Menge an Gold und Silber" im Land bleiben soll. „Da würden viele arme Gesellen, von denen sonst ein Teil aus Armut rauben und stehlen würde, von einer redlichen Belohnung zu leben haben. Man könnte auch sonst vielen armen Leuten mit Unterstützung und Almosen der Gemeinde zu Hilfe kommen; einen Teil könnten wir zur Ernährung und Besoldung gelehrter Leute verwenden, die schreiben und die schönen Künste pflegen würden. Zusammenfassend wäre zu sagen, wenn solches Geld bei uns bliebe, könnten wir die Tüchtigkeit, durch die

> man zur Wohltat veranlasst wird, belohnen [...] dann gäbe es auch keine trägen und unnützen Müßiggänger, und viel Betrügerei würde beseitigt werden. (Hutten 1974: 109 f)

4.2.6 Martin Luther – Mehrprodukt und Wucherzins

Martin Luther (1483–1546), Reformator und erbitterter Gegner des bäuerlichen Aufbegehrens gegen die feudale Unterjochung und Ausplünderung, urteil wie Hutten:

> Wie kommen wir Deutschen dazu, dass wir solche Räuberei, Schinderei unserer Güter von dem Papst leiden müssen? [...] Ja, es meinen etliche, dass jährlich mehr als dreimal hunderttausend Gulden aus Deutschland gen Rom kommen [...] Und wir verwundern uns noch, dass Fürsten, Adel, Städte, Stifte, Land und Leute arm werden? Wir sollten uns verwundern, dass wir noch zu essen haben. (Luther 1970: 33)

Er fordert radikale, ja martialische Konsequenzen: „Henken wir mit Recht die Diebe und köpfen die Räuber, warum sollten wir freilassen den römischen Geiz, der der größte Dieb und Räuber ist, der auf Erden gekommen ist oder kommen mag, und das alles in Christus' und Sankt Peters heiligen Namen?" (Luther 1970: 44) Martin Luther – Deutschlands ältester Nationalökonom (Karl Marx) – wendet sich gegen die Geldgier: „Ein jeglicher denkt und sieht nur darauf, daß er nur viel Geld sammle und zusammenscharre; Getreide und was zur Lebensnotdurft gehört, das achten die Geizhälse nicht so gar sehr als Geld, das sie doch nicht können fressen." (Luther 1970: 234) Das Zinsnehmen lehnt Luther nicht mehr gänzlich ab, und zwar dann nicht, wenn der Schuldner das geliehene Geld produktiv verwendet. „Also, wo ich Zinsen auf einem benannten Grund kaufe, so kaufe ich nicht den Grund, sondern die Arbeit und Mühe des Zinsmannes auf dem Grund, damit er mir meine Zinsen bringe." (Luther 1970: 236) Die Aussage ist erstens bemerkenswert, weil Luther den Zins als einen Teil des Mehrprodukts begreift und ihn so für gerechtfertigt hält und zweitens, weil er, ohne sich der Konsequenz seiner Feststellung bewusst zu sein, die Herkunft des Zinses nicht aus dem Geld selbst, sondern aus der Mehrarbeit des Zinsmannes erklärt. Und nur, wenn die Arbeit, die mit dem Darlehen finanziert wird, aus irgendwelchen Gründen, kein Mehrprodukt bringt, solle der Geldkapitalist (der Verleiher) auch keinen Zins erhalten.

> Also, wenn ihm nach getanem Fleiß seine Arbeit nicht gelinget, soll er und mag sagen zu seinem Zinsherrn frei: Dies Jahr bin ich dir nichts schuldig, denn ich habe dir meine Arbeit und Mühe, Zins zu bringen, auf dem und dem Gut verkauft, das ist mir nicht geraten, der Schaden ist dein und nicht mein, denn willst du ein Interesse mit haben, zu gewinnen, mußt du auch ein Interesse mit haben zu verlieren, wie das fordert die Art eines jeglichen Kaufs. Und welche Zinsherrn das nicht leiden wollen, die sind fromm wie Räuber und Mörder und reißen aus dem Armen sein Gut und Nahrung. Weh ihnen! (Luther 1970: 236)

Die bürgerliche Berechtigung der Geldmehrung und des Zinsnehmens fühlend, vertritt Luther dem Wucher gegenüber noch die katholisch-heidnische Auffassung.

(MEW 26.3: 522) Das Zinsnehmen habe in zulässigen Grenzen zu erfolgen, dürfe die Arbeitskraft der produktiv Tätigen nicht zerstören und die Existenzgrundlage der einfachen Warenproduzenten nicht gefährden oder gar vernichten. Kaufleute und Goldschmiede verliehen das Geld an verschwenderische Reiche, an Großgrundbesitzer und an Bauern und Handwerker, die in Not geraten waren. Letztere wurden durch das Wucherkapital ausgebeutet und meist ruiniert. Die Wucherzinsen erfassten meist das ganze Mehrprodukt, oft auch Teile der Subsistenzmittel der einfachen Warenproduzenten.

> Wer nun jetzt zu Leipztig 100 Floren hat, der nimmt järlich 40[20], das heisst einen Bauer oder einen Bürger in einem Jar gefressen. Hat er 1000 Floren; so nimmt er järlich 400, das heisst einen Ritter oder reichen Edelmann in einem Jar gefressen. Hat er 10.000, so nimmt er järlich 4000; das heisst einen reichen Grafen im Jar gefressen. Hat er 100.000, wie es sein muss bei den grossen Händlern, so nimmt er järlich 40.000; das heisst einen großen reichen Fürsten in einem Jar gefressen. Hat er 1.000.000, so nimmt er järlich 400.000, das heisst einen großen König in einem Jar gefressen. Und leidet darüber keine Fahr, weder an Leib noch an Wahr, Arbeit nichts, sitzt hinter dem Ofen und brät Aepfel: also möchte ein Stul-Räuber sitzen zu Hause, und eine ganze Welt in zehn Jahren fressen.“ (Aus Martin Luther, An die Pfarrherrn wider den Wucher zu predigen, 1540, zit. aus MEW 25: 624)

Luther anerkannte das Geld als das Mittel, das den Warenaustausch erleichterte. Er hatte ein Problem mit dem Kapitalcharakter des Geldes, der sich in Handel und Wucher entfaltete. „Es ist dies Eingewachsensein des Zinses in das Geldkapital als in ein Ding (wie hier die Produktion des Mehrwerts durch das Kapital erscheint), was Luther in seiner naiven Polterei gegen den Wucher so sehr beschäftigt.“ (MEW 25: 407) In seiner Polemik gegen das Handels- und Leihkapital stieß Luther erstmals auch auf den Unterschied zwischen dem Geld als Kauf- bzw. Zirkulationsmittel und dem Geld als Zahlungsmittel. (MEW 23: 149, Fn 96) „Es ist nicht der Unterschied zwischen Leihen und Kaufen, der ihn irremacht; in beiden erkennt er den Wucher gleichmäßig.“ (MEW 26.3: 516)

Luther kritisiert den monopolistischen Kaufmann, der keine Konkurrenz kennt und fordert von ihm, die Preise seiner Waren nach dem Wert zu richten. „Es soll nicht so heißen: Ich mag meine Ware so teuer geben, als ich kann oder will, sondern also: Ich mag meine Ware so teuer geben, als ich soll oder als recht und billig ist. Denn dein Verkaufen soll nicht ein Werk sein, das frei in deiner Macht und [deinem] Willen ohne alles Gesetz und Maß stehe.“ (Luther 1970: 185) Der Preis solle nicht staatlich festgesetzt werden, sondern gelten soll jener, den „der gemeine Markt gibt [...] oder wie [es] des Landes Gewohnheit ist zu geben und zu nehmen.“ (Luther 1970:186) So könne gesichert werden, dass der Preis die unterschiedlich hohen und sich ändernden Kosten ersetzt.

20 Gemeint sind 40 Prozent Zinsen

> Die Ware ist nicht alle gleich. So holet man eine von ferner als die andere, erfordert die eine mehr Kosten als die andere, so daß es hier alles ungenau ist und bleiben muß und nichts Genaues festgelegt werden kann, so wenig wie man eine einzige gewisse Stadt festsetzen kann, aus der man sie alle herholet oder in der man die genauen Kosten bestimmt, die entstehen, weil es geschehen mag, daß einerlei Ware aus einerlei Stadt auf einerlei Straße heute mehr koste als vor einem Jahr, daß vielleicht der Weg und das Wetter böser sind oder sonst ein Zufalle kommt, der höhere Unkosten verursacht als zu einer anderen Zeit. (Luther 1970: 185 f)

Der Kaufmann, so Luther, solle „Kosten, Mühe, Arbeit und Gefahr berechnen und überschlagen und so dann die Ware [in ihrem Preis] selbst festsetzen, steigern oder senken, daß du von solcher Arbeit und Mühe Lohn habest." (Luther 1970: 187) Luther übernimmt von der feudalen Theorie des gerechten Preises die Unterteilung der Kosten in sachliche und in Arbeitsaufwendungen sowie dessen standesgemäße Differenzierung. Er deutet den Handelsgewinn als eine Art von Lohn, neu ist der Vergleich des Handelsgewinns mit dem Tagelohn und der Versuch, seine Höhe abzuschätzen. Der aus der Handelstätigkeit entstehende „Neuwert" sollte ein Mehrfaches der einfachsten Arbeit betragen. Genaueres kann Luther nicht sagen, „weil er schließlich die Tatsache der ‚standesgemäßen Nahrung', also des berufsständischen Einkommens, als einer gegebenen Größe noch respektieren muß." (Lehmann et al.1977: 84)

4.2.7 Jean Calvin – Ökonomische Mächte und puritanisches Leben

Jean (oder Johannes) Calvin (1509–1564), französischer Theologe und Reformator, eint mit Luther das antifeudale bürgerliche Denken. Er geht über ihn hinaus, indem er vermutet, das objektive, vom Wollen und Wissen der Menschen unabhängige ökonomische Gesetze letztlich das wirtschaftliche Handeln der Menschen bestimmten. Calvins Dogma, schreibt Friedrich Engels

> war den kühnsten der damaligen Bürger angepaßt. Seine Gnadenwahl war der religiöse Ausdruck der Tatsache, daß in der Handelswelt der Konkurrenz Erfolg oder Bankrott nicht abhängt von der Tätigkeit oder dem Geschick des einzelnen, sondern von Umständen, die von ihm unabhängig sind. „So liegt es nicht an jemandes Wollen oder Laufen, sondern am Erbarmen" überlegner, aber unbekannter ökonomischer Mächte. Und dies war ganz besonders wahr zu einer Zeit ökonomischer Umwälzung, wo alle alten Handelswege und Handelszentren durch neue verdrängt, wo Amerika und Indien der Welt eröffnet wurden und wo selbst die altehrwürdigsten ökonomischen Glaubensartikel – die Werte des Goldes und Silbers – ins Wanken und Krachen gerieten (MEW 22: 300)

Luther orientierte die protestantische Christenheit auf die von Gott befohlene bürgerliche Arbeit. Calvins Prädestinationslehre, derzufolge sich bereits im „Diesseits" zeige, welcher Platz den Christen im „Jenseits" bestimmt sei, orientierte darüber hinausgehend auf eine Arbeit, die hohe Einkommen, vor allem steigende Profite bringen sollte. Beide Denker reflektierten, wenn auch unterschiedlich prononciert, die Interessen des aufsteigenden Bürgertums und die zum Kapitalismus hindrängenden Kräfte.

> Schritt für Schritt mit dem Emporkommen des Bürgertums entwickelte sich aber der gewaltige Aufschwung der Wissenschaft. Astronomie, Mechanik, Physik, Anatomie, Physiologie wurden wieder betrieben. Das Bürgertum gebrauchte zur Entwicklung seiner industriellen Produktion eine Wissenschaft, die die Eigenschaften der Naturkörper und die Betätigungsweisen der Naturkräfte untersuchte. Bisher aber war die Wissenschaft nur die demütige Magd der Kirche gewesen, der es nicht gestattet war, die durch den Glauben gesetzten Schranken zu überschreiten – kurz, sie war alles gewesen, nur keine Wissenschaft. Jetzt rebellierte die Wissenschaft gegen die Kirche; das Bürgertum brauchte die Wissenschaft und machte die Rebellion mit. (MEW 22: 299)

In England orientierte der Calvinismus auf eine strenge puritanische Lebensweise. Arbeit und Enthaltsamkeit, Fleiß und Sparsamkeit sollten die Tugenden sein. So bewährte sich „der Calvinismus als die echte religiöse Verkleidung der Interessen des damaligen Bürgertums“. (MEW 21: 305)

4.2.8 Konrad Peutinger – Die soziale Funktion des Kredits

Konrad Peutinger (1465–1547), Jurist und Stadtschreiber in Augsburg auf Lebenszeit, verteidigte das in die Kritik geratene frühe Handelskapital und gelangte dabei zu bemerkenswerten ökonomischen Einsichten. Sie waren gegen die feudale Produktionsweise gerichtet und sollten später unter den entwickelten kapitalistischen Verhältnissen des 19. und 20. Jahrhunderts in das Argumentationsreservoir der Herrschenden eingehen. (vgl. Lehmann et al. 1977: 89) Die Ausfuhr von Silber aus deutschen Bergwerken ist sinnvoll. Goldmünzen würden dagegen nur in kleineren Mengen ins Ausland verbracht von Kaufleuten, die sich des Wechsels nicht bedienen konnten. Ein gleichgewichtiger Warenaustausch erhalte das Gemeinwohl. Der Transithandel ermögliche den Kaufleuten ein gutes Auskommen und dem Staat Einkünfte in Form von Zöllen, Steuern und Geleitgeldern. Zölle auf Einfuhr und Ausfuhr dagegen schadeten dem Handwerk, das Rohstoffe vom Weltmarkt bezieht, und erschwerten den Export, von dem die Deutschen lebten. Die deutschen Exporteure sollten ihre Waren selbst transportieren. Falsch sei es, den Handelshäusern die Aufnahme von Krediten zu verbieten. Peutinger betont die soziale Funktion des Kredits:

> Es finden sich auch viele ehrenhafte Männer aus vornehmen Ständen, sowie Städter, Waisen und andere, die weder ein Handwerk noch eine Wissenschaft betreiben, die nicht im (Staats-) Dienst stehen oder sich anderswie [...] ernähren können als durch Verzehr ihres Vermögens oder mit Renten und Zinsen. Und wenn sie nun vielleicht nur über von ihren Eltern ererbtes Bargeld verfügen, das sie gern in Renten anlegen möchten, so können sie solche nicht zu einem angemessenen Preis erwerben, da die zum Kauf angebotenen Immobilien stets schon durch gewisse andere [d. h. Kleriker] und noch dazu zu solch einem hohen Preis aufgekauft werden, daß heutzutage kaum jemand solche Grundstücke zu einem annehmbaren Preis erhalten kann. (zit. bei Lehmann et al. 1977: 90)

Die begrenzten Anlagemöglichkeiten drängen die Geldbesitzer, besonders die großen wie die Fugger und Welser, zur Kreditvergabe. Peutingers Auffassung muss, so schreiben Lehmann et al., grundsätzlich antifeudal gewertet werden, „weil sie dem parasitären Geldprivileg implizit die freie Konkurrenz auf dem Grundstücks- und Rentenmarkt ebenso entgegensetzt wie [...] dem zünftlerischen Privileg der Einkommensgarantie den freien, auf Leistung beruhenden Wettbewerb der Produzenten.“ (Lehmann et al. 1977: 90) Während der sich umgreifende Bereicherungstrieb bislang verurteilt oder wenigstens nicht ohne Skrupel betrachtet wurde, rechtfertigt Peutinger ihn: „Und so haben alle – sowohl Kleriker als Laien jedes Standes und Lebensalters, seien es nun Fürsten, Lehnsherrn, Adlige, Bürger, Kaufleute, Krämer, Handwerker, Bauern und alle anderen – das Recht, sich zu bereichern oder mit ihrem Vermögen Gewinne zu erzielen und dem eigenen Nutzen zu dienen – freilich auf ehrenhafte Weise.“ (zit. bei Lehmann et al. 1977: 91) Indem das kaufmännische Kapital danach strebt, sich zu bereichern, fördere es das Gemeinwohl. „Wo nämlich vermögende Kaufleute ansässig sind, dort wächst der Unterhalt und das Fortkommen aller Handwerker“. Der Angriff auf die Handelsgesellschaften entspringe Neid und Hass und bezwecke, „dem gemeinen Nutzen der deutschen Nation Schaden zuzufügen“. (zit. bei Lehmann et al. 1977: 91) Wer danach trachtet, die Aktivitäten der Großkaufleute, ihr Monopol, zu beschränken, untergrabe das Gemeinwohl.

> Einerseits gelangen ihre entschiedensten Vertreter [...] zur gesellschaftlichen Überwindung der Schranken, die durch das feudale Ständesystem mit seiner noch immer naturalwirtschaftlich interpretierten Grundlage gezogen sind. Andererseits können sie trotz der theoretischen Formulierung von Leitlinien einer kapitalistischen Wirtschaftspolitik [...] einen für breite Schichten gangbaren Weg aus dem Feudalismus heraus nicht weisen, weil das Existenzinteresse des Handels- und Geldkapitals eine enge Bindung an die Feudalmacht nötig machte. (Lehmann et al. 1977: 91 f)

5 Monetarismus (16.–18. Jh.)

5.1 Die ursprüngliche Akkumulation des Kapitals

Über drei Jahrhunderte haben Monetarismus und Merkantilismus das ökonomische Denken in Europa geprägt. Sie lösten die scholastische Lehre ab und gingen der ökonomischen Klassik voraus. Ihre Denker unterscheiden sich von den Scholastikern durch den „Verzicht auf den Einbau der Wirtschaftslehre in das große System der katholischen Theologie; nicht mehr Rechtfertigung, sondern Erforschung der Tatsachen [...] sind Ziel und Mittel". (Salin 1952: 51) Monetarismus und Merkantilismus sind die Wirtschaftstheorien in der Zeit, als sich die Warenproduktion wieder stärker entfaltete, als mit dem zunehmenden Umfang der in den Tausch gelangenden Produkte die Bedeutung des Geldes wuchs, als im Gefolge der großen geografischen Entdeckungen gegen Ende des 15. Jahrhunderts sich der internationale Handel belebte und ein Weltmarkt sich herauszubilden begann, als die feudale Naturalwirtschaft sich auflöste und überging in die bürgerliche Geldwirtschaft, als der Manufakturkapitalismus feudale Wirtschaftsformen zurückdrängte und auf qualvolle Weise die kapitalistische Produktionsweise entstand. Das Geld wurde zum Zweck und zum mächtigen Hebel der Bourgeoisie. Friedrich Engels schrieb:

> Die Bürgerschaft der Städte [hatte] eine gewaltige Waffe gegen den Feudalismus – *das Geld.* In der feudalen Musterwirtschaft des frühen Mittelalters war für das Geld kaum Platz gewesen. Der Feudalherr bezog von seinen Leibeignen alles, was er brauchte; entweder in der Form von Arbeit oder in der von fertigem Produkt [...] Austausch war nicht vorhanden, Geld überflüssig. Europa war auf eine so niedrige Stufe herabgedrückt, hatte so sehr wieder von vorn angefangen, daß das Geld damals weit weniger eine gesellschaftliche als eine bloß politische Funktion hatte: Es diente zum Steuerzahlen und wurde hauptsächlich erworben durch Raub. Alles das war jetzt anders. Geld war wieder allgemeines Austauschmittel geworden, und damit hatte sich seine Masse bedeutend vermehrt; auch der Adel konnte es nicht mehr entbehren, und da er wenig oder nichts zu verkaufen hatte, da auch das Rauben jetzt nicht ganz so leicht mehr war, mußte er sich entschließen, vom bürgerlichen Wucherer zu borgen. Lange ehe die Ritterburgen von den neuen Geschützen in Bresche gelegt, waren sie schon vom Geld unterminiert; in der Tat, das Schießpulver war sozusagen bloß der Gerichtsvollzieher im Dienst des Geldes. Das Geld war der große politische Gleichmachungshobel der Bürgerschaft. Überall, wo ein persönliches Verhältnis durch ein Geldverhältnis, eine Naturalleistung durch eine Geldleistung verdrängt wurde, da trat ein bürgerliches Verhältnis an die Stelle eines feudalen [...] Wie sehr die Feudalität am Ende des fünfzehnten Jahrhunderts schon vom Geld unterhöhlt und innerlich ausgefressen war, tritt schlagend hervor an dem Golddurst, der sich um diese Zeit Westeuropas bemächtigt [...] Im fünfzehnten Jahrhundert war also die Feudalität in ganz Westeuropa in vollem Verfall; überall hatten sich Städte mit antifeudalen Interessen, mit eignem Recht und mit bewaffneter Bürgerschaft in die feudalen Gebiete eingekeilt, hatten die Feudalherren teilweise schon gesellschaftlich, durch das Geld, und hie und da sogar auch politisch in ihre Abhängigkeit gebracht; selbst auf dem Lande, da, wo der Ackerbau durch besonders günstige Verhältnisse sich gehoben, fingen die alten Feudalbande an, unter der Einwirkung des Geldes sich zu lösen. (MEW 21: 393 f)

https://doi.org/10.1515/9783111568331-006

Sozialgeschichtlicher Hintergrund des Monetarismus und Merkantilismus ist die sog. Ursprüngliche Akkumulation des Kapitals. Der schottische Ökonom Adam Smith hatte den historischen Prozess, der zum Kapitalismus führt, „previous accumulation" genannt. Er meinte damit zweierlei: Die Produzenten werden von den Produktionsmitteln getrennt. Und große Vermögen springen auf wie die Pilze auf warmen, feuchten Boden. Der Prozess erscheint als „ursprünglich", weil er die Vorgeschichte der kapitalistischen Produktionsweise bildet. Die ursprüngliche Akkumulation „ist in die Annalen der Menschheit eingeschrieben mit Zügen von Blut und Feuer", so Karl Marx. (MEW 23: 743) Sie „spielt in der politischen Ökonomie ungefähr dieselbe Rolle wie der Sündenfall in der Theologie". (MEW 23: 741) Sie bringt eine Masse doppelt freier Lohnarbeiter hervor, die, an keine Sklavenhalter, Despoten, Feudalherren oder Zunftmeister mehr gebunden, persönlich frei sind. Zugleich sind sie frei von Arbeitsmitteln und daher gezwungen, ihre Arbeitskraft den Kapitalisten zu verkaufen. Sie werden „als vogelfreie Proletarier auf den Arbeitsmarkt geschleudert" (MEW 23: 746) und durch Blutgesetze in die Fabriken „hineingepeitscht", wo sie durch lange Arbeitszeiten und niedrige Löhne maßlos ausgebeutet werden. Das qualitativ neue der kapitalistischen Ausbeutung: Es gibt freie Arbeiter „in dem Doppelsinn, dass weder sie selbst unmittelbar zu den Produktionsmitteln gehören, wie Sklaven, Leibeigene usw., noch auch die Produktionsmittel ihnen gehören, wie beim selbstwirtschaftenden Bauer usw., sie davon vielmehr frei, los und ledig sind." (MEW 23: 742) Es bedarf jetzt nicht mehr des außerökonomischen Zwangs, um sich das Mehrprodukt anzueignen. An seine Stelle tritt der schlichte ökonomische Zwang. Menschen ohne Produktionsmittel sind gezwungen, ihre Arbeitskraft an Kapitalisten zu verkaufen. Nur so können sie sich die Mittel beschaffen, die sie brauchen, um ihren Lebensunterhalt zu finanzieren. Die zweite Seite der ursprünglichen Akkumulation: „Die Entdeckung der Gold- und Silberländer in Amerika, die Ausrottung, Versklavung und Vergrabung der eingeborenen Bevölkerung in die Bergwerke, die beginnende Eroberung und Ausplünderung von Ostindien, die Verwandlung von Afrika in ein Geheg zur Handelsjagd auf Schwarzhäute bezeichnen die Morgenröte der kapitalistischen Produktionsära." (MEW 23: 779) Die Portugiesen suchen bereits in der zweiten Hälfte des 15. Jh. in Afrika und Indien nach Gold und Gewürzen. Das Gold lockt die Spanier über den Atlantik nach Amerika. Der mitteleuropäische Silberbergbau beginnt zu florieren: im österreichischen Schwaz und in den erzgebirgischen Orten Schneeberg, Annaberg, Buchholz und in Joachimsthal wird das begehrte Metall in steigenden Mengen gefördert. Aus dem Silber wird der Taler geprägt – er verbreitet sich rasch, wird zur anerkannten Münze. Europäische Staaten erobern und unterjochen fremde Länder. Hauptmotiv: die Suche nach Edelmetall. Billige afrikanische Sklaven plündern für Europas Herrschende Amerikas Gold- und Silberschätze. Mit dem Geld werden kapitalistische Betriebe errichtet. Der riesige geraubte Reichtum der Wenigen absorbiert nach und nach die große Masse vogelfreier Proletarier. Von da an datiert „die Armut der Masse, die nichts zu verkaufen hat als sich selbst, und der Reichtum der wenigen, der fortwährend wächst, obgleich sie aufgehört haben, zu arbeiten." Marx schildert die ursprüngliche Akkumulation in England, wo sie sich wie folgt vollzieht: Um die Wende vom 15. zum 16. Jahrhundert steigen die Preise für Wolle. Die flandrischen Wollmanufakturen erblühen. Die Bauern werden gewaltsam von Grund und Boden vertrieben und ihre Siedlungen plattgemacht. Die Herren verwandeln Ackerland in profitable Schafweide. Die feudalen Gesellschaften lösen sich auf. Im Gefolge der Reformation im 16. Jahrhundert kommt es zum „kolossalen Diebstahl der Kirchengüter". Die Bauern werden verjagt, ihre Wirtschaften zusammengeworfen. Ab der 2. Hälfte des 17. Jahrhunderts wird mit Hilfe von Parlamentsgesetzen den Bauern Land weggenommen. Im 18. Jahrhundert wird Gemeindeland durch die Gesetze zur Einhegung („Enclosure Bills") geraubt, „wodurch die Grundherrn Volksland sich selbst als Privateigentum schenken." Die letzte große Enteignung der Ackerbauern von Grund und Boden erfolgt im 19. Jahrhundert, das sogenannte „Clearing of Estates", das „Lichten der Güter". Die Herrschenden verjagen die bäuerlichen Familien, rotten sie aus, zerstören ihre Dörfer und brennen sie nieder, verwandeln alle Felder in Weide. In der ursprünglichen Akkumulation werden ganze Völker versklavt oder vernichtet. Geplünderte Schätze fließen in die Mutterländer, wo sie sich in Kapital verwandeln. Monopolunternehmen, die mit Salz, Opium und anderen Waren handeln, werden steinreich. Wie mit dem Schlag einer Wünschelrute begabt die öffentliche Schuld, „einer der energischsten Hebel der ursprünglichen Akkumulation", das unproduktive Geld mit Zeugungskraft. (MEW 23: 782) Die Gläubiger des Staates geben de facto nichts. Für die dem Staat geliehenen Beträge erhalten sie leicht übertragbare Schuldscheine, die sie wie Bargeld verwenden. Das Steuersystem ergänzt das System der Staatsschuld. Die Anleihen befähigen die Regierung, immense Ausgaben zu bestreiten, die früher oder später höhere Steuern erzwingen, um die Kredite tilgen zu können. (MEW 23: 784) Die Protektion – Schutzzölle, Exportprämien usw. – erweist sich als das Kunstmittel, „Fabrikanten zu fabrizieren" und den „Übergang aus der altertümlichen in die moderne Produktionsweise gewaltsam abzukürzen." (MEW 23: 784) Bauern und Handwerker auf brutalste Weise enteignet, ganze Völker ausgeplündert, versklavt und vernichtet, der gewaltige Raub, die Staatsschuld und die Steuerwucht, der Protektionismus und die Handelskriege stoßen das Tor auf zum Kapitalismus. „Wenn das Geld [...] mit natürlichen Blutflecken auf einer Backe zur Welt kommt, so das Kapital von Kopf bis Zeh, aus allen Poren blut- und schmutztriefend." (MEW 23: 788)

Die Geldverschlechterung hielt an in jenen turbulenten, historischen Zeiten. „Jedes Jahrhundert", schreibt Michael North, „zeichnet sich durch die Dominanz eines bestimmten Münzmetalls aus":

> Wenn wir das 16. Jahrhundert als silbernes und das 15. und 18. Jahrhundert als goldene bezeichnen, so war das 17. Jahrhundert mit Sicherheit ein kupfernes. Denn in vielen europäischen Staaten wurde ein immer größerer Teil des Geldes aus Kupferlegierungen wie Billon oder Vellón bzw. nur noch aus Kupfer hergestellt. Zwar hatte die allmähliche Verschlechterung der Scheidemünzen durch den Zusatz von Kupfer bereits im 16. Jahrhundert begonnen, aber im Zeitalter des Dreißigjährigen Krieges schuf die massenhafte Ausprägung von Kupfergeld Inflation und monetäres Chaos in einem bis dahin kaum bekannten Ausmaß. (North 2009: 95)

Schlechteres Geld bedeutet höhere Preise. Die grassierende Inflation der Kipper- und Wipperzeit (1618–1623) wird manchmal als eine Folge der von Portugals und Spaniens Herrscher „importierten“ Edelmetallmengen aus der Neuen Welt bezeichnet. (z. B. Behrens 1981: 72) Doch Michael North nennt mit Recht einen plausibleren Grund: Gute Münzen wurden knapp und

> andererseits gab es eine starke Zunahme – die Quellen sprechen sogar von einer „Überschwemmung“ – des mittleren und kleineren, mehr und mehr mit Kupfer legierten Geldes. Wenn die Geldmenge sich vergrößerte, wuchs sie daher in erster Linie nicht real durch den Einstrom amerikanischen Silbers, sondern vielmehr nominal durch die starke Vermehrung der Scheidemünzen. (North 2009: 83)

Eine große theoretische Frage rückte in den Mittelpunkt. Sie wurde von den Monetaristen erstmals aufgegriffen und sollte bis heute nicht aus der Diskussion verschwinden: Wie ist der Zusammenhang zwischen der Geldmenge, dem Geldwert und den Preisen?

5.2 Das Monetarsystem

Das theoretische System des Monetarismus entstand noch vor dem 15. Jahrhundert und hatte im 16. und 17. Jahrhundert in allen ökonomisch fortgeschrittenen Ländern Europas – Italien, Spanien, England, Frankreich, Deutschland, Holland – seine Blütezeit. „Während es auf dem europäischen Kontinent [...] noch bis in das 18. Jahrhundert hinein wirkte, wurde es in England im Zuge der ursprünglichen Akkumulation bereits im 17. Jahrhundert vom Merkantilismus abgelöst.“ (Fabiunke 1975: 27 f) Das Bedeutende war nicht, dass seine Vertreter sich mit Fragen des Geldes befassten, das hatten Ökonomen vorher auch getan, sondern dass sie mehr oder weniger deutlich erkannten, dass der Sinn und der Zweck der herannahenden bürgerlichen Gesellschaft nur das Geld sein kann. „Reichtum – das ist Geld“ – lautete die Grundmaxime der Monetaristen, der „Ökonomen der Geldwirtschaft im Spätfeudalismus“, wie sie Fritz Behrens nennt (Behrens 1981: 84), eine These, klar antifeudal ausgerichtet und die sich zugleich richtet gegen die konsumorientierte kleine Warenproduktion. Es komme darauf an, den Reichtum zu mehren und das bedeutet, Geld anzuhäufen.

> Wie eine allgemeine Goldgier Völker und Fürsten im 16. und 17. Jahrhundert, der Kindheitsperiode der modernen bürgerlichen Gesellschaft, in überseeische Kreuzzüge nach dem goldenen Gral jagte, so proklamierten die ersten Dolmetscher der modernen Welt, die Urheber des Monetarsystems [...] Gold und Silber, d. h. Geld, als den einzigen Reichtum. Richtig sprachen sie den Beruf der bürgerlichen Gesellschaft dahin aus, Geld zu machen, also vom Standpunkt der einfachen Warenzirkulation, den ewigen Schatz zu bilden, den weder Motten noch Rost fressen. (MEW 13: 133)

„Das entscheidende historische Verdienst des Monetarismus war“, so Günter Fabiunke, „dass er die Geldakkumulation, die Bildung potentiellen Kapitals in Form des Geldschatzes, zur wichtigsten ökonomischen Aufgabe“ des heraufkommenden Kapitalismus erklärte. (Fabiunke 1985: 76) Außer Bergbau, Krieg, Raub und Piraterie – den bekannten probaten Mitteln, Geld zu erlangen – war neu, dass die Monetaristen sich abwandten von der feudalen Naturalwirtschaft und der kleinen Warenproduktion, die beide ausgerichtet waren, Gebrauchswerte herzustellen und darin ihre Grenzen fanden. Sie orientierten konsequent darauf, den Schatz an Geld immerzu zu mehren und glaubten, dass die Warenzirkulation die wichtigste Quelle der Schatzbildung sei. Marx sagt, „dass das Monetarsystem die Produktion für den Weltmarkt und die Verwandlung des Produkts in Ware, daher in Geld, richtig als Voraussetzung und Bedingung der kapitalistischen Produktion verkündet." (MEW 25: 792 f) Und der Trieb der Schatzbildung von Natur aus maßlos ist.

> Um das Gold als Geld festzuhalten und daher als Element der Schatzbildung, muß es verhindert werden zu zirkulieren oder als Kaufmittel sich in Genußmittel auflösen. Der Schatzbildner opfert daher dem Goldfetisch seine Fleischeslust. Er macht ernst mit dem Evangelium der Entsagung. Andrerseits kann er der Zirkulation nur in Geld entziehn, was er in Ware gibt. Je mehr er produziert, desto mehr kann er verkaufen. Arbeitsamkeit, Sparsamkeit und Geiz bilden daher seine Kardinaltugenden, viel verkaufen, wenig kaufen, die Summe seiner politischen Ökonomie. (MEW 23: 147)

In diesem Sinne, ganz im Geist der ursprünglichen Akkumulation, begründet der Monetarismus seine Forderungen an den Staat. Dieser solle die Warenausfuhr erleichtern, die Einfuhr von Luxusgütern erschweren oder untersagen, die Gold- und Silberausfuhr strengstens verbieten, die für den Weltmarkt produzierenden Zweige fördern, den Zunftzwang lockern und den Gold- Silber- und Kupfererzbergbau begünstigen. Insofern trägt der Monetarismus zu einem Klassenkompromiss zwischen der aufstrebenden Bourgeoisie und dem noch mächtigen Adel bei. „Er legitimiert die aktive Rolle des Staates in der Person des Monarchen und betont dessen Verantwortung, etwa für die Verhinderung des Geldabflusses bei Förderung des Exports. In der Rolle des absoluten Herrschers und seiner Verantwortung für das Wohl des Staates sind so die Interessen der Handelsbourgeoisie maskiert." (Brangsch 2023: 1293) Seine Schwäche ist, weitgehend in der Zirkulationssphäre hängen zu bleiben. Der Monetarismus scheitert, weil er unfähig ist, die neuen Erscheinungen der Zirkulation mit tieferen Analysen der Produktion zu verbinden. Und doch schreibt Günter Krause richtig,

> indem die Monetaristen sich [...] der theoretischen Erfassung und Behandlung der in der Zirkulationsphase erstmalig zutage tretenden Voraussetzung kapitalistischer Produktion zuwandten, dazu entsprechende Betrachtungen und Aussagen entwickelten und versuchten, ökonomische Gesetze zu formulieren, ebneten sie den Weg zu einer wissenschaftlichen politischen Ökonomie, die schließlich in Gestalt der klassischen bürgerlichen politischen Ökonomie in England und Frankreich entstand. (Braun, Krause, Müller 1989: 106)

Das Bedeutsame ist, dass der Monetarismus nach kausalen Zusammenhängen zwischen ökonomischen Größen sucht und moralische, religiös verbrämte Urteile der scholastischen Theoretiker überwindet. Seine wichtigsten Merkmale: Vorrang des

Geldschatzes vor dem Warenschatz, Förderung des Ausfuhrhandels, Ablehnung des Luxuskonsums, vor allem des Imports von Luxusgütern, Kampf gegen den Export und Verlust von Edelmetallgeld durch die Einfuhr fremdländischer Waren.

Die bürgerliche Dogmengeschichtsschreibung unterscheidet nicht zwischen Monetarismus und Merkantilismus. Die monetaristischen Autoren (Copernikus, Bodin, Hales, Davanzati, Locke, Cantillon, Hume, Gresham, Misselden u. a.) werden von ihr zu den Merkantilisten gezählt, manchmal werden sie „frühe Merkantilisten" genannt. Die – hier noch zu benennenden – Unterschiede zwischen beiden Denkrichtungen rechtfertigen aber eine getrennte Zuordnung.

5.3 Die frühe Quantitätstheorie

Der Widerspruch: Die Bedeutung des Geldes als Ziel und Mittel wirtschaftlicher Betätigung wuchs, doch sein Wert sank durch die anhaltenden Münzverschlechterungen. Grund genug, sich intensiver zu beschäftigen mit den theoretischen Grundfragen des Geldes. Die Monetaristen rückten den Zusammenhang zwischen der Geldmenge und den Preisen in den Mittelpunkt ihrer Untersuchungen, ein Zusammenhang, der später als die Quantitätstheorie des Geldes in die Geschichte des ökonomischen Denkens einging und inhaltlich, wenn auch nicht begrifflich, zu den ältesten Doktrinen oder Theoremen der Geldtheorie gehört. Mit der Quantitätstheorie beginne angeblich „die moderne Geldtheorie und die Nationalökonomie überhaupt". (Dobretsberger 1946: 11), sie gehöre „zum eisernen Bestand aller Geldbetrachtungen" (Salin 1951: 57). Ihre Grundaussage ist so trivial wie auf den ersten Blick plausibel: Je größer die vorhandene Geldmenge, desto höher die Preise und umgekehrt. Die Preise bzw. das Preisniveau verhielten sich proportional zur Geldmenge, ihre Änderungen seien die Folge von Änderungen der Geldmenge. Das ist der Kern der, so Salin, noch „rohen" Quantitätstheorie des Geldes. (Salin 1951: 57) Eine derartige Deutung, mit der die Münzverschlechterungen als alleinige Ursache für die Preissteigerungen abgelehnt wurden, war naheliegend. Besonders die zwischen 1550 und 1560 einsetzende und die sich danach ständig steigende Einfuhr von Gold und Silber aus Amerika, Ostindien und Westafrika sowie die erheblich wachsende Gold- und Silberproduktion in Europa vergrößerten die Geldmenge und schienen die Preissteigerungen zu begründen. „Am stärksten wurde von der Preissteigerung Spanien betroffen; hier verfünffachten sich im Laufe eines Jahrhunderts die Preise. In geringerem Maße wurden von der Preissteigerung England, Frankreich, Italien und Deutschland betroffen; hier fand eine Verdopplung oder Verdreifachung statt." (Kaemmel 1966: 228 f) Der ernsthafte Versuch, ökonomische Ursache-Wirkungs-Zusammenhänge aufzudecken, ist ein Verdienst des Monetarismus und es wiegt dabei weniger schwer, dass man den Zusammenhang zwischen der Geldmenge, dem Geldwert und den Preisen auch anders sehen kann, was viele Ökonomen auch getan haben und auch heute für richtig halten (vgl. dazu die Abschnitte 6.3.6, 7.5, 11.5) Karl Marx zeigt in seinem Geldumlaufgesetz, dass die zur Zirkulation erforderliche Geldmenge positiv abhängt von der Preissumme der zirkulierenden Waren und negativ von der Häufigkeit, mit der gleichnamige Geldeinheiten zu Zahlungen verwendet werden. (MEW 23: 136 f). Doch die Illusion der Quantitätstheorie, dass „umgekehrt die Warenpreise durch die Masse der Zirkulationsmittel und letztre ihrerseits durch die Masse des in einem Lande befindlichen Geldmaterials bestimmt werden, wurzelt in der abgeschmackten Hypothese, daß Waren ohne Preis und Geld ohne Wert in den Zirkulationsprozeß eingehn, wo sich dann ein aliquoter Teil des Warenbreis mit einem aliquoten Teil des Metallbergs austausche". (MEW 23: 137 f)

5.4 Copernicus' Geldlehre

Erich Sommerfeld gibt dem Berliner Historiker und Ökonomen Ignaz Jastrow recht, dass die ökonomischen Schriften des Nikolaus Copernicus (1473–1543) „schlechterdings die bedeutendste geldtheoretische Leistung des 16. Jahrhunderts" darstellen. (Sommerfeld 1978: 7). Die Geldlehre des Nicolaus Copernicus behalte „ihren hohen Wert, weil sie nicht nur einen Höhepunkt auf dem geschichtlichen Weg der ökonomischen Theorie darstellt, sondern vor allem auch einen Prüfstein und Maßstab für fortschrittliches Denken und unbefangene Wahrheitssuche." (Sommerfeld 1978: 155). Grund für den herausragenden Astronomen, den Schöpfer des heliozentrischen Weltbildes, sich mit ökonomischen Fragen zu beschäftigen, waren die Münzverschlechterungen. Copernicus hatte sicher die Schriften und Auffassungen von Oresme und dessen Schüler Gabriel Biel über den Geldwert und die Preise gekannt, denen er zustimmt. Er verurteilt die Münzverschlechterungen und das Interesse, das das städtische Patriziat an ihnen hat, wie auch das Desinteresse von Handwerkern und Kaufleuten an einer Währungsreform, die eine gute „allen Ständen dienliche Währung" bringen könnte.

> Es gibt zwar unzählige Plagen, von denen Königreiche, Fürstentümer und Gemeinwesen immer wieder heimgesucht werden. Doch die schlimmsten sind meiner Meinung nach folgende vier: Krieg, Pest, Hungersnot und Münzentwertung. Bei den ersten drei ist das offensichtlich, dass niemand daran zweifelt. Aber die vierte, welche die Münze betrifft, wird nur von wenigen, sehr verständigen Leuten erkannt, weil sie die Gemeinwesen nicht in einem Ansturm und auf einmal, sondern erst nach und nach und gleichsam unmerklich zugrunde richtet. (zit. aus Sommerfeld 1978: 49)

Und Copernicus weiter:

> Der größte und unerträglichste Irrtum ist es aber, wenn der Landesherr oder der Inhaber der Staatsgewalt aus der Münzprägung einen Gewinn zu ziehen sucht, indem er nämlich der bisherigen Münze eine neue zur Seite stellt, die im Korn und Schrot mangelhaft ist, aber angeblich die gleiche Bewertung wie die alte hat. Denn dieser betrügt nicht nur seine Untertanen, sondern auch sich selbst, weil er sich nur eines vorübergehenden und zumal geringen Gewinns erfreut,

> nicht anders als ein knauseriger Sämann, der schlechtes Saatkorn aussät, um das gute zu sparen. Er wird nämlich genau das ernten, was er gesät hat. (zit. aus Sommerfeld 1978: 27)

Nur kurzzeitig sind die Münzgewinne, weil die feudalen Abgaben in schlechtere Münze entrichtet werden und die Warenpreise in dem Maße anziehen, wie die Münze sich verschlechtert. Nur die Goldschmiede ziehen Nutzen aus den „großen Gebrechen" weil sie „als erste die Minderwertigkeit der Landeswährung beim Einkauf von Edelmetall auf den internationalen Markten zu spüren bekommen und sich schadlos zu halten versuchen." (Lehmann et al. 1977 115) Copernicus dazu:

> Die Goldschmiede ziehen ihren Nutzen aus der Drangsal des Landes, weil sie sich auf die Güte des Metalls verstehen. Sie lesen nämlich aus dem vermischten Geld das alte aus und verkaufen dann das ausgeschmolzene Silber. Auf diese Weise erhalten sie immer wieder neues Silber mit der Münze, die sie von unerfahrenen Leuten erhalten. Und wenn dann jene alten Schillinge endlich ganz verschwunden sind, lesen sie die nächstbesten Stücke aus, so wie den Weizen aus den Trespen. (zit. aus Sommerfeld 1978: 29)

Copernicus hat drei, zwischen 1517 und 1526 erschienene Denkschriften zur Währungsreform in Preußen verfasst. Sie zeigen, wie Copernicus die naturalwirtschaftlichen Schranken, die dem ökonomischen Denken im ausgehenden Mittelalter gezogen waren, durchbricht. Copernicus erklärte widerspruchsfrei und ausschließlich aus ökonomischen Ursachen, warum der Geldwert steigt und fällt. Und erweist sich damit als „der bedeutendste ökonomische Denker nach Aristoteles vor der bürgerlich-klassischen Epoche der Wirtschaftstheorie." (Sommerfeld 1978: 7)

5.4.1 Bewertung, Edelmetallwert, Würde

Die Darstellung folgt den Übersetzungen der Copernicus-Texte und ihren Kommentierungen durch Erich Sommerfeld. (Sommerfeld 1978).

Für Copernicus ist die Münze „geprägtes Gold oder Silber, womit die Preise der käuflichen und verkäuflichen Dinge berechnet und bezahlt werden, je nach Festlegung durch das Gemeinwesen oder dessen Oberhaupt. Die Münze ist also gleichsam ein allgemeines Maß für die Bewertungen." (zit. aus Sommerfeld 1978: 49) Das Wertmaß muss stabil und zuverlässig sein, „sonst würde die Ordnung des Gemeinwesens zwangsläufig gestört. Denn die Käufer und Verkäufer würden ebenso mannigfach betrogen werden, wie wenn die Elle, der Scheffel oder das Gewicht nicht mehr ihre bestimmte Größe hätten." (zit. aus Sommerfeld 1978: 49) Die Prägung der Münzen erleichterte die Abwicklung der Tauschbeziehungen:

> Für die Einführung der Münze hat es nun einen zwingenden Grund gegeben. Zwar konnten nämlich alle Güter gegen entsprechende Gewichtsmengen Gold und Silber getauscht werden, weil nach Übereinkunft aller Menschen Gold und Silber überall als wertvoll angesehen wird. Da es aber sehr unbequem war, stets die Prüfgewichte herbeizuschaffen, und weil man den Reinheits-

> grad des Goldes und Silbers nicht unmittelbar erkennen kann, haben die Menschen beschlossen, Münzen mit allgemeinverständlichem Zeichen zu prägen, das bezeugen sollte, dass die richtige Gold- und Silbermenge enthalten ist, und das Vertrauen zur amtlichen Beurkundung erwecken sollte. (zit. aus Sommerfeld 1978: 49)

Copernicus unterscheidet zwischen Geltung (valor bzw. wirde) und der Bewertung der Münze auf dem Markt (aestimatio). Er bezieht den ersten Begriff streng auf den metallischen Geldstoff, der zweite – die Bewertung der Münze – steht für den Wert. Die Bewertung habe zwar eine feste, materielle Grundlage, schwanke aber. Diese Grundlage ist die Geltung (valor). Sie sei nicht die alleinige Wertsubstanz, ergo, eine Münze habe unter geordneten Bedingungen mehr Wert, als sie Edelmetall enthält. „Obgleich die Bewertung (achtung, aestimatio) der Münze auf der Güte[21] des Materials beruht, muss man zwischen Geltung (wirde, valor) und Bewertung unterscheiden; denn eine Münze kann höher bewertet werden als das Material, das sie enthält, und umgekehrt." (zit. aus Sommerfeld 1978: 132 f) Copernicus widerspricht der Auffassung, dass der Wert des Geldes willkürlich durch die „Obrigkeit" festgelegt werden könne bzw. auf Konvention beruhe. Die Bewertung oder der Wert der Münze ist für Copernicus eine objektiv bestimmte Größe, nämlich die Summe aus dem Metallwert und einem die Prägekosten widerspiegelnden Zusatzwert. „Die Münze hat nun dann eine richtige Bewertung, wenn sie etwas weniger Gold oder Silber enthält, als für sie gekauft wird; nämlich nur so viel weniger, als man für die Aufwendungen der Münzer hat abziehen müssen; denn die Prägung soll dem eigentlichen Material noch etwas Ansehen hinzufügen." (zit. aus Sommerfeld 1978: 49) Für das Wort Ansehen verwendet Copernicus das lateinische dignitas, so dass sich die Gleichung ergibt: aestimatio (Bewertung oder Wert) = valor (Wert des Edelmetalls) + dignitas (Würde, Ansehen). „Die aestimatio ist damit der Tauschwert, der sich vom Metallwert gelöst hat und damit eine nominalistische Färbung bekommt", schreibt Greitens (Greitens 2022: 171), dies auch deshalb, weil Copernicus „im Brief an seinen Kollegen Reich die dignitas so sehr an die estimatio herangezogen [hat], daß sie mit ihr eins zu werden scheint, in ihr aufgeht?", fragt Sommerfeld. (Sommerfeld 1978: 147) Tatsächlich verfügt Copernicus über keinen in sich geschlossenen Wertbegriff, der eindeutig von einer Substanz bestimmt wird. Gebrauchswert- und Tauschwertkomponenten überlagern sich. Der Arbeitswert ist ihm unbekannt.

Früher als Thomas Gresham (1519–1579), dem Bankier und Finanzberater der britischen Krone, schildert Copernicus das ökonomische Gesetz, das die Theorienhistoriker aus Unkenntnis nach jenem benannt haben. Das Greshamsche Gesetz besagt, dass schlechtes Geld gutes vertreibe – aus der Zirkulation in den Schatz – und gutes

21 Mit Güte (bonitas) sind Schrot und Korn gemeint, die Einheit des Edelmetallanteils und des Gesamtgewichts der Münze.

schlechtes Geld nicht vertreiben könne. Copernicus hatte dieses Gesetz vorweggenommen.[22] Er schrieb:

> Obwohl also Bewertung und Geltung des Geldes allenthalben dahinschwanden, hörte man deshalb jedoch keineswegs mit der Produktion von Münzen auf, und da die Mittel nicht ausreichten, um die Neuprägungen den umlaufenden Münzen gleichwertig zu machen, war die nächstfolgende Münze, die noch zusätzlich in Umlauf gesetzt wurde, stets schlechter als die vorige und drückte so die Güte der vorausgegangenen Münze nieder und vertreibt sie aus dem Umlauf ... (zit. aus Sommerfeld 1978: 55)

Die Folgen sind fatal:

> Was ist nun anderes zu gewärtigen, wenn nicht bald Abhilfe geschaffen wird, als daß Preußen demnächst von Gold und Silber entblößt ist und nur noch über Kupfermünze verfügt, so daß die Einfuhr fremdländischer Waren und aller Großhandel binnen kurzem zum Erliegen kommen müssen! Welcher fremde Kaufmann möchte wohl seine Waren für Kupfermünze hergeben, und welcher einheimische Handelsmann könnte dann mit einer solchen Münze überhaupt noch an fremden Gestanden exotische Waren einkaufen? Über diese ungeheure Schädigung des preußischen Gemeinwesens sehen die, welche dies eigentlich angeht, verächtlich hinweg und lassen es zu, daß ihr liebliches Heimatland [...] von Tag zu Tag mehr und mehr [...] jämmerlich verfällt und zugrunde geht [..] Wir sehen ja doch diejenigen Länder in höchster Blüte stehen, welche eine gute Münze haben, diejenigen aber dahinsiechen und zugrunde gehen, in welchem eine schlechte umläuft. (zit. aus Sommerfeld 1978: 55, 57)

5.4.2 Eine copernicanische Quantitätstheorie des Geldes?

Was ist das typisch Monetaristische an der Geldlehre des Copernicus? Sommerfeld sieht ihn auf dem Boden der bürgerlichen Wirtschaftsweise stehend, wenn er dafür eintritt, die Handelsbeziehungen zu festigen und zu erleichtern dadurch, dass man das Geldwesens vereinheitlicht. Copernicus hatte empfohlen, die Münzproduktion zu zentralisieren. (Sommerfeld 1978: 153) War Copernicus ein Vertreter der Quantitätstheorie des Geldes, die besagt, dass die Warenpreise durch die Masse der Zirkulationsmittel bestimmt würden und der Geldwert sich letztlich ergibt aus dem Verhältnis der umlaufenden Geldmenge zur zirkulierenden Warenmasse? Die Antwort ist umstritten. Sommerfeld sagt, Copernicus sei „über jeden Verdacht erhaben [...], Vorläufer einer bürgerlichen Irrlehre gewesen zu sein", er habe „mit Bezug auf den Geldwert die Dialektik von Quantität und Qualität meisterhaft beherrscht." (Sommerfeld 1978: 147). Tatsächlich führt Copernicus inflationäre Preissteigerungen darauf zurück, dass die Münzherren unterwertige Münzen ausprägen. „Da wir aber denkfaul sind, kommen wir nicht dahinter, dass sich die Verteuerung aller Güter aus der Unterwichtigkeit der Münze herleitet." (zit. aus Sommerfeld 1978: 55) Doch andererseits spricht Co-

22 Der Zusammenhang ist noch weit früher erkannt worden. Auch der griechische Dichter Aristophanes (444–380 v. u. Z.) hat ihn bereits in seiner Komödie „Die Frösche" erwähnt.

pernicus davon, worauf auch Sommerfeld hinweist, dass der Münzwert beeinträchtigt werde dadurch, dass zu viele vollwertige Münzen durch den Staat geprägt und in den Umlauf gebracht würden, also von einer Inflation durch zu viel Geld, durch „Übermünzung". Er sagt: „die Münze kann sich auch wegen ihrer zu großen Menge entwerten, wenn nämlich so viel Silber in Münze verwandelt wird, bis die Leute lieber ungeprägtes Silber haben wollen." (zit. aus Sommerfeld 1978: 25) Daher fordert Copernicus, zu verhindern, „daß zu viele Münzen geprägt werden" (zit. aus Sommerfeld 1978: 65), um Geldentwertungen und Preissteigerungen auszuschließen. Für einige ist die Auffassung ein Indiz dafür, dass Copernicus eine Quantitätstheorie des Geldes vertreten hat, andere wie Jastrow widersprechen. Copernicus sei kein früher Vertreter der Quantitätstheorie gewesen. (Jastrow 1914: 478) Greitens registriert bei Copernicus beides: eine endogene, durch die Preissumme der Handelsgüter bestimmte Geldmenge. Die negative Bewertung der Münze durch die Übermünzung führe dazu, dass die Münzen eingeschmolzen werden und das Silber zum Materialwert verwendet wird. „Am häufigsten vermindert sich diese [Bewertung]", sagt Copernicus, „durch die Übermenge, wenn nämlich so viel Silber in Münze verwandelt worden ist, daß die Leute dann lieber ungeprägtes Silber anstelle der Münze haben wollen." (zit. aus Sommerfeld 1978: 49) Das bedeute eine Endogenisierung der Geldmenge, die durch den Staat nicht kontrolliert werden kann. (Greitens 2022: 174). Zugleich habe Copernicus auch die Auffassung vertreten, dass die zirkulierende Geldmenge exogen, d. h. durch eine staatliche Übermünzung bestimmt sein kann. „Die grundlegende und durchgehende Trennung von Geltung/valor und Bewertung/aestimatio eröffnet den Schritt in eine Trennung von Nominalismus und Metallismus oder innerem und äußerem Wert, oder damit auch in die Quantitätstheorie." (Greitens 2022: 176)

5.4.3 Erkenntnisschranken

Copernicus scheiterte an dem auch für ihn unlösbaren Problem des Aristoteles, die Wertsubstanz zu definieren, die den Preisen zugrunde liegt. Aristoteles vermochte nicht von der Preisgleichheit der Waren auf ihre Wertgleichheit zu schließen, weil es ihm historisch bedingt versagt blieb, sich die Gleichheit aller Arbeiten vorzustellen. Das gilt auch für die Epoche des Copernicus. Wie der antike Philosoph kann auch er das Gemeinsame, das dem Geldstoff und der Prägearbeit zugrunde liegt, nicht entdecken. Das Problem wird bei ihm nicht einmal klar ausgesprochen.

> Dennoch ist der copernicanische Denkansatz allen bisherigen Analysen überlegen, wie ein Vergleich mit der für ihre Zeit fortgeschrittensten Darstellung zeigt, die sich bei Gabriel Biel (1430 bis 1495) findet. Dieser hatte gefordert, „daß die Münze ihrem Gewicht nach ebenso viel gelten muß wie ihr Material in ungemünztem Zustand, wobei natürlich die Kosten für das Ausmünzen abgezogen werden müssen". Der Gedanke ist bei ihm grundsätzlich zwar der gleiche wie bei Copernicus, wird aber bei letzterem entscheidend rationalisiert. Denn erstens setzt Biel Gewicht und Preis noch völlig gleich, während Copernicus bereits Gewicht des Metalls und Preis der Ar-

> beit nebeneinander stellt; zweitens spricht Biel faktisch von zwei terminologisch und sachlich nicht voneinander geschiedenen Werten: dem des Metalls *vor* und dem *nach* Abzug der Arbeitskosten, und drittens spricht er nur vom Abzug des die Prägungskosten repräsentierenden Edelmetallanteils, nicht von der Werterhöhung des Restmetalls durch eben diese Arbeitskosten. (Sommerfeld 1978: 136 f)

Hermann Lehmann et al. schreiben:

> Obwohl sich Copernicus auf Vorläufer stützt und die ihm objektiv gesetzte Erkenntnisschranke nicht überschreiten konnte, ist es ihm vorbehalten geblieben, in der Erfassung der Wertproblematik den höchsten Erkenntnisstand zu erreichen, der vor dem Manufakturkapitalismus möglich war. Dabei befreite er die Geldtheorie, in der sich die Wertfrage verbirgt, von den ihr noch anhaftenden Mängeln und stellte sie in einem Guß, didaktisch meisterhaft, sprachlich eindrucksvoll und mit sachlicher Parteinahme vor. Die Wissenschaftlichkeit seiner Leistung läßt – nach Ansatz und Methode – deutlich den Schöpfer des heliozentrischen Systems wiedererkennen. (Lehmann et al. 1977: 116)

5.5 Der sächsische Münzstreit (1530/31)

Zu den frühesten polemischen Schriften über das Geld gehören drei sächsische Texte aus dem Jahr 1530.[23] Walther Lotz hat die Flugschriften im Jahre 1893 zusammen erneut publiziert. Er nennt sie „eine der neben Oresmius‘ und Copernicus‘ Schriften wertvollsten Kundgebungen der älteren europäischen münzpolitischen Litteratur.“ (Lotz 1893: III) Die Geschichte dahinter: die beiden Söhne des Kurfürsten Friedrich II. (1412– 1464) – Friedrich des Sanftmütigen – Ernst und Albrecht[24] hatten nach dem Tod des Vaters im Jahre 1464 das Land zunächst gemeinsam regiert. Im Jahre 1485 teilten die zerstrittenen Brüder Sachsen untereinander auf. Ernst erhielt, neben der Kurwürde mit Sachsen-Wittenberg im Wesentlichen Thüringen, die Pfalzgrafschaft Sachsen, die Burggrafschaft Magdeburg, das Vogtland und die wettinischen Gebiete in Franken. An Albrecht gingen die Städte Leipzig, Dresden, Meißen, Freiberg, Chemnitz und umliegende Orte (außer die von Leipzig). Beide einigten sich jedoch darauf, dass eine einheitliche Währung im aufgeteilten Sachsen gelten solle. Das Münzrecht stand jedem der Brüder auch nach der Landesteilung in vollem Umfang zu. Ernst und Albrecht münzten gemeinsam in den Münzstätten Freiberg, Leipzig, Zwickau, Schneeberg, Colditz, Langensalza, Frohnau, Gotha und Wittenberg. Ein halbes Jahrhundert ging das einigermaßen gut. Dann kam es zum Eklat unter ihren Nachkommen. Jo-

23 „Gemeine Stymmen von der Müntze“, „In Münzsachen“, „Apologie“. Die erste und dritte Schrift enthalten die albertinischen Auffassungen und Argumente, die zweite den ernestinischen Standpunkt. (Lotz 1893: VII)

24 1455 wurden Ernst (14 Jahre) und sein Bruder Albrecht (11 Jahre) durch Kunz von Kaufungen im sogenannten sächsischen Prinzenraub aus Altenburg entführt. Kunz von Kaufungen wurde gestellt und in Freiberg enthauptet.

hann, der Beständige, der Sohn von Ernst, und sein Vetter, Georg der Bärtige, Albrechts Sohn, waren sich zwar einig darüber, dass – ganz im monetaristischen Sinne – das „Gelt der Reichtumb“ sei und dass man den Reichtum des Landes mehren müsse. Doch sie stritten darum, ob dafür die Münze verschlechtert werden sollte oder nicht. Die raubgierigeren Protestanten aus der ernestinischen Linie – die Ernestiner – um Kurfürst Johann dem Beständigen wollten die Münzen entwerten, sie waren der Auffassung, dass die hochwertigen sächsischen Guldengroschen der Bevölkerung schadeten, da sie von Wucherern außer Landes gebracht und dort für geringerwertiges Geld eingeführt werden würden. Sie forderten, den Silbergehalt der Münzen zu verringern. Die katholischen Opponenten – die Albertiner – um Herzog Georg dem Bärtigen, einem Cousin Johanns, setzten sich für eine stabile, vollwertige Münze und dafür ein, den bisherigen Wert der Münzen beizubehalten. „Deshalb ist darauf Acht zu geben, daß der Wert der Münze [...] genau nach dem bemessen werde, was die Münze selbst an Silber und Metall enthält.“ (zit. aus Lotz 1893: 10) Die Meinungsverschiedenheit führten in den Jahren 1530 bis 1533 zur sog. sächsischen Münztrennung. Daraufhin wurde die gemeinsame Schneeberger Münzstätte auf dem Gebiet des Kurfürsten stillgelegt. Die Münzstätten in Zwickau und Buchholz prägten ab dieser Zeit für den Ernestiner Johann leichtere Münzen. Die Münzverschlechterung wurde offiziell nicht bekannt- und zugegeben.

Die Autoren der Streitschriften schrieben anonym. Es gab Spekulationen über die Autorenschaft, Lehmann et al. unterstellen, dass Johann und Georg selbst die Autoren gewesen seien (Lehmann et al. 1977: 116 ff), aber letztlich ist die Frage offen geblieben. (Greitens 2022: 179) Wie argumentierten die Kontrahenten? Die Ernestiner sagten, das gute Geld werde in das Ausland abfließen, weil ausländische Händler es dem minderwertigen vorzögen. Da aber Geld und Reichtum identisch sind, bedeutet eine wertvolle Münze die Gefahr, dass mit dem guten Geld der Reichtum vom Ausland abgesogen werden würde und im Inland die schlechten Münzen den Umlauf dominierten – eine Abart des später nach Gresham benannten Geldgesetzes, wonach schlechtes Geld das gute vertreibe, hier aus dem In- ins Ausland. Der Staat oder der Münzherr könne zwar den Inländern, nicht aber Ausländern die schlechte Münze aufdrängen. Eine Abwertung der inländischen Münzen hätte den Vorteil, so die Ernestiner, den Import zu verteuern. Sie verringere damit den Kauf von Luxuswaren aus dem Ausland, von dem nur die reichen Kaufleute profitierten. Die Antwort der Albertiner, „die sich natürlich letztlich nicht durchsetzen konnten, weil damals die Münzverschlechterer in Deutschland im Konkurrenzkampf mit den territorialen Feudalherren alle Vorteile auf ihrer Seite hatten“ (Kuczynski 1960: 8), lautete: Münzverschlechterungen bringen Preissteigerungen und Not für viele Menschen, eine gute Münze dagegen sichere den Wohlstand für das ganze Land. Die gute Münze ist die „Vorbedingung für die Blüte des Gewerbes und Handels.“ (zit. aus Lotz 1893: 108)

> Brot, Bier und alle anderen Waren werden nur abgegeben, je nachdem man Münze hat; man kann den Kaufmann nicht täuschen. [...] Giebt man ihm gute Münze, so giebt er die Ware billig;

giebt man geringe Münze, so giebt er die Ware teuer, um auf seine Kosten zu kommen. Denn erpflegt sich stets nach dem natürlichen Werte der Münze, wie sie solche des Silbers wegen hat, und nicht nach der zufälligen Taxierung derselben zu richten. (zit. aus Lotz 1893: 12, 14)

Die Ernestiner sagten, eine vollwertige Münze sei vorteilhaft nur für die reichen Kaufleute, von Nachteil für den Rest der Bevölkerung.

Ähnlich bereichern sich auch diejenigen unserer Landsleute, welche viel unnötige, unnütze, neumodische Waren und Sorten aus dem Auslande einführen: Dinge, deren man Gottlob in diesen Landen eigentlich gar nicht bedürfte. Die Folge ist, daß die Kaufleute allein sich bereichern, die Einwohner des Landes aber in ihren Einkünften [...] geschädigt werden und naturgemäß nicht in die Höhe kommen (zit. aus Lotz 1893: 32)

Die Albertiner warfen den Ernestinern vor, selbst aus der Münzverschlechterung Nutzen ziehen zu wollen, indem sie andere schädigten:

Du sagest, Geld heiße Reichtum, und folgerst daraus: Wenn man geringe Münze schlüge, dann bliebe der Reichtum im Lande und die Kaufmannsware draußen. Du mußt aber auch dazu sagen: wenn die Münze geringer geschlagen würde, bei wem der Reichtum, den man mit der geringen Münze gewinnt, im Lande bliebe. Nämlich bei niemand als bei den Fürsten und Münzherren, denn die würden ihr Silber teuer verkaufen und vermünzen und den eignen Gewinn in ihre Kammer nehmen. Die Untertanen aber werden geringe Münze haben und, wie angezeigt, alle Dinge teuer und für zehn Gulden gerade so viel, wie sie bedürfen, kaufen können wie zuvor für acht Gulden der guten Münze [...] (zit. bei Lehmann et al. 1977: 122 f)

Unter der Münzverschlechterung litten auch die Gläubiger, „denn falls diese Forderungen mit nicht so vollwertiger Münze wie zur Zeit der Schuldeingehung bezahlt und ausgelöst werden, so hätte und bekäme jeder entsprechend weniger.“ (zit. bei Lotz 1893: 22) Die albertinischen Streitschriften „Gemeine Stymmen von der Müntze“[25] und „Apologie“ zeigen, so Jürgen Kuczynski, „ein, an den Zeitumständen gemessen, beachtliches theoretisches Niveau auf dem Gebiete des Geldwesens, das damals in der Zeit des Monetarsystems ganz mit Recht zum Zentralpunkt aller volkswirtschaftlichen Theorien gemacht worden war.“ (Kuczynski 1960: 8) Der in beiden Schriften zum Ausdruck kommende Monetarismus lässt „einen großen Fortschritt im ökonomischen Denken erkennen“ und vertieft „das Verständnis für objektive volkswirtschaftliche Vorgänge.“ (Lehmann et al. 1977: 123)

5.6 John Hales – Der englische Monetarismus

Zwei Jahrzehnte nach dem sächsischen Münzstreit, 1548 oder 1549, aber noch vor der gewaltigen Geldakkumulation aus dem Überseehandel, verfasst John Hales (1516–1572), der Sekretär der Staatskasse unter Heinrich VIII. und Eduard VI., die bekann-

25 Manchmal auch „gemeyne Stimmen“

teste monetaristische Schrift Englands. Er nennt sie „Drei Gespräche über die in der Bevölkerung verbreiteten Klagen". Sie wird erst im Jahr 1581 von William Stafford (1554–1612) herausgegeben unter dem Titel „Eine kurzgefaßte Prüfung von gewissen täglichen Beschwerden verschiedener Landsleute in diesen unsern Tagen: welche, obwohl zum Teil ungerecht und leichtfertig, dennoch alle in Dialogform gründlich erörtert und besprochen sind" (Stafford 1581/1948), der lange als ihr Autor betrachtet wurde. Doch Untersuchungen ergaben, so Hilferding, dass „die Schrift bereits 1549 von einem gewissen John Hales verfasst ist."[26] Hales kritisierte die allgemeine Teuerung im Vergleich mit früherer Zeit, die Einhegungen von Bauern- und Gemeindeland und den Verfall der Städte und Dörfer. (Stafford 1581/1948: 86) Die drei wirtschaftlichen Hauptübel – steigende Preise, hohe Arbeitslosigkeit und sinkende Renten – hätten monetäre Ursachen. Sie resultierten aus der Münzverschlechterung, der Verringerung des inneren Wertes des Geldes. Die Hauptkritik Hales richtete sich wie in den sächsischen Schriften die der Albertiner gegen die Geldverschlechterungen. In England hatte sie Heinrich VIII. seit 1543 forciert; die Silbermünzen waren auf ein Drittel ihrer ursprünglichen Feinheit gesunken. Hales sieht die Hauptursache für die Preissteigerungen und den wirtschaftlichen Verfall der kleinen Warenproduzenten und ländlichen Gebiete darin, dass der Landesherr die fortlaufende Entwertung des Geldes anordnete oder zuließ.

> Denn zugleich mit der Veränderung des Geldes begann die Teuerung, und in demselben Maße, wie das Geld sich verschlechterte, stiegen auch die Preise der Dinge durchweg. Und daß dies wahr ist, bewiesen die wenigen Stücke alten Geldes, die später noch übrig bleiben. Denn Ihr konntet für jedes Stück dieses Geldes ebensoviel von irgendeiner Ware sowohl im Auslande wie im Inlande erhalten, wie jemals früher dafür zu haben war. (Stafford 1581/1948: 92)

Hales betrachtet das Geld nicht nur als Kauf- bzw. Zirkulationsmittel. Er hält es auch als Mittel der Wertaufbewahrung für notwendig. Dazu sollten die Geldvorräte reichlich sein.

> Denn es genügt für einen Fürsten oder ein Reich nicht, um Geld genug für ein Jahr zu haben und so, wie man sagt, von der Hand in den Mund zu leben [...], sondern sie sollten einigen Vorrat haben für plötzlich eintretende Ereignisse [...] Wenn dagegen einiger Vorrat von Geld im Lande wäre, so wären wir, selbst wenn Krieg und Teuerung zusammen eintreten sollten, dennoch imstande, sie für ein, zwei oder drei Jahre auszuhalten. Denn ich sähe es ebensogern, daß tausend Menschen in einem teuern Jahre hunderttausend Pfund in gutem Gelde zusammenhätten als tausend Scheunen voll Korn im Werte von hundert Pfund das Stück. Denn das Geld würde ebensoviel Korn eintauschen, wie alle diese Scheunen zusammen enthalten. Und das Geld ist sozusagen ein Lagerhaus von jeder Ware, die man will [...] und hat die Eigenschaft, daß es am längsten, ohne zu verderben, aufbewahrt und am leichtesten für jeden Tausch hin- und hergeschafft werden kann [...] (Stafford 1581/1948: 98 f)

26 https://www.marxists.org/deutsch/archiv/hilferding/1911/04/merkantilismus.htm, (letzter Abruf 15.02.2025).

Hales' Darstellung der wirtschaftlichen Verhältnisse in England um die Mitte des 16. Jahrhunderts „ist die tiefstschürfende Analyse, die zur damaligen Zeit möglich war." (Lehmann et al. 1977: 133 f) Hales hat die Erkenntnisse über den Geldwert genutzt, um gegen die Münzverschlechterungen zu polemisieren. Er sah aber die Ursache für Preissteigerungen nicht nur in den Praktiken der Münzherren, sondern auch im Verhalten der Produzenten und Händler. Geringstmöglicher Geldexport, höchstmöglicher Geldimport – also viel Geld im Lande – ist das erstrebenswerte Ziel der Monetaristen, so auch von Hales.

5.7 Jean Bodin – Goldschwemme und Preisrevolution

Wie sein englischer Zeitgenosse John Hales erklärt in Frankreich Jean de Malestroit in seiner 1566 Schrift „Paradoxes" die Preissteigerungen als eine Folge der Münzverschlechterungen. In seiner Antwort 1568 entgegnet der Rechtsphilosoph Jean Bodin (1530–1596), die Erklärung sei einseitig. (Bodin 1568/1997)[27] Sie übersehe wichtige Determinanten der Preisbildung, insbesondere den zunehmenden Umlauf der Edelmetalle, ferner die Preismacht der Monopole und Kaufmannsbündnisse, den Versorgungsmangel im Inland aufgrund von Exporten sowie die Verschwendung und Völlerei der Könige und Fürsten. (Greiter 2022: 190) Die Verschlechterung der Münzen sei zweifelsfrei eine weitere Ursache. Sie könne aber nicht die entscheidende sein, denn der Edelmetallgehalt der Münzen sei schwächer gesunken, als die Preise gestiegen sind. Die wichtigste Ursache der Preisrevolution sind die vermehrten Mengen an Edelmetallen, die auf verschiedenen Wegen ins Königreich gekommen sind und in der Wirtschaft zirkulierten. John Law (1671–1729) dagegen sagt später, dass die Preise gestiegen sind, weil das Silber in den 200 Jahren von 1500 bis 1700 auf ein Zwanzigstel seines Wertes gefallen war. (Gaettens 1955: 105) Bodin aber ist der Meinung, dass „die erste und fast einzige [Ursache], welche niemand vor diesem berühret hat, [...] der Überfluß und die Menge des Golds und Silber [ist], dessen heutzutage in diesem Königreich mehr ist als in 400 Jahren gewesen ist." (zit. bei Lehmann et al. 1977: 137) Die Theorienhistoriker rühmen seitdem Bodin als den „Entdecker" der „rohen" Quantitätstheorie des Geldes (z. B. Schumpeter 1965: 394 f). Die schlichte Aussage der Entdeckung und der Theorie: Steigt die Geldmenge, steigen die Warenpreise, sinkt die Geldmenge, fallen die Warenpreise. Die angenommene Ursache-Wirkungsbeziehung zwischen der exogenen Geldmenge und den sich an ihr angeblich orientierenden Preisen wird nicht näher untersucht, geschwiege denn theoretisch konsistent begründet. Dazu wäre es notwendig gewesen, die Geldnachfrage zu diskutieren, was nicht geschieht. Unbeachtet bleibt in der frühen Fassung der Quantitätstheorie auch die

---

27 Bodins Replik auf Malestroit erscheint im Jahr 1578 in der zweiten Auflage. Die deutsche Übersetzung folgt erst im Jahr 1624 in Hamburg.

Umlaufgeschwindigkeit des Geldes. Vereinzelt wurde behauptet, es sei unzulässig, Bodin eine Quantitätstheorie zu unterstellen, da er als Monetarist konsequent an der Auffassung von einem Geldwert festgehalten habe. Wie alle Monetaristen nahm Bodin an, dass der Geldwert vom Metallwert komme. Geld erhält seinen Wert nicht erst in der Zirkulation, wie die Quantitätstheorie besagt. (Lehmann et al. 1977; 141) Das ist richtig, aber taugt nicht, um zu beweisen, dass Bodin kein Anhänger oder Begründer der Quantitätstheorie des Geldes gewesen war. Die Hauptaussage der Quantitätstheorie besteht darin, den Preis der Waren als eine Funktion der Geldmenge zu betrachten. Dies ist unabhängig davon möglich, ob das Geld Wert besitzt oder wertlos in die Zirkulation ginge, um erst dort einen Wert zu erhalten. So haben auch Kopernikus, Ricardo und andere quantitätstheoretisch argumentiert, obwohl sie einen Geldwert akzeptierten.

5.8 Richard Cantillon – Der Cantillon-Effekt

Die Quantitätstheorie des Geldes ist derart eingänglich, dass sie von vielen bedeutenden Ökonomen für richtig angesehen wird. Dazu gehören der Italiener Bernardo Davanzati, der sagt, aus dem Verhältnis der Geld- und Gütermengen ergäbe sich der Geldwert, der französische Philosoph und Historiker Louis de Montesquieu (1689–1755), der Engländer John Locke, der Ire Richard Cantillon (1680–1734), der viele Jahre in Paris gelebt hat, die Briten David Hume (1711–1776) und der große David Ricardo (1772–1832). Locke, den Marx und Engels einen „der Doyens der modernen Nationalökonomie“ nennen (MEW 3: 511), sagt, „da die Menschen übereingekommen sind, Gold und Silber einen imaginären Wert zu verleihen [...] ist der innere Wert, den man in diesen Metallen erblickt, nichts als ihre Quantität.“ (Locke 1722, zit. aus MEW 23: 139) Locke ergänzt und verbessert die rohe Fassung des Theorems, indem er erstmals die Umlaufgeschwindigkeit des Geldes berücksichtig. Das Verhältnis zwischen der Geldmenge und dem Handelsvolumen hinge „nicht glatt von der Quantität des Geldes ab, sondern auch von der Schnelligkeit“, mit der das Geld umläuft. (Locke 1722, zit. nach Kruse 1953: 29)

Auch Cantillon ist Monetarist, wenn er sagt: „Ich nehme immer an, daß der relative Reichtum der Staaten vor allem in den jeweiligen Geldmengen besteht, die sie besitzen.“ (Cantillon 1755/1931: 117, zit. aus Greitens 2022: 219) Er vertritt die Quantitätstheorie des Geldes: „Alle Welt ist sich darüber einig, daß der Überfluss an Geld oder dessen Vermehrung im Tauschverkehr den Preis aller Dinge erhöht.“ (Cantillon 1755/1931: 103) Doch eine simple Proportionalität zwischen Geldmengen und Preisen lehnt er ab und überwindet die Grenzen der frühen Quantitätstheorie Bodins, indem er eindeutig ausspricht, dass für den Wert des Geldes nicht nur die Menge, sondern auch die Umlaufgeschwindigkeit des Geldes ausschlaggebend sei.

> Wenn aber die Grundeigentümer mit ihren Pächtern statt jährlicher Zahlungen halbjährliche Zahlungen vereinbaren und wenn die Schuldner der beiden letzten Renten ihre Zahlungen ebenfalls alle sechs Monate leisten, wird diese Änderung in den Zahlungen den Gang des Umlaufes verändern; wenn früher zehntausend Unzen notwendig waren, um die Zahlungen einmal jährlich zu leisten, so werden jetzt statt dessen nur fünftausend Unzen erforderlich sein, weil fünftausend Unzen zweimal gezahlt die gleiche Wirkung haben, wie zehntausend Unzen auf einmal gezahlt. (Cantillon 1755/1931: 82, zit. aus Greitens 2022: 221)

Cantillon wusste, dass die Geldumlaufgeschwindigkeit Geldmenge ersetzt, die erstere ergo so wirkt wie die zweite. Hervorzuheben ist auch, dass Cantillon einen „inneren Wert" der Münzen unterscheidet. Der „wahre oder innere Wert der Metalle steht, wie der aller Dinge, im Vergleich zum Boden und zur Arbeit, die zu ihrer Produktion erforderlich sind." (Cantillon 1755/1931: 62 f) Der innere oder wahre Wert der Waren bilde das Zentrum, um den die Marktpreise und der Geldwert schwanken, der auch durch die umlaufende Geldmenge bestimmt werde, denn der Geldwert würde „bald über, bald unter dem inneren Wert liegen und wechseln, je nachdem sie (die Edelmetalle, der Verf.) im Überfluß vorhanden oder knapp sind [...]" (Cantillon 1755/1931: 63) Doch der innere Wert des Geldes werde, wie auch Petty annahm, durch die Kosten der Golderzeugung bestimmt.

Jan Greitens hebt hervor, dass Cantillon als erster Autor versucht hat, zu begründen, weshalb und wie eine erhöhte Geldmenge die Preise steigen lässt. Er habe einen „Konsumkanal der Transmission" entdeckt:

> Wenn die Vermehrung des Bargeldes von Gold- oder Silberminen ausgeht, die sich in einem Staate befinden, so werden der Eigentümer dieser Minen, die Unternehmer, die Schmelzer, die Raffinierer und überhaupt alle jene, die dort arbeiten, jedenfalls ihre Ausgaben entsprechend ihren Gewinnen erhöhen. Sie werden in ihren Haushalten mehr Fleisch und mehr Wein oder Bier verbrauchen als früher; sie werden sich daran gewöhnen, bessere Kleidung und schönere Wäsche zu tragen, besser eingerichtete Häuser und andere erlesenere Bequemlichkeiten des Lebens besitzen. Sie werden daher einigen Handwerkern Beschäftigung geben, die vorher nicht soviel Arbeit hatten, die nun aus dem gleichen Grunde auch ihre Ausgaben erhöhen werden [...] das Feilschen auf dem Markte, oder die Nachfrage nach Fleisch, Wein, Wolle usw., die stärker ist als gewöhnlich, wird jedenfalls deren Preise in die Höhe treiben. (Cantillon 1755/1931: 105, zit. aus Greitens 2022: 221 f)

Cantillons glänzende Einsicht besteht darin, dass die Preise steigen, wenn oder weil die erhöhte Geldmenge sich in steigenden Einkommen niederschlägt und sich so in einer steigenden Nachfrage äußere. Diese mögliche Transmission wird als „Cantillon-Effekt" bezeichnet. Dabei treten unerwünschte Verteilungseffekte auf, denn jene, bei denen die erhöhte Geldmenge nicht als zusätzliches Einkommen ankommt, müssen auch die höheren Preise zahlen. Der von Cantillon geschilderte einfache Transmissionsmechanismus ist in sich durchaus schlüssig, wird aber den komplexen Wechselbeziehungen zwischen der Geldmenge und den Preisen nur teilweise gerecht.

Zu den bedeutenden Repräsentanten der Quantitätstheorie des Geldes im 18. Jahrhundert gehört der große englische Philosoph David Hume. Hume ist schwer einzuordnen, teils Monetarist, teils Merkantilist. Er vertritt monetaristische Positionen, wenn er sagt, dass das Geld selbst keinen Wert habe, bloßes Wertzeichen sei und deshalb bei wachsender zirkulierender Geldmenge die Preise steigen müssten und umgekehrt. Er präzisiert die Quantitätstheorie, indem er betont, dass nicht die gesamt vorhandene Geldmenge für die Preisentwicklung und für den Geldwert von Bedeutung sei, sondern nur die Geldmenge, die zirkuliert. Es sei

> klar, daß die Preise nicht so sehr abhängen von der absoluten Menge der Waren und der des Geldes, die in einem Lande vorhanden sind, als von der Menge der Waren, die auf den Markt kommt oder kommen kann, und von dem Gelde, welches zirkuliert. Wenn das gemünzte Geld in Truhen verschlossen wird, so ist dies für die Preise dasselbe, als ob es vernichtet wäre. (zit. nach MEW 13: 138)

Nicht ausgeprägtes und gehortetes Gold und Silber führe nicht zu erhöhten Preisen. Außerdem sagt Hume, dass sich Änderungen der Geldmenge nicht sofort auf die Preise auswirkten, sondern mit einer Verzögerung, denn „obgleich der hohe Preis der Waren eine notwendige Folge des Zuwachses von Gold und Silber sei, (folge) er jedoch nicht unmittelbar auf diesen Zuwachs“, sondern es sei „einige Zeit erheischt [...], bis das Geld durch den ganzen Staat zirkuliert und seine Wirkungen auf alle Volkskreise geltend macht.“ (Hume 1977: 303 f, zit. nach MEW 20: 112) Auch wenn Hume das Geld auf dessen Tauschmittelfunktion reduziert, die Funktion des Geldes, Wertmaß zu sein, übersieht, „weil er absolut nichts vom Wert wußte“ (MEW 20: 224), gebühre ihm und Cantillon das Verdienst, Probleme anzusprechen, die von den Ökonomen noch im 21. Jahrhundert diskutiert werden sollen: Wovon wird die für die Zirkulation notwendige Geldmenge bestimmt? Wie ist der Zusammenhang zwischen der Geldmenge und den Preisen? Wie hängen die Preise und die Geldentwertung zusammen?

David Ricardo, der erste Politökonom des industriellen Kapitalismus, Verfechter der Arbeitswerttheorie und Vollender der klassischen politischen Ökonomie, dem man Unrecht antun würde, rechnete man ihn zu den Monetaristen, hat unabhängig vom herausragenden Platz, den er in der Theoriengeschichte einnimmt, monetaristische Gedankengut für richtig befunden. So kennt er zwar einen inneren Wert von Gold und Silber, der bestimmt würde neben ihrer Seltenheit von „den zu ihrer Beschaffung aufgewandten Arbeitskosten und dem Werte des Kapitals, das in den Bergwerken steckt, in denen sie gewonnen werden.“ (Ricardo1979: 62) Doch andererseits ist er inkonsequent, setzt die Zirkulation von Goldgeld mit der von inkonvertiblen Banknoten bzw. Papiergeld gleich und verlässt das arbeitswerttheoretische Fundament, wenn er den Zusammenhang zwischen der Geldmenge und den Preisen analysiert. Er sagt: „Es ist also klar, daß eine Entwertung des in Umlauf befindlichen Tauschmittels die notwendige Folge seiner Überfülle ist und daß unter normalen Verhältnissen des staatlichen Geldumlaufes dieser Entwertung durch die Ausfuhr von Edelmetallen entgegengewirkt wird.“ (Ricardo 1979: 72) Übersteige das Geldvolumen die Wertsumme der Waren, würde das Gold unter seinen Metallwert sinken und die Warenpreise steigen. Liegt die Menge des zirkulierenden Geldes unter der Wertsumme der Waren, stiege das Gold über seinen inneren Wert, und die Preise der Waren fielen. In beiden Fällen wäre die Bewegung der Warenpreise, ihr Steigen und Fallen zurückzuführen auf die Ausdehnung oder Verringerung des zirkulierenden Goldes. Das ist die Quantitätstheorie pur: Die Preise steigen und fallen, weil entweder zu viel oder zu wenig Geld zirkuliert. Ricardo erfasst nicht den prinzipiellen Unterschied zwischen der Geldware (Gold, Silber) und den Geldsurrogaten, den papiernen Geldzeichen. Er glaubt letztlich, dass „Gold sei im Grunde auch nur ein Wertzeichen." (Anikin 1974: 244) Jan Greitens bezeichnet Ricardo als „Hardliner und als zuspitzender Vertreter der Quantitätstheorie", als einen Vertreter der monetären Orthodoxie". Seine Quantitätstheorie beziehe sich auf alle Geldarten, auf Papier- und Münzgeld, sei vereinbar mit einem inneren und äußeren Geldwert. Sie werde aber nicht verbunden mit einem Transmissionsmechanismus. Die Umlaufgeschwindigkeit wird nur beiläufig erwähnt. (Greitens 2022: 253)

5.9 Hauptaussagen und Schwächen der Quantitätstheorie

Wie fällt zusammenfassend eine kritische Würdigung der monetaristischen Quantitätstheorie des Geldes aus? (vgl. dazu Braun, Krause, Müller 1989: 141) Die umlaufende Geldmenge, egal ob Geldware Gold und Silber oder Geldsurrogate, ist der dominierende Faktor der Wirtschaft. Sie bestimme die Warenpreise. Das Geld erhielte, egal, ob es einen „inneren Wert" besitze oder nicht, in der Zirkulation einen Wert, der in Abhängigkeit von seiner Menge über oder unter den „inneren Wert" – sofern ein solcher vorhanden – stünde. Der Wert der Geldeinheit bilde sich in jedem Fall in der Zirkulation. Er werde – ebenso wie die Warenpreise – gebildet in Abhängigkeit von dem auf dem Markt aufeinandertreffenden Waren- und Geldvolumen. Die Warenpreise sind direkt proportional zur Geldmenge, und der Wert des Geldes ist umgekehrt proportional zur Geldmenge. Modifiziert werde der Zusammenhang von der Umlaufgeschwindigkeit des Geldes. Die Größe wird meist als konstant angesehen, woraus sich die angebliche Proportionalität zwischen den Änderungen der Geldmengen und denen der Preise ergibt. Der Grundirrtum der Quantitätstheoretiker besteht in der Annahme, dass das Geld, egal ob aus Metall oder aus Papier, erst in der Zirkulation seinen Wert erhalte. Für Hume war Geld, auch Gold und Silber, wertloser Repräsentant der Waren. Der Wert des Geldes ergibt sich erst aus dem Verhältnis zwischen der Geldmenge und der Warenmenge. Kopernikus und Ricardo sagten, dass der Wert des zirkulierenden Goldes in Abhängigkeit von dessen Zirkulationsmenge größer oder kleiner als der Metallwert sein kann. Selbst Gold als Geld besitze nur Wert, weil es zirkuliert. Es wird nur in seiner Funktion als Zirkulationsmittel, nicht in seiner Funktion als Wertmaß erfasst. Marx kritisiert: „Jede wissenschaftliche Untersuchung über das Verhältnis von Anzahl der Zirkulationsmittel und Preisbewegung der Waren muß den Wert des Geldmaterials als gegeben voraussetzen." (MEW 13: 135) In der quantitätstheoretischen Argumentation verschwimmt der Unterschied zwischen den wertlosen Geldsurrogaten und der Wert besitzenden Geldware, allem „gegebenen" Edelmetallwert zum Trotz. Bei Zirkulation und Preisfestlegung mit Hilfe der Geldware sind Preiserhöhungen Wirkung, nicht Ursache für die Senkung des Geldwerts, wird von anderen Preisfaktoren (Warenwert, Angebot, Nachfrage) abgesehen. Bei Geldsurrogaten ist das anders. Als wertlose Zeichen repräsentieren sie Wert. Ihr Umfang ist theoretisch nicht quantifizierbar. Die Zirkulationssphäre kann unbegrenzt solche Zeichen aufnehmen. Deren quantitative Beziehungen zum Wert der Geldware, handelt es sich um Papiergeld mit Annahmezwang oder inkonvertible Banknoten, werden nicht durch einen Eigenwert mitbestimmt. Einen „Wert" der zirkulierenden Papierzettel gibt es nicht. Diese sind wertlos, von den geringen Kosten ihrer Herstellung abgesehen. Was sich durch eine Veränderung der Menge umlaufender Papierzettel ändert, ist der durch eine Papierzetteleinheit symbolisierte Wert der Geldware, wobei der Wert der Warenmasse, der der Geldware und die Umlaufgeschwindigkeit als gegeben angenommen werden. Eine Vergrößerung des umlaufenden Papierzettelquantums führt bei gegebener Warenwert- und Geldwarenmasse zur Veränderung des Preismaßstabes, zur Erhöhung des Preisniveaus und damit zur Verringerung der Kaufkraft und Wertrepräsentation der Geldzeichen. Sie und nicht Wertreduzierungen wertloser Papierzettel sind Merkmale der Inflation. (vgl. Abschnitt 10.8) Es ist semantisch falsch, von einer Entwertung wertloser Zeichen zu sprechen. Im Anstieg der Preise zeigt sich keine Geldentwertung inkonvertibler Banknoten oder staatlichen Papiergeldes mit Annahmezwang. Der Wert des Geldzeichens bleibt konstant, er bleibt Null. Gestiegene Preise beseitigen einen am bisherigen Preismaßstab gemessenen „Geldüberhang". Das quantitätstheoretische Postulat, demzufolge der Wert der Einheit des Geldes umgekehrt proportional der Geldmenge sei, ist für die Geldware und für wertlose Geldzeichen falsch. Erste erhält Wert durch Arbeitsaufwand, letzte besitzen von vornherein keinen. Er kann auch nicht nachträglich durch die Zirkulation geschaffen und erst recht nicht durch Veränderungen der Geldmenge variiert werden.

6 Merkantilismus (17./18. Jh.)

6.1 Historischer Hintergrund

Der Begriff Merkantilismus stammt vom lateinischen mercari (Handel treiben), mercator (Kaufmann, Käufer) bzw. merx (Ware) bzw. vom italienischen/französischen mercantile (kaufmännisch) ab. Merkur ist der römische Gott des Handels, der kleinen Diebe und der Reisenden. Der Merkantilismus entsteht, als aus unmittelbaren Produzenten massenhaft doppelt freie Lohnarbeiter werden (frei von Produktionsmitteln und persönlich frei) und sich riesige Geldkapitalien bilden, die zur Schaffung kapitalistischer Betriebe nötig sind. Dieser Prozess vollzieht sich zuerst in Spanien, Portugal, Holland, Frankreich und England „zum Teil mit brutalster Gewalt [...] Die Gewalt ist der Geburtshelfer jeder alten Gesellschaft, die mit einer neuen schwanger geht." (MEW 23: 779). Im 17. Jahrhundert setzt sich in einer Reihe europäischer Festlandstaaten die absolute Monarchie durch. Die Herrscher Frankreichs, Russlands, Schwedens, Österreichs-Ungarns und deutscher Territorialstaaten (insbesondere Preußens) regieren unumschränkt, ohne Mitwirkung der Stände – absolut. Sie regen die kapitalistische Entwicklung an, jedoch ausschließlich im Interesse der Staatseinkünfte und deshalb begrenzt. Dabei besitzt der deutsche Absolutismus nicht die bedingt fortschrittlichen Züge wie der Absolutismus in Frankreich und Russland. Die politische Zersplitterung Deutschlands in viele kleine absolute Fürstentümer verlangsamt die kapitalistische Entwicklung. Reglementierungen der Zünfte erschweren die Anlage des Kaufmannskapitals im produzierenden Gewerbe; Zölle und Steuern der Landesfürsten behindern Handel und Handwerk. Schneller schreitet die Entwicklung in den „Seestaaten" voran. England wird ab Ende des 15. Jahrhunderts bis zur Revolution im 17. Jahrhundert zwar absolutistisch regiert, die feudalen Produktionsverhältnisse lösen sich aber mehr und mehr auf. Die Leibeigenschaft ist schon Ende des 14. Jahrhunderts faktisch beseitigt. Ab 1688 hat das Land eine konstitutionelle Monarchie, (eine Monarchie mit Parlamentsherrschaft), wird dominiert vom grundbesitzenden Adel und der Verlags- und Handelsbourgeoisie. Teile des Handels- und Manufakturbürgertums erwerben Grund und Boden, gehen auf dem Lande zur kapitalistischen Produktion über und verschmelzen mit Angehörigen des mittleren und niederen Adels. Die Könige aus dem Hause Tudor (1485–1603) fördern die ursprüngliche Akkumulation des Kapitals. Königin Elisabeth drängt die Hanse und die Venezianer aus dem englischen Handel. Große Handelsgesellschaften werden gegründet, u. a. die Ostindische Kompanie. Im Jahre 1588 verleiht Elisabeth der Guinea-Kompanie das Monopol für den Handel zwischen Afrika und Amerika, einschließlich des Sklavenhandels. Produktion und Handel nehmen zu. Um 1400 gibt es in England kaum 200 reiche Kaufleute, 200 Jahre später schon etwa 3 000. „Große Vermögen (springen) wie die Pilze an einem Tage auf." (MEW 23: 780). Gigantische Handelsgewinne finanzieren Bodenkäufe und Manufakturen. Die Politik der katholischen Stuarts hemmt die kapitalistische Entwicklung. Eingriffe Karl

https://doi.org/10.1515/9783111568331-007

I. (1625–1649) behindern die „freie Konkurrenz, die den Handel und die Industrie mehr und mehr unmöglich" machen (MEW 7: 209 f). Handelsmonopole fühlen sich bedroht. Widerstand regt sich gegen die Königswillkür. Angestellte der Ostindien-Kompanie fordern im Namen der Handelsfreiheit die Garantie ihres Monopols. Die Revolution (1640–1688) endet mit einem Erfolg der bürgerlich-kapitalistischen Kräfte. Ziel merkantilistischer Politik ist die Sicherung und Erweiterung von Rohstoffquellen, Absatzmärkten und Kolonien. Navigationsakte (Schifffahrtsgesetze) – die erste tritt unter Oliver Cromwell im Jahre 1651 in Kraft – erlauben die Einfuhr europäischer Waren nur auf englischen Schiffen und solchen der Ursprungsländer. Diese Bestimmungen beseitigen den Zwischenhandel der Niederlande mit England und den englischen Kolonien. Sie erschüttern die niederländische Vorherrschaft im Welthandel und führen zum ersten Seekrieg mit England (1652–1654). Insgesamt gibt es vier englisch-niederländische Seekriege zwischen 1652 und 1784 um die Kontrolle der Ozeane und Handelswege, eingeschlossen darin der französisch-niederländische Krieg. Die Niederländer unterliegen. Im Pfälzischen Krieg (1688–1697), im Spanischen und Österreichischen Erbfolgekrieg (1701–1714, 1740–1748) und im Siebenjährigen Krieg (1756–1763) annektiert Großbritannien französische und spanische Kolonien in Amerika und Indien. Der absolute Staat wird immer abhängiger vom Bürgertum. Söldnerheere, Krieg, die Sicherung der Kolonien und Seewege verschlingen gewaltige Geldsummen. Ebenso der Königshof, für Schlösser, Festungen und Staatsapparat. Die Staatsschuld steigt. „Die Anleihen befähigen die Regierung, außerordentliche Ausgaben zu bestreiten, ohne daß der Steuerzahler es sofort fühlt, aber sie erfordern doch für die Folge erhöhte Steuern." (MEW 23: 784) und immer wieder neue Kredite.

6.2 Das Merkantilsystem

Der Monetarismus wird in England und auf dem Kontinent, wenn auch zeitlich versetzt, durch den Merkantilismus überwunden. „Die englische Handelsbourgeoisie und die deutsche Manufakturbourgeoisie befanden sich in einer Zwangslage, die sie veranlasste, die alten monetaristischen Vorstellungen zu überprüfen und zum Teil zu überwinden." (Lehmann et al. 1977: 148) Brechts Satz bestätigt sich: „Umwälzungen finden in Sackgassen statt." (Brecht 1975: 143). Der Merkantilismus geht aus dem Monetarismus des 15. und 16. Jahrhundert hervor, unterscheidet sich aber von ihm, so dass es in gewisser Weise problematisch ist, wie unter bürgerlichen Dogmenhistorikern üblich, die monetaristischen Denker jener Epoche als „Frühmerkantilisten" zu bezeichnen. Andererseits ist die Zusammenfassung auch verständlich, da bestimmte theoretische Auffassungen wie die Quantitätstheorie durchgängig geteilt werden. Karl Marx ist sich unsicher, nennt das Merkantilsystem eine Variante des Monetarsystems (MEW 13: 133), oder dessen Fortsetzung (MEW 25: 793). Im Anti-Dühring hebt er die „Selbstscheidung des Merkantilsystems von seinem Muttersystem" hervor, dem Monetarsystem. (MEW 20: 216) Der Merkantilismus sei gegenüber dem Monetarsystem des 15. und 16. Jh. ein Fortschritt, weil er „die kommerzielle und Manufakturarbeit" als die Quelle des Reichtums setzt. (MEW 13: 634) Die Monetaristen leben

> noch in der naiven Anschauung, daß Gold und Silber der Reichthum sei, und (hatten) nichts Eiligeres zu thun, als überall die Ausfuhr der edlen Metalle zu verbieten [...] Alle Mittel wurden aufgeboten, um den Völkern, mit denen man im Handelsverkehr stand, so viel baares Geld wie möglich abzulocken, und das glücklich Hereingebrachte hübsch innerhalb der Mauthlinie zu behalten. (MEW 1: 499)

Dieses Denken bringt die Interessen des Wucher- und Handelskapitals, der Vorläufer des industriellen Kapitals, zum Ausdruck, widerspiegelt die Ablösung der feudalen Naturalbeziehungen durch die Waren- und Geldzirkulation und sieht das Ziel wirtschaftlichen Tuns in der Schatzbildung. Monetarismus und Merkantilismus reflektieren beide die Übergangsepoche vom Feudalismus zum Kapitalismus. Was sie unterscheidet, sind die historischen Stufen, auf denen sie den Übergang widerspiegeln und die Inhalte, mit denen sie das tun. Der Monetarismus sieht das Ziel wirtschaftlichen Tuns in der Schatzbildung, einer Voraussetzung der künftigen Produktionsweise. Dem Merkantilismus geht es nicht um die Akkumulation von Geld schlechthin, sondern erstmals um die Kapitalakkumulation. Marx sagt, woraus sich der Fortschritt des Merkantilismus gegenüber dem Monetarismus ergibt: „Die Akkumulation von Gold und Silber, von Geld, ist die erste historische Erscheinung des Ansammelns von Kapital und das erste große Mittel desselben; aber als solche ist sie noch nicht Akkumulation von Kapital. Dazu müßte das Wiedereingehn des Akkumulierten in die Zirkulation selbst als Moment und Mittel des Anhäufens gesetzt sein." (MEW 42: 144). Die Merkantilisten zerbrechen die innere psychologische Barriere, an der sich die Unzulänglichkeiten und die Inkonsequenz des Monetarsystems zeigen: Sie wollen sich trennen vom Geld, um es zu mehren. Sie sind gegenüber den Monetaristen die geschickteren Schatzbildner. Der bedeutendste englische Merkantilist Thomas Mun will das Geld, das im Handel gewonnen wurde, nicht dadurch verlieren, dass man es dem Handel vorenthält, statt es ihm erneut anzuvertrauen. (Mun 1923: 34–46). Die Monetaristen entziehen der Zirkulation das Geld zum Zweck der Schatzbildung, die Merkantilisten werfen es in die Zirkulation zurück, damit es sich dort endlos vermehrt. „[...] im Merkantilsystem entscheidet nicht mehr die Verwandlung des Warenwerts in Geld, sondern die Erzeugung von Mehrwert, aber vom begriffslosen Standpunkt der Zirkulationssphäre aus und zugleich so, dass dieser Mehrwert sich darstellt in Surplusgeld, im Überschuss der Handelsbilanz." (MEW 25:792 f). Merkantilistisches Denken orientiert auf den Profit. „G-G', geldheckendes Geld – money which begets money – lautet die Beschreibung des Kapitals im Munde seiner ersten Dolmetscher, der Merkantilisten." (MEW 23: 170). Damit überwindet der Merkantilismus die historisch begrenzte Sicht des vorkapitalistischen Monetarismus, erfasst aber noch nicht das Wesen der modernen Produktionsweise, weil er ausgeht „von den oberflächlichen Phänomenen des Zirkulationsprozesses, wie sie in der Bewegung des Handelskapitals verselbständigt sind, und daher nur den Schein auf(greift).“ (MEW 25: 349). Trotz ihrer Schwächen gebührt Monetarismus und Merkantilismus das Verdienst, sich zu lösen vom ethisch geprägten Denken der Scholastik, die die Wirtschaftslehre in das System der katholischen Theologie einzubauen versuchte. Nicht mehr Rechtfertigung, sondern Erforschung ökonomischer Zusammenhänge ist das Ziel. Monetaristisches und merkantilistisches Denken richtet sich erstmals, wenn auch bruchstückhaft, einseitig und fehlerhaft auf die ökonomischen Gesetze.

6.3 Merkantile Wirtschaftspolitik im Interesse des Handelskapitals

Die merkantilistische Wirtschaftspolitik hilft, die produktiven Möglichkeiten extensiv und intensiv zu nutzen. Sie beseitigt Binnenzölle, erschließt Verkehrswege, ordnet das Münz-, Kredit- und Rechtswesen, fördert Manufakturen durch Schutzzölle, Prohibitionen und Vergabe von Monopolen. Sie begünstigt Handelsgesellschaften und den Überseeverkehr. Staatliche Exportprämien regen die Warenausfuhr an. Die Ausfuhr von Rohstoffen ist verboten. Zölle behindern den Import veredelter Erzeugnisse. Die Wareneinfuhr wird erleichtert zwecks Wiederausfuhr (Reexport) und Veredlung zu Exportwaren. Das Verbot der Geldausfuhr wird beseitigt, eine Geldausfuhr erleichtert, die den Reexport und den Export begünstigt. Hauptziel ist eine aktive Handelsbilanz, ein Exportüberschuss, der Reichtum in Form von Gold und Silber ins Land bringt. Merkantilistische Wirtschaftspolitik hilft, die produktive Bevölkerung zu vermehren. Sie fördert frühe Ehen und eine große Kinderzahl, erleichtert gesetzlich die Einwanderung. Der Staat erlässt Blutgesetze gegen Arbeitsscheue und Vagabunden, unterstützt die Einrichtung von Arbeitshäusern und die Verlängerung der Arbeitszeit, um die für die Manufakturproduktion notwendige Arbeitsdisziplin durchzusetzen. In England, Frankreich und Holland wird „das von Grund und Boden gewaltsam expropriierte, verjagte und zum Vagabunden gemachte Landvolk durch grotesk-terroristische Gesetze in eine dem System der Lohnarbeit notwendige Disziplin hineingepeitscht […].“ (MEW 23: 765) Die staatliche Politik zielt auf niedrige Löhne, unter anderem durch Aufkauf und Lagerung von Lebensmitteln zwecks Hochhaltung der Preise. Der Kampf um Kolonien, ihr Auf- und Ausbau werden forciert. Der Dreieckshandel floriert: Europäische Waren oft minderer Qualität werden in Afrika gegen Sklaven getauscht; diese in Ketten über den Atlantik verfrachtet, meist in die Karibik, von wo die Schiffe dann mit Kolonialwaren nach Europa zurückkehren. Maßnahmen gegen das Wucherkapital sollen den Zins senken. (Fabiunke 1985: 849; Sombart 1916/1987: 924–942)

Holland, „die kapitalistische Musternation des 17. Jahrhunderts“ (MEW 23: 779), erliegt den Verlockungen des Merkantilismus: das Land besitzt das erste Kolonialsystem, treibt Seehandel, führt Handelskriege, führt sich in seinen Kolonien übler auf als andere Kolonialmächte (Braudel 1986: 604 f). Holland nimmt französische Hugenotten zur Entwicklung des Luxusgewerbes auf. Es lässt dem Handel scheinbar freie Hand, beschränkt aber die Einfuhr europäischer und indischer Manufakturerzeugnisse. Der Staat verschuldet sich und fördert Handelsmonopole, die er streng überwacht und hütet. „Hollands Volksmasse war schon 1648“ – das Land befindet sich im Zenit seiner Handelsgröße – „mehr überarbeitet, verarmter und brutaler unterdrückt als die des übrigen Europas insgesamt.“ (MEW 23:782). „Anfang des 18. Jahrhunderts sind die Manufakturen Hollands weit überflügelt und es hat aufgehört, herrschende Handels- und Industrienation zu sein. Eins seiner Hauptgeschäfte von 1701–1776 wird daher das Ausleihen ungeheurer Kapitalien, speziell an seinen mächtigen Konkurrenten England.“ (MEW 23:785).

In Frankreich beschafft Finanzminister Colbert (1619–1683) seinem König Ludwig XIV. nötige Geldmittel, ohne die Generalstände einzuberufen oder die Ausbeutung der Bauern durch die Feudalherren zu beschneiden. Seine Maßnahmen zur Erzielung einer aktiven Handelsbilanz und zur Förderung der gewerblichen Produktion (Colbertismus) ähneln der merkantilistischen Wirtschaftspolitik Englands. Spanien und die Schweiz ahmen sie nach. Die Franzosen werben Spezialisten für Seiden- und Brokatstoffe aus Flandern ab, holen aus Italien Fachleute der Glasherstellung, verbessern die Ausbildung der Arbeitskräfte, um qualitativ hochwertige Produkte herzustellen zu können (Kleider, Teppiche, Möbel) und verbieten die Auswanderung von Spezialisten. Spanien holt Fachkräfte aus den Niederlanden. Colbert baut eine Handelsflotte auf, mit der Frankreich das Handelsmonopol der Holländer bricht. Bezeichnend ist die staatliche Überwachung von Produktion und Absatz der Manufakturen, die nach Colbert zu einer pedantischen Reglementierung aller Gewerbe verkommt.

In Russland setzt sich unter Zar Peter I. (1672–1725) der Absolutismus durch. Der Zar will den Rückstand seines Landes überwinden, fördert Manufakturen, unterstützt Kaufleute und Unternehmer durch Gesetze, Vergünstigungen, Geld und mit leibeigenen Arbeitskräften. Hüttenwerke, Tuch- und Lederbetriebe, Werften werden gebaut, um v. a. die Nachfrage des Heeres und der Flotte zu bedienen. Nutzloses Ackerland wird in Agrarfläche umgewandelt, der Bergbau ausgeweitet, Rohstoffe verstärkt im Inland verarbeitet, die Fischerei entwickelt, der Außenhandel gefördert und Exportüberschüsse angestrebt. Die Anzahl der russischen Manufakturen steigt unter Peter I. von 21 auf 200. Peter I. holt Fachkräfte ins Land und schickt junge Leute zu Studien ins Ausland.

In Preußen prägt der Merkantilismus die Wirtschaftspolitik von der Regierungsübernahme durch den Großen Kurfürsten 1640 bis zum Tod Friedrich des Großen 1786. Vorrangiges Ziel ist es, die produktive Bevölkerung zu vergrößern. Viele Menschen braucht man nicht nur zur Produktion, sondern auch für große Heere, Flotten und Kriege. Handel und Gewerbe, v. a. die Textilindustrie, werden ausgebaut. Die Ausfuhr von Rohstoffen ist verboten. Um die heimische Weberei zu fördern, werden die Wollausfuhr und das Tragen ausländischer Tuche mit dem Tode bestraft. Für französische Waren wird eine Einfuhrsperre verhängt. Friedrich Wilhelm, der „Große Kurfürst“, und seine Nachfolger siedeln französische Hugenotten in Preußen an, um die

Produktion von Luxuswaren voranzubringen. Subventionen, Privilegien und Monopole erleichtern die Errichtung von Manufakturen. Sie entstehen nach 1763 in großer Zahl.

Die österreichisch-ungarische Wirtschaftspolitik des Absolutismus ähnelt der preußischen. Als Beispiel sei die Anwerbung deutscher Arbeitskräfte genannt. Die meist „Schwaben" oder „Sachsen" genannten deutschen Einwanderer werden von den ungarischen Grundherren als Neusiedler wegen ihrer landwirtschaftlichen und gewerblichen Kenntnisse und Fertigkeiten geschätzt.

Die Merkantilisten erklären die Interessen des Handelskapitals „überhaupt für den letzten Staatszweck"; sie proklamieren „die bürgerliche Gesellschaft gegen den alten überirdischen Staat." (MEW 25: 793). Sie orientieren auf eine positive Handelsbilanz. Doch das Ziel bedeutet gerade nicht, dass sie im Handel die Quelle des Reichtums gesehen hätten. Andernfalls hätten sie auch auf den Binnenhandel, nicht nur auf den Außenhandel setzen müssen. Ihnen ist klar, dass die Stärkung der eigenen zu Lasten der fremden Volkswirtschaften geht, dass im Außenhandel der eine gewinnt, was der andere verliert. „Übrigens muß man sich diese Merkantilisten nicht so dumm vorstellen, wie sie dargestellt werden von den spätern Vulgär-Freetraders". (MEW 26.1: 149) In fast allen ihren Schriften findet sich der Satz, „dass die nationale Arbeit die Quelle des Volksreichtums sei; zum Teil mit fast genau denselben Worten, mit denen Adam Smith den ‚Wealth of Nations' einleitet. ‚The Wealth of all nations arises from the labour and industry of the people'." (Sombart 1916/1987: 933) Wie Petty sind alle großen Merkantilisten [...] Anhänger der Theorie, dass der Wert einer Ware durch die in ihr enthaltene Arbeit bestimmt wird (Kuczynski 1965: 54), auch wenn sie, „allein *die* Arbeit für produktiv erklären, deren Produkte, nach dem Ausland geschickt, mehr Geld zurückbringen, als sie gekostet haben [...]." (MEW 26.1: 124) Dabei entstünde der Profit, weil der Preis größer als der Wert der Waren sei. „Dies das alte Merkantilsystem. Der Wert besteht darin, daß ich kein Äquivalent, sondern mehr als das Äquivalent bekomme." (MEW 26.1: 179). Der Merkantilismus wird vorbereitet von Gerard Malynes (1586–1641) und Edward Misselden (1608–1654). Er wird vertreten von den englischen Schriftstellern Thomas Mun, Josiah Child (1630–1699), Charles Davenant (1656–1714), Dudley North, John Locke und David Hume. Abgeschlossen wird er in James D. Steuarts (1707–1780) Arbeit im Jahre 1767 und, über ihn hinausgehend, vorher in den Schriften von William Petty (1623–1687), dessen Bedeutung für das ökonomische Denken weit über seine Beiträge zum Merkantilismus hinausgeht. Wenige wirtschaftstheoretische Erörterungen auch in Frankreich: Die Arbeiten Antoine de Montchrétiens (1576–1621) und François Véron de Duverger Forbonnais' (1722–1800).

6.3.1 Gerard Malynes und Edward Misselden

Gerard Malynes und Edward Misselden, beide mitunter zu den Monetaristen gerechnet (Kuczynski 1965: 23), was für Misselden, nicht aber für Malynes zutrifft, plädieren dafür, dass der Staat eine aktive Handelsbilanz anstreben sollte. Wenn die Ausfuhr inländischer Waren die Einfuhr fremder Produkte übersteige, nehme der Reichtum des Handels zu, übersteigt der Wert der Importe dagegen den der Exporte, werde der Handel ruiniert und der Nationalreichtum sinke, denn dann werden dem Lande Edelmetalle, also Geld, entzogen. Misselden wollte, dass der Staat den Handel überwache und nicht zulasse, dass der Handel sich selbst überlassen bleibe. Er schreibt:

> Die allgemeine [...] Ursache unseres Mangels an Gold ist der große Exzeß dieses Königreichs im Konsum von Waren fremder Länder [...] Wir konsumieren unter uns einen viel zu großen Überfluß an Weinen von Spanien, Frankreich, Rheinland, Levante; die Rosinen von Spanien, die Korinthen der Levante, die Lawns (Sorten feiner Leinwand) und Cambrics (Batiste) von Hainaut, die Seidenzeuge von Italien, Zucker und Tabak von Westindien, die Gewürze von Ostindien, alles das ist kein absolutes Bedürfnis für uns, und dennoch werden diese Dinge gekauft mit hartem Gold [...] Würde weniger von fremdem und mehr von einheimischen Produkten verkauft, so müßte der Überschuß in der Form von Gold und Silber, als Schatz, zu uns kommen. (zit. aus MEW 13: 107)

Malynes argumentierte ähnlich, wandte sich auch gegen das monetaristische Verbot, Geld auszuführen. Gesetze, die verbieten, Edelmetalle auszuführen, hätten sich als nutzlos erwiesen. Hier unterscheidet er sich von Misselden, der sagt, dass das Geld, das ausgegeben wird für den Kauf fremder Waren in anderen Ländern, dort bleibe und nie zurückkehre. „Aber das Geld, womit außerhalb der Christenheit in die oben angegebenen Länder hinausgehandelt wird, ist beständig ausgegeben und kehrt nie zurück." (zit. aus MEW 13: 109, Anmerkung) Malynes ist zugleich „Quantitätstheoretiker": „Wenn", so schrieb er, alle Preise gestiegen sind, so seien die „Ozeane von Geld" die Ursache hierfür, die von Westindien gekommen sind, wodurch der „Maßstab verkleinert" und „die Ziffer erhöht wurde, um es wieder zum Stimmen zu bringen". (zit. aus Behrens 1981: 97) In seiner Schrift „Treatise oft he Causes of Englands Common Wealth" (1601) schrieb er: „Je mehr bares Geld, Geld entweder in Münze oder in Wechseln, unsere Kaufleute im Austausch bekommen, desto mehr wenden sie für einheimische Waren an und erhöhen damit deren Preise, diese Preise erhöhen wieder die Menge, indem sie mehr Menschen in Arbeit setzen." (zit. aus Behrens 1981: 97) In seinem Hauptwerk „Lex Mercatbria" (1622) bekräftigt er diese Auffassung: „Denn der Handel breitet sich nicht aus, wenn die Waren billig sind, da sich die Billigkeit zwischen geringer Wertfrage und der Knappheit von Geld herleitet, welches die Güter billig macht. Und das Gegenteil erhöht den Handel, wenn wirklich Geld da ist und die Waren teurer werden, weil sie mehr gefragt werden." (zit. aus Behrens 1981: 97) Malynes und Misselden gaben den traditionellen Glauben auf, dass die Wohlfahrt umso größer sei, je billiger die Güter zu haben sind. Misselden empfahl im Gegenteil steigende Preise, um den Handel und die Wirtschaft zu beleben, und Münzverschlechterungen, um wirtschaftliche Depressionen zu überwinden. Allerdings fand man, worauf Pribram hinweist, keine endgültige Antwort auf die Frage, ob generell hohe oder niedrige Preise vorzuziehen sind. (Pribram 1998: 113)

Entscheidend für den Wechselkurs einer Währung sei der „innere“ Wert der Münze. Malynes sagt:

> Nachdem der Wechselkurs eine Handelsware geworden ist, erfordert er Aufmerksamkeit, um auf seinen ersten Grundsatz und seine Grundlage zurückgeführt zu werden, welche der innere Wert der Münze des Landes und der Länder ist, gemäß Gewicht und Feingehalt, obwohl sein Preis im Wechselhandel je nach Knappheit oder Überfluß an Geld steigt und fällt, herstammend von den wenigen oder vielen, die im Gang des Handels Geld kaufen oder verkaufen, nicht für Waren allein, sondern auch für Geldwechsel in Form einer Handelsware. (zit. aus Behrens 1981: 97)

Joseph Schumpeter nennt Malynes einen der wenigen Merkantilisten, die eine theoretische Argumentation entwickelt haben. Kein Autor des 17. Jahrhunderts habe ihn am klaren und vollen Verständnis des Devisenmechanismus übertroffen. (Schumpeter 1965: 434 f.)

6.3.2 Thomas Mun, Josiah Child, Charles Davenant

Die drei bedeutendsten Theoretiker des Merkantilismus waren Mun, Child und Davenant. Ihre Arbeiten umspannen fast ein ganzes Jahrhundert (1621–1712). Alle drei waren Geschäftsleute, aufs engste verbunden mit der East India Trading Company, Mun einer ihre Direktoren, Child, „der am meisten gelesene Politökonom des 17. Jahrhunderts“ (Kuczynski 1975: 135), Teilhaber, Direktor und Gouverneur der Gesellschaft. Davenant war die letzten 12 Jahre seines Lebens königlicher Generalinspektor des Außenhandels. Kein Wunder, dass alle drei sich stark machten für die Interessen der Händler und des Handelskapitals. Das Hauptwerk des Merkantilismus im England ist Thomas Mun's Buch „Englands‘ Treasure by Forraign Trade or The Ballance of our Forraign Trade is the Rule if our Treasure“ Es entsteht zwischen 1625 und 1630 und wird erst 1664 von Mun's Sohn ediert. Es bleibt, „für weitere hundert Jahre merkantilistisches Evangelium.“ (MEW 20: 216). Bereits 1609 nimmt Mun in seiner Schrift „A Discourse of Trade from England into the East Indies“ die Ostindische Gesellschaft gegen ihre Kritiker in Schutz, die vom monetaristischen Standpunkt die Silberausfuhr gegen indische Waren verurteilen. Mun überwindet das monetaristische Dogma, dass der Export von Edelmetallen verboten sein müsse, ohne die Vorstellung aufzugeben, dass die Schatzbildung erstrebenswert für eine Volkswirtschaft sei. Er schreibt:

> [...] kein urteilsfähiger Mensch wird es mir bestreiten, daß wir nur durch auswärtigen Handel zu Geldbesitz gelangen können, denn wir haben keine Bergwerke, aus denen wir solchen beziehen könnten; und ich habe bereits gezeigt, wie dieses Geld durch den Betrieb unseres Handels gewonnen wird, indem nämlich Sorge dafür getragen wird, daß der Wert der jährlich von uns ausgeführten Waren den der ausländischen Waren, die wir verbrauchen, übersteigt. Es erübrigt als nur noch, zu zeigen, wie unsere Gelder unseren Waren hinzugefügt werden können und wie unser Reichtum durch diese gemeinsame Ausfuhr nur um so mehr vergrößert wird. (Mun 1923: 35)

Mun hebt die Bedeutung des Reexports hervor. Wenn England Geld ausführt, um im Orient oder Ostindien Weizen und Pfeffer zu kaufen, die es in Italien, Spanien, der Türkei oder in anderen Ländern zu höheren als den Einkaufspreisen wieder veräußert, „könne sich der Geldbesitz des Reichs verdoppeln [...], denn wer Waren hat, dem kann es an Geld nicht fehlen." (Mun 1923: 36 f) Die Geldausfuhr für den Kauf von ausländischen Produkten erweitere den Handel, so dass es schließlich zu einer größeren Warenausfuhr und somit zu einer vermehrten Geldeinfuhr kommt.

> Denn obgleich wir auf diese Weise alljährlich unsere Einfuhr an Waren vergrößern und dadurch unseren Bestand an Schiffen und Seeleuten vermehren, die Zölle ihrer Majestät und andere Abgaben heben, so ist doch unser Verbrauch an diesen ausländischen Waren keineswegs größer als vordem, so daß die ganze erwähnte Warenvermehrung, welche durch unser auf die eben berichtete Weise ausgeführtes Geld in das Land gebracht wurde, sich schließlich für uns zu einer Ausfuhr gestaltet, die von viel größerer Bedeutung ist, wie die besagten Gelder. (Mun 1923: 36)

Die Theorie von der Handelsbilanz ist der „Hauptpunkt im ganzen Merkantilsystem", so Engels (MEW 1: 500). „Wir finden bei den Dolmetschern des Merkantilsystems [...] sehr weitläufige Predigten darüber [...], wie die Kapitalistennation den andern dümmern Nationen das Verzehren ihrer Waren [...] überlassen, dagegen die produktive Konsumtion zu ihrer Lebensaufgabe machen muß. Diese Predigten erinnern [...] an analoge asketische Ermahnungen der Kirchenväter." (MEW 24: 64) Die Ausfuhr von Geld zum Kauf von Rohstoffen sei richtig, wenn sie die Voraussetzung für die Wiederausfuhr von Waren ist. Muns theoretische Auffassungen stimmten mit seinen praktischen Interessen als Direktor der Ostindischen Handelsgesellschaft überein. Dem Handelsunternehmen schadete das Verbot, Gold und Silber auszuführen. Mun tritt für den Export von Fertigwaren und für den Import der dafür erforderlichen Rohstoffe ein. Streng merkantilistisch ist die Auffassung, dass der Vorteil des eigenen Landes auf den Schaden der anderen Länder beruht. Mun will durch eine Geldausfuhr, die dem Handel und der Produktion zugute kommt, die Geldeinfuhr steigern. Er will mit eigenen Schiffen die Waren befördern: „Dann erhalten wir nicht nur den Preis, den unsere Waren bei uns haben, sondern auch den Gewinn der Kaufleute, die Kosten der Versicherung und der Seefracht". (Mun 1923: 36). Davenant geht noch über Mun hinaus, empfiehlt die Einfuhr von Konsumgütern, die im Ausland billiger hergestellt werden (Davenant 1680: 31, zit. aus Kuczynski 1975: 143). Dadurch würden Kräfte für die inländische Exportproduktion frei, die höhere Handelsprofite bringe. Er lobt den Handelsstand: „Der Kaufmann verdient jede nur mögliche Begünstigung, da er das beste und nützlichste Mitglied der Gesellschaft ist." (Davenant 1701: 57, zit. nach Kuczynski 1960: 6)

Englands Merkantilisten sehen die Interessen des Handelskapitals mit denen der Produzenten in Übereinstimmung und plädieren für eine große Bevölkerung. „[...] denn wo eine große Bevölkerung mit gut entwickeltem Handwerk lebt, muß der Handel groß und das Volk reich sein". (Mun 1923, 40, zit. aus Lehmann et al. 1977: 151) Der Reichtum einer Nation bestehe in der Menge seiner Einwohner. „Was immer zur Bevölkerungsmehrung beiträgt, muß eine Ursache der Vermehrung von Reichtum sein" (Child 1693: 12; zit. nach Kuczynski 1975: 153). Menschen sind der wirkliche Reichtum eines Landes: „Es ist vielleicht besser, daß ein Volk kein Land hat, als daß ein Land kein Volk hat", sagt Davenant. (zit. nach Kuczynski 1975: 153) Starkes Wachstum der Bevölkerung und hohes Angebot an Arbeitskräften erlaube es den Unternehmern, die Löhne niedrig zu halten. Die Forderung nach Unterdrückung der Arbeiter und Bauern ergibt sich aus der Bedeutung, die der Merkantilismus der aktiven Handelsbilanz beimisst. Niedrige Löhne und Armut im Inland, ein Leben am Existenzminimum sollen eine hohe Beschäftigung im Inland herbeiführen, die Wettbewerbsfähigkeit der Exportgüter sichern und den Edelmetallzufluss garantieren. „Das Gesetz [...] sollte dem Arbeiter gerade das noch zum Leben Notwendige zugestehen; denn wenn man ihm das Doppelte zugesteht, dann arbeitet er nur halb soviel, wie er hätte tun können und andernfalls getan hätte; das bedeutet für die Gesellschaft einen Verlust [...] (Petty 1667: 64, zit. aus MEW 26/1: 332) Es gelte: Niedrige Löhne – reiches Land, hohe Löhne – armes Land. Child relativiert diese Losung (Child 1693 Vorwort), Cary und Daniel Defoe heben die Vorteile hoher Löhne hervor (Cary 1695, 143 ff; Defoe 1728/1928: 50, nach Kuczynski 1965: 77 f)

Das Wucherkapital behindert Handel, Produktion und so die Durchsetzung der kapitalistischen Produktionsweise. Während des ganzen 18. Jahrhunderts ertönt der Schrei nach gewaltsamer Herabsetzung des Zinsfußes, „um das zinstragende Kapital dem kommerziellen und industriellen unterzuordnen statt umgekehrt." (MEW 25: 616). Wortführer ist Josiah Child: „Wenn es der Handel ist, der ein Land bereichert, und wenn die Herabsetzung des Zinses den Handel vermehrt, so ist eine Herabsetzung des Zinses oder Beschränkung des Wuchers ohne Zweifel eine fruchtbare Hauptursache der Reichtümer einer Nation." (Child 1754: 155, zit. aus MEW 25: 617). Mun wandte sich dagegen, den Zins zu beseitigen. Es sei angebracht, Geld gegen Zinsen aufzunehmen, wenn die eigenen Mittel nicht reichen, das Geschäft zu erweitern.

Die Merkantilisten vertreten eine metallische Geldtheorie. Sie behaupten, dass Edelmetalle Gold und Silber wegen ihrer natürlichen Eigenschaften Geld sind, können sich daher die Rolle der Geldsurrogate nicht erklären (Müller 2015: 32, 37) Für sie trifft zu, was Marx über das Monetarsystem sagt: „Es sah dem Gold und Silber nicht an, dass sie als Geld ein gesellschaftliches Produktionsverhältnis darstellen [...]." (MEW 23: 97) Auch bei Mun finden sich beide Aspekte, den Wert des Geldes zu bestimmen, einmal der „innere" Wert der Münze, worunter er den Metallgehalt, also eine Gewichtsgröße, versteht, zum anderen die vorhandene Geldmenge. Merkantilisten betonen die Schatz- bzw. die Wertaufbewahrungsfunktion des Geldes, relativieren sie aber zugleich, indem sie zeigen, dass das Geld keinem Selbstzweck dient, sondern zirkulieren müsse, um die Warenströme zu ermöglichen. Man kann auch sagen, dass sie im Gegensatz zu den Monetaristen die Zirkulationsmittelfunktion des Geldes in den Vordergrund rücken.

Sir Josiah Child war Gouverneur der Ostindischen Kompanie. Wie Mun artikulierte er die Interessen seiner Gesellschaft und damit die des Handelskapitals schlechthin. Das Land und der Außenhandel seien Zwillinge, meinte er. Ginge es dem Handel gut, dann auch dem Land. Ginge es dem Handel schlecht, werde der Wert des Landes fallen. Child verteidigt das Monopol der Ostindischen Kompanie im Namen der Handelsfreiheit.

Charles Davenant wandte sich noch entschiedener als Mun gegen die einseitige monetaristische Auffassung über das Geld. Er wies nach, dass es vorteilhaft ist, alle Waren einzuführen, die im Ausland billiger produziert werden können, auch Konsumgüter. Dadurch könnten im Inland die Produktion der Waren erhöht werden, die höhere Handelsgewinne bringen. Auch er vertrat die quantitätstheoretische Auffassung, wonach der Wert des Geldes sich aus dem Umfang der Geldmenge ergäbe. Dass durch den Außenhandel einströmende Geld erhöht die Grundrente und senke den Zinsfuß. Eine Verminderung der Geldmenge infolge einer negativen Handelsbilanz führe dazu, dass die Grundrenten fielen und die Zinsen stiegen. Die positive Handelsbilanz ist auch sein Ziel: „Bei dem, was im Inland konsumiert wird, verliert der eine nur das, was der andere gewinnt, und die Nation im allgemeinen ist nicht reicher; aber alles, was im Ausland konsumiert wird, ist ein klarer und sicherer Profit." (zit. aus Behrens 1981: 108) Davenant und John Cary waren überzeugt, dass die Macht eines feindlichen Landes wirksam geschwächt werden könne, wenn man es „mit unseren Produkten und Manufakturwaren versorgt" und damit um sein Geld bringt. (zit. aus Pribram 1998: 140) Davenant relativiert, ja korrigiert die monetaristische Auffassung, dass das Geld den Reichtum des Landes bilde. Er sagt, dass die Produkte des Landes der wahre Reichtum sind, eine Einsicht, die reifer ist und tiefer geht als die monetaristische Identität von Reichtum und Geld, ihre Gleichsetzung und Verwechslung.

> Gold und Silber sind in der Tat das Maß des Handels, aber die Quelle und der Ursprung davon ist bei allen Nationen das natürliche oder künstliche Produkt des Landes, d. h., was ihr Land oder was ihre Arbeit und Industrie produzieren. Und dies ist so wahr, daß eine Nation durch irgendeinen Umstand jeder Art von Geld verlustig gehen kann, wenn das Volk zahlreich ist, industriell, gewandt im Handel, geschickt in der Seefahrt; mit guten Häfen versehn, mit einem Boden, fruchtbar an verschiedenen Artikeln, wird ein solch Volk Handel haben und bald eine Menge von Silber und Gold. So daß der reelle und effektive Reichtum eines Landes das einheimische Produkt ist [...] Gold und Silber sind so weit entfernt, die einzigen Dinge zu sein, die den Namen von Schatz oder Reichtum einer Nation verdienen, daß in Wahrheit Gold im Grunde nicht mehr ist als die Rechenpfennige, womit Menschen in ihrem Geschäftsverkehr gewohnt sind zu rechnen. (Davenant 1698: 15 f, zit. aus MEW 26.1: 149 f)

Davenant geht noch weiter, und es erscheint, wie Kuczynski bemerkt "als die Krönung aller merkantilistischen Gedankengänge" (Kuczynski 1965: 36), wenn er fordert, die Edelmetalle in anderen, „richtigen" Reichtum zu tauschen oder wie man später sagen würde, das Geldkapital in produktives Kapital zu verwandeln.

> Wir verstehn das unter Reichtum, was den Fürsten und die große Masse seines Volkes in Überfluß, Wohlstand und Sicherheit erhält; ebenso ist Schatz, was zum Gebrauch des Menschen verwandelt (converted) worden ist für Gold und Silber in Gebäude und Verbesserungen des Landes;

ebenso auch andere Dinge, die gegen diese Metalle *eintauschbar* sind, wie die Früchte der Erde, Manufakturwaren oder ausländische Waren und Schiffsvorrat [...] (Davenant 1698: 60, zit. aus MEW 26.1: 150)

6.3.3 David Hume – Die Dichotomie

Hume, Locke, North, Petty und Steuart – fünf weitere Ökonomen, die sich merkantilistisch, teilweise sogar noch monetaristisch äußerten, die man aber schon nicht mehr ausschließlich und eindeutig Merkantilisten nennen kann. Für Hume mag das Urteil noch am ehesten zutreffen, obgleich auch er monetaristisch argumentiert und Greitens ihn andererseits bereits zu den Autoren der Klassik zählt. (Greitens 2022: 226 ff) Locke und North stehen, beeinflusst von Petty, für den Übergang zur Klassik, zu deren Begründern Marx den Naturforscher und Arzt William Petty hält. Petty suchte nach den Regeln des Austausches zwischen der Ware und dem Geld. Er führte den Wert der Ware und den des Geldes auf die zu ihrer Produktion notwendige Arbeitszeit zurück und ist doch in vielerlei Hinsicht Merkantilist von Scheitel bis zur Sohle. James D. Steuart schuf „das umfassendste und klarste System einer Theorie des Merkantilismus" (Behrens 1981: 109), doch ist er vielmehr als ein Merkantilist, stellt Fragen, die vor ihm keiner gestellt hat – z. B. wie ist Profit möglich, wenn Äquivalente ausgetauscht werden – und ist der erste Brite, „der das Gesamtsystem der bürgerlichen Ökonomie bearbeitet hat" [...] und der scharf unterscheidet „zwischen der spezifisch gesellschaftlichen Arbeit, die sich im Tauschwert darstellt, und der realen Arbeit, die Gebrauchswerte erzielt." (MEW 13: 43)

David Hume unterscheidet als erster zwischen der „realen"[28] und der monetären Sphäre der Wirtschaft, jener später als Dichotomie bezeichneten Konstellation und der sich aus ihr ergebenden langfristigen Neutralität des Geldes – eine zentrale Aussage der neoklassischen Geldtheorie. Er schreibt:

Geld ist kein eigentlicher Handelsgegenstand; es ist vielmehr nur das Mittel, das nach Übereinkunft der Menschen zur Erleichterung des Umtausches einer Ware gegen eine andere dient. Es ist kein Rad im Handelsverkehr: es ist nur das Öl, welches den Umlauf der Räder leichter und geschmeidiger macht. Wenn man die Verhältnisse eines Landes abgeschlossen für sich betrachtet, so erkennt man deutlich, daß die größere oder geringere Menge des Geldes von keiner Bedeutung ist, da die Preise der Waren immer im Verhältnisse zu der Geldmenge stehen und eine Krone zur Zeit Heinrichs VII. dieselbe Kaufkraft besaß, wie heute ein Pfund Sterling. (Hume 1979: 48)

---

28 Die Unterscheidung hat sich bis heute erhalten, obwohl sie begrifflich nicht korrekt ist. Gemeint ist mit der „realen" die güterwirtschaftliche Sphäre. Die monetäre Sphäre ist aber ebenso real wie der güterwirtschaftliche Sektor.

Die Erhöhung der Preise infolge einer Zunahme von Gold und Silber trete nicht sofort ein. Es bedarf einiger Zeit, bis das ganze Geld im Umlauf ist und seine preissteigernde Wirkung gefühlt wird. In der Zwischenzeit könne das Geld den Handel „beschleunigen" – eine, wie Blaug sagt (Blaug 1971: 56), typisch merkantilistische Behauptung, die auch erklärt, weshalb die Merkantilisten auf eine Erhöhung der Geldmenge setzen, obgleich sie andererseits als Quantitätstheoretiker wissen, dass daraus die Inflation resultiert. Der Preisausgleich trete erst in der langen Zeit ein, kurzfristig sei das Geld nicht neutral, habe positive Wirkungen auf das Produktions- und Handelsvolumen – eine Auffassung, die sich unter Ökonomen bis in das 21. Jahrhundert hinein gehalten hat.

> Wenn eine Summe Geldes in ein Land eingeführt wird, so verteilt sich das Geld zu Anfang nicht auf viele Hände, sondern bleibt auf die Kassen einiger weniger Personen beschränkt, die sogleich versuchen, es zu ihrem Vorteil zu verwenden. Nehmen wir den Fall, es hätte eine Gruppe Fabrikanten oder Kaufleute für Waren, die sie nach Cadiz gesandt hatten, Gold und Silber in Zahlung erhalten. Sie sind dadurch in der Lage, mehr Arbeiter als früher zu beschäftigen [...] Er trägt sein Geld auf den Markt, wo er alles zu den früheren Preisen vorfindet und kehrt von dort mit reichlicheren und besseren Einkünften für den Bedarf seiner Familie zurück. Sobald der Landmann und der Gärtner gewahr werden, daß alle Waren Absatz finden, machen sie sich, um mehr liefern zu können, eifrig an die Arbeit [...] (Hume 1979: 52 f)

Reichlicher Zufluss an Gold und Silber sind trotz Preissteigerungen vorteilhaft: „Arbeit und Industrie beleben sich, der Kaufmann wird unternehmenslustiger, der Gewerbetreibende fleißiger, und geschickter und selbst der Landmann geht geschwinder und aufmerksamer hinter seinem Pfluge her." (Hume 1979: 52) Aus dieser Wirkung ergibt sich der wirtschaftspolitische Rat an den Staat, die Geldmenge zu erhöhen: Es habe

> für die innere Wohlfahrt eines Staates keinerlei Bedeutung [...], ob darin Geld in größerer oder geringerer Menge vorhanden ist. Eine gute Regierungspolitik besteht nur darin, es, wenn irgend möglich, so einzurichten, daß die Geldmenge in steter Zunahme begriffen ist, denn hierdurch wird im Volke der Geist der Betriebsamkeit rege erhalten, der Vorrat an Arbeit vergrößert und hierin allein liegt alle wahre Macht und aller wahre Reichtum. (Hume 1979: 54)

Hume beschreibt hier die Wirkung einer Entwertung der edlen Metalle. „Er findet richtig heraus", sagt Marx,

> daß diese Depreziation, bei der nur allmählich vorgehenden Ausgleichung der Warenpreise, erst in letzter Instanz „den Preis der Arbeit erhöht", vulgo den Arbeitslohn; also auf Kosten der Arbeiter (was er jedoch ganz in Ordnung findet) den Profit der Kaufleute und Gewerbetreibenden vermehrt und so „den Fleiß anspornt". Die eigentliche wissenschaftliche Frage aber: ob und wie vermehrte Zufuhr der edlen Metalle, bei gleichbleibendem Wert derselben, auf die Warenpreise wirkt – diese Frage stellt er sich nicht und wirft jede „Vermehrung der edlen Metalle" mit ihrer Depreziation zusammen. (MEW 20: 223)

Blaug sagt, diese Auffassung habe Keynes zu der Bemerkung veranlasst: „Hume ist immerhin genügend Merkantilist gewesen, um erkannt zu haben, daß unser Wesen mehr im Vergehen als im Bestehen liegt." (Blaug 1971: 60)

Greitens verweist auf eine Arbeit von Carl Wennerlind, der sagt, Hume habe unterschieden zwischen einer exogenen und einer endogenen Vermehrung der Geldmenge, die erstere – eine künstliche Steigerung der Geldmenge durch Emission von Papiergeld – verurteilt, zur zweiten aber, zur Mehrung der Geldmenge infolge einer Zunahme von Produktion und Handel, geraten. (Greitens 2022: 237; Wennerlind 2005: 224 f)

Hume sagt richtig, dass sich die Quantitätstheorie nicht auf die Gesamtgeldmenge bezieht, sondern nur auf die umlaufende.

> Es ist auch klar, daß die Preise nicht so sehr von der absoluten Menge der Waren und des Geldes bestimmt werden, als von der Warenmenge, die zum Markte kommt oder doch kommen könnte und von der Menge des Geldes, das im Umlauf ist. Liegt das Gold in Kisten verschlossen, so verhält es sich in bezug auf die Preise, als ob es nicht vorhanden wäre; werden die Waren in Lagerhäusern und Speichern aufgehäuft, so hat das dieselbe Wirkung. Da in solchen Fällen Geld und Waren nie zueinander kommen, können sie auch keinen Einfluß aufeinander haben. (Hume 1979: 56)

Hume glaubt, dass jede sich zufällig im Lande befindliche Gold- und Silbermenge ohne Rücksicht auf die Warenmenge und ihre Wertsumme als Tauschmittel in die Zirkulation einginge. Er lässt Waren ohne Preis und Gold und Silber ohne Wert in die Zirkulation eingehen.

> Er spricht daher auch nie von Wert der Waren und Wert des Goldes, sondern nur von ihrer wechselseitigen Quantität. Schon Locke hatte gesagt, Gold und Silber hätten einen bloß eingebildeten oder konventionellen Wert; die erste brutale Form des Gegensatzes zur Behauptung des Monetarsystems, daß Gold und Silber allein wahren Wert haben. Daß das Gelddasein von Gold und Silber bloß aus ihrer Funktion im gesellschaftlichen Austauschprozeß entspringt, wird dahin ausgelegt, daß sie ihren eignen Wert und daher ihre Wertgröße einer gesellschaftlichen Funktion verdanken. Gold und Silber sind also wertlose Dinge, aber innerhalb des Zirkulationsprozesses erhalten sie eine fiktive Wertgröße als Repräsentanten der Waren. Sie werden durch den Prozeß nicht in Geld, sondern in Wert verwandelt. Dieser ihr Wert wird bestimmt durch die Proportion zwischen ihrer eignen Masse und der Warenmasse, indem sich beide Massen decken müssen [...] [Hume] begnügt sich mit der begriffslos dumpfen Vorstellung, daß jede Ware als aliquoter Teil der gesamten Warenmasse sich gegen einen entsprechend aliquoten Teil der Goldmasse austauscht [...] die eingebildete mechanische Gleichsetzung zwischen der Gewichtmasse der in einem Land befindlichen edeln Metalle und der gleichzeitig vorhandenen Warenmasse. MEW 13: 139 f)

Gegenüber Banken, die Metalle gegen Banknoten – Kreditgeld, Hume sagt Papiergeld – tauschen, ist Hume skeptisch. Die Emission von Banknoten bewirke, dass das Edelmetall ins Ausland abfließe, im nationalen Kreislauf das Münzgeld verdrängt werde durch papierne Geldzeichen und mit vermehrtem Ersatzgeld die Preise steigen müssten. Es liege „kein Grund vor, diese nachteilige Wirkung noch zu verstärken durch nachgemachtes Geld, das vom Ausland nicht in Zahlung genommen und das durch alle größeren Wirren im Lande entwertet wird.“ (Hume 1979: 50) Dabei sah Hume zunächst durchaus, dass „Papiergeld“ auch Vorteile hat: Es gibt „in jedem reichen Staate viele Leute, die ein großes Barvermögen besitzen und daher ein Papier mit guter Sicherheit der Münze vorziehen würden, da jenes leichter fortzuschaffen und zu verwahren ist.“ (Hume 1979: 50) Doch künstlicher Kredit liege nicht im Interesse des Handelsstaates, weil er Geldmenge und Preise erhöhe. „Und von diesem Gesichtspunkte aus muß man zugeben, daß es keine vorteilhaftere Bank geben kann, als eine solche, die alles Geld, das sie erhält, einschließt und die umlaufende Münze nicht, wie es gewöhnlich geschieht dadurch vermehrt, daß sie einen Teil ihres Vorrates wieder in den Umlauf bringt.“ (Hume 1979: 50 f)

Humes zentrales Anliegen ist die Kritik des monetaristischen Ausfuhrverbotes für Edelmetalle – insofern ist er Merkantilist. Doch zugleich hält er eine stete aktive Handelsbilanz – die Forderung der Merkantilisten – für unmöglich. Nationale Preisunterschiede und Ungleichgewichte existierten nur vorübergehend. Anpassungen der internationalen Preise und Handelsströme tendierten in der langen Zeit zu einem einheitlichen Preisniveau und ausgeglichenen Handelsbilanzen. Handelsbilanzüberschüsse bewirken, dass Edelmetall aus dem Ausland ins Inland strömt. Inlandspreise steigen, Auslandspreise sinken. Dadurch senken die Ausländer die Nachfrage nach teuren Inlandsgütern, die Inländer erhöhen die Nachfrage nach preiswerten Auslandsgütern. Der Handelsbilanzüberschuss des Inlands und das Handelsbilanzdefizit des Auslands verschwinden. Der Handel und nationale Preisanpassungen bewirkten, dass ein Übermaß an Geld im Inland immer wieder ins Ausland abfließe. So stellt sich Hume die Harmonie des internationalen Handels vor. Auf Dauer könnte kein daran beteiligtes Land Vorteile auf Kosten des anderen verstetigen.

6.3.4 John Locke – Geld und Eigentum

John Locke und Dudley North schrieben ihre Schriften gleichzeitig aus demselben Anlass: dem Sinken des Zinsfußes und der Geldvermehrung, aber mit entgegengesetzten Ansichten. John Locke, englischer Philosoph und Ökonom, „der die neue Bourgeoisie in allen Formen vertrat, die Industriellen gegen die Arbeiterklassen und Paupers, die Kommerziellen gegen die altmodischen Wucherer, die Finanzaristokraten gegen die Staatsschuldner“ (MEW 26.1: 485), leitet die Notwendigkeit des Geldes vom Eigentum und dem Bedürfnis ab, es zu schützen und zu wahren. Eigentum, dessen Ursprung Arbeit ist, „muss nun vertraglich geregelt werden. Vertragssicherheit jedoch ist nur im bürgerlichen Zustand möglich. So wirkt der Gebrauch des Geldes mit bei der Entstehung von Staaten.“ (Schneidereit 2016: 43 f) Tatsächlich haben die Fortschritte in den Produktivkräften, das Mehrprodukt, die Arbeitsteilung, die Entstehung des Eigentums, der Zerfall der Gesellschaft in Klassen und der aufkommende Gebrauch des Geldes auf frühesten Stufen der Menschheitsentwicklung zur Bildung von Staaten geführt. Extrem zugespitzt wäre der Staat (auch) eine Wirkung des Geldes, und nicht umgekehrt, wie nominalistische Geldtheorien behaupten, der Verkünder und Schöpfer des Geldes, das Geld ergo ein Produkt des Staates.

Locke begründete die Entstehung des Geldes aus der Notwendigkeit, das aus Arbeit resultierende, aber nicht dauerhaft haltbare Eigentum, zu bewahren:

> Der größte Teil der für das Leben der Menschen wirklich nützlichen Dinge [...] sind gewöhnliche Dinge von kurzer Dauer, die, wenn sie nicht verbraucht werden, von selbst vergehen oder verderben. Gold, Silber und Diamanten aber haben eher durch Laune oder Übereinkunft der Menschen ihren Wert erhalten als durch tatsächlichen Gebrauch und die Notwendigkeiten des Lebensunterhalts [...] So entstand der Gebrauch des Geldes als eines beständigen Gegenstandes, den die Menschen, ohne dass er verdarb, aufheben und nach gegenseitiger Übereinkunft gegen die wirklich nützlichen, aber verderblichen Versorgungsmittel eintauschen konnten. Wie die verschiedenen Grade des Fleißes den Menschen Eigentum von unterschiedlichem Ausmaß zu geben vermochten, so gab die Erfindung des Geldes den Menschen die Gelegenheit, den Besitz dauerhaft zu machen und ihn zu vergrößern. (Locke 2012; zit. aus Schneidereit 2016: 46 f)

Indem die Menschen das Geld akzeptierten, um ihr Eigentum zu bewahren, akzeptierten sie zugleich die aus dem Eigentum und dem Geldbesitz resultierende Ungleichheit. Die Menschen haben sich mit unproportionalem und ungleichem Grundbesitz einverstanden erklärt, denn „mit ihrer stillschweigenden und freiwilligen Zustimmung haben sie einen Weg gefunden, wie der Mensch auf billige Weise mehr Land besitzen kann, als er selbst zu nutzen vermag, wenn er nämlich als Gegenwert für den Überschuss an Produkten Gold und Silber hält – Metalle, die man horten kann, ohne jemanden zu schädigen, weil sie in der Hand des Besitzers weder verderben noch zerfallen." (Locke 2012; zit. aus Schneidereit 2016: 48)

Locke begreift den Wert des Geldes, wie die Zitate zeigen, als von den Menschen erdacht, als Ergebnis einer Übereinkunft zwischen ihnen, also subjektiv, jedoch, sich unwohl fühlend als Kenner von Pettys Schriften mit einer bedeutsamen, eigentlich korrigierenden Einschränkung: Gold und Silber sind von geringem Nutzen, erhalten ihren Wert „allein aufgrund menschlichen Übereinkommens – wenn auch zum großen Teil die Arbeit den Maßstab setzt [...]." (Locke 2012; zit. aus Schneidereit 2016: 48) Locke meint, Gold und Silber seien an sich wertlos, erhielten ihren Wert erst durch die Menge, in der sie vorhanden sind. „Da die Menschen übereingekommen sind, Gold und Silber einen imaginären Wert zu verleihen [...] ist der innere Wert, den man in diesen Metallen erblickt, nichts als ihre Quantität („Some Considerations etc.", 1691, [in] „Works", ed. 1777, vol. II, p.15. zit. aus MEW 23: 139)

Auch der Zins und die Grundrente – nur in diesen Formen erscheint bei Locke der Mehrwert – sind nichts als fremde Arbeit. Geld erlange

> die gleiche Natur [...] wie der Boden, indem es ein bestimmtes jährliches Einkommen liefert, das wir Nutzen oder Zins nennen. Denn der Boden produziert natürlicherweise etwas Neues und Nützliches und für die Menschheit Wertvolles; Geld dagegen ist ein unfruchtbares Ding und produziert nichts, *überträgt* aber durch Übereinkunft *den Gewinn, der das Arbeitsentgelt eines Mannes war, in die Tasche eines anderen* (zit. aus MEW 26.1: 343),

weil die Produktionsbedingungen ungleich verteilt sind. Locke polemisiert hier gegen das Grundeigentum, zeigt, dass dessen „Rente sich durchaus nicht vom Wucher unterscheidet. Aber beide ‚übertragen den Gewinn, der das Arbeitsentgelt eines Mannes war, in die Tasche eines anderen'", merkt Marx an. Um hinzuzufügen: „Lockes Auffassung um so wichtiger, da sie der klassische Ausdruck der Rechtsvorstellungen der bürgerlichen Gesellschaft im Gegensatz zur feudalen und seine Philosophie überdies der ganzen spätren englischen Ökonomie zur Grundlage aller ihrer Vorstellungen dient." (MEW 26.1: 343)

6.3.5 Dudley North – Zins und Kapital

Auch Sir Dudley North Schrift (North 1691) basiert wie die ökonomischen Publikationen Lockes auf Pettys Veröffentlichungen. (MEW 26.1: 344) Es ist der Kampf zwischen den Geldleuten und den Grundbesitzern sagt Marx, „der das Jahrhundert von 1650–1750 füllt, da der Adel, der flott lebte, mit Widerwillen sah, wie die Wucherer ihn anfassen und seit der Bildung des modernen Kreditsystems und Staatsschuldsystems seit Ende des 17. Jahrhunderts in Gesetzgebung etc. ihm übermächtig gegenübertreten." (MEW 261.1: 344). Bereits Petty verteidigt den Zins gegen die Grundbesitzer, setzt Zins und Grundrente auf eine Stufe. Locke, wie gesehen, schließt sich ihm an. Beide wollen nicht, dass der Zins reguliert und kontrolliert wird. Den Grundbesitzern käme dagegen ein sinkender oder niedriger Zins entgegen, weil er bei gegebener Rente den kapitalisierten Wert des Bodens – den Bodenpreis – erhöhen würde. North spricht nun nicht vom Geld schlechthin, sondern vom Geldkapital. Und der Zins ist für ihn nichts anderes als das Produkt des Kapitals, ganz genau so, wie die Rente das Produkt des Bodens ist.

> Wie der Landmann sein Land verpachtet, so verpachten diese [...] ihr *Kapital.* Dies letztere wird *Zins* genannt, ist aber nur die *Rente* vom Kapital wie die andere die vom Boden ist [...] Ein *Grundherr* oder ein *Kapitalherr* zu sein ist also dasselbe. Der Vorteil des ersteren besteht nur darin, daß sein Mieter den Boden nicht forttragen kann, wie der Mieter des anderen mit dem Kapital tun kann. Und darum soll der Boden einen *geringeren Profit* abwerfen als das Kapital, das mit dem größeren Risiko verliehen wird. (North 1691: 4; zit. aus MEW 26.1: 345)

North erfasst hier den Zins richtig, wenn er ihn vom Kapital ableitet, wie es auch Petty tut, während Locke den Zins ausschließlich durch die Masse des Geldes bestimmt sieht. Er sagt: „Gold und Silber und das aus ihnen geprägte Geld sind nichts als Gewichte und Maße, mit denen der Verkehr leichter vonstatten geht, als es ohne sie möglich wäre, und außerdem ein geeigneter Fonds, einen *Überschuß an Kapital darin zu deponieren.*" (zit. aus MEW 26.1: 345 f) Aber Gold und Silber sind kein Reichtum, sie sind nur die „Daseinsform des Tauschwertes der Waren selbst", sie sind die Substanz des Preises, mit denen der Wert der Waren ausgedrückt wird. North habe das für seine Zeit sehr schön erkannt, sagt Marx. „Was brauchen diese Leute, die nach Geld schreien", fragt North, um zu antworten:

> Ich will mit dem Bettler beginnen [...] es ist nicht Geld, sondern Brot und anderes Lebensnotwendige, wonach er verlangt [...] Der Pächter klagt über Mangel an Geld [...], er denkt, wenn mehr Geld im Lande wäre, könnte er einen Preis für seine Güter bekommen. Also fehlt ihm anscheinend nicht Geld, sondern ein Preis für sein Korn und sein Vieh, das er verkaufen möchte, aber nicht kann [...] Warum kann er keinen Preis erzielen? [...] 1. Entweder es gibt zuviel Korn und Vieh im Land, so daß den meisten, die auf den Markt kommen ebenso wie ihm das Verkaufen not tut, das Kaufen aber nur wenigen; 2. Der gewöhnliche Absatz durch Ausfuhr stockt, wie in Kriegszeiten, wenn der Handel unsicher oder nicht erlaubt ist; oder 3. Der Konsum wird geringer, wenn z. B. die Leute infolge Armut nicht mehr soviel für ihren Haushalt ausgeben wie früher. Deshalb ist es nicht die Vermehrung von Geld schlechthin, die sich günstig auf die Güter des Pächters auswirken würde, sondern die Beseitigung einer dieser drei Ursachen, die wirklich den Markt niederhalten. (zit. aus MEW 26.1: 346)

Weil die Waren mit Geld bezahlt werden, meint aber jeder, der etwas verkaufen will, aber keinen Käufer finden kann, dass daran der Mangel an Geld im Lande schuld sei [...], „daher allenthalben das Geschrei über den Mangel an Geld", so North, „was jedoch ein großer Irrtum ist." (zit. aus MEW 26.1: 346)

North überwindet die enge monetaristische Sicht, grenzt klar ab die Schatzbildung als Selbstzweck von der Verwertung des Gelds, versteht, ohne es klar auszudrücken, unter Kapital sich verwertenden Wert. Er schreibt:

> Niemand ist dadurch reicher, daß er seinen Besitz ganz in Geld, Gold- und Silbersachen usw. bei sich liegen hat, sondern im Gegenteil, er ist deshalb ärmer. Der Mann ist der reichste, dessen Besitz *im Wachsen ist*, bestehe er nun aus verpachtetem Boden oder aus gegen Zins verliehenem Geld oder im Geschäftsleben angelegten Gütern [...] Geld *vermehrt* sich weder, noch ist es nützlich, außer wenn es fortgegeben wird [...] die ganze Masse des Geldes, die über das für das inländische Geschäftsleben absolut Notwendige hinausgeht, (ist) totes Kapital für ein Königreich oder eine Nation und bringt dem Lande, in dem es festgehalten wird, keinen Profit. (zit. aus MEW 26.1: 347)

Bemerkenswert ist auch, dass North sich vorsichtig distanziert von der Grundaussage der Quantitätstheorie: Nicht das Quantum Geld, das zirkuliert, bestimmt die Preise und das Handelsvolumen, sondern es ist umgekehrt, die Geldmenge selbst wird durch den Warentausch – genauer der Preissumme des Güterangebotes – bestimmt. „Wenn auch soviel" (Geld) „aus dem Ausland gebracht oder im Inland gemünzt würde, alles, was die Erfordernisse des Handels der Nation übersteigt, ist nur Barren und wird als solches behandelt; und gemünztes Geld wird dann wie Gold- und Silbersachen aus zweiter Hand bloß zu seinem Metallgehalt verkauft." (zit. aus 26.1: 347) North lehnte die Auffassung ab, dass eine positive Handelsbilanz und die Einfuhr von Gold angestrebt werden müssten und ein Land sich bereichern sollte auf Kosten anderer. Er ahnte, dass Selbstanpassungskräfte wirkten und sich „Ebbe und Flut des Geldes von selbst ausgleichen, ohne dass Politiker nachhelfen müssten". Jedem Land, behauptete er, fließe im internationalen Handel automatisch „diejenige Summe Geldes (zu), die zur Aufrechterhaltung des Handels erforderlich ist.“ (zit. aus Pribram 1998: 141,146)

6.3.6 James D. Steuart – Verwechslung von Wertmaß und Preismaßstab

Auch James D. Steuart ist Gegner der Quantitätstheorie des Geldes. Er sei, so Marx, der erste, der die Frage stellt, ob die Quantität des umlaufenden Geldes durch die Warenpreise oder die Warenpreise durch die Quantität des umlaufenden Geldes bestimmt seien. Er entdeckt „die wesentlichen Formbestimmtheiten des Geldes und allgemeinen Gesetze des Geldumlaufs, weil er nicht mechanisch die Waren auf die eine und das Geld auf die andre Seite stellt, sondern tatsächlich aus den verschiednen Momenten des Warenaustausches selbst die verschiednen Funktionen entwickelt.“ (MEW 13: 140) Steuart ist der Auffassung, dass ein Zuviel an Geldmenge dazu führen werde, dass der für den Handel nicht benötigte Teil gehortet wird und erst dann aus den Depots in die Zirkulation zurückgerufen werde, wenn er dort gebraucht wird. Er schreibt:

> Der Gebrauch von Geld für inländische Zirkulation läßt sich zusammenfassen unter zwei Hauptpunkte, Zahlung dessen, was einer schuldet, Kaufen dessen, was einer braucht; beides zusammengefaßt bildet die Nachfrage für bares Geld (ready money demands) [...] Der Stand von Handel, Manufaktur, Lebensweise und herkömmlichen Ausgaben der Einwohner, wenn alle zusammengenommen, regeln und bestimmen die Masse der Nachfrage für bares Geld, d. h. die Masse der Veräußerungen. Um diese Mannigfaltigkeit der Zahlungen ins Werk zu setzen, ist eine gewisse Proportion Geld nötig [...] Was wird nun aus dem nicht als Münze erheischten Gold und Silber? Es wird als Schatz aufgehäuft oder als Material von Luxusartikeln verarbeitet. Fiele die Gold- und Silbermasse unter das für die Zirkulation erheischte Niveau, so ersetzt man sie durch symbolisches Geld oder andre Auskunftsmittel. Bringt ein günstiger Wechselkurs Überfluß von Geld ins Land und schneidet zugleich die Nachfrage für seine Versendung ins Ausland ab, so fällt es häufig in Koffer, wo es so nutzlos wird, als ob es in Minen läge [...] Wenn das Hartgeld eines Landes unter die Proportion zu dem Preise der zum Verkauf angebotenen Gewerbetätigkeit sinkt, dann wird man zu Erfindungen, wie symbolischem Geld, seine Zuflucht nehmen, um ein Äquivalent dafür zu schaffen. Wenn sich aber herausstellt, daß das Metallgeld über der Proportion zu der Gewerbetätigkeit steht, wird es keine Wirkung der Preiserhöhung haben, noch wird es in die Zirkulation eintreten: es wird in Schätzen aufgehäuft werden [...] Wie groß immer die Menge des Geldes in einem Lande sein mag, im Verhältnis zu der übrigen Welt, so kann niemals etwas in Zirkulation bleiben als die Menge, die der Konsumtion der reichen und der Arbeit und Gewerbetätigkeit der armen Einwohner nahezu proportional ist, und diese Proportion ist nicht bestimmt durch die tatsächlich im Lande befindliche Menge Geldes [...] Alle Länder werden sich bemühen, ihr bares Geld, das nicht für ihre eigne Zirkulation nötig ist, in jenes Land zu werfen, in dem der Geldzins im Verhältnis zu ihrem eignen hoch ist. (zit. aus MEW 13: 140 f)

Obwohl Steuart die Quantitätstheorie – das Erkennungszeichen des Monetarismus und Merkantilismus – verwirft, sagt Marx, er sei „der *rationelle* Ausdruck des Monetar- und Merkantilsystems“. (MEW 13: 758) Er sagt dies deshalb, weil der Profit oder Mehrwert von ihnen aus dem Austausch erklärt wird, und Steuart im ganzen nicht über diese Borniertheit hinausgekommen sei. Positiv allerdings sei, dass Steuart nicht die Illusion teile, dass der Profit des einzelnen Kapitalisten daraus entspringe, dass er die Ware über ihren Wert verkaufe. Er weiß, dass der Gewinn der einen immer Verlust der anderen bedeutet. Sein Widerspruch: „Steuart verwirft einerseits die Vorstellung des Monetar- und Merkantilsystems, wonach der Verkauf der Waren über ihrem Wert und der daher entspringende Profit Mehrwert erzeugt, eine positive Vermehrung des Reichtums; andrerseits bleibt er bei der Ansicht stehen, daß der Profit des einzelnen Kapitals nichts ist als dieser Überschuß des Preises über den Wert." (MEW 13: 11)

Steuart versteht nicht den Unterschied zwischen dem Maß der Werte und dem Preismaßstab. Er sagt:

> Rechengeld ist nichts als ein willkürlicher Maßstab von gleichen Teilen, erfunden, um den relativen Wert verkäuflicher Dinge zu messen. Rechengeld ist ganz verschieden von Münzgeld (money coin), welches Preis ist[29], und es konnte existieren, obgleich es keine Substanz in der Welt gäbe, die ein proportionelles Äquivalent für alle Waren wäre. Rechengeld verrichtet denselben Dienst für den Wert der Dinge wie Grade, Minuten, Sekunden usw. für Winkel oder Maßstäbe für geographische Karten usw. In allen diesen Erfindungen wird immer dieselbe Denomination als Einheit angenommen. Wie die Nützlichkeit aller solcher Verrichtungen einfach beschränkt ist auf die Anzeige von Proportion, so die der Geldeinheit. Sie kann daher keine unveränderlich bestimmte Proportion zu irgendeinem Teil des Werts haben, d. h. sie kann nicht fixiert sein an irgendein bestimmtes Quantum von Gold, Silber oder irgendeiner andern Ware [...] Geld ist ein nur idealer Maßstab von gleichen Teilen. Wenn gefragt wird, was die Maßeinheit des Werts eines Teiles sein solle, antworte ich durch die andere Frage: Was ist die Normalgröße eines Grads, einer Minute, einer Sekunde? Sie besitzen keine, aber sobald ein Teil bestimmt ist, muß der Natur eines Maßstabs gemäß der ganze Rest verhältnismäßig nachfolgen. Beispiele dieses idealen Geldes sind das Bankgeld von Amsterdam und das Angolageld der afrikanischen Küste. (zit. aus MEW 13: 62 f)

Steuart verwechselt die Geldfunktionen Wertmaß und Preismaßstab. Er

> hält sich einfach an der Erscheinung des Geldes in der Zirkulation als Maßstab der Preise und als Rechengeld [...]Da er die Verwandlung des Maßes der Werte in Maßstab der Preise nicht versteht, glaubt er natürlich, das bestimmte Quantum Gold, das als Maßeinheit dient, sei als Maß nicht auf andere Goldquanta, sondern auf Werte als solche bezogen. Weil die Waren durch Verwandlung ihrer Tauschwerte in Preise als gleichnamige Größen erscheinen, leugnet er die Qualität des Maßes, die sie gleichnamig macht, und weil in dieser Vergleichung verschiedener Goldquanta die Größe des als Maßeinheit dienenden Goldquantums konventionell, leugnet er, daß sie überhaupt festgesetzt werden muß. [...] Was Steuarts ökonomische Beispiele betrifft, so schlägt er sich mit dem einen und beweist nichts mit dem andern. Das Bankgeld von Amsterdam war in der Tat nur Rechenname für spanische Dublonen, die ihr vollwichtiges Fett durch träges Lagern im Bankkeller bewahrten, während die betriebsame Kurantmünze in harter Reibung mit der Außenwelt abgemagert war. (MEW 13: 63 f)

---

29 „Preis meint hier reales Äquivalent, wie bei den englischen ökonomischen Schriftstellern des 17. Jahrhunderts." (MEW 13: 162)

Bischof George Berkeley (1685 – 1753), der Vertreter eines mystischen Idealismus in der englischen Philosophie (Marx), wiederholt Steuarts Missverständnis. Auch er verwechselt das Maß der Werte mit dem Preismaßstab und obendrein zugleich Gold oder Silber als Maß und als Zirkulationsmittel. „Weil die edlen Metalle im Akt der Zirkulation durch Marken ersetzt werden können, schließt Berkeley, daß diese Marken ihrerseits nichts, nämlich den abstrakten Wertbegriff vorstellen.“ (MEW 13: 62) Er fragt:

> Sind die Namen Livre, Pfund Sterling, Krone usw. nicht zu betrachten als bloße Verhältnisnamen? [...] Sind Gold, Silber oder Papier mehr als bloße Billette oder Marken zur Berechnung, Protokollierung und Übermachung davon? (des Wertverhältnisses). Ist die Macht, die Industrie anderer (gesellschaftliche Arbeit) zu kommandieren, nicht Reichtum? Und ist Geld in der Tat etwas anderes als Marke oder Zeichen für Übertragung oder Registrierung solcher Macht, und ist es von großer Wichtigkeit, woraus das Material dieser Marken besteht? (zit. aus MEW 13: 62)

John Locke hatte unterschieden zwischen dem inneren Wert einer Ware und einem äußeren Wert – dem Marktwert –, der reguliert würde durch das Verhältnis, in dem Angebot und Nachfrage zueinander stehen. „Ungefähr dreißig Jahre zuvor“ schreibt Karl Pribram, „war die Frage nach dem ‚inneren Wert der Güter‘ von Sir William Petty bereits viel geistreicher gestellt worden“. (Pribram 1998: 143) Petty, der überwiegend monetaristische und vor allem merkantilistische Auffassungen vertrat, ging weit über sie hinaus. Wie alle Ökonomen suchte er nach den Regeln des Austausches zwischen den Waren und dem Geld. Er gelangte zur Einsicht, dass der Wert der Ware und auch der des Geldes (der Edelmetalle) bestimmt ist durch die Arbeitszeit, die ihre Produktion erfordert. Die Arbeitslehre ermöglichte es ihm, den Mehrwert in der Form der Grundrente als das Ergebnis unbezahlter Arbeit zu erkennen. Auch Locke wird nach ihm die Auffassung vertreten, dass die Arbeit die Verschiedenheit des Werts eines jeden Dings bestimmt. (MEW 26.1: 342) „Von den Produkten der Erde, die für das Leben des Menschen nützlich sind [...], sind neunundneunzig Hundertstel ganz auf Rechnung der Arbeit zu setzen.“ (zit. aus MEW 26.1: 342)

6.4 Der Papiergeld-Merkantilismus Laws

6.4.1 Historisches über Papiergeld

John Laws Idee, war es, das Münzgeld zu ersetzen durch nicht einlösbares, ungedecktes Papiergeld oder/und konvertiblen Banknoten. Das Papiergeld besitze Vorzüge gegenüber dem Metallgeld. Der Staat solle „Noten ausgeben, die überall, wo sie angeboten werden, in Zahlung zu nehmen sind.“ (Law 1705/1979: 12*) Law glaubte, viel Geld im Land würde das wirtschaftliche Geschehen beleben. Er schrieb:

> Der Binnenhandel bedeutet Beschäftigung und Warenaustausch [...] Der Binnenhandel hängt vom Geld ab. Eine größere Menge Geld gibt mehr Menschen Beschäftigung als eine geringere

> Menge [...] Gute Gesetze können die Geldzirkulation zu der Vollkommenheit bringen, zu der sie fähig sind, und das Geld in die Zweige lenken, die dem Land die größten Vorteile bringen, aber kein Gesetz kann den Menschen Arbeit geben, wenn nicht eine Geldmenge im Umlauf ist, mit der mehr Menschen entlohnt werden können. (Law 1934: 14–16, zit. aus Anikin 1974: 114)

Law will für die Vergrößerung der Geldmenge vor allem die Banken einspannen. Die Bank sollte staatlich sein und die Wirtschaftspolitik des Staates betreiben. Law wusste von einem Prinzip, dessen Bedeutung bis in die Gegenwart des 21. Jahrhunderts erhalten geblieben ist: Die Banken sind in der Lage, wesentlich mehr Kredite zu vergeben und damit Geld zu schaffen, als sie Bestände an Metallgeld besitzen. Das Papiergeld konvertible Banknoten (Kreditgeld) und inkonvertible Banknoten bzw. Staatspapiergeld mit Annahmezwang – Law machte keinen Unterschied zwischen beiden grundsätzlich verschiedenen Geldarten – ist keine Erfindung Laws. Auch die mit Papiergeld verbundenen Illusionen sind es nicht. Bereits von 1609 an hatte die Bank von Amsterdam Banknoten ausgegeben, wobei jahrzehntelang sorgfältig auf jederzeit ausreichende Deckung durch Münzen geachtet wurde. 1661 waren in Stockholm von einer privaten Notenbank Banknoten emittiert worden – hier jedoch mangels Vertrauens mit mäßigem Erfolg. Erste Papiergeldemissionen folgten in England 1694 und 1705 in Deutschland durch eine Bank in Köln. In Gold und Silber eintauschbare Banknoten sind dem Charakter nach Kreditgeld – ein Anspruch auf Geldware oder gesetzliches Zahlungsmittel. Dabei ist Papiergeld noch viel älter: Lederstückchen sind in China die Vorläufer des Papiergeldes. Sie sind schon in archaischer Zeit (700 – 500 v. u. Z.) als Tauschmittel verwendet worden. Als gesichert gilt, dass im alten Rom vor dem schweren Bronzegeld gestempelte Lederhäute als Zahlungsmittel umliefen. Um 715 v. u. Z. gab der zweite, sagenhafte römische König Numa Pompilius (750–672 v. u. Z.) geprägtes Ledergeld aus. (Brandt 1988: 23 f.) Aus der chinesischen Literatur erfahren wir, dass es am Hofe des Kaisers Wu, der von 140 bis 68 v. u. Z. lebte, bemalte und bestickte Geldscheine aus dem Leder weißer Hirsche gegeben haben soll. Weiße Hirsche wurden im Park des Kaiserpalastes gezüchtet. Gefunden wurden die Geldstücke aus quadratischem Hirschleder nie. Lederstückchen sollen auch im 2. Jahrhundert u. Z. in Asien als Geld im Umlauf gewesen sein. Plato berichtet über Ledergeld in Karthago, das in Athen wertlos war. Geld aus dem Material Leder findet sich gelegentlich als Zahlungsanweisung in Notzeiten im Mittelalter. Nach Suhle habe der byzantinische Kaiser Konstantin V. (741–775) Ledergeld ausgegeben während einer Belagerung im Jahr 743 u. Z. Auch der Doge Domenico Michieli soll 1122 in Venedig Ledergeld benutzt haben. Der englische König Johann ohne Land (1199–1216), die französischen Könige Ludwig IX. (1214–1270) und Johann der Gute (1319–1364) hatten ebenfalls Ledergeld. (Kulischer 1988: 317) Kaiser Friedrich II. (1194–1250) soll bei der Belagerung der Stadt Faenza Ledergeld mit seinem Kopfbild emittiert haben, das nicht mehr erhalten ist. Vielleicht wurde es gegen Augustalen eingetauscht. Während der Belagerung der niederländischen Stadt Leyden soll 574 neben Stücken aus Pappe auch Ledergeld umgelaufen sein. Nach derselben Quelle sollen auf der Isle of Man zwischen 1570 und 1580 Ledergeldstücke zirkuliert sein.

Im 13. Jahrhundert taucht Papiergeld in China auf. Marco Polo (ca. 1254–1324) berichtet aus Cambaluk, dem heutigen Peking, dass der große Mongolenherrscher sein Geld auf folgende Weise herstelle:

> Die von Maulbeerbäumen abgestreifte Rinde wird von dem ihr anhaftenden Bast befreit und dieser dann in einem Tiegel fein zermahlen und zu einem Brei aufgeweicht. Daraus wird Papier gewonnen. Je nach Wert, den es haben soll, wird das Papier in rechteckige Streifen von unterschiedlicher Größe geschnitten. Und all dieses Papier wird mit einer Umsicht behandelt, als wenn es reines Silber oder Gold wäre. Denn auf jedes Stück schreiben nun einige hierzu besonders angestellte Beamte der kaiserlichen Münzverwaltung ihren Namen und bekräftigen diesen mit ihrem Siegel. Dann wandert das Geld zum Oberaufseher der Münze, der die Papiere außerdem noch mit seinem zinnoberfarbenenen Siegel versieht [...] Er lässt davon eine solche Menge herstellen, dass man alle Schätze der Welt kaufen könnte. Mit diesem Geld, das fabriziert wird, wie ich eben geschildert habe, wird alles bezahlt; in sämtlichen Provinzen, in jedem Königreich, im ganzen kaiserlichen Machtbereich ist es das einzige Zahlungsmittel. Sollte sich jemand weigern, es anzunehmen, droht ihm die Todesstrafe. Doch ich kann euch sagen, jeder einzelne, alle Völker des Reiches empfangen das Papiergeld gerne, denn wohin sie auch immer gehen, die Scheine gelten überall, die Leute erstehen damit ihre Waren, Perlen, Edelsteine und Gold und Silber. Alles und jeden können sie kaufen, die Scheine haben ihren Wert. (teilweise zit. nach Polo 2003)[30]

Als Marco Polo nach seiner Rückkehr nach Venedig 1295 von seinen Erlebnissen berichtete, glaubte ihm niemand. Die Bewohner seiner Geburtsstadt verspotteten ihn als Lügner. Sie konnten sich nicht vorstellen, dass es möglich sein sollte, Waren und Dienstleistungen mit Papier zu bezahlen. Ihrer Ansicht nach musste Geld selbst wertvoll sein, um mit ihm wertvolle Güter erwerben zu können. Das „fliegende Geld", wie die Chinesen ihr Staatspapiergeld nannten, über das Marco Polo berichtete, soll bereits während der Tang-Dynastie (618–907), vermutlich seit etwa 807 u. Z., im Gebrauch gewesen sein. Nach anderen Angaben handelte es sich dabei aber um Bescheinigungen, welche die Einlage des gebräuchlichen, aber unhandlichen Eisengeldes bestätigten. Sie wurden so lange bevorzugt in Zahlung genommen, bis ihre zu große Vermehrung durch die Zentralregierung das Verhältnis zum Eisengeld stark verschlechterte. Bereits im 7. Jahrhundert wird Papier in China als Zahlungsmittel verwendet. Im Museum der der belgischen Nationalbank heißt es dazu:

> Wahrscheinlich wird das System von den Kreditgebern eingeführt: Sie messen dem Papier, das bei den Transaktionen an ihren Verkaufsständen getauscht wird, einen bestimmten Wert bei. Gleichzeitig machen es sich die Händler zur Gewohnheit, ihre Metallmünzen bei ihrer Zunft gegen Inhaberscheine namens *„Hequan"* zu hinterlegen. Diese Praxis veranlasst die Behörden, die Händler zu ermutigen, ihre Metallmünzen bei einer staatlichen Finanzverwaltung zu hinterlegen. Im Austausch dafür erhalten sie offizielle „Kompensationsnoten", *„Fey-thsian"* oder *„fliegendes Geld"* ge-

30 Es gibt verschiedene Übersetzungen dieses Marco Polo-Textes.

nannt. Im 10. Jh. ist die Region Sichuan so wohlhabend, dass Kupfergeld nicht mehr ausreicht. Die ersten Banknoten als gesetzliches Zahlungsmittel entstehen: die „Zhu Quan.[31]

Mit den ersten Geldscheinen traten auch die ersten Fälscher auf. Zahlreiche Aufzeichnungen, die noch heute existieren, geben Aufschluss darüber, wie die Chinesen gegen sie vorgingen. So lautet z. B. der Text auf einem Schein aus der Epoche Hung-Wu = Epoche des großen Krieges 1368 – 1398: Auf Vorschlag des Reichsschatzamtes wird die Herstellung und der Druck von Papiergeld der großen Ming-Dynastie befohlen, das in gleicher Weise wie das Kupfergeld für den Umlauf gültig ist. Wer Geldscheine fälscht oder gefälschte Scheine in Umlauf bringt, wird enthauptet. Wer einen Fälscher anzeigt und verhaftet, erhält 250 Taels Silber zur Belohnung sowie das gesamte Vermögen des Verbrechers.

Im Jahre 1690 wurde erstmalig in Massachusetts amerikanisches Papiergeld ausgegeben, 1703 folgte South Carolina, 1709 Connecticut und andere Staaten der Ostküste. Die Kolonien besaßen kein Recht Noten zu emittieren, nur England, das Mutterland. Sie vermieden daher für ihre Scheine die Bezeichnung Banknote und nannten sie „Bills of Credit". Anlass der Ausgabe war der Krieg, wie bei den meisten späteren Ausgaben auch. Die Emission des Papiergeldes hatte dieselbe Funktion wie die Verfälschung der Edelmetallmünzen: Sie sollte die wachsenden Ausgaben des Staates decken.

6.4.2 Vom Scheingold zum papiernen Zeichengeld

Sobald die Regierung oder die Zentralbank erklären, dass sie die Noten nicht mehr konvertieren, d. h. in Gold umtauschen, ändert sich deren Charakter. Man sieht ihnen den Wesenswandel nicht an. Denn sie behalten ihr Äußeres bei. Es ist derselbe Stoff, dasselbe Papier. Aber die uneinlösbare Banknote ist kein Kreditgeld mehr, kein Geld, das Gläubiger-Schuldner-Verhältnisse dokumentiert. Uneinlösbar geworden, fordert die Banknote nicht mehr, wie ihre umtauschbare Vorgängerin, „anderes" Geld. Mit Annahmezwang ausgestattet, löst sie als staatliches Geld vielmehr Gläubiger-Schuldner-Verhältnisse auf. Nunmehr regeln Papierzettel, bloße Wertzeichen, uneinlösbar in Gold, ausgestattet mit Zwangskurs – der Zwang konnte, siehe das chinesische Beispiel – verbunden sein mit schwersten Strafen, widersetzte man sich ihm –, zusammen mit Scheidemünzen (unterwertigen Münzen) den Gütertausch. Staatliches Geld gibt es in Münzform und als Papiergeld. Obgleich in Form und Stoff völlig unterschiedlich, gibt es mehr Gemeinsames zwischen ihnen als nur die Herkunft. Für Marx sind Scheidemünzen und staatliches Papiergeld gleichermaßen Wertzeichen. Mag sie ursprünglich als

---

31 https://museum.nbb.be/de/resources/die-banknote-eine-chinesische-erfindung#:~:text=Marco%20Polo%20berichtete%20nach%20seiner,Papiergeld%20in%20Europa%20eingef%C3%BChrt%20wurde. (letzter Aufruf: 15.02.2025)

vollwertige Münze (Kurantmünze) in den Umlauf gelangt sein, früher oder später wird sie durch Abnutzung und /oder bewusste Fälschung weniger Wert enthalten, als sie mit ihrem Namen vorgibt. „Was übrigbleibt, ist magni nominis umbra (der Schatten eines großen Namens) [...]" Die Münze wird leichter, „fährt aber fort, in jedem einzelnen Kauf oder Verkauf als das ursprüngliche Goldquantum zu gelten [...]" Diese „Scheidung zwischen seinem Nominalgehalt und seinem Realgehalt, wird teils von Regierungen, teils von Privatabenteurern in Münzfälschungen buntester Art ausgebeutet." (MEW 13: 89)

Für die Geldgeschichte wichtig: Die Münze wird zur Scheidemünze. Während ihr Rechenname bleibt, verkörpert sie ein geringeres Gold- oder Silberquantum. Der Sovereign ist ein Scheinsovereign, aus Gold ist Scheingold geworden. „Alle Goldmünze (wird) durch den Zirkulationsprozess selbst mehr oder minder in ein bloßes Zeichen oder Symbol ihrer Substanz verwandelt." (MEW 13: 91) Gold erhält ein symbolisches, silbernes oder kupfernes Dasein: „Während also nur eine spezifische Ware als Maß der Werte und darum als Geld innerhalb eines Landes funktionieren kann, können verschiedene Waren neben dem Gold als Münze dienen. Diese subsidiären Zirkulationsmittel, silberne und kupferne Marken z. B., repräsentieren innerhalb der Zirkulation bestimmte Fraktionen der Goldmünze." (MEW 13: 91) Es liegt in der Natur der Sache, so Marx, dass die Silber- und Kupfermarken „Symbole der Goldmünze sind, nicht weil sie aus Silber oder Kupfer gemachte Symbole sind, nicht weil sie einen Wert haben, sondern soweit sie keinen haben." (MEW 13: 93) Am Ende dieser Entwicklung steht der wertlose Papierzettel. Obwohl es eigenartig anmutet: Das Papiergeld ist aus der Scheidemünze hervorgegangen, die Scheidemünze aus der vollwertigen Goldmünze. Das Papiergeld ist die vollendete Symbolform des Goldgeldes. „Der Münzname des Geldes löst sich ab von seiner Substanz und existiert außer ihr in wertlosen Papierzetteln. Wie der Tauschwert der Waren durch ihren Austauschprozess sich in Goldgeld kristallisiert, sublimiert sich das Goldgeld im Umlauf zu seinem eigenen Symbol, erst in der Form der verschlissenen Goldmünze, dann in Form der subsidiären Metallmünzen und schließlich in der Form der wertlosen Marke, des Papiers, des bloßen Wertzeichens." (MEW 13: 93 f) Die papiernen Symbole des Goldgeldes sind wertlos. Und da es keine Pflicht zum Umtausch gibt, muss der Staat deren Annahme kraft Gesetz anordnen. Sonst wäre sie nicht zirkulationsfähig. „Ein bestimmtes relativ wertloses Ding, Stück, Leder, Papierzettel usw., wird zunächst gewohnheitsmäßig Zeichen des Geldmaterials, behauptet sich jedoch nur als solches, indem sein Dasein als Symbol durch den allgemeinen Willen der Warenbesitzer garantiert wird, d. h. indem es gesetzlich konventionelles Dasein und daher Zwangskurs erhält. Staatspapiergeld mit Zwangskurs ist die vollendete Form des Wertzeichens, und die einzige Form des Papiergeldes, die unmittelbar aus der metallischen Zirkulation oder der einfachen Warenzirkulation herauswächst." (MEW 13: 95)

Der Staat erhebt die Symbole zum gesetzlichen Zahlungsmittel, erzwingt so deren Akzeptanz bei Tauschgeschäften. Es ist Symbol, Repräsentant des Goldgeldes, aber kein Anspruch auf dieses. Die juristische Umtauschbarkeit ist aufgehoben. „Papiergeld im strengen Sinne, Papierwährung, ist dann vorhanden, wenn das als Geld funktionierende Wertpapier uneinlöslich ist, d. h. vom Emittenten nicht mit anderem Münzgeld eingelöst werden muss, und wenn es das gesetzliche Zahlungsrecht, den Zwangskurs, in unbeschränkter Höhe hat." (Philippovich 1919: 279) Der österreichische Nationalökonom Eugen Philippovich (1858 – 1917) hat dies klar erkannt:

> Mit Rücksicht auf die Person des Emittenten unterscheiden wir Staatspapiergeld, welches vom Staate direkt ausgegeben wird, und Bankenpapiergeld, welches von hierzu gesetzlich ermächtigten Banken, den sog. Notenbanken, ausgegeben wird und an sich nur ein Kreditpapier der Bank ist, dem aber vom Staate durch Verleihung des Zwangskurses und durch Enthebung der Bank von der Verpflichtung zur Einlösung in barem Gelde die allgemeine Umlaufs- und Zahlungsfähigkeit verliehen ist. (Philippovich1919: 279)

Herrscher glaubten, ihren Reichtum mehren zu können, indem sie einfach mehr Papiergeld herstellen ließen. John Mandeville, der unbekannte Verfasser einer zwischen 1357 und 1371 zusammengestellten Schilderung einer Reise ins Heilige Land, den Fernen Osten und das Königreich des Priesterkönigs Johannes:

> Dieser Kaiser (von Cattay oder China) kann so viel ausgeben, wie es ihm beliebt, ohne Beschränkung. Denn er ist nicht abhängig und macht Geld nur aus bedrucktem Leder oder Papier. Und wenn dies Geld so lange umgelaufen ist, dass es anfängt, sich aufzulösen, dann bringt man es in des Kaisers Schatzamt, und nimmt man neues Geld an Stelle des alten. Und dieses Geld läuft um im ganzen Land und in allen seinen Provinzen [...] man macht Geld weder aus Gold noch aus Silber, deshalb kann er immer von neuem und übermäßig viel ausgeben. (Mandeville 1705: 105; zit. bei Marx MEW 14: 97)

Im Vergleich zur Münzfälschung hat die Einführung des Papiergeldes die Obrigkeit mit noch billigeren Mitteln des Volksbetrugs ausgestattet, mein Friedrich von Hayek. Und dabei sich grausamer Methoden bedient, um dem Volk schlechtes Geld aufzuzwingen. In China sei während des dreizehnten Jahrhunderts die Zurückweisung des staatlichen Papiergeldes mit der Todesstrafe bedroht gewesen. Auch die Annahmeverweigerung französischer Assignaten wurde in einigen Fällen mit dem Tode bestraft, normalerweise wurden zwanzig Jahre Haft in Ketten angedroht. Das frühe englische Recht habe die Nichtannahme des Papiergeldes als Majestätsbeleidigung geahndet. Die Ablehnung kontinentaler Noten sei während der amerikanischen Revolution als Feindesakt behandelt worden. (Hayek 1978: 30 f; Derix 1985: 109)

Tritt auch bei Banknoten der Zwangskurs an die Stelle der Einlösbarkeit, sind wesentliche Unterschiede zwischen dem „Papiergeld" der Notenbanken und dem des Staates verschwunden. Nach Marx repräsentiert das wertlose Papiergeld den Wert des Goldquantums, das für den Warenumlauf notwendig wäre, wenn kein Papiergeld die Zirkulationsmittelfunktion übernommen hätte. Wird zu viel Papiergeld emittiert, äußert sich das darin, dass alle Waren, auch die Geldware höhere Papierpreise erhalten. Keine Drohungen, Verbote und Strafen verhindern dies.

6.4.3 Laws kühnes Missgeschick

Die finanzielle Lage Frankreichs war nach dem Tode Ludwig XIV. im Jahre 1715 katastrophal. Das Silber war knapp, die Staatsausgaben so hoch wie nirgendwo anders. Die französische Staatsschuld betrug 3,5 Milliarden Livres, ihre Verzinsung erforderte mehr als die Hälfte der Staatseinnahmen. Da taucht der schottische Bankier und Finanzpolitiker John Law in Paris auf und bietet an, die zerrütteten französischen Finanzen zu sanieren. Seine Idee war, die Münzen durch Papiergeld zu ersetzen, den Geldumlauf zu vermehren und das Geld gleichmäßig zu verteilen. Es reiche, wenn das Papiergeld lediglich zur Hälfte durch Edelmetall gedeckt sei, da erfahrungsgemäß nie alle Sparer gleichzeitig ihr Geld zurückfordern. Der Staat würde seine Schulden los, das Volk gelange zu einem höheren Lebensstandard, schließlich sei es egal, ob die Bürger einen Wagen oder ein Grundstück in Gold, Silber oder in Banknoten bezahlten. Das entscheidend Neue an Laws Vorgehen war, nicht nur Edelmetalle, sondern auch Grundvermögen – mit dessen in der Zukunft liegenden Ertragsaussichten – zur Deckung des Notenumlaufs heranzuziehen. Das auf Grund und Boden basierende Papiergeld sei wertbeständig, weil es der Boden sei. Der Wert des Bodens würde nie sinken, könne nur steigen, ein an Grund und Boden gekoppeltes Geld behalte seinen Wert. Papiergeld sei deshalb dem Münzgeld vorzuziehen. Das Papiergeld besitze alle die zur Ausübung der Geldfunktionen erforderlichen Eigenschaften in höherem Maße als das Silbergeld: Es ist leicht übertragbar, besitzt den gleichen Wert an jedem beliebigen Platz, man kann es ohne Verlust und Spesen aufbewahren, man kann es ohne Verlust teilen, insofern man es jederzeit an der Kasse gegen Noten von geringerem Wert eintauschen kann, es kann mit einem Stempelzeichen versehen und daher nur sehr schwer gefälscht werden. (Law 1979: 18* f) Law strebte an, mittels des so geschaffenen Papiergeldes, das in unbegrenzter Menge ausgegeben werden könnte, Preissenkungen zu verhindern, den Handel, das Gewerbe und die Bevölkerung mit genügend Liquidität zu versorgen – ein Konzept, das nicht völlig falsch ist und in der extremen Form der „Modern Monetary Theorie" im 21. Jahrhundert fröhliche Urständ feiert. (vgl. dazu 10.5.3) John Law erhielt 1716 die Erlaubnis vom Hofe, eine staatliche Notenbank, die Banque Générale zu eröffnen. Sie wurde nach dem Vorbild der Bank of England als private Aktiengesellschaft gegründet, finanziert durch die Ausgabe von 12 000 Anteilscheinen zu je 500 Livres. Das Hauptgeschäft der Bank bestand darin, Wechsel unter Abzug der Zinsen anzukaufen (zu diskontieren). Und da der Diskontsatz im Durchschnitt nur ein Fünftel der sonst üblichen Rate von 30 Prozent ausmachte, brachte die Bank ihre Noten mühelos in Umlauf. Die Banque Générale wurde 1718 in eine Staatsbank umgewandelt, nannte sich nun Banque Royale, Law wurde ihr Direktor. Ein Jahr zuvor hatte Law das Monopol für eine private Handelsgesellschaft, der Compagnie des Indes – die indische Handelsgesellschaft – erhalten. Sie bezweckte, das französische Kolonialreich auszubeuten, darunter die Länder am Mississippi. Die Aktien der Gesellschaft konnten mit den Noten der Lawschen Bank gekauft werden. Betrügerische Reklame – ein Rendite-Versprechen von 40 Prozent – ließ die Profiterwartungen und Kurse steigen. Aktien mit einem Nominalwert von 500 Livres kosteten auf dem Höhepunkt des spekulativen Taumels 18 000 Livres. Laws Bank emittierte Unmengen Banknoten, um den Aktienhandel rein technisch in Schwung zu halten. Der Zusammenbruch des Spekulationsgebäudes aber war unvermeidbar. Massenverkäufe und ein bodenloser Kursverfall bereiteten dem Spuk ein Ende. Im Oktober 1721 wurden die Banknoten außer Kraft gesetzt; der Bankrott der Handelsgesellschaft riss auch die Bank in den Ruin. Allein das Grundeigentum war dem Sturm gewachsen. Im Dezember des Jahres flieht Law nach Brüssel. Nach dem Platzen der Spekulationsblase waren seine Ideen für die darauffolgenden Generationen von Geldpolitikern zunächst tabu. Doch in geldtheoretischer Hinsicht, schreibt Peter Thal, hat Law Gedanken entwickelt, die zwar im Merkantilismus ihren Ausgangspunkt haben – er ist ganz Merkantilist, wenn er das Geld und den Handel als Werkzeuge sieht, mit denen Wohlstand organisiert werden kann – „aber zugleich weit über ihre Zeit hinausweisen." (Thal 1989: 292) So löst er sich von der monetaristischen Vorstellung, dass Gold und Silber den nationalen Reichtum verkörperten und sieht die Quellen des Wohlstandes in einer guten Landwirtschaft, in der gewerblichen Produktion und in einer arbeitsamen Bevölkerung. Geld ist für ihn ein Hilfsmittel. Je mehr die Bevölkerung davon hat, desto mehr Menschen könnten mit nützlichen Arbeiten beschäftigt werden. Laws Idee ist kühn: Mehr Geld will er beschaffen, indem staatlich kontrollierte Banknoten emittiert werden, die anders als das Edelmetallgeld nicht der Gefahr ausgesetzt sind, in das Ausland abzufließen. Ein Vorteil des Papiergeldes sei auch, dass es im Vergleich zu Gold- und Silbergeld mit geringeren Kosten hergestellt, die Menge leicht an den Bedarf angepasst und der Zins auf niedrigem Niveau gehalten werden könnte, was für die Kreditaufnahme günstig sei. Die Möglichkeit, Papiergeld unbegrenzt zu emittieren, bedeute, auch den Kredit unbegrenzt ausweiten zu können. Law interessierte sich weniger für die Bestimmung des Geldwerts und der volkswirtschaftlich notwendigen Geldmenge. Geld und Kredit erhalten bei ihm ihre Bedeutung weniger als Tauschmittel, sondern als Mittel, Investitionen zu erleichtern und waghalsige Kolonialunternehmen zu fördern. So nahm die Ausgabe von Papiergeld zwischen 1718 und 1720 stark zu, weil die Banque Royale ermächtigt worden war, Darlehen an Schuldner zu vergeben, die bereit waren, Anteile an Laws riskanter Handelsgesellschaft, der Compagnie des Indes, zu zeichnen. (Pribram 1998: 156)

Auch wenn seine Aktienspekulation noch heute mit Recht anrüchig erscheint, haben Laws Auffassungen auf die Geld- und Kredittheorien in beachtlichem Umfang Einfluss genommen. Vor allem die beiden Auffassungen, dass der Handel und die Bevölkerung, die den Reichtum und die Macht des Landes bildeten, von der Menge und Art des Geldes abhingen und die Kredite notwendig und nützlich sind, „weil sie dieselben Wirkungen und denselben Nutzen (haben) im Handel, als ob die Menge des Geldes vermehrt wäre". (Diehl 1979: 2*) Karl Marx sprach vom Kladderadatsch des Lawsystems (MEW 26.1: 30), nannte aber den schottischen „Finanzzauberer" – so bezeichneten ihn die Leute in seinen glücklichen Tagen in Frankreich „einen angenehmen Mischcharakter von Schwindler und Prophet", dessen Überlegungen zum Kredit- und Papiergeld zukunftsweisend gewesen waren. Law gehörte zu den „Hauptverkündern des Kredits", der sich als die Triebfeder der kapitalistischen Produktionsweise erweisen wird. (MEW 25: 457)

6.5 Kameralisten und Colbertisten

Mit dem deutschen Kameralismus und dem Colbertismus in Frankreich, den kontinentalen Versionen des Merkantilismus, beschäftigen sich Marx und Engels nicht. Der Name Kameralismus – von camera principis = fürstliche Kasse – steht eindeutig für das höchste Ziel des Denkens und Handels seiner Protagonisten. Auch Colbert bezweckt mit dem nach ihm benannten System der Wirtschaftspolitik in Frankreich, die fürstlichen Kassen zu füllen. Am Rande nennt Marx den Colbertismus die „Einmischung der Regierung in das Treiben der bürgerlichen Gesellschaft" (MEW 26.1: 37), den Kameralismus einen „Mischmasch von Kenntnissen, deren Fegfeuer der hoffnungsvolle Kandidat deutscher Bürokratie zu bestehn hat" (MEW 23: 19). Engels sagt, der Kameralismus sei „ein von einer eklektisch-ökonomischen Sauce angespülter Brei von allerhand Allotriis (zusammenhanglosen Dingen), wie sie von einem Regierungsreferendarius zum Staatsexamen nützlich zu wissen sind" (MEW 13: 469). Die Namen deutscher Professoren wie von Seckendorff Schröder, Becher, Hörnigk, Zincke, Justi finden sich im „Kapital" nicht. Sie werden von der bürgerlichen Dogmengeschichte als Kameralisten bezeichnet, obgleich die meisten sich selbst als dessen Gegner begreifen. (Lehmann et al. 1977: 172–194). Die Kameralisten setzen auf folgende Kettenwirkung: „Fürstliche Macht durch Geldreichtum – Geld durch Abgabenerhebung – Abgaben durch prosperierende Produzenten – Vermehrung der Abgaben durch Vermehrung der arbeitsfähigen Bevölkerung". (Lehmann et al. 1977: 1977, 162). Für Kuczynski sind Kameralisten und Colbertisten keine Merkantilisten, weil ihre Aufgabe „die Beschaffung von Geld für ihren Feudalherrn durch Ausplünderung der Untertanen, also eine Finanzaufgabe" ist. (Kuczynski 1960: 6) Doch entscheidend ist, dass der beste Weg zur Erreichung hoher Geldeinnahmen des Staates „in der Förderung gerade der gewerblichen Produktion mit allen Mitteln" gesehen wurde. (Mottek 1983: 234) Auch deutscher, russischer und französischer Staat fördern so die Manufakturen und die kapitalistische Produktion, betreiben eine merkantilistische Wirtschaftspolitik. Für einen historischen Moment decken sich in den absolutistischen Staaten Europas die Interessen der Monarchie mit denen der Bourgeoisie. Der Feudaladel fördert Veränderungen, die seinen Untergang herbeiführen werden.

6.5.1 Georg Obrecht, Hermann Latherus, Jakob Bornitz, Kaspar Klock

Georg Obrecht (1547–1613), sucht in seinen Schriften, Wege und Mittel, die feudalen Kassen zu füllen. Er verlangt, die Steuern nicht pro Kopf zu erheben, sondern entsprechend dem Einkommen. Die Erhöhung der Steuern und Abgaben habe so zu erfolgen, dass nicht die lebensnotwendigen Produkte, sondern nur die dem Luxus dienenden betroffen werden und dass das Geld nicht aus dem Blut der Untertanen zusammenkommt". (Obrecht 1617/2003: 14 f) Er empfiehlt Abgaben bei Hochzeiten, Bußgelder bei Gotteslästerungen und bei deren Nichtanzeige. Er fordert Geldstrafen für alle möglichen Verstöße, eine Erbschaftssteuer, auch eventuelle Verschlechterungen der Münze, eine verbindliche Lebensversicherung für Kinder, bei der die Eltern für jedes Kind einen verzinslichen Betrag einzahlen, der beim Tod des Kindes nur zur Hälfte erstattet wird.

Hermann Latherus (1583–1640) tritt dafür ein, das Exportgewerbe zu fördern, die Ausfuhr von Fertigwaren zu begünstigen und die von Rohstoffen zu untersagen. So könne das fürstliche Einkommen und das der Bevölkerung vermehrt werden: „Reichtum an Rohstoffen schafft auch Reichtum an Einwohnern und Gewinn". (Latherus 1618: 979) Der Reichtum aus gewerblicher Arbeit übertreffe bei weitem den aus der Einfuhr amerikanischer Edelmetalle.

Jakob Bornitz (1560–1625), kaiserlicher Rat in Schweidnitz (Schlesien) empfiehlt eine größtmögliche fürstliche Schatzbildung, indem Münzen geprägt und Geld eingeführt wird. Dazu solle die Ausfuhr von Fertigwaren gefördert und erhöht werden. Der Überfluss an Gütern und der Mangel an Geld mache den Staat ohnmächtig. Der Regierung müsse „der Wohlstand der Untertanen mehr am Herzen liegen als die Einkünfte", denn „wenn die Hühner gar geschlachtet werden, so legen sie nimmer Einer." (Bornitz 1612: IV,3) In Bornitz' Geldauffassung, schreiben Lehmann et al., „zeigt sich die Wende von der alten monetaristischen Orientierung auf den Weltmarkt mit entsprechender metallischer Geldzirkulation zur Berücksichtigung des sich herausbildenden Binnenmarktes, der auch die Zirkulation von Scheidemünzen mit sich bringt." (Lehmann et al. 1977: 159) Vollwertige Silber- und Goldmünzen könnten ersetzt werden durch billige kupferne Scheidemünzen, da das Geld seinen Wert durch Satzung erhalte. Bornitz beschäftigt auch die Frage, ob Geld aus Papier oder Leder, wie es als „Notgeld" in Ausnahmefällen vorübergehend genutzt worden war, die metallische Münze generell ersetzen kann.

Charakteristisch für die kameralistische Variante merkantilistischen Denkens in Deutschland sind einige Schriften von Kaspar Klock (1583–1655). Er betrachtet die wirtschaftlichen Aktivitäten unter dem fiskalischen Aspekt und vertrat das Privileg der Fürsten, über Steuern, Strafgeldern und Preiserhöhungen Geld abzuschöpfen. Die Steuer ist die Haupteinnahmequelle, wobei Klock den Armen Steuerfreiheit gewähren will, nicht aber den Adligen, Geistlichen und Fremden. Unter dem Eindruck der noch nicht überwundenen Folgen des dreißigjährigen Krieges betont er die Bedeutung des Feldbaus und befürwortet Frondienste und Naturalabgaben anstelle der Geldrente.

6.5.2 Ludwig Veit von Seckendorff – Gewerbefleiß und Geld

Veit Ludwig von Seckendorff (1626–1692), hoher Justiz- und Verwaltungsbeamter sowie Berater des Herzogs Ernst I. von Sachsen-Gotha-Altenburg, später Kanzler des Herzogs Moritz von Sachsen-Naumburg-Zeitz postuliert die Interessengemeinschaft zwischen dem Fürsten und dem Volk. Mit seinem Werk „Der deutsche Fürstenstaat", das auf hohes Ansehen und Resonanz stieß und mehrmals aufgelegt wurde, versucht Seckendorff dem Regenten Ratschläge zu geben, wie der Reichtum, die Gerechtigkeit und die staatliche Sicherheit und Ordnung gewahrt und gemehrt werden kann. (Seckendorff 1656) Er setzt den Schlusspunkt einer Entwicklung, die über Obrecht und Klock verlaufen war, indem er schreibt, das Wichtigste sei, dass der Fürst

> willige, wahrhafte Untertanen und Geld habe [...], denn der nervus rerum gerendarum (d. h. das Hauptmittel zum Vollbringen von Taten) ist und bleibet das Geld, und das Geld kann ein deutscher Fürst und Stand nicht beständiger erlangen als aus vielen Händen; unsere Bergwerke, Kaufmannschaft und Zölle sind zu gering, Gold und Silber in ansehnlicher Menge zu erlangen, und [es] müssen also große Summen mit einzelnen Hellern und Pfennigen zusammengetragen werden. (Seckendorff 1695: 60; zit. aus Lehmann et al. 1977: 162)

Das Glück des Regenten hänge ab von der Menge an Untertanen, daher sei eine große Menge der rechte Schatz des Landes. Es sei notwendig das Monopol der Zünfte zu durchbrechen, die Gewerbefreiheit zu ermöglichen, damit der Gewerbefleiß erblühen könne. Handel, Gewerbe und die Gründung von Manufakturen werden erschwert, weil es mangele an Geldkapital und Fachleuten. Vor allem, sagt Seckendorff, müsse Wert gelegt werden auf viel Geldkapital und Absatz, auf gute Verkehrsmittel, Ströme und Kanäle. Wo reichlicher Verdienst sei, da kommen die Menschen von selbst. Die Obrigkeit müsse so gut regieren, damit ihre Untertanen gern im Lande bleiben und Fremde angelockt werden und so die Bevölkerung zunehme. Die Fürsten sollten die Entwicklung von Handel und Manufakturen finanziell unterstützen. (Seckendorff 1685: 434, 439)

6.5.3 Antoine de Montchrétien – Die Staatspflicht

In Frankreich musste der Herrscher das Manufakturbürgertum im Kampf gegen die feudalen Stände wirtschaftlich stärken. Heinrich IV. (1553–1610) sagte in einem seiner Edikte, „eines der hauptsächlichsten Mittel, unsere Untertanen aus der Verwirrung und Zerrüttung des Bürgerkriegs zu ziehen, ist die Einrichtung von Gewerben und Manufakturen [...]." (Mombert 1927: 149) Unter diesen Bedingungen veröffentlicht Antoine de Montchrétien (1576–1621) sein Buch „Traité de l'oeconomie politique", das erster Versuch gelten kann, den Monetarismus weniger im Interesse des Handels- als des Manufakturbürgertums weiterzuführen. (Montchrétien 1615/1689). Er forderte vom Staat, den Handel, die Manufakturen, die Seefahrt zu fördern und die Produktivität zu heben. Die höheren Stände fußen alle auf dem dritten Stand, zu dem gehörten die Arbeiter, die Handwerker und Kaufleute. Sie bildeten das Fundament des politischen und wirtschaftlichen Lebens. Sie sollen maximal unterstützt werden. Der Staat habe die Pflicht, jedem seiner Untertanen im Vaterland eine Beschäftigung zu gewähren Das Wohl des Volkes ist das höchste Gesetz. (Montchrétien 1889: 120, zit. bei Lehmann et al. 1977: 169) Das ewige Streben nach Gewinn rege die Menschen an, zu arbeiten und sei daher gerechtfertigt. Der gesamte Handel des Landes nütze dem Staat. Noch sieht Montchrétien im Gold und Silber die Verkörperung des Reichtums. Doch relativiert er das Ziel wirtschaftlichen Handelns insofern und überwindet die engen monetaristischen Grenzen, als er weiß, dass die Mengen der Waren, die der Befriedigung der Bedürfnisse dienen, die Menschen reich machten, nicht die Edelmetalle. Wer will, dass ein Land reich wird, muss daher, statt Edelmetalle und Edelsteine zu fördern und einzuführen, auf die Arbeit setzen. Die kommerzielle und die Manufakturarbeit sind die Quellen des Reichtums.

6.5.4 Johann Joachim Becher – Arbeit vs. Geld

Becher (1635–1682), Wilhelm von Schröder (1640–1688) und Philipp Wilhelm von Hörnigk (1640–1714) haben sich selbst als Gegner des Kameralismus empfunden und wurden von dessen zeitgenössischen Anhängern auch als solche betrachtet. „Da aber spätere Kameralisten [...]“ auf ihre Schriften zurückgriffen und „sie in ihre Ahnenreihe aufnahmen, ist es in bürgerlichen und marxistischen Lehrbüchern üblich geworden, sie als Kameralisten zu bezeichnen.“ (Lehmann et al. 1977: 172) Sie begründeten ihre Auffassungen mit merkantilistischen Argumenten, orientieren aber, über den Merkantilismus hinausgehend, vor allem darauf, die kapitalistische Manufakturproduktion zu entwickeln.

Becher fordert, dass der Handel dazu dienen müsse, die Produktion zu erhöhen und auszudehnen. Die Errichtung inländischer Manufakturen solle den Import ausländischer, besonders französischer Gewerbeprodukte, entbehrlich machen. Die Ambivalenz der Kaufleute erkenne man daran, dass sie einerseits, besonders die Verleger, die gewerbliche Produktion anregten, indem sie Kredite gewährten und die Abnahme der Erzeugnisse garantierten, andererseits aber würden sie die gewerbliche Produktion behindern, weil sie Rohstoffe ausführten und die Erwerbstätigkeit im Lande lahmlegten. Es sei ersichtlich, „daß ein Kaufmann ein Land aufbringen oder verderben könne, wiewohl es unsere Statisten (d. h. Verwaltungsfachleute) teils nicht merken wollen.“ (Becher 1673: 101–105) Denn sie füllten mit Ausfuhrzöllen auf Rohstoffe die landesfürstliche Kasse. Becher schlägt vor, eine „allgemeine Landbank“ zu gründen, die den Kaufleuten Produktivkredite gewähren soll. Er will die Spaltung der Gesellschaft in reich und arm überwinden, strebt die Gleichheit aller Mitglieder der Gesellschaft an. Das Haupthindernis, die soziale Gleichheit zu erreichen, sei das Geld. Becher nennt es „die größte Larve, die die ganze Welt mit süßer Pein betrüget“. Die

Regierung brauche das Geld, um den Adel und die Patrizier zu ernähren. „Die viel Geld haben, die wollen mit Fleiß, daß ihr arm und daher untertan seid. Darum haben sie eine Materie zum Geld aufgesetzt, die wenig zu bekommen ist. Schafft dasjenige ab, wodurch ihr wolltet reich werden und wahrhaftig arm werdet, so seid ihr im ersten Stand, so seid ihr Bürger der Welt." Statt des Geldes müsse man dasjenige einsetzen, was „alle Menschen haben können, nämlich die Arbeit, denn diese ist eine Münze, die allen Menschen gegeben und bei der Natur (d. h. von Natur) gangbar ist." (Becher 1673: 148–158, zit. aus Lehmann et al. 1977: 177)

6.5.5 Wilhelm von Schröder – Gegen ein Geldausfuhrverbot

Wie Becher hat sich auch Schröder mit den kameralistischen Methoden auseinandergesetzt, Geld in die Kassen der Territorialfürsten zu lenken, indem Steuern und Abgaben erhöht werden. Er setzte sich ein für eine Wirtschaftspolitik, die dem Aufschwung der manufakturkapitalistischen Produktion dient. Sein Hauptwerk „Fürstliche Schatz- und Rentkammer" wurde in acht Auflagen bis 1835 verlegt und zählte zu den Klassikern der Nationalökonomie seiner Zeit. (Schröder 1686) Darin untersucht er auch die Zirkulationssphäre, deren Reichtum aus den Gold- und Silberbergwerken komme. Er weist auf zahlreiche Edelmetallvorkommen hin, die noch nicht abgebaut würden und den Reichtum des Landes mehren könnten. Der größte Reichtum aber stamme aus den Manufakturen, wo die Arbeit den zu bearbeiteten Rohstoffen Wert hinzufüge. Man sehe es daran

> daß die unfruchtbaren Länder, wo Manufakturen excolieret [d. h. betrieben] werden und die Kommerzien florieren, weit reicher sind als die fruchtbaren Länder, die keine Manufakturen haben. Die Sache ist an sich selbst sonnenklar; denn man estimiere ein Pfund Eisen in seiner Minera [d. h. Ader], wo es wächset, so wird solches gar einen schlechten [d. h. geringen] Wert gelten. Wenn aber ein Uhrmacher oder dergleichen Künstler dieses Pfund Eisen in seine Hand nimmt und [be]arbeitet es nach seiner Kunst, so ist das Pfund Eisen wohl hundertmal so viel wert, wie es vorher gewesen [ist], denn die Manufaktur[arbeit], die daran ist, und nicht das Eisen wird so hoch estimieret. Ebenso ist es auch bei der Wolle, wenn daraus ein Tuch gemacht wird, so wird das Spinnen, Färben, Zurichten und dergleichen viel mehr wert sein als die Wolle an sich selbst kostet. (Schöder1686: 433 f, zit. aus Lehmann et al. 1977: 180)

Schröder will den Aufschwung der kapitalistischen Manufakturen erleichtern, indem mehr Kredite gegen Faustpfand[32] vergeben werden. Er kritisiert die feudalen Verbrauchsvorschriften, die den Absatz der Waren behindern, und die Zünfte, die Fortschritte in der technischen Entwicklung blockieren.

32 Überlässt man einem Gläubiger einen entsprechend werthaltigen Gegenstand und erhält dafür leihweise Geld, so spricht man von Faustpfand.

Er ist zwar dagegen, die Münzen zu verschlechtern, polemisiert aber auch gegen Kameralisten, die meinen, „daß die Steigerung des Werts der Münze, sie sei in- oder ausländisch, das Geld im Lande behalte und fremdes Geld ins Land bringe und dadurch der Schatz des Landes vermehret werde.“ (Schröder 1686: 157, zit. aus Lehmann et al. 1977: 179) Kaufe ein Land mehr ein, als es verkaufe, so muss es den Importüberschuss mit barem Geld ausgleichen. Gegen die merkantilistische Forderung nach einer aktiven Handelsbilanz wendet er ein, „daß ein Land nicht mehr verkaufen könne, als andere Länder von ihm zu kaufen bedürftig seien.“ (Schröder 1686: 206, zit. aus Lehmann et al. 1977: 179) Er lehnt die monetaristische Auffassung, wonach die Geldausfuhr ein Land arm mache und verboten werden müsse, strikt ab. Im Gegenteil, die Freigabe der Geldausfuhr könne mehr Geld zurückbringen. Wenn die Kameralisten nach Wegen suchten, den Import von Geld zu steigern, so ist „all ihre Bemühung umsonst und all ihr Studieren vergebens, wenn sie es anders als in der Bilanzierung unserer Ausfuhr gegen die Einfuhr der Kommerzien suchen.“ (Schröder 1686: 206, zit. aus Lehmann et al. 1977: 179)

6.5.6 Philipp Wilhelm von Hörnigk – Inländische Manufakturen

Hörnigk führte die von Becher begründete Theorie zur Stärkung der Manufakturbourgeoisie fort. (Hörnigk 1648/1948) Seine Vorschläge enthalten das ganze Programm: keine ausländischen Manufakturwaren importieren, das sei nichtswürdige, unerträgliche Krämerei, weil es das gute Geld aus dem Land trage. (Hörnigk 184/1948: 18), Importverbote, um die inländischen Manufakturen zu schützen, alle inländischen Ressourcen nutzen, auch unrentable Edelmetalllagerstätten mit Hilfe des Staates ausbeuten, da dem Import von Gold und Silber Grenzen gesetzt sind durch den Export von Rohstoffen, die dann der inländischen Gewerbeproduktion fehlten, sämtliche inländische Rohstoffe im Land verarbeiten, viele Arbeitskräfte in die Produktion eingliedern, die Edelmetalle weder horten noch ausführen, sondern zirkulieren lassen, unerlässliche Importe mit inländischen Waren bezahlen, nach Möglichkeit keine finalen Produkte einführen, sondern solche, die im Inland verarbeitet bzw. weiter verarbeitet werden, die Absatz inländischer Produkte auf dem Weltmärkten fördern.

Wie Becher und Schröder lehnt Hörnigk die einseitige monetaristische Auffassung über den Inhalt des Reichtums ab. Das vollkommene Land sei jenes, das abbauwürdige Gold- und Silberstätten besitze und zugleich günstige materielle Voraussetzungen für die Produktion aufweise. Denn vor allem die Manufakturarbeit sei die Quelle des Reichtums. Ihre Schriften beweisen, dass es sich bei ihnen keineswegs um Erfüllungsgehilfen landesfürstlicher Geld- und Machtgier gehandelt hat. Sie rügen, teils mit scharfen Worten, dass die Fürsten Bauernschaft und Bürgertum finanziell aussaugen, schreiben an gegen die Ungleichheit in der Gesellschaft.

6.5.7 Joseph von Sonnenfels und Johann Heinrich Gottlob von Justi – Die Münz(un)ordnung

Joseph von Sonnenfels (1732/1733–1817), dessen Hauptwerk „Grundsätze der Polizey, Handlung und Finanz“ 1763 in Wien erschien und bis 1819/1822 achtmal verlegt wurde, vermochte die karge theoretische Substanz des Kameralismus nicht anzureichern. Sein Buch war das offizielle kameralistische Lehrbuch in Österreich bis Mitte des 19. Jahrhunderts. Wirtschaftspolitisch plädierte er auf eine große Bevölkerung, eine hohe Nachfrage, viele Arbeitskräfte und eine florierende Produktion, die vor allem einheimische Rohstoffe verarbeiten soll. Er spricht sich gegen die verbreitete Auffassung aus, keine Fertigwaren zu importieren. Einfuhrverbote wären nachteilig, weil sie Zolleinnahmen verringerten.

Johann Heinrich Gottlob von Justi (1717–1771) versuchte dagegen in seinem Lehrbuch, das er der Kaiserin Maria Theresia zueignete, die neuen Probleme der politischen Ökonomie in einem theoretischen System zu behandeln. (von Justi 1755) Er wird vielfach als der bedeutendste deutsche Schriftsteller des Kameralismus bezeichnet. Er „gilt als großer Systematiker und Vollender des Kameralismus, der für ein halbes Jahrhundert die ökonomische Wissenschaft in Deutschland prägte.“ (Greitens 2022: 271) Seine Ansichten über das Geldwesen und das Münzregal fasst er im 1766 erschienen Werk „System des Finanzwesens“ zusammen. (Justi 1766)

Quellen der Vermehrung des Reichtums sind die Einwanderung fremder Kapitalbesitzer, der Außenhandel, die Manufakturen und die Bergwerke. Gold und Silber erlangen aufgrund ihrer günstigen natürlichen Eigenschaften Geldcharakter. Sie lösen das Problem der doppelten Koinzidenz, die den Naturaltausch erschwert und verhindern kann. Für Justi ist das Geld eine Ware, es enthält Wert, den er wie viele Schriftsteller seiner Zeit identifiziert mit dem Edelmetallgewicht der Münze. „Unter dem Gelde verstehet man nämlich in gewisse Form gebrachte Stücken Gold und Silber, auf welchem, nach dem glaubwürdigem Zeugnis der obersten Gewalt, der darinnen befindliche wahre Werth oder Gehalt bemerket ist, damit man sich derselben bey Fremden und Einheimischen als ein allgemeines Vergütungs-Mittel aller Arten von Gütern bedienen können.“ (Justi 1766: 305)

Er wendet sich dagegen, stets schlechtere Münzen zu prägen, wodurch die Bergwerke ihre Gewinne erhöhten, zugleich aber die Gold- und Silberpreise steigen. „Diese Steigung des Gold- und Silber-Preises wird auch bis in Ewigkeit so fort gehen; so lange man bey dem Grund-Satze bleibt, daß man das Münz-Regal zu einer Quelle der Einkünfte brauchen könnte.“ (Justi 1766: 337)

Ein ungeordnetes Münzwesen untergrabe eine gute wirtschaftliche Entwicklung. Die Münzen besäßen einen zweifachen Wert, einen „inneren“ und einen äußeren. Das Volk erkenne die Güte der Münze nicht, glaube an den aufgeprägten Nominalwert, der oft mit dem inneren, d. h. dem Edelmetallgewicht, nicht sehr viel zu tun habe. Die Prägung schlechter Münzen habe auch im Inland schädliche Wirkungen, unter denen selbst Münz- und Landesherr litten.

> Zwar erziele der Regent einen Münzgewinn, wenn er minderwertige Münzen an seine Soldaten und Bediensteten ausgibt, aber er erhält die schlechten Münzen als Steuerzahlung wieder zurück. Zudem steigen die Preise wegen der schlechten Münzen und der Regent muss dann höhere Löhne bezahlen. Was also ein Schaden für die Untertanen ist, ist auch ein Schaden für den Regenten. Dies sei nicht voneinander zu trennen. (Greitens 2022: 274)

Nur wenn der innere Wert der Münze wieder zusammenfiele mit dem äußeren Nominalwert, die Münzeinheiten wieder den Gewichtseinheiten gleich sind, hörte die Münzunordnung auf. Dies zu garantieren, sei die Aufgabe des Staates. Wenn dagegen der Staat die Münzen verschlechtert, ist dies „nicht viel besser als offene Betrügereyen." (Just 1766: 305) Justi argumentiert ähnlich wie Oresme im 14. Jahrhundert, der gefordert hatte, dass der Staat für die Qualität des Geldes bürgen solle. Er solle das Münzwesen nicht mit der Absicht betreiben, einen Gewinn zu erzielen, sondern die wirtschaftliche Tätigkeit anzuregen. Dazu käme es darauf an, nicht nur gutes Geld auszuprägen, sondern es auch zirkulieren zu lassen. Die Ausprägung minderwertiger Münzen führe dazu, dass die vollwertigen ins Ausland abfließen, weil die ausländischen Exporteure die unterwertigen Scheidemünzen als Bezahlung für ihre Leistungen ablehnten. „Die Ausführung der guten Münz-Sorten geschieht bloß, weil allerley Arten von schlechter Scheide-Münze gelten." Erst dann kann man sicher seyn, daß sich die guten Landes-Münzen nicht aus der Circulation verlieren werden", wenn der Staat verbietet, gute Münzen einzuschmelzen und sie durch minderwertige Münzen zu ersetzen. (Justi 1766: 339)

Jan Greitens schreibt, dass Justis Forderung nach einem Münzsystem ohne Seigniorage-Einnahmen im Alten Reich unrealistisch gewesen sei. „Der Vergleich der Positionen von Justi mit denen der Zeitgenossen in England bestätigt die These der Rückständigkeit der deutschen Geldtheorie zu dieser Zeit. Die für die spätere Geldtheorie prägenden Schriften von Locke, Cantillon oder Hume sind zwar bekannt, werden aber nicht entsprechend rezipiert." (Greitens 2022: 278)

7 Klassische politische Ökonomie (17.–19. Jh.)

Zum Inhalt der klassischen politischen Ökonomie gibt es – wenig überraschend – unterschiedliche Meinungen. Zum einen sei die Akzeptanz arbeitswerttheoretischer Erklärungen ausschlaggebendes Alleinstellungsmerkmal der Klassik, zum anderen die Abkehr von staatlichen reglementierenden Eingriffen in die Wirtschaft und die Propagierung des wirtschaftlichen Liberalismus. Daher ist es kein Wunder, dass von der selbst uneinheitlichen Theoriengeschichtsschreibung unterschiedliche Zuordnungen der Ökonomen zur Klassik vorgenommen werden. Der Streit darüber steht hier nicht im Mittelpunkt. Tatsache aber ist, dass die zur Klassik gezählten Gelehrten eine sehr heterogene Gruppe bilden, durchaus verschiedene Ansichten zum Geld vertraten und es daher unmöglich ist, von einer klassische Geldtheorie zu sprechen. Sehr wohl aber haben ihre Vertreter der Geldtheorie wesentliche Impulse gegeben. Nach Rudolf Hickel betreffen sie folgende Fragenkomplexe (Hickel 1979: XXXII f): Was bestimmt den Wert des Geldes? Beeinflusst die Geldversorgung die wirtschaftliche Aktivität (Produktionsmengen, Preise)? Beeinflusst sie nur das Preisniveau oder auch die relativen Preise? Dominiert nicht die umgekehrte Kausalität, d. h. schafft sich die wirtschaftliche Aktivität nicht das Geldangebot, das sie benötigt? („Currency" – „Banking"-Kontroverse) Soll die Zentralnotenbank das Geldangebot steuern, wenn ja, wie? Die Fragen der Geldwirkungslehre werden auch im 21. Jahrhundert diskutiert, ebenso die damit zusammenhängende Frage, ob das Geld – die Geldmenge – exogen oder endogen erklärt werden muss.

7.1 Industrielle Revolution

Kapitalistische Manufakturen hatten sich behauptet, umfassend theoretisch analysiert von Adam Smith (1723–1790), der als der zusammenfassende Ökonom des Manufakturkapitalismus seinen Platz in der Geschichte des ökonomischen Denkens gefunden hat. Ende des 18., zu Beginn des 19. Jahrhunderts setzt sich immer mehr der Industriekapitalismus durch, zunächst in England, dann in ganz Westeuropa, den USA und später in Japan. Die industrielle Revolution setzte nach 1750 ein und endete nach 1850. Sie krempelt die Produktionsweise um. Großartige technische Fortschritte auf der einen Seite: Maschinen lösen die Handarbeit ab (Spinning Jenny, der mechanische Webstuhl). Die Energieerzeugung und Energieumwandlung gehen über von Menschen, Tier, Wind und Wasser auf die Dampfmaschine. Eisenbahnen und Schiffe nutzten die neuen Antriebskräfte, Kohle und Eisen werden massenhaft verwendet. Industrielle Fabriken entstehen, die innerbetriebliche Arbeitsteilung schreitet voran. Begleitet wird der Übergang zum industriellen Kapitalismus von einer wachsenden Bevölkerung. Mit den Fabriken und der Industrie kommt das Industrieproletariat. Hungerlöhne und lange Arbeitszeiten sein Los, eine Voraussetzung dafür, dass sich

https://doi.org/10.1515/9783111568331-008

die Profite mehrten und die Kapitale zunahmen. Die Massen verarmen, der Pauperismus breitet sich aus, auf dem Land und in den Städten – die Grundmerkmale der ersten industriellen Revolution. Die wachsenden Größenmaßstäbe der Produktion erfordern mehr Kapital, um neue Maschinen, Werke und Verkehrswege zu finanzieren. Kapitalgesellschaften wurden gegründet. Sie ermöglichten es, die Investitionssumme auf mehrere Gesellschafter zu verteilen und gemeinsam wirtschaftliche Interessen zu verfolgen. Nordenglische Grubenbesitzer verbanden sich mit Londoner Kohlehändlern; Brauereibesitzer mit Malzlieferanten und Erfinder mit Kapitalgebern, Maschinenbauer mit Spinnereien. Investitionsbereite adelige Großgrundbesitzer, vermögende Kaufleute und Handwerker, der Überschüsse abwerfende, florierende Kolonialhandel förderten in England und anderen Ländern die Bildung großer Kapitale. Doch das alles reichte nicht. Ein leistungsfähiges Banken- und Kreditsystem war notwendig geworden. Die Entstehung größerer Banken, die Mobilisierung von mehr Krediten begleiteten und ermöglichten den wirtschaftlichen Aufschwung, den Übergang des Kapitalismus in sein industrielles Stadium.

7.2 Neues Geld – Einlösbare Banknoten

Das Verlangen nach Rationalität und Sicherheit des Zahlungsverkehrs wurde größer in dem Maße, wie das Handwerk und die Manufakturproduktion ergänzt und abgelöst wurden durch die industriellen Fabriken, der Warenaustausch zunahm und die Geld- und Kapitalbeträge wuchsen. Geldfälschungen und Münzverschlechterungen gab es weiterhin, dazu Unsicherheiten beim Transport, Stürme auf See, Raubüberfälle, Krankheit und Tod in der Fremde. All' das erhöhte das Bedürfnis, wertvolles Goldgeld zu schützen und es durch rationellere Surrogate – Papiergeld und Banknoten – bei der Ausübung der Zirkulationsmittelfunktion zu ersetzen. Manche glaubten, Gold musste durch anderes Geld ersetzt werden, weil seine Produktion zurückblieb hinter dem Zuwachs des Geldbedarfs. Eine Goldknappheit lag aber trotz steigender Warenumsätze und wachsendem Geldbedarf nie vor. (Helfferich 1923: 96) Marx kennzeichnet die entstandene Lage so:

> Die Forschungen über das Geldwesen wurden im 19. Jahrhundert unmittelbar angeregt, nicht durch die Phänomene der metallischen, sondern vielmehr durch die der Banknotenzirkulation. Auf die erstere wurde nur zurückgegangen, um die Gesetze der letztern zu entdecken. Die Suspension der Barzahlungen der Bank von England seit 1797, das später erfolgende Steigen im Preise vieler Waren, der Fall des Münzpreises des Goldes unter seinen Marktpreis, die Depreziation der Banknoten besonders seit 1809, boten die unmittelbar praktischen Anlässe eines Parteikampfs im Parlament, eines theoretischen Turniers außerhalb desselben, beide gleich leidenschaftlich. Als historischer Hintergrund der Debatte diente die Geschichte des Papiergelds im 18. Jahrhundert, das Fiasko der Lawschen Bank, die mit der wachsenden Quantität der Wertzeichen Hand in Hand gehende Depreziation der Provinzial-Banknoten der englischen Kolonien in Nordamerika vom Anfang bis in die Mitte des 18. Jahrhunderts; dann später das von der amerikanischen Zentralregierung während des Unabhängigkeitskrieges gesetzlich aufgezwungene Pa-

> piergeld (Continental bills), endlich das auf noch größerer Stufenleiter ausgeführte Experiment der französischen Assignaten. Die meisten englischen Schriftsteller der damaligen Zeit verwechseln die Banknotenzirkulation, die nach ganz andern Gesetzen bestimmt wird, mit der Zirkulation von Wertzeichen oder von Staatspapieren mit Zwangskurs und, während sie die Phänomene dieser Zwangszirkulation aus den Gesetzen der metallischen Zirkulation zu erklären vorgeben, abstrahieren sie in der Tat umgekehrt die Gesetze der letztern aus den Phänomenen der erstern. (MEW 13: 143 f)

Historisch muss man sich den Rückzug der Goldmünzen aus der Zirkulation etwa so vorstellen: Goldschmiede kauften Münzen wegen ihres Edelmetallgehalts. Sie nahmen Geld auch in Verwahrung. Dies begann in Venedig, Florenz und in anderen Städten des mittelalterlichen Italiens. In ihren sicheren Gewölben und Eisenschränken war Geld geschützt gegen Feuer und Diebe. Der Kaufmann, der sein Geld einem „Bankier" gab, sparte den Buchhalter und die Kosten der Kassenverwaltung. Wichtig vor allem: Die Geldgeschäfte koppeln sich mehr und mehr von Warengeschäften ab. Depositenscheine – Banknoten, Bankwechsel – bestätigten, dass Geld hinterlegt und vorhanden war. Das erste Geld aus Papier war ein Empfangs- oder ein Einlagerungsschein für das Gold, welches dem Goldschmied übergeben wurde. Die „Quittung" konnte jederzeit gegen Gold eingelöst werden. Die Scheine wandern von Stadt zu Stadt, von Land zu Land anstelle der Edelmetallmünzen. Sicherer und bequemer war es geworden für den Kaufmann. Er musste keine bare Münze mehr von Messe zu Messe schleppen. Er „bezahlte" nun mit dem Zahlungsversprechen des Goldschmiedes. So entstanden die Banken. Sie waren zu Beginn Depositenbanken. Sombart nennt die ersten Bancogeldanstalten: Banco di Rialto in Venedig (1587), die Amsterdamer Wisselbank (1609), die Hamburger Girobank (1629), der Banco publico in Nürnberg (1621), die Bank von Lyon, die Casa di S. Giorgio in Genua (seit 1586), der Banco di S. Ambrogio in Mailand (seit 1593), der Banco di deposito in Leipzig, die Bank von Rotterdam (1635). Über die Amsterdamsche Wisselbank wird berichtet, sie sei „von einer so großen Bequemlichkeit für die handeltreibende Welt, daß man es nicht für möglich hält, wenn man nicht einige Zeit in dieser Stadt gelebt und Geschäfte gemacht hat, da man mit ihrer Hilfe täglich Millionen bezahlen kann vermittels einfacher Zahlungsanweisungen, die man Bankbillete nennt." (Sombart 1987: 425 f) Nach einer anderen Quelle brachte die Stockholms Banco die ersten regulären europäischen Banknoten im Jahre 1661 in den Verkehr. Der Grund für die Ausgabe dieser Noten war die Abwertung des 1644 eingeführten Kupfergeldes. Auf der Suche nach einem Zahlungsmittel für die Übergangszeit schlug Johan Palmstruch die Ausgabe sogenannter "Credityf-Sedlar" vor. Die von Johan Palmstruch gegründete Bank geriet bei der Einlösung der zu zahlreich verausgabten Scheine in Schwierigkeiten und wurde bereits 1668 von den schwedischen Reichsständen übernommen. Die Händler akzeptierten diese Anweisungen auf Münzmetall als Ersatzgeld, als Geldsurrogate, solange keine Zweifel aufkamen, sie jederzeit einlösen zu können. Es sind Belege, die ein Gläubiger-Schuldner-Verhältnis symbolisieren oder versachlichen. Ihrem Charakter nach sind sie deshalb Kreditgeld.

Ob diese auf einem Papier verbrieften Zahlungsversprechen als Geldvertreter akzeptiert wurden, hing von dem Vertrauen der Öffentlichkeit in den Goldschmied ab, dass dieser seine im Umlauf befindlichen Zettel in Münzen umtauschen wird. Musste befürchtet werden, dass dies ausblieb, konnte man mit dem Kreditgeld nichts anfangen.

Im 17. Jahrhundert zirkulierten in England Geldaufbewahrungsscheine. Londoner Goldschmiede stellten sie aus. Deshalb nannte man sie "Goldsmith-Notes". Sie waren ein jederzeit einlösbares Zahlungsversprechen. Das Geschäft der englischen Goldschmiede schloss auch Verpfändung und Geldwechsel ein. Als König Charles I. (1600–1649) einen Teil des Geldes, das von Kaufleuten im Tower oder bei der Zahlstelle des Hauptkassierers hinterlegt wurde, für sich beanspruchte, gingen diese zu den Londoner Goldschmieden, um bei diesen ihr Gold aufzubewahren. Die Goldschmiede wurden so zu Bankiers, die Banknoten auf das hinterlegte Vermögen ausstellten. Diese Noten konnten vom Einlieferer, dessen Name nicht aufgeführt wurde, jederzeit eingelöst werden. Sie sind die Vorläufer der ersten britischen Banknoten. Diese kamen unmittelbar nach der Gründung der Bank von England 1694 in den Umlauf. Außerhalb von London emittierten rund 350 private Banken Noten. Die Bank von England war eine Aktienbank. König Willhelm III. von Oranien erlaubte ihre Gründung und gewährte der Bank das Recht, Banknoten auszugeben, weil die hinter der Bank stehende Gruppe von Finanziers dem Staat ein hohes Darlehen zu günstigen Bedingungen gewährt hatte – quasi der Preis für das Recht der Notenemission. Das Recht blieb bis 1825 bestehen. (Tilly 2001: 5) Die Bank von England hielt in der zweiten Hälfte des 18. Jahrhunderts einen Großteil der Goldreserven des Landes – fünf Millionen Pfund von 20 Millionen Pfund in den 1770er Jahren. Ihr Notenumlauf betrug ca. 8 Millionen Pfund von einer geschätzten Gesamtgeldmenge von 25 Millionen Pfund. Gegen Ende des 18. Jahrhunderts führte die Finanzierung des Krieges gegen Frankreich zum Abfluss der Goldreserven. Anfang 1797 machte die Menge der umlaufenden Noten der Bank von England das Siebenfache des Reservegoldes aus. (Burchardt 1985: 458) Von Panik ergriffen, wollten die Menschen das Papier in Gold einlösen. Bank und Regierung sahen sich zum Handeln gezwungen. Die Bank von England hob 1797 die Konvertibilität ihrer Noten gegen das Gold auf – aus den einlösbaren Pfundnoten wurde uneinlösbares Papiergeld –, kurbelte aber gleichzeitig die unter der Münzgeldknappheit leidende Wirtschaft – sie hatte eine Panik ausgelöst, viele vergruben hastig ihr Bargeld – an, indem sie kleinere Banknoten emittierte. Die Konvertibilität wurde im Jahre 1821 wieder aufgenommen, da die Goldreserven wieder reichten. (Tilly 2001: 5 f, North 2009: 136, 146)

Die ersten Notenbanken waren schon im zweiten Viertel des 17. Jahrhunderts in England entstanden. Ein neues Tauschmittel war geboren: die Banknote. Noch zu Beginn des 19. Jahrhunderts kursierten sie außer in Großbritannien nur noch in den USA. Wenig später auch in den deutschen Staaten. Reiche Privatleute gaben ihr Gold und Silber einem Goldschmied, der es aufbewahren und schützen sollte. Die „Goldsmith's notes", Aufbewahrungsscheine, Ansprüche auf die Herausgabe des deponierten

Geldes erwiesen sich als bequemes, leicht transportables Zirkulationsmittel. Anfangs mussten dieselben Münzen, später nur noch die gleiche Anzahl zurückgegeben werden. War das nicht möglich, konnte es geschehen, dass die Gläubiger den Tisch, die banca, aus Zorn zerschlugen. Das Wort Bankrott leitet sich ab aus dem zerschlagenen Tisch („banco rotto"). Die Quittungen der Goldschmiede sind ihrem Wesen nach Wechsel, denn letztlich ist eine Banknote nichts anderes als ein Zahlungsversprechen. Diese historischen Wurzeln sind heute noch sichtbar auf der englischen Pfundnote, wo es heißt: "I promise to pay the bearer on demand the sum of one pound." Der Käufer gab für die Ware den Handelswechsel, der Verkäufer konnte den Wechsel sofort diskontieren lassen, d. h. gegen Banknoten an eine Bank verkaufen. Die Banknoten konnten schließlich in Gold eingelöst werden. Der Zahlungsvorgang zerfiel somit in drei Akte. Ganz am Anfang waren die Banknoten noch zu 100 % in Gold gedeckt. Sie mussten noch indossiert werden, ein Nachteil für ihre Geldrolle. Später ließ man davon ab, um das Procedere zu vereinfachen. Die Banknote wurde zu einem standardisierten Sichtwechsel mit Blankoindossament, d. h. sie war ein verbrieftes Bankakzept. Der Vorteil im Vergleich zum Handelswechsel: Sie belief sich auf runde, kleinere Beträge, war jederzeit in Gold einlösbar und beliebig übertragbar. Die Bank von England begann unmittelbar nach ihrer Gründung die öffentliche Schuld zu bedienen, die eine „der energischsten Hebel der ursprünglichen Akkumulation" wird. „Wie mit dem Schlag einer Wünschelrute begabt sie das unproduktive Geld mit Zeugungskraft und verwandelt es so in Kapital [...]." (MEW 23: 782) Interessant ist auch, dass die Noten der Bank von England bis Mitte des 18. Jahrhunderts um ihre Geldeigenschaft kämpfen mussten, wie Sombart berichtet. Noch im Jahre 1758 stellte der oberste Gerichtshof fest, dass eine testamentarische Verfügung eines Mannes über sein Geld auch Banknoten einschließt. Das Gericht entschied, dass die Noten so gut wie die Goldmünze Guinea, also Geld seien. (Sombart 1987: 429) Dieses Beispiel zeigt auch, dass es falsch ist, wie Knapp zu behaupten, der Ursprung des Geldes sei chartaler Natur. Durch Gerichtsbeschluss wurde nur eine Gewohnheit bestätigt, die sich vorher im Austausch der Kaufleute spontan durchgesetzt hatte. 1833 wieder ein Novum: Zum ersten Mal werden Banknoten zu gesetzlichen Zahlungsmitteln erklärt, die der Bank von England. Sie mussten nun angenommen, konnten aber weiterhin in Gold eingelöst werden. Durch die Peelsche Bankakte im Jahre 1844 wurden das Verhältnis zwischen dem Münz- und Goldvorrat und dem Notenumlauf genau vorgeschrieben. Es sollte sicher sein, dass die Bank jederzeit zur Einlösung ihrer Noten in Gold fähig war. Es war eine Zweidritteldeckung vorgeschrieben. Im gleichen Jahr hatte England noch 300 private Notenbanken. Sie verloren nach und nach ihr Emissionsrecht, das schließlich auf die Zentralnotenbank überging. (Born 1988: 330)

Für die Entwicklung der Banken kam noch ein weiterer, wichtiger Umstand hinzu: Am Anfang stand dem Bestand des Goldschmiedes an Münzgeld immer ein gleich hoher Betrag an emittierten und umlaufenden Zahlungsversprechen gegenüber. Der Goldschmied – die spätere Bank – hatte noch kein neues Geld geschaffen, sondern nur Bestätigungen bzw. Anweisungen auf vorhandenes Geld ausgestellt. Bald merkten die Goldschmiede/Banken, dass sie mehr Zahlungsversprechen ausstellen können, als sie Münzen im Tresor haben. Das lag daran, dass die Leute ihnen vertrauen, die Zahlungsversprechen jederzeit in Münzen umzutauschen und, weil aufgrund des Vertrauens auch andere Leute einverstanden sind, dass man die Schulden bei ihnen mit dem Zahlungsversprechen der Goldschmiede bzw. Bankiers statt mit Geld begleicht. Eine Forderung wird übertragen; das Gläubiger-Schuldner-Verhältnisses geht auf einen anderen über. Die Erfahrungen bestätigten, dass die Besitzer der Zahlungsversprechen diese normalerweise nicht zur gleichen Zeit einlösen wollen. Täglich wurden höchstens 40 Prozent der Noten in Metall eingelöst. Der Goldschmied bzw. die Bank wussten, dass sie zu gegebener Zeit nur einen kleinen Teil ihrer Zahlungsversprechen in Münzen einwechseln müssen. Sie konnten ihre Verbindlichkeiten über den Betrag an Goldmünzen ausdehnen, den sie in den Tresoren haben. Die englischen Goldschmiede konnten »mehr Goldsmith' notes ausstellen, als es dem Gegenwert des bei ihnen hinterlegten Edelmetalls und Münzgeldes entsprach. Durch die Mehrausgabe von Noten verschafften sie sich Kredit, und sie konnten auch ihren Kunden mehr Kredit einräumen, als sie Bargeld zur Verfügung hatten; denn sie zahlten die Kredite in ihren Noten aus. (Born 1988: 329)

Obwohl Kredite und Kreditgeld sehr alt sind – man kennt sie bereits im Altertum –, wird der Übergang zu den Geldformen des Kapitalismus herbeigeführt dadurch, dass Banknoten das auf dem Edelmetallgehalt beruhende stoffwertgebundene Geld allmählich ablösen. Das wurde zur Voraussetzung für die weitere Zunahme des Handels und damit für den Aufschwung der Produktion. Die Banknote ist kein „richtiges“, „letztes“ Geld, solange sie niemand anzunehmen verpflichtet ist. Sie ist ein Geldsurrogat, ist Kreditgeld, d. h. eine Forderung auf Geld.

Bezeichnend, was Ferdinand Braudel zur Akzeptanz des „Papiers“ sagt:

> Während die höhere Ebene ausschließlich dem Papier gehört, jenem gehobenen Medium, in dem sich die Geschäfte der Steuerpächter, Bankiers und Großkaufleute im wesentlichen abspielen, kommt man auf der Ebene des täglichen Lebens nur mit klingenden Münzen, seien sie gut oder schlecht, zu Rande. Auf dieser unteren Ebene wird Papier ungern angenommen und läuft nur stockend um. Die kleinen Transportunternehmer, die 1601 die französische Artillerie nach Savoyen beförderten, wären mit Papier nicht von der Stelle zu bewegen gewesen, kein Soldat und kein Matrose hätte sich für Papier anwerben lassen. Schon 1567, als der Herzog von Alba in die Niederlande einmarschiert, werden ... Sold und andere Heeresausgaben in Gold und nur in Gold beglichen. [...] Bekommen die kleinen Leute [...] wider Willen Papier in die Hand, tauschen sie es um jeden Preis gegen Gold- oder Silberstücke, notfalls sogar gegen Kupfermünzen um. [...] Krieg ist gleichbedeutend mit Gold- und Silberstücken, die ebenso unerlässlich sind wie das tägliche Brot. (Braudel 1986: 606)

Es ist eine „irrige Vorstellung“, dass „eine Anweisung auf Geld Geld selbst sei.“ (Philippovich 1919: 321)

7.3 Neues Geld – Das Buchgeld

Die rasante Entwicklung im Geldwesen des 18./19. Jahrhunderts geht über die „Erfindung" der Banknote noch hinaus. Der bargeldlose Zahlungsverkehr gewinnt an Bedeutung. John Fullarton (um 1780–1849), sich auf den Direktor der Bank von England George W. Norman (1793–1882) und auf den Bankier Samuel Jones Loyd (1796–1883) beziehend, schätzt, dass damals bereits neun Zehntel aller Geldgeschäfte ohne Dazwischenkunft des Tauschmittels bargeldlos mittels Buchgeldes durchgeführt wurden. (Fullarton 1845: 31) „Alle Geschichte der modernen Industrie zeigt, daß Metall in der Tat nur erheischt wäre zur Saldierung des internationalen Handels [...] Daß das Inland schon jetzt kein Metallgeld bedarf, beweist die Suspension der Barzahlungen der sog. Nationalbanken, zu der, als zum einzigen Hilfsmittel, in allen extremen Fällen gegriffen wird." (MEW 25: 533) Das Buchgeld oder Giralgeld ist untrennbar mit dem Bankkonto verbunden. Die auf den Bankkonten verbuchten Beträge nennt man Einlagen (Depositen, Guthaben). Bargeldlose Bezahlung bedeutet, daß der Rechnungsbetrag vom Konto des Käufers auf das des Verkäufers umgebucht wird.

Hat einer dem anderen einen Betrag zu zahlen, erledigt das die Bank durch einen „Federstrich". Voraussetzung ist, daß Zahlender und Zahlungsempfänger jeweils ein Konto besitzen. Die Bank schreibt den Betrag vom Konto des Käufers ab und überträgt ihn auf das des Verkäufers. Der Erste erhält eine Lastschrift, der Zweite eine Gutschrift. Die Depositen der Bank bewegen sich nicht. Sie wechseln zwar den Eigentümer, aber nicht den Ort ihrer Lagerung. Geld bleibt in den Tresoren, ist dennoch rastlos unterwegs. Nur die Veränderungen der Zahlen auf den Konten widerspiegeln diese Bewegung. Geld bewegt sich im Kreis. Man spricht man vom Giroverkehr. Giro bedeutet im italienischen Kreis, Drehung, Umlauf, Rundfahrt. Das Wort kommt vom Griechischen Gyros.

Buchgeld gab es schon im Altertum und im Mittelalter. Volkswirtschaftlich blieb die Bedeutung des Buchgeldes gering. Das begann sich im achtzehnten Jahrhundert in England zu ändern: Der Clearingverkehr kam auf. Mehrere Bankhäuser verrechneten die Zahlungsaufträge ihrer Kunden gegenseitig. Aus dem Clearingverkehr der englischen Banken ging um 1775 das „London Bankers Clearing House" hervor. Nur noch die Salden wurden mit Bargeldzahlung ausgeglichen. Ein vernetztes Kontensystem der Banken sichert die Verrechnung, ohne dass Geld körperlich bewegt werden muss. Großbanken besitzen Hunderte Filialen in vielen Ländern, die miteinander verbunden sind. Mit modernster Übertragungstechnik schicken sie riesige Geldbeträge an einem Tag kreuz und quer über die Erde. Nur Veränderungen auf den Konten widerspiegeln die Rastlosigkeit eines Geldes, das unsichtbar bleibt. „Geldleute lesen gründlicher als Bücherliebhaber", sagt Brecht. „Sie wissen besser, was für Nachteile aus flüchtiger Lektüre entstehen könnten."

Der Siegeszug des Buchgeldes und des bargeldlosen Zahlungsverkehrs begann damit, dass die Banken die Depositen ihrer Kunden verzinsten. In England geschah dies mit der Errichtung der Aktienbanken um 1833, in Deutschland erst im letzten

Viertel des neunzehnten Jahrhunderts. Löhne und Gehälter wurden erstmals in England in der zweiten Hälfte des neunzehnten Jahrhunderts durch Überweisung gezahlt. Durch die Einführung der Postanweisung (1856) und der Postsparkasse (1861) wurde dies erleichtert. In Deutschland gewannen Überweisungen erst seit 1880 mit dem Aufkommen der Schecks und der Depositen größere Bedeutung. In London wurden um 1900 mehr als 98 Prozent aller Geldumsätze bargeldlos reguliert und nur noch 1 bis 1,5 Prozent in Banknoten. (Born 1988: 371)

7.4 Goldstandard und Papier

In gewisser Weise erstaunlich: Die rasche Ausbreitung von Banknoten und von bargeldlosen Zahlungstransaktionen sowie die gewaltige Ausweitung des Kredits wurden begleitet von der internationalen Durchsetzung des Goldstandards. Das Gold setzte sich als allgemeines Äquivalent durch.

> Das neugewonnene Gold wurde von den Ländern, die sich bisher überwiegend des Silbers bedient hatten, bereitwillig als Geldstoff aufgenommen; denn die wirtschaftliche Entwicklung hatte den vermehrten Gebrauch von Goldgeld wünschenswert gemacht [...] daß die Länder mit Doppelwährung die Verdrängung ihres bisherigen Silberumlaufs durch das neue Gold ruhig geschehen ließen, daß die Länder mit Silberwährung, vor allem Deutschland, sich einen Goldumlauf zu verschaffen wünschten, war die Folge der unbestreitbaren Tatsache, daß für den größeren Teil des modernen Verkehrs das Gold ein tauglicherer Geldstoff ist als das Silber. (Helfferich 1923: 178)

Und Gold wurde wertvoller gemessen am Silber. Im Altertum war Gold Macht und Geld. In Ägypten, Mesopotamien, Kleinasien, Griechenland und anderswo trugen Eitle es zur Schau, verbargen Ängstliche es in Schatzkammern und vergruben es. Seit dieser Zeit dienten Gold und Silbergeld dem Austausch. Im 19. Jahrhundert war Gold einziges allgemeines Äquivalent geworden. Drei unterschiedliche Währungssysteme gab es noch zu Beginn des 19. Jahrhunderts in Europa und Nordamerika: Großbritannien, das am weitesten fortgeschrittene Land, besaß seit 1774 Goldwährung. Seit 22. Dezember 1717 bestand durch königliche Proklamation de facto die Umtauschbarkeit der britischen Währung in Gold zur fixierten Goldparität. Am 10. Mai 1774 vollzog das britische Parlament den Übergang zum späteren gesetzlichen Goldstandard. Die Silbermünze wurde als Zahlungsmittel für Beträge über 25 Pfund beseitigt und bestimmt, dass sie nur nach dem Gewicht angenommen werden solle. 1816 verfügten die Engländer, dass Silbermünzen nur noch als Scheidemünzen bis zu einem Höchstbetrag von 40 Schillingen zugelassen waren. Am 22. Juni 1816 erklärte Großbritannien mit dem Coin Act („Lord Liverpool's Act") die Goldwährung gesetzlich zur Landeswährung. Der Kapitalismus bedurfte eines Geldmetalls, einer einheitlichen Grundlage des Geldwesens. In dem Maße, wie die Produktion wuchs und die Umsätze stiegen, zeigte sich, dass die Goldwährung geeigneter als die Silberwährung sein sollte. Der Durchbruch zur Goldwährung entspricht dem hohen wirtschaftlichen Niveau im Kapitalismus. Auf der internationalen Währungskonferenz, einberufen 1867 anlässlich der Pariser Weltausstellung, wurde die Goldwährung als das System der Zukunft ausgerufen. „Überall hatte der Gebrauch von Goldgeld eine bedeutende Zunahme erfahren, überall zeigten sich [...] Bestrebungen, den Goldumlauf, wo er von selbst Boden gefasst hatte, durch die gesetzliche Einführung der Goldwährung dauernd festzuhalten und ihm dort, wo er sich infolge der bestehenden Münzgesetze nicht einbürgern konnte, durch die Einführung der Goldwährung Eingang zu verschaffen." (Helfferich 1923: 143) Nach Großbritannien gingen 1872 die skandinavischen Länder, 1873 das Deutsche Reich zur Goldwährung über. 1871 beschloss das Reich, eine 20-Mark-Goldmünze in Anlehnung an den englischen Sovereign zu prägen. Sie wurde die wichtigste Münze, als das Reich die Reichsgoldwährung einführte und die alten Landeswährungen mit Wirkung zum 1. Januar 1876 außer Kraft setzte. (North 2009: 151) Die deutsche Währung war noch dreißig Jahre eine „hinkende Goldwährung", weil die Silbermünzen bis 1907 ihre Zahlkraft behielten. Die Staaten der Lateinischen Münzunion (Frankreich, Belgien, Schweiz, Italien, Griechenland) führten den Goldstandard 1885 ein. Russland und Japan folgten 1897. In den USA konnten Silberproduzenten und Silberhändler die Einführung der Goldwährung längere Zeit verhindern. Erst 1900 gingen sie mit dem „Gold Standard Act" offiziell zum Goldstandard über. Er hatte aber de facto ab 1879 existiert. Mit Beginn des 20. Jahrhunderts besaßen alle wichtigen Industrie- und Handelsländer der Welt die Goldwährung. Die Länder gelangten also zu unterschiedlichen Zeiten zum Goldstandard.

> Entscheidend ist zum einen der internationale Übergang zu einem einheitlichen Wertmaß, denn nur diese Einheitlichkeit entspricht der Natur des Werts. Entscheidend ist zum anderen, dass die Etablierung des Goldstandards als Entwicklung des kapitalistischen Geld- und Kreditwesens verstanden wird, das unter der ökonomischen und politischen Vorherrschaft und Vorreiterrolle Großbritanniens nach und nach in den anderen Ländern des kapitalistischen Weltmarkts verallgemeinert wird. (Krüger 2012: 204)

Indem sich auf der nationalen Ebene die Goldwährungen durchsetzten, etablierte sich international der Goldstandard. Die wichtigsten Merkmale des Goldstandards: Goldmünzen sind die Hauptform des Geldes. Sie sind zum Teil im Umlauf, werden dort aber überwiegend durch Geldsurrogate (Papiergeld, Kreditgeld) vertreten. In den meisten europäischen Ländern nahm der Goldstandard die Form der Goldkernwährung an. Dabei war kein Gold im Umlauf, die zirkulierenden Banknoten aber waren durch das Gold der Notenbank gedeckt. Man unterschied zwei Deckungssysteme: Beim Fiduziärsystem ist eine bestimmte Notengeldmenge („Vertrauenskontingent") ungedeckt, die restliche musste zu 100 Prozent durch Gold gedeckt sein. Beim Proportionalsystem wird ein Teil der gesamten Notengeldmenge durch Gold gedeckt. Das Fiduziärsystem wurde 1844 in Großbritannien eingeführt und später von Japan, Norwegen, Russland und Finnland übernommen. In anderen Ländern, auch in Deutschland, hatte sich das Proportionalsystem durchgesetzt. (Dürr 1988: 700) „Den Luxus einer Goldumlaufswährung, d. h. einen Goldmünzenumlauf mit Notenanteil, leisteten sich nur wenige Länder wie das Deutsche Reich oder Frankreich, die über große Goldreserven verfügten bzw. zu diesem Zweck ansammelten.“ (North 2009: 153) Der Wert der Währungseinheiten wird durch das Goldgewicht bestimmt. Der Goldgehalt der Währungseinheit ist gesetzlich festgelegt. Er bestimmte die Relationen zwischen den nationalen Währungseinheiten. Die Währungen waren untereinander einwechselbar (konvertibel). Gold konnte ungehindert ein- und ausgeführt werden. Die Währungskurse – der Außenwert nationaler Geldeinheiten – wurden bestimmt durch die relativen Goldgewichte der nationalen Währungen (Goldparitäten). Alles übrige Geld – Noten, Scheidemünzen – waren jederzeit zum Nennwert gegen Gold einlösbar. Die zentralen Goldvorräte bildeten die Hauptreserve des Weltgeldes, der internationalen Zahlungsmittel.

Der Goldautomatismus hatte Vorteile. Er ermöglicht das Preisniveau in allen Ländern des Goldstandards zu erhalten, förderte den internationalen Handel und den freien Kapitalverkehr. Tendenziell garantierte er ausgeglichene Leistungsbilanzen. Der Goldstandard funktionierte, ohne dass Regierungen eingreifen mussten. Seine positive Wirkung war gewesen, das Wirtschaftsleben und die Wirtschaftspolitik der Völker aufeinander abzustimmen. Kommt es z. B. Großbritannien zu einer Missernte und sinkt das Angebot an Lebensmitteln und an anderen Gütern, erhöhen sich die Preise. Daraufhin strömen Waren ins Land und Gold fließt ab. Die Reserven der Handelsbanken sinken. Bauern fragen Kredite nach, um den Ernteausfall zu überbrücken. Beides bewirkt, dass die Zinssätze steigen. Steigende Zinsen locken Auslandskapital an. Das gestattet dem Defizitland, mehr Güter aus dem Ausland zu importieren, wodurch die Preissteigerung begrenzt wird. Das in Frankreich, Deutschland oder in den USA eintreffende Gold bewirkt dort das Gegenteil: Kredite weiten sich aus. Die Geschäftstätigkeit nimmt zu. Die wirtschaftliche Expansion bewirkt, dass die Preise steigen. Früher oder später fließt Gold ab und kehrt zurück nach Großbritannien. Dieser Goldautomatismus kommt zustande, weil die Wirtschaftsakteure das Zins- und Preisgefälle ausnutzen, um ihren Gewinn zu erhöhen. „Dies war ein Ablauf, der sich in den Lehrbüchern mit größerer Präzision abwickelte als in der Wirklichkeit; bei den Theoretikern des Zentralbankwesens besaß er eine größere Gesetzmäßigkeit, als sich aus dem Verhalten derjenigen ergab, die diese Dinge in der Praxis handhabten. Trotzdem lässt sich nicht leugnen, dass der Goldstandard ein brauchbares System war, die Wirtschaftsabläufe in verschiedenen Ländern zu koordinieren.“ (Galbraith 1976: 151) Mit Ausbruch des ersten Weltkrieges stellten Deutschland, Frankreich, Großbritannien, Österreich – die größeren kriegführenden Staaten – die Zahlungen in Gold ein. Der Krieg war der Anfang vom Ende des Goldstandards. In Deutschland werden die Deckungsvorschriften für den Umlauf der Zentralbanknoten zwar formal beibehalten. Doch Noten und Guthaben konnten nicht mehr in Gold umgetauscht werden. Das Schicksal des Goldstandards war besiegelt. Die immense Verschuldung der Staaten zur Finanzierung von Rüstung und Krieg waren unvereinbar mit den strengen Regeln des Goldstandards.

Mit der Durchsetzung des Goldstandards und der weltweiten Harmonisierung der Währungsbeziehungen bis zum ersten Weltkrieg hatte sich zugleich die Banknote zum bedeutenden, gesetzlich anerkannten Geldsurrogat entwickelt, mit dem die meisten Zahlungen abgewickelt wurden. Auch hier spielte England den Vorreiter. 1833 wurden die Noten der Bank von England zum gesetzlichen Zahlungsmittel erklärt. Ihre Einlösbarkeit wurde, wie schon erwähnt, von 1797 bis 1821 suspendiert, aber auch danach kam es in den Jahren 1825, 1837 und 1839 zu Krisen. Als die Noten nicht in Gold eingelöst werden konnten, stiegen der Notenumlauf und die Preise kräftig. Die theoretische Diskussion konzentrierte sich zwangsläufig auf die neuen Erscheinungen im Geldwesen des 19. Jahrhunderts, insbesondere auf das Verhältnis der Edelmetalle bzw. des Münzgelds zu den Geldsurrogaten, den konvertiblen Banknoten, dem uneinlösbaren Papiergeld und dem Buchgeld. Der Anstieg des Banknotenumlaufs war verbunden damit, dass der Preis des Goldes rasant stieg. Es entwickelte sich eine parlamentarische Debatte über den hohen Preis des Goldes, der als Bullionsstreit oder Bullionistenstreit[33] eingegangen ist in die Geschichte der dogmenhistorischen und geldtheoretischen Literatur. Die Verantwortlichen konnten sich lange Zeit nicht darauf einigen, ob das Verhältnis zwischen dem Edelmetallbestand und dem Notenumlauf geregelt werden sollte und wenn ja, wie. Der Streit mündete in die 1825 einsetzende und lang anhaltende Kontroverse zwischen der Currency School und der Banking School, die über den wirtschaftspraktischen und bankpolitischen Aspekt hinaus auch von immenser geldtheoretischer Brisanz gewesen ist.

7.5 Currency-Banking-Kontroverse

Der Streit darüber, wie Veränderungen des Geldwertes erklärt werden müssen, hat zu unterschiedlichen Ergebnissen geführt. Diese Theorien lassen sich auf die Auseinandersetzung zwischen der Banking-School und der Currency-School zurückführen, die in der Geschichte des ökonomischen Denkens für Furore gesorgt hat und die in immer neuen Variationen debattiert wird. Ausgangspunkt der Diskussion war die Frage gewesen, wie die Geldordnung bzw. die Notenbankverfassung in England am zweckmäßigsten gestaltet werden kann. Praktisch ging es um die Frage, ob und inwieweit die umlaufenden Noten gedeckt sein müssen durch den Edelmetallschatz. Eine zentrale Frage war auch, ob die einlösbaren Banknoten „richtiges" Geld oder ob sie untergeordnetes Geld sind, Kreditgeld, wie der Wechsel, der Scheck, das Buchgeld, die Bankeinlagen. Auf den Prüfstand gelangte damit auch die Quantitätstheorie, die maßgeblich die Entwicklung der Geldtheorie beeinflussen sollte und die Generationen von Wissenschaftlern bis ins 21. Jahrhundert hinein diskutiert haben: Bestimmt die zirku-

33 Bullion = Gold- bzw. Edelmetallbarren

lierende Geldmenge das Preisniveau oder bestimmt umgekehrt das Preisniveau die Geldmenge?

7.5.1 Konträre Meinungen

Beide Parteien – Currency- und Banking-Theoretiker – einte der Standpunkt, dass der Goldstandard die angemessene Währungsordnung darstellt und eine Mischung aus Münzumlauf und Banknoten einer reinen Papierwährung vorzuziehen ist. So könnte gesichert werden, dass Geld seine Funktionen uneingeschränkt erfüllen und monetäre Störungen der Wirtschaft vermieden bzw. leichter behoben werden können. (Rieter 2014: 288) Die Streitfrage war, ob die Einlösbarkeit der Noten bereits davor schützte, dass zu viel von ihnen ausgegeben wurde. Im Mittelpunkt des Streits standen die Wirkungen einlösbarer Banknoten, über den bedenklichen Charakter uneinlösbarer Geldscheine war man sich einig. (Rieter 2014: 338) Die Anhänger der Currency-Theorie (John R. Mac Culloch (1789–1864), Lord Overstone alias Samuel J. Loyd (1796–1883), George Ward Norman, Robert Torrens (1780–1864) griffen Gedanken auf, die vor ihnen von David Ricardo geäußert wurden. Sie betrachteten nicht nur das Münzgeld, sondern auch die Banknoten als Geld (currency). Sie vertraten die quantitätstheoretische Auffassung, dass die Preise steigen und der Wert der Banknoten sinken müsste, wenn über die Kreditgewährung zu viele Noten in die Zirkulation gelangten und forderten aus diesem Grund, die Kreditschöpfung der Banken zu beschränken. Ricardo wollte, dass die umlaufenden Banknoten zu 100 Prozent durch das Gold gedeckt sind. Die sich auf ihn beziehenden Currency-Theoretiker forderten davon abweichend, dass die umlaufenden Banknoten zu zwei Drittel in Gold gedeckt sein müssten. Dieser Forderung wurde durch die Peel'sche[34] Bankakte im Jahre 1844 entsprochen. Die relativ teure metallische Zirkulation sollte zu Gunsten der billigeren Notenverwendung eingeschränkt werden, ohne jedoch die Bindung des papiernen Geldangebots an das Gold aufzugeben. „Ein ‚goldener Kern' sollte weiterhin den inländischen Banknotenumlauf gemäß den (internationalen) Zu- und Abflüssen an Gold automatisch steuern und damit in Grenzen halten – wie bei einer reinen Metallwährung. Eben darin bestand das Currency-Prinzip im engeren Sinne." (Rieter 214: 293)

Für ihre Gegner, die Vertreter der Banking School, Thomas Tooke (1774–1858), John Fullarton (um 1780–1849) und James Wilson (1805–1860), stellten die einlösbaren Banknoten im Unterschied zum Münzgeld und zum uneinlösbaren Papiergeld kein „richtiges" Geld dar, sondern Instrumente des Kredits, m. a. W., untergeordnetes Geld, Geldsurrogate, Kreditgeld. Sie waren der Meinung, dass die Ausgabe konvertibler Noten nicht reguliert werden müsse, weil das System sich selbst regele und ein geringer Deckungsgrad – etwa ein Drittel in Gold und zu zwei Drittel in Handelswechsel –

34 Benannt nach Robert Peel (1788–1850), britischer Premierminister

reichen würde. Wichtig, dass die Münze vollwertig ist und die Note stets gegen sie getauscht werden kann. Die Banknoten der Bank von England sollten konvertibel sein direkt in Gold und die Noten der privaten Zettelbanken in Noten der Bank von England und damit indirekt in Gold. Die Banknotenemission könnte sich jederzeit dem Bedarf der Wirtschaft anpassen. Die Banknoten kommen über die übliche Kreditausreichung der Banken in den Umlauf. Sie würden, da die Banken, wenn sie Kredite gewährten, die Kreditwürdigkeit ihrer Kunden streng beachteten, mit Sicherheit zurückgezahlt, verschwänden somit immer wieder aus dem Umlauf. Eine Gefahr der Überemission bestehe nicht, weil die Banknoten zur Bank zurückflössen, wenn die Wechsel am Ende ihrer Laufzeit eingelöst werden. (North 2009: 156 f) Man könne die Bestimmung des Kreditvolumens daher dem privaten Bankensystem überlassen. Eine Regulierung sei nicht erforderlich. Eine Garantieerklärung der Bank von England, die Noten jederzeit einzulösen, reiche aus. Es sei unnötig, den Umlauf der Banknoten an die Edelmetallmenge in den Tresoren und in der Zirkulation zu binden. (Burchardt 1985: 464) Die currency-theoretische Gleichbehandlung von einlösbaren Banknoten und uneinlösbarem Papiergeld hielten die Banking-Theoretiker mit Recht für falsch. Papiergeld im ökonomisch-substanziellen Sinn, nicht hinsichtlich seiner stofflichen Beschaffenheit, kann nur das staatliche Papiergeld mit Zwangskurs oder Annahmezwang sein – Gläubiger sind kraft Gesetz verpflichtet, es als Ersatz gegen ihre Forderungen zu akzeptieren. Einlösbare Banknoten dagegen, obgleich auch sie aus Papier bestehen, können niemals Forderungen endgültig erfüllen, weil sie neue Forderungen – Gläubiger-Schuldner-Verhältnisse – begründen. Sie sind, so die Banking-Theoretiker, Kreditgeld, in Umlauf gesetzter Kredit; sie beruhen auf Vertrauen, es gegen Metallgeld einlösen zu können, während staatliches Papiergeld kraft staatlicher Anordnung zur Begleichung jeglicher Schulden zu akzeptieren ist und vornehmlich die Staatsausgaben finanziert. Einlösbare Banknoten fließen zum Emittenten zurück, uneinlösbares staatliches Papiergeld kann unbegrenzt ausgegeben werden, weil es nicht zurückfließt.

Die Vertreter der Currency-School glaubten, dass die Geldmenge exogen bestimmt ist bzw., dass man sie exogen kontrollieren könnte. Die Politik der Notenbank entscheide über ihre Höhe. Das Preisniveau und damit auch der Geldwert sind davon abgeleitete Größen. Sie sind abhängig von der Höhe der Geldmenge. Eine verstärkte Ausgabe von Banknoten erhöhe die Preise und senke dadurch (!) den Geldwert. Die Vertreter der Banking-Theorie behaupteten umgekehrt, dass der Preis bzw. die Preissumme der Handelswaren ursprünglich seien. Sie und damit der Geldwert sind die exogenen Größen. Die Geldmenge passe sich den Preisen und damit dem schwankenden Bedarf der Wirtschaft an. Sie sei eine endogene, eine abgeleitete Größe. Sie begründeten dies damit, dass die Banken Geld ausgeben, indem sie Warenwechsel diskontieren, d. h. Warenwechsel zum Diskontsatz kaufen. Die Erhöhung der Preise und Geschäftsumsätze geht der Erhöhung des Notenumlaufes voraus. Die Wirtschaft könne gar nicht mit Geld überversorgt sein. In den Auffassungen zwischen Keynesianern (Fiskalisten) und Monetaristen wiederholt sich im 20. und 21. Jahrhundert, wenn auch im Detail modifiziert und durch neue Argumente angereichert, grundsätzlich der alte Streit. Die „Currency“-Position wird heute von den Monetaristen vertreten. Die Geldmenge sei die bestimmende, Preisniveau und Geldwert die davon abgeleiteten Größen. Keynesianer halten die „Banking“-Theorie für richtig: Wirtschaftsakteure entscheiden durch ihr Verhalten über das Preisniveau. Die Geldmenge als endogene Größe passe sich daran an.

Während die Currency-Lehre im Prinzip einen geldangebotsorientierten Standpunkt vertrat und inflationäre Erscheinungen vor allem auf die übermäßige Geldvermehrung zurückführte, ging die Banking-School im Gegensatz dazu davon aus, dass die zirkulierende Geldmenge im Wesentlichen eine Folge der Nachfrage sei, die begründet werde durch Produktionsmengen und Preise. Daher sei es nicht möglich, dass die Banken gegen den Willen ihrer Kunden die Geldmenge nach Belieben ausdehnen könnten. Die Banking-Theoretiker stützten ihre Argumentation dabei auf das sogenannte Rückstromprinzip.

7.5.2 Samuel James Loyd – Regelung des Papiergeldumlaufs

Samuel Jones Loyd, Baron von Overstone, Bankier und Ökonom, ein namhafter Vertreter der Currency-Auffassung, übernimmt Ricardos Auffassung und fordert, "die Ausgabe Papiergeld so zu regeln, daß seine Übereinstimmung in Umfang und Wert und folglich auch seine Einlöslichkeit in Metallgeld jederzeit gesichert ist.“ (Loyd 1844/1979: *73) Denn man wisse, „welch üble Folgen es hatte, daß man seinerzeit einwilligte, die Einlösung in Bar aufzugeben, um damit den festen Wert unserer Währung zu verlassen [...].“ (Loyd 1844/1979 74*) Loyd hielt den Einwand für unbegründet, man könne die Zahl der Umlaufsmittel nicht über Gebühr einschränken, ohne das Gedeihen der Wirtschaft und der verschiedenen Berufe zu gefährden. Wenn der Abfluss des Barrengoldes mit einer Zunahme des Notenumlaufs zusammenfiele, wie während der Kontinentalsperre, als Napoleon ab 1806 die englischen Seewege militärisch blockierte und in den Jahren 1837 und 1839, sei das Auftreten von Krisen und deftige Preissteigerungen, wahrscheinlich. Werde der Notenumlauf dagegen in dem Maße verringert wie das Barrengold, ende der Abfluss des Barrengoldes nicht mit einer Krise, also ohne eine Kreditstörung oder Misstrauen irgendwelcher Art auszulösen. (Loyd 1844/1979: *85)

7.5.3 Robert Torrens – Unterschiedsloses Papiergeld

Auch Robert Torrens war wie Ricardo und Loyd der Meinung, dass die Geldmenge begrenzt werden müsse. Torrens, der, obgleich sich in Widersprüche und Zirkelschlüsse verstrickend, Ricardos Werttheorie teilt (MEW 26.3: 66 ff) und für den freien Handel eintritt, schließt sich Ricardos Auffassung über das Geld an.

> Ricardos falsche Voraussetzung, daß Gold nur Münze ist, daher alles importierte Gold das umlaufende Geld vermehrt, und darum die Preise steigen macht, alles exportierte Gold die Münze vermindert und darum die Preise fallen macht, diese theoretische Voraussetzung wird hier zum praktischen Experiment, so viel Münze zirkulieren zu machen, als jedesmal Gold vorhanden ist. Lord Overstone (Bankier Jones Loyd), Oberst Torrens [...] und eine Unzahl andrer Schriftsteller, in England bekannt unter dem Namen der Schule des „currency principle", haben diese Doktrin nicht nur gepredigt, sondern vermittelst Sir Robert Peels Bankakte von 1844 und 1845 zur Grundlage der bestehenden englischen und schottischen Bankgesetzgebung gemacht [...] Soviel aber sieht man, wie Ricardos Theorie, die das Geld in seiner flüssigen Form als Zirkulationsmittel isoliert, damit endet, der Zu- und Abnahme der edeln Metalle eine absolute Einwirkung auf die bürgerliche Ökonomie zuzuschreiben, wie sie der Aberglaube des Monetarsystems nie geträumt hatte. (MEW 13: 158)

Hinsichtlich der Wirkung auf die Preise unterschied Torrens nicht zwischen einlösbaren und nicht einlösbaren Banknoten. „Ein Vorschuss einlöslichen Papieres auf Sicherheit ist ebensowohl eine Creirung von Papiergeld wie eine Ausgabe uneinlöslicher Noten von Seiten der Regierung es ist." (zit. aus Rieter 2014: 288, Fn 51) Ein Übermaß an beiden führt zu Preissteigerungen, auch wenn beim uneinlösbaren Papiergeld keine Grenze der Ausgabe besteht, der Umfang des einlösbaren Papiergeldes dagegen begrenzt wird, wenn sein Verhältnis zum Gold sich verschlechtert.

7.5.4 Thomas Tooke – Preis- und Zinsempiriker

Thomas Tooke war zunächst der Meinung Ricardos gewesen, dass es notwendig sei, den Geldumlauf zu regulieren. (Rieter 2014: 281) „In der ersten Ausgabe seiner Geschichte der Preise, die 1823 erschien, ist Tooke noch ganz befangen von der Ricardoschen Theorie und müht sich vergebens, die Tatsachen mit dieser Theorie auszugleichen. Sein Pamphlet „On the currency", das nach der Krisis von 1825 erschien, könnte sogar als erste konsequente Aufstellung der später von Overstone geltend gemachten Ansichten betrachtet werden." (MEW 13: 159) In seinen Spätschriften distanzierte er sich davon und wandte sich ab von der Quantitätstheorie des Geldes, die er anfangs grundsätzlich für richtig gehalten hatte.

> Tooke leitet seine Prinzipien nicht aus irgendeiner Theorie her, sondern aus gewissenhafter Analyse der Geschichte der Warenpreise von 1793 bis 1856. Fortgesetzte Forschungen in der Geschichte der Warenpreise zwangen ihn jedoch zur Einsicht, daß jener direkte Zusammenhang zwischen Preisen und Quantität der Umlaufsmittel, wie ihn die Theorie voraussetzt, ein bloßes Hirngespinst ist, daß die Expansion und Kontraktion der Umlaufsmittel, bei gleichbleibendem Wert der edeln Metalle, stets Wirkung, nie Ursache der Preisschwankungen, daß die Geldzirkulation überhaupt nur eine sekundäre Bewegung ist, und daß das Geld im wirklichen Produktionsprozeß noch ganz andre Formbestimmtheiten erhält, als die des Zirkulationsmittels. (MEW 13: 159)

In seinen 1848 erschienenen Bänden seiner „History of Prices" weist Tooke nach, dass die Höhe und Änderung der Preise nicht vom Geldvolumen, sondern von anderen

Faktoren abhängen, wie von der Witterung, der Besteuerung, der Nachfrage und des Konsums, von Kriegen und gestiegenen Produktionskosten. (Tooke 1848, vgl. Rieter 2014: 282) Die Geldmenge expandierte erst bzw. sank, nachdem das Preisniveau gestiegen oder gefallen. Seine empirischen Analysen bewiesen, dass „die Veränderungen im Betrage des Geldumlaufs sich durchaus nicht der Zeit nach so zu den Preisveränderungen verhielten, um als Ursache und Wirkung gelten zu können, sondern dass in den meisten Fällen die angeblichen Wirkungen der Ursache vorangingen." (History, Bd. 1: 90, zit. aus Rieter 2014: 305) Tookes bedeutendste Schrift, außer der „History of prices", die sein Mitarbeiter Newmarch in sechs Bänden herausgegeben hat, ist „An Inquiry into the currency principle, the connection of currency with prices etc.", 2.Edition, London 1844.

Tooke, Fullarton und Wilson "fassen das Geld nicht einseitig, sondern in seinen verschiedenen Momenten auf, aber nur stofflich, ohne irgendeinen lebendigen Zusammenhang, sei es dieser Momente untereinander, sei es mit dem Gesamtsystem der ökonomischen Kategorien. Geld im Unterschied von Zirkulationsmittel werfen sie daher fälschlich mit Kapital zusammen oder gar mit Ware, obgleich sie andererseits wieder gezwungen sind, seinen Unterschied von beiden gelegentlich geltend zu machen." (MEW 13: 159) Tooke sagt, „es sei zu unterscheiden zwischen Geld als Ware, das heißt Kapital, und Geld als Zirkulationsmittel." (Tooke 1844: 10, zit. aus MEW 13: 159)

> Wenn Gold z. B. ins Ausland geschickt wird, so wird in der Tat Kapital ins Ausland geschickt, aber dasselbe findet statt, wenn Eisen, Baumwolle, Getreide, kurz jede Ware exportiert wird. Beide sind Kapital und unterscheiden sich daher nicht als Kapital, sondern als Geld und Ware. Die Rolle des Goldes als internationales Tauschmittel entspringt also nicht aus seiner Formbestimmtheit als Kapital, sondern aus seiner spezifischen Funktion als Geld. Ebenso wenn Gold oder an seiner Stelle Banknoten als Zahlungsmittel im innern Handel funktionieren, sind sie zugleich Kapital. (MEW 13: 159 f)

Tooke und die Banking-Theoretiker lehnten die quantitätstheoretische Auffassung ihrer Currency-Gegner ab, dass die Banken den Notenumlauf kontrollieren könnten. Im Gegenteil, die Zettelbanken seien machtlos, „den Betrag des Noten-Umlaufs unmittelbar zu bestimmen" (History, Bd. 1: 669, zit. aus Rieter 2014: 291). Der Zusammenhang müsse genau umgekehrt gesehen werden: Die Änderung der umlaufenden Menge an Banknoten sei das Resultat der sich im produzierenden Bereich bildenden Nachfrage nach Geld; sie sei eine endogen bestimmte Variable des ökonomischen Geschehens. Bleibt ein größerer Betrag an Noten im Umlauf, dann ist das eine Folge der gesteigerten Geschäfte und der höheren Preise, aber keine Ursache derselben. Thomas Tooke stellt die weithin akzeptierte Quantitätstheorie des Geldes vom Kopf auf die Füße: „Die Preise der Waren hängen nicht ab von der Geldmenge, die durch die Menge der Banknoten angezeigt wird, noch von der Menge der gesamten umlaufenden Mittel; sondern im Gegenteil: die Menge des zirkulierenden Mediums ist die Folge von Preisen." (Tooke 1844: 123) Veränderungen des Geldwerts und der Preise werden nicht verursacht durch Variationen des Geldangebotes. Es gibt sogar viele Gründe dafür, dass eine Erhöhung oder eine Senkung der Geldmenge keine Auswirkungen habe auf das Preisniveau. Vor allem gehören hierher die Änderung der Geldumlaufgeschwindigkeit oder, was auf das Gleiche hinaus läuft, der Wunsch Geldvorräte aufzubauen – Geld in der Kasse zu halten, statt in den Umlauf zu geben. In rezessiven Phasen, bei geringer wirtschaftlicher Aktivität, verschwinde Geld aus dem Umlauf, werden es von den Wirtschaftsakteuren zurückgehalten. Eine immerhin denkbare preistreibende Wirkung des vermehrten Geldangebots werde durch eine höhere Kassenhaltung neutralisiert.

Auf die Peelschen Bankakte, mit der sich die Currency-Theoretiker durchsetzten, reagierte Tooke enttäuscht, nannte sie „eine der leichtsinnigsten, übelst berathenen, pedantischsten und voreiligsten gesetzgeberischen Anordnungen“, (History, Bd. 1: 729, zit. aus Rieter 2014: 294), die ihm je vorgekommen ist. Er kritisierte u. a., dass dem Gesetz eine problematische Gelddefinition zugrunde liegt, die einlösbaren Banknoten mit Staats-Papiergeld verwechselt werden, man der Illusion erlegen sei, der Umfang des Noten-Umlaufs hinge vom Willen der Emittenten ab. Tooke war der Meinung, dass die in Gold konvertierbaren Banknoten und die Bankdepositen – das Buch- oder Giralgeld – kein Geld, sondern nur Anspruch auf Geld darstellten, wohl aber in der Zirkulation das Edelmetallgeld ersetzen konnten. Dem Charakter nach handelt es sich beim untergeordneten Geld um Kreditgeld, Geld, das anderes Geld fordert und Gläubiger-Schuldner-Verhältnisse nur ausdrückt, statt sie zu beenden. Tookes Beiträge zur Lehre vom Geldwert waren, wie Rieter schreibt, „in mancher Hinsicht richtungsweisend.“ (Rieter 2014. 200) Im Prinzip setzte Tooke den Geldwert, wie heute üblich, mit dem reziproken Preisniveau, also mit der Kaufkraft des Geldes gleich.

Hervorzuheben, weil bemerkenswert, ist, wie Tooke den Zusammenhang zwischen den Preisen und den Zinsen darstellt. Im Gegensatz zu den zeitgenössischen und späteren Ökonomen bis hinein in das 21. Jahrhundert, die glauben, dass hohe (steigende) Zinsen mit niedrigen (sinkenden) Preisen verbunden seien, niedrige oder sinkende Zinsen umgekehrt zu hohen und steigenden Preisen führten, weil sie das Problem aus der Nachfragesicht wahrnehmen, betrachtet Tooke den Zusammenhang anders: Ein reduzierter Zinssatz bewirkt nicht zwangsläufig, dass die Warenpreise steigen. Im Gegenteil, er senkt die Produktionskosten und ermöglicht, dass die Waren billig sind. (Tooke 1844: 123) Für Tooke stellte der Zins einen Kostenfaktor dar. Folglich stiegen die Preise, wenn es vorher die Zinsen tun, und umgekehrt. Sowohl der empirische Befund als auch die kostentheoretische Argumentation sprechen dafür, dass sich die Zinsen und die Preise nicht gegenläufig, sondern gleichgerichtet bewegen. (vgl. dazu Abschnitt 11.6.1 und Müller 2023a: 99–105, 2023b: 7–9; 25–27)

7.5.5 John Fullarton – Umkehrung der Quantitätstheorie

Fullarton hebt die Bedeutung hervor, die das Geld als Mittel des Tausches, der Zirkulation besitzt:

> Man kann sich darauf verlassen, daß Gold und Silber bei ihrer Zufuhr fast genau die benötigte Summe realisieren [...] Gold und Silber besitzen einen unendlichen Vorteil vor allen anderen Arten von Waren [...] durch den Umstand, daß sie allgemein als Geld im Gebrauch sind [...] Nicht in Tee, Kaffee, Zucker oder Indigo sind Schulden, ausländische oder einheimische, gewöhnlich vertragsgemäß zu zahlen, sondern in Münzen; und die Geldsendung, entweder in eben der bezeichneten Münze oder in Barren, die sofort in jene Münze verwandelt werden können, durch die Münzstätte oder den Markt des Landes, in das sie geschickt werden, muß dem Absender stets die sichersten, unmittelbarsten und genauesten Mittel bieten, um diesen Zweck zu erreichen ohne Gefahr eines Fehlschlags wegen Mangels an Nachfrage oder Schwanken des Preises. (Fullarton, I. e. p. 132, 133, zit. aus MEW 13: 160)

Fullarton ist der Meinung, dass das Papiergeld die Geldware in der Zirkulation überflüssig machen kann. Die Konsequenzen, die er daraus für die Wertmaßfunktion ableitet, sind nicht unproblematisch:

> Wie unklar selbst die besten Schriftsteller über Geldwesen die verschiednen Funktionen des Geldes auffassen, zeigt z. B. folgende Stelle aus Fullarton: „Was unseren inländischen Austausch betrifft, können alle Geldfunktionen, die gewöhnlich von Gold- oder Silbermünzen erfüllt werden, ebenso wirksam durch eine Zirkulation von nicht einlösbaren Noten erfüllt werden, die keinen anderen Wert haben als diesen künstlichen und auf Übereinkunft beruhenden Wert, den sie durch Gesetz erhalten haben – eine Tatsache, die, denke ich, nicht geleugnet werden kann. Ein Wert dieser Art könnte all den Zwecken eines inneren Wertes dienstbar gemacht werden und sogar die Notwendigkeit eines Wertmaßstabs überflüssig machen, sofern nur die Quantität seiner Ausgaben in den gehörigen Schranken gehalten wird." (Fullarton, „Regulation of Currencies", 2. ed., London 1845, p.21.) Also weil die Geldware durch bloße Wertzeichen in der Zirkulation ersetzt werden kann, ist sie als Maß der Werte und Maßstab der Preise überflüssig! (MEW 23: 142)

Außerdem vertritt Fullarton hier die nominalistische These, dass der Wert dem (Papier-)geld vom Staat zugewiesen werde. Marx sagt dagegen über das Papiergeld mit Zwangskurs: „Das Papiergeld ist Goldzeichen oder Geldzeichen. Sein Verhältnis zu den Warenwerten besteht nur darin, daß sie ideell in denselben Goldquantis ausgedrückt sind, welche vom Papier symbolisch sinnlich dargestellt werden. Nur sofern das Papiergeld Goldquanta repräsentiert, die, wie alle andren Warenquanta, auch Wertquanta, ist es Wertzeichen." (MEW 23: 142)

Fullarton erkennt das Geld als Wertmesser und als allgemeines Tauschmittel an, sagt auch, dass einlösbares Papiergeld seinen Wert nur dem der Münze entsprechenden verändern könnte. Es könne weder ein Zuviel an Edelmetallen noch an einlösbaren Noten im Umlauf geben, und daher könne das Zuviel an Geldmenge auch keinen Anstieg der Preise hervorrufen. Die Horte – von Privaten angehäufte Vorräte von Edelmetallen – „nehmen die überflüssige Produktion der Bergwerke in sich auf [...] und stoßen sie wieder ab, wenn man ihrer bedarf, so daß die Schwankungen der Zufuhr unter gewöhnlichen Verhältnissen denjenigen Teil der Münze, der in Umlauf ist und allein die Preise beeinflußt, gar nicht berührt, sondern nur denjenigen Teil, der aufbewahrt wird." (Fullarton 1845/1979: 92*) In den Horten erfüllt sich die Funktion des Geldes, Werte aufzubewahren. Die Funktion puffert die Schwankungen des Bedarfs an Umlaufmitteln ab. Ihre Größe werde nicht vom Stand der Preise beherrscht, sondern von der Höhe des Marktzinses. Fullarton versucht, empirisch zu belegen und theoretisch zu begründen, dass die Ansicht der Currency-Theoretiker falsch ist, „das tägliche Steigen und Fallen der Preise zeige die tägliche Erweiterung und Einschränkung des Umlaufs mit der gleichen Sicherheit und Genauigkeit an, wie die Ausdehnung und das Zusammenziehen des Quecksilbers im Thermometer die Temperaturschwankungen wiedergibt." (Fullarton 1845/1979: 96*) Man müsse zugeben, dass Banknoten nicht im Überfluss ausgegeben werden könnten, solange sie von den emittierenden Banken eingelöst werden. Von der Bank gegen aus dem Ausland zugeflossenes Gold ausgegebene Noten und Münzen gelangen nicht in den Umlauf, wenn dort keine Nachfrage nach Vermehrung der Umlaufsmittel besteht, weil sich zum Beispiel Investitionen nicht lohnen, die Mehrnachfrage nach Gütern fehlt und keine neuen Märkte erschließbar sind. Sie fließen dann in zinstragende Wertpapiere, d. h. in Schatzanweisungen und Staatsanleihen. Wenn die Bank einen beträchtlichen Teil ihrer Noten gegen einen Ankauf von Handelswechsel emittiert, dann ist gesichert, dass bei Fälligkeit der Wechsel die Banknoten zur Bank zurückfließen. Dieser Mechanismus verhindert eine Überausgabe einlösbarer Banknoten.

> Solange durch den Wechselumlauf irgend ein Kanal für die Notenrückströmung noch offen stände, würde jeder Überfluß der Umlaufsmittel, sei es Münze oder Noten, durch das Wirken der Bank aufgesogen und niedergehalten werden [...] Große Summen von unnützen Noten oder von Geld würden sich in den Händen von Privatbankiers oder anderen Einzelpersonen anhäufen oder würden von diesen zwecks größerer Sicherheit und Bequemlichkeit der Obhut der Bank von England anvertraut, um dort eine Zeitlang unproduktiv und ohne Profit liegen zu bleiben. [...] ohne eine Wirkung auf die Preise auszuüben. (Fullarton 1845/1979: 100* f)

Fullarton lehnt klar die Auffassung ab, dass die Banken die zirkulierende Geldmenge exogen bestimmen könnten, eine Auffassung, die selbst noch von neomonetaristischen Ökonomen des 20. und 21. Jahrhunderts für erwiesen betrachtet wird. „Wer der Ansicht ist, daß sich eine größere Emission im Umlauf erhalten ließe, der nimmt als feststehend an, daß die Menge der in Umlauf befindlichen Noten nicht von den Bedürfnissen derjenigen abhängt, die sie im Umlauf halten, sondern von der Willkür des Ausstellers." (Fullarton 1845/1979: 102* f) Über die Nutzung von Wechseln, einlösbaren Banknoten, Schatzscheinen – Formen des Kreditgeldes also – entscheidet allein die Nachfrage. Dann ist „jeder Gedanke an ein Zuviel im Umlauf ausgeschlossen [...] Es läßt sich unmöglich anders als durch die Nachfrage bestimmen, bis zu welchem Maße solche Kreditmittel (instruments) sich an Stelle des Geldes setzen lassen." (Fullarton 1845/1979: 105*) Folglich sei es falsch, dass die Schwankungen des Banknotenumlaufs durch den Bankdirektor herbeigeführt würden. Aber: „Obgleich ein Bankleiter nicht die Macht hat, seine Notenausgaben über ihre gewöhnliche und natürliche Grenze hinaus zu erweitern, so steht es durchaus in seiner Macht, sie zu beschränken." (Fullarton 1845/1979: 104*)

Wie Thomas Tooke liest auch Fullarton die Quantitätstheorie anders, stellt ihren Inhalt vom Kopf auf die Füße: Die Menge der Notenausgabe ist

> ausschließlich durch die Ausdehnung des örtlichen Handels und der Ausgaben in ihren verschiedenen Bezirken geregelt, indem ihre Schwankungen denen der Preise und der Produktion entsprechen. Diese Notenausgaben dürfen nicht über die Grenzen hinausgehen, die durch den Umfang dieses Handels und dieser Ausgaben vorgeschrieben sind, ohne Gefahr zu laufen, daß ihre Noten mit Sicherheit sofort wieder zurückfließen; sie können ebenso wenig vermindert werden, ohne daß beinahe ebenso sicher die Lücke aus anderen Quellen wieder aufgefüllt wird. Es mag sein, daß es Sache des Bankleiters ist, die Noten auszugeben, aber es ist Sache des Publikums, sie in Umlauf zu halten [...] (Fullarton 1845/1979: 105*)

Vielen halten am scheinbar unwiderlegbaren Dogma fest, dass eine Papierwährung, die unbeschränkt die Zirkulation dominiert, mehr als andere Währungen tendenziell zu hohen Preisen tendiert. Fullarton dagegen ist der Auffassung, dass eine Übersättigung der Zirkulation mit einlösbaren Banknoten unrealistisch sei, weil sie zur emittierenden Bank zurückflössen. Die Abströmung der Noten zur Bank ist nach Fullarton „das große regulirende Princip des Geldwesens." (Knies 1879: 475) Das Rückstromprinzip gelte nicht für uneinlösbares Staatspapiergeld mit Annahmezwang, daher ist die currencytheoretische Gleichsetzung des papiernen Kreditgeldes mit staatlichem Papiergeld ein Fehler.

Banknoten verdrängten nicht nur die Geldwaren Gold und Silber aus der Zirkulation. Sie wurden selbst überflüssig im Maße, wie der bargeldlose Zahlungsverkehr beliebter wurde, was vor allem im kommerziellen Bereich früh geschah. Banken gewähren Depositengläubigern – denen, die bei ihnen Einlagen unterhalten – Zinsen, ein Ansporn, die Depositen anzulegen und zu vergrößern. Es ist einleuchtend, sagt Fullarton,

> daß diese Umstände einen entschiedenen Einfluß auf den Rückgang des Banknotenumlaufs haben müssen. Der Kaufmann wird, anstatt einen brachliegenden Hort solcher Noten zu täglichen Auszahlungen im Hause zu haben, vorziehen, sie in eine Bank einzuzahlen, die ihm für den Betrag Zinsen gibt, ohne daß er irgendwie in der Verfügung über sein Kapital beschränkt wäre. Er wird von da an seine Zahlungen per Scheck leisten und diese werden in der Mehrheit der Fälle durch Übertragung oder Wechsel, ohne Verwendung von Geld, erledigt werden. (Fullarton 1845/1979: 111*)

7.6 Die Geldlehren der Klassiker

Die Dogmengeschichte ist sich nicht einig. Sie zählt unterschiedliche Autoren zur ökonomischen Klassik. Hier werden vier – Petty, Boisguillebert, Smith und Ricardo genannt. Auf die geldtheoretischen Auffassungen von Karl Marx, der als Vollender der Klassik betrachtet werden kann, wird im Kapitel 8 eingegangen.

7.6.1 William Petty – Der Kolumbus der politischen Ökonomie

Er verkörperte den tatkräftigen, rücksichtslosen, universalen Bereicherungstrieb der englischen Nation im 17. Jahrhundert: William Petty – Geldraffer, Ränkeschmied und Prahlhans. Karl Marx nannte ihn einen „denkkühnen, aber frivolen Armeechirurgus, der ebenso geneigt war, unter Cromwells Ägide in Irland zu plündern, als von Karl II. den nötigen Baronetitel für den Plunder zu erkriechen" (MEW 13: 39), ein frivoler, plünderungslustiger und charakterloser Abenteurer. (MEW 13: 40) Unersättliche Lebensgier sei sein hervorstechendster Charakterzug gewesen, so der sowjetische Theorienhistoriker Andrej Anikin. Mit seinen ökonomischen Erkenntnissen ragt er weit über das Niveau seiner Zeitgenossen hinaus. Sie haben Petty einen bleibenden Platz in der Geschichte des ökonomischen Denkens verschafft. Für Marx war er einer der genialsten und originellsten ökonomischen Forscher. Petty selbst verstand sich als der Begründer einer neuen Methode der ökonomischen Analyse, die an die Stelle von wirklichkeitsfremden, scholastischen Spekulationen „Maß, Zahl und Gewicht" setzte, die „Politischen Arithmetik". Petty entstammt der Familie des einfachen Tuchwebers Anthony Petty aus dem südenglischen Städtchen Romsey, das zur Grafschaft Hampshire gehört. „Sein Lebenslauf weist ihn als echtes Kind seiner Zeit aus", schreibt Peter Thal, „in der sowohl die englische bürgerliche Revolution stattfindet als auch die ursprüngliche Akkumulation des Kapitals um sich greift". (Thal 1989a: 425) Die neue Produktionsweise kommt, wie Marx schreibt, „von Kopf bis Zeh, aus allen Poren blut- und schmutztriefend" zur Welt. (MEW 23: 788) Bauernlegen, Vertreibungen, Plünderungen der Kolonien und Piraterie waren zu Pettys Lebzeiten an der Tagesordnung. Petty gilt als eine Art Wunderkind. In früher Jugend bricht er sich als Schiffsjunge auf Deck ein Bein, wird, wie es damals Sitte war, an der Küste ausgesetzt, er an der Normandie. Er wird Zögling einer Jesuitenschule in Frankreich, verbessert seine Kenntnisse in Latein, lernt Griechisch, Französisch, erwirbt Wissen in Arithmetik und Astronomie, wie sie für die Navigation wichtig sind. Im Jahre 1640 verdient sich Petty den Lebensunterhalt mit dem Zeichnen von Seekarten der britischen Marine. Als er im Jahr 1643 die Marine verlässt, besitzt er sechzig Pfund Sterling, eine für jene Zeit beachtliche Summe. Er reist nach Holland und Frankreich, wo er an der Universität Leiden und in Paris hauptsächlich Medizin studiert. In Amsterdam arbeitet er bei einem Juwelier und Optiker. In Paris wird er Sekretär des englischen Philosophen Thomas Hobbes, der dort in der Emigration lebt. Mit vierundzwanzig Jahren, sagt Anikin, steht Petty schon zehn Jahre auf eigenen Füßen. „Er ist gereift, besitzt ein universelles Wissen, große Energie. Lebensfreude und Charme." (Anikin 1974: 71) Er setzt in Oxford sein Medizinstudium fort. Die Universität verleiht ihm im Jahre 1650 den Grad eines Doktors der Physik und später eine Professur für Anatomie. Schon kurz danach gibt er den Lehrstuhl auf und wird als Arzt beim Oberkommandierenden der englischen Armee in Irland angestellt, das nach einem zehnjährigen Krieg verwüstet war und wo Hunger und Seuchen grassierten. 1654 als Vermesser des der irischen Bevölkerung und der katholischen Kirche geraubten Landes eingesetzt, wird Petty zum

Nutznießer der ursprünglichen Akkumulation in Englands erster Kolonie. Die Tätigkeit erwies sich für Petty, der damals Anfang dreißig war, als eine wahre Goldgrube. „Als einfacher Medikus war er nach Irland gekommen", so Anikin, „und nach wenigen Jahren gehörte er zu den wohlhabendsten und einflussreichsten Männern im Lande" (Anikin 1974: 73), besaß 30 000 Acres im Südwesten Irlands und 9 000 Livres, vermutlich, wie gemunkelt wurde, teilweise erworben durch zweifelhafte Transaktionen zu eigenen Gunsten. Nach London zurückgekehrt, bemüht sich Petty um Einfluss auf die Regierung der Restaurationsperiode. Im Jahre 1661 wurde der Sohn des Tuchmachers in den Ritterstand erhoben und durfte sich von nun an Sir William Petty nennen. Mit seiner Frau, der sehr schönen und energischen Witwe eines Gutsbesitzers, hatte Petty fünf Kinder. Im Sommer 1687 leidet Petty an starken Beinschmerzen. Wundbrand stellt sich heraus. Im Dezember desselben Jahres stirbt er als steinreicher Mann und wird in seiner Geburtsstadt Romsey begraben.

Schriften und Werk

Jürgen Kuczynski schreibt, dass Pettys zahlreiche technischen Erfindungen gemacht und viele wissenschaftliche Aufsätze und Broschüren verfasst hat. Sie beschäftigen sich mit medizinischen, allgemein naturwissenschaftlichen und mit gesellschaftlichen Fragen. Manche zählten ihn sogar zu den größten Dichtern in lateinischer Sprache seiner Zeit.

> Dass er in religiösen Fragen als zynisch galt und gleichzeitig eine Arbeit über ‚Friede in der Religion' schrieb, wird ebenso wenig verwundern, wie dass manche seiner Schriften, [...] anonym herauskamen. Wie vielfältig seine schriftstellerische Tätigkeit allein schon innerhalb des engeren Rahmens der technisch-wirtschaftlichen Arbeiten war, lassen einige Titel erkennen: ‚Apparatus zu einer Geschichte der Färberei', ‚Über das Wachstum von London', ‚Landkarten von Irland' [...] Er hinterließ mehr als fünfzig Kisten, gefüllt mit Manuskripten, von denen nur ein Teil veröffentlicht worden ist. (Kuczynski 1965: 45)

Die wichtigsten Werke von Petty sind: A Treatise of taxes and contributions[35] (London 1662), Quantulumcunque or a tract of concerning money[36] (London 1682) sowie Political arithmetic (London 1690).

Platz in der ökonomischen Theoriengeschichte

Die wissenschaftliche, klassische bürgerliche Ökonomie beginnt, so Karl Marx, mit William Petty in England und mit Pierre Le Pésant de Boisguillebert in Frankreich. In England schließt sie mit David Ricardo und in Frankreich mit Simonde de Sismondi ab. Für viele Dogmenhistoriker dagegen ist Petty kein Klassiker, der eindringt in die verborgenen Wesenszusammenhänge der Ökonomie. Sie halten ihn für einen Mer-

35 Eine Abhandlung über Steuern und Abgaben
36 Quantulumcunque oder ein Traktat über Geld

kantilisten. Richtig ist, dass zu Pettys Zeiten in England der Merkantilismus in Theorie und Praxis in voller Blüte stand. Richtig auch, dass Petty merkantilistische Auffassungen vertreten hat. Das vom Merkantilismus verkündete Ziel aller wirtschaftlichen Tätigkeit war der Handelsprofit, der Überschuss des Exports über den Import. Ihre Protagonisten plädierten dafür, das Geld nicht einfach zu horten, sondern es in die Zirkulation zurückzubringen, um Mehr-Geld aus ihr zu erlösen. Merkantilistisch ist es, wenn Petty die Händler und Seeleute die produktivsten Arbeiter nennt, „weil das, was sie der Nation einbringen (bis hin zur Piraterie), viel größer als bei den Manufakturisten und Bauern ist, oder wenn er die Illusion des Monetarsystems teilt, dass Gold und Silber wertvollere Formen des Reichtums als andere Waren seien [...] Doch das Geniale der politischen Ökonomie Pettys“, so Peter Thal, „besteht gerade darin, dass er sich zugleich von diesen Auffassungen löst [...]“ (Thal 1989a: 428) und über sie hinausgeht. Marx zollte daher dem wissenschaftlichen Werk Pettys höchsten Respekt. Er nannte ihn den „Vater der politischen Ökonomie“ und den „Erfinder der Statistik“. (MEW 23: 288) Er war fasziniert von Pettys Persönlichkeit, rühmte dessen „geniale Kühnheit“ (MEW 13: 38), „ein origineller Humor durchströmt alle seine Schriften“, „der Irrweg selbst ist genial“, „ein kleines Meisterwerk in Inhalt und Form“ (MEW 20: 218) – Urteile in verschiedenen Werken von Marx über Petty. Marx entnimmt Pettys Werk wichtige Anregungen für die Entwicklung seiner Wert-, Mehrwert-, Lohn – und Geldtheorien. Anikin nennt Petty den „Kolumbus der politischen Ökonomie“, der sich selbst die Erfindung der politischen Arithmetik – der Statistik – als größte Leistung zuschrieb, aber mit „gewissermaßen nebenher geäußerten Gedanken über Wert, Grundrente, Arbeitslohn, Arbeitsteilung und Geld [...] Grundlagen der wissenschaftlichen Ökonomie geschaffen“ habe. „Sie sind das eigentliche ‚ökonomische Amerika‘, dass der neue Kolumbus entdeckt hat.“ (Anikin 1974: 75) Marx bemerkt, „dass die theoretischen Lichtfunken“ Pettys „nicht in Reih und Glied als fertige ‚Axiome‘ einherstolzieren, vielmehr zerstreut aus der Vertiefung ‚rohen‘ praktischen Materials [...] hervorspringen.“ (MEW 20: 218) Der bürgerliche Ökonom Joseph A. Schumpeter dagegen bringt es wider allen offenkundigen Tatsachen fertig, zu behaupten, dass sich bei Petty keine Arbeitswerttheorie, ja überhaupt kein Wertbegriff, keine irgendwie bemerkenswerte Lohntheorie und auch kein Hinweis auf den Mehrwertbegriff fänden. Seinen Ruf verdanke er Marx, der ihn zum Begründer der ökonomischen Wissenschaft erklärt habe, sowie der Begeisterung einiger Wissenschaftler, die nicht voraussahen, auf wessen Mühle sie ihr Wasser gossen. (Schumpeter 1965: 275) Man fragt sich, wie Schumpeter, ein berühmter Ökonom, dermaßen irren kann.

Arbeitswert

Die Fakten sind eindeutig: Petty bestimmt den Wert der Ware Korn durch die Arbeitszeit:

> Wenn jemand eine Unze Silber aus dem Innern der Erde Perus in derselben Zeit nach London bringen kann, die er zur Produktion eines Bushel Korn brauchen würde, dann ist das eine der

> natürliche Preis des anderen; wenn er nun durch Abbau neuer und ergiebiger Bergwerke statt der einen zwei Unzen Silber mit dem gleichen Aufwand gewinnen kann, wird das Korn bei einem Preis von 10 Shilling pro Bushel ebenso billig sein wie vorher bei einem Preis von 5 Shilling, caeteris paribus. (zit. aus MEW 26.1: 332)

Mit dieser Aussage begründet Petty die klassische bürgerliche Arbeitswertlehre. „Es ist also in der Tat bei Petty", sagt Marx, „der Wert des Korns durch die in ihm enthaltne Arbeitszeit bestimmt [...]." (MEW 26.1: 333)

Das Geniale Pettys besteht bei allen Unzulänglichkeiten seiner politischen Ökonomie darin, dass er einen großen Beitrag dazu leistet, die ökonomischen Gesetze des Kapitalismus aus dessen Produktionsverhältnissen abzuleiten und dabei ehrlich Partei ergreift für die aufsteigende Klasse des Bürgertums. Andrej Anikin schreibt: „Lenin hat über Lew Tolstoi gesagt, dass es vor diesem Grafen keinen echten Bauern in der Literatur gegeben habe. Auf Petty bezogen, können wir sagen, dass es vor diesem Landlord in der politischen Ökonomie keinen echten Bourgeois gegeben hat." (Anikin 1974: 87) Von Sir William Petty gehen viele Denker der folgenden hundert Jahre aus, so John Locke, Sir Dudley North, Joseph Massie (gest. 1784), David Hume, James Steuart und andere, die die wissenschaftshistorische Brücke zu Adam Smith schlagen.

Über das Geld

Auseinandersetzungen um die Neuprägung von englischen Münzen veranlassten Petty im Jahre 1682 eine kleine Schrift mit dem Titel „Quantulumcunque concerning money" – Verschiedenes oder Einiges über das Geld – zu verfassen. „Eine ganz abgerundete, aus einem Stück gegossene Arbeit [...] Die letzten Spuren merkantilistischer Anschauungen, die man in andern Schriften von ihm antrifft, sind hier völlig verschwunden." (MEW 20: 218) Petty widerspricht der quantitätstheoretischen Argumentation, dass der Wert des Geldes abhinge von der Höhe der Geldmenge. Geld ist eine Ware und ihr Wert wird wie der anderer Waren durch Arbeit geschaffen, der Geldwert durch die Arbeit, die verausgabt wird, die Edelmetalle zu fördern. Die Menge des für die Zirkulation erforderlichen Geldes – nicht die insgesamt in einem Lande vorhandene Geldmenge – richte sich nach dem Umfang des Handels und der Zahlungen. Sie sei Resultat des Handelsvolumens, der Preise und der Umlaufgeschwindigkeit des Geldes, nicht umgekehrt. Petty:

> Es gibt ein bestimmtes Maß und Verhältnis des Geldes, das erforderlich ist, um den Handel einer Nation in Gang zu halten; ein Mehr oder Weniger würde ihm Abbruch tun. Geradeso, wie in einem kleinen Detailgeschäft eine bestimmte Menge von Farthings[37] notwendig ist, um die Silbermünzen zu wechseln und solche Zahlungen zu leisten, die mit den kleinsten Silbermünzen nicht

37 Der Farthing ist eine Münze, die den Viertelwert der Penny-Münze hatte. Ihn gab es vom 13. Jahrhundert bis ins Jahr 1956 in England.

> geleistet werden können [...] Ebenso nun das zahlenmäßige Verhältnis der im Handel notwendigen Farthings von der Zahl der Käufer, der Häufigkeit ihrer Käufe und vor allem auch von dem Wert der kleinsten Silbermünze abhängig ist, so ist in ähnlicher Weise das Verhältnis des für unseren Handel notwendigen Geldes (Gold- und Silbermünzen) bestimmt durch die Häufigkeit der Tauschvorgänge und der Höhe der Zahlungen. (zit. aus MEW 23: 136 f)

Es bedürfe eines bestimmten Maßes des Geldes, um den Handel einer Nation in Gang zu halten, sagt Petty. „Was aber, wenn wir nun zuviel gemünztes Geld haben? Wir können dann das vollwichtigste einschmelzen und es zu prächtigem Tischgerät, zu Gefäßen und Hausrat aus Gold und Silber umarbeiten; oder es als Ware dorthin schicken, wo Bedarf und Nachfrage danach besteht; oder es dort auf Zins ausleihen, wo man einen hohen Zinssatz zahlt", sagt er und:

> Geld ist nur das Fett des Staatskörpers, weshalb zuviel davon ebenso seine Beweglichkeit behindert, wie zu wenig ihn krank macht [...] wie Fett die Bewegung der Muskeln geschmeidig macht, fehlende Nahrungsmittel ersetzt, Unebenheiten ausfüllt und den Körper verschönt, so erleichtert das Geld die Bewegungen des Staates, bringt, wenn Teuerung im Inlande, vom Auslande Lebensmittel herein, begleicht Schuldenrechnungen [...] und verschönt das Ganze; allerdings, [ironisch abschließend], ganz besonders die einzelnen Personen, die viel davon haben. (zit. aus MEW 23: 160, Fn 114)

Petty erklärt, wie viel Geld die Zirkulation benötigt, damit alle zum Verkauf angebotenen und nachgefragten Waren einer Periode bezahlt werden können. So ist „das Verhältnis des für unseren Handel notwendigen Geldes (Gold- und Silbermünzen) bestimmt durch die Häufigkeit der Tauschvorgänge und die Höhe der Zahlungen." (zit. aus MEW 23: 136 f) Marx wird Pettys Auffassung übernehmen, dass die Quantität des als Zirkulationsmittel fungierenden Geldes durch die Preissumme der in den Austausch gelangenden Waren und die Häufigkeit bestimmt ist, mit der gleichnamige Geldstücke für Zahlungen verwendet werden. Petty habe „mit seiner gewohnten Meisterschaft" erkannt, dass man 40 Millionen im Jahr auch mit 6 Millionen und weniger umsetzen könne, wenn die Umläufe des Geldes kürzer sind, die Zahl der Umläufe folglich höher ist. (MEW 23: 156)

Ende des 17., zu Beginn des 18. Jahrhunderts wetteiferten zwei Auffassungen über den Geldwert um Anerkennung: Die eine leitete sich von der scholastischen Lehre des valor impositus her, des vom Staat „aufgepfropften" Wertes oder den die Menschen durch Übereinkunft dem Geld zuordneten. Der Staat habe das Recht, den Geldwert, d. h. den Münzfuß, nach Belieben zu ändern. Die andere verband den Wert von Gold und Silber mit der zu ihrer Produktion verausgabten Arbeit oder mit der Gewichtsmenge der Edelmetalle.

7.6.2 Pierre le Pésant Sieur de Boisguillebert – Geldfeindschaft

Boisguillebert wurde 1646 in Rouen geboren, war tätig als Polizeigeneral, Stadtoberrichter und Bürgermeister. Mit ihm beginnt nach Marx die klassische bürgerliche Ökonomie in Frankreich (MEW 13: 37). In seinen Schriften „Le Détail de la France" (1695) und „Le Factum de la France" (1707) kritisiert er das wirtschaftspolitische System des Colbertismus. Der Staat solle sich Eingriffen in das Wirtschaftsgeschehen enthalten, die Natur, die nichts anderes als die Vorsehung sei, habe die Dinge so geordnet, dass alles von selbst zum Gleichgewicht komme. (Behrens 1981: 173) Die regressive Steuer, wo die Steuer relativ mit steigendem Einkommen sinkt, solle ersetzt werden ersetzt werden durch eine proportionale Steuer, bei der jegliches Einkommen mit dem gleichen Steuersatz belastet wird, so dass niedrige Einkommen niedrige Steuern und hohe Einkommen hohe Steuern zahlen. Das war für die damalige Zeit ein kühner Vorschlag, zahlten doch Adel und Kirche keine Steuern. Ginge es nach Boisguillebert sollten sie mindestens im gleichen Verhältnis zu ihrem Einkommen Steuern zahlen wie die kleinen Bauern. Der Binnenhandel sollte befreit werden von allen Hindernissen wie z. B. den Zollschranken, damit sich der Warenhandel und die Geldzirkulation ungehemmt entfalten können. Für die Kritik an König und Adel zahlte Boisguillebert einen hohen Preis: Seine Bücher wurden verboten, er selbst wird für kurze Zeit verbannt, dank mehrerer Fürsprecher aber durfte er bald zurückkehren. Die Gegnerschaft zum Merkantilismus, das Bekenntnis zum Liberalismus, zur freien Konkurrenz macht Boisguillebert zum Klassiker, wie auch seine Auffassung über den Wert.

Werttheorie

Boisguillebert, der, wie Marx sagt, „mit ebensoviel Geist als Kühnheit für die unterdrückten Klassen", insbesondere für die einfachen Warenproduzenten in der Landwirtschaft, eintritt, löst „wenn nicht bewußt, so tatsächlich den Tauschwert der Ware in Arbeitszeit auf, indem er den ‚wahren Wert' (la juste valeur) durch die Proportion bestimmt, worin die Arbeitszeit der Individuen auf die besondern Industriezweige verteilt wird [...]." (MEW 13: 40) Boisguillebert liefert den Beweis, dass die Arbeitszeit das Maß für die Wertgröße der Waren ist und dass sich die Waren zu ihren Werten austauschen. Obgleich er den Wert vielfältig umschreibt – prix proportionnés, prix ordinaures, véritable estimation, véritable valeur –, nirgendwo von vergegenständlichter und unterschiedsloser menschlicher Arbeit spricht, weiß er, dass es einen einheitlichen Maßstab gibt, der allen Waren gemeinsam ist. „Diese Überzeugung vom Vorhandensein eines Grundelements für den Wert unterscheidet Boisguillebert, sieht man von Petty ab, von allen vorangegangenen ökonomischen Schulen." (Toepel 1989: 59) Und die Erkenntnis, dass das Gesetz der Preise, also das Wertgesetz, Ausdruck der Proportionalität der Volkswirtschaft sei, war ein völlig neuer und kühner Gedanke. (Anikin 1974: 103)

> Es ist in der Tat das Gesetz des Werts, wie es sich geltend macht, nicht in bezug auf die einzelnen Waren oder Artikel, sondern auf die jedesmaligen Gesamtprodukte der besondren, durch die Teilung der Arbeit verselbständigten gesellschaftlichen Produktionssphären; so daß nicht nur auf jede einzelne Ware nur die notwendige Arbeitszeit verwandt ist, sondern daß von der gesellschaftlichen Gesamtarbeitszeit nur das nötige proportionelle Quantum in den verschiedenen Gruppen verwandt wird [...] (MEW 25: 648)

Auf der Grundlage der Arbeitswerttheorie entwickelt Boisguillebert seine Gedanken über den Profit und die Grundrente. Er erkennt den Mehrwert nicht in seiner allgemeinen Form, sondern identifiziert ihn qualitativ und quantitativ mit der Grundrente. Daher muss ihm der Profit als ein Teil des Mehrwerts erscheinen, den der Kapitalist dem Grundeigentümer abpresst. Boisguillebert sieht im Konsum den Hauptzweck allen Wirtschaftens. Der Reichtum einer Nation misst sich am Genuss, d. h. am Verbrauch einer Nation, also muss man den Verbrauch fördern und das geht nur, indem man mehr produziert.

Über das Geld

Achim Toepel sagt, die Geldtheorie Boisguilleberts gehöre zu den großen wissenschaftlichen Leistungen der klassischen bürgerlichen Ökonomie. (Toepel 1989: 60) Zwar bleibt das Wesen des Geldes noch unklar, aber Boisguillebert zeigt trotz einiger Widersprüchlichkeiten, dass das Geld einen eigenen, immanenten Wert besitzt und als Geldware den der anderen Waren ausdrückt. Er äußert sich über den Mechanismus, der das Verhältnis zwischen der Geldmenge und den Warenpreisen am Markt regelt. Wie Petty in England widerspricht er der verbreiteten Quantitätstheorie des Geldes. Boisguillebert, der ganz dieselbe bedeutende Stellung zur französischen Ökonomie einnimmt, wie Petty zur englischen, einer der leidenschaftlichsten Gegner des Monetarsystem[s] [...] spricht [...] das Gesetz aus, daß die Masse des zirkulierenden Mediums bestimmt ist durch die Preise, nicht umgekehrt" (Marx 1974: 892 f), wie es die Quantitätstheoretiker des Monetarismus behaupten. Dieser Einsicht stehen andererseits Einstellungen gegenüber, die zeigen, dass Boisguilleberts Verständnis des Geldes beschränkt geblieben ist. Er kämpft fanatisch gegen das Geld an und stellt ihm die Ware gegenüber, die allein er als nützliches Gut anerkennt. (Anikin 1974: 107) Geld sei kein Verbrauchsgegenstand, vielmehr etwas Fremdartiges, Künstliches. Es nehme eine widernatürliche, tyrannische Macht an, und darin liege die Ursache wirtschaftlicher Schwierigkeiten. Er sagt „die Verderbtheit der Herzen hat [...] Gold und Silber [...] zu Idolen gemacht. Man hat sie zu Gottheiten gemacht, denen man mehr Gut, Werte und selbst Menschen geopfert hat und noch opfert als das unwissende Altertum diesen Gottheiten, die seit Urzeiten der einzige Kult und die einzige Religion der meisten Völker sind, opferte." (zit. aus Anikin 1974: 107) Es scheint, als hinge das Schicksal der Ware, des Konsums damit, vom Geld ab. Marx sagt:

> Es ist nicht nur Nachfrage, die nach der Ware nötig ist, sondern *gemünzte* Nachfrage. Die Ware erscheint also, wenn ihr Preis nicht realisiert werden kann, wenn sie nicht in Geld verwandelt

> werden kann, als *entwertet, entpreist* [...] daher die Klagen bei Boisguillebert z. B., daß das Geld Henker aller Dinge ist, der Moloch, dem alles geopfert werden muß, der Despot der Waren [...] Aus einem Knecht des Handels, sagt Boisguillebert, ward das Geld zu einem Despoten. (Marx 1974: 113)

In der Geldfeindschaft Boisguilleberts zeigt sich ein Unterschied zu Petty, der die fortschrittliche Rolle des Geldes begreift. Während Petty

> im Geld als Materie der Schatzbildung in der Tat nur den allgemeinen tatkräftigen Bereicherungstrieb der jugendlichen bürgerlichen Gesellschaft in England feiert, denunziert Boisguillebert unter Ludwig XIV. Geld als den allgemeinen Fluch, der die Entwicklung der wirklichen Produktionsquellen des Reichtums versiechen macht, und mit dessen Entthronung allein die Welt der Waren, der wirkliche Reichtum und der allgemeine Genuß desselben in sein gutes altes Recht eingesetzt werden kann. Er konnte noch nicht begreifen, daß dieselbe schwarze Finanzkunst, die Menschen und Waren in die alchymistische Retorte warf, um Gold zu machen, gleichzeitig alle die bürgerliche Produktionsweise hemmenden Verhältnisse und Illusionen verdunsten ließ, um einfache Geldverhältnisse, gemeine Tauschverhältnisse als Niederschlag zurückzubehalten. (Marx 1974: 874)

7.6.3 Adam Smith – Arbeitswertlehre des Geldes

Adam Smith wurde am 16. Juni 1723 in dem Städtchen Kirkcaldy bei Edinburgh geboren. Sein Vater Adam Smith sen., ein Zollbeamter, starb wenige Monate vor Geburt des Sohnes. Adam war das einzige Kind der jungen Witwe Margaret, der Tochter eines reichen Landbesitzers und Abgeordneten. Man sagt, er sei ein schwächliches, kränkelndes Kind gewesen, das sich vom lärmenden Spielen der Altersgenossen fernhielt. Mit 14 Jahren – der frühe Zeitpunkt war damals üblich – begann Smith Philosophie, Ökonomie, Mathematik und Sprachen zu studieren, zunächst an der Universität Glasgow, wo er von Francis Hutcheson, dem Philosophen der Aufklärung, beeinflusst wurde und wo er 1740 den Master of Arts erwarb. Schon früh besaß er unter seinen Kommilitonen den Ruf eines Gelehrten und eines komischen Kauzes. Er konnte inmitten einer fröhlichen Gesellschaft plötzlich in tiefes Nachdenken versinken, Selbstgespräche führen und seine Umgebung ignorieren. Die Eigenheiten prägten ihn ein Leben lang, machten ihn zum Urbild des wunderlichen und zerstreuten Professors. Eine Marktfrau, die bemerkte, dass der Mann mit sich selbst sprach, soll ihn für einen Geistesgestörten gehalten und ihrer Nachbarin zugeraunt haben: „Mein Gott, der Ärmste, und dabei ist er so gut gekleidet." (Anikin 1974: 230)

Ab 1740 studierte Smith in Oxford, wo ungebildete Professoren, fast alles anglikanische Geistliche, sich hauptsächlich mit Intrigen, Politikasterei und der Bespitzelung von Studenten befassten. Smith langweilte sich, suchte Zerstreuung in Büchern, seinen einzigen Freunden. Im Jahre 1751 übernahm er eine Professur an der Universität Glasgow, zunächst in Logik, später in „Moralphilosophie", worunter man die Sozialwissenschaften verstand, zu der die Politische Ökonomie gehört. In dieser Zeit befreundete er sich mit dem Philosophen David Hume an. Er verbrachte 13 Jahre in Glasgow – nach eigenen Angaben die glücklichste Zeit seines Lebens. Er genoss die Verehrung der Dozenten, der Studenten und bekannten Persönlichkeiten der Stadt. 1759 erscheint sein erstes großes wissenschaftliche Werk „Theorie der moralischen Gefühle“. Danach befasste sich Smith immer stärker mit ökonomischen Fragen. In Glasgow fanden wöchentlich Zusammenkünfte von Geschäftsleuten und Universitätsprofessoren statt, die über Handel und Zölle, Lohn und Bankwesen, Landpacht und Kolonien sprachen. Smith gehörte zu den bedeutendsten Mitgliedern des Clubs. Er war ein origineller, tiefschürfender Denker und gefragter Gesprächspartner. Von 1764 und 1766 begleitete er als Lehrer den Herzog von Buccleuch, Henry Scott, auf einer Reise nach Frankreich. Dort lernte er die Physiokraten Quesnay und Turgot kennen, deren Eintreten für eine freie, unreglementierte Wirtschaft und deren Leidenschaft für das Prinzip des „Laissez-faire“ er uneingeschränkt teilte. Noch heute feiert ihn die bürgerliche Ökonomie euphorisch für seine „unsichtbare Hand“, die bewirke, dass egoistisches, individuelles Handeln das Gemeinwohl wirksamer befördere, als wenn es der Einzelne direkt anstrebe. Er teilte die Kritik der Physiokraten am Merkantilismus und hieß ihre Vorschläge zum Abbau der Zollschranken gut. In Frankreich begegnete er den Aufklärern d'Holbach, Helvétius und Voltaire, hielt Letzteren für einen der größten Franzosen seiner Zeit. Zu Recht. Nach seiner Rückkehr aus Frankreich, materiell abgesichert durch eine Lebensrente des Herzogs in Höhe von jährlich dreihundert Pfund Sterling, widmete er sich in den folgenden zehn Jahren seinem ökonomischen Hauptwerk. Das Buch erschien 1776 unter dem Titel „An Inquiry into the Nature and the Causes oft he Wealth of Nations“ (Eine Untersuchung über die Natur und die Ursachen des Reichtums der Nationen) und erlebte allein bis 1800 neun englische Auflagen, ohne die in Irland und den USA erschienenen. In der gleichen Zeit wurde es ins Dänische, Holländische, Französische, Deutsche, Italienische und Spanische übersetzt. Die erste russische Ausgabe erschien in den Jahren 1802/06. Peter Thal schreibt, „Smith‘ unsterbliches Verdienst in der politökonomischen Analyse besteht darin, dass er als erster den kapitalistischen Reproduktionsprozess in seiner gesellschaftlichen Totalität erforscht und begriffen hat. Bei ihm werden Kapital und Preis, Lohn, Profit, Zins, und Rente, Geld, Kredit, Steuern, Innen- und Außenhandel usw. nicht mehr als isolierte Erscheinungen untersucht, sondern als echte politökonomische Kategorien aus dem großen Reproduktionszusammenhang der gesellschaftlichen Wirtschaft abgeleitet.“ (Thal 1985: 138) Er greift alle wesentlichen aktuellen Fragen der ökonomischen Theorie und der handels-, kolonial- und finanzpolitischen Praxis auf, an deren Beantwortung der Bourgeoisie lag und er beantwortete sie eindeutig vom Standpunkt der Bourgeoisie. Selbst da, wo er sein Mitgefühl für die armen Volksschichten ausdrückt. Man sollte die Arbeiter nicht daran hindern, dort zu arbeiten, wo sie es wünschten. Mit der Forderung glaubte Smith, den Interessen der Arbeiter entgegenzukommen. Tatsächlich drückte er den Bedarf des Kapitals nach frei verfügbarer Arbeit aus, fordert die Freiheit der Ausbeutung, „der alte Zunftbestimmungen, überkommene Vorstellungen über die zulässige Dauer der Arbeitszeit u. a. im Wege standen", so Peter Thal. Im Hauptwerk von Smith „Reichtum der Nationen" hatte sich die politische Ökonomie, bemerkt Marx, „zu einer gewissen Totalität entwickelt, gewissermaßen das Terrain, das sie umfasst, abgeschlossen." (MEW 26.2: 162) Seine letzten Lebensjahre verbrachte Adam Smith als eine angesehene Persönlichkeit in Edinburgh. Er starb 1790, als sich die industrielle Revolution in Großbritannien noch in ihren Anfängen befand.

Das Werk und seine Zeit

Um die Mitte des 18. Jahrhunderts waren der Reifegrad der kapitalistischen Produktionsweise und die Kenntnisse der politischen Ökonomie weit genug fortgeschritten – der Manufakturkapitalismus stand in voller Blüte –, dass sich die Frage nach dem inneren Zusammenhang des ökonomischen Gesamtsystems stellte. Adam Smith beantwortete sie, indem er das Kapital, den Wert und Preis, Lohn, Profit, Rente, Zins, Geld und Geldumlauf, Kredit, Steuern, Binnen- und Außenhandel nicht mehr als isolierte, sondern als voneinander abhängige und zusammenhängende Kategorien und Erscheinungen der kapitalistischen Reproduktion betrachtete. Bemerkenswert ist, dass es Smith nicht dabei bewenden ließ, die Erscheinungen zu beschreiben. Er suchte ihr (oft verborgenes) Wesen und gelangte so erstmals in der Geschichte der politischen Ökonomie zu einer umfassenden, richtigen Bewertung und Einordnung der menschlichen Arbeit. Sein „Geschäft" war ein Doppeltes, wie Marx sagt: „Einerseits der Versuch, in die innre Physiologie der bürgerlichen Gesellschaft einzudringen, anderseits [...] ihre äußerlich erscheinenden Lebensformen zu beschreiben." (MEW 26.2: 162) So notwendig und historisch gerechtfertigt das zweifache Vorgehen Smith' auch gewesen war, so problematisch war zugleich, dass die beiden Auffassungsweisen „bei Smith nicht nur unbefangen nebeneinander, sondern durcheinander (laufen) und sich fortwährend (widersprechen)." (MEW 26.2: 162) Zwangsläufig waren seine Forschungsergebnisse voller Widersprüche. Bürgerliche Dogmenhistoriker kritisieren ihn scharf. Der amerikanische Ökonom Paul Howard Douglas (1892–1976) beschuldigt Smith, die englische politische Ökonomie in eine Sackgasse geführt zu haben, aus der sie ein ganzes Jahrhundert nicht herausgekommen sei. In einem amerikanischen Lehrbuch zur Geschichte des ökonomischen Denkens heißt es: „Smith' Beitrag zur Werttheorie hat die Angelegenheit mehr verwirrt als geklärt. Fehler, Ungenauigkeiten und Widersprüche sind das traurige Ergebnis seiner Abhandlungen." (Anikin 1974: 217) Marx bewertet das Smith'sche Durcheinander anders: „Die Widersprüche Adam Smith's haben das Bedeutende, dass sie Probleme enthalten, die er zwar nicht löst, aber dadurch ausspricht, dass er sich widerspricht." (MEW 26.1: 121) Die Ungereimtheiten seien naturgemäß, da er „notwendig tastet, experimentiert, mit einem erst sich gestaltenden Ideenchaos ringt." (MEW 20: 217)

Werttheorien

Smith hat, ohne es zu bemerken, krass entgegengesetzte Ansichten über den Wert vertreten, die „gemütlich neben- und untereinander laufen." (MEW 20: 217) Zum einen gehört er zu den großen Wegbereitern der Arbeitswerttheorie. Der Wert der Waren wird bestimmt durch die Arbeitszeitmengen, die zu ihrer Produktion aufgewendet werden. Er hat nichts zu tun mit dem Gebrauchswert – der Nützlichkeit der Produkte. Gebrauchswerte der Waren könne man nicht vergleichen. Allein die Arbeit schaffe den Wert und dies unabhängig von ihrer konkreten Form, nicht die „Handelsarbeit" wie bei den Merkantilisten, nicht die agrikole Arbeit wie bei den Physiokraten, sondern alle produktiven Arbeiten, Arbeit allgemein. Es war ein ungeheurer Fortschritt, sagt Marx, jede Bestimmtheit der Reichtum zeugenden Tätigkeit fortzuwerfen – Arbeit schlechthin, weder Manufaktur-, noch kommerzielle, noch Agrikulturarbeit, aber sowohl die eine wie die andre. Es ist die allgemein gesellschaftliche Arbeit, die die einzige Quelle des Werts ist. (MEW 26.1: 56) Der Wert erscheint im Tauschwert. Wird Ware gegen Geld getauscht, ist der Tauschwert der Preis. Der Tauschwert der Ware besitzt jetzt die Geldform, ist der Geldausdruck des Werts. Die Konkurrenz zwischen den Marktteilnehmern bewirkt, dass der von Angebot und Nachfrage abhängige Marktpreis sich dem Wert annähere – Smith nannte ihn auch den „natürlichen Preis". Der Wert ist das Zentrum der Preisschwankungen. Die Auffassung ist ein Meilenstein im wissenschaftlichen Erkenntnisprozess, auch wenn Smith einseitig das Gewicht auf die quantitative Analyse legt und die qualitative Durchleuchtung der abstrakten Arbeit unscharf bleibt. Der Engländer Mark Blaug irrt, indem er behauptet, Smith habe niemals versucht, „irgendetwas zu formulieren, das den Namen Arbeitswerttheorie verdient hätte." (Blaug 1971: 95 f) Ganz wie Joseph Schumpeter (1883–1950), der bezweifelt, dass Smiths Werttheorie eine Arbeitswerttheorie sei. (Schumpeter 1965: 390)

Smith schränkt ein, seine (richtige) Werttheorie gelte für die einfache Warenproduktion, wo Produzent und Eigentümer der Produktionsmittel identisch sind, d. h. für das Handwerk und die kleinen Bauernwirtschaften. Sie gelte nicht für den Austausch von Kapital und Arbeit. Jeder könne sehen, dass der von einem Kapitalisten beschäftigte Arbeiter mehr lebendige Arbeit gibt, als er in Form des Lohnes für seine Arbeit erhält. Der Lohn ist für Smith der Geldausdruck der lebensnotwendigen Existenzmittel des Arbeiters und repräsentiert damit eine bestimmte Menge an vergegenständlichter Arbeit. Folglich, glaubt Smith, könne die Arbeitszeit nicht das Maß sein, das den Tausch zwischen Kapital und Arbeit regele, denn eine höhere Menge lebendiger Arbeit tausche sich gegen eine geringere Menge vergegenständlichter Arbeit. Um diesen Widerspruch zu entgehen, behauptet Smith, der Wert werde nicht bestimmt durch die Arbeit, die in der Ware enthalten ist, sondern durch jene, die man mit der Ware auf dem Markt eintauschen kann. Das ist seine zweite Werttheorie. Mit ihr schränkt er den Geltungsbereich der Arbeitswerttheorie ein, macht den Tauschwert zum Maße des Wertes, wo es sich doch genau umgekehrt verhält. Dem Smithschen Irrtum unterlag später auch David Ricardo, der die Klassik in England zu ihrem abschließenden Höhepunkt führte. Erst Marx löste das Knäuel an Widersprüchen, indem er nachwies, dass der Arbeiter dem Kapitalisten nicht die Arbeit, sondern seine Arbeitskraft „verkauft“ und den Begriff „Wert der Arbeit“ folgerichtig ersetzte durch den Begriff „Wert der Ware Arbeitskraft“.

Adam Smith hat noch eine dritte Werttheorie vertreten. Er sagt, „Lohn, Profit und Rente sind die drei ursprünglichen Quellen allen Einkommens“ – was richtig ist – „ebenso wie allen Tauschwerts“ – was falsch ist. (Smith 1976: 68) Nachdem Smith zunächst korrekt die Revenuen (Einkommen) aus dem Wert ableitet, verfährt er plötzlich – „und das bleibt bei ihm die vorherrschende Vorstellung – umgekehrt und lässt die Revenuen aus Bestandteilen [...] zu Urquellen alles Tauschwerts werden, womit der Vulgärökonomie Tür und Tor weit geöffnet war.“ (MEW 24: 372) Für diese dritte Werttheorie, den komischen Ausrutscher, wird Smith von bürgerlichen Ökonomen geschätzt. Was Marx den „närrischen Schnitzer“ nannte (MEW 24: 372), sei Smiths eigentliches Verdienst. Dessen Ableitung des Werts aus den Einkommen bildet den theoretischen Ausgangspunkt der von dem französischem Ökonomen Jean B. Say (1767–1832) begründeten Produktionsfaktorentheorie. Ihr Inhalt: jeder Produktionsfaktor, also Arbeit, Kapital und Boden, leiste einen spezifischen Beitrag zur Wertschöpfung und sein Träger werde anschließend in dieser Höhe entlohnt. Marx hat im dritten Band des „Kapitals“ die trinitarische Formel – Kapital erzeuge den Zins, die Arbeit den Lohn und der Boden die Rente – als argen Fehler entlarvt. „In dieser ökonomischen Trinität [...] ist die Mystifikation der kapitalistischen Produktionsweise [...] vollendet: die verzauberte, verkehrte und auf den Kopf gestellte Welt, wo Monsieur le Capital und Madame la Terre als soziale Charaktere und zugleich als unmittelbar bloße Dinge ihren Spuk treiben.“ (MEW 25: 838) Smith‘ falsche dritte Werttheorie liegt heute der von vielen als wahr empfundenen „Lohn-Preis-Spirale“ zugrunde, von der Smith wenig hielt. „Unsere Kaufleute und Fabrikherren beschweren sich viel über die schlechten Auswirkungen hoher Löhne“, schrieb er, „dass sie die Preise steigern und [...] den Absatz ihrer Waren schmälern. Über die schlechten Auswirkungen hoher Profite äußern sie sich nicht. Im Hinblick auf die verwerflichen Folgen ihrer eigenen Gewinne schweigen sie.“ (Smith 1976: 128) „In Wirklichkeit tendieren hohe Profite viel mehr als hohe Löhne dazu, den Preis des Produkts zu steigern.“ (Smith 1976: 127) Smith‘ dritte Werttheorie hat auch fatale Konsequenzen, überträgt man sie auf die makroökonomische Ebene. Wenn der Wert der einzelnen Ware nur bestehen würde aus den Einkommen Lohn, Profit und Rente, dann auch der aller Waren, der Wert des gesellschaftlichen Gesamtprodukts. Auf diese Weise hat Smith den konstanten Wertteil des Kapitals „wegzuhexen“ versucht, ein „wahrhaft fabelhaftes Dogma“, (MEW 23: 617; MEW 24: 360 ff) das er der politischen Ökonomie vererbt habe. Das Dogma von Smith verhindere, so Marx, jede tiefere Analyse des gesellschaftlichen Reproduktionsprozesses und bedeute einen entschiedenen Rückschritt gegenüber der physiokratischen Reproduktionstheorie, die Francois Quesnay (1694–1774) in seinem Tableau économique begründet hatte und das, 100 Jahre unverstanden, von Marx wiederentdeckt wurde.

Mehrwert und Profit

Bei der Analyse des Mehrwerts hält Smith an der richtigen Bestimmung des Wertes der Waren fest und erkennt, dass der Profit und die Grundrente nicht aus einem Kauf der Ware *unter* oder / und aus einem Verkauf *über* ihrem Wert entspringen. Der Profit ist auch kein „Lohn einer besonderen Arbeitsart, nämlich des Beaufsichtigens und Leitens." Er ist ein unbezahlter Teil des Werts der Ware, ein Abzug vom Wert des Produkts, den der Arbeiter schafft und den sich der Kapitalist aneignet. Smith hat „damit den wahren Ursprung des Mehrwerts erkannt", auch wenn er ihn noch nicht begrifflich von seinen Erscheinungsformen, der Rente und den Profit, trennt. Er löst den Mehrwert in Profit und Grundrente auf – „zwei besondre Arten des Mehrwerts, deren Bewegung durch ganz verschiedne Gesetze bestimmt wird." Den Profitbegriff verwendet Smith in dreifacher Weise: Bezieht er ihn auf die mit Lohn bezahlte Arbeit, auf das vom Kapitalisten vorgeschossene variable Kapital, dann erfasst er sein Wesen. Es zeigt sich, dass der Profit Mehrwert darstellt, lebendige Arbeit, die unbezahlt bleibt. Bezieht er den Überschuss auf das vom Kapitalisten insgesamt vorgeschossene konstante und variable Kapital, ist der Profit gemeint, eine das Wesen verschleiernde Erscheinung des Mehrwerts. Es scheint, als sei er Produkt des gesamten Kapitals, wo er doch nur dessen variablem Teil entspringt. Und manchmal meint Smith den Durchschnittsprofit, wenn er sagt, dass die Größe des Profits durch die Größe des gesamten Kapitals bestimmt sei.

Produktive und unproduktive Arbeit

Smith sagt, die Arbeit, die den Wert eines Gegenstandes, auf den sie verwendet wird, erhöht, sei produktive Arbeit. Arbeit, die keinen Wert schafft, sei unproduktive Arbeit. Für den Kapitalismus präzisiert er: Produktive Arbeit schaffe Mehrwert. Bringt Arbeit keinen Mehrwert und verbraucht Einkommen, ist sie unproduktiv. Die erhellende Einsicht stieß unter bürgerlichen Dogmenhistorikern auf Unverständnis. Mark Blaug sagt, die Smithsche Unterscheidung zwischen produktiver und unproduktiver Arbeit sei die „wahrscheinlich unglücklichste Katalogisierung in der gesamten Geschichte ökonomischer Doktrinen." (Blaug 1971: 116) Marx dagegen: Smith bestimmt die produktive Arbeit „vom Standpunkt der kapitalistischen Produktion aus" und „hat die Sache selbst begrifflich erschöpft, den Nagel auf den Kopf getroffen – es ist dies eines seiner größten wissenschaftlichen Verdienste [...], dass er die produktive Arbeit als Arbeit bestimmt, *die sich unmittelbar mit dem Kapital austauscht* [...] damit ist auch absolut festgesetzt, was *unproduktive* Arbeit ist. Es ist Arbeit, die sich nicht gegen Kapital, sondern *unmittelbar* gegen Revenue (Einkommen, K.M.) austauscht, also gegen Salair oder Profit [...] Ein Schauspieler z. B., selbst ein Clown, ist hiernach ein produktiver Arbeiter, wenn er im Dienst eines Kapitalisten arbeitet [...], dem er mehr Arbeit zurückgibt, als er in Form des Salairs von ihm erhält, während der Flickschneider, der zu dem Kapitalisten ins Haus kommt und ihm seine Hosen flickt, ihm einen bloßen Gebrauchswert schafft, ein unproduktiver Arbeiter ist." (MEW 26.1: 227 f) Der

Schulmeister leistet produktive Arbeit, „wenn er nicht nur Kinderköpfe bearbeitet, sondern sich selbst abarbeitet zur Bereicherung des Unternehmers. Dass letztrer sein Kapital in einer Lehrfabrik angelegt hat, statt in einer Wurstfabrik, ändert nichts an dem Verhältnis." (MEW 23: 532) Dagegen sind, so Smith, „z. B. der Souverän mit allen unter ihm dienenden Justizbeamten und Offizieren, die gesamte Armee und Flotte unproduktive Arbeiter. Sie sind Diener des Gemeinwohls und werden aus einem Teile des jährlichen Produkts des Fleißes anderer Leute Arbeit unterhalten [...] In die gleiche Klasse gehören sowohl einige der wichtigsten und bedeutendsten als auch der frivolsten Berufe: Geistliche, Juristen, Ärzte, Gelehrte aller Art; Schauspieler, Possenreißer, Musiker, Opernsänger, Balletttänzer usw." (Smith 1975: 74)

Ahistorische Naturgesetze

Adam Smith deckte die dem Kapitalismus zugrundeliegenden ökonomischen Gesetze, wie das Wert-, Mehrwert-, Lohngesetz u. a. auf. Ein Mangel seiner Analyse bestand darin, dass er sie nicht als historisch-soziale Gesetze erfasste, sondern als immer gültige und unabwendbare Naturgesetze betrachtete. Die historisch-ökonomischen Kategorien des Kapitalismus waren für ihn ewige Naturbedingungen menschlichen Wirtschaftens. Sein Ahistorismus war unwissenschaftlich, hatte aber, wie DDR-Ökonom Günter Fabiunke bemerkt, eine gewisse Berechtigung. Der Kapitalismus befand sich in seiner Aufstiegsphase, der Klassengegensatz zwischen Bourgeoisie und Proletariat war noch nicht voll entbrannt, zeigte sich erst in vereinzelten Erscheinungen. Smith vermochte nicht über den Kapitalismus hinauszusehen, erkannte aber einen „ursprünglichen Zustand", der dem Kapitalismus vorausging. Er meinte damit die einfache Warenproduktion, wo der Eigentümer der Produktionsmittel selbst arbeitet und die, obgleich keine eigenständige Produktionsweise, der logische und historische Ausgangspunkt der kapitalistischen Produktionsweise ist.

Smith' Werk hat bis in die Gegenwart seine Bedeutung und Wirkung behalten. Die zeitgenössische bürgerliche Ökonomie beruft sich auf den ökonomischen Liberalismus des großen Schotten, entnimmt seiner Schatzkiste durch unhistorischen Transfer Argumente zur Legitimierung der kapitalistischen Marktwirtschaft: Adam Smith, vermeintlicher Marktradikalist mit irrtümlicher Wertlehre. In der marxistischen politischen Ökonomie dagegen leben seine bedeutenden Einsichten in das Wesen der kapitalistischen Wert- und Mehrwertproduktion fort.

Über das Geld

Adam Smith ist Arbeitswerttheoretiker und bestimmt den Wert der Geldwaren Gold und Silber wie den Wert aller Waren durch die Arbeitszeit, die im Durchschnitt für ihre Produktion erforderlich ist. „Die Arbeit ist also, das zeigt sich offensichtlich, sowohl das einzig universelle als auch einzig genaue Maß des Werts oder der alleinige Maßstab, durch den jederzeit und allerorts die Werte von verschiedenen Waren verglichen werden können." (Smith 1976: 48) Die Arbeitswerttheorie wird von Theorienhistorikern oft unkorrekt als „Produktionskostentheorie" bezeichnet. (Rieter 2014: 275); Blaug 1971: 95, 114) Thomas Tooke schrieb über die Geldtheorie Smiths:

> Es war dem Dr. Adam Smith vorbehalten, in einer bewundernswürdig klaren Sprache die Fundamentalsätze darzulegen, aus denen sich der Werth von gemünztem und Papier-Geld erklärt und wonach er geregelt werden sollte. Seine Theorie, wie sie in dem grossen Werke über den National-Reichthum enthalten ist, fand sofort Eingang, und wurde als ein Dogma angenommen, das nur wenig Raum für weitere Streitfragen übrig liess, bis die grossen Strömungen zu Ende des vorigen Jahrhunderts eintraten. (zit. aus Rieter 2014: 275)

Smith sagt:

> Das Verhältnis zwischen dem Wert des Goldes und Silber und dem aller anderen Waren hängt auf keinen Fall von der Beschaffenheit oder Menge des in irgendeinem Lande umlaufenden Papiergeldes ab, sondern [...] von dem Verhältnis zwischen der Menge Arbeit, die nötig ist, um eine bestimmte Quantität Gold und Silber auf den Markt zu bringen, und derjenigen, die notwendig ist, um eine bestimmte Quantität Waren irgendeiner Art dorthin zu bringen. Smith 1975: 71)

Geld verkörpert wie jede andere Ware den Wert eines bestimmten Arbeitsquantums. „Arbeit war der erste Preis, das ursprüngliche Kaufgeld, womit alle Dinge bezahlt wurden. Nicht mit Gold und Silber, sondern mit Arbeit wurde der gesamte Reichtum der Welt ursprünglich erworben." (Smith 1976: 41) Daraus ergibt sich für eine metallische Zirkulation, d. h. für eine Zirkulation, in der das Gold die Zirkulationsmittelfunktion ausübt, dass die in Gold ausgedrückten Preise steigen müssen, wenn der Wert der Münzen infolge eines Produktivitätsanstiegs in der Goldproduktion sinkt. Bei einem gegebenen Wert der Handelswaren und einer gegebenen Umlaufgeschwindigkeit des Geldes muss jetzt mehr Geld ausgemünzt werden. „Die Entdeckung der reichen amerikanischen Minen reduzierte im 16. Jahrhundert in Europa Gold und Silber auf ein Drittel ihres früheren Wertes. Als es weniger Arbeit kostete, diese Metalle von den Gruben auf den Markt zu bringen, konnten sie, nachdem man sie dorthin geschafft hatte, weniger Arbeit kaufen oder kommandieren." (Smith 1976: 43) Die zirkulierende Goldmenge nimmt zu. Aber die Preise stiegen nicht wie die naive Quantitätstheorie behauptet, aufgrund der höheren Edelmetallmenge, sondern aufgrund des gesunkenen Werts des Metalls. Umgekehrt – würde der Wert des Goldes steigen und nur noch eine geringere Menge Gold benötigt, um die Waren zu zirkulieren –, würden überschüssige Münzen eingeschmolzen oder/und gewinnbringend ins Ausland abgeführt. Das benötigte volkswirtschaftliche Geldangebot passe sich so dem jeweiligen Umsatzbedarf an.

Smith vergleicht den reibungslos funktionierenden Goldautomatismus mit einem Währungssystem, in dem neben Edelmetallen auch Papiergeld verwendet wird. Geld ist für ihn das „große Rad der Zirkulation, das große Instrument des Handels." (Smith 1975: 23) Er sagt, dass die „Verwendung von Papiergeld anstelle von Gold- und Silbermünzen [...] ein sehr teures Instrument des Handels durch ein viel weniger kostspieliges und zuweilen bequemes (ersetzt)." (Smith 1975: 24) Vertrauen die Leute dem Bankier, auf Verlangen jederzeit die Banknoten in Bar einzulösen, erhalten die Noten dieselbe Anerkennung wie das Gold- und Silbergeld. Tauschakte werden mit Hilfe der von der Bank ausgegebenen Noten vollzogen; das ansonsten dafür benötigte Gold und Silber kann eingespart werden. Die eingesparte Goldmenge wird „ins Ausland geschickt, um jene profitable Verwendung zu suchen, die sie zu Hause nicht finden kann." (Smith 1975: 26) Man kann z. B. im Ausland Waren kaufen, sie im Inland konsumtiv oder produktiv verwenden, oder sie in andere Länder mit Profit exportieren. Adam Smith sieht klare Vorteile: „Wenn Papiergeld an die Stelle von Gold- und Silbergeld tritt, kann die Menge an Rohstoffen, Werkzeugen und Unterhalt [...] um den gesamten Wert des sonst zu ihrem Kauf verwendeten Gold und Silbers steigen." (Smith 1975: 29) Und das könne einen bemerkenswerten Zuwachs an Gewerbefleiß bewirken. Gefahren einer inflationären Preissteigerung infolge einer Überemission einlösbarer Banknoten hält Smith für sehr gering.

> Ein aus Banknoten bestehendes Papiergeld, das von Leuten mit unzweifelhaftem Kredit ausgegeben wird, auf Anforderung ohne jede Bedingung zahlbar ist und tatsächlich immer eingelöst wird, sobald man es präsentiert, ist in jeder Hinsicht Gold- und Silbergeld an Wert gleich, weil es zu jeder Zeit in Gold- und Silbergeld eingewechselt werden kann. Was auch immer für dieses Papiergeld ge- oder verkauft wird, muss notwendigerweise ebenso billig ge- oder verkauft werden wie für Gold- und Silbergeld. Man hat behauptet, weil die Zunahme des Papiergeldes die gesamte Geldmenge vermehrt und infolgedessen deren Wert vermindert, müsse sie zwangsläufig den Geldpreis der Waren erhöhen. Aber da die Gold- und Silbermenge, die dem Geldumlauf entzogen wird, immer mit der Papiergeldmenge übereinstimmt, die hinzukommt, vermehrt das Papiergeld nicht notwendigerweise die gesamte umlaufende Geldmenge. (Smith 1975: 66)

Das Papiergeld, sagt Smith, das in einem beliebigen Land zirkuliert, könne niemals den Wert des Goldes und des Silbers übersteigen, dessen Stelle es vertritt. Überstiege das zirkulierende Papiergeld zu irgendeinem Zeitpunkt die erforderliche Summe, so müsste der Überschuss, „da er weder ins Ausland gesendet, noch im Geldumlauf des Landes verwendet werden könnte, sofort zu den Banken zurückfließen, um gegen Gold und Silber ausgetauscht zu werden." (Smith 1975: 34)

Anders verhält es sich mit Banknoten, deren Einlösung nicht oder erst nach längerer Zeit möglich ist. „Ein derartiges Papiergeld würde zweifellos mehr oder weniger unter den Wert von Gold und Silber fallen, je nachdem ob die Schwierigkeit oder Unsicherheit der sofortigen Einlösung für größer oder kleiner gehalten wird [...]". (Smith 1975: 67) So geschehen in Schottland in den Jahren 1762 bis 1764. Smith nennt als weiteres Beispiel das Papiergeld von Nordamerika, das nicht aus Banknoten bestand, die dem Inhaber auf Verlangen zahlbar waren, sondern aus Staatspapieren, deren Einlösung erst mehrere Jahre nach ihrer Ausgabe gefordert werden konnte und die, obwohl die Kolonialregierungen den Inhabern dieser Papiere keine Zinsen zahlten, von ihnen zum gesetzlichen Zahlungsmittel erklärt wurden.

> Selbst unter Voraussetzung einer absoluten Sicherheit der Kolonie sind aber 100 Pfund, die erst in 15 Jahren zahlbar sind, in einem Land, wo der Zinsfuß 6 Prozent beträgt, nur etwas mehr als 40 Pfund baren Geldes wert. Einen Gläubiger zu zwingen, diese Summe als volle Bezahlung einer

> Schuld in Höhe von 100 Pfund – ausgezahlt in barem Gelde – anzunehmen, war daher ein Akt derart gewaltsamer Ungerechtigkeit, wie er vielleicht kaum von der Regierung irgendeines anderen Landes begangen worden ist [...] ein Mittel für betrügerische Schuldner, ihre Gläubiger zu prellen. (Smith 1975: 68 f)

Smith lässt das Geld aus dem Tausch entstehen. Er weist hin auf die doppelte Koinzidenz, die Voraussetzung eines naturalen Tauschs ist, und die oft nicht erfüllt gewesen war (Smith 1976: 31), nennt verschiedenartige Waren, die in der Frühzeit des Tausches zwischen den Menschen als Tauschmittel den Handel erleichterten, indem sie doppelte Koinzidenz – die zweiseitige gegenseitige Interessenübereinstimmung zwischen Käufer und Verkäufer – durchbrachen, unter ihnen die Metalle. „Eisen war das übliche Mittel im Handel bei den alten Spartanern, Kupfer bei den alten Römern und Gold und Silber bei allen reichen, handeltreibenden Nationen." (Smith 1976: 33) Schließlich haben sich die edlen Metalle wegen ihrer stofflichen Eigenschaften, die sie für die Funktionen des Geldes besonders geeignet machen, als Geld durchgesetzt. Um die Mühe des Wiegens und des Prüfens zu ersparen,

> wurde es in allen Ländern, die beträchtliche Fortschritte gemacht hatten, für notwendig erachtet, einen amtlichen Stempel auf bestimmte Mengen jener besonderen Metalle zu prägen, welche in diesen Ländern gewöhnlich zum Kauf von Waren dienten. Hier liegt der Ursprung des gemünzten Geldes und der sogenannten Münze [...], von deren Prägestempel man erwartete, daß er nicht nur den Feingehalt, sondern auch das Gewicht des Metalls verbürgte [...] Solche Münzen wurden folglich wie heutzutage ohne die Mühe des Abwiegens durch einfaches Zählen entgegengenommen. (Smith 1976: 34–36)

Der direkte, naturale Tauschhandel hört auf und das Geld wird zum Instrument des Handels, zum Vermittler des Tausches. Smith nennt aber nicht nur die Tauschmittelfunktion des Geldes. Die Geldsumme drücke den Tauschwert jeder Ware aus, der nicht als Arbeit erscheinen kann. Geld ist das Maß des Wertes für andere Waren, aber es könne kein exaktes Maß sein, weil sein Wert selbst „dauernden Schwankungen unterworfen ist [...] Nur die Arbeit ändert niemals ihren eigenen Wert und ist daher allein das endgültige und reale Maß, durch das der Wert aller Waren jederzeit und allerorts gemessen und verglichen werden kann. Arbeit ist ihr wirklicher und Geld ist nur ihr nomineller Preis." (Smith 1976: 43 f) Der nominelle Preis ist die entsprechende Geldsumme, der reale Preis ist die Menge „notwendiger und angenehmer Dinge des Lebens" die man mit ihr kaufen kann. (Smith 1976: 44) Unter Beachtung der Veränderungen im Gold- und Silberwert drückt ein und derselbe nominelle Preis zuweilen ganz unterschiedliche Werte aus. Smith verknüpfte also die Arbeitswerttheorie mit der Bestimmung des Geldwerts, weist aber zugleich auf dessen Unzulänglichkeiten als Maß des Wertes der anderen Waren hin. „Das Geld jedes Landes ist jederzeit und allerorts ein mehr oder weniger exaktes Maß des Wertes, je nachdem ob die zirkulierenden Münzen mehr oder weniger genau mit ihrem Münzfuß übereinstimmen oder mehr oder weniger genau die Menge an reinem Gold oder Silber enthalten, die in ihnen stecken soll." Da die Übereinstimmung wegen der Unvollkommenheit der Münzen unsicher ist, „bestimmt der Kaufmann den Preis seiner Waren, so gut er kann, nicht danach, was diese Maße und Gewichte darstellen sollen, sondern danach, was sie seiner Erfahrung nach im Durchschnitt tatsächlich ausmachen." (Smith 1976: 60)

7.6.4 David Ricardo – Ökonom der industriellen Revolution und Quantitätstheoretiker

David Ricardo wird im April 1772 als drittes von siebzehn Kindern in London geboren. Er entstammt einer aus Holland nach England eingewanderten Familie. Sein Vater war Börsenmakler und einer der wohlhabendsten Männer seiner Zeit. David darf ihn schon im Alter von 14 Jahren zur Börse begleiten und sammelt früh erste praktische Erfahrungen im Geschäftsleben. Mit 21 heiratet er Priscilla Anne Wilkinson, eine Quäkerin. Dadurch kommt es zum Bruch mit dem jüdischen Elternhaus. Der Vater enterbt ihn. Doch Ricardo erwirbt durch Spekulationen an der Börse ein beträchtliches Vermögen. Mit 40 Jahren gehört er zu den 100 reichsten Männern Englands, ist eine angesehene Persönlichkeit der Londoner Finanzwelt. Der sowjetische Theorienhistoriker Andrej W. Anikin nennt ihn einen umgänglichen Menschen „von untersetzter Gestalt, schmal, aber doch recht kräftig und sehr beweglich; ein sympathisches Gesicht, das Intelligenz, Gutmütigkeit und Offenheit ahnen ließ". (Anikin 1974: 267) Im Jahre 1819 wird Ricardo Mitglied des britischen Unterhauses. Er ist kein glänzender Redner, hat eine hohe, etwas scharfe Stimme. Über seine Tätigkeit im Parlament sagt er: „Ich habe zweimal angefangen zu sprechen, war aber so befangen, dass ich alle Hoffnungen aufgebe, der Furcht Herr zu werden, die mich jedes Mal überfällt, wenn ich meine eigene Stimme höre." Aber der Aufmerksamkeit seiner Hörer kann er stets sicher sein. Logische Strenge, Sachlichkeit und Wesenserfassung sind typisch für seine Reden im Parlament, wie für seine Schriften.

Ökonom der industriellen Revolution

Ricardo erlebt, wie die industrielle Revolution die materielle Produktion in seinem Geburtsland umwälzt. Fabriken lösen Manufakturen ab. Die industrielle Großproduktion beginnt in der Textilbranche, erfasst die Kohle-, Eisen- und Stahlindustrie, die Grundlagen des Maschinenbaus. Industrieproduktion und Außenhandel steigen. Großbritannien wird die industrielle Werkstatt der Welt, ein gigantischer Umschlagplatz für Waren, mit denen die Menschen weltweit Handel treiben. Die neue Zeit stellt neue Fragen. Sie betreffen Preis-, Geld-, Kredit-, Staatsschulden-, Steuer- und andere Probleme. Bei dem Versuch, ihnen auf den Grund zu gehen, stößt Ricardo auf Adam Smiths Meisterwerk „Reichtum der Nationen", das die ökonomischen Vorstellungen der damaligen Zeit prägt. Ricardo entnimmt dem Buch viele Anregungen, zu denen er sich zeitlebens bekennt. Im Jahre 1817 erscheint sein Hauptwerk „Über die Grundsätze der Politischen Ökonomie und der Besteuerung", das bis zu seinem Tode drei Auflagen erlebt. Die beiden ersten Kapitel, so Karl Marx, enthalten „das ganze Ricardosche Werk", sie sind ein „theoretischer Genuss" [...] „wegen ihrer Originalität, Einheit der Grundanschauung, Einfachheit, Konzentriertheit, Tiefe, Neuheit und gedrängten Kürze." (MEW 26.2: 166) Jürgen Kuczynski lobt Ricardo überschwänglich. Er sei

> der größte Politökonom, den die Menschheit vor Marx hervorgebracht hat. Wie Darwin unter den Naturwissenschaftlern, so ragt Ricardo unter den Gesellschaftswissenschaftlern des Bürgertums einzig hervor. Neben Shakespeare oder Goethe nennen wir Puschkin, Dante, Homer – neben Michelangelo Phidias – neben Rembrandt Da Vinci – neben Kopernikus Ptolemäus, neben Hegel Diderot, Bacon, Leibniz, Aristoteles. Neben Ricardo nennen wir keinen, ebenso wenig wie neben Darwin. (Kuczynski 1965: 130)

Richtig ist, dass Ricardo die klassische bürgerliche Ökonomie Englands zu ihrem Höhepunkt führt. Die bürgerlichen Arbeitswert- und Mehrwerttheorien erreichen, zwar mit Mängeln behaftet, durch ihn ihre höchste Vollendung. Ricardo stirbt zwei Jahre bevor 1825 die erste zyklische Überproduktionskrise in der Geschichte des Kapitalismus ausbricht. Er erlebt nicht mehr, wie sich die Widersprüche der kapitalistischen Reproduktion zuspitzen, kann seinen Gegenstand wissenschaftlich unbefangen, rigoros und ehrlich analysieren. Seine Überzeugung, die kapitalistische Reproduktion garantiere, dass alle Produkte jederzeit abgesetzt werden können, hat noch eine gewisse historische Berechtigung.

Ricardo sieht das Hauptproblem der Politischen Ökonomie „in dem Auffinden jener Gesetze, welche die Verteilung des Nationaleinkommens in Grundrente, Profit und Lohn bestimmen." (Ricardo 1817/1959: 3) Marx sagt, damit mache er „endlich bewusst den Gegensatz der Klasseninteressen, des Arbeitslohns und des Profits, des Profits und der Grundrente." (MEW 23: 20) Der amerikanische Ökonom Henry Charles Carey (1793–1879) bezeichnet aus dem gleichen Grund das System des Herrn Ricardo als ein „System der Zwietracht [...] es läuft hinaus auf die Erzeugung der Feindschaft zwischen Klassen und Nationen." (Carey 1848: 74 f, zit. aus MEW 26.2: 163) Ricardo verteidigt die Interessen der englischen Industriebourgeoisie gegen den Landadel, den industriellen Profit gegen die Rente der Grundbesitzer. Als Befürworter des Freihandels bewegt er sich in den Fußstapfen des bürgerlichen Liberalismus, der von den französischen Physiokraten begründet und von Adam Smith weiterentwickelt wurde.

Typisch ist sein Ahistorismus. Während Smith immerhin einen Urzustand unterschied, existiert für Ricardo die kapitalistische Produktion von Anfang an und ewig. Marx sagt, auch Ricardo sei nicht ohne seine Robinsonade. „Den Urfischer und den Urjäger lässt er sofort als Warenbesitzer Fisch und Wild austauschen, im Verhältnis der in diesen Tauschwerten vergegenständlichten Arbeit. Bei dieser Gelegenheit fällt er in den Anachronismus, dass Urfischer und Urjäger zur Berechnung ihrer Arbeitsinstrumente die 1817 auf der Londoner Börse gangbaren Annuitätentabellen zu Rate ziehen." (MEW 23: 82)

Vordringen zum Wesen

Ricardo sieht die Probleme nur von ihrer quantitativen Seite, nicht von der qualitativen, für Gerhard Bondi (1911–1966), dem Herausgeber von Ricardos „Grundsätzen" in der DDR, eine grundlegende Schwäche der theoretischen Analyse. Der irische Nationalökonom und Historiker John Kells Ingram (1823–1907) sagt, Ricardo bewege sich „in einer Welt der Abstraktionen", gehe von „willkürlichen Voraussetzungen aus, leite auf deduktive Weise Folgerungen ab, die teilweise nicht der Wirklichkeit entsprechen. Die Natur habe ihn mehr zum Mathematiker zweiten Ranges als zum Sozialphilosophen bestimmt." (zit. aus Ricardo 1817/1959: XXXI) Anders Gerhard Bondi: „Indem Ricardo von allen Begleiterscheinungen der kapitalistischen Produktionsweise abstrahiert, die für den inneren Zusammenhang unwesentlich sind, gelingt es ihm, charakteristische Grundmerkmale der bürgerlichen Gesellschaft bloßzulegen." (zit. aus Ricardo 1817/1959: XXX f) Seine historische Bedeutung für die Wissenschaft liegt darin, dass er die Widersprüche im Werk von Adam Smith überwindet, von den äußeren Erscheinungen der ökonomischen Oberfläche bis zu ihrem Wesen vordringt und die Klassengegensätze der bürgerlichen Gesellschaft aufdeckt.

Ricardos herausragende Erkenntnis: Die Rückführung alles Ökonomischen auf Arbeit. „Der Wert einer Ware [...] hängt ab von der [...] Menge an Arbeit, die zu ihrer Produktion notwendig ist, nicht aber von dem höheren oder geringeren Entgelt, das für diese Arbeit gezahlt wird", sagt er. (Ricardo 1817/1959: 9) Während Adam Smith in seiner Werttheorie inkonsequent ist, sind bei Ricardo alle Unbestimmtheiten und jedes theoretische Halbdunkel verschwunden. Gerhard Bondi sagt, Ricardo „schiebt jeden Aberglauben über die wertbildenden Fähigkeiten der Natur oder anderer Faktoren als der Arbeit beiseite. Für ihn ist die Arbeit wertschöpfende Kraft – und nur die Arbeit ... " (Ricardo 1817/1959: XXI) Von ihr und damit vom Wert werden alle ökonomischen Kategorien und Erscheinungen logisch abgeleitet, selbst diejenigen, welche ihm „im ersten Augenblick zu widersprechen scheinen, wie die Rente, die Akkumulation der Kapitalien und das Verhältnis der Löhne zu den Profiten. Gerade das ist es, was seine Lehre zu einem wissenschaftlichen System macht [...]." Und damit zwinge Ricardo, „die Wissenschaft ihren Schlendrian zu verlassen." (MEW 26.2: 163) Ricardos Arbeitswerttheorie aber ist noch mangelhaft. Er beschränkt die Untersuchung auf die Wertgröße, vernachlässigt die Wertsubstanz, kennt nur die konkrete, keine abstrakte Arbeit, unterscheidet nicht zwischen der Arbeit und der Arbeitskraft, betrachtet die menschliche Arbeit völlig unhistorisch, macht keinen Unterschied zwischen Sklavenarbeit und kapitalistischer Arbeit. Der Wert ist für ihn eine ewig existierende natürliche Kategorie, keine konkret-historische, keine soziale.

Ungelöstes

Friedrich Engels schreibt, dass die Ricardosche Schule an zwei Problemen zugrunde ging. Erstens am Nachweis, dass das Wertgesetz auch auf den Arbeitsmärkten, d. h. im Austausch zwischen Kapital und Arbeit, gilt. „Die Arbeit ist das Maß des Werts.

Nun hat aber die lebendige Arbeit einen geringeren Wert als die vergegenständlichte Arbeit, gegen die sie ausgetauscht wird. Der Arbeitslohn, der Wert eines bestimmten Quantums lebendiger Arbeit, ist stets geringer als der Wert des Produkts, das von diesem selben Quantum lebendiger Arbeit erzeugt wird [...] Die Frage ist in dieser Fassung in der Tat unlöslich. Sie ist von Marx richtig gestellt und damit beantwortet worden [...] Es ist nicht die Arbeit, die als Ware gekauft wird, sondern die Arbeitskraft [...].“ (MEW 24: 25) So gelingt Marx der Nachweis, dass sich die Kapitalisten nicht dadurch bereichern, dass sie das Wertgesetz beim Kauf der Arbeitskräfte verletzen, sondern anwenden. Ricardo kennt nur die Kategorie „Wert der Arbeit“ und nimmt deshalb zu Unrecht an, dass das Wertgesetz im Austausch zwischen Kapital und Arbeit versagt. Zweitens produzieren nach Ricardo zwei Kapitale, die gleich viel und gleich hoch bezahlte lebendige Arbeit anwenden, alle anderen Umstände gleichgesetzt, in gleichen Zeiten Produkte von gleichem Wert und ebenfalls Mehrwert oder Profit in gleicher Höhe. Wenden sie aber ungleiche Mengen lebendiger Arbeit an, so müssten auch der Mehrwert bzw. der Profit ungleich hoch sein. Tatsächlich aber entfallen auf gleiche Kapitale, egal wie viel lebendige Arbeit sie anwenden, in gleichen Zeiten durchschnittlich gleich hohe Profite. Hier liegt ein Widerspruch zum Wertgesetz vor, der Ricardo auffällt, den er und seine Schule sich aber nicht erklären können. Auch Marx` Lösungsversuch ist umstritten geblieben. Sein Modell des Profitratenausgleichs zwischen den Zweigen der Volkswirtschaft beruht wie jedes Modell auf Prämissen, stellt ein vereinfachtes Abbild der ökonomischen Realität dar, die es unvollkommen widerspiegelt. Seit Ende des 19. Jahrhunderts bis heute wird diskutiert, ob Marx die rechnerische Umwandlung der Werte in Produktionspreise und damit die des volkswirtschaftlichen Mehrwerts in den Durchschnittsprofit gelungen sei. Über das Problem, an dem schon David Ricardo scheiterte, erscheinen noch immer Bücher und Aufsätze (vgl. Müller 2024a: 347–390)

Über das Geld

Zu Beginn des 19. Jahrhunderts bestand das umlaufende Geld in England fast ausschließlich aus Noten. Die Erfahrung lehrte, „dass weder ein Staat noch eine Bank jemals die uneingeschränkte Macht zur Ausgabe von Papiergeld hatten, ohne diese Macht zu missbrauchen. Daher sollte die Ausgabe von Papiergeld in allen Staaten irgendeiner Beschränkung oder Kontrolle unterliegen.“ (Ricardo 1817/1959: 349) David Ricardo hielt es für notwendig, „der Verschlechterung des Papiergeldes mindestens mit derselben Achtsamkeit“ zu begegnen, „wie wir es mit derjenigen der Münzen tun.“ (Ricardo 1810/1979: 81) Das Übel bestehe darin,

> daß das Parlament die Bank der Verpflichtung enthoben hat, in Münze zu zahlen“ [...] Dadurch „hat es die Leiter dieses Unternehmens instand gesetzt, die Menge und den Betrag der Noten nach Belieben zu vergrößern oder zu verringern. Da hierdurch die früher bestehenden Hemmungen gegen eine übermäßige Notenausgabe aufgehoben worden sind, steht es in der Macht jener Direktoren, den Wert des Papiergeldes zu steigern oder zu mindern. (Ricardo 1810/1979: 81)

Ricardo vertrat dabei einen konsequent quantitätstheoretischen Standpunkt. Eine Übermenge an inkonvertiblen Banknoten führe zu steigenden Preisen und sinkendem Wert des englischen Pfundes. In seiner 1810 erschienenen Schrift „The High Price of Bullion" kritisiert er die Geldpolitik der Notenbank. „Hätten die Direktoren der Bank ihren Betrag an Noten in vernünftigen Grenzen gehalten, hätten sie nach dem Prinzip gehandelt [...], ihre Noten auf den Betrag zu beschränken, der ein Überschreiten des Marktpreises über den Münzpreis des Geldes hinaus verhindert, dann wären wir jetzt nicht allen Mißständen einer entwerteten, beständig wechselnden Währung ausgesetzt." (Ricardo 1810/1979: 99) „Die einzige gesetzliche Sicherheit des Publikums gegen Unvorsichtigkeiten der Bank", schreibt Ricardo, sei „deren Verpflichtung, auf Verlangen ihre Noten in Bar auszuzahlen. Dies kann nur geschehen, wenn eine Verminderung des in Umlauf befindlichen Betrages an Banknoten stattfindet, bis der Nominalwert des Goldes auf seinen Münzpreis reduziert ist." (Ricardo 1810/1979: 102) Nichts scheint für die Begrenzung des Banknotenumlaufs „so geeignet zu sein wie die Verpflichtung für die Emittenten von Papiergeld, ihre Noten entweder in Goldmünzen oder -barren einzulösen." (Ricardo 1817/1959: 349)

> Es gibt bei der Ausgabe von Papiergeld nichts Wichtigeres als sich der Wirkungen, die sich aus dem Grundsatz der Quantitätsbegrenzung ergeben, bewußt zu sein. In fünfzig Jahren wird kaum jemand glauben, daß Bankdirektoren und Minister zu unserer Zeit sowohl im Parlament als auch vor parlamentarischen Ausschüssen allen Ernstes behaupteten, daß die Notenemissionen der Bank von England, die nicht durch irgendein Recht der Inhaber dieser Noten in Schranken gehalten werden, im Austausch dafür entweder Metallgeld oder Barren zu verlangen, keine Wirkung auf die Preise der Waren, der Barren oder Auslandswechsel hatten, noch haben konnten. (Ricardo 1817/1959: 346)

Ricardo hielt Papiergeld, das Gold repräsentiert, für die geeignetste Währung, zumindest für die Ausübung der Tauschmittelfunktion.

> Eine Währung ist auf ihrem vollendetsten Stand, sobald sie nur noch aus Papiergeld besteht, aber aus Papiergeld von gleichem Wert wie das Gold, das es zu repräsentieren vorgibt. Der Gebrauch von Papier anstatt von Gold ersetzt das teuerste durch das billigste Zirkulationsmittel und ermöglicht dem Land, ohne Verlust für irgend jemand, alles Gold, das vordem für diesen Zweck benutzt wurde, gegen Rohmaterial, Werkzeuge und Nahrungsmittel einzutauschen, durch deren Verwendung sowohl sein Reichtum als auch seine Annehmlichkeiten vermehrt werden. (Ricardo 1817/1959: 354)

Ricardo ist konsequenter Arbeitswerttheoretiker. Er wendet die Theorie des Arbeitswerts auch auf die metallischen Zahlungsmittel an, indem er ihnen den Wert zuordnet, der bestimmt ist durch die zu ihrer Produktion notwendigen Arbeitszeit.

> Wie alle anderen Waren haben Gold und Silber nur Wert entsprechend der Menge Arbeit, die für ihre Produktion und um sie auf den Markt zu bringen erforderlich ist. Gold ist nicht deswegen etwa fünfzehnmal teuerer als Silber, weil eine größere Nachfrage danach existiert oder weil das Angebot an Silber fünfzehnmal größer als das von Gold ist, sondern allein deswegen, weil

für die Produktion einer bestimmten Menge davon die fünfzehnfache Menge Arbeit notwendig ist. (Ricardo 1817/1959: 344 f)

In Bezug auf das nicht einlösbare Papiergeld vertritt Ricardo, wie erwähnt, aber einen rigorosen quantitätstheoretischen Standpunkt. „Man darf hier nicht den Theoretiker Ricardo [...] gegen den politischen Ökonomen ausspielen wollen, als welcher er in der Bullion-Kontroverse argumentierte", schreibt Heinz Rieter. Und: „Diese Debatte war kein akademisches Geplänkel; in ihr ging es nicht um theoretische Feinheiten, sondern um handfeste politische Interessen. Ricardo und seine Mitstreiter wollten jenen Leuten das Handwerk legen, die das Recht oder besser die Macht hatten, Geld zu drucken und in Umlauf zu bringen, weil sie ihnen zutiefst misstrauten." (Rieter 2014: 284) Trotzdem bleiben die Frage und der Widerspruch, wie man den Wert des Geldes einerseits arbeitswerttheoretisch erklärt, also durch die Arbeitszeit zur Geldproduktion – Blaug und andere sprechen theoretisch nicht ganz korrekt von Produktionskosten, statt von Arbeitszeit – andererseits zugleich den Wert quantitätstheoretisch bestimmt, d. h. durch die Menge des zirkulierenden Geldes. Gerhard Bondi glaubt, das sei der mangelhaften Erkenntnis der Funktionen des Geldes geschuldet. Ricardo betrachtete das Geld nur als Zirkulationsmittel und verfehlte so den grundsätzlichen Unterschied, der zwischen dem Gold und dem Papiergeld besteht, die er beide nur als Wertzeichen begriff. Die „tiefste Ursache dieses Irrweges" liege „in den Unvollkommenheiten seiner Werttheorie, im Fehlen einer Analyse der Qualität des Wertes, das ihm notwendigerweise die umfassende Einsicht in die Funktionen des Geldes versperrt" (Ricardo 1817/1959: XXVIII), insbesondere in die des Wertmaßes und der Wertaufbewahrung. Blaug dagegen sagt, die Quantitätstheorie sei „die kurzfristige Geldwert-Theorie der Klassik, und zwar sowohl für Papier- als auch für Metallgeld; die Produktionskostentheorie des Geldes bleibt der langfristigen Betrachtung vorbehalten, und zwar nur für den Fall der Metallwährung." (Blaug 1971: 245) Greitens betont im Gegensatz dazu, die Arbeitswerttheorie betreffe bei Ricardo nur die Geldware Gold, die Quantitätstheorie gelte allein für das uneinlösliche Papiergeld. Bei all ihren Mängeln, so Anikin, habe Ricardos Geldtheorie eine bedeutende Rolle in der Entwicklung der ökonomischen Theorie gespielt. Sie habe Fragen in den Mittelpunkt gerückt, über die es nur nebelhafte Vorstellungen gegeben habe und die für die Geldtheorie später bedeutsamer werden sollten: „die Umlaufgeschwindigkeit des Geldes, die ‚Geldnachfrage' [...], die Rolle der Konvertierbarkeit von Papiergeld in Gold; der Mechanismus der internationalen Goldbewegung und der Einfluss des Warenpreisniveaus auf die Handels- und Zahlungsbilanzen." (Anikin 1974: 244)

7.7 Ferdinando Galiani: Subjektiver Geldwert

Ferdinando Galiani (1782–1787) war ein italienischer Ökonom, Merkantilist und Gegner des Physiokratismus. Er schrieb bereits mit 16 Jahren eine Schrift über den Zustand des Geldwesens zur Zeit des Trojanischen Krieges und übersetzte Werke von John Locke. Im Jahre 1751 erschien seine berühmte Arbeit „Della moneta" (Vom Geld) (Galiani 1751/1999), für die er die Einkünfte aus dem Bistum Centola und der Abtei San Lorenzo erhalten haben soll. Seine herausragenden Beiträge zur Geldtheorie und des Wertes bescherten ihm „einen besonderen Platz in der Geschichte des ökonomischen Denkens." (Pribram 1998: 226) Galiani ist der Auffassung, Gold und Silber seien von Natur aus Geld, doch Gold und Silber sind nicht von Natur Geld, wohl aber ist Geld von Natur Gold und Silber. (MEW 23: 104) Gold und Silber sind prädestiniert dafür, Geld zu sein, weil sie nach Galiani die „Eigentümlichkeit und Besonderheit" besitzen, „daß in ihnen allein alle Verhältnisse zurückgeführt sind auf eines, das ist ihre Quantität, daß sie von der Natur keine verschiedene Qualität erhalten haben, weder im innern Bau, noch in der äußern Form und Bearbeitung." (zit. nach MEW 13: 129) Galiani sagt, dass die Mühe (fatica) das Einzige sei, das den Waren Wert gibt. (MEW 13: 43) Er betrachtet den Wert als ein Verhältnis zwischen Personen, hätte aber hinzusetzen müssen, ergänzt Marx, ein „unter dinglicher Hülle verstecktes Verhältnis." (MEW 23: 88) Nach Galiani werden die Werte der Güter, die die Natur den Menschen bereithält, wie die Edelmetalle Gold und Silber – das Geld also – durch ihre Seltenheit und Nützlichkeit bestimmt. Er spottete über die scholastische Auffassung, dass die Verwendung der Edelmetalle als Geld auf einer Übereinkunft bzw. Absprache beruhten, und ist überzeugt, dass das Geld spontanes, unbewusstes Resultat menschlichen Handelns sei. Galiani lehnt die nominalistische Konventionstheorie des Geldes ab:

> Die Vorstellung, daß sich seinerzeit alle Menschen zusammengefunden und vereinbart hätten, die Edelmetalle, für die man im Grunde keine Verwendung hatte, als Geld zu gebrauchen, und daß Gold und Silber auf diese Weise ihren Wert bekommen hätten, ist einfach lachhaft. Wo gäbe es denn jemals eine solche Zusammenkunft des ganzen Menschengeschlechts? Zu welcher Zeit und an welchem Ort hätte sie stattgefunden? (Galiani 1751/1999: 141)

Produkte, die vom Menschen erzeugt werden, erhalten dagegen ihren Wert durch die Arbeit, die notwendig ist, sie herzustellen. Doch wäre es vermessen, Galiani deshalb als einen Wegbereiter des arbeitswerttheoretischen Denkens zu betrachten, obgleich er und andere italienische Ökonomen mit solchen „mehr oder minder treffenden Einfällen an die richtige Analyse der Ware anstreifen." (MEW 13: 42) In seinen Werken dominiert der Nutzengedanke, zumal er auch den Lohn, den die Arbeiter erhalten, erklärt mit der Nützlichkeit und der Seltenheit der Fähigkeiten, die der Arbeiter besitzt. Galiani gehört zu den Vorläufern der subjektiven Nutzentheorie. Er nahm das Argument der Grenznutzentheoretiker des 19. Jahrhunderts vorweg, indem er sagte, die Menschen setzten die Bedürfnisbefriedigung fort, bis die Mühen und Beschwernisse, die damit verbunden sind, den Lustgewinn überstiegen. (Pribram 1998: 227)

Galiani sagt, dass das Geld in den Funktionen als Wertmaß bzw. Recheneinheit und als Tauschmittel in unterschiedlichen Arten auftritt:

> Das Geld ist von zweierlei Art, ideales und reales; und es wird in zwei verschiedenen Weisen gebraucht, um die Dinge zu schätzen und um sie zu kaufen. Zum Schätzen ist das ideale Geld geeignet, ebenso wie das reale und vielleicht auch besser. Der andere Gebrauch des Geldes besteht im Kauf jener Dinge, die es schätzt [...] Die Preise und die Kontrakte werden in idealem Gelde geschätzt und in realem Gelde verwirklicht. (zit. aus MEW 13: 71)

Tatsächlich muss das Geld nicht körperlich da sein, um den Wert der Dinge ausdrücken oder, was auf das Gleiche hinausläuft, den Preis des Gutes anzugeben. Galiani reflektiert die Wertmaßfunktion des Geldes, spricht aber vom „Schätzen", worin zum Ausdruck kommt, dass er den Wert als etwas subjektiv Bestimmtes auffasst. Zum Schätzen oder zum Ausdrücken des Wertes bzw. zur Preisbildung reicht überdies das ideelle Dasein des Geldes, die Vorstellung von ihm. „Geld ist ein allgemeingültiges Maß, um den Preis jeder Sache zu ermitteln." (Galiani 1751/1999: 142) Doch um die Ware zu kaufen, bedarf es des rellen Geldes. Was es heißt, dass das Geld in der Funktion als Maß der Werte als vorgestelltes oder ideelles Geld auftritt, haben bis heute nicht alle Ökonomen verstanden.[38] Beide Arten des Geldes sind miteinander verbunden, denn „wo immer das *gedachte* Geld verwendet wird, um zu rechnen, muss man als sicher annehmen, dass irgendwann dieses Geld *tatsächliches* Geld war [...]." (Galiani 1751/1999: 153) Galiani weist außerdem auf die Geldumlaufgeschwindigkeit hin, die Geldmenge ersetzen kann: „Es ist die Schnelligkeit des Geldumlaufs und nicht die Menge des Metalls, was macht, daß viel oder wenig Geld vorhanden zu sein scheint." (zit. aus MEW 13: 85) Galiani argumentiert in seiner Geldlehre mit ökonomischen Kategorien „innerer Wert" und „gerechter Preis", die, wie erwähnt, schon in der mittelalterlichen Scholastik diskutiert wurden. (siehe Abschnitte 2.2 und 3.4) In seiner Polemik mit Aristoteles, der eine nominalistische Geldwertbestimmung vertrat und sagte, dass der Verkäufer und der Käufer den Wert vereinbarten, meinte Galiani, dass die Tauschgegenstände, auch die Edelmetalle, einen innewohnenden Wert besäßen. Der den Edelmetallen innewohnende Wert ist aber nicht der Arbeitswert, wie in der Theorie der Klassiker. Er werde vielmehr abgeleitet aus ihrer Nützlichkeit und Seltenheit. Galiani lehnt auch die später üblich werdende Erklärung des Geldwerts als Kaufkraft, d. h. als reziprokes Preisniveau, ab, weil er richtig den darin enthaltenen Zirkelschluss erkennt. Die Preise setzen den Wert des Geldes voraus, den sie erklären sollen.

Die Geldzeichen, die die Edelmetalle in der Zirkulation vertreten, sind nach Galiani „die Beurkundung einer Schuld. Ihr Wert ist bedingt durch die Gewissheit der Schuld, die Korrektheit des Schuldners und die Echtheit der Note, die man in Händen hält." (Galiani 1751/1999: 361) Sie können genauso wie wirkliches Geld umlaufen und Tauschgeschäfte abwickeln helfen, weil sie – dem Charakter nach Kreditgeld – Anspruch auf „wirkliches Geld" darstellen. Galiani kann sich ein Geldsystem ohne Edel-

38 So behauptet Hans-Georg Backhaus, keinem Interpreten der Marxschen Werttheorie sei „es bislang in den Sinn gekommen, das für Marx ‚entscheidend Wichtige' dieser Theorie zu untersuchen" und fragt: „Denn was z. B. soll es heißen, etwas werde ‚ideell ausgedrückt"? (Backhaus 2018: 16, vgl. dazu auch Müller 2024a: 225)

metall nicht vorstellen. (Greitens 2014: 208) Die Bindung der Geldzeichen an eine Geldware bleibt notwendig, weil „die Menschen nicht fähig sind, [...] in abstrakten Größen zu denken; sie brauchen zunächst irgendeinen Gegenstand [...], der dem Zahlenbegriff entspricht; aber wenn sie sich von der Gegenständlichkeit der Dinge unmerklich befreit haben, gewöhnen sie sich sehr gut daran.“ (Galiani 1751/1999: 153)

Galiani betrachtet Geldentwertungen und inflationäre Preissteigerungen nicht als einen ökonomisch-sozialen Missstand. Im Gegenteil, sie seien ein Zeichen für das Wohlergehen eines Volkes. Ein hohes Preisniveau ist „der zuverlässigste Hinweis auf den Reichtum eines Landes.“ (Galiani 1751/1999: 181) „Eine überschäumende Geldmenge und hohe Preise“ hält er für „die treuen Begleiter des Friedens und eines blühenden Staates.“ (Galiani 1751/1999: 177) Denn wo die Wirtschaft wächst und gedeiht, steigen in der Regel auch die Preise. Langfristig steigen mit den Preisen auch die Löhne, so dass die Teuerung langfristig keinen (großen) Verteilungsschaden anrichten könne. Würden alle Preise und Einkommen sofort und in gleichem Umfang erhöht, gäbe es zwar Inflation, aber keine inflationäre Umverteilung. Diese resultiere aus der verzögerten Anpassung der Einkommen an die Preise. Gewinner sind vor allem die Schuldner, weil sie „nicht mehr genau dasselbe zurückgeben“ müssen, was sie einst geliehen hatten. (Galiani 1751/1999: 286) Die Verlierer der Geldentwertung sind die Gläubiger, die aber den Verlust nicht spürten, da ihnen nominell der gleiche Betrag zurückfließt, den sie anderen überlassen hatten. Daher klage auch niemand darüber, dass „die durch die Münzverschlechterung die in Gütern ausgedrückten Ersparnisse der arbeitenden Menschen an Wert verlieren.“ (Galiani 1751/1999: 288 f) Die Geldverschlechterung besitze, so Galiani, Vorteile: „Sie ermöglicht erstens die Befriedigung dringender Staatsbedürfnisse, vermindert zweitens den Realwert der Staatsausgaben und erlaubt drittens, die Schulden zu tilgen.“ (Galiani 1751/1999: 300) Galiani hat mit seinen geldtheoretischen Ansichten Probleme angesprochen, die im 21. Jahrhundert noch immer aktuell sind. Originalität und der wissenschaftlicher Wert seiner „Della moneta“ erklären sich, schreibt Ulrich Busch,

> einerseits aus der historischen Situation des Autors, seiner Stellung in einer Transformationsgesellschaft zwischen Vorkapitalismus und Kapitalismus und seiner theoretischen Positionierung zwischen Monetarismus, Merkantilismus, Physiokratismus und klassischer politischer Ökonomie. Andererseits ist es dem Genie Galianis zu verdanken, dass Mitte des 18. Jahrhunderts, als das ökonomische Denken gerade erst anfing, systematische Gestalt anzunehmen und sich die ökonomische Theorie noch nicht komplett als eigenständige Wissenschaft etabliert hatte, ein derartiges Werk in Neapel zustande gekommen ist. Ausgehend vom Erkenntnisstand seiner Zeit vermochte er, Theorie und Praxis des Geldes gleichermaßen gründlich zu erfassen, kritisch zu diskutieren und systematisch weiterzuentwickeln. (Busch 2016: 41)

7.8 Aufnahme der ökonomischen Klassik in Deutschland

7.8.1 Manufakturkapitalismus

Eine manufakturkapitalistische Entwicklung, die in England früh weit fortgeschritten war, gab es auch in Deutschland seit dem 16. Jahrhundert, wenngleich auch gehemmt durch die feudal-absolutistischen Bedingungen, die vielen Klein- und Zwergstaaten und den jämmerlichen Zustand der Straßen, die behinderten, dass sich ein nationaler Markt und nationale Preise bilden konnten. Im ersten Drittel des 19. Jahrhunderts, als sich in England bereits der Industriekapitalismus entfaltete, befand sich Deutschland noch im Übergang vom Manufaktur- zum Industriekapitalismus – zeithistorisch eine geeignete Grundlage, die Aufnahmebereitschaft deutscher Ökonomen und die Beschäftigung mit dem ökonomischen Werk von Adam Smith zu beflügeln. Immerhin gab es schon sehr große und viele kleine Wollmanufakturen, selbst die ersten Maschinen kamen zum Einsatz. Die rasche Verbreitung der Manufakturen war in Deutschland wie in England von zwei Tendenzen gekennzeichnet. Die Kapitalisten drückten den Lohn der Arbeiter unter das Existenzminimum[39] und benötigten immer mehr Arbeitskräfte, was dazu führte, dass auch viele Kinder in der Produktion beschäftigt wurden. Bei allen Unterschieden zwischen beiden Ländern gab es Gemeinsamkeiten zwischen ihnen, die das Interesse am politökonomischen Werk von Smith in Deutschland verständlich machen. Auf breite Zustimmung stieß vor allem Smiths Begründung des ökonomischen Liberalismus. Peter Thal schrieb, „wenn den Nachbetern der Smithschen Ökonomie in Deutschland ein Verdienst gebührt, dann dieses: Sie haben als Universitätslehrer den Nachwuchs für den preußischen Staatsdienst mit liberalen Ideen infiziert." (Thal 1965: 203)

7.8.2 Christian Jakob Kraus – Glühender Anhänger der Smith'schen Lehre

Adam Smith' „Wealth of Nations" fand unter deutschen Ökonomen Anhänger, weil die sozialökonomischen Bedingungen in England und Deutschland zwar unterschiedlich, und doch auch vergleichbar und ähnlich waren. Einer der glühendsten Verfechter der Smithschen ökonomischen Ansichten war der Königsberger Philosoph und Ökonom Christian Jacob Kraus (1753–1807). In theoretischer Hinsicht folgt Kraus mit Verständnis den Smithschen Auffassungen, „was bis zur Textübereinstimmung reicht, so dass sein Buch streckenweise wie eine Übersetzung des ‚Reichtums der Nationen' wirkt." (Thal 1976: 83) Kraus teilt vorbehaltlos das Smithsche Plädoyer für eine freie, liberale Wirtschaft. Der Liberalismus lag im Interesse des Handels- und Manufakturbürgertums und der ostelbischen Junker, die Getreide exportierten. Ebenso vorbehalt-

39 Den Zustand nennt man „Überausbeutung" (vgl. Müller 2024b: 48 ff)

los übernahm er von Smith die Arbeitswerttheorie und lehnt die alte, aristotelische Ansicht ab, dass es das Geld sei, das die unterschiedlichen Dinge vergleichbar mache:

> Die Einheit und das Maß des Tauschwerts, das Smith erfunden hat, ist so wichtig für [die] Staatswirtschaft als die von Galilei erfundene Einheit für Geschwindigkeit in der Physik. Und die Vorstellung, da man Arbeit als absoluten Wert und Grundmaß des Werts aller Dinge ansieht, verhält sich zu der gewöhnlichen Vorstellung, da Geld als absoluter Wert und als Grundmaß des Werts von allen Dingen, auch von Arbeit angesehen wird, wie die Kopernikanische oder Newtonsche Astronomie zu der gemeinsinnlichen, nach welcher die Erde im Mittelpunkt der Welt steht und Sonne und Sterne sich um sie herumdrehen. (Kraus 1819: 102 f., zit. aus Lehmann et al. 1977: 315)

Die Arbeit ist Inhalt und das innere, direkte Maß des Wertes, sie mache die unterschiedlichsten Produkte vergleichbar, nicht das Geld. Denn Geld ist nur das indirekte, äußere Maß, sein Wert ist selbst durch Arbeit bestimmt.

7.8.3 Immanuel Kant – Der geniale „Ökonom“ aus Königsberg

Kant (1724–1804), der große Philosoph der Aufklärung, hat sich – gemessen an seinem umfangreichen philosophischen Wert nebenbei – auch mit den Grundfragen des Geldes beschäftigt: Was ist Geld? Welche Güter übernehmen in welcher Weise die Geldfunktionen? Wie kommt der Preis eines Dings zustande? (Kant 1797/1990/2016) Der Gebrauch(swert) des Geldes ist, es zu veräußern, um dafür zu erwerben, was man will oder benötigt. Darin besteht seine Brauchbarkeit, unmittelbar genießen wie andere Waren, könne man das Geld nicht; seine Bedeutung liegt darin, ein allgemein beliebtes bloßes Mittel des Handels zu sein. Es repräsentiere alle Waren. Und um alle Waren repräsentieren zu können, muss das Geld selbst Wert besitzen, oder wie Kant sagt, es muss selbst Fleiß gekostet haben, es hervorzubringen. Geld, so seine Ansicht,

> Ist das allgemeine Mittel, *den Fleiß der Menschen gegeneinander zu verkehren*, so: daß der Nationalreichtum, insofern er vermittelst des Geldes erworben worden, eigentlich nur die Summe des Fleißes ist, mit dem Menschen untereinander lohnen, und welcher durch das in dem Volk umlaufende Geld repräsentiert wird. Die Sache nun, welche *Geld* heißen soll, muß also selbst soviel *Fleiß* gekostet haben, um sie hervorzubringen [...], daß dieser demjenigen Fleiß, durch welchen die Ware (in Natur- oder Kunstprodukten) hat erworben werden müssen und gegenwelchen jener getauscht wird, gleichkomme. (Kant 2016: 77)

Kants geniale Einsicht besteht darin, dass der mittels des Geldes ermöglichte Tausch auf ein Gleichheitsverhältnis hinausläuft und dass das Geld, indem es ein Mittel des Tausches ist, zugleich die Höhe des „Fleißes“ misst, der aufzubringen war, um die Handelswaren zu erzeugen. Die Ökonomen nennen letztere die Wertmaßfunktion des Geldes. Kant stimmt Smith zu: „Geld ist also (nach Adam Smith) derjenige Körper, dessen Veräußerung das Mittel und zugleich der Maßstab des Fleißes ist, mit welchem Menschen und Völker untereinander Verkehr treiben.“ (Kant 2016: 80) Daher können Banknoten und Assignaten, selbst wertlos, nicht als Geld angesehen werden, „weil es beinahe gar keine Arbeit kostet, sie zu verfertigen." (Kant 2016: 78) Sie können nur Vertreter, Surrogate des Geldes sein. Das Geld bestimmt den Preis aller Dinge (Waren) und der Preis (pretium) „ist das öffentliche Urteil über den Wert (valor) einer Sache [...]". (Kant 2016: 79) Auch diese Einsicht ist genial. Der empirische, wahrnehmbare Preis ist die Erscheinung von etwas anderem, ist der Geldausdruck des Wertes, des Fleißes, der Arbeit also, die aufzuwenden ist, die Ware zu erzeugen. „Wie ist es aber möglich, daß das, was anfänglich Ware war, endlich Geld ward? (Kant 2016: 78) Allein die Fragestellung offenbart Kants tiefe Einsicht in die Geldwerdung. Geld ist eine Ware, bevor sie Geld wurde. Aus der Warenwelt sondert sich die Geldware, das Geld, ab. Eine Ware wird zu Geld, so Kant, indem der Landesherr diese Ware von seinen Untertanen als Abgaben einfordert. Dann werden auch die Untertanen im Verkehr untereinander die betreffende Ware die Ware als Geld gebrauchen. Werden die Metalle – Kant hielt Silber (mehr oder weniger mit Kupfer gemischt) für „das eigentliche Material des Geldes und den Maßstab der Berechnung aller Preise" – gestempelt, d. h. mit einem Zeichen, für wieviel sie gelten sollen" versehen, sind sie gesetzliches Geld. (Kant 2016: 79 f) Kant äußert sich im Sinne der chartalen Geldtheorie: Der Staat fordere kein Geld, das schon Geld ist. Zu Geld werde erst, was der Staat als Geld akzeptiert und von seinen Steuerzahlern einfordert. Er erklärt die Herkunft des Geldes nominalistisch, den Geldwert aber arbeitswerttheoretisch.

7.8.4 Johann Gottlieb Fichte – Papiergeldeuphorie

Der klassische Philosoph (1762–1814) veröffentlichte 1800 die Schrift „Der geschlossene Handelsstaat", die unter dem Einfluss der klassischen politökonomischen Lehren stand, allerdings weniger unter denen von Smith, sondern mehr unter dem von Locke und Boisguillebert. (Fichte 1845/1943/2016) Der Lehre von Smith und dem ökonomischen Liberalismus stand er verständnislos bis ablehnend gegenüber. (Busch 2016: 47) Busch sagt, Fichte habe Doppeltes kritisiert: Einerseits verurteilte er das alte feudalabsolutistische Regime und pries den „herrlichen Sonnenaufgang" (Hegel), den die Französische Revolution für viele darstellte. Andererseits kritisierte er die aufkeimende kapitalistische Waren- und Geldwirtschaft sowie die liberale Theorie, die sie begründen und rechtfertigen sollte. (Busch 2016: 47) Fichtes Utopie ist der Vernunftstaat, das Reich der moralischen Notwendigkeit. In ihm werde auch das Geld benötigt, als ein besonderes Tauschmittel und als das Zeichen alles Wertes. Geld werde gebraucht zur Repräsentation des Wertes, den die Waren eines Volkes verkörpern. Das Geld solle „aus dem wenigst brauchbaren Material verfertiget" werden. „Je unbrauchbarer dieses Zeichen [...], je weniger inneren Werth es hat, desto schicklicher ist es zum blossen Zeichen; denn alles Brauchbare gehört zum inneren Reichthum der Nation, und soll von ihr genossen, keineswegs aber für andere Zwecke verwendet werden. (Fichte 2016: 83) Der Staat könne und solle festlegen, was als Geld anzusehen sei.

> Ein geschlossener Handelsstaat, dessen Bürger mit dem Ausländer keinen unmittelbaren Verkehr treibt, *kann zu Gelde machen, schlechthin was er will*, wenn er nur declarirt, dass er selbst nur in diesem Geld, und schlechthin mit keinem anderen sich werde bezahlen lassen [...] alle Bürger des Staates sind genöthigt, sich dasjenige Geld anzuschaffen, womit derjenige, an den sie alle am meisten zu zahlen haben, bezahlt werden kann. Dies ist nun der Staat, an welchen Alle, sey es mittelbar oder unmittelbar, Abgaben zu entrichten haben, und der über alles Verhältnis mehr einnimmt, als irgend ein Einzelner oder irgendein Handelshaus im ganzen Lande. (Fichte 2016: 84)

Das Geld ist nach Fichte ein Produkt des Staates. Er lege auch seinen Wert fest. Ein Zuviel oder ein Zuwenig an Geld im Umlauf könne es nicht geben,

> denn das Geld ist an und für sich selbst gar nichts; nur durch den Willen des Staates *repäsentirt* es etwas. Die ganze Summe des circulirenden Geldes repräsentirt die ganze in dem öffentlichen Verkehr befindliche Summe der Waare [...] Nemlich, die Masse der Zeichen, welche der Staat in Umlauf setzt, ist [...] durchaus willkürlich. Sie sey so gross oder so klein sie wolle, sie hat immer denselben Werth [...] Solange das Verhältnis des im Umlaufe befindlichen Waarenwerthes zu dem im Umlaufe befindlichen Gelde dasselbe bleibt, können diese Preise sich nicht ändern [...] (Fichte 2016: 85 f)

Die Preise müssten dagegen sinken, wenn die Warenmenge oder ihr Wert sich bei gleichbleibender Geldmenge erhöhten. Jetzt würde jede Geldeinheit einen höheren Wert repräsentieren, weil das Warenganze einen höheren Wert darstellt. Die Preise müssten steigen, wenn bei demselben Warenwert die Geldmenge sich vergrößerte und damit jede Geldeinheit einen geringeren Wert als vorher repräsentiert. So leitet Fichte den „inneren Geldwert" aus dem Verhältnis der Geldmenge zur Wertsumme der Waren ab und glaubt, der Staat sei in der Lage, den Geldwert zu regulieren, indem er die Geldmenge kontrolliert. Der Staat passe die Geldmenge dem wachsenden Umfang der Waren an.

> Er [...] wird nach diesem vermehrten Waarenwerthe das Verhältniss des Geldes bestimmen; entweder er wird, wenn die bisherigen Geldpreise der Waare bleiben sollen, um so viel Geld mehr in den Umlauf bringen, als an Waarenwerth zu dem bisherigen hinzugekommen ist; oder, wenn die Masse des circulirenden Geldes dieselbe bleiben soll, wird er den hinzugekommenen Waarenwerth unter die ganze Masse des Geldes vertheilen, und die Geldpreise aller Dinge um so viel herabsetzen, als nach gemachter Berechnung auf sie kömmt. (Fichte 2016: 87)

Eine Gefahr für den angemessenen Geldumlauf sieht Fichte darin, dass die Bürger dazu neigen, Geld zu sparen, statt es auszugeben und in den Umlauf zu bringen. Der Gedanke spielt später eine Rolle bei Silvio Gesell (siehe Abschnitt 10.7) und bei John M. Keynes (siehe Abschnitt 9.4.7). Die wirtschaftliche Entwicklung werde dadurch gehemmt, wogegen man nichts machen könne oder sollte.

> Ein geschickter und fleissiger Arbeiter [...] legt das Product seines höheren Fleisses, und seiner sparsamen Lebensart zurück, und bringt es dadurch ausser Circulation. Wenn dieses viele thun, so wird dadurch allerdings eine beträchtliche [...] Verminderung der circulirenden Summe ent-

> stehen. Dennoch lassen sich dagegen keine verhindernden Maassregeln ergreifen; auch würde es eine Einschränkung der [...] Freiheit der Bürger seyn, wenn man solche Maassregeln ergriffe.

Die romantische Verklärung des Staates und seiner ökonomischen Macht ist ein Grund, weshalb der geniale Philosoph Fichte mit seinen ökonomietheoretischen Beiträgen wenig beachtet wurde, wiewohl einige seiner Gedanken sich z. B. in der staatsjuristischen Erklärung des Geldes von Georg Friedrich Knapp (1842–1926) oder in der Stagnationstheorie von John M. Keynes wiederfinden. Seine Auffassungen enthalten auch Richtiges, so die Einsicht, dass, obgleich die Preise den Wert der Waren ausdrücken, jeweils sinkende Preise mit steigenden Werten und steigende Preise mit sinkenden Werten vereinbar sind.

7.8.5 Gottlieb Hufeland – Geld als Maß und Maßstab

Wilhelm Roscher (1817–1894), der Begründer der älteren historischen Schule, nennt Hufeland (1760–1817) „ebenso vielseitig und gründlich gebildet, wie selbstdenkend". (Roscher 1874: 655) Johann Heinrich von Thünen (1783–1850) fügte in seiner Aufzählung der Schriften, die auf den Lehren Smiths beruhen, neben Hufeland das Prädikat „ganz ausgezeichnet" ein. (Thünen 1951: 274) Hufeland lehnte wie Adam Smith den Merkantilismus ab, dessen theoretische Aussagen und wirtschaftspolitischen Ratschläge er für falsch hielt. In seinen Abhandlungen über Geld und Geldumlauf nannte er ihn „ohne Übertreibung die schrecklichste Geißel des achtzehnten Jahrhunderts" (Hufeland 1807, Vorrede) nennt. Das kaufmännische System des Merkantilismus

> ging von der täuschenden Voraussetzung aus: Geld allein sey Reichthum; folgerte hieraus, daß also davon, soviel nur immer möglich wäre, ins Land gezogen, und dann alles im Lande erhalten werden müßte; schränkte deshalb die Einfuhr von Gütern, wofür man ja Geld weggeben müßte, ein; begünstigte auf alle Weise die Ausfuhr, für die man ja eben dem Anschein nach immer Geld erhielt, [...]. (Hufeland 1807, Vorrede)

Hufeland sagt: „Geld ist nicht Münze und Münze ist nicht Geld, sondern Münze kann nur als Geld gebraucht werden." (Hufeland 1819: 9) Geld erkenne man an seinem Gebrauch und der Gebrauch des Geldes bestehe im Tausch. Auf seinen stofflichen Gebrauchswert komme es nicht an, Geld sei Tauschmittel und der Maßstab des Tauschwertes anderer Dinge, habe daher selbst nur einen Tauschwert. Das Geld lässt sich zwar aus unterschiedlichem Material herstellen, das jeweils einen spezifischen Gebrauchswert besitzt, aber diesen Gebrauchswert hat es nicht mehr als Geld. (Deshalb kann man sich auch nicht mit Geld die Zähne plombieren lassen, wie manchmal behauptet wurde, sondern nur mit Gold, das just in diesem Moment kein Geld ist). Bei Papiergeld zeigt sich der Unterschied zwischen dem stofflichen und dem speziell monetären Gebrauchswert eindeutig, denn ein bedrucktes Blatt Papier hat so gut wie keinen Gebrauchswert und kann aber dennoch als Geld gebraucht werden.

> Die ganze Natur des Geldes bestimmt dasselbe bloß zum Tausche; sie ist ganz darauf gerichtet. Eben darum ist es aber auch vor allen andern Dingen zum Tausche geschickt; es lebt gleichsam nur im Tausche und durch den Tausch; es ist einzig und allein dadurch ein Gut, daß es Tauschwerth hat, daß es im und zum Tausche gebraucht wird; und so ergiebt sich denn freylich die Folge sehr einleuchtend, daß nichts so sehr den Tausch gegen andre Sachen und Dienste erleichtern könne als das ohne weitere Nebenrücksicht bloß für den Tausch bestimmte und vorbereitete Geld. (Hufeland 1819: 12)

Hierin sieht Hufeland den Unterschied zwischen dem Geld und den anderen Waren. Waren haben einen von ihrem Wert verschiedenen Gebrauchswert, der ihre Eignung zur Bedürfnisbefriedigung misst, während Geld als Stoff nie produktive oder konsumtive Bedürfnisse befriedigt, nicht wie Waren gebraucht oder gar verbraucht wird. Geld, aus welchem Material es stofflich auch immer bestehe, diene, so Hufeland, „nur zum Maaßstab des Tauschwerths“ (Hufeland 1819: 17) und: „Nur der Tauschwerth des Geldes enthält das Maaß“. (Hufeland 1819: 19). Wie kann also das Geld, das selbst nur Tauschwert besitzt und nur als Maßstab des Tauschwertes dient, den Tauschwert anderer Dinge messen?

> Nicht unmittelbar an sich oder als ein Körper betrachtet. So kann es auf keine Weise der Maaßstab des Werths oder auch bestimmter des Tauschwerths der andern Dinge seyn; hier gebe es kein Drittes, welches die Vergleichung vermitteln könnte. Werth nur kann den Werth messen. Einzig und allein durch den Werth, den wir dem Geld im Tausch und für den Tausch beylegen, bekommt dasselbe die Fähigkeit, daß dadurch der Werth, den andere Dinge im Tausche haben sollen, gemessen werde. (Hufeland 1819: 19 f)

Die Einsicht, dass nur Dinge, die Wert besitzen, den Wert andere Dinge messen können, ist schwerlich zu bestreiten. Das Wort „beylegen“ aber zeigt, dass Hufeland die Kategorie des Werts ganz subjektiv auffasst. Der Wert wird dem Geld und den Waren von Menschen zugewiesen, wird bestimmt durch deren Meinung. Der Geldwert ist ein subjektives Werturteil. Er habe sich im Laufe der Zeit in der Gesellschaft herausgebildet. Denn

> [...] hängt indessen aller Werth, besonders aber aller Tauschwerth, von der Meynung ab; und so erscheint dann die volle Abhängigkeit der ganzen Natur des Geldes, und alles demselben beygelegten Werths von der Meynung in dem höchsten, aber auch einzig richtigen und durchaus nothwendigen, Lichte. Alles kommt darauf zurück, und muß darauf zurückkommen, was jeder seinen Sachen für einen Werth beylegt, und für welche andre Sachen er sie weggeben will; aus welchem allen dann sich allmählich eine gemeine Meynung bildet, zu derer Erzeugung die Meynung mehrer auf einander gewirkt und sich gegenseitig bestimmt hat. (Hufeland 1819: 20)

Aber: „Als vergegenständlichte Arbeitszeit bürgt das Gold für seine eigene Wertgröße, und da es Materiatur der allgemeinen Arbeitszeit ist, bürgt ihm der Zirkulationsprozeß für seine stete Wirkung als Tauschwert.“ (MEW 13: 105) Von der Einsicht, dass Geld einen objektiven Wert, einen Wert unabhängig vom Bewusstsein und Willen des Menschen durch Arbeit erhält und nur deshalb, weil es Wert – gesellschaftlich notwendige Arbeitszeit – darstellt, den Wert der anderen Waren auszudrücken bzw. zu messen vermag, ist Hufeland weit entfernt. Mehr noch, er weist eine derartige Überlegung schroff zurück: „Das Geld hat keinen Maaßstab des Werths außer sich" (Hufeland 1819: 21). Es entspricht der Natur des Geldes, durch seinen Tauschwert den Tauschwert anderer Dinge zu messen, aber nicht, dass sein Tauschwert durch etwas anderes in allgemeingültiger Form gemessen werden soll.

> Aber im allgemeinen heißt es die Natur des Geldes aufheben, wenn man für dieses wieder einen neuen Maaßstab suchen will. Der ganze Umfang des Geldes ist, so zu sagen, in sich selbst geschlossen, und versagt jedem andern Maaß den Zugang. Kein Maaß, das man für irgend eine Geldsorte oder Geldart sucht, kann außer dem Gelde gefunden werden; vielmehr ist alles und jedes Maaß dieser Art nur wieder im Gelde selbst zu suchen und zu setzen. Das Geld mißt andere Dinge durch seinen Tauschwerth; aber Geld wird nur wieder durch Geld gemessen. (Hufeland 1819: 22)

Mit diesen den Betrachtungen über das Geld, hat der „Kantianer" (Schmoller 1888) Hufeland versucht, die Dimensionen des Begriffes „Geld" zu erfassen. Er kommt dabei aber nicht über den Stand von Aristoteles hinaus, für den das Geld das Medium war, das die Dinge vergleichbar macht. Das Urteil Friedrich Hoffmanns, Hufeland nähere sich „der Smith'schen Lehre, wie sich aus der Gestaltung seiner Geldwerttheorie" ergäbe (Hoffmann 1907: 79), ist daher problematisch. Das letzte Zitat lässt außerdem erahnen, dass Hufeland die Funktionen Maß der Werte und Maßstab der Preise verwechselt. Als Maß des Wertes misst es den Wert der Waren, ist „gesellschaftliche Inkarnation der menschlichen Arbeit", als Maßstab der Preise ist das Geld „ein festgesetztes Metallgewicht" (MEW 23: 113). Der Maßstab findet sich in den allgemeinen Gewichtsmaßen der Metalle, die bei aller metallischen Zirkulation als Maßstab der Preise dienen. Analog die technische Einteilung bei Papierwährungen, 1 Euro = 100 Cent. (MEW 13: 54)

7.8.6 Adam Müller – Der allmächtige Staat

Adam Heinrich Müller, Ritter von Nitterdorf (1779–1829) begründete die konservativ-reaktionär-romantische Schule der politischen Ökonomie. Er idealisierte das Mittelalter, setzte sich dafür ein, die alte feudale Ständeordnung wiederzubeleben, lobte die spätfeudalen Verhältnisse der Leibeigenschaft und war ein konsequenter Gegner der ökonomischen Klassik, vor allem der Lehren von Adam Smith, wenn er ihm auch in Teilen zustimmte. Er anerkennt dessen Bemerkungen über die Arbeitsteilung, widerspricht aber dem Prinzip des Liberalismus, das er ersetzt sehen möchte durch einen starken Staat, der keine bloße Manufaktur, Assekuranzanstalt oder merkantilistische Sozietät sein dürfe, sondern ein politisches Zentrum der Macht. Vor allem aber lehnt er die Arbeitswerttheorie Smiths ab. Nicht die Arbeit, sondern der Staat bzw. das Gesetz sind nach Müller der allgemeine Maßstab. Er vertrat eine romantisch verklärte staatlich-nominalistische Theorie des Geldes. Zwar sei das Geld auch ein technisches

Mittel zum Messen und dazu da, den Tausch zu erleichtern, vor allem aber sei es wie die Sprache „eine allen Individuen der bürgerlichen Gesellschaft inhärirende Eigenschaft, kraft deren sie mehr oder weniger mit den übrigen Individuen in Verbindung zu treten [...] vermögen." (A. Müller 1922: 29) Später wird Niklas Luhmann (1927–1998) die Auffassung übernehmen, wobei er den Tausch als eine bestimmte Form der Kommunikation versteht, woraus wiederum folgt, dass das Geld eine spezifische Form der Kommunikation sozialer Systeme sei. (Schneidereit 2016: 157) Luhmann sagt, der Tausch sei „eine Kommunikation, die die Asymmetrie der Leistungen resymmetrisiert [...] Das Medium Geld stellt lediglich Kommunikationsmöglichkeiten zur Verfügung, die in künftige Tauschbeziehungen eingebracht werden können." (Luhmann 2016:162) Der Staat legalisiere das Geld. „[...] der Glaube an das Gemeinwesen, der Glaube, daß dieses Gemeinwesen unaufhörlich für das Gesamtbedürfnis sorgen werde, macht es möglich, daß eine Sache von einer Person auf die andere übertragen werden könne und daß sich beide Personen über die Äquivalenz des gegebenen und des empfangenen vereinigen können." (A. Müller 1922: 178 f) Ab 1806 hielt Adam Müller als Privatgelehrter „Vorlesungen über die deutsche Wissenschaft und Literatur" und gab ab 1806 gemeinsam mit Heinrich v. Kleist eine Zeitschrift heraus. Sein Hauptwerk „Die Elemente der Staatskunst" (A. Müller 1809) entstand aus seinen Vorlesungen.

> Es ist ein [...] eingeschworenes Kompendium restaurativer Staatsweisheit, das an seinen politischen und staatsphilosophischen Teilen als Antwort auf die Französische Revolution, in seinen ausführlich entwickelten ökonomischen Teilen als Reaktion auf Smith angesehen werden muß. Müller attackiert die liberale Wirtschaftsauffassung von Smith als einen Rückfall in eine fatalistische Geschichtsphilosophie und verketzert sie als „revolutionär" und „anarchisch" [...] Anarchie und Chaos [würden ausbrechen], wenn „die Strudelgewalt des Marktes" nicht durch eine widerstandsfähige feudalistische Landwirtschaft ausbalanciert werde. Seine Kapitalismuskritik [...] prangerte die frühkapitalistischen Fabrikzustände an und heuchelte ein gewisses Maß an Anteilnahme für die elende Lage des Proletariats. (Rudolph 1989: 375)

Marx bezeichnete A. Müller als einen „romantischen Sykophanten" (MEW 23: 139), dessen „Tiefsinn" darin bestanden habe, „die Staubwolken der Oberfläche zu sehen und dies Staubige unmaßgeblich als etwas Geheimnisvolles und Bedeutendes auszusprechen." (MEW 25: 369) „Es waren zwei Umstände, die A. Müller speziell zu einer sogenannten *höhern* Auffassung der politischen Ökonomie befähigten. Einerseits seine ausgebreitete Unbekanntschaft mit ökonomischen Tatsachen, andrerseits sein bloß dilettantisches Schwärmereiverhältnis zur Philosophie." (MEW 13: 56 f) Wie Hufeland will A. Müller das Metallgeld ersetzen durch Papiergeld. „Fichtes Papiergeld-Euphorie", schreibt Rieter, „erreichte einen gewissen Höhepunkt bei den romantischen Staatswissenschaftlern und Nationalökonomen, insbesondere bei Adam Müller." (Rieter 2014: 339) In dessen 1816 veröffentlichten Schrift „Versuche einer neuen Theorie des Geldes" teilt er seine Vorstellungen darüber mit, wie das Geldsystem gestaltet werden solle, um die Wirtschaft in ruhigere Bahnen zu lenken. (A. Müller 1816/1922) „Müllers spezifischer ‚deutscher' Beitrag bestand darin", so Heinz Rieter, „Wesen, Wert und Wirkungen des Geldes neu zu überdenken". (Rieter 2014: 340) Die

Schrift enthalte „eine der oberflächlichsten vulgärökonomischen Darstellungen“, sie sei „der untaugliche Versuch einer konservativen Staatswirtschaftstheorie, die dem Regenten helfen soll [...]“, wird von anderen geurteilt. (Lehmann et al. 1977: 388) Im Zentrum von A. Müllers Geldlehre stand die Kritik des Metallismus. Er beschrieb die vermeintlichen Vorzüge des Papiergeldes, von dem sich der „deutsche Patriot“ Müller erhoffte, es möge helfen, die Kriege zu finanzieren, die geführt werden müssten, um unabhängig zu werden von Frankreich.

Das Geld sei das physische Gemeingut der Menschen – das geistige Gemeingut sei die Sprache –, welches alle Verbindungen und Trennungen unter den Mitgliedern der bürgerlichen Gesellschaft bestimme: „Im Geld, in einer allgemein gültigen, jedem annehmlichen Ware verbirgt sich die gesamte Persönlichkeit, verbirgt sich das ganze persönliche Band, welches diese Arbeiter und dieses Bedürfenden untereinander verknüpfte.“ (A. Müller 1922: 29) Das Geld betrachtet Müller als das natürlichste Band unter den Sachen, das Wort als das natürlichste Band unter den persönlichen Kräften, „das Wort und das edle Metall sind also die beiden großen Formen, unter denen das Geld erscheint; die beiden großen Versinnlichungen des ökonomischen Staates.“ (A. Müller 1922: 141) Das Verlangen nach dem Gelde sei „ein bloßer unvollkommener Repräsentant des höheren Verlangens nach der Vereinigung, nach dem Staate.“ (A. Müller 1922: 139) Das im Geld ausgedrückte Verhältnis der Personen zu den Sachen zu „festigen, indem man es mit dem Geiste des Glaubens oder des Kredits durchdringt oder belebt, heißt den Staat zu festigen.“ (A. Müller 1922: 196) Müller, der gegen die „Abgötterei mit dem sächlichen Besitze“, also gegen das Privateigentum ist, muss zwangsläufig das Warengeld wegen seines körperlich-sachlichen Daseins als gemeinschaftsfeindlich, das stoffwertlose Papiergeld und Kreditgeld dagegen als gemeinschaftsfördernd betrachten, da sein Wert allein durch das gegenseitige persönliche Vertrauen bestimmt und gesichert sei. (Rieter 2014: 341) Der Staat bestimme, was Geld sein soll. Das gelte auch für das Metallgeld. A. Müller sagt: „Nach unseren Vorstellungen hat jeder unabhängige Souverän das Recht, das Metallgeld zu ernennen, ihm einen gesellschaftlichen Nominalwert, Rang, Stand und Titel beizulegen.“ (zit. aus MEW 13: 56) Erst der Stempel bzw. das staatliche Siegel, das Gesetz also, mache das Metall zu Geld.

> Wenn man also in neueren Zeiten die Sache so dargestellt, als sey ein Staatspapier ein bloßes Substitut der Metalle, oder als könne ein Versprechen des Staates die Metalle nur repräsentieren, und sey selbiges ohne Beziehung auf die Metalle wesenslos, so hat man die Dinge umgekehrt: die Metalle sind die Repräsentanten [...] was die Metalle durch den Stempel [...] erst zum Gelde erhebt, und was endlich der weiteren Entwicklung des bürgerlichen Lebens durch das Staatspapiergeld aufgedrückt wird – ist das Principale. (A. Müller 1816: 156 f, zit. aus Greitens 2022: 284)

Für Adam Müller ist das Geld also keine Ware, sondern der Repräsentant bzw. das Substitut des Staates. Müller befürwortet das staatliche Papiergeld und lehnt folglich das Metallgeld und den Metallismus ab. Metalle könnten kein Maßstab sein, damit das Geld als Recheneinheit funktioniert, weil ihr Wert schwanke. Der Maßstab aber müsse fest sein. Dies erreicht der Staat, indem er einen Maßstab fixiert. „Wer in der gemünzten Guinee nichts anderes sieht, als den dermahligen Waarenpreis der darin enthaltenen Metalle, der hat überhaupt das Wesen des Geldes nicht verstanden." (A. Müller 1816: 198, zit. aus Greitens 2022: 286) Die Vertreter des Metallismus übersähen „das Wunder des Münzstempels, also die Autorität des Gesetzes" (Müller 1816: 220), „anstatt der Werthe wägen sie Silber und Gold; statt des Geldes erfinden sie Gewichte." (A. Müller 1816: 236) Während die Münzen schlechter werden können, bleibt das Wortgeld rein und damit Maßstab, es hat den „höheren, festeren Wert" (A. Müller 1816: 219), also ist Papiergeld „wesentliches Element des Werthmaaßstabes." (A. Müller 1816: 260, zit. aus Greitens 2022: 286 f)

Müller äußert sich zum Verhältnis zwischen dem Edelmetallgeld (der Währung), die geeignet sei, die Funktion der Wertaufbewahrung auszuüben, und dem Kreditgeld, d. h. den in Sachgeld einlösbaren Banknoten, das er gleichsetzt mit dem juristisch bestimmten Papiergeld. Er erkennt, dass Letztere die Edelmetallmünzen repräsentieren. „In der gegenwärtigen Lage der Sache verrichten also die Banknoten zwey Functionen, die Personalisierung alles Credits als Banknoten, und die Realisierung aller sächlichen Werthe als Repräsentanten des Goldes, als currency." (A. Müller 1816: 277, zit. aus Greitens 2022: 287) Das Papiergeld sei so lange stabil und als Wertmaßstab nutzbar, solange Sicherheiten vorhanden sind, m. a. W. die Einlösbarkeit garantiert werden kann. Andererseits sei die Inkonvertibilität der Noten bzw. des Papiergeldes unproblematisch. Sie zeige nur, dass die edlen Metalle als Geld entbehrlich sind. Die Ausgabe des Kreditgeldes erfolge dezentral, führe zur Unordnung, wenn sie nicht kontrolliert werde. „So darf die Macht des Privatcredits nicht durch Vermehrung der Geldzeichen erhöht werden, ohne daß der öffentliche Credit zugleich in demselben Maaße zunähme." (A. Müller 1816: 304, zit. aus Greitens 2022: 289) Seine nominalistische Vorstellung, dass das Edelmetallgeld durch ein staatlich reguliertes Papiergeld ersetzt werden könne, macht Adam Müller zu einem Wegbereiter von Georg Friedrich Knapps Geldlehre. Karl-Heinz Brodbeck schreibt, dass Goethe von Müller ursprünglich beeindruckt gewesen sei:

> Er traf ihn und sagte, dass er „Adam Müller sehr schätze"; er kannte Müllers Vorlesungen. Was offenbar eine Trübung des Urteils ergab, war die Tatsache, dass Müller, mit Schlegel befreundet, zum Katholizismus konvertierte. Goethe schreibt an Carl Friedrich Zelter am 20. Oktober 1831: „Um zu jenen Dioskuren zurückzukehren, so erstickte doch Friedrich Schlegel am Wiederkäuen sittlicher und religioser Absurditäten, die er auf seinem unbehaglichen Lebensgange gern mitgetheilt und ausgebreitet hätte; deshalb er sich in den Katholicismus flüchtete und bey seinem Unterhang ein recht hübsches, aber falsch gesteigertes Talent, Adam Müller, nach sich zog." (Hecker 1918: 497)

8 Geldtheorie von Karl Marx

8.1 Allgemeines

Karl Marx (1818–1883) hat seine Auffassungen über die Entstehung, das Wesen, die Funktionen, den Umlauf des Geldes und über die Zirkulationsgesetze des Metall- und Papiergeldes sowie über die Unterschiede zwischen Kredit- und Papiergeld in mehreren Schriften dargelegt hat. Er analysierte erstmals in seinem Buch „Grundrisse der Kritik der Politischen Ökonomie“ 1857/58 umfassend das Geld, legte ein Jahr darauf seine geldtheoretischen Erkenntnisse in Auseinandersetzung und in kritischer Würdigung der Arbeiten zahlreicher Denker (Edward Misselden, William Petty, John Locke, Pierre Le Pesant de Boisguillebert, George Berkeley, David Hume, James Steuart, Adam Smith, Ferdinando Galiani, Jean Baptiste Say, David Ricardo, James Mill, Thomas Tooke, Robert Torrens, John Fullarton, John Gray, Frédéric Bastiat, Martin Luther u. a.) in seinem Werk „Zur Kritik der Politischen Ökonomie“ (1859) dar. Die Herausgeber der Marx-Engels-Werke nennen dieses Buch „die beste Monographie der ökonomischen Weltliteratur über das Geld im Kapitalismus.“ (MEW 13: X) Marx übernimmt den Kern der in beiden Publikationen enthaltenen theoretischen Aussagen über das Geld in die ersten drei Kapitel des ersten Bandes seines Hauptwerks „Das Kapital“, Band I“ (1867). Insbesondere die genannten Werke, aber auch die beiden anderen Kapitalbände und die 1862/63 entstandenen „Theorien über den Mehrwert“ (MEW 26.1; MEW 26.2; MEW 26.3) enthalten die theoretischen und empirisch gestützten Abhandlungen über das Geld, die von Theorienhistorikern und Wirtschaftstheoretikern als „Marx’ Geldtheorie““ bezeichnet werden. In jüngerer Zeit werden selbst von marxistischen oder Marx-affinen Autoren Teile seiner wert- und geldtheoretischen Aussagen in Zweifel gezogen.

8.2 Arbeitswert und Geldbegriff

Die Geldtheorie ist bei Marx logisch-genetisch verbunden mit der Werttheorie. Mit ihr beantwortet Marx die Frage, worin das Wesen und die Funktionen des Geldes bestehen und wie das Geld entstanden ist. Marx leitet das Wesen des Geldes historisch aus dessen Herkunft und logisch-historisch vom Wert ab. Ausgangspunkt ist die Analyse der Ware. Aus ihr ergibt sich konsequent und stringent das Wesen des Geldes. Die Ware ist eine Einheit von Gebrauchswert und Wert. Der Wert der Ware bedarf einer Form, in der er ausgedrückt werden und erscheinen kann. Das geschieht auf der letzten Stufe einer logisch-historischen Entwicklung mittels der Geldform des Werts, der Geldware. Für Marx ist das Geld der „konstituierte Wert aller Dinge. Es hat daher die ganze Welt, die Menschheit wie die Natur, ihres eigentümlichen Wertes beraubt. Das Geld ist das dem Menschen entfremdete Wesen seiner Arbeit und seines Daseins, und

https://doi.org/10.1515/9783111568331-009

dieses fremde Wesen beherrscht ihn, und er betet es an.“ (MEW 1: 375) Nach der Marxschen Werttheorie entwickelt sich das Geld aus dem Wert der Waren, es ist dessen äußere Gestalt. Mit Hilfe des Geldes erscheint der Wert im Preis. Der Preis ist der Geldausdruck des Wertes, den der Hersteller im Tausch realisiert. Der Tauschwert ist das Verhältnis zweier Waren. Der Wert einer Ware wird mit Hilfe einer anderen Ware, in Mengen dieser anderen Ware, ausgedrückt. Prinzipiell könnte das jede beliebige Ware sein. Die Funktion des Wertausdrucksmittels geht aber schließlich im Laufe eines historischen Prozesses auf eine besondere Ware über, auf die „Geldware“. Gold (und Silber) als Geldwaren besitzen selbst Wert, um den Wert der „gewöhnlichen“ Waren messen und ausdrücken zu können. Aus Marx’ Warenanalyse lässt sich das Wesen des Geldes adäquat ableiten, nicht aber dessen Form. (Hahn 1999: 124) Geld ist für Marx nicht nur eine quantitative Größe, sondern bringt ein gesellschaftliches (qualitatives) Produktionsverhältnis zum Ausdruck, kann daher gerade kein bloßes Zeichen sein.

> Weil Geld in bestimmten Funktionen durch bloße Zeichen seiner selbst ersetzt werden kann, entsprang der andre Irrtum, es sei ein bloßes Zeichen. Andrerseits lag darin die Ahnung, daß die Geldform des Dings ihm selbst äußerlich und bloße Erscheinungsform dahinter versteckter menschlicher Verhältnisse. In diesem Sinn wäre jede Ware ein Zeichen, weil als Wert nur sachliche Hülle der auf sie verausgabten menschlichen Arbeit. (MEW 23: 105)

Marx reagiert auf die zu seiner Zeit schon sehr lange verbreitete Ansicht, dass das Geld lediglich ein Zeichen sei, über dessen Beschaffenheit der Gesetzgeber entscheide. Die Auffassung hat aufgrund der definitiven Verdrängung der Geldmetalle aus der Zirkulation, der späteren sukzessiven Ablösung des papiernen Geldes und der dominierenden bargeldlosen Zahlungen im 21. Jahrhundert ihre Bedeutung im Laufe der Zeit festigen können.

> Lange vor den Ökonomen brachten die Juristen die Vorstellung von Geld als bloßem Zeichen und dem nur imaginären Wert der edlen Metalle in Schwung, im Sykophantendienst der königlichen Gewalt, deren Münzverfälschungsrecht sie das ganze Mittelalter hindurch auf die Traditionen des römischen Kaiserreichs und die Geldbegriffe der Pandekten[40] stützten. „Niemand kann und darf Zweifel hegen“ sagt ihr gelehriger Schüler, Philipp von Valois, in einem Dekret von 1346, „daß nur Uns und Unserer königlichen Majestät zukommt […] das Münzgeschäft, die Herstellung, die Beschaffenheit, der Vorrat und alle die Münzen betreffenden Verordnungen, sie so und zu solchem Preis in Umlauf zu setzen, wie es Uns gefällt und gutdünkt.“ Es war römisches Rechtsdogma, daß der Kaiser den Geldwert dekretiert. Es war ausdrücklich verboten, das Geld als Ware zu behandeln. „Geld jedoch zu kaufen soll niemand gestattet sein, denn zum allgemeinen Gebrauch geschaffen, darf es nicht Ware sein.“ Gute Auseinandersetzung hierüber von G. F. Pagnini[41] […] Namentlich im zweiten Teil der Schrift polemisiert Pagnini gegen die Herren Juristen. (MEW 23: 106)

40 Sammlung von Erörterungen und Gutachten römischer Rechtsgelehrter
41 Pagnini, Giovanni Francesco (1715–1769) war ein italienischer Ökonom, der einige Arbeiten über das Geld verfasste.

Geld ist Marx zufolge endogen und nicht neutral: Menschen verkaufen Ware (W) gegen Geld (G), verwenden das Geld zum Kauf einer anderen Ware (W), so dass bei ihm der Geldumlauf durch den Warenumlauf bestimmt wird. (Neuberger, Kern 2019: 119)

Im ersten Abschnitt des ersten Bandes des „Kapital" zeigt Marx, wie der Wert der Waren und das Geld logisch-historisch miteinander verknüpft sind. Der Abschnitt besteht aus drei Kapiteln. Im ersten beschäftigt sich Marx mit der Ware, ihrem Doppelcharakter, den Wertformen und dem Fetischcharakter der Ware. Im zweiten behandelt er den Austauschprozess und im dritten Kapitel erläutert er unter der Überschrift „Das Geld und die Warenzirkulation" die Geldfunktionen und das Geldumlaufgesetz. (MEW 23: 49–160) Er nennt vier Dimensionen des Werts. (Müller 2022: 17 ff) Die erste: Der Wert ist ein Produktionsverhältnis, ein Verhältnis der Warenproduzenten, das unter dinglichen Hüllen verborgen ist. Das Verhältnis ist keineswegs übersinnlich-ideell. Es ist ein natürlich-materielles Verhältnis, erscheint aber als übernatürlich, weil es der sinnlichen Wahrnehmung nicht zugänglich ist. Menschen gehen objektiv Beziehungen untereinander ein, indem sie füreinander produzieren. Würde der Wert erst im Tausch gebildet, wie zuweilen behauptet wird (Heinrich 2017: 208 f, 216), wäre er kein Produktions-, sondern ein Tauschverhältnis. Er ist aber ein Verhältnis, dass die privaten Produzenten in der Produktion eingehen, ein Produktionsverhältnis, das an der Oberfläche der Märkte als ein Verhältnis von Sachen erscheint. „Im Prinzip gibt es keinen Austausch von Produkten, sondern einen Austausch von Arbeiten, die zur Produktion zusammenwirken." (MEW 4: 104) Und: „Indem sie ihre verschiedenartigen Produkte einander im Austausch als Werte gleichsetzen, setzen sie ihre verschiednen Arbeiten einander als menschliche Arbeit gleich. Sie wissen es nicht, aber sie tun es." (MEW 23: 88)

Die zweite Dimension ist die Wertsubstanz. Die Substanz ist die abstrakte Arbeit, die in Arbeitszeit gemessen wird. Die dritte Dimension ist die Wertgröße. Sie ist die Arbeitszeit, die gesellschaftlich nötig ist, um eine Ware herzustellen. Sie gibt an, welchen Teil der gesellschaftlichen Gesamtarbeit der einzelne Produzent für die Herstellung seiner Ware aufwenden darf. Der Wert ist das in der Ware realisierte Quantum Arbeitszeit, „nicht Arbeitszeit als Arbeitszeit, sondern materialisierte Arbeitszeit; Arbeitszeit nicht in der Form der Bewegung, sondern der Ruhe; nicht des Prozesses, sondern des Resultats." (MEW 42: 78) Sie entspricht dem Kehrwert der im jeweiligen Zweig dominierenden Arbeitsproduktivität. (Zur Ermittlung der Kennziffer vgl. Müller 2024a: 143–162) Solange die gesellschaftlich notwendige Arbeitszeit zur Herstellung des Produkts nicht direkt gemessen werden kann, ist es nötig, mit einem Wert besitzenden oder Wert repräsentierenden Medium – dem Geld – den Wert der Waren, das gesellschaftliche Verhältnis, zu quantifizieren.

In Arbeitszeit bestimmbar, ist die Wertgröße nichts Mystisches oder Gespenstisches, drückt aber zugleich das Gesellschaftliche, nicht das Individuelle aus. Der Wert der Ware kann nicht direkt als Arbeitszeit erscheinen, sondern muss sich eine Form geben, um sichtbar zu werden. Diese Form ist der Tauschwert – das ist die vierte Dimension –, der auf einer bestimmten Stufe der gesellschaftlichen Entwicklung in Geld übergeht. Marx zufolge ist das Geld, genauer die Geldform des Werts, das ungewollte Resultat der über Jahrtausende hinweg bewusst vorgenommenen Tauschhandlungen.

> Allgemeines Äquivalent zu sein wird durch den gesellschaftlichen Prozeß zur spezifischen Funktion der ausgeschlossenen Ware. So wird sie – Geld [...] Der Geldkristall ist ein notwendiges Produkt des Austauschprozesses, worin verschiedenartige Arbeitsprodukte einander tatsächlich gleichgesetzt und daher tatsächlich in Waren verwandelt werden. Die historische Ausweitung und Vertiefung des Austausches entwickelt den in der Warennatur schlummernden Gegensatz von Gebrauchswert und Wert. Das Bedürfnis, diesen Gegenstand für den Verkehr darzustellen, treibt zu einer selbständigen Form des Warenwerts und ruht und rastet nicht, bis sie endgültig erzielt ist durch die Verdopplung der Ware in Ware und Geld. In demselben Maße daher, worin sich die Verwandlung der Arbeitsprodukte in Waren, vollzieht sich die Verwandlung von Ware in Geld.“ (MEW 23: 101 f)

An anderer Stelle sagt Marx: „Die allmähliche Erweiterung des Tauschhandels, Vermehrung der Austausche und Vervielfältigung der in den Tauschhandel kommenden Waren, entwickelt daher die Ware als Tauschwert, drängt zur Geldbildung“. (MEW 13: 36) Das Geld ist die Ware, die den Wert aller Waren ausgedrückt, ist Äquivalentware. Der in Geld ausgedrückte Wert der Ware ist ihr Preis. Der Wert tritt in Form einer bestimmten Menge der Geldware neben die „gewöhnliche“ Ware. „Dass der verselbständigte Wert im Geld selbst wieder nur einen relativen Ausdruck besitzt, weil das Geld selbst Ware ist [...] ändert nichts an der Sache.“ (MEW 26.3: 129) Das ist der logisch-genetische Zusammenhang zwischen dem Wert der Ware und dem Geld: Der Wert geht logisch und historisch dem Geld voraus. „Geld ist kein Ding, sondern eine bestimmte Form des Werts, unterstellt also wieder den Wert.“ (MEW 25: 870) Da das Geld dazu dient, den Wert auszudrücken, ihm eine Form zu geben, muss der Wert da sein, bevor es das Geld ist. Die Arbeitswerttheorie ist der logisch-genetische Schlüssel zum Verständnis des Geldes, seines Wesens. Marx enthüllt in seiner Wertformanalyse den Zusammenhang zwischen dem Wert und dem Geld. Er leistete, „was von der bürgerlichen Ökonomie nicht einmal versucht ward, nämlich die Genesis dieser Geldform nachzuweisen, also die Entwicklung des im Wertverhältnis der Waren enthaltenen Wertausdrucks von seiner einfachsten unscheinbarsten Gestalt bis zur blendenden Geldform zu verfolgen. Damit verschwindet zugleich das Geldrätsel.“ (MEW 23: 62) Seine Wertformanalyse ist ein logisch strukturiertes Modell. Aber nicht nur: Sie widerspiegelt den Beginn der Geldgeschichte, besitzt somit wirtschaftshistorisch-praktische Bedeutung.

8.3 Die Entstehung des Geldes

Für einige Autoren beginnt die Geldgeschichte erst mit der Prägung der ersten Münzen oder der Erfindung der Schrift. (z. B. North 2009) Doch die Ursprünge des Geldes verstecken sich in jenen zufälligen, vorsichtigen, vereinzelten und manchmal außergewöhnlichen Tauschakten, die tief in die Urgeschichte zurück reichen, als es noch längst keine Münzen gab und über die Wirtschaftshistoriker berichten. „Der Tauschhandel, worin der Überfluss der eignen Produktion zufällig gegen den der fremden ausgetauscht wird, ist nur das erste Vorkommen des Produkts als Tauschwert im allgemeinen und wird bestimmt durch zufällige Bedürfnisse, Gelüste etc." (MEW 42: 134) Spätestens seit dem Jungpaläolithikum (jüngerer Abschnitt der Altsteinzeit, 40 000 bis 9 600 v. u. Z.) dürfte es ihn gegeben haben. Die Belege sind zahlreich. (vgl. Sperlich 2013: 154 f, 157 f; Harari 2013: 33, 51 f, 66, 86; Radandt et al. 1981: 276; Friedell 1998: 190; Grünert et al. 1982: 203; Müller 2024a: 239–259) Die historische Herausbildung des Geldes vollzieht sich zeitgleich mit dem Erblühen und dem Zerfall der Urgesellschaft und erfasst im Vorderen Orient den Zeitraum von etwa 40000 bis 2500 v. u. Z. In diese Zeit fällt die einfache, einzelne oder zufällige Wertform, die nach und nach abgelöst wurde durch die totale, entfaltete Wertform. In der Jungsteinzeit (Neolithikum), d. h. von 10 000 bis 2 000 v. u. Z., entwickelten sich erste Elemente einer Warenproduktion inmitten einer autarken, subsistenzwirtschaftlich organisierten Gemeinschaft, begleitet von der Durchsetzung der allgemeinen Wertform. Die einfache Warenproduktion und erste Kapitalelemente folgten. Ab etwa 2 500 v. u. Z. hatte sich die Geldform des Werts durchgesetzt. (Müller 2015: 106–108)

8.3.1 Einfache, einzelne und zufällige Wertform

Die historisch älteste Wertform widerspiegelt den noch unentwickelten Stand der Produktivkräfte innerhalb und an den Grenzen der urgemeinschaftlichen Produktionsweise. Arbeitsteilung und Produktivität sind gering ausgeprägt. Das Privateigentum an Produktionsmitteln ist erst im Entstehen begriffen. An den Grenzen urgemeinschaftlicher Stämme könnte nach einer Anlaufphase so getauscht worden sein:

$$1 \text{ Axt} = 20 \text{ kg Korn},$$

$$\text{allgemein: x Produkte A} = \text{y Produkte B}$$

Noch geht es nicht um den Austausch, sondern um eine Voraussetzung für ihn: Um die Wertbestimmung und damit um die Ermittlung der Proportion, in der ausgetauscht werden kann. Der Wertausdruck – die Wertmessung – ist eine logische Voraussetzung, um zu tauschen. Die Wertmessung erfolgt ideell. Der Satz heißt nicht, eine Axt tauscht sich mit 20 kg Korn – obwohl es dazu kommen kann –, er ist auch keine mathematische Gleichung. Er besagt, dass eine Axt gleich 20 kg Korn *wert* ist. Die Axt steht in „relativer Wertform". Sie will mit Hilfe einer anderen Ware ihren Wert ausdrücken. Korn befindet sich in dieser Gleichung in „Äquivalentform". Es dient dazu, den Wert der Axt auszudrücken, dient als Wertausdruck, ist Äquivalent. Der Wert der Axt wird relativ in einer konkreten Menge des Gebrauchswertes Korn gemessen. Die Axt – allgemein: das Produkt links vom Gleichheitszeichen – steht in relativer Wertform, weil sie ihren Wert nur relativ, d. h. im Gebrauchswert einer anderen Ware ausdrücken kann. Dieser Gebrauchswert – hier das Korn – dient dazu, den Wert der Axt auszudrücken. Er nimmt auf dieser ersten Stufe der Entstehung des Geldes jenen Platz ein, der später durch das Geld besetzt wird. Das Produkt, das den Wert eines anderen ausdrückt, dient als Tauschwert, als Äquivalent. Seine Naturalform wird zur Wertform des Produkts, dessen Wert ausgedrückt werden soll. Für Verwirrung hat die Tatsache geführt, dass man den Satz auch von rechts nach links lesen kann und glaubt, das Gleiche nur anders zu formulieren, wie bei einer Gleichung. Damit hat die falsche Auffassung zu tun, als wären alle Waren zugleich Geld, weil auf den Märkten Waren mit Waren getauscht und bezahlt werden. Doch ändern wir den Satz – lesen wir ihn von der anderen Seite –, ändert sich sein Sinn. Daran erkennt man, dass es noch nicht um den Tausch, sondern zunächst um den Wertausdruck geht. Ein und dieselbe Ware kann nicht gleichzeitig in beiden Wertformen auftreten. Sie kann sich jeweils nur entweder in relativer Wertform oder in der Äquivalentform befinden. Drehen wir den Satz um und formulieren 20 kg Korn = 1 Axt bzw. 1 kg Korn = 1/20 Axt, dann steht das Korn in relativer Wertform und drückt seinen Wert in Form von Einheiten der Axt aus. Die Axt steht jetzt in Äquivalentform. Die Semantik des Satzes ändert sich. In unserem Beispiel tritt der Axtproduzent als aktiver Teil des Tauschvorgangs auf. Er will ausdrücken, wie viele Einheiten eines anderen Gebrauchswertes sein Produkt wert ist und anschließend den Tausch vollziehen. „Der Körper der Ware, die zum Äquivalent dient, gilt stets als Verkörperung abstrakt menschlicher Arbeit und ist stets das Produkt einer bestimmten nützlichen, konkreten Arbeit." (MEW 23: 72) Ob eine Ware in relativer oder in Äquivalentform auftritt, hängt ab von ihrer Stellung in der „Gleichung". Wichtig sind die Eigentümlichkeiten des in Äquivalentform stehenden Produkts. Sie helfen, das Wesen des Geldes zu verstehen. Marx erfasst bei der Analyse der einfachen, einzelnen oder zufälligen Wertform wichtige Wesenszüge des späteren Geldes, des allgemeinen Äquivalents für den Wert der Waren. Der innere Gegensatz einer Ware, Gebrauchswert und zugleich Wert zu sein, tritt als äußerer Gegensatz in Erscheinung: als Gegensatz zwischen dem Gebrauchswert des in relativer Wertform stehenden Produkts und dessen Wert, der in Gestalt des Gebrauchswertes des in Äquivalentform stehenden Produktes auftritt. Die älteste und einfachste Wertform hat es in der Urgesellschaft beiläufig zwischen einzelnen Stämmen gegeben. Von Geld konnte noch keine Rede sein. Aber das in Äquivalentform stehende Produkt besitzt drei „Eigentümlichkeiten" oder Besonderheiten. Sie enthalten im Keim die Wesensmerkmale des späteren Geldes.

- Der Gebrauchswert der in Äquivalentform stehenden Ware (Korn) wird zur Form, in der sein Gegenteil, der Wert, die gesellschaftlich notwendige Arbeitszeit zur Herstellung der in relativer Wertform stehenden Ware (Axt), erscheint. Im Wertverhältnis gilt das in Äquivalentform befindliche Produkt als verkörperter Wert, als Wertkörper.
- Die konkrete Arbeit zur Herstellung des in Äquivalentform stehenden Produkts wird zur Erscheinungsform seines Gegenteils, der abstrakten Arbeit des in relati-

ver Wertform stehenden Produkts. Die Arbeit zur Herstellung des in Äquivalentform stehenden Produkts gilt als „abstrakte Arbeit“.
- Die private Arbeit zur Herstellung des in Äquivalentform befindlichen Produkts wird zur Form, in der die gesellschaftliche Arbeit des in relativer Wertform stehenden Produkts erscheint.

Diese Eigentümlichkeiten begründen das Geheimnis des Geldes. Aristoteles spricht „klar aus, dass die Geldform der Ware nur die weiter entwickelte Gestalt der einfachen Wertform, d. h. des Ausdrucks des Werts einer Ware in irgendeiner beliebigen andren Ware“ ist. (MEW 23: 73) Erst wenn alle Produkte (Waren) ihre Werte in einer einzigen Ware ausdrücken, wird diese Ware zum allgemeinen Äquivalent aller anderen Waren und ist unmittelbar und jederzeit mit allen anderen Waren austauschbar. Hier liegt der Ursprung des Rätselhaften der Geldform. Falsch ist es, zu glauben, die in der Äquivalentform stehende Ware sei Äquivalent von Natur aus. Die Äquivalentform der Ware ist keine natürliche, sondern eine gesellschaftliche Eigenschaft. Die Ware, die sich in Äquivalentform befindet, gilt unmittelbar als Wert. Der Widerspruch zwischen der relativen Wertform und der Äquivalentform ist der äußere Ausdruck des in der Ware enthaltenen inneren Widerspruchs zwischen Gebrauchswert und Wert.

8.3.2 Totale, entfaltete Wertform

Allmählich entwickelte sich in der Urgesellschaft die Arbeitsteilung. Menschen stellten mehr und neue handwerkliche Erzeugnisse her: Steingeräte, Töpferwaren, Artikel des Spinnens und Webens, Waffen, Holz- und Bodenbaugeräte, Ernte- und Vorratsbehältnisse, stabilere Häuser, Transporteinrichtungen, Kleidung, Schmuck, Kultgerät [...]. (Radandt et al. 1981: 284) Sie produzierten alte und neue Gegenstände in größeren Mengen. Die Vielfalt der Produktarten nahm zu. Im Schoß urgemeinschaftlicher Verhältnisse entwickelten sich neue Formen des Eigentums. Das Mehrprodukt begünstigte die Entstehung des Familien- und persönlichen Eigentums. (Leibiger 2022) Es bildete sich zuerst dort, wo die Erzeugung von Produkten das Ergebnis von individueller Arbeit war. Die Arbeitsprodukte wurden schon nicht mehr zufällig und ausnahmsweise, sondern geplant und gewohnheitsmäßig mit anderen Arbeitsprodukten getauscht. Eine höhere Stufe der Warenproduktion und damit der Wertform war erreicht. Mit der ersten großen gesellschaftlichen Arbeitsteilung, der Aussonderung der Hirtenstämme aus der Masse der übrigen Stämme, mit der weiteren Entwicklung der Produktivkräfte und dem regelmäßigen Überschuss über den eigenen Bedarf hinaus hatten sich die Bedingungen ergeben, unter denen die Menschen begannen, ihre Produkte regelmäßig zu tauschen. Die einfache geht in eine vollständigere Wertform über. Eine Ware konnte nun ihren Wert mit Hilfe vieler anderer Gebrauchswerte ausdrücken. Die relative Wertform der Ware entfaltete sich. Jetzt zeigt sich deutlich, dass der Warenwert gleichgültig ist gegen die besondere Form des Gebrauchswerts, in dem er ausgedrückt wird. (MEW 23: 77) In der Häufung der Wertausdrücke zeigt sich der Fortschritt. Der Wert der Ware Axt im Beispiel unterscheidet sich vollständiger von ihrer eigenen Naturalform, aber es gibt noch keinen gemeinsamen Wertausdruck, der für alle Waren gilt. Der Wertausdruck der Ware ist noch unfertig. Die Axt (ein beliebiges Gut) kann seinen Wert in vielen anderen Waren ausdrücken.

Beispiel: 1 Axt		= 2 Lendenschürze
	oder	= 3 Flugenten
	oder	= 2 kg Tee
	oder	= 5 Ballen Stroh
	oder	= x Ware A
	oder	= usw.

Es ergibt sich ein buntes „Mosaik auseinanderfallender und verschiedenartiger Wertausdrücke“, eine endlose Reihe. Die Darstellung schließt nicht ab. Es existieren unzählige besondere Äquivalentformen, „von denen jede die andere ausschließt.“ (MEW 23: 78) Jede Ware dient nur vorübergehend als Äquivalent. Eine große Zahl von Äquivalentwaren, die einander ausschließen, hemmt den Austausch. Je größer das Angebot an Waren wurde, umso umständlicher, unangenehmer und hinderlicher musste der Naturaltausch werden. Paarweises Bartern – Tauschen ohne Geld – ergibt, wie Paul Cockshott schreibt, „eine nicht handbare Anzahl von Verhältnissen: tausend Waren bedeuten eine Million Tauschverhältnisse.“ (Cockshott 2024: 99) Der allgemeine Bezugspunkt fehlt. Die totale oder entfaltete Wertform musste früher oder später in Widerspruch geraten zu den Notwendigkeiten des Warentauschs. Das Erfordernis eines allgemeinen Äquivalents wurde dringender.

8.3.3 Allgemeine Wertform

Auf einer geschichtlich höheren Stufe der Entwicklung stellen die Waren ihre Werte einfach und einheitlich dar, d. h. nur noch in einer besonderen, in derselben Ware, daher allgemein. (MEW 23: 79 f) Eine Ware dient als allgemeines Äquivalent, als Äquivalent für den Wert aller anderen Waren. Marx nennt es die allgemeine Wertform, wenn alle Waren ihre Werte in einer besonderen, derselben Ware ausdrücken.

Beispiel:	2 Lendenschürze	=	
	oder 3 Flugenten	=	
	oder 2 kg Tee	=	jeweils 1 Axt
	oder 5 Ballen Stroh	=	
	oder x Ware A	=	

Die Werte aller Waren erhalten in einer besonderen Ware, der Äquivalentware, eine selbstständige Existenz. In der einfachen und in der totalen, entfalteten Wertform standen sich jeweils nur zwei Waren oder Produkte gegenüber. Nach Marx war es das Privatgeschäft der einzelnen Ware, sich eine Wertform zu geben, um ihren Wert auszudrücken. (MEW 23: 80) Für das Verständnis des Geldes ist wichtig: Die Funktion des allgemeinen Äquivalents kann prinzipiell von jeder beliebigen Ware übernommen werden. Im Beispiel wird angenommen, dass die Axt die Funktion übernimmt. Alle Warenproduzenten benutzen diese eine Ware jetzt als Wertausdruck für ihre Waren. Alle Waren erhalten einen einheitlichen, allgemeinen Wertausdruck. Das allgemeine Äquivalent ist gesellschaftlich anerkannt. „Die allgemeine Wertform entsteht [...] nur als gemeinsames Werk der Warenwelt. Eine Ware gewinnt nur allgemeinen Wertausdruck, weil gleichzeitig alle andren Waren ihren Wert in demselben Äquivalent ausdrücken, und jede neu auftretende Ware muss das nachmachen.“ (MEW 23: 80) Drücken alle Waren ihren Wert in einer aus und spielt diese ausschließlich die Rolle des allgemeinen Äquivalents, kommt es zur Trennung des gesellschaftlichen vom stofflichen Gebrauchswert oder zur Verdopplung der Gebrauchswerte. Neben den stofflichen, natürlichen Gebrauchswert tritt der gesellschaftliche, worin alle Waren ihren Wert ausdrücken. Die allgemeine Äquivalentware ist zur erschöpfenden Erscheinungsform der allgemeinen menschlichen Arbeit geworden. Händler konnten sie mit jeder Ware tauschen, konnten jede Ware mit ihr bezahlen. Alle akzeptierten sie, obwohl ihr natürlicher Gebrauchswert für den Eintauschenden völlig uninteressant sein konnte. Es fällt leicht, sie später und woanders gegen jene Ware zu tauschen, die man will, um konsumtive oder produktive Bedürfnisse zu befriedigen. Auf dieser dritten Stufe der Geldwerdung sticht eine besondere Ware aus der Warenwelt hervor. Darin kommt der fortgeschrittene Stand der gesellschaftlichen Arbeitsteilung zum Ausdruck. Die einfache Warenproduktion hatte sich etabliert. Die allgemeine Äquivalentware wird nicht ihres natürlichen Gebrauchswertes wegen begehrt. Sie dient ausschließlich dazu, den Wert aller anderen Waren auszudrücken und die begehrten zu erwerben. Prinzipiell könnte jede beliebige Ware in die besondere Rolle schlüpfen. „Die allgemeine Äquivalentform ist eine Form des Wertes überhaupt. Sie kann jeder Ware zukommen.“ (MEW 23: 83) Welche Ware allgemeines Äquivalent wird, hängt von den besonderen Bedürfnissen und Lebensumständen des jeweiligen Volkes ab. Die Ware muss so beschaffen sein, dass jeder sie nutzen kann. Sie muss Wert besitzen, also nur durch Arbeit erlangt werden. Die Menschen müssen sie begehren. Nur dann können sie sie als Bezahlung für ihre Waren akzeptieren, auch wenn sie gerade keine Gelegenheit haben, sie konsumtiv oder produktiv zu verwenden. Denn sie können sie jederzeit gegen die Dinge tauschen, die sie brauchen oder haben wollen.

> Wenn zwei Tauschpartner die Tauschrelation ihrer beiden Waren nicht mehr jeder für sich in der besonderen Ware des anderen bestimmen [...], sondern wenn jeder der beiden seine Ware auf eine gemeinsame dritte Ware bezieht, zu der beide auf Grund der Häufigkeit, mit der diese getauscht wird, die Tauschrelation zu seiner Ware bereits im Kopf fixiert hat, können beide durch diesen Bezug die Tauschrelation zueinander bestimmen. In diesem Falle dient diese dritte

> Ware als gemeinsames Äquivalent [...] beziehen sich alle Tauschpartner bei ihren Einzeltauschen regelmäßig auf diese Ware, wird diese dritte Ware im Laufe der Zeit durch die Gewohnheit zum Wertspiegel für alle anderen Waren oder zum allgemeinen Äquivalent. (Wagner, Mondelears 1986: 9)

Die Völker der Urgesellschaft haben viele Formen des allgemeinen Äquivalents und Tauschmittels gekannt. Geeignet waren vor allem Güter, die häufig getauscht wurden und dauerhaft begehrt waren. Das war regional und zeitlich unterschiedlich. Es handelte sich nach Marx um die unmittelbaren Vorläufer des Geldes. Einige Autoren, v. a. Wirtschaftshistoriker, nennen sie auch Nutz-, Waren- oder Naturalgeld. Tatsächlich waren es entweder die „wichtigsten Eintauschartikel aus der Fremde, welche in der Tat naturwüchsige Erscheinungsformen des Tauschwerts der einheimischen Produkte sind« oder der »Gebrauchsgegenstand, welcher das Hauptelement des einheimischen veräußerlichen Besitztums bildet, wie z. B. das Vieh". (MEW 23: 103) Gustav Cassel berichtet, dass vom Atlantischen Ozean bis nach Zentralasien der Ochse Jahrtausende hindurch als Haupteinheit für die Preisrechnung benutzt worden war. Er übte vor allem die Wertmaßfunktion aus. Das lateinische Wort pecunia heißt Geld. Es stammt ab von pecus – dem Vieh. (Cassel 1923: 343) Georg Quaas bezieht sich auf die Wertausdrücke in Homers „Ilias" und sagt, dass „die eindeutige Dominanz des Farren als Wertausdruck belegt [...], dass sich das (männliche) Rind als allgemeines Äquivalent bereits herausgebildet hatte, und zwar inmitten eines mannigfaltigen Warenangebotes." Der Markt befinde sich zur Zeit des Trojanischen Krieges auf der Stufe einer allgemeinen Wertform. (Quaas 2016: 319) Ein Überblick über die allgemeinen Äquivalente, die geldähnlichen Güter, ist schon gegeben worden. (vgl. Abschnitt 1.3)

Julius Lips erwähnt mehrere aus Schneckenhäusern und Muschelschalen hergestellte „Geldsorten", wie das fast über die ganze Welt verbreitete Haus der Kaurischnecke, das Tambu- oder Diwarra-Schneckenhausgeld in Melanesien, das „Schweinegeld" – Muschelscheibchen, die mit Glasperlen, Hundezähnen und aus Rotangstreifen zusammengebunden sind und am unteren Ende einen oder mehrere Schweineschwänze tragen –, die Spechtkopfmünze der Hupa-Indianer, Marmorringe (Neue Hebriden), das „Steingeld" der Insel Yap, Schädel, Edelsteine und Perlen, Glasperlen, Hunde-, Känguru- und Delfinzähne, Federn (Santa Cruz), Steinsalz (Äthiopien), Teeziegel (China), Walnüsse (Tibet), Tabak (Lambarene), Opium und Branntwein, Eisen, Kupfer, Bronze, Messing, eiserne Hacken, Speere, Messer, Äxte, Matten, Leder, Felle, Baumwolle oder Leinwand, Gold und Silber.(Lips 1961: 259–289)

8.3.4 Geldform des Werts

Von der allgemeinen Wertform zur Geldform ist es ein kleiner Schritt. Er besteht darin, dass sich die gesellschaftliche Funktion des allgemeinen Äquivalents dauerhaft mit einer bestimmten Ware, mit Gold (und Silber) verbindet. Die Ware, die durch gesellschaftliche Gewohnheit aus der Warenwelt ausgeschlossen wird, um die Rolle des allgemeinen Äquivalents zu übernehmen, wird Geldware. Marx hat genetisch-historisch gezeigt, wie eine bestimmte Ware, nämlich Gold (und Silber), durch gesellschaftliche Gewohnheit aus der Warenwelt ausgeschlossen wird, um den Wert aller übrigen Waren auszudrücken.

Beispiel:	2 Lendenschürze	=	
	oder 3 Flugenten	=	
	oder 2 kg Tee	=	jeweils eine Viertelunze Gold
	oder 5 Ballen Stroh	=	
	oder x Ware A	=	

> Gold tritt den andren Waren nur als Geld gegenüber, weil es ihnen zuvor als Ware gegenüberstand [...] Sobald es das Monopol [...] im Wertausdruck der Warenwelt erobert hat, wird es Geldware, und erst von dem Augenblick, wo es bereits Geldware geworden ist, unterscheidet sich Form IV von Form III, oder ist die allgemeine Wertform verwandelt in die Geldform. (MEW 23: 84)

Als Maß der Werte muss es selbst Ware sein, sagt Marx, weil „es sonst kein gemeinsames immanentes Maß mit den ändren Waren hätte." (MEW 26.3: 131) Behauptet man, Marx habe eine Ware als Geld nur unterstellt – wie z. B. Heinrich (Heinrich 2017: 233 ff), könnte man ebenso gut sagen, er „habe nicht gezeigt, sondern bloß unterstellt, dass der Papst unbedingt ein Katholik sein müsse". (Haug 2013: 141) Die allgemeine Wertform hatte den Handel gefördert und die Produktion angeregt, stieß aber an ihre Grenzen, sobald sich Tauschende aus Regionen mit unterschiedlichen Äquivalenten begegneten. „In demselben Verhältnis, worin der Warenaustausch seine nur lokalen Bande sprengt, der Warenwert sich daher zur Materiatur menschlicher Arbeit überhaupt ausweitet, geht die Geldform auf Waren über, die von Natur zur gesellschaftlichen Funktion eines allgemeinen Äquivalents taugen, auf die edlen Metalle." MEW 23: 104) Lokal unterschiedliche Äquivalente hatten den Tausch gehemmt. Der Übergang von der allgemeinen Wertform zur Geldform wurde eingeleitet, als die Menschen ab dem vierten Jahrtausend v. u. Z. lernten, Metalle zu gewinnen und zu verarbeiten. Die Metalle waren anderen Tauschmitteln überlegen. Die Geldform unterscheidet sich von der allgemeinen Wertform dadurch, dass an die Stelle der zeitlich-regional bestimmten Äquivalentwaren (Vieh, Leinwand etc.) das Edelmetall tritt, für Friedrich Engels der wichtigste Fortschritt in der Entwicklung der Warenproduktion. (MEW 25: 909) Gold und Silber wurden Geld auf einer bestimmten Stufe der wirtschaftlichen Entwicklung. Ihre Eignung dazu resultiert erstens daraus, dass sie, vor allem das Gold, gegen Umwelteinflüsse widerstandsfähig sind und sich beliebig lange aufbewahren lassen. Schon kleine Mengen verkörpern viel Arbeit und damit hohen Wert. Widerstandsfähigkeit gegenüber Umwelteinflüssen und unbegrenzte Lagerfähigkeit ermöglichen es, den Aufwand für Stapelung und Transport gering zu halten. Zweitens besitzen sie gegenüber allen Geldvorläufern den Vorteil, in ihren Teilen qualitativ gleich und nur quantitativ unterschiedlich zu sein. Gleiche Mengen des Metalls besitzen die gleiche Wertgröße. Edelmetallgewicht und Wert verhalten sich direkt proportional zueinander. So eignen sie sich bestens dafür, „als Ausdruck der ebenfalls qualitativ gleichartigen und nur quantitativ unterschiedenen vergegenständlichten abstrakten Arbeit zu dienen." (Richter, Schließer 1974: 74) Edelmetalle kann man drittens in kleinste Teile zerlegen. Selbst dünnste Plättchen und Goldstaub haben Wert. Die Teilbarkeit und die Möglichkeit, kleine Stücke zu großen Einheiten zusammenzufügen, machen Gold und Silber zu einem idealen Maßstab der Preise. Wertverhältnisse können stabil ausgedrückt, selbst kleinste Werte gemessen, beliebig große Werte dargestellt werden. Hoher Wert in geringen Mengen ist vorteilhaft für den Tausch. Man benötigt viertens nur kleine Mengen des Metalls, um Waren zu kaufen. Da das Metallgeld fünftens leicht transportiert werden kann, eignet es sich nicht nur für die Wertmaßfunktion, sondern auch gut für die eines Tauschmittels. Manche Eigenschaften, die Gold für die Funktion des allgemeinen Warenäquivalents so geeignet machen, besitzen andere Gegenstände in höherem Maß. Doch Diamanten z. B. kann man nicht formen und teilen wie Gold. Im Gold (und Silber) sind die Eigenschaften in nahezu vollkommener Weise vereint, die für die Geldfunktionen benötigt werden. Der innere Widerspruch der Ware zwischen Gebrauchswert und Wert zeigt sich nunmehr im äußeren Widerspruch zwischen der Ware und dem Geld. Der Warenwert hat sich endgültig verselbständigt, die Ware hat sich verdoppelt in Ware und Geld. (MEW 23: 102) „Der von den Waren selbst losgelöste und selbst als eine Ware neben ihnen existierende Tauschwert ist – Geld." (MEW 42: 80) Der Widerspruch zwischen Gebrauchswert und Wert wird so auf höherer Stufe erneut gelöst. Jede Ware kann gegen Geld verkauft werden. Aber das so erzielte Geld muss keineswegs zum Kauf einer anderen Ware verwendet werden. An die Stelle des unmittelbaren Austauschs zweier Waren treten Verkauf und Kauf, die zeitlich auseinanderfallen. Es ist dies die erste abstrakte Möglichkeit einer Absatzkrise.

8.3.5 Fazit

Die Analyse der Wertformen und die Logik ihrer Entfaltung widerspiegeln den Prozess der Auflösung der Urgesellschaft, des Jahrtausende währenden Übergangs von einer Selbstversorgungswirtschaft zur Warenproduktion. Das widersprüchliche Verhältnis zwischen den Produktivkräften und Produktionsverhältnissen äußert sich bei der Geldwerdung im Widerspruch zwischen dem Gebrauchswert und dem Wert einer Ware. Dieser Widerspruch wird temporär gelöst, indem er in veränderter Form neu gesetzt wird. Marx zeigt mit der Wertformanalyse, der logisch-historischen Darstellung der Geldwerdung, dass die einzelnen Wertformen den Entwicklungsgrad der gesellschaftlichen Produktivkräfte und ihre Wechselwirkung mit den Produktionsverhältnissen ausdrücken. Die Wertformen beruhen auf einem logischen Zusammenhang zwischen Wertform und Wertbegriff. Zugleich sind sie Praxisformen, mit denen Marx den geschichtlichen Prozess der Entstehung des Geldes logisch erklärt. „Die Schwierigkeit im

Begriff der Geldform beschränkt sich auf das Begreifen der allgemeinen Äquivalentform, also der allgemeinen Wertform“, die der entfalteten Wertform folgt und deren konstituierendes Element die einfache Wertform ist. „Die einfache Warenform ist daher der Keim der Geldform.“ (MEW 23: 85) Die Wertformanalyse liefert eine genetische Bestimmung des Geldbegriffs. Sie zeigt, wie das Wesen des Geldes aus den Ursachen und der Art seiner Entstehung erkannt werden kann. Das Geld ist kein Ergebnis bloßer Konvention der Warenbesitzer, auch nicht ein juristischer Einfall des Staates, „sondern das notwendige Produkt der Lösung der inneren Widersprüche der Ware, des Produktions- und Austauschprozesses der Waren“. (Richter, Schließer 1974: 74) Der Übergang von einer Wertform zur anderen erfolgt über gesellschaftliches Handeln, ist „also nicht ausschließlich logisch, sondern realgeschichtlich determiniert“. (Hecker 2018: 200) Die Wertformenanalyse ist für Georg Quaas eine „Darstellung historisch nachweisbarer Wertausdrücke auf Märkten und der mit ihnen verbundenen Entwicklungstendenz, die nach Marx schließlich zur Herausbildung des Geldes geführt hat.“ (Quaas 2016: 115) Im Gegensatz zur Auffassung, dass es Marx in der Geldtheorie nicht gelungen sei, an den Ricardianischen Stand heranzukommen (Joseph Schumpeter), sagt Quaas, „Marx‘ Beitrag zur ökonomischen Theorie des Geldes geht [...] weit über die Erkenntnisse seiner Vorgänger aus der Periode der ökonomischen Klassik hinaus.“ (Quaas 2016: 134) Wichtigste Aufgabe der Analyse der Wertform ist es, zu verfolgen, wie sich der Wert der Waren verselbständigt und in einem geschichtlichen Prozess das Geld hervorbringt.

8.4 Geldfetisch

Der Wert ist keine natürliche Eigenschaft der Waren, sondern ein in ihnen verkörpertes gesellschaftliches Verhältnis zwischen privaten Warenproduzenten. Er entfaltet sich logisch und historisch in Gestalt der Wertformen, wird zunächst in einem Gebrauchswert, dann in mehreren Gebrauchswerten, endlich in einem besonderen Gebrauchswert ausgedrückt, der die Eigenschaft des allgemeinen Äquivalents besitzt. Aus ihm geht aufgrund besonders günstiger Voraussetzungen für die Ausübung der Äquivalenzfunktion mit der Geldware Gold die Geldform hervor. Es sind also immer Dinge, in denen der Wert erscheint. Dinge werden getauscht, wenn ihr Gebrauchswert begehrt ist. Es scheint nun, als ob die Eigenschaften der Gegenstände den Austausch ermöglichten oder ihn unter bestimmten Bedingungen behinderten. Ob man die Ware verkaufen kann oder nicht und zu welchen Bedingungen man dies tun kann – man viel oder wenig für sie bekommt – scheint an den natürlichen Merkmalen der Dinge zu liegen. Und es scheint, als würden die Produzenten von ihren Produkten beherrscht, die ihnen gegenüber als eine „außer ihnen stehende Gewalt [...] als vom Wollen [...] der Menschen unabhängige“ Macht auftreten. (MEW 3: 34) Herrschen die Dinge über die Menschen? Tatsächlich hängt das Schicksal der Produzenten von der Möglichkeit ab, ihre Waren auf dem Markt abzusetzen. Doch die Beziehungen der Dinge beruhen auf den unsichtbaren gesellschaftlichen Beziehungen der Warenproduzenten. Die Verkehrung der gesellschaftlichen Beziehungen der Warenproduzenten zu Beziehungen zwischen Dingen nennt Marx den Warenfetischismus. Die Eigenschaften der Ware können keine Relationen zwischen ihnen erklären. Die Relationen, also die Tauschwerte, bleiben daher rätselhaft, mystisch, gespenstisch – wie die scheinbaren Eigenkräfte z. B. der katholischen Hostie oder der zairischen „Nagelfetische" –, solange man nicht versteht, dass sie ihnen zugrunde liegende Verhältnisse der Warenproduzenten ausdrücken. Daher werden den Dingen übernatürliche Eigenschaften oder Kräfte zugeschrieben. Die Verhältnisse, die Menschen untereinander bei der Produktion eingehen, nehmen die phantasmagorische, d. h. die zauberhafte oder trügerische Form eines Verhältnisses von Dingen an. (MEW 23: 86) Der gesellschaftliche Charakter der privaten Arbeit wird als Natureigenschaft der Waren zurückgespiegelt, „daher auch das gesellschaftliche Verhältnis der Produzenten zur Gesamtarbeit als ein außer ihnen existierendes gesellschaftliches Verhältnis von Gegenständen." (MEW 23: 86) Die Produzenten müssen ihre Waren austauschen und erst im Austausch erweist sich, ob ihre Arbeit als Teil der gesellschaftlichen Arbeit anerkannt wird. „Da die Produzenten erst in gesellschaftlichen Kontakt treten durch den Austausch ihrer Arbeitsprodukte, erscheinen auch die spezifisch gesellschaftlichen Charaktere ihrer Privatarbeiten erst innerhalb des Austauschs." (MEW 23: 87) Doch das heißt nicht, dass die Produkte erst im Tausch ihren Wert erhielten. Es heißt nur, dass der in der Produktion erzeugte Wert im Tausch sichtbar gemacht wird. Die Mystifizierung der Beziehungen zwischen den Warenproduzenten durch ihre Verkehrung in Beziehungen zwischen Dingen gipfelt im Geldfetisch. Für Geld kann man im Kapitalismus alles kaufen, und es scheint, als resultiere diese Macht aus den stofflichen, naturgegebenen Eigenschaften des Geldes oder des Goldes. „Eine Ware scheint nicht erst Geld zu werden, weil die andren Waren allseitig ihre Werte in ihr darstellen, sondern sie scheinen umgekehrt allgemein ihre Werte in ihr darzustellen, weil sie Geld ist." (MEW 23: 107) Das Rätsel des Geldfetischs sei nur „das sichtbar gewordne, die Augen blendende Rätsel des Warenfetischs". (MEW 23: 108) Die Macht, die das Geld verkörpert, entspringt nicht den natürlichen Merkmalen des Goldes und des Silbers. Die Macht resultiert daraus, dass das Geld abstrakte, anerkannte gesellschaftliche Arbeit verkörpert und in der Funktion als allgemeines Äquivalent gesellschaftliche Verhältnisse vermittelt. Der Geldfetisch setzt den Warenfetisch fort und erreicht seinen Höhepunkt im zinstragenden Kapital bzw. im Kapitalfetisch.

8.5 Wesen und Funktionen des Geldes

Die Analyse der Wertformen und ihre historische Entfaltung zeigt, dass das Geld seinem Wesen nach eine Ware ist, die aus der Warenwelt ausgeschlossen wird, um den Wert aller anderen Waren auszudrücken, indem sie ihn in den Preis verwandelt. Im Unterschied zur allgemeinen Wertform, die ein regional begrenztes, instabiles Äquivalent darstellte, ist die Geldform des Werts die gefestigte, über einen längeren Zeitraum und ein größeres Gebiet geltende vierte Wertform. Der von den Waren selbst losgelöste und selbst als eine Ware neben ihnen existierende Wert ist – Geld. Es komme zu einer Verdopplung der Ware in Ware und Geld. Die logisch-historische Erklärung des Geldes macht auch deutlich, dass Geld eine Ware ist. Das Gold war, bevor es Geld wurde, eine „gewöhnliche" Ware, war ein Teil der Warenwelt. Aus ihr wurde es im Ergebnis eines langen historischen Prozesses ausgeschlossen, um allgemeines Äquivalent zu sein, also Geld zu werden. Gold hört aber nicht auf, zugleich Ware zu sein, weil es jetzt eine besondere Ware geworden war. Wer die Gegenständlichkeit des Werts nicht anerkennt, reduziert das Geld auf ein Zeichen oder Symbol und kann schwerlich zu einer korrekten Betrachtung des modernen Geld-, Kredit- und Bankensystems gelangen. Er muss wie die nominalistischen Geldtheoretiker, heute in extremer Form vertreten durch die „Modern Monetary Theorie", im allmächtigen Staat die Instanz sehen, die das Geld schöpft.

Das Wesen des Geldes verwirklicht sich über seine Funktionen. Das Wesen des Geldes besteht nach Johann Köhler darin, „Einheit von Wertmaß und Zirkulationsmittel zu sein." (Köhler 1980: 36) Köhler bezieht sich auf Marx, der geschrieben hatte: „Die Ware, welche als Wertmaß und daher auch, leiblich oder durch Stellvertreter, als Zirkulationsmittel funktioniert, ist Geld." (MEW 23: 143) Für den Warenaustausch dient Geld in folgenden Funktionen: Maß der Werte und Maßstab der Preise, Zirkulationsmittel, Schatz und Geldreserve, Zahlungsmittel und als Weltgeld. Diese fünf Funktionen bedingen sich gegenseitig.

8.5.1 Maß der Werte und Maßstab der Preise

Das Geld als Wertmaß misst den Wert der Waren. Die Funktion macht das Wesen des Geldes aus. Ergebnis des Messvorgangs ist der Preis. Der Wert der Ware wird vorausgesetzt. „Das Wertmaß der Waren bezieht sich immer auf die Verwandlung der Werte in Preise, unterstellt schon den Wert." (MEW 26.3: 34) Erst nachdem Geld seine Funktion als Wertmaß und Wertausdruck erfüllt hat, kann es die anderen Funktionen ausüben. Ehe sich Waren tauschen, müssen ihre Wertgrößen gemessen worden sein. Die Wertmessung erfolgt nicht durch den Vorgang des Bezahlens, wie manchmal behauptet wird. Sie geht ihm und dem Tausch voraus, erfolgt ideell – es bedarf der Anwesenheit des Geldes nicht – und kann auch unabhängig vom Tausch erfolgen. Ergebnis des Messens ist der Preis, egal, ob er bezahlt wird oder nicht. Er ist der Geldausdruck des Werts. Die ideelle Verwandlung des Wertes mit Hilfe des gedachten Geldes in den Preis hat mit der Größe der vorhandenen Geldmenge nichts zu tun. „Kein einziges Geldstück ist zu diesem Prozeß nötig, so wenig wie ein Längenmaß (sage Elle) reell angewandt zu werden braucht, um etwa den Erdäquator in Ellen auszudrücken." (MEW 42: 122) „Jeder Warenhüter weiß, [...] daß er kein Quentchen wirkliches Gold braucht, um Millionen Warenwerte in Gold zu schätzen. In seiner Funktion als Wertmaß dient das Geld daher – als nur vorgestelltes oder ideelles Geld." (MEW 23: 111) In der Messtheorie ist weitgehend anerkannt, allerdings keineswegs von allen, dass das Messmittel von der Qualität des zu Messenden sein muss. Ein Messmittel für Längen muss lang, ein Messmittel für Gewichte schwer, ein Messmittel für Rauminhalte räumlich ausgedehnt sein. Ein Messmittel für Werte muss wertvoll sein. Das Geld muss eine Ware sein oder eine Verbindung zu ihr besitzen, weil nur eine Ware Wert hat. Bloße Zeichen oder Symbole ohne Wert können keine Werte direkt messen. Sie können nur indirekt messen als Repräsentanten werthaltiger Geldwaren. Das Geld als „äußeres" Wertmaß – das „innere" ist die Arbeitszeit – besitzt nach Marx folgende Merkmale:

- Es muss von derselben Qualität wie das zu Messende sein, das heißt Geld muss Ware sein und einen Wert haben (oder solchen repräsentieren).
- Geld verhält sich gegenüber den zu messenden Werten passiv. Die Geldware misst sich nicht selbst. Sie liefert nur dem Wertausdruck andrer Ware das Material.
- Es kann wechseln, weil es von derselben Qualität ist, wie die zu messenden Erscheinungen. Der quantitative Ausdruck verändert sich. Er ist nur relativ.
- Geld kann zu einem anderen quantitativen Ausdruck führen als das innere Maß, dessen Erscheinungsform es ist. Der Preis kann durch Disproportionen von Angebot und Nachfrage von der Wertgröße abweichen. Das äußere Maß wird zu „einem nur relativen, schwankenden, unzulänglichen [...] Notbehelf", einem bei allen seinen Mängeln unvermeidlichen Maß im Gegensatz zu dem immanenten, dem „natürlichen, adäquaten, absoluten Maß, der Zeit," sagt Engels. (MEW 20: 288)

Geld benötigt, um Wertmaß zu sein, einen Maßstab. Die Menge des Geldmaterials muss gemessen werden. Das ist eine technische Notwendigkeit. „Es ist bezeichnend", so Stephan Krüger, „dass die bürgerliche Ökonomie, weil sie in ihrer zeitgenössischen Form weder den Unterschied zwischen Gebrauchswert und Wert, geschweige denn denjenigen zwischen konkret-nützlicher und abstrakt menschlicher Arbeit kennt, mit der Funktion des Geldes als Wertmesser oder ›numeraire‹ nur Bestimmtheiten des Geldes als Maßstab der Preise erfasst; dieses Verdikt gilt auch für Keynes." (Krüger 2012: 43) Das natürliche Maß der Geldware Gold ist ihr Gewicht. Die Gewichtsnamen der Goldquanta sind die ursprünglichen Geldnamen des Preismaßstabs. Maßeinheit, Metallgewicht und Maßstab werden staatlich festgelegt. „Selbst bei metallischer Zirkulation trennen sich die Geldnamen der Metallgewichte nach und nach von diesen ursprünglichen Gewichtsnamen." (Krüger 2012: 43 f) Die Geldeinheit erhält einen nationalen Namen, wie z. B. Dollar, D-Mark, Pfund Sterling, Rubel, Yen, Euro usw. Die Münzen unterscheiden sich von Staat zu Staat. Auch die Unterteilungen: Dreier- und Zwölfersysteme (Taler, Sechser) oder Dezimalsysteme (1 Dollar = 100 Cent, 1 Euro = 100 Cent). Die national unterschiedliche Gestaltung der Geldsysteme erweckt den Eindruck, Geld sei eine staatliche Anweisung. Man muss unterscheiden zwischen dem

Wesen des Geldes und dessen staatlichen Ausprägungen und Formen. So auch zwischen dem Maß der Werte und dem Maßstab der Preise.

> Als Maß der Werte und als Maßstab der Preise verrichtet das Geld zwei ganz verschiedne Funktionen. Maß der Werte ist es als die gesellschaftliche Inkarnation der menschlichen Arbeit, Maßstab der Preise als ein festgesetztes Metallgewicht. Als Wertmaß dient es dazu, die Werte der bunt verschiednen Waren in Preise zu verwandeln, in vorgestellte Goldquanta; als Maßstab der Preise mißt es diese Goldquanta. (MEW 23: 113)

Die Staaten legen den Maßstab der Preise fest. Das Geld misst den Wert der Waren nur als vorgestelltes oder ideelles Geld. Es ist gedachtes Geld. Die Verwandlung des Wertes mit Hilfe des Geldes in den Preis ist ein gedanklicher Vorgang. Dazu bedarf es nicht der körperlichen Anwesenheit des Geldes. Auch wenn Geld nicht da ist, kann man mit ihm rechnen. Marx spricht schon in den Grundrissen vom Rechengeld: „Als Maß dient das Geld stets als Rechengeld, und als Preis ist die Ware stets nur ideell in das Geld verwandelt." (MEW 42: 121) Die Tatsache, dass Geld als Maß der Werte nur ideell auftritt und dass das Geld als Maßstab der Preise vom Staat festgelegt wird, hat zu den „tollsten Theorien" geführt. (MEW 13: 59 ff; MEW 23: 111) Einige Ökonomen schlossen daraus, dass das Geld eine Übereinkunft der Warenproduzenten sei, um den Tausch zu erleichtern und dass sie den Wert des Geldes willkürlich festlegten. Aber obgleich vorgestelltes Geld reicht, um die Wertmaßfunktion auszuüben, also den Waren Preise zu geben, „hängt der Preis ganz vom reellen Geldmaterial ab." (MEW 23: 111) „Nichts kann daher falscher sein", schreibt Stephan Krüger, „als aus der ideellen Form des Geldes als Wertmaß zugleich auf den ideellen Charakter des Geldes, d. h. seine komplette Loslösung von einer materiellen Geldware zu schließen." (Krüger, Müller 2020: 100) Die Auffassung liegt der sogenannten Demonetisierung des Goldes zugrunde. Die Funktion des Geldes als Maß der Werte ist kein Selbstzweck. Sie ist Voraussetzung, um die Waren verkaufen und kaufen zu können. Nur in der Einheit von Wertmaß und Zirkulationsmittel (Kaufmittel) ist „das Geld wirkliches Geld." (Neelsen, Müller-Bülow 1973: 68)

8.5.2 Zirkulationsmittel

„Wenn die Tauschwerte in den Preisen ideell in Geld verwandelt werden, werden sie im Tausch, im Kauf und Verkauf, reell in Geld verwandelt, gegen Geld umgetauscht, um sich als Geld dann wieder gegen Ware umzutauschen." (MEW 42: 124) Der Naturaltausch kommt ohne das Geld aus. Eine Ware wird direkt gegen eine andere Ware getauscht (W–W). Was sehr einfach scheint, konnte umständlich, langwierig, tückisch sein, in vielen Fällen sogar scheitern. Um eine Ware direkt gegen eine andere zu tauschen, also ohne die Zuhilfenahme des Geldes, bedarf es einer doppelten gegenseitigen Interessenübereinstimmung. Wollte z. B. jemand 10 kg Äpfel gegen eine Badehose tauschen, musste es ihm glücken, jemand zu finden, der eine Badehose verkaufen wollte und als Bezahlung dafür Äpfel akzeptierte. Ein purer Zufall? Häufig ist das Interesse einseitig und dann kommt kein Tausch zustande. Wie oft mag der Obstanbieter auf Interesse an seinen Äpfeln gestoßen sein, aber die potenziellen Abnehmer wollten alles Mögliche dafür geben, nur keine Badehose. Oder sie verkauften Badebekleidung, wollten aber keine Äpfel, sondern vielleicht ein Mittel gegen Haarausfall. Der Bäcker mag dem Dachdecker dessen Leistungen gern Tag für Tag mit Brot und Kuchen, der Fleischer mit Schinken und Keule, der Gärtner mit frischem Salat und Himmelschlüsselchen vergüten – sehr unwahrscheinlich, dass der Dachdecker zustimmt. Denn er braucht Geld, um sein Auto zu reparieren oder die Hochzeit seiner Tochter zu finanzieren. Der Vorteil des Geldes: Als universell verwendbares Tauschmittel eignet es sich, beliebige Waren und Dienstleistungen zu erwerben. Es beseitigt das Problem des Naturaltauschs, dass sich stets die „richtigen Tauschpartner" finden müssen, die jeweils das Gut des anderen begehrten und bereit waren, dafür ihr eigenes herzugeben. Der Vorteil des Geldes: Als universell verwendbares Tauschmittel eignet es sich, beliebige Waren und Dienstleistungen zu erwerben. Es beseitigt das Problem des Naturaltauschs, dass sich stets die „richtigen Tauschpartner" finden müssen, die jeweils das Gut des anderen begehrten und bereit waren, dafür ihr eigenes herzugeben. Geld tritt als Zirkulationsmittel – auch Tausch- oder Kaufmittel – auf, indem es den Austausch vermittelt. Geld schiebt sich zwischen die Waren, aus einer Handlung werden zwei: der Verkauf W–G, der Salto mortale der Ware – hier entscheidet sich das Schicksal des Warenproduzenten, erweist sich, ob die Ware ein gesellschaftliches Bedürfnis befriedigt und die private Arbeit als Teil der gesellschaftlichen Gesamtarbeit anerkannt wird – und der Kauf G–W, zusammengefasst: W–G–W. Was jetzt umständlicher aussieht, erleichtert den Tausch enorm und wirkt sich anregend aus auf Produktion und Produktivkraftentwicklung. Durch das Geld verringert sich die Zahl der Tauschbeziehungen. „Ein Effekt des Geldes ist daher eine Datenkompression. Anstatt eine Million Verhältnisse anzugeben, reichte es aus, tausend Preise in Denari anzugeben." (Cockshott 2024: 98) Geld vermeidet die hohen Such- und Informationsaufwendungen. Jetzt reicht es, wenn der Verkäufer einen Interessenten für seine Ware findet, der bereit ist, den Preis für sie zu zahlen. Er muss nicht mehr die Ware besitzen und herausrücken, die der ursprüngliche Verkäufer haben will. An die Stelle der doppelten tritt die einfache Übereinstimmung der Interessen. Völlig neue ökonomische Merkmale entstehen. Aus einst isolierten, abgeschlossenen Tauschakten zwischen zwei Partnern, wird eine Kette „unendlich" vieler Kauf- und Verkaufsakte, wird die Geld- und Warenzirkulation. Der Zirkulationsprozess der Warenwelt stellt sich, „da jede einzelne Ware die Zirkulation W-G- W durchläuft, als ein unendlich verschlungenes Kettengewirr dieser an unendlich verschiedenen Punkten stets endenden und stets neu beginnenden Bewegung dar." (MEW 13: 75) Da Geld hier kein Selbstzweck ist, sondern die Warenzirkulation vermittelt, in Abständen eingenommen und immer wieder ausgegeben wird, muss es zwar im Gegensatz zur Wertmaßfunktion reell vorhanden sein, aber es kann durch bloße Symbole oder Zeichen ersetzt werden. Während das „materielle Substrat" des Geldes in seiner Bestimmung als Wertmaß wesentlich, seine Existenz aber unwesentlich, ja entbehrlich ist, kann das Geld als Gold und Silber, soweit es nur Mittel des Tauschs ist, durch jedes andere Zeichen, das ein bestimmtes Quantum seiner Einheit ausdrückt, ersetzt werden. „Symbolisches Geld (kann) das reelle ersetzen, weil das materielle Geld als bloßes Tauschmittel selbst symbolisch ist." (MEW 42: 142) Minderwertige Münzen – Scheidemünzen aus Kupfer, Messing oder Eisen, deren Realwert kleiner als der aufgeprägte Nominalwert ist – haben den Charakter von Geldzeichen. Sie sind Vertreter des vollwertigen Geldes. Ebenso das Papiergeld. Vom Staat ausgegeben und mit einem Zwangskurs versehen, vermittelt es die Warenzirkulation. „Das Münzdasein des Goldes scheidet sich völlig von seiner Wertsubstanz. Relativ wertlose Dinge, Papierzettel, können also an seiner Statt als Münze funktionieren. In den metallischen Geldmarken ist der rein symbolische Charakter noch einigermaßen versteckt. Im Papiergeld tritt er augenscheinlich hervor." (MEW 23: 140 f) Papiergeld ist repräsentatives Geld, fungiert als Stellvertreter der Geldware. „Weil Geld in bestimmten Funktionen durch bloße Zeichen seiner selbst ersetzt werden kann, entsprang der andre Irrtum, es sei bloßes Zeichen." (MEW 23: 105) China hatte im siebenten Jahrhundert schon Papiergeld, in Amerika wurde es erstmals 1690 in Umlauf gesetzt. Frankreich folgte 1716, Russland 1769 und England während der Napoleonischen Kriege (1800–1815). (Neelsen, Müller-Bülow 1973: 75) Wird mehr Papiergeld in den Umlauf gebracht, als Goldgeld umlaufen müsste, sinkt die von einer Papiergeldeinheit vertretene Menge Geldware. Die Kaufkraft mindert sich, die Preise steigen. Kostete ein Auto Anfang der 1970er Jahre angenommen 6.000 Dollar, so wäre beim damaligen Goldpreis von 100 $ je Unze Feingold – ein Dollar repräsentierte 0,31 g Gold – der Preis des Autos etwa 1,86 kg Gold gewesen. Der Goldpreis eines Autos, das im Jahre 2025 30.000 $ kostet, wäre etwa 0,33 kg Gold gewesen. Eine Unze Feingold wurde im Februar 2025 über 2 900 US-$ notiert, d. h. ein Dollar vertrat nur noch 0,011 g Gold. Während sich der Preis des PKW in Dollar verfünffacht hat, ist er, in Gold ausgedrückt, um mehr als 80 Prozent gesunken.

Im 17. Jahrhundert wurden die schon seit Jahrhunderten bekannten Wechsel durch das Indossament beliebtes Zirkulationsmittel. Marx spricht vom Handelsgeld. (MEW 25: 413) Handelsgeld ist eine Art Kreditgeld – Geld, das „richtiges" Geld fordert – und nur soweit die Wechsel „schließlich durch Ausgleichung von Forderung und Schuld sich aufheben, fungieren sie absolut als Geld, indem dann keine schließliche Verwandlung in Geld stattfindet." (MEW 25: 413) Zu den Kreditgeldarten bzw. Geldsurrogaten zählen ferner die konvertiblen Banknoten und das Buchgeld (Giralgeld), womit im 21. Jahrhundert nicht mehr nur, wie schon seit langem der weitaus größte Teil der kommerziellen Zahlungen abgewickelt wird, sondern auch immer mehr die Konsumgeschäfte der privaten Verbraucher. (Müller 2022: 77–81, 83 ff)

8.5.3 Wertaufbewahrungsmittel und Geldreserve

Während das Geld als Maß der Werte nur ideell ist und als flüchtiges, von Hand zu Hand gehendes Zirkulationsmittel durch Symbole bzw. Zeichen vertreten werden kann, kommt es in der Funktion als Wertaufbewahrungsmittel auf die Werthaltigkeit an: „Die Ware, welche als Wertmaß und daher auch, leiblich oder durch Stellvertreter, als Zirkulationsmittel funktioniert, ist Geld. Gold (resp. Silber) ist daher Geld. Als Geld funktioniert es, [...] wo es in seiner goldnen (resp. silbernen) Leiblichkeit erscheinen muss, daher als Geldware, also weder bloß ideell, wie im Wertmaß, noch repräsentationsfähig, wie im Zirkulationsmittel". (MEW 23: 143 f) Folgt dem Verkauf der Ware W–G nicht sofort der Kauf G–W, fällt Geld aus der Zirkulation heraus und wandert in die Depots. Es wird Schatz oder Reserve für Zahlungen. Der Trieb der Schatzbildung ist „von Natur maßlos. Qualitativ oder seiner Form nach ist das Geld schrankenlos, d. h. allgemeiner Repräsentant des stofflichen Reichtums, weil in jede Ware umsetzbar." (MEW 23: 147) Die Funktion des Geldes als Mittel der Wertaufbewahrung bzw. als Schatz entspringt aber keinesfalls nur dem Bereicherungstrieb. Die Funktion ist auch für die Reproduktion nötig. Geld wird zurückgehalten, quasi als Wertspeicher, um zu einem späteren Zeitpunkt Käufe mit ihm zu tätigen. Insofern könnte man auch von einer Zeitüberbrückungsfunktion des im Schatz gespeicherten Geldes sprechen. Die Zeit zwischen der Einnahme des Geldes und seiner Ausgabe, dem Zeitpunkt der Bedarfsdeckung, wird überbrückt. Jeder Warenproduzent muss in gewissen Zeitabständen Arbeitsgegenstände und Arbeitsmittel ersetzen oder zusätzlich erwerben. Das dazu erforderliche Geld sammelt er nach und nach an. Er bereitet so die Ersatz- oder Erweiterungsinvestition vor. Aber auch aus der Gesamtperspektive wird die Bedeutung der Funktion klar: Die für die Zirkulation erforderliche Geldmenge schwankt. Sie steigt und fällt, weil sich Produktionsvolumen, die Preise und die Umlaufgeschwindigkeit des Geldes unentwegt ändern. Vorübergehend für Zahlungen nicht benötigtes Geld fließt in den Schatz und kehrt zurück, wenn es in der Zirkulation wieder gebraucht wird. Die Wertaufbewahrungsfunktion des Geldes federt die beständigen Schwankungen der Warenzirkulation ab, ist eine Pufferfunktion. „Die Schatzreservoirs dienen zugleich als Abfuhr- und Zufuhrkanäle des zirkulierenden Geldes, welches seine Umlaufkanäle daher nie überfüllt." (MEW 23: 148) Insofern ist die Wertaufbewahrung untrennbar mit der Funktion des Geldes als Zirkulationsmittel verbunden, die sie ergänzt und ermöglichen hilft. Sie gewährt die Flexibilität des Geldumlaufs und sichert, dass stets die für die Zirkulation benötigte Geldmenge zirkuliert. Nicht alles außerhalb der Zirkulation befindliche Geld ist unmittelbare Reserve für den Umlauf. Große Teile von ihm nehmen keine direkte Zeitüberbrückungsfunktion wahr. Sie werden längere Zeit zurückgehalten bzw. verweilen in anderen Anlagen. Latent stellen aber auch sie Zirkulationsmittelreservoir dar und können jederzeit in den Umlauf zurückfließen. Die Marxschen Aussagen beziehen sich zunächst auf die Geldware Gold, treffen aber auch auf verschiedene Kreditgeldarten zu, die als Anspruch auf Geldware auftreten. Zwar lassen sich auch die Arten des Kreditgelds – unbefristete und übertragbare Forderungen, wie z. B. konvertible Banknoten – anhäufen. Die wahre Substanz des Schatzes aber war zur Marx' Zeiten die Geldware. Mit ihr wurden Zahlungsforderungen eingelöst, die sich nicht untereinander ausglichen. Dazu ist nur geeignet, was selbst Wert hat, die Geldware und keine Schuldforderungen. Da Papiergeld mit Annahmezwang – Gläubiger müssen es als Aufhebung jedweder Schuld akzeptieren – im modernen Geldwesen nicht mehr Anspruch auf Geldware ist, entfällt die Notwendigkeit, den Metallschatz „als Garanten der Konvertibilität der Banknoten und als Angelpunkt des ganzen Kreditsystems“ zu bewahren. (MEW 25: 587) Die ungebrochene Wertschätzung des Goldes durch die Zentralbanken im 21. Jahrhundert mag aus dieser Sicht zeitwidrig erscheinen. Aber das Gold als Währungsschatz hat einen währungspolitischen Gebrauchswert: die letzte Sicherheit zu bieten in einer Zahlungswelt, die mit wertlosem Papiergeld und Kreditgeld funktioniert. Da Papiergeld als Zahlungsmittel Kreditbeziehungen beendet und den Anspruch auf „anderes“ Geld löscht, muss es auch als Reservemedium für die Zirkulation auftreten. Die Bedeutung der inkonvertiblen Zentralbanknoten für die Ausübung der Schatzfunktion hat sich erhöht. International betrifft das vor allem die Schlüsselwährungen Dollar, Euro, Yen und andere, darunter vielleicht auch bald den chinesischen Renminbi, wenn Chinas Aufwärtsentwicklung anhält. Im Gegensatz zur Geldware unterliegen die Währungen der inflationären Entwertung. Die „Werterhaltung“ durch wertloses Papiergeld im Sinne des Anspruchs auf wertäquivalente Warenmengen wird in Abhängigkeit von der inflationären Entwicklung drastisch gestört. Die Geldware vermeidet diesen Wertverlust, weil die Inflation nur eine Änderung des Preismaßstabs, eine Änderung des Repräsentationsverhältnisses zwischen der Geldware und dem Geldzeichen ist. Der Vorteil der Geldware, selbst gegenüber „harten“ Währungen bleibt eben die Arbeitszeit, die in ihr verkörpert ist. Fast 37 000 Tonnen Gold dienen weltweit als Währungsreserve (2024).[42]

8.5.4 Zahlungsmittel

Typisch für die moderne Warenproduktion ist, dass die Veräußerung der Ware und ihre Bezahlung zeitlich auseinanderfallen. Durch die Trennung beider Handlungen entsteht die Funktion des Geldes als Zahlungsmittel. Verkauft wird die Ware gegen das Versprechen, später zu zahlen. Es wird auf Kredit gekauft. Kreditkäufe sind objektiv notwendig, wo unterschiedliche Produktions- und Zirkulationszeiten überbrückt werden müssen. Der Bauer muss Maschinen, Saatgut und Dünger kaufen, bevor er pflanzen, säen und ernten sowie seine Produkte verkaufen kann. Unternehmer in fast allen Branchen kaufen Maschinen und Material auf Kredit, der später aus dem Erlös der hergestellten Erzeugnisse getilgt wird. Das Geld ist auch beim Kreditkauf zunächst ideelles Wertmaß, verwandelt den Wert in den Preis, mit dem der Wert ausgedrückt wird. Dann ist es Zir-

42 https://www.gold.de/goldreserven/, (letzter Aufruf 15.02.2025)

kulations- bzw. Kaufmittel, aber kein reelles, sondern ideelles Mittel. Es wird für die Übergabe der Ware nicht körperlich gebraucht, weil es sich durch Forderungen auf sich selbst – Wechsel, konvertible Banknoten, Buchgeld – vertreten lässt. Erst wenn am Tag der Fälligkeit der Käufer das Zahlungsversprechen – das zugleich eine Zahlungsforderung des Verkäufers ist – einlöst, tritt Geld in Erscheinung. Aber nicht als Zirkulationsmittel, denn die Übergabe der Ware vom Verkäufer an den Käufer hatte bereits stattgefunden. Das Geld tritt jetzt als Zahlungsmittel in die Zirkulation ein. „Das Zahlungsmittel tritt in die Zirkulation hinein, aber nachdem die Ware bereits aus ihr ausgetreten ist. Das Geld vermittelt nicht mehr den Prozess. Es schließt ihn selbständig ab, als absolutes Dasein des Tauschwerts oder allgemeine Ware.“ (MEW 23: 150) Bis zum Tag der Einlösung des Zahlungsversprechens besitzt zwar der Käufer die Ware. Er ist aber noch nicht ihr Eigentümer. Der Eigentümerwechsel findet erst statt, wenn der Käufer seine Zahlungsverpflichtung einlöst. Mit der Funktion des Geldes als Zahlungsmittel, mit dem Kauf auf Kredit erweitern und vertiefen sich die ökonomischen Abhängigkeiten der privaten Warenproduzenten. Aus Verkäufern und Käufern werden Gläubiger und Schuldner. Das Verhältnis zwischen Gläubigern und Schuldnern ist „minder gemütlich“, als das zwischen Verkäufern und Käufern. Zahlt der Käufer nicht, so finden Zwangsverkäufe seiner Habe statt. Heute erfüllt Zentralbankgeld die Zahlungsmittelfunktion. Wie unter Bedingungen der Konvertibilität der Banknoten in Gold, der Wahrnehmung der Zahlungsmittelfunktion durch das Gold, lediglich ein „im Vergleich mit der Gesamtproduktion unbedeutendes Quantum Metall“ (MEW 25: 588) erforderlich war, so benötigt man heute Zentralbankbargeld auch nur in dem Maße, wie sich gegenseitige Forderungen und Verbindlichkeiten nicht aufrechnen lassen. Nicht mehr die Geldware Gold, sondern die Zentralbanknote löst die Gläubiger-Schuldner-Verhältnisse endgültig auf, wobei die Gläubiger mit der Überweisung von Zentralbankbuchgeld auf ihre Konten i. d. R. zufrieden sind. Bei der für das Kreditgeschäft eigenartigen Trennung von Verkauf/Kauf und Bezahlung der Ware fungiert die Zentralbanknote als ideelles Kaufmittel. In Form des Wechsels oder Buchgelds, Forderungen auf sich selbst, ermöglicht sie den Übergang der Ware vom Verkäufer zum Käufer. Als Zahlungsmittel schließt die Zentralbanknote den Prozess ab, der durch Kreditgeldarten, v. a. durch Buchgeld, als Zirkulationsmittel vermittelt worden war. „Das Kreditgeld“, sagt Marx, „entspringt unmittelbar aus der Funktion des Geldes als Zahlungsmittel, indem Schuldzertifikate für die verkauften Waren selbst wieder zur Übertragung der Schuldforderungen zirkulieren.“ MEW 23: 153 f) Mit den Kreditkäufen entsteht eine Kette gegenseitiger Verbindlichkeiten, die reißt, wenn ein Schuldner zahlungsunfähig wird. Die Zahlungsunfähigkeit des Einzelnen kann zu der von vielen führen. Aus der Funktion des Geldes als Zahlungsmittel entspringt die zweite abstrakte Möglichkeit einer Wirtschaftskrise, die sich als Geldkrise äußert. Die Zahlungsmittelfunktion des Geldes erfasst Geldbewegungen ohne unmittelbare Gegenleistung. Beispiele für die Ausübung dieser Funktion sind Kredittilgungen, Einzahlungen auf und Auszahlungen von Konten, Steuern, soziale Transfers, Strafen usw.

8.5.5 Weltgeld

Die Erweiterung nationaler Märke zum Weltmarkt entwickelt das Geld zum Weltgeld. (MEW 26.3: 250) In dieser Funktion nimmt das Geld seine nationalen Funktionen als Wertmaß, Zirkulations-, Zahlungs- und Wertaufbewahrungsmittel für die Warenzirkulation auf dem Weltmarkt wahr. „Die Funktion als Zahlungsmittel, zur Ausgleichung internationaler Bilanzen, herrscht vor.“ (MEW 23: 157) Solange alle Währungen offiziell an das Gold gebunden waren, bestanden über die Geldware feste Relationen zwischen ihnen. Es verband die nationalen Wirtschaften, verhinderte grundlegende Unterschiede in der Preis- und in der zyklischen Bewegung der Wirtschaft. Das Geld als Weltgeld streift seine nationale Form ab und trat in seiner ursprünglichen Gestalt als Gold auf, zum Beispiel in Barrenform. Lemmnitz schreibt, dass bei gegenseitigen Verrechnungen das Gold als ideelles Maß der Werte und, sofern sich die Zahlungsverpflichtungen ausglichen, nur als ideelles Rechengeld auftrat. Und „der kommerzielle Kredit, der dem Warenaustausch dient, und sein Instrument, der Wechsel, wurden zum Hauptvermittler des Welthandels.“ (Lemmnitz 1977: 22) Gold fungierte als Reservefonds für den Ausgleich der Bilanzen. Der Verkauf von Waren auf dem Weltmarkt erfolgt gewöhnlich auf dem Wege des Kredits und wird durch den Ausgleich der Handels- bzw. Leistungsbilanzen geregelt. Eine Geldbewegung erfolgt nur zum Ausgleich der Salden. Die Devisen, d. h. die Handels- und Bankwechsel, Banknoten, Münzen und Guthaben in ausländischer Währung „entwickelten sich fortan zu einer Form von internationalem Kreditgeld, das neben dem Gold als Weltgeld-Stellvertreter fungierte.“ (Lemmnitz 1977: 22) Weltgeldfunktionen werden nicht nur vom Dollar wahrgenommen, sondern auch von anderen kapitalistischen Währungen, vor allem vom Euro, Yen und Schweizer Franken.

8.6 Das Geldumlaufgesetz

Das Geld als Zirkulationsmittel „haust beständig in der Zirkulationssphäre und treibt sich beständig in ihr um. Es entsteht also die Frage, wieviel Geld diese Sphäre beständig absorbiert.“ (MEW 23: 131) Eine einfache Überlegung führt uns zu der Erkenntnis, dass die Geldmenge, die für die Güterzirkulation benötigt wird, so groß wie die Preissumme des Gütervolumens sein muss, wenn jede gleichnamige Geldeinheit (z. B. ein Euro, eine 10 $-Münze usw.) jeweils nur einmal zu Zahlungen genutzt wird. Geschieht das jedoch häufiger, verringert sich die notwendige Geldmenge. Die Anzahl oder Häufigkeit, mit der eine Geldeinheit durchschnittlich zu Zahlungszwecken verwendet wird, nennt man Geldumlaufgeschwindigkeit. Es gilt: Geschwindigkeit ersetzt Menge. Die Beziehungen werden in folgender Gleichung ausgedrückt: Geldmenge M = Preissumme des Güterangebots QP dividiert durch Geldumlaufgeschwindigkeit V, wobei P = Preisdurchschnitt oder Preisniveau und Q = Gütermenge oder Handelsvolumen. (MEW 23: 133):

$$\text{Masse des als Zirkulationsmittel fungierenden Geldes M} = \frac{\text{Preissumme der Waren QP}}{\text{Umlaufszahl gleichnamiger Geldstücke V}}$$

Das Gesetz, das die Quantität der Zirkulationsmittel bestimmt ist durch die Preissumme der zirkulierenden Waren und der Durchschnittsgeschwindigkeit des Geldumlaufs, kann auch so ausgedrückt werden, daß bei gegebner Wertsumme der Waren und gegebner Durchschnittsgeschwindigkeit ihrer Metamorphosen, die Quantität des umlaufenden Geldes oder des Geldmaterials von seinem eignen Wert abhängt. Die Illusion, daß umgekehrt die Warenpreise durch die Masse der Zirkulationsmittel und letztre ihrerseits durch die Masse des in einem Lande befindlichen Geldmaterials bestimmt werden, wurzelt [...] in der abgeschmackten Hypothese, daß Waren ohne Preis und Geld ohne Wert in den Zirkulationsprozeß eingehn, wo sich dann ein aliquoter Teil des Warenbreis mit einem aliquoten Teil des Metallbergs austausche. (MEW 23: 136–138)

Marx reflektiert den Bullionsstreit – die Banking- Currency-Kontroverse – und schließt sich der von Tooke und Fullarton vertretenen Banking-Auffassung an. (vgl. Abschnitt 7.5) Die Frage, ob die Geldmenge die Preise oder umgekehrt die Preise die Geldmenge bestimmen, hat Marx damit für sich klar beantwortet. Die Vertreter der Currency-Theorie glaubten, dass die angebotene Geldmenge exogen bestimmt ist. Die Politik der Notenbank entscheide über ihre Höhe. Das Preisniveau und damit auch der Geldwert sind davon abgeleitete Größen. Eine verstärkte Ausgabe von Banknoten erhöhe die Preise und senke dadurch den Geldwert. Die Vertreter der Banking-Theorie waren umgekehrt der Meinung, dass der Preis ursprünglich sei. Er und damit der Geldwert sind die exogenen Größen. Die Geldmenge passe sich an die Preise und damit an den schwankenden Bedarf der Wirtschaft an. Sie sei eine endogene, eine abgeleitete Größe. Auf dem »Geldmarkt« begegneten sich kein unabhängiges Geldangebot und eine Geldnachfrage, vielmehr bilde sich im güterwirtschaftlichen Bereich eine Nachfrage nach Geld, die stets die benötigte Geldmenge in die Zirkulation fließen lasse. Die Erhöhung der Preise und Geschäftsumsätze geht der Erhöhung des Notenumlaufes voraus. Die Wirtschaft könne gar nicht mit Geld überversorgt sein.

8.6.1 Geld als Zahlungsmittel und Geldumlauf

Marx hat die Quantitätstheorie umgekehrt interpretiert als später Irving Fisher, dessen Verkehrsgleichung bis heute als „Inbegriff der modernen Quantitätstheorie“ gilt (Greitens 2022: 341), und er hat den Zusammenhang zwischen der als Zirkulationsmittel fungierenden Geldmenge und der Preissumme des im gleichen Zeitraum umgesetzten Handelsvolumen auch präziser und differenzierter erfasst. Er schreibt:

Das Gesetz über die Quantität des zirkulierenden Geldes, wie es sich aus der Betrachtung des einfachen Geldumlaufs ergab, wird wesentlich modifiziert durch den Umlauf des Zahlungsmittels. Bei gegebener Umlaufsgeschwindigkeit des Geldes, sei es als Zirkulationsmittel, sei es als

Zahlungsmittel, wird die Gesamtsumme des in einem gegebenen Zeitabschnitt zirkulierenden Geldes bestimmt sein durch die Gesamtsumme der zu realisierenden Warenpreise [plus] der Gesamtsumme der in derselben Epoche fälligen Zahlungen minus der durch Ausgleichung sich gegeneinander aufhebenden Zahlungen. Das allgemeine Gesetz, daß die Masse des umlaufenden Geldes von den Warenpreisen abhängt, wird dadurch nicht im geringsten berührt, da der Belauf der Zahlungen selbst durch die kontraktlich festgesetzten Preise bestimmt ist. Es zeigt sich aber schlagend, daß selbst Geschwindigkeit des Umlaufs und Ökonomie der Zahlungen als gleichbleibend vorausgesetzt, die Preissumme der in einer bestimmten Periode, z. B. einem Tag, zirkulierenden Warenmassen und die Masse des an demselben Tag zirkulierenden Geldes sich keineswegs decken, denn es zirkulieren eine Masse Waren, deren Preis erst künftig in Geld realisiert wird, und es zirkuliert eine Masse Geld, wofür die entsprechenden Waren längst aus der Zirkulation herausgefallen sind. Die letztere Masse selbst wird davon abhängen, wie groß die Wertsumme der Zahlungen ist, die an demselben Tag fällig werden, obgleich sie zu ganz verschiedenen Perioden kontrahiert sind. (MEW 13: 123 f)

8.6.2 Das erweiterte Umlaufgesetz

Wird beachtet, dass das Geld als Zahlungsmittel auftreten kann, die Zahlungen in anderen Perioden als die Leistungen erfolgen können und dass sich Zahlungen durch bi- und multilaterale Verrechnungen ausgleichen, modifiziert sich das Geldumlaufgesetz. Die zirkulierende Geldmenge M erhält man jetzt, indem man im Zähler von der Preissumme des Güterangebots $Q \cdot P$ die sich ausgleichenden Zahlungen und die erst in den nachfolgenden Perioden fällig werdenden Zahlungen subtrahiert, die in der laufenden Periode fälligen Zahlungen aus Güter- und Leistungstransaktionen der Vorperioden addiert. Hinzugefügt werden müssen außerdem die Vorschüsse (Anzahlungen) auf Leistungen, die in nachfolgenden Perioden erbracht werden. Der so modifizierte Zähler ist durch die Umlaufgeschwindigkeit des Geldes zu dividieren. Die Geldmenge M oder die wirksam werdende monetäre Nachfrage MV sind nach Marx endogen bestimmt. Sie sind das Resultat aus der Preissumme des Handelsvolumens einer gegebenen Periode, der Differenz zwischen den aus vergangenen Perioden fällig werden Zahlungen und den erst in folgenden Perioden anfallenden Zahlungen für Leistungen der betrachteten Periode, den sich ausgleichenden Zahlungen und den in der gegebenen Periode geleisteten Vorschüssen für Leistungen, die erst in späteren Perioden in Anspruch genommen werden. Die präzisierte Quantitätsgleichung des Geldes lautet:

$$MV = QP + fZV - fZN - AZ + VS,$$ wobei bedeuten:

M zirkulierende Geldmenge
V Geldumlaufgeschwindigkeit
MV zahlungswirksam werdende Geldmenge
Q Handelsvolumen
P Preisniveau (der Preisdurchschnitt)
QP Preissumme des Handelsvolumens
fZV fällige Zahlungen für Leistungen aus Vorperioden

fZN in nachfolgenden Perioden fällige Zahlungen für Leistungen der gegebenen Periode
AZ sich durch gegenseitige Leistungen ausgleichenden Zahlungen
VS Vorschüsse (Anzahlungen) für in Folgeperioden geplante Leistungen. (Müller 2020: 94)

8.7 Kritik

Zu verstehen, was Geld ist, fängt damit an, seinen Ursprung, seine Herkunft verstehen. Doch auch darin ist die Theorie zerstritten wie eh und je. Es gäbe keine dezidierte Antwort auf die Frage, wie das Geld in die Welt gekommen sei. Seine Ursprünge seien unergründlich, wird behauptet. (Engster, Haesler, Schlaudt 2024: 47) Warum so viele Antworten auf eine Frage? Die Frage nach der Herkunft des Geldes ist nicht unabhängig von der nach seinem Wesen. Eine knifflige Dialektik: Man muss den historischen Ursprung des Geldes rekonstruieren, um „auf den logischen Grund seiner Existenz zu stoßen." (Engster, Haesler, Schlaudt 2024: 47) Doch gilt auch, dass die Logik, das Wesen des Geldes bekannt sein müssen (zumindest in Grenzen), um zu wissen, wonach man in der Geschichte zu suchen hat. So löst sich das Rätsel „des unergründlichen Ursprungs" des Geldes zum Teil dadurch, dass die Autoren mit einem unterschiedlichen Geldbegriff operieren. In Abhängigkeit davon, was Geld sein soll, gibt es scheinbar die unterschiedlichsten Anfänge. Kritisiert wird an Marx' Wertformanalyse, am logisch-historischen Versuch, das Geld aus dem Warentausch zu erklären, dass sie nur eine von mehreren Erklärungsversuchen sei. Es wimmelt an Erklärungsversuchen in der Geldliteratur.

> Geld wird entsprechend mal als Gabe eingeführt, mal als Handels- und Tauschmittel, mal als Schuld, Verpflichtung und Kredit, mal als Zeichen und Medium, mal als heiliger Gegenstand, Pfand und Wertmaß, mal als gesellschaftlich wirksame Fiktion [...] Wird Geld etwa über Verhältnisse des Austauschs und Handels eingeführt, dann ist Geld [...] ein entsprechend herausgehobener, wertvoller Gegenstand oder Münze; entspringt es den Verhältnissen der Gabe, ist es verpflichtende und Gemeinschaft stiftende wie strukturierende Sache; soll es Verhältnissen des Kultes und des Opferns entspringen, dann ist es heiliger Gegenstand (und kann sogar der Mensch selbst sein); in Theorien, die Geld über Kredit- und Schuldverhältnisse begründen, wird Geld durch Übertragung von Eigentumsrechten und Schuld eingeführt und entsteht, wie in Kommunikations- und Medientheorien des Geldes, durch Ein- und Aufschreibsysteme und ist ein Bedeutung tragendes und vor allem übertragendes, teilendes und mitteilendes Medium, usw. (Engster, Haesler, Schlaudt 2024: 47 f)

Die Existenz zahlreicher, sich gegenseitig ausschließender Erklärungen würde zeigen, „dass auf geschichtlichem Wege dem Geld nicht beizukommen ist." (Engster, Haesler, Schlaudt 2024: 47) Wirklich? Geld ist ein zentrales Element der Warenproduktion. Wie ist es in sie hineingekommen und welche Rolle spielt es in ihr – das sind die Fragen, die zum ökonomisch-historischen Begriff des Geldes führen. Das Geld ist das allgemeine Äquivalent, das den Wert der Waren ausdrückt, die gesellschaftlich notwendige Arbeitszeit. Ökonomen, die die Arbeitswerttheorie für eine falsche Theorie halten, lehnen die genetisch-logischen Beziehungen zwischen Geld und Arbeitswert ab. Für sie ist Geld etwas anderes, z. B. eine Opfergabe, ein Element sakraler Rituale (Eich 2022: 108, 130 f, zit. bei Pahl 2022: 6, 8, 30) oder als Hortgeld ein Status- und Geltungssymbol. (Gerloff 1940: 19 f. 24 ff) Es entwickele sich nicht aus dem Tausch, sondern ginge ihm historisch voraus. Der Tausch hätte das fertige Geld als seine Voraussetzung vorgefunden. Der Irrtum: Der Geldbegriff wird nichtökonomisch gedeutet. Menschen haben sich bekannter Wertmaßstäbe und vorhandener Mittel bedient, um Werte aufzubewahren und zu übertragen. Sie hätten das Geld genutzt, bevor sie begannen, Güter auszutauschen. Der Geldbegriff sei logisches Apriori aller wirtschaftlichen Begriffe. (Lederer 1931: 67) „Am (logischen) Anfang steht das Geld." (Schumpeter 1965: 1350) Das kann aber logisch nicht das Geld der Warenproduktion gewesen sein. Hier wird übersehen, dass Gegenstände existierten, bevor sie als Geld gebraucht wurden bzw. Funktionen des Geldes übernahmen. „[...] und Geld gab es erst, als die kostbaren Dinge – selbst verdichtete Reichtümer und Zeichen der Reichtümer – wirklich zu Geld gemacht wurden [...]". (Mauss 1923/2016: 145)

Obwohl Marx' Aussagen über das Geld alle wesentlichen Aspekte umfassen – Ursprung, Entstehung, Wesen, Funktionen, Arten, Umlauf – behaupten Kritiker, er habe keine in sich geschlossene Geldtheorie entwickelt (Neuberger, Kern 2019: 113), ohne Belege zu erbringen, was an ihr offen geblieben, mangel- oder lückenhaft sein soll. Im Gegenteil: Marx bietet nicht nur eine komplexe, in sich widerspruchsfreie, alle ökonomischen Aspekte des Themas umfassende Geldtheorie. Er verknüpft die Geldtheorie auch logisch und historisch mit der Werttheorie, der Kapital- und der Mehrwerttheorie. Seine Geldtheorie ist kohärent und konsistent verwoben mit den anderen Theorien der Politischen Ökonomie, die sich als ein in sich geschlossenes Gesamtsystem an Theorien darstellt. Dennoch wird behauptet, Marx' Leistung für die Geldtheorie bestehe nicht in der Aufstellung neuer Thesen, sondern in der Art und Weise, wie er die vorgefundenen Lehrsätze untereinander verschmolzen und in sein System eingefügt habe. (Block 1926: 44) Bruno Fritsch erklärt, die Marx'sche Geldtheorie sei „einer der theoretisch schwächsten Teile seines Gesamtsystems" (Fritsch 1968: XII), dazu angeregt durch Schumpeter, der verkündet, dass es Marx in der Geldtheorie nicht gelungen sei, „an den Ricardianischen Stand heranzukommen" (Schumpeter 1946: 45), weil er selbst Ricardos Auffassung über den Zusammenhang von Geldmenge und Preis teilt, die Marx ablehnt. Fritsch hält aber andererseits Marx' Ursprungstheorie des Geldes für gelungen und verteidigt sie gegen unbegründete Vorwürfe Blocks. (Fritsch 1968: 52 f) Die Einordnung der Marxschen Geldtheorie sei umstritten, (Neuberger, Kern 2019: 117), weil einerseits unter anderem die stark wertende Geldtheorie des Marxismus Geld als sozioökonomisch erzeugtes „Blendwerk" erscheinen ließe, das die

„wahren Werte“ verfälsche. Marx war jedoch der Auffassung, dass das Geld notwendig sei, um die „wahren“ Werte gerade auszudrücken. Aus diesem Grund ist es zumindest eigenartig, wenn behauptet wird, dass Autoren wie Schumpeter Marx zu Unrecht als Warentheoretiker des Geldes und Vertreter einer traditionellen Arbeitswertlehre interpretiert hätten. „Die Logik von Marx (laufe) der der Warentheoretiker genau zuwider. Während er eine Geldware als Grundlage des Geldsystems postulierte, begründete er den Wert des Geldes nicht in Waren.“ (Eich 2022: 108, 130 f) So schreibt Eich:

> Marx’ Analyse der Geldware kann auf den ersten Blick an eine Darstellung des Warengeldes erinnern. Schließlich stellt Marx eine enge Verbindung zwischen dem, was er die Warenform nennt, und der Geldform in einer Weise her, die den Kredittheorien des Geldes fremd ist. Aber die Marxsche Logik läuft der der Warentheoretiker genau entgegen. Während er eine Geldware als Grundlage des Geldsystems postulierte, begründete er den Wert des Geldes nicht in den Waren. Stattdessen sollte seine Darstellung der Geldware die gesellschaftlichen Bedingungen betonen, unter denen die Waren selbst bis zur Geldwerdung aufsteigen konnten.” (Eich 2022: 130 ff., zit. bei Pahl https://www.soziopolis.de/geldtheorie-politisch.html, letzter Aufruf 15.02.2025)

Der Fehler Eichs besteht darin, dass er meint, Marx sei Metallist gewesen und hätte als solcher den Wert des Geldes als eine Edelmetallmenge verstehen müssen. Für Marx ist das Geld aber die verkörperte gesellschaftliche Anerkennung abstrakter Arbeit. Behauptet wird auch, dass der Marxismus den Zusammenhang von Geld und Quantifizierung verfehle (Engster, Haesler, Schlaudt 2024:70), und es nur so scheine, „als entspringe der Wert der Arbeit und Produktion oder dem Austausch und der Zirkulation ihrer Resultate […]. (Engster, Haesler, Schlaudt 2024: 72) Die Autoren schreiben auch:

> Als Marx sich dann ab den 1850er Jahren der politischen Ökonomie zuwandte, wurde auch sein Begriff des Werts von vielen Lesern noch im Sinne dieses Materialismus interpretiert. Anhänger wie Gegner gingen davon aus, Marx entwickele eine objektive Arbeitswertlehre in der Tradition von Adam Smith und besonders David Ricardo, die zeige, dass der Wert auf der Verausgabung lebendiger Arbeit der Arbeitskraft sowie auf deren Anwendung und Ausbeutung durch das Kapital und die Bourgeoisie beruhe. (Engster, Haesler, Schlaudt 2024: 65 f)

Die Autoren schreiben im Konjunktiv und erwecken dadurch den falschen Eindruck, dass Marx gar kein Arbeitswerttheoretiker gewesen sei, sondern nur als solcher von seinen Lesern verstanden worden wäre.

9 Ablösung des Kapitalismus der freien Konkurrenz (19./20. Jh.)

9.1 Neue Dimensionen der Produktion und Monopole

Auf einer bestimmten Stufe der Geschichte bringt das Wechselspiel zwischen den Produktivkräften und den Produktionsverhältnissen gesetzmäßig die „neuen" Monopole[43] hervor. Die Gesetze des Kapitalismus bewirken, dass die freie Konkurrenz umschlägt in das Monopol. Der Drang, höchste Profite zu erzielen, treibt die Entwicklung der Produktivkräfte voran, in der zweiten Hälfte des 19. Jahrhunderts. in hohem Tempo und nie gekanntem Ausmaß. Neue Produktionsverfahren revolutionieren die Stahlgießereien: die Bessemerbirne (1855), der Siemens-Martin-Ofen (1864), die Inbetriebnahme von Hochöfen, die Ende der 1870er Jahre eine Tagesleistung von 100 t erbringen. Neue Verfahren auch in der chemischen Industrie, z. B. bei der Erzeugung von Farbstoffen, Sprengstoffen, Düngemitteln oder die großtechnische Herstellung der Schwefelsäure. Große Veränderungen im Transportwesen und der Energiewirtschaft: Der Eisenbahnbau geht weiter; in den 1890er Jahren entstehen in Europa die ersten Autofabriken. Dampfmaschinen werden verbessert, Verbrennungs- und Elektromotoren in Produktion und Transport eingesetzt. Dampfschiffe verdrängen die Segelschiffe. Elektroenergie wird über weite Strecken übertragen. Das Telefon beginnt seinen Siegeszug. Neue Industriezweige entstehen: die Erdölförderung, die Erdölverarbeitung, die Elektrotechnik. Die Schwerindustrie rückt in der gewerblichen Produktion an die erste Stelle. Metallurgie und Maschinenbau werden bedeutsamer und überflügeln die Leichtindustrie. Die bemerkenswerten technischen Fortschritte erzwingen ein immer größeres Kapitalminimum, um produzieren zu können. Sie stellen hohe Anforderungen an die Kapitalakkumulation, verlangen nach Großbetrieben. In Zweigen, wo neue Produkte und technische Verfahren patentiert wurden, wie in der Starkstromindustrie, entstanden mit der AEG und Siemens & Halske auf der Grundlage der Edison-Patente in den 1880er Jahren Patentmonopole. Sie waren temporäre Vorsprungmonopole, wurden durch die rasche technische Entwicklung und neue Gesellschaften bald untergraben. Nach einer vorübergehenden Schwächung und heftiger Konkurrenz konnten in den 1890er Jahren AEG und Siemens ihre Positionen wieder festigen und bei elektrotechnischen Großprojekten vier Fünftel des Marktes beherrschen. (Nussbaum 1981: 727) Kleine Betriebe können die neuen Herstellverfahren nicht ökonomisch sinnvoll nutzen. Zwangsläufig nehmen die Konzentration – das Kapitalwachstum durch Rückverwandlung von Mehrwert – und die Zentralisation – der Zusammenschluss der Kapitale – zu. Die technische und organische Zusammen-

43 Monopole hat es weit vorher in der Geschichte gegeben, selbst vereinzelt im Altertum. (vgl. Müller 2020a: 16 ff)

https://doi.org/10.1515/9783111568331-010

setzung des Kapitals steigen, d. h. die Ausstattung der Arbeitskräfte mit Sachkapital wird immer größer. Besonders das fixe Kapital – Maschinen und Anlagen – wächst enorm. Die Profitraten geraten unter Druck, Überproduktionskrisen nehmen in der zweiten Hälfte des 19. Jh. erstmals internationale Dimensionen an. 1857/58 bricht die erste Weltwirtschaftskrise aus. Die Konkurrenz wird zerstörerischer, ihre Wucht und Schärfe stehen der Verwertung des Kapitals im Wege, machen Kapitalanlagen riskanter, erhöhen das Bedürfnis, sich die Rohstoffe zu niedrigen und den Absatz der Waren zu hohen Preisen zu sichern. Die „rasch und riesig anschwellenden modernen Produktivkräfte (wachsen) den Gesetzen des kapitalistischen Warenaustauschs, innerhalb deren sie sich bewegen sollen, täglich mehr über den Kopf", notiert Friedrich Engels. (MEW 25: 130 Fn) Die freie Konkurrenz und der ihr entsprechende spontane Preis- und Profitmechanismus geraten in Konflikt zu den Entwicklungserfordernissen der Produktivkräfte. Das Kapital überwindet die Schranken, indem es die freie Konkurrenz aufhebt. Aus der freien Konkurrenz erwachsen die Notwendigkeit und die Möglichkeit ihrer Ablösung durch das Monopol. „Die Konzentration", so Lenin, führt „auf einer bestimmten Stufe ihrer Entwicklung sozusagen von selbst dicht an das Monopol" heran. „Denn einigen Dutzend Riesenbetrieben fällt es leicht, sich untereinander zu verständigen, während andererseits gerade durch das Riesenausmaß der Betriebe die Konkurrenz erschwert und die Tendenz zum Monopol erzeugt wird". (LW 22:201 f) Hätten die wenigen leistungsstarken Großbetriebe, die mit hoher Produktivität und niedrigen Kosten arbeiten, wie bisher versucht, sich durch die Preisunterbietung Märkte und Profite abzujagen, wäre das für sie alle ruinös gewesen. Diese Art der Konkurrenz stand plötzlich im Widerspruch zum Profitziel. Das Paradoxe: Das Mittel der Preisunterbietung war untauglich geworden, weil die Riesenbetriebe aufgrund ihrer hohen Produktivität und niedrigen Kostenuntergrenzen es besonders wirksam gebrauchen konnten. Niemand konnte es mehr sinnvoll nutzen, weil alle es konnten. Die neue Situation war entstanden, nachdem in den wichtigsten Industriezweigen eine Handvoll gigantischer Großunternehmen „übriggeblieben" war. Der verheerende Konkurrenzkampf unter ihnen zwang sie dazu, sich zu verständigen und die Konkurrenz auszusetzen. Übereinkommen waren nicht nur notwendig und ein Erfordernis kapitalistischer Logik; sie waren auch möglich geworden, lassen sie sich doch zwischen wenigen Großbetrieben leichter herbeiführen als unter Tausenden von kleineren Unternehmen. Die Ablösung der freien Konkurrenz durch das Monopol war unvermeidlich. Etwa zu Beginn des 20. Jh. war sie in den entwickelten kapitalistischen Ländern vollzogen. Nach Lenin hatte sich der Imperialismus herausgebildet. „Die wichtigsten Ergebnisse der Geschichte der Monopole", schrieb er, „sind demnach: 1. In den sechziger und siebziger Jahren des 19. Jahrhunderts – die höchste, äußerste Entwicklungsstufe der freien Konkurrenz; kaum merkliche Ansätze zu Monopolen. 2. Nach der Krise von 1873 weitgehende Entwicklung von Kartellen, die aber noch Ausnahmen, keine dauernden, sondern vorübergehende Erscheinungen sind. 3. Aufschwung am Ende des 19. Jahrhunderts und Krise von 1900–1903: die Kartelle werden zu einer der Grundlagen des ganzen Wirtschaftslebens." (LW 22: 206) Preisfall und der Rückgang der Profite stimulierten den monopolistischen Zusammenschluss in vielen Zweigen. Das Monopol war bestimmend geworden für die gesellschaftliche Produktion. Es ist eine Anpassung der kapitalistischen Produktionsverhältnisse an die neuen Produktivkräfte, die das kleine und mittlere Kapital überforderten. Das Monopol ist die „Aufhebung der kapitalistischen Produktionsweise innerhalb der kapitalistischen Produktionsweise selbst." (MEW 25: 465) Die Ökonomen des 19. Jahrhundert nahmen die Konzentrationen und die beginnende Monopolisierung der Wirtschaft kaum wahr.

Der Goldstandard setzte sich bis Ende des 19. Jahrhunderts in den wichtigsten kapitalistischen Staaten durch, aber zeitgleich wurden Währungen mit vollwertigen Münzen – reine Metallwährungen – verdrängt von Währungen, die sich zusammensetzten aus unterwertigen Münzen, Banknoten, Staatspapiergeld und stofflosen Bankdepositen. Neu war auch, dass Zahlungen im kommerziellen Sektor zunehmend bargeldlos erfolgten. Zentralbanken wurden gegründet, die oft aus älteren privaten Notenbanken hervorgingen. Um sie gruppierten sich Geschäftsbanken, Versicherungen und andere Finanzintermediäre, die zwischen dem Geldangebot und der Geldnachfrage vermittelten. Geld- und Geldkapitalmärkte entstanden, auf denen Banken und Börsen Geschäfte abwickelten. Eine neue Geldwelt hatte sich herausgebildet, nicht vergleichbar mehr mit jener, in der vollwertige und Scheidemünzen das einzig zirkulierende Geld gewesen waren. (Hicks 1967: 158, zit. aus Woll 2001: 382) Auf diese Änderungen mussten Ökonomen reagieren. Sie taten es, wie immer kontrovers.

9.2 Geldtheorie um die Jahrhundertwende

Karl Pribram sagt, vor dem ersten Weltkrieg habe es fünf verschiedene Geldtheorien gegeben (Pribram 1998: 631 f): a) die Warentheorie der Klassik, b) eine zweifelhafte Version der Quantitätstheorie des Geldes, welche die Preise aus der Gegenüberstellung von Gesamtgeldmenge und dem Handelsvolumen erklärte, c) die staatliche Theorie des Geldes, die „wirkungsvoll dazu beitrug, die Warentheorie des Geldes auf dem europäischen Kontinent in Mißkredit zu bringen", die „Einkommenstheorie", die sich von der Grenznutzenanalyse herleitet und e) eine Anweisungstheorie, die den Wert des Geldes mit dessen Kaufkraft verknüpfte und wie die Einkommenstheorie auf individuellen Schätzungen und Grenznutzenüberlegungen beruhte. Die staatliche Theorie und die „werttheoretische" Fassung der Quantitätstheorie lieferten keine Erklärung des Geldwerts „und lassen sich daher kaum als *Theorien* im eigentlichen Sinne ansprechen. Somit vermindert sich die Anzahl der monetären Theorien, die diesen Namen verdienen, auf zwei: die Warentheorie und die Anweisungstheorie." (Pribram 1998: 632) Die Warentheorie sei mit der „unhaltbaren Produktionskostentheorie" verbunden, sagt Pribram. (Pribram 1998: 631) Das Urteil beruht auf einer falschen Interpretation des Arbeitswertbegriffs. Die Protagonisten der reifen Klassik (Petty, Smith, Ricardo, Marx) definieren den Wert der Waren nicht als Kosten, sondern als die Arbeitszeitmenge, die gesellschaftlich notwendig ist, die Produkte zu erstellen. Der Ausdruck Warentheorie wird z. B. von Knapp für alle Theorien genutzt, die den Wert des Geldes mit dem Wert der Edelmetalle in Berührung bringen, egal ob der Wert der Edelmetalle auf einer „Substanz" beruht – egal, ob Kosten oder Arbeitszeit –oder der Bedeutung entspricht, die die Wirtschaftssubjekte den Edelmetallen beimessen. Pribram wirft den Anhängern der Warentheorie des Geldes vor, den Tauschwert nichtmetallischer Währungen nicht erklären zu können. Die Anhänger der Anweisungstheorie, die auf Schumpeter und Cassel zurückgeht, sehen in der Metalldeckung der Währung nur einen geschichtlichen Zufall. Sie wandten den Geldbegriff unterschiedslos auf alle Tauschmittel an.

Während in der zweiten Hälfte des 19. Jahrhunderts trotz des Vordringens von konvertiblen Banknoten, staatlichem Papiergeld und dem Buchgeld, die Bedeutung der metallischen Geldtheorien insbesondere von Autoren der historischen Schule noch hochgehalten wurde, setzten sich danach bis hinein ins 21. Jahrhundert nominalistische und funktionalistische Auffassungen über das Geld immer mehr durch. Sie verdrängten den Metallismus. Die Erklärung des Münzgeldwertes durch den Edelmetallgehalt wich einer subjektiven Bewertung des Geldes. Vor allem die arbeitswerttheoretische Bestimmung des Geldes wurde zurückgedrängt, sie wird im 20. und 21. Jahrhundert nur noch von einigen marxistischen (nicht von allen) Ökonomen für plausibel gehalten. Sie musste nutzen- und einkommenstheoretischen Bestimmungen des Geldwertes weichen, der nichts mehr zu tun habe mit dem Arbeitsaufwand zur Herstellung irgendeiner Geldware, sondern die Nützlichkeit des Geldes angebe und sich zeige in der Kaufkraft des Geldes. Die Unzufriedenheit mit der naiven Quantitätstheorie und mit ihren offenen Fragen bewirkte, dass über die Bestimmungsgründe der Geldumlaufgeschwindigkeit bzw. über die der Kassenhaltung – Geld wird der Zirkulation vorenthalten – nachgedacht wurde. Kassenhaltungs- bzw. Geldnachfragetheorien entstanden. Die Hyperinflation in den frühen 1920er Jahren und spätere gemäßigtere Phasen eines anhaltenden Preisniveauanstiegs bewirkten eine Zunahme des inflationstheoretischen Schrifttums. Nach wie vor sind die quantitätstheoretischen Zusammenhänge zwischen den Geldmengen und den Preisen Gegenstand der Diskussion, ist die Kausalität zwischen beiden Größen umstritten. An Bedeutung gewonnen haben Arbeiten und Analysen über die Geld- und Kreditschöpfung, über den Zusammenhang zwischen den Zinsen und den Preisen, den Zinsen und der Beschäftigung (Arbeitslosigkeit), über Bestimmungsgründe des Währungskurses (Kaufkraftparitätentheorie), über die Möglichkeiten einer geldpolitischen Einflussnahme auf die Geld- und Kapitalmärkte und den güterwirtschaftlichen Bereich. Neu nachgedacht wird auch über die Ursprünge des Geldes. Die Auffassung, dass sich das Geld aus dem Tausch entwickelte, dominierte zweitausend Jahre. Sie wurde immer auch in Frage gestellt, im 21. Jahrhundert verstärken sich die Zweifel. Fragen nach den Ursprüngen des Geldes sind eng verknüpft mit dem Wesen und Inhalt des Geldbegriffs. Nur wer weiß, wonach er sucht, kann zu den Quellen des Gesuchten stoßen. Aber der Reihe nach!

9.3 Historische Schule

Die „Historische Schule" der Ökonomik entstand Ende der vierziger/Anfang der fünfziger Jahre des 19. Jahrhunderts. Ihre Vertreter legten den Schwerpunkt der Analysen weniger auf theoretische Erörterungen. Sie konzentrierten sich auf empirische, historische Untersuchungen, sammelten und beschrieben Fakten, wobei sie nicht völlig auf die Theorie verzichten konnten. Ihr Anspruch war, der Nationalökonomie eine historische Richtung und Methode zu weisen und sie umzugestalten zu einer Lehre von den ökonomischen Entwicklungsgesetzen der Völker. „Die Geschichtswissenschaft hatte zu jener Zeit eine merkwürdige Hochkonjunktur; historische Methoden erlebten in nicht wenigen gesellschaftswissenschaftlichen Disziplinen eine Blütezeit." (Krause, Rudolph 1980: 43) Die Autoren der historischen Schule waren der Meinung, dass die Vielfalt der empirischen Details keine Verallgemeinerungen zuließe, versuchten aber dennoch, in die Entwicklung der menschlichen Gesellschaft eine gewisse Ordnung hineinzudenken, wie sich in ihren „Stufentheorien" zeigte. Von Anfang an aber verstanden sie sich als Gegner der klassischen ökonomischen Lehren, die sie hin und wieder für manche Sentenz auch lobten. Sie erwiesen sich als Gegner der sozialen Bewegungen und der Auffassungen der utopischen Sozialisten. Allerdings unterstützten die Autoren der jüngeren historischen Schule die Bismarcksche Sozialgesetzgebung und setzen sich ein für Lohnerhöhungen, eine gerechtere Steuerbelastung und andere sozialpolitische Maßnahmen. Sie wurden daher auch „Kathedersozialisten" genannt. Und kein Zweifel kann darin bestehen, dass diese bienenfleißigen Männer eine Fülle an wertvollen empirischen Fakten zusammentrugen und ordneten. Die historische Schule durch lief zwei Etappen:

Die „ältere historische Schule" von 1848 bis 1871 mit Wilhelm Roscher (1817–1894), Bruno Hildebrand (1812–1878) und Karl Knies (1821– 1898) und die „jüngere historische Schule" von 1871 bis zum ersten Weltkrieg mit Gustav von Schmoller (1838–1917), Lujo von Brentano (1844–1931), Karl Bücher (1847–1930), Adolf Wagner (1835–1917), Georg Friedrich Knapp (1842–1926), Werner Sombart (1863–1941) u. a. Exemplarisch sollen im folgenden einige Auffassungen von Hildebrand, Knies und Knapp zum Geld wiedergegeben werden.

9.3.1 Bruno Hildebrand – Das Kreditgeld

Hildebrand war einer der Begründer der älteren historischen Schule. Seiner Stufentheorie zufolge entwickeln sich Wirtschaft und Gesellschaft in Etappen (Stufen), die sich unterscheiden durch das Vorhandensein / Nichtvorhandensein des Austausches und dessen Formen. Es hatte mit der Naturalwirtschaft begonnen. Auf ihr folgte die Geldwirtschaft, die von der Kreditwirtschaft abgelöst wurde.

Die Naturalwirtschaft, die mit dem Nomadenleben beginnt und bis ins Mittelalter hinein reiche, kenne noch kein Kapital, „denn alles Kapital entspringt wie das Geld aus dem Überschuss der Produkte über den Bedarf, und wo dieser Überschuss vorhanden ist, beginnt auch der allmähliche Gebrauch des Geldes." (Hildebrand 1922: 336) Das „allgemeine Los der Völker auf dieser nationalökonomischen Entwicklungsstufe ist notwendige Armut und Elend". (Hildebrand 1922: 340) Die Preise für landwirtschaftliche Produkte unterlagen großen Schwankungen. In England betrug beispielsweise der Preis des Weizens im Jahr 1289 das 192fache des Preises von 1270. (Hildebrand 1922: 340)

Die Geldwirtschaft löst die Naturalwirtschaft ab. Das Geld kommt in Gebrauch. Es ist nach Hildebrand Wertmaß, Tauschmittel und eine Anweisung auf andere Güter. Die Geldwirtschaft sei dadurch gekennzeichnet, dass die edlen Metalle Gold und Silber wegen ihrer herausragenden physikalischen Eigenschaften als Wertmaß aller Dinge und als allgemeines Kaufmittel dienen. (Hildebrand 1922: 341 f) „Sie werden namentlich in der Form der Münze zu dem allgemeinsten Gute, das [...] überall gilt und überall die Fähigkeit in sich trägt, als Anweisung auf alle anderen Güter, als Geld zu dienen." (Hildebrand 1922: 343) Hildebrand unterscheidet zwei Epochen der Geldverwendung: eine Epoche der Barren- und Ringgeldzirkulation, in der die Metalle beim Kauf und Verkauf gewogen werden mussten, und eine Epoche der Münzprägung und Münzzirkulation, in der der Staat durch ihr Gepräge den Münzen einen öffentlich anerkannten Wert verleiht, der den Gebrauch der Goldwaage überflüssig macht. (Hildebrand 1922: 358 ff) Das Geld, das sich, indem man es spart und nicht konsumiert, in Kapital verwandele, habe positive und negative Wirkungen. Zum einen beschleunige die Münze die Zirkulation, lässt den Handel erblühen, trage bei zu vollkommeneren Kommunikationswegen und Transportmittel bei, helfe Mangel und Überfluss auszugleichen. „Fruchtpreise, Tagelohn und Zinsfuß werden gleichmäßiger, Notjahre seltener [...] Alle sozialen Pulse schlagen schneller, und dieselbe rasche Zirkulation, welche die Verkehrswelt ergreift, herrscht auch in der Ideen- und Gedankenwelt." (Hildebrand 1922: 348 f) Wo Licht ist, ist auch Schatten.

> Dieselbe Macht des Geldes, welche den Arbeiter von seiner Scholle befreite, die Frondienste und bäuerlichen Lasten aufhob und die Bande des Lehnsnexus löste, dieselbe Macht stellt den Arbeiter [...] auf sich selbst, isoliert ihn [...] und wirft ihn in den Strudel der allgemeinen Konkurrenz [...] Das Talent erdrückt den weniger Begabten, der große Kapitalist den kleinen, der kleine den Besitzlosen. Es entwickelt sich ein Kampf aller sozialen Kräfte, der zu einer Geld- und Kapitalherrschaft führt, welche die neue Beweglichkeit des Lebens zu ihren Gunsten ausbeutet, ein Kampf, der [...] mit der Niederlage des Schwächeren, mit dem Proletariat endigt. (Hildebrand 1922: 350)

Hildebrand sagt, die Kreditwirtschaft werde die sozial nachteiligen Wirkungen der Geld- und Kapitalwirtschaft, die eine selbstsüchtige Interessenökonomie geschaffen habe, beseitigen, bezeichnet sie gar als „Heilmittel". (Hildebrand 1922: 350) Obgleich der Unterschied zwischen dem Kredit und dem Kreditgeld nicht immer deutlich wird, mehr noch, man den Eindruck gewinnt, dass Hildebrand sie beide gleichsetzt, besteht geldtheoretisch das Bemerkenswerte seiner Auffassung darin, dass er das Kreditgeld inhaltlich korrekt darstellt. Der Kredit „begründet [...] ein Schuldverhältnis, das durch eine Urkunde, durch ein Kreditpapier oder nur durch Eintragung in die Geschäftsbücher konstatiert wird.“ (Hildebrand 1922: 351) Diese „Urkunde“, das „Kreditpapier“ oder die Eintragung erhalten die Macht des Geldes, werden selbst Geld. Sie sind das Kreditgeld, das den Übergang der Ware vom Verkäufer zum Käufer ermöglicht. Der Kredit

> zerlegt daher den Umsatz in zwei Momente, in den Moment, wo ein Wertgegenstand in die Hand des Käufers übergeht, und in den Moment, wo ein Äquivalent dieses Wertes dem Käufer wiedererstattet und die Schuld getilgt wird, oder mit anderen Worten: er vereinigt zwei Umsätze verschiedener Zeiten in der Weise, daß jeder dieser beiden Umsätze nur als Moment eines einzigen Umsatzes erscheint. Der Kredit verbindet daher Käufer und Verkäufer so lange miteinander, als das Schuldverhältnis dauert. Während das Metallgeld noch vollzogenem Umsatz die Menschen wieder voneinander löst, knüpft das Zahlungsmittel des Kredits die Menschen aneinander, verpflichtet sie gegenseitig und erzeugt eine Reihe von Assoziationen, die einerseits in dem gegenseitigen Vertrauen wurzeln, andererseits wieder ein gegenseitiges Interesse hervorrufen. (Hildebrand 192: 351)

Die „Zahlungsmittel des Kredits“ sind das Kreditgeld. Hildebrand hat Recht, dass sie ein Gläubiger-Schuldner-Verhältnis dokumentieren und es nicht, wie das Edelmetallgeld, lösen. Das Kreditgeld besitzt gegenüber dem Metallgeld Vorteile. „Er erspart jeder Nation [...] so viel Werte, als er Metallgeld ersetzt, und vermehrt dadurch das Nationalkapital.“ (Hildebrand 1922: 351) Wichtigste Formen des Kreditgeld sind konvertible Banknoten und Handelswechsel, die schon zu Hildebrands Zeiten in England den Umlauf von Metallgeld um beinahe das Vierfache übertreffen. (Hildebrand 1922: 352) Hinzu kommt, dass der Kredit durch gegenseitige Verrechnungen enorme Mengen Geld einsparen hilft.

> So können tausende von Geschäftsleuten im Konto-korrent-Verhältnis zueinander stehen und sich im Laufe des Jahres einander Werte liefern, für die niemals Zahlung geleistet wird. Am Schluss des Jahres wird die laufende Rechnung abgeschlossen, die Wertbeträge der Lieferungen und Gegenlieferungen werden gegenübergestellt, und der Überschuß der einen oder der anderen wird als Saldo auf die neue Rechnung übertragen. (Hildebrand 1922: 352 f)

Würden „Börsenspiel, Differenzgeschäfte und ähnliche unmoralische Spekulationen“ – Auswüchse der Geld- und Kreditwirtschaft – unterbunden, glaubt Hildebrand, werde eine Kreditwirtschaft „die Menschen wieder durch geistige und sittliche Bande“ verbinden; sie vereinigt die größte Beweglichkeit mit der inneren Festigkeit, sie verallgemeinert die Kapitalkraft der Nation, sie arbeitet an der Beseitigung des Proletariats und ruft so eine ökonomische Lebensordnung hervor, welche die Vorteile der beiden früheren wirtschaftlichen Entwicklungsepochen miteinander verbindet.“ (Hildebrand 1922: 355)

9.3.2 Karl Knies – Der „stramme Metallist"

Knies war ein Mitbegründer und jüngstes Haupt der älteren historischen Schule. Obgleich er das Werk von Adam Smith als eine „geniale Schöpfung" pries (Knies 1852: 116), lehnte er theoretische Grundaussagen der Klassik, vor allem ihr Verständnis vom ökonomischen Gesetz und die Arbeitswerttheorie, ab. Für seine geldwissenschaftlichen Positionen gilt dieses Urteil jedoch nicht uneingeschränkt. In seinem dreibändigen Werk „Geld und Kredit" hat sich Knies u. a. auch mit dem Verhältnis von Metallgeld und Staatspapiergeld auseinandergesetzt. (Knies 1885/1979) Er vertrat die Auffassung, dass nur eine Ware mit eigenem Wert als Maß des Wertes der anderen Waren dienen könne und hielt den Goldstandard für eine gesunde, angemessene Basis eines internationalen Währungssystems. (Pribram 1998: 412) Möglicherweise aus diesem Grund wurde ihm vorgeworfen, seine Geldwesenslehre sei „ins tiefe Wasser ontologischer Spekulationen" geraten und „trotz seiner unleugbaren Bereitschaft, sich neuern geldtheoretischen Ideen zu öffnen, [sei] er letztlich ein strammer Metallist geblieben." (Rieter 2014: 329) Gelobt wird Knies trotz seiner ausufernden und schon deshalb schwer genießbaren Darstellung für die vorbildliche Herausarbeitung der Geldfunktionen. (Trautwein 1999: 32, zit. aus Rieter 2014: 330, 385 f) Karl Häuser sagt über Knies Werk, es habe „zuvor nichts Vergleichbares in deutscher Sprache gegeben". (zit. aus Rieter 2014: 329)

Knies bezeichnet die Münzverschlechterungen des Staates als Enteignung. „Unter dem Schilde eines Rechts der Staatsgewalt" haben sie „dem Untertan heimlich oder öffentlich ‚das Seine' [genommen]." (Knies 1885/1979: 184) Er erläutert, wie die Metallmünze die Wertmaßfunktion ausübt, also den Wert der übrigen Waren misst und betont, dass zu unterscheiden ist zwischen dem Wertmaß und dem Preismaßstab. „Während auf Grund von Erwägungen [...] das Geld – für uns das Edelmetallgeld – als das Wertmaß zu fungieren hat, wird es zum Maßstab des Preises", indem es unterschiedliche Quantitäten des Geldgutes ausdrückt. Die Geldfunktion, „den Wert der Güter in bestimmten Quantitäten des Geldes abzumessen", wird erleichtert dadurch, dass ein Münzsystem geschaffen wird ähnlich dem Maß- und Gewichtssystem für die Messung von Länge, Raum, Gewicht usw. (Knies 1885/1979: 185–189)

Das „wahre" Geld ist für Knies allgemein eine Ware, im Spezifischen das Edelmetall, es kann kein Zeichen sei. Er sagt, dass das Geld in seiner Funktion als Wertmaß nicht getrennt werden kann von seiner Funktion als Tauschmittel. Es muss in beiden Funktionen „ein wirkliches Gebrauchsgut" sein. Er stimmt dem englischen Ökonomen Bonamy Price (1807–1888) zu, dass Geld im wahren Sinne des Wortes ein Sachgut sein müsse, „wie ein Metallstück, nicht aber ein irgendwelcher Papierschein, auch nicht staatliches ‚Papiergeld', [...] auch dürften Banknoten nicht mit Wechseln oder Checks gleichgesetzt werden. Sie sind kein Geld, könnten aber „in Stand gesetzt werden, als Geld zu fungiren" und „dass man nur mit Edelmetallgeld wirtschaftliche Zahlungen macht." (Knies 1879: 471) Geld ist „durch kein blosses ‚Wertzeichen' zu ersetzen." (Knies 1858/1979: 192 f) Zwar gelte das nicht für die Zwecke des Tausches, aber

„wenn statt eines bestimmten Geldquantums ein bloßes Geldzeichen verwendet wird, weil ja doch auch jenes nur vorübergehend in der Hand des Empfängers verweilt, so muß das für sich wertlose Geldzeichen von der Wertvorstellung des von ihm vertretenen wirklichen Geldes begleitet werden. Diese Wertvorstellung kann nur dem wirklichen Gelde entnommen werden, das allein Wertmaß verbleibt." (Knies 1985/1979: 193)

Von geradezu erregender aktueller Bedeutung sind Knies Bemerkungen über den Nominalismus in der Geldtheorie, der, was er nicht wissen konnte, sich durchsetzen und im 21. Jahrhundert die Diskussion über das Geld beherrschen wird. Dabei waren nominalistische Auffassungen schon zu Knies' Zeiten seit Jahrhunderten bekannt. Sie waren so wenig ausgestorben wie „der gleichfalls uralte Gespensterglaube." (Knies 1885/1979: 197) Der Staatsgewalt hat man

> die Fähigkeit beigelegt, Geld und Geldwert schaffen zu können aus Nichts. Irgend ein Gegenstand, der an sich keinen Wert habe und deshalb an sich weder Wertmaß noch als Tauschgut zu verwenden ist, soll durch eine bezügliche von der Staatsgewalt ausgehende Aufschrift in Verbindung mit der entsprechenden Erklärung und Vorschrift die erforderliche Qualifikation als Geld erhalten. Darnach würde – so lautete die konsequente Behauptung – irgendein „Rechenpfennig" (quaelibet vilis materia") alle Dienste des 1/30 Pfund schweren Silberstückes verrichten können, wenn der Rechenpfennig als solcher Wertgegenstand deklariert und jedermann vorgeschrieben werde, ihn als solchen Wertgegenstand anzuerkennen. (Knies 1885/1979: 197)

Knies hält die staatliche Theorie des Geldes, noch bevor sie Knapp begründen und in den Olymp heben wird (siehe Abschnitt 9.3.3), für ein arges Missverständnis. Er hielt es für absurd, dass „eine Staatsgewalt, und wäre sie die gewaltsamste und hartnäckigste, einem Gegenstand, der [...] keinen Tauschwert hat, mittelst einer Vorschrift Tauschwert" solchen verschaffen" könne. (Knies 1885/1979: 199) Das wäre nicht weniger absurd, als zu behaupten, „eine Regierung mache durch ihre Präge das Blech zu Silber" oder aus dem einen Lot Silber zehn Lot Silber". Dann könnte sie „gerade so gut erklären, ein Berg sei doppelt so hoch, als er in Wirklichkeit ist, oder zwei Pfund seien sechs Pfund." (Knies 1885/1979: 199) Das gelte auch für die Arbeitswerttheorie, die Knies ablehnt. „Freilich muß auch wer ein den Gütern einverleibtes Quantum von Arbeit als die ‚Substanz des Tauschwertes' derselben feststellen zu sollen glaubt, es für geradezu absurd erklären, daß eine Vorschrift des Staates einem Gute das doppelte Arbeitsquantum, verleihen könne, statt des einfachen, welches es real umschließt." (Knies 1885/1979: 199) Auch bei Scheidemünzen, die im Gegensatz zu vollwertigen Kurantmünzen tatsächlich mehr Wert symbolisieren als sie verkörpern, habe keine Staatsgewalt den höheren, den realen Wert übersteigenden Tauschwert geschaffen, „sondern die minderwertig verbleibenden Stücke werden innerhalb gewisser Grenzen an Stelle vollwertiger Stücke genommen, weil der einzelne im Verkehr sich diesem Vorgang nicht entziehen und auf die Weiterbegebung derselben Stücke rechnen kann." (Knies 1885/1979: 201)

Die Gründe des nominalistischen Irrtums vom Geld, das aus dem Nichts gezeugt werden könnte, hängen mit – wie auch im 21. Jahrhundert (siehe Kapitel 11) – spezifischen Interessen zusammen, sagt Knies.

> Daß eine so auffällige Irrung Jahrhunderte hindurch auch von hervorragenden Geistern hat verteidigt werden können, ist nur zu einem Teile aus mangelhafter Einsicht in die Natur des geldwirtschaftlichen Verkehrs zu erklären. Von der Aufrechterhaltung dieser Lehre fand man so wichtige Interessen des Staates und der Kirche abhängig, daß der Menge der Theologen, Juristen und politischen Gewalthaber nicht sowohl Untersuchung und Entscheidung einer sachlich schwierigen Streitfrage, als vielmehr Verteidigung eines Besitzstandes erforderlich erschien. (Knies 1885/1979: 197)

Knies hat sich auch zum Kreditgeld und zum staatlichen Papiergeld mit Annahmezwang geäußert. Die konvertible Banknote habe Hybridcharakter, sei eine „Mischung von Geldpapier und Papiergeld." (Knies 1879: 420) Einerseits sei sie ein „Geld-Forderungsschein", zugleich aber auch ein „Papiergeld-Zahlungsmittel", weil „Jedermann die Noten der Bank von England wie Geldzahlung annehmen muss, insolange diese Bank ihrer Verpflichtung zu jederzeitiger Einlösung der ihr präsentirten Noten nachkommt. Immerhin bewirkt auch dort, wo die Annahme der Banknote als Zahlung freigestellt ist, die einmal erfolgte Annahme eine rechtsgiltig definitive Zahlung, wie sie das Papiergeld, aber nicht der Wechsel bewirkt." (Knies 1879: 420) Die stets fällige Banknote sei nicht „fällig", wie es der Wechsel ist. Dieser wird zum vereinbarten Termin eingelöst, die Banknote, wird sie nicht eingelöst, kann „Jahre und Jahrzehnte lang als Geldforderungsschein cursiren und Zahlungsmitteldienste leisten." (Knies 1879: 421) Eine volle Bardeckung der Banknote durch Edelmetallmünzen und Barren sei nicht erforderlich, weil erfahrungsgemäß nur ein Teil, nicht alle Noten zur gleichen Zeit eingelöst würden. Ein Teil der Noten bleibt im Umlauf, wird nicht zur Einlösung der die Note emittierenden Bank präsentiert. Die Bankverwaltung sei daran interessiert, „dass die ausgegeben Noten möglichst lange ‚draussen' als Zahlungsmittelscheine gebraucht werden, bevor sie als Geldforderungsscheine zur Einlösung zurückkehren." (Knies 1879: 423) Und die Wahrscheinlichkeit, dass es dazu kommt, ist groß, denn das Publikum schätzt die konvertible Banknote, weil sie als Tauschmittel jederzeit wie das bare Metallgeld verwendet werden kann – Knies spricht von Zahlungsmittel, obgleich zwischen Zirkulations- und Zahlungsmittel unterschieden werden muss – und es daher Sinn hat, sie aufzubewahren, statt zurückzugeben, also einen Kassenvorrat zu bilden. Die bevorzugte Verwendung der Banknote als Tauschmittel gegenüber dem Metallgeld resultiert daraus, dass sie leichter transportiert und aufbewahrt werden kann, auch wenn sie auf der anderen Seite – das ist ihr Nachteil – leichter zerstört werden kann. Diese Vorteile besitzt auch das staatliche Papiergeld gegenüber dem Metallgeld, der Unterschied ist, dass „die Banknote eben nicht bloss als Zahlungsmittel fungirt, sondern auch noch Geldforderungsschein ist, während das Papiergeld nur Zahlungsmittel ist." (Knies 1879: 426) Doch Knies verweist darauf, dass der Unterschied zwischen der konvertiblen Banknote und dem inkonvertiblen Papiergeld relativiert werden muss, da es auf der einen Seite für das ausgegebene Papiergeld auch „Einlösungskassen“ gibt, die Einlösbarkeit also kein Sondermerkmal der Banknote sein muss. Auf der anderen Seite zirkulierten die Noten der Bank keineswegs mehr frei, „sie haben schon seit bald fünfzig Jahren [...] ‚Zwangscurs‘, sind gesetzliches Zahlungsmittel jedes Privaten gegenüber seinem privaten Gläubiger – nur mit der Voraussetzung, dass die Noten bei der Bank von England einlösbar bleiben.“ (Knies 1879: 427). Der Gesetzgeber will die Noten als Geldzahlungsmittel angesehen wissen. „Er giebt den Noten rechtliche Merkmale des Papiergelds, indem er [...] die einmal eingetretenen Zahlungen mit Noten als definitive Geldzahlungen behandeln lässt.“ (Knies 1879: 442). „So steht nun in der That ganz dicht nebeneinander etwa das holländische Staatspapiergeld und die englische Banknote, beide mit Einlösbarkeit und Zwangscurs, und ferner die Note der deutschen Banken und der Kassenschein des deutschen Reiches (seit 1874) beide mit Einlösbarkeit und ohne Zwangscurs!“ (Knies 1879: 428)

Knies beschreibt ferner, wie das Bargeld durch den bargeldlosen Überweisungsverkehr verdrängt wird. Der Bankkunde begleicht seine Zahlungen nicht mit Metallgeld und nicht mit Banknoten, sondern mit einem Schein – Scheck oder Überweisung – der einen Zahlungsauftrag an die Bank zugunsten eines Dritten darstellt. Die bargeldlose Abwicklung der Zahlungen besaß bereits zu Knies Zeiten in Großbritannien eine „gewaltige Bedeutung“ (Knies 1979: 436), verstärkt noch durch die Clearinghäuser, die eine multilaterale Verrechnung gegenseitiger Zahlungen vornahmen und so den Zahlungsverkehr erheblich rationalisierten. Grundlage für die neue Abwicklung des Zahlungsverkehrs sind Depositen, vom Bankkunden der Bank eingezahltes Geld. Das Verfahren war dem Bankkunden willkommener, als der Empfang von Noten. Er konnte die Aufbewahrung der Noten auf ein Mindestmaß beschränken und so Zinsen sparen.

Und man könnte der Meinung sein, dass Knies eine endogene Bestimmung der Geldmenge favorisiert, wenn er schreibt: „die Ausgabe der Geldscheine ist dem Verkehr gegenüber eine Wirkung, nicht eine Ursache.“ (Knies 1879: 474 f)

9.3.3 Georg Friedrich Knapp – Chartale Geldtheorie

Georg Friedrich Knapp, der als Professor für Nationalökonomie an den Universitäten Leipzig und Straßburg lehrte, war schon 63 Jahre, als er seine Schrift über die „Staatliche Theorie des Geldes“ herausbrachte. (Knapp 1905/1921) Vorher hatte er sich hauptsächlich mit bevölkerungsstatistischen und agrargeschichtlichen Themen befasst. Sein Werk über die Geldtheorie erregte große Aufmerksamkeit, obgleich weder seine Auffassung noch die Argumente, mit denen er sie zu begründen versuchte, gänzlich neu waren. Platon (vgl. Abschnitt 1.6.2) und Aristoteles (vgl. Abschnitt 1.6.3) hatten sie vorweggenommen. Offenbar aber war die Zeit gekommen, sie erneut auszusprechen. Knapp bewegt sich gedanklich auf den Spuren der christlichen Philosophen und Juristen des Mittelalters, die mit ihrer nominalistischen Auffassung vom Wesen des Geldes permanente Münzverschlechterungen zu rechtfertigen versuchten. Dabei erfand Knapp neue Begriffe, mit denen er Bekanntes mit anderen Worten ausdrückte.

Sein Ausgangspunkt war der Siegeszug der Banknoten und des Papiergeldes, die die Edelmetalle in der Zirkulation immer mehr verdrängten. Knapp fragte sich folgerichtig, ob die Edelmetalle auf diese Weise aufhörten, Geld zu sein und ob das Zeitalter des Metallismus vorüber ist. Knapp unterschied zwischen den Monometallisten, die entweder das Gold oder das Silber als Geld betrachteten, und den Bimetallisten, die beiden Edelmetallen die Geldrolle zuwiesen. Beim Bimetallismus – auch Doppelwährung – galten Gold und Silber gleichzeitig als Geld, es zirkulierten in beiden Metallen Kurantmünzen, wobei zwischen ihnen oft ein fixes Verhältnis festgelegt wurde. Die Doppelwährung war im 18. und frühen 19. Jahrhundert keine Seltenheit.

Knapp lehnte die populäre Auffassung „Papier ist schlecht, Silber ist besser, Gold ist am besten“ ab. Er warf den Metallisten vor, nur einen Teil der Erscheinungen zu untersuchen und bloß die Anfänge der Geldentwicklung im Auge zu haben. „Eine wirklich allgemeine Theorie [...] hat vielmehr zu fragen, wie die Staaten auf dem Gebiete des Geldwesens handeln; welche Gesetze, Verordnungen und Verfügungen sie erlassen [...] (Knapp 1907/1979: 204) Der Wert der Waren werde nicht in Gewichtsmengen von Edelmetallen ausgedrückt. Und die Edelmetalle Gold und Silber werden nicht deshalb Geld, weil sie dafür aufgrund ihrer natürlichen Eigenschaften in hervorragender Weise geeignet sind. Sie werden erst zu Geld, wenn der Staat sie zu solchen erklärt.

> Alle Geldverfassungen, die der Laie bekanntlich nach dem Material der Platten einteilt (also „Goldwährung, Silberwährung und Papierwährung“), gehen auf einen Grundgedanken zurück, nämlich auf diesen: die Werteinheit ist in jedem Staate ein juristischer, nur historisch definierter Begriff; in Frankreich der Frank, in Rußland der Rubel. Diese Begriffe sind überall durch den Anschluß an die frühere Werteinheit definiert. Unsere Mark ist z. B. definiert als Dritteltaler. Diese historische Definition ist so weit gefaßt, daß der Metallgebrauch weder gefordert noch ausgeschlossen wird. Anders kann es gar nicht sein, wenn der gemeinsame Grundgedanke entwickelt werden soll und zwar für alle Staaten, für die mit Goldwährung, für die mit Silberwährung und für die mit Papierwährung. (Knapp 1907/1979: 205)

Knapp widerspiegelt die Tatsache, dass es Geldarten gibt, die man wie das Kreditgeld als Gläubiger ausschlagen kann und Geldarten, die man nicht verweigern kann, sondern annehmen muss. Unter dem Begriff des baren Geldes versteht er das Geld, das unbeschränkt in Münzen ausgeprägt werden darf. Für die Zeit ab 1871 traf das in Deutschland nur auf das Gold zu, die Prägung von Silbermünzen blieb beschränkt. Silbergeld sei daher kein bares Geld, es sei – wie die Banknoten – notales Geld. Notales Geld ist provisorisches, einlösbares Geld, m.a.W. eine Geldforderung, die anderes (richtiges) Geld repräsentiert und in solches eingelöst werden kann. Geld, das der Staat aufdrängen kann, das jeder gezwungen ist, anzunehmen, nennt Knapp valutarisch. „Valutarisch sein, ist also eine Eigenschaft, die aus der Art des staatlichen Zahlens erkannt wird. Hier fragt es sich nicht, wie das Geld entsteht, sondern wie es der

Staat als Zahler verwendet.“ (Knapp 1907/1979: 208) Das uneinlösbare staatliche Papiergeld, dessen Annahme kein Gläubiger verweigern kann, ist dann valutarisches Geld.

> Ich bin fest überzeugt, daß wir im Deutschen Reich nicht soviel Gold nötig haben, wie wir jetzt aufwenden. Es ist, wie wenn man bei Hofe gewöhnt wäre, nur von goldenem Geschirr zu speisen; feines Porzellan würde denselben Dienst tun; und das überflüssig gewordene Gold [...] bekäme man frei für höhere Zwecke. (Knapp 1907/1979: 213)

Die Quintessenz seiner Auffassung formuliert Knapp gleich auf der ersten Seite seines Werkes, das, wie Robert Liefmann (1874–1941) schreibt, „mit einem großen logischen und historischen Fehler [beginnt]“ (Liefmann 1922: 100): „Das Geld ist ein Geschöpf der Rechtsordnung; es ist im Laufe der Geschichte in den verschiedensten Formen aufgetreten; eine Theorie des Geldes kann daher nur rechtsgeschichtlich sein.“ (Knapp 1921: 1) In einem Vortrag, den er im Mai 1907 hielt, bekräftigt Knapp die Ansicht: „Nicht Gold und nicht Silber sind das Wesen des Geldes; sondern diese beiden Metalle sind nur die Stoffe, die zuerst vom Staate in Geld verwandelt wurden. Daher ist auch der Staat imstande, das Wunder des Papiergeldes zu wirken, das gänzlich unbegreiflich bleibt, solange es der staatsblinde Metallist betastet.“ (Knapp 1907/1979: 213) Der Staat könne kraft seiner Gewalt, unbeachtet seiner Goldvorräte, Papierscheine bedrucken, sie als Geld in den Umlauf bringen und ihre Annahme erzwingen. Papier wäre so gut wie pures Gold. Die von John Law zu Beginn des 18. Jahrhunderts unbewusst inszenierte Papiergeldinflation (siehe Abschnitt 6.4.3) war Knapp natürlich bekannt. Er gab sich in seinem Buch keinesfalls als Finanzberater, sondern als nüchterner Analytiker. Er hat die Emission von Papiergeld nicht empfohlen und keinen Grund gesehen, von der Goldwährung abzugehen. (Knapp 1921: 1) Trotzdem hat er „allen jenen die Skrupel [genommen], die sich vom Zwang zu lösen versuchten, daß die Golddeckung eine unbedingte Voraussetzung für die Emission von Papiergeld sei.“ (Krause, Rudolph 1980: 310) Er wird als der Ökonom gefeiert, der als „Chartalist“ den Sieg über den „Metallismus“ errungen habe.

Max Weber nannte Knapps Werk „das großartigste des Fachs“, Kurt Singer bezeichnete es als „das damals meist umstrittene Werk der deutschen Nationalökonomie“. (Krause, Rudolph 1980: 310) Keynes schrieb 1914: “Die Beobachter Knapps zeigen eine ausgeprägte Tendenz, ihn mindestens ebenso sehr im Licht eines Propheten wie eines Ökonomen zu betrachten” (Keynes, 1914: 418). Joseph Schumpeter schrieb in einem Nachruf auf Knapp, dass sein Einfluss „auf die Geldwissenschaft in Deutschland im Großen und Ganzen ein unglücklicher war. [...] Es dient auch dazu, einmal mehr die Stärke dieses bemerkenswerten Mannes zu zeigen, der so viele von dem überzeugt, was er nicht beweisen konnte und der oft auch dort faszinierte, wo er nicht überzeugte.” (Schumpeter: 1926: 514, zit. aus Greitens 2022a: 193). Außergewöhnlich ist die Kritik nicht: Knapp stößt wie fast jeder Wissenschaftler auf Befürworter und Gegner. Keynes stimmt ihm zu:

> In dem Augenblick also, als die Menschen eine Rechnungseinheit angenommen hatten, hat das Zeitalter des Geldes das des Naturalaustausches abgelöst. Und das Zeitalter des chartalen oder des staatlichen Geldes war erreicht, als der Staat das Recht in Anspruch nahm, zu bestimmen, welcher Gegenstand als Geld der jeweiligen Rechnungseinheit entsprechen sollte [...] Heute ist das Geld in allen zivilisierten Staaten – darüber kann es keine Meinungsverschiedenheiten geben – chartaler Natur. (Keynes 1932: 4)

Chartal bedeutet: Geld ist ein Produkt des Gesetzes, eine staatliche Verordnung. Alle Gesellschaften haben ihre eigenen Formen von Geld, „weil alle Gesellschaften Regierungen besaßen und alle Regierungen Geld in den Umlauf brachten“ (Graeber 2012: 30) Geld – von Juristen ersonnen, vom allmächtigen Staat proklamiert? Der Staat kann festlegen, ob auf seinen Münzen die Gesichter August des Starken, Pittiplatschs oder der Wildecker Herzbuben geprägt werden. Er entscheidet, ob die 10-Euro-Note rot, gelb oder blau aussieht und ob die 50-Euro-Scheine den schiefen Turm von Pisa, das Endlager Gorleben, den Bungalow des Präsidenten oder die Hütte von Hitlers Hund abbilden. Er bestimmt die *Form* des Geldes, nicht dessen Inhalt. Die Knappsche „Theorie des Geldes“ ist unhistorisch. Sie verwechselt Form und Inhalt, Erscheinung und Wesen. Das Geld ist so wenig ein Geschöpf der Rechtsordnung, wie es die Ehe ist. Der Staat und seine Rechtsordnung haben das Geld sanktioniert, das unabhängig von ihnen entstanden ist. So wie sie seit einer Weile die Ehe amtlich beurkunden zwischen zwei Liebenden, die sich vorher gefunden hatten und vielleicht mit ihren Kindern schon jahrelang zusammenleben. Richtig: Der Staat regelt wichtige Fragen des Geldwesens wie Preismaßstab, Konvertibilität, Münzgesetze, Wechselrecht, Bank- und Börsengesetze u. a. m. Jedes Geldsystem kann nur dann effektiv sein, „wenn sich der Staat in hohem Maße daran beteiligt, indem er Münzen und Symbole reguliert und Qualität wie Quantität des Geldes überwacht [...]. (Harvey 2011: 97) Aber: Die sogenannte staatliche Theorie des Geldes ist für die Erkenntnis der Entstehung und des Wesens des Geldes ohne Belang. „Sie enthält nur rechtsgeschichtliche Tatsachen und vermag daher über das soziale und wirtschaftliche Dasein des Geldes wenig oder gar nichts auszusagen“, sagt Wilhelm Gerloff. (Gerloff 1940: 180) Trotzdem sind die Gedanken auch im 21. Jahrhundert keineswegs verschwunden. In Form der „Modern Monetary Theorie“ erlebt die chartale Theorie des Geldes trotz Kritik aus unterschiedlicher Richtung scheinbar eine neue Blütezeit. (vgl. Abschnitt 10.5.3)

9.4 Neoklassik

Die neoklassische Ökonomie entstand unabhängig voneinander dreifach in den 1870er Jahren. Die „Österreichische oder Wiener Schule“, ihre Hauptvertreter waren Carl Menger (1840–1921), Friedrich von Wieser (1851–1926), Eugen von Böhm-Bawerk (1851–1914), die „Angelsächsische Schule“ (Cambridge School) – William Stanley Jevons (1835–1882), John Bates Clark (1847–1938), Alfred Marshall (1842–1924), Arthur C. Pigou (1877–1959) – und die „Lausanner Schule“ – Leon Walras (1834–1910) und Vilfredo Pareto (1848–1923) – begründeten die „Marginalistische Revolution“ des ökonomischen Denkens. Im 20./21. Jahrhundert hat die neoklassische Ökonomie den Status einer Zivil- oder Alltagsreligion erreicht: „Sie liefert die Glaubenssätze, die Deutungsmuster und die Normen, an denen sich politisches wie soziales Handeln überhaupt zu orientieren haben und woran sie sich messen lassen müssen. Sie tritt auf als einzig legitime Vertreterin der ‚ökonomischen Vernunft‘ auf Erden.“ (Krätke: 1999)

9.4.1 Irreführender Name

Der Name „Neoklassik“ ist irreführend. Die Neoklassik ist keine neue Klassik, eher ist sie eine Antiklassik, oder eine degenerierte Klassik, weil sie deren wichtigste Theorie, die objektive Arbeitswerttheorie, ablehnt und durch die subjektivistische Grenznutzentheorie zu ersetzen versucht. Und indem sie die Arbeitswertlehre der Klassik ablehnt, lehnt sie alle klassischen Lehren von Petty, Smith, Ricardo und Marx ab, die auf der Arbeitswertlehre aufbauen und sie voraussetzen. An die Stelle der klassischen Werttheorie setzen sie die Grenznutzentheorie, die den Wert subjektiv mit dem Nutzen des Gutes, also subjektiv, auffasst. Allenfalls hat sie mit den ökonomischen Ansichten von Smith und Ricardo die Ablehnung merkantilistischer Wirtschaftspolitik und das Bekenntnis zum freien kapitalistischen wirtschaftlichen Handeln gemein. Sie teilt mit den Klassikern die Idee vom Gleichgewicht, treibt sie mathematisch auf die Spitze, verleiht ihr eine formale, endgültige, unrealistische Exaktheit, während die Klassik eine Tendenz zum Gleichgewicht zwar kennt, aber auch weiß, dass der mögliche Ausgleich nicht dauerhaft erreicht werden kann und die ausgleichenden Kräfte durch Gegenkräfte gehemmt werden. Die Klassik erblickt in permanenten Ungleichgewichten die Form des tendenziellen Ausgleichs. Kern des neoklassischen Paradigmas dagegen ist das schlichte Angebot-Nachfrage-Schema, die Botschaft, dass die „vollkommene Konkurrenz“ ein Konkurrenzgleichgewicht herbeiführe – auf allen Märkten das allgemeine oder das Gesamtmarktgleichgewicht, auf beliebigen Märkten ein partielles Gleichgewicht.

Das Geld spielt in den neoklassischen Theorien eher eine untergeordnete Rolle. Greitens unterscheidet drei Richtungen: Geld und Konjunktur, thematisiert vor allem von Marshall und Wicksell, die Neutralität des Geldes, hervorgehoben insbesondere von Walras und Fisher, und die vor allem von der österreichischen Schule mit Menger, von Wieser und von Mises vorgenommene Einbeziehung des Geldes in die subjektive Wertlehre. (Greitens 2022: 323) Die Grenznutzentheoretiker bemühten sich, die Kategorie des Geldes in ihre Lehre einzubauen. Friedrich von Wieser bezog das Nutzenkalkül daher auch auf das Geld: „Der Tauschwerth des Geldes ist der anticipirte Gebrauchswerth der für das Geld anzuschaffenden Dinge.“ (Wieser 1889/1968: 46) Demnach gebe es viele subjektive Geldwerte, da jeder Mensch den Grenznutzen einer Geldeinheit je nach individuellem Einkommen, Vermögen und Bedürfnisskala anders schätzte. Diese Einkommenstheorie des Geldwertes genannte Auffassung war zwar methodologisch konsequent, praktikabel war sie nicht. Es war unmöglich, aus ihr wirtschaftspolitische Schlüsse zur Erhaltung der Kaufkraft abzuleiten. Sie provozierte, wie Rieter schrieb, daher neoklassische Ökonomen, sich anzustrengen, die Quantitätstheorie des Geldes „besser zu fundieren." (Rieter 2014: 375) Im Folgenden wird exemplarisch eingegangen auf die Geldauffassungen von Menger, Wicksell, Fisher und Pigou. Nur wenn man die Marxsche Geldtheorie ausklammert, kann man behaupten, dass es eine „Theorie des Geldes, die mehr war als eine Antwort auf die Frage nach dessen Funktionen [war], es vor dem Jahr 1900 nicht gegeben [hat], mit der wichtigen Ausnahme der Quantitätstheorie." (Woll 2001: 383) Knut Wicksell sagt in diesem Sinne, „dass es neben der Quantitätstheorie in Wirklichkeit keine zweite gibt, welcher der Name einer durchgeführten, in sich zusammenhängenden Theorie des Geldes beigelegt werden könnte." (Wicksell 1898: III) Wäre das richtig, müsste die Geldtheorie Jahrtausende lang eine Theorie über die Wirkungen des Geldes gewesen sein, noch eingeschränkter: eine Theorie des Einflusses der Geldmenge auf die Preise.

9.4.2 Carl Menger – Reduzierte Nützlichkeit des Geldes

Carl Menger (1840 – 1921) begründete gemeinsam mit Böhm-Bawerk und Wieser die österreichische Schule der Grenznutzentheorie, die den Wert aller Waren aus den individuellen Nutzenschätzungen ableitet. Konsequenterweise versuchten sie, das Nutzenkalkül auch auf das Geld zu beziehen. Mengers Ziel war es, eine einheitliche Preistheorie zu entwickeln und alle Preiserscheinungen einschließlich Zins, Lohn und Grundrente auf ein Prinzip zurückzuführen. Mit dem Vertreter der historischen Schule Gustav Schmoller stritt er heftig über die richtige Methode in der politischen Ökonomie. Die Auseinandersetzung ist als „Methodenstreit" in die Dogmengeschichte eingegangen. Ab Ende der 1880er Jahre beschäftigt sich Menger verstärkt mit Problemen des Geldes. Besonders hervorzuheben ist sein „Geldartikel" in den ersten drei Auflagen des Handwörterbuchs der Staatswissenschaften (1892, 1900, 1909), der von mal zu mal umfangreicher wurde und in der dritten Auflage (1909) mehr als 100 Spalten füllte. Dennoch erschöpfen sie das Thema nicht, bemerkt Heinz Rieter.

> Deutscher akademischer Tradition verhaftet, beanspruchen geldgeschichtliche und geldbegriffliche Erörterungen bis zu zwei Drittel des Textes und überwuchern so die geldtheoretischen – im wesentlichen nur der Geldwertdetermination und dem volkswirtschaftlichen Geldbedarf gewidmeten – Überlegungen. Systematische Auseinandersetzungen etwa mit der [...] These von der Neutralität des Geldes oder der Quantitätstheorie oder der monetären Zinswirkungen oder der Currency-Banking-Kontroverse sucht man vergebens. (Rieter 2014: 330)

Menger sieht die Ursprünge des Geldes in den frühen Tauschgeschäften, mit denen Menschen versuchten, ihre Bedürfnisse besser zu befriedigen. Das Geld ist spontan aus dem Tausch der Menschen hervorgegangen. Es ist nicht entstanden aus Plan oder Konvention, sondern durch Gewohnheit und Nachahmung. Geld erleichtert die

Tauschgeschäfte, indem es die Zahl der möglichen Transaktionen verringert und die doppelte Koinzidenz als Bedingungen für das Zustandekommen des naturalen Tausches überwindet. Die Kontrahentenpaare – die Tauschenden mussten ihre Waren wechselseitig bedürfen – fanden sich selten, oft rein zufällig. Die gegenseitige Suche der Tauschpartner konnte mühsam sein. Ohne Absicht oder behördliche Anweisung kristallisieren sich bestimmte Waren als allgemein akzeptiertes Zahlungsmittel heraus. Die Herkunft des Geldes ist rein wirtschaftlicher Natur. Dazu bedarf es weder eines gesetzlichen Zwanges noch einer gesonderten Berücksichtigung des öffentlichen Interesses. Das Geld ist Resultat des menschlichen Handelns, durch Gewohnheit und Nachahmung entstanden. Es ist kein staatlich verordnetes und den Wirtschaftsakteuren vom Gesetzgeber vorgeschriebenes Produkt. „Das Geld ist keine staatliche Erfindung, nicht das Produkt eines legislativen Aktes und die Sanktion desselben Seitens der staatlichen Autorität ist demnach dem Begriffe des Geldes überhaupt fremd. Auch die Existenz bestimmter Waren als Geld hat sich naturgemäß aus den ökonomischen Verhältnissen herausgebildet, ohne dass die staatliche Einflussnahme hierbei erforderlich gewesen wäre." (Menger 1871: 257) Allerdings kann der Gesetzgeber die Formen und Arten des Geldes beeinflussen, ihre Anwendung fördern oder hemmen. Entscheidend sei, dass sich das Geld im Wirtschaftsleben etablieren konnte, weil die Leute feststellten, dass durch die Hingabe minder absatzfähiger Waren gegen solche von größerer Absatzfähigkeit ihre speziellen ökonomischen Zwecke um einen bedeutenden Schritt gefördert werden. So entstand das Geld an zahlreichen voneinander unabhängigen Kulturzentren mit der fortschreitenden Entwicklung der Volkswirtschaft. (Menger 1871: 260) Die zu Geld werdende Ware (oder Warengruppe) ergibt sich aus der praktischen Nützlichkeit.

Menger sagt, es sei ein Irrtum anzunehmen, dass die Funktion des Geldes als solche „ein Wertmaß" sei oder dem Zweck der „Werterhaltung" diene. Diese Funktionen sind der Natur des Geldes zufällig und nicht im Geldbegriff enthalten (Menger 1871: 279). Beim Tausch von Gütern gäbe es keine Äquivalente im objektiven Sinne und daher könne Geld nicht als Maßstab für den Tauschwert dienen. Geld sei universelles Tauschmittel und nur darin liege seine Funktion, seine Nützlichkeit. Als Wertaufbewahrungsmittel sei es dagegen ungeeignet. Es sei falsch, zu glauben, durch Sparen könne man Werte aufbewahren. Es sei vielmehr so, dass sich der „Wert" des Geldes aus dessen Kaufkraft ergibt, daraus, wieviel und welche Güter man mit dem Geld als Tauschvermittler bekommen kann. Wenn das angesparte Geld seine Vermittlerfunktion ganz oder teilweise einbüßt, weil es nicht mehr allgemein akzeptiert wird oder die Kaufkraft drastisch sinkt, wird offenbar, dass keine Thesaurierung stattgefunden hat. Nur anhand seiner Funktion als Tauschvermittler erweise sich der „Wert" des Geldes. Damit deutet Menger eine Funktionswerttheorie des Geldes an, wobei er das Geld ausschließlich als Mittler des Tausches akzeptiert. Der Wert des Geldes ergäbe sich daraus, inwieweit es als Tauschmittel brauchbar ist, ergo Gebrauchswert besitzt, nützlich ist.

9.4.3 Knut Wicksell – Geldschleier und Geldumlaufgeschwindigkeit

Der schwedische Ökonom Knut Wicksell (1851–1926), ein von der Grenznutzentheorie beeinflusster Kapital- und Zinstheoretiker, hat sich vor allem in seiner Schrift „Geldzins und Güterpreise“ mit geldtheoretischen Fragen befasst. (Wicksell 1898)

Er und andere Neoklassiker behaupteten wie schon David Hume (vgl. Abschnitt 6.3.3), es existiere eine Dichotomie (griech. Zweiteilung) zwischen dem güterwirtschaftlichen und dem monetären Sektor der Volkswirtschaft. Mit der These ist die Vorstellung verbunden, als liege das Geld wie ein Schleier über den wirtschaftlichen Transaktionen, beeinflusse und bestimme nur die absoluten, nicht aber die relativen Preise, d. h. die realen Austauschverhältnisse, und nicht die güterwirtschaftlichen Größen. Die Neutralität des Geldes bedeutet, dass Geldmengenänderungen keinen Einfluss auf die güterwirtschaftlichen Größen wie auf das reale Bruttoinlandsprodukt, den Konsum, die Investition und die Beschäftigung haben, sondern nur nominale Größen wie die Geldpreise und Geldlöhne beeinflussen würden. Der Cambridger Grenznutzenökonom Arthur C. Pigou bestand darauf, dass das Geld nichts Wesentliches im Wirtschaftsleben sei und nur einen Schleier darstelle. (Pigou 1949: 25) Die in der neoklassischen Theorie weithin akzeptierte These bezieht sich auf die langfristigen, nicht auf die kurzfristigen Wirkungen des Geldes. Die innere Widersprüchlichkeit der Argumentation ist bemerkt worden. Offen dabei bleibt, heißt es,

> auf welchem Wege eine Geldmengenveränderung zu einer proportionalen Variation des Preisniveaus [...] führt [...] Eine erste Antwort darauf lautet, daß die Wirtschaftssubjekte ihre auf Grund von Geldmengenerhöhungen entstandene *überschüssige* (weil vom bisherigen Niveau abweichende und daher nicht gewünschte) Kassenhaltung dadurch abzubauen versuchen, daß sie zusätzliche Ausgaben tätigen. Dadurch kommt es – bei gegebenem Güterangebot – zu Preissteigerungen. Diese Erklärung scheint indessen unvereinbar mit der [...] behaupteten Neutralität des Geldes und hat zu dem Vorwurf der *Inkonsistenz* geführt: Denn wenn diese Erklärung zutrifft, ist die güterwirtschaftliche Nachfrage offenbar [...] auch von der Höhe der tatsächlichen Geldhaltung – also einer monetären Größe – abhängig. (Duwendag et al. 1985: 179)

Wicksell setzte sich zum Ziel, „der Grundauffassung, welche einstens zur Aufstellung der Quantitätstheorie geführt hat, eine konsequente Weiterentwicklung zu geben, um dadurch womöglich zu einer Theorie zu gelangen, welche sowohl in sich selbst widerspruchsfrei wäre, wie mit den Thatsachen in vollem Einklang stände.“ (Wicksell 1898/1984: II) Er wollte sich nicht mit dem quantitätstheoretischen Postulat abfinden, dass die Höhe der Geldmenge das Preisniveau reguliert, sondern „dem Mechanismus nachforschen, vermittelst dessen sie sich als solcher kund giebt“ (Wicksell 1898/1984: 71 f,) denn die Geldmenge könne nicht „*direkt* und *unmittelbar* eine preisbestimmende Wirkung ausüben [...]“ (Wicksell 1898/1984: 38) Die quantitätstheoretische Annahme, dass sich die Geldmenge und das Preisniveau proportional entwickelten, impliziert, und das sei ihr Schwachpunkt, dass die Umlaufgeschwindigkeit des Geldes konstant bleibt. Er zählte die Umlaufgeschwindigkeit „zu den luftigsten und am wenigsten greifbaren Faktoren der ganzen Volkswirtschaft“ (Wicksell 1898/1984: 38) und wollte für Klarheit sorgen. Er sagte, dass hinter der „luftigen Größe“ sich die Gewohnheiten der Menschen im Umgang mit dem Geld und ihr Verhalten auf dem Geld- und Kreditmärkten verbergen.

> Dies Betrachtungsweise eröffnete der Geldlehre eine neue fruchtbare Perspektive, die sich im weiteren alle neoklassischen, keynesianischen und monetaristischen Schulen zu eigen machten, indem sie mikro- und makroökonomische Theorien der *Kassenhaltung* bzw. *Geldnachfrage* entwickelten. Wicksells eigene Lösung bestand darin, einen Zins-Kredit-Mechanismus zu konstruieren, über den sich eine veränderte Geldmenge prozessmäßig auf den Binnenwert des Geldes auswirkt. (Rieter 2014: 376)

Wicksell leitet die These vom „neutralen“ Geld aus dem Verhältnis von Geldzins (Kapitalmarktzins) und dem „natürlichen“ Zins ab. Der „natürliche“ Zins ist der langfristige Gleichgewichtszins. Liegt der Marktzins unter dem Gleichgewichtszins, weil die Geldmenge groß ist, wird mehr investiert und konsumiert als gespart. Die Güternachfrage ist größer als das Angebot. Ein konjunktureller Aufschwung setzt ein. Liegt der Marktzins über dem Gleichgewichtszins, weil die Geldmenge klein ist, wird weniger investiert und konsumiert als gespart. Die Güternachfrage ist kleiner als das Angebot. Eine rezessive oder depressive Wirtschaftsphase ist die Folge. Kurzfristig ändern sich also Produktion, Investition und Konsum, wenn Markt- und natürlicher Zins voneinander abweichen. Langfristig werde das Marktgleichgewicht erreicht, wenn bei gegebenem Zinssatz das durch die Kreditschöpfung der Banken geschaffene zusätzliche Geldangebot der zusätzlichen Geldnachfrage entspricht und Markt- und „natürlicher“ Zins übereinstimmen. Analog: Das Gleichgewicht trete ein, wenn das durch die Einschränkung der Kreditgewährung reduzierte Geldangebot der gesunkenen Geldnachfrage entspricht.

9.4.4 Irving Fisher – Verfeinerung der Quantitätstheorie

Irving Fisher (1867–1947) gehört zu den mathematisch orientierten Ökonomen der Grenznutzenschule. Auf geld- und zinstheoretischem Gebiet hat er nachhaltige Beiträge geleistet, indem er die Quantitätstheorie des Geldes reaktiviert und verfeinert (Fisher 1911), ohne allerdings ihren grundsätzlichen Inhalt zu erweitern. Charles Rist sagt, dass Fishers Aussagen „in ihrer Gesamtheit die präziseste Erklärung (bilden), welche die Wirtschaftswissenschaft bis heute über das Verhältnis von Preisen, Geldmenge und Umlaufgeschwindigkeit des Geldes zueinander geben hat.“ (Rist 1947: 310) Fisher vertritt außerdem wie Wicksell und Mises eine Zinsspannentheorie, wonach die Marktzinsen im Konjunkturverlauf um einen Gleichgewichtszins – dem „natürlichen“ Zins – oszillierten. Sein Hauptziel ist, einen Vorschlag zu begründen, wie man den Geldwert, worunter auch er die Kaufkraft des Geldes versteht, stabilisieren kann. Er erlebte, wie sich die Goldförderung stark ausweitete, nachdem im Jahr 1889 die

Cyanidlaugung[44] bei der Gewinnung von Gold eingeführt worden war. Danach sei in nur wenigen Jahren mehr Gold produziert worden als im gesamten Mittelalter. (Woll 2001: 384) Und seit 1895 zogen weltweit die Preise an. So stieg in Deutschland der Preisindex für die Güter des privaten Verbrauchs von 1895 bis 1913 um 30 %. Mitte der 1890er Jahre waren die Preise nicht höher als vierzig Jahre zuvor. (Hoffmann 1965: 11 ff) Die erneute Beschäftigung mit der Quantitätstheorie hatte offenbar ganz praktische Gründe.

Fisher knüpft an der trivialen Formel der Quantitätstheorie an

$$M \cdot V \equiv \sum p \cdot q \tag{1}$$

wobei M die Geldmenge, V die Umlaufgeschwindigkeit des Geldes pro Periode (z. B. einem Jahre), p der Preis des einzelnen Gutes und q die Menge des entsprechenden Gutes ist.

Die Gleichung überführt er im nächsten Schritt in

$$M \cdot V \equiv P \cdot T, \tag{2}$$

wobei P der Durchschnittspreis der gehandelten Güter und T das physische Handelsvolumen pro Periode ist

In einem dritten Schritt berücksichtigt Fisher – und das ist neu, und eine Anerkennung der neuen (eigentlich schon „alten" Verhältnisse) – neben dem Bargeld (Banknoten und Münzen) erstmals auch das Buchgeld (die für Zahlungen genutzten Bankguthaben). (Fisher 1911: 48) Es ergibt sich:

$$M \cdot V + M' \cdot V' \equiv P \cdot T \tag{3}$$

wobei M das Bargeld, M' das Giralgeld, V und V' die korrespondierenden Umlaufgeschwindigkeiten darstellen.

Die drei Gleichungen drücken Identitäten aus, deshalb das Zeichen ≡ zwischen der linken Seite und der rechten Seite. Ihnen liegen Tauschakte zugrunde zwischen den in Preisen ausgedrückten Verkaufsgütern (rechte Seite) und dem dafür bezahlten Geld (linke Seite). Die dritte, verfeinerte Schreibweise der Quantitätstheorie berücksichtigt die Tatsache, dass seit langem Zahlungstransaktionen auch bargeldlos, d. h. mit Hilfe des Giralgeldes abgewickelt werden konnten. Fisher weiß, dass die Gleichung nichts über die kausale Verknüpfung der Variablen aussagt. Als strammer Quantitätstheoretiker, der fest daran glaubt, dass die Geldmenge bestimmend sei für das Preisniveau, verwandelt er die Quantitätsgleichung in eine kausal bestimmte Formel für das Preisniveau:

44 Verfahren zur Gewinnung von Silber und Gold durch Behandlung silber- oder goldführender Erze bzw. von Rückständen der Goldgewinnung nach dem Amalgamverfahren mit 0,1- bis 0,25 prozentigen Natrium- oder Kaliumcyanidlösungen.

$$p = \frac{M \cdot V + M' \cdot V'}{T} \tag{4}$$

Damit definiert Fisher das Preisniveau als eine Funktion der unabhängigen Variablen M, M', V, V' und T, für die er bestimmte Annahmen trifft:

Das Verhältnis M/M' sei konstant, weil die Bargeldreserven einer Bank in einem festen Verhältnis zu den Bankeinlagen gehalten würden und die Nichtbanken ähnlich eine bestimmte Relation zwischen der Bargeldkasse und den Buchgeldtransaktionen einhielten. V und V` widerspiegelten Zahlungsgewohnheiten, wie die Verwendung der Einkommen der privaten Haushalte, der Art des Sparens, der Nutzung von Schecks und Buchkrediten u. a., die sich, wenn überhaupt, nur langfristig änderten. Folglich könnte die Umlaufgeschwindigkeit als eine konstante Größe angesehen werden. T, das Produktionsvolumen, werde bestimmt von natürlichen Ressourcen und technischen Bedingungen, und nicht – abgesehen von kurzfristigen Übergangsperioden – von der Geldmenge und von der Umlaufgeschwindigkeit des Geldes. (vgl. Woll 2001: 385) Das Endergebnis ist nicht neu. Es lautet, dass die Bargeldmenge M sich ausschließlich auf das Preisniveau auswirke. Dies gelte langfristig, in einer kurzfristigen Übergangsperiode sei das anders. (Fisher 1911: 55 f) Fisher unterscheidet wie vor ihm bereits David Hume zwischen den kurzfristigen und langfristigen Wirkungen einer Änderung der Geldmenge. (vgl. Abschnitt 6.3.3) Zusammenfassend lässt sich sagen, dass Fisher eine Proportionalität von M und P annimmt, dabei die aktive, ursächliche Rolle der Geldmenge M für das Preisniveau P betont, behauptet, dass das Geld langfristig neutral ist und die nominale Geldmenge exogen von der Zentralbank gesteuert und kontrolliert werden könnte. (vgl. Greitens 2022: 341) In einer späteren Arbeit empfiehlt Fisher, die Depositen im Bankensystem vollständig durch Zentralbankgeld zu decken, damit die Geldmenge insgesamt von der Federal Reserve Bank gesteuert werden kann (Fisher 1935) und nimmt die im 21. Jahrhundert auflebende „Vollgeld-Konzeption" vorweg. (Abschnitt 10.9)

Behrens stellt fest, dass Fisher den Geldwert mit der Kaufkraft des Geldes identifiziert. „Den Preis des Geldes drückt er in Waren und den Preis der Waren in Geld aus. Beruht eine Währung auf einer einzigen Ware, Gold oder Silber, dann fällt nach Fisher ihre Kaufkraft zu allen anderen waren mit den Schwankungen im Angebot und der Nachfrage des gewählten Metalls." (Behrens 1981a: 45) Die Schwankungen sollten nach Möglichkeit verhindert werden, sie seien schädlich, erzeugten soziale Ungerechtigkeiten. Deshalb schlägt Fisher zur Stabilisierung der Kaufkraft einen Index vor – den Fisher-Index –, der die Entwicklung des Preisniveaus möglichst exakt abbilden sollte. Eine Indexkennzahl ist das Verhältnis der Preissumme, die man für eine Warenmenge in einer Periode zahlen musste, zur Preissumme, die die gleiche Warenmenge in einer Vorperiode kostete. Mit der Idee von der Indexwährung verbindet er die Hoffnung, die Umlaufmenge des Geldes so regulieren zu können, dass die Güterpreise und durch sie der „Geldwert" stabil gehalten werden können.

Fisher hat versucht, seine theoretischen Annahmen empirisch zu testen. (Fisher 1911: 280 ff) Woll sagt, das sei vorbildlich. Seitdem habe „es sich in der Geldtheorie durchgesetzt, die praktische Bedeutung von theoretischen Behauptungen an ihrer empirischen Relevanz zu messen, Nicht zuletzt wirkte stilbildend, aus der geldtheoretischen Analyse Regeln für die Zentralbankpolitik abzuleiten, deren Ziel es ist, den Geldwert (= reziprokes Preisniveau, K.M.) zu sichern. Die Geldtheorie geht auf diese Weise unmittelbar in eine Theorie der Geldpolitik über." (Woll 2002: 386)

9.4.5 Arthur Cecil Pigou – Der Kassenhaltungsansatz

Arthur Cecil Pigou, Schüler und Anhänger des Begründers der Cambridge School der politischen Ökonomie Alfred Marshall, dessen Lehrstuhl er 1908 übernahm, war wie sein Ziehvater ein weiterer Vertreter der Quantitätstheorie des Geldes. Marshalls Interesse hatte vor allem der Nachfrage nach Geld gegolten. Er wollte wissen, aus welchen Gründen, die Leute das Geld dem Umlauf entziehen und in der Kasse hielten. Er rückte die Funktion des Geldes als Wertaufbewahrungsmittel in den Fokus und stellte fest, dass die Höhe der Kassenhaltung – also der privaten Nachfrage nach Geld – abhängt von der Höhe des Einkommens. Pigou übernimmt den Kassenhaltungsansatz von Marshall bringt ihn in eine mathematische Form. (Pigou 1917: 38 ff) Der Kassenhaltungsansatz ist eine neue Form, die Quantitätsgleichung des Geldes auszudrücken und lautet

$$M_d = k \cdot Y \cdot P, \qquad (5)$$

wobei M_d nachgefragte Geldmenge
k Kassenhaltungskoeffizient
Y Volkseinkommen zu konstanten Preisen
P Preisniveau

Die Formel wird auch als Geldnachfragefunktion bezeichnet. Die Nachfrage nach Geld besteht in Form von Kassenbeständen außerhalb der Zirkulation. Der Kassenhaltungskoeffizient k drückt die Kassenhaltungsdauer aus. Er entspricht dem Kehrwert der Umlaufgeschwindigkeit des Geldes pro Periode. Unterstellt wird dabei, dass die insgesamt vorhandene Geldmenge, die dem Geldangebot entspricht, auch nachgefragt wird. Während in der herkömmlichen Quantitätsgleichung, auch in der von Fisher, sämtliche Transaktionen, d. h. die Umsätze erfasst werden, erscheint in Pigous Gleichung nur das Volkseinkommen, die Wertschöpfung pro Umsatz. Die Kassenhaltungsdauer k – der Bargeldbestand – ist daher das Verhältnis der Geldmenge zum realen Volkseinkommen und die reziproke Größe V ist die Einkommenskreislaufgeschwindigkeit. Es handelt sich bei Gleichung 5 um die Einkommensversion der Quantitätsgleichung. (Woll 2001: 387) Als Kassenbestände gelten Bargeld und die Sichteinlagen. Ihr Nutzen ergibt sich daraus, mit ihnen reibungslos die laufenden Zahlungstransaktionen abwickeln zu können. Wird der Kassenbestand als zu hoch angesehen, dann wird der Kasse Geld entnommen, worauf die Preise steigen und der Geldwert sinkt. Der Geldwert wird auf diese Weise rein subjektivistisch interpretiert, er werde bestimmt vom Wunsch oder der Neigung, eine bestimmte Kassenhaltung beizubehalten oder zu ändern. Gleichung 6 besagt, dass sich das Preisniveau P als Funktion der Geldmenge M, des realen Einkommens Y und des Wunsches der Wirtschaftssubjekte ergibt, einen Teil des Einkommens in der Kasse zu halten (k).

$$P = \frac{M}{k \cdot Y} \tag{6}$$

Da k und Y langfristig als konstant angesehen werden, ergibt sich wie in der Fisherschen Verkehrsgleichung, dass das Preisniveau bestimmt würde durch die Höhe und Änderungen der Geldmenge. Die Bedeutung des Cambridger Kassenhaltungsansatzes ist darin zu sehen, dass die Motive, Geld nachzufragen – Geld in den Kassen zu halten – in den Vordergrund rückt.

9.4.6 Gustav Cassel – Die Kaufkraftparität des Wechselkurses

Gustav Cassel (1866–1945), schwedischer Ökonom und Vertreter der mathematischen Schule, lehnt sowohl die neoklassische Grenznutzenschule als auch die klassische Wertlehre David Ricardos rigoros ab. Im Grunde sagt die Grenznutzenlehre nicht mehr, als „daß ein Bedürfnis, für welches der bestehende Preis bezahlt wird, immer wichtiger erachtet wird als ein Bedürfnis, für welches derselbe Preis nicht bezahlt wird. Die Tauschwirtschaft mißt also die Wichtigkeit der verschiedenen Bedürfnisse nach den Geldsummen, die für die Befriedigung derselben geboten werden.“ (Cassel 1923: 72) Die Grenznutzenlehre, „diese rein formelle Theorie, die in keiner Weise unsere Kenntnis der realen Vorgänge erweitert, ist für die Theorie der Preisbildung jedenfalls überflüssig.“ (Cassel 1923: 69) Sie operiert mit leeren Formeln, in denen „der psychologische Erkenntnisgehalt gleich Null ist. Mit großem Aufwand theoretischen Scharfsinns bringt man schließlich auf der Basis reiner Zirkeldefinitionen nichts anderes zustande als eine umständliche Formulierung einer begrifflichen Tautologie.“ (Myrdal 1962: 20) Zweifel bleiben, ob es des glanzvollen mathematischen Aufwands bedarf, um zum Ergebnis zu gelangen, dass die Käufer innerhalb ihrer finanziellen Schranken, die vor allem durch Einkommen, Vermögen und Preise gesetzt sind, das für sie günstigste Warensortiment zu erwerben versuchen. Dieser Grundgedanke ist nicht widerlegbar. Er ist Tautologie. Da der Nutzen keine messbare Größe ist – er sei ein Gefühl, sei identisch mit der Stärke des Empfindens der Bedürfnisbefriedigung –, äußere er sich am Grad der Dringlichkeit, an der Stärke des Begehrs nach Gütern und Leistungen. Man könne seine Größe ablesen an der Zahl der Käufe. (Jevons 1924: 10) Maßstab für die Rangfolge der Wünsche ist dann die Rangfolge der Wünsche. Die optimale Einkaufsliste ist jene, die der Haushalt bei einer gegebenen Preis-Einkommenskonstellation am meisten wünscht, d. h. für den besten Einkauf hält. Cassel distanziert sich aber auch von jeglichen objektiven Werttheorien. Er bekennt im Vorwort seines Buches „Theoretische Sozialökonomie“: „Bei meinen volkswirtschaftlichen Studien bin ich schon früh zu der Überzeugung gekommen, daß die ganze alte sogenannte Wertlehre mit ihren unendlichen Wortstreitereien und ihrer unfruchtbaren Scholastik zu dem auszumusternden Ballast der theoretischen Ökonomie gehört.“ (Cassel 1923: III) Eine wertlose Preislehre genüge vollauf, um alle ökonomischen Fragen theoretisch zu beantworten. Das gelte auch für den Geld“wert“: Der Betrag, zu dem ein Gut in einer solchen abstrakten Rechnungseinheit, die bei Cassel Inhalt des Geldbegriffs ist, geschätzt wird, ist „offenbar ein Preis, die Einheit ist eine Preiseinheit und die ganze Rechnungsskala eine Preisskala.“ (Cassel 1923: 339) Der „Wert“ des Geldes löse sich auf in die Menge an Waren und Dienstleistungen, die Käufer für Geld erwerben können. Cassel definiert den Geldwert als „den reziproken Wert des allgemeinen Preisniveaus“, (Cassel 1923: 401) und sieht ihn andererseits bestimmt durch die Seltenheit. Der Geldwert ist die Kaufkraft der Geldeinheit.

In den letzten Jahren beschäftigte sich Cassel intensiv mit Währungsfragen. Cassel reflektiert Tendenzen zum Gleichgewicht und argumentiert wie folgt:

Die Erhöhung der Geldmengen in Land A führt der Quantitätstheorie zufolge dazu, dass der Geldwert der Währung A sinkt, die Preise im Land A steigen. Dadurch erhöhen sich die Importe des Landes A, weil die Waren im Land B preiswerter sind und weil die Produzenten und Händler des Landes B vorzugsweise im Hochpreisland A verkaufen wollen. Die Geldmenge in Land A verringert sich dadurch, wodurch die Preise im A-Land wieder zurückgehen müssten. Das Land B erzielt aus dem gleichen Grund Exportüberschüsse, wodurch die Geldmenge in Land B und mit ihr die Preise steigen würden. Die Tendenz zum Ausgleich internationaler Preisunterschiede ist vereinbar mit der Quantitätstheorie, also der Annahme, die Preise seien bestimmt durch die Höhe und die Änderungen der Geldmengen, doch ist die Ausgleichstendenz auch außerhalb des quantitätstheoretischen Denkens erklärbar, weil es nicht auf die *Ursachen* der internationalen Preisunterschiede ankommt, sondern allein auf die Unterschiede selbst. Die Egalisierung internationaler Preisunterschiede für die gleichen Waren, setzt voraus, dass das Verhältnis, zu dem die Währungen getauscht werden – der Währungskurs – die Kaufkraftparität der Währungen ausdrückt.

Behauptet wird, Cassel „vertrete dem Wesen nach die Quantitätstheorie des Geldes“ (Hoell 1989: 87) und habe die Quantitätstheorie auf die Bestimmung des Wechselkurses angewendet. (Westphal 1983: 354) und so den Geltungsbereich der Quantitätstheorie auf den internationalen Handel ausgeweitet. Es muss hinzugefügt werden, dass Cassel die Quantitätstheorie nicht ganz ohne Skrupel akzeptiert hat. Er schreibt: „Zu sagen, daß die zirkulierende Geldmenge das allgemeine Preisniveau bestimmt, hat [...] keinen rechten Sinn. Vielmehr ist das allgemeine Preisniveau einer der Faktoren, die die jeweils zirkulierende Geldmenge bestimmen.“ (Cassel 1923: 404 f) Auf die Kausalität zwischen Geldmengen und Preisen komme ich später noch einmal zurück. (vgl. Abschnitt 11.1.2 und 11.5)

Hier soll nur eine Rolle spielen, wie es dazu kommt, dass der Währungskurs zweier Währungen im Gleichgewicht der Kaufkraftparität der betreffenden Länder entspricht. Der Währungskurs ist der Preis für eine Währungseinheit eines Landes in ausgedrückt in Währungseinheiten eines anderen Landes, z. B. 1 Euro = 1,2 US-Dollar – der „Außenwert" einer nationalen Geldeinheit.

Cassels kaufkraftparitätische Erklärung des Währungskurses besagt, dass im Gleichgewicht der Währungskurs eines Landes W_I gleich ist dem Verhältnis zwischen dem Inlandspreisniveau P_I und dem Auslandspreisniveau P_A. Bezahlt man für eine Warensumme im Dollarraum 150 US-Dollar, die im Euroraum 100 Euro kostet, pendelt sich der in Dollar ausgedrückte Kurs des Euro bei 1: 1,5 ein, d. h. 1 Euro entspricht im Gleichgewicht 1,5 Dollar. Der Währungskurs entspricht der Kaufkraftparität: Mit 100 Euro (Inlandswährung) kann man die gleiche Warenmenge erwerben wie für 150 Dollar (Auslandswährung). Entspricht der Währungskurs nicht der Kaufkraftparität, d. h. dem Verhältnis der Preisniveaus, geschieht folgendes:

a) Der Kurs betrage 1 Euro = 2 US-Dollar – der Eurokurs ist höher als der Gleichgewichtskurs. Die Nachfrage nach Dollar steigt, die nach Euro sinkt, weil im Dollarraum eine Warenmenge billiger ist als im Euroraum. 100 Euro sind gleich 200 Dollar. Der Käufer benötigt aber nur 150 Dollar, um die Waren zu kaufen, für die er im Euroraum 100 Euro zahlt. Die 150 Dollar kauft er beim aktuellen Kurs 1 Euro = 2 Dollar mit 75 Euro. Er spart demnach 25 Euro, wenn er die Waren im Dollar- statt im Euroraum kauft. Also wird er verstärkt mit Inlandswährung (Euro) die Auslandswährung (Dollar) nachfragen. Dadurch sinkt der Eurokurs, weil sich das Angebot an Euro vergrößert (der Dollarkurs steigt), und nähert sich dem Gleichgewichtskurs.
b) Der Kurs betrage 1 Euro = 1 Dollar – der Eurokurs ist niedriger als der Gleichgewichtskurs. Die Nachfrage nach Euro steigt, die nach Dollar sinkt, weil im Euroraum eine Warenmenge billiger ist als im Dollarraum. 100 Euro sind gleich 100 Dollar. Der Käufer benötigt 100 Euro, um die Waren zu kaufen, für die er im Dollarraum 150 Dollar zahlt. Diese 100 Euro erhält beim aktuellen Kurs gegen den Tausch von 100 Dollar. Er spart, wenn er im Euro- statt im Dollarraum kauft, 50 Dollar. Er fragt daher verstärkt mit Dollar den Euro nach. Dadurch steigt der Eurokurs, weil sich die Nachfrage nach Euro und das Angebot an Dollar erhöhen (der Dollarkurs sinkt), und nähert sich dem Gleichgewichtskurs.

Auf diese Weise tendierten die Gleichgewichtskurs der Währungen zur Kaufkraftparität, zu einem Kurs – Tauschverhältnis zweier Währungen – der garantiert, dass man für die beiden Währungen jeweils die gleiche Menge an Gütern kaufen kann. Die Argumentation ist logisch, schlüssig und konsistent. Wie alle einfachen Gedankenspiele und monokausalen Modelle wird sie aber der Komplexität des untersuchten Gegenstands nicht gerecht und es wundert nicht, dass sich der theoretische Zusammenhang empirisch allenfalls zufällig empirisch zeigt. Es ist ein generelles Problem der theoretischen Ökonomie, keinesfalls nur eine Schwäche der Geldtheorie, der Hang, die Komplexität des jeweiligen Untersuchungsgegenstandes auf einseitige monokausale Beziehungen zu reduzieren (vgl. dazu Kapitel 11, insbesondere Abschnitt 11.4), ein Mangel, der sich auch an der Kaufkraftparitätentheorie des Währungskurses zeigt. Denn das Angebot und die Nachfrage nach Währungen sind keine Wirkung von internationalen Preisunterschieden und Güterströmen allein, wie die Kaufkraftparitätentheorie postuliert, sondern auch von internationalen Kapitalbewegungen und Zinsunterschieden, von Kursänderungserwartungen und Devisenspekulationen, Handelsbeschränkungen, von Nachfrageverschiebungen zwischen Binnenhandels- und Außenhandelsgütern, vom Einfluss der Einkommensänderungen und des technischen Fortschritts auf die Nachfrage u. a. Gustav Cassel kannte selbstverständlich die Determinanten, hat aber von ihrem Einfluss abstrahiert, was in einer theoretischen Analyse legitim ist. Aber ebenso hätte man bei der theoretischen Begründung des gleichgewichtigen Währungskurses vom internationalen Gütertausch und den Preisunterschieden zwischen den Ländern abstrahieren können. Betrachtet man allein die Kapitalbewegungen zwischen den Ländern und die Zinsunterschiede zwischen ihnen, gelangt man zwangsläufig zur These, dass der Währungskurs im Gleichgewicht der Zinsparität zwischen verschiedenen Währungsräumen entspricht. Das wäre dann genauso richtig und einseitig wie die Aussage der Kaufkraftparitätentheorie.

9.4.7 John M. Keynes - Geld ohne Bedeutung?

Keynes' Arbeit „A Treatise on Money" (deutsch: „Vom Gelde") steht auf dem Boden der „Cambridge"- und der „Fisher"-Quantitätsgleichungen und der mit ihnen begründeten Quantitätstheorie des Geldes, auch wenn der Autor einige ihrer Mängel aufzeigt und sie letztlich ablehnt. (Keynes 1932: 180–194) In seinem Hauptwerk „General Theory of Employment, Interest and Money" (Allgemeine Theorie der Beschäftigung, des Zinses und des Geldes) baut Keynes den Kassenhaltungsansatz der Cambridge School weiter aus und implementiert ihn in sein theoretisches Gesamtsystem. Sein makroökonomisches Kreislaufmodell errichtet er auf einem Unterbau aus psychologischen Bausteinen. Der sinkende Hang zum Verbrauch mit steigendem Einkommen – das Einkommen wächst rascher als der daraus finanzierte Konsum –, mangelndes Vertrauen in die Profitabilität der Investitionen – „sinkende Grenzleistungsfähigkeit des Kapitals" sagt Keynes dazu – und die tief im Seelischen verwurzelte Vorliebe der Menschen, Geld in flüssiger Form zu halten – Liquiditätspräferenz nennt Keynes den zunehmenden Hang zum Sparen –, seien der Grund für eine gemessen am Angebot zu geringe wirksame Investitions- und Konsumgüternachfrage. Warum neigen Menschen dazu, Geld zurückzuhalten, es nicht in die Zirkulation zu geben? Sie glauben, Geld zu haben und in Reserve zu halten, könnte sie schützen gegen die Unwägbarkeiten der Zukunft. Das spezifisch psychologisch determinierte Verhalten, das für den Menschen typisch sei, erweise sich aber als die tiefere Ursache für wirtschaftliche Krisen. Aus menschlichen Neigungen und düsteren Erwartungen ergebe sich die langanhaltende Tendenz zur wirtschaftlichen Stagnation. Keynes fasste das Geld eben nicht auf als ein Schleier, der sich über güterwirtschaftliche Relationen lege, sondern versuchte zu verstehen, wie die monetären und die güterwirtschaftlichen Elemente zusammenwirkten.

Geldtheoretisch ist bedeutsam, dass Keynes im Rahmen seines Systems die Motive untersucht, die zu einer Vorliebe für Liquidität, also zur Haltung von Geld in der Kasse, zur Geldnachfrage, führen. Der Kassenhaltungssatz ist der Kehrwert der Geldumlaufgeschwindigkeit. Je mehr Geld in der Kasse, umso weniger von ihm läuft um und wird zu Zahlungen genutzt. Eine Kasse – Bargeld – werde von Haushalten und Unternehmen aus drei Gründen gehalten: um die Zeit zu überbrücken zwischen Einkommens- bzw. Zahlungseingängen und Ausgaben (Umsatzmotiv), um vorzusorgen für unvorhergesehene Ausgaben (Vorsichtsmotiv) und um mit ihnen zu spekulieren (Spekulationsmotiv). Die Wünsche der Wirtschaftssubjekte, den Kassenbestand bzw. Bargeldvorrat, aus welchen Motiven auch immer, auf einer bestimmten Höhe zu halten, den tatsächlichen zu vergrößern oder zu verkleinern, erweisen sich als Ursache von Änderungen der Geldmenge. (Keynes 1936/1955: 143, 164 ff) Wird beispielsweise der Kassenbestand als zu hoch empfunden, werde Geld aus der Kasse genommen und Güter bzw. Leistungen erworben. Die Folge sind Preissteigerungen („Geldwertsenkungen"), die den vorhandenen Kassen- oder Bargeldbestand real auf die gewünschte niedrige Kassenhaltung reduzieren. Die Nachfrage nach Geld bzw. die Höhe der Kassenhaltung ist für Keynes abhängig vom Einkommen, vom Zins und den Erwartungen, wie sich beide Größen entwickeln werden. Die Alternative zur spekulativen Haltung von Bargeld ist der Kauf von festverzinslichen Wertpapieren mit unbegrenzter Laufzeit. Erwarten die Akteure, dass die Zinsen steigen und die die Wertpapierkurse fallen, füllen sie die Spekulationskasse und fragen weniger Wertpapiere nach. Wie soll der Nutzen einer ertraglosen Bargeldhaltung gemessen werden? Die Haltung von Bargeld verursacht Opportunitätskosten – entgangene Erträge aus unterbliebenen Anlagen des Geldes. Wirtschaftssubjekte würden Geld so lange nachfragen und halten, bis die letzte Geldeinheit denselben Nutzen stiftet wie eine Geldanlage, die Ertrag bringt. Man kann auch sagen, dass die Wertpapiere so lange im Bestand gehalten werden, wie die festen Zinserträge die Kursverluste übersteigen. Wirtschaftssubjekte verhalten sich vernünftig, indem sie Geld horten, wenn sie erwarten, dass die Preise für alternative Wertpapieranlagen fallen werden und die Kursverluste die Zinserträge übersteigen. So können sie negative Gesamterträge vermeiden. Erwarten die Wirtschaftssubjekte, dass die Zinsen sinken und die Kurse der Wertpapiere steigen, werden umgekehrt mehr Wertpapiere nachgefragt und die Spekulationskasse gemindert oder geleert. Generell gilt, dass die Kassenhaltung umso geringer und der Wertpapierbestand umso höher ist, je höher die gegenwärtige – die laufende – Rendite der Wertpapieranlage ist. (Jarchow 1987: 80)

Wenig erregend ist Keynes' Auffassung, dass die Geldnachfrage auch vom Zins abhängt. Seine Einsicht dagegen, dass eine Rezession bzw. ein Unterbeschäftigungsgleichgewicht, nicht mit Hilfe einer Geldpolitik überwunden werden kann, ist bis ins 21. Jahrhundert hinein von aktueller Bedeutung geblieben. Politisch, so Keynes, ist das Geld ohne Bedeutung. Mit einer expansiven Geldpolitik die Produktionen, Beschäftigung und Investitionen anregen zu wollen, ist zum Scheitern verurteilt. Schuld daran habe die Geldnachfrage für Spekulationszwecke. Eine ansteigende Geldmenge veranlasse die Kassenhalter, Wertpapiere zu kaufen, so dass deren Kurse steigen und der Zins sinke. Bei sehr niedrigem Marktzins erwarten die meisten Wirtschaftsakteure, dass die Zinsen demnächst wieder steigen werden, die Wertpapierkurse folglich fallen. Tritt dieser Effekt ein, würden die Spekulanten dazu übergehen, die Wertpapiere wieder zu verkaufen und die Kasse zu füllen. Endergebnis sei, dass die Wirtschaftssubjekte eine steigende Geldmenge absorbierten, bei einem per Saldo unveränderten Zins, aber geringer Umlaufgeschwindigkeit des Geldes. (Woll 2001: 389) Zusätzliches, von der Zentralbank ins System geschleuste Geld, ströme auf die Wertpapiermärkte und anschließend in die Kassen. Die Kassen erwiesen sich als eine „Liquiditätsfalle“. Eine expansive Geldpolitik erhöhe weder das reale Einkommen – den Wert der volkswirtschaftlichen Produktion – noch das Preisniveau. Das ist der Abgesang auf die Jahrtausende alte Quantitätstheorie des Geldes.

Das Gesamtergebnis: Die Tendenz zu einer dauerhaften Depression ergibt sich erstens daraus, dass die Verbraucher nicht das gesamte Einkommen für die Nachfrage nach Gütern ausgeben. Zwar steigt der Konsum mit der Zunahme des Einkommens, aber nicht im vollen Maße dieser Zunahme. Sinkender Hang zum Verbrauch bedeutet, dass ein zunehmender Teil des zusätzlichen Einkommens gespart und so der konsumtiven Nachfrage entzogen wird. Dieser Ausfall an Konsumgüternachfrage bewirkt, dass das Produktionspotenzial unvollständig genutzt werde, volkswirtschaftliche Produktion und Einkommen daher sinken.

Ein zweiter Grund für die Tendenz zur Unterbeschäftigung und Krise ist die abnehmende Grenzleistungsfähigkeit des Kapitals. Die Investoren werden aus Erfahrungen klüger: Sie sind pessimistisch, erwarten, dass die Rentabilität der Kapitalinvestitionen sinkt. Sie verlieren die Lust zu investieren, sobald der Stachel Profitrate abstumpft. Auch investive Nachfrage fällt aus. Marx meinte, die Profitrate sinke, weil zu viel Kapital investiert würde. Keynes dreht den Spieß um: Weil die Unternehmer erwarteten, dass die Profitrate langfristig sinke, investierten sie zu wenig. Wiederum bliebe Produktionspotenzial ungenutzt. Der Konsumausfall könne nicht durch ein Investitionsplus kompensiert werden. Produktion und Einkommen gerieten auch aus der Sicht der Investitionen unter Druck. Die Gegenüberstellung von Konsum und Investition ist aus gesamtwirtschaftlicher Sicht eine eigenartige Konstruktion, bedingen sich doch beide. Höherer Konsum erfordert höhere Investitionen.

Dritter Grund sei die Vorliebe, Geld in flüssiger Form zu halten. Die Liquiditätspräferenz sei groß. Sie widerspiegele das Bedürfnis, finanziell vorzusorgen. Verzichten die Leute darauf, einen Teil ihres Vermögens in Form von Bargeld und Sichteinlagen zu halten, werden sie mit dem Zins belohnt. Nach Keynes ist der Zins ein Ausgleich oder eine Belohnung dafür, die Liquidität aufzugeben. Er ist umso höher, je größer die Liquiditätsvorliebe ist, welche die Neigung unterdrückt, zu investieren. Das Fazit: Die drei subjektiv-psychologischen Bausteine „sinkender Hang zum Verbrauch“, „sinkende Grenzleistungsfähigkeit des Kapitals“ und „hohe Liquiditätspräferenz“ seien der Grund für eine zu geringe wirksame Gesamtnachfrage. Produktion und Beschäftigung nehmen ab und verharren auf niedrigem Niveau. Die Investitionen reichen nicht, um die Ersparnisse, d. h. den Ausfall an konsumtiver Nachfrage, zu kompensieren. Keynes präsentiert damit eine Unterkonsumtions- und Unterinvestitionstheorie. Es werde zu wenig konsumiert *und* zu wenig investiert! Konsumtive und investive Nachfrage seien zu gering, um das Gesamtangebot aufzunehmen. Die These ruht auf psychologischem Unterbau. Sie trägt der Komplexität des Phänomens dadurch Rechnung, dass ökonomische Entscheidungen und das Wechselspiel zwischen den ökonomischen Größen auf subjektiv-psychologische Bestimmungsgründe menschlichen Verhaltens zurückgeführt werden. Depressive Zustände der Wirtschaft ergeben sich aus „ehernen" Gesetzen der menschlichen Psyche und des menschlichen Verhaltens. Keynes argumentiert ahistorisch und verfehlt die systemischen Ursachen des Problems. Er sieht negative Kreisläufe, die sich selbst verstärken, beachtet aber das „Antikrisenpotenzial" nicht. Vor allem scheint er die Bedeutung des technischen Fortschritts, neuer Produkte und Märkte zu unterschätzen. Er überschätzt die Bedeutung des Zinses für Investitionen. Einer „Revolution" im ökonomischen Denken gleich kam Keynes' Einsicht, dass die sich selbst überlassene private Wirtschaft zu stabilen Ungleichgewichten, zu anhaltend depressiven Lagen tendiere. Die Geldpolitik der Zentralbank sei dem Problem nicht gewachsen. Ihm könne nur der Staat mittels seiner Wirtschaftspolitik begegnen.

Dem Liberalismus und der „Neoklassik" musste diese Forderung regelrecht abartig erscheinen. Tief verwurzelt war ihren Theoretikern der Glaube an die Selbstheilungskräfte des Marktes. Die Weltwirtschaftskrise 1929–1933 hatte die inbrünstige Verehrung des Marktes und privater Egoismen erschüttert. Das erklärt die hohe Resonanz der keynesschen Ideen. Der Staat solle mit seiner Finanzpolitik die staatliche Nachfrage nach Investitions- und Konsumgütern beleben, um die geringe private Nachfrage auszugleichen. Er soll die Initialzündung auslösen für eine volkswirtschaftliche Investitionswelle. Eine Politik der niedrigen Zinsen, Maßnahmen zur Verbesserung der Grenzleistungsfähigkeit des Kapitals und zur Stärkung der Innovationskraft sowie eine großzügige Kaufkraftschöpfung seien ratsam. Letzte nicht, um die Reallöhne zu erhöhen, sondern die Preise, die Profite und die Produktion. Die „Unterbeschäftigung", eine zu geringe Produktion, ließen sich nur dadurch überwinden, dass sich der Staat verschuldet und mit wirtschaftsbelebenden Ausgaben und mit Hilfe von Einkommen- und Vermögensteuern eine Umverteilung herbeiführt, die den Konsum und mit ihr die Investition belebt. Die ausgebliebenen Wirkungen einer äußerst extrem lockeren Geldpolitik in der Zeit von 2015 bis 2023 sind wohl das jüngste Beispiel dafür, dass Keynes Recht gehabt haben könnte. Die gewaltigen Anleihekäufe der EZB wirkten sich im güterwirtschaftlichen Sektor kaum aus. Die Finanzmärkte saugten das in die Wirtschaft flutende Geld auf. Sie entfachten das Feuer an den Finanzmärkten. Ihren Irrsinn hatte Marx klar erkannt. Im April 1853 schrieb er:

> Es gibt wahrscheinlich keinen größeren Humbug in der Welt als das so genannte Finanzwesen. Die einfachsten Operationen, die Budget und Staatsschuld betreffen, werden von den Jüngern dieser „Geheimwissenschaft" mit den abstrusesten Ausdrücken bezeichnet; hinter dieser Termi-

> nologie verstecken sich die trivialen Manöver der Schaffung verschiedener Bezeichnungen von Wertpapieren – die Umwechslung alter Papiere gegen neue, die Herabsetzung des Zinses und die Erhöhung des nominellen Kapitals, die Erhöhung des Zinses und die Herabsetzung des Kapitals, die Einführung von Prämien, Bonussen und Prioritätsaktien, die Unterscheidung zwischen amortisierbaren und nicht amortisierbaren Annuitäten, die künstliche Abstufung der Übertragungsmöglichkeiten der verschiedenen Papiere in einer Weise, daß das Publikum von dieser abscheulichen Börsenscholastik ganz verwirrt ist und sich in der Mannigfaltigkeit der Details ganz verliert. Den Wucherern aber bietet jede derartige neue Finanzoperation eine gierig erwartete Gelegenheit, ihre unheilvolle und räuberische Tätigkeit zu entfalten. (MEW 9: 47)

Der deutsche Ökonom Karl-Heinz Brodbeck kommentiert:

> Solch eine klare Sprache wird man in der Gegenwart vermissen. Die „Geheimwissenschaft" der Ökonomen, verpackt im Hochglanzpapier der mathematischen Finanzmarkttheorie, hat ihren wahren Kern – Täuschung und Gier – tausendfach verborgen. Der Hexentanz an den Märkten, dem auch die Politik hinterhertanzt, gehorcht einer unbekannten Melodie. Die Geheimsprache an den Finanzmärkten ist inzwischen einem noch viel dunkleren Zauber gewichen. Ein elektronischer Homunkulus lenkt schon längere Zeit durch Computerhandel die Wertpapier- und Rohstoffmärkte, befeuert von einer Zentralbank, die in einem Umfang auf mephistophelische Weise Geld schöpft, den weder Goethe noch Marx ahnen konnten. (Brodbeck 2015: 1)

9.4.8 Milton Friedman – Revitalisierung der Quantitätstheorie

In den 1970er Jahren ging eine zunehmende Inflation einher mit einer steigenden Arbeitslosigkeit. Diese Verbindung – die Ökonomen prägten den Begriff „Stagflation", eine Zusammensetzung der Wörter Stagnation und Inflation – kennt die keynessche Theorie nicht. In ihr gibt es entweder nur eine Kombination von Arbeitslosigkeit und stabilen Preisen oder einen Zusammenfall von Vollbeschäftigung und Inflation. Die gleichzeitige Verbindung von Arbeitslosigkeit (Unterbeschäftigung) und Inflation sei unmöglich. Der schroffe Widerspruch zwischen dem empirischen Befund und der theoretischen Aussage a la Keynes bewog Milton Friedman sich der quantitätstheoretischen Arbeiten Irving Fishers zu besinnen, den er für den bedeutendsten Ökonomen hielt, den es in den USA jemals gegeben habe, und den Platz der Geldpolitik neu zu bestimmen. (Friedman 1968: 1 ff) Friedman übernimmt die Auffassungen von Fisher, erweitert die Geldnachfragetheorie, indem er sie ausbaut zu einer Vermögenstheorie. Wirtschaftssubjekte wählten nicht nur wie bei Keynes zwischen einer Kassenhaltung (Bargeldbeständen) und den Besitz an Wertpapieren. Sie könnten aus mehreren Anlagevarianten wählen und entschieden sich für jene, die gegenüber den anderen Ertragsvorteile besitzt. Friedman ersetzt in der Quantitätsgleichung das laufende Einkommen Y durch das dauerhaft erwartete Einkommen und ergänzt die zur Auswahl stehenden Vermögensgüter Geld, Obligationen, Aktien um das Humankapital, das schließlich auch Ertrag abwürfe. Er und Anna J. Schwartz fanden für die USA, dass sich eine „Liquiditätsfalle", wie sie Keynes bei niedrigen Zinsen für möglich hielt, nicht nachweisen lasse. Die Geldnachfrage werde weniger von den Zinsen, vielmehr durch das Einkommen bestimmt. (Friedman, Schwartz 1963: 624 f) Artur Woll schreibt:

> Die vielleicht wichtigste, wenn auch quantitätstheoretisch banale Erkenntnis solcher Untersuchungen ist, dass eine Geldmengenexpansion eine notwendige und hinreichende Bedingung einer Inflation ist, was umgekehrt – unter bestimmten Voraussetzungen – auch für eine Deflation gilt. So lässt sich historisch kein Fall von Inflation nachweisen, wie Friedman betont, bei der diese Bedingung nicht erfüllt war. Inflation und Deflation seien rein monetäre Phänomene und ließen sich nur vermeiden, wenn die Geldmenge pro Produktionseinheit nicht erheblich verändert werde. Diese geldpolitische Schlußfolgerung deckt sich mit der von Irving Fisher. Die Zentralbank habe durch eine Kontrolle der Geldmenge die Möglichkeit, die Preisniveaustabilität zu sichern. (Woll 2001: 391 f)

Die monetaristische Version der Inflationstheorie sieht in einer verfehlten, weil zu expansiven Geldpolitik der Zentralbank, in einer überzogenen, expansiven Erweiterung der Geldmenge die Ursache der Inflation. Der Anstieg des Preisniveaus ergäbe sich aus den Wechselwirkungen zwischen den Waren und dem Geld in der Zirkulation. Fundamentale güterwirtschaftliche Determinanten werden ignoriert, die die Entwicklung der Preise mit der Monopol- und Oligopolmacht, mit Profitstreben und Warenwerten in Verbindung bringen. Monetaristen haben eine einseitige Sicht auf den quantitätstheoretischen Zusammenhang zwischen Geldmengen und Preisen. (vgl. dazu Abschnitt 11.5) Sie wiederbeleben die vor allem durch Keynes in Zweifel geratene Quantitätstheorie und vertreten die alte, von David Hume und den Grenznutzentheoretikern vertretene These von der Neutralität des Geldes. Friedman sagt, man stelle sich vor, dass ein Hubschrauber 10 000 Dollar über dem Land abwirft, die Leute es aufsammeln und auszugeben versuchen. „Die zusätzlichen Geldscheine verändern nicht die Basisgrößen der Volkswirtschaft. Sie führen nicht zu zusätzlich verfügbaren produktiven Kapazitäten [...] daher wird das Endgleichgewicht durch ein Nominaleinkommen von 20 000 Dollar statt 10 000 Dollar – bei genau dem gleichen Strom realer Dienste wie bisher – gekennzeichnet sein.“ (Friedman 1970: 10 f) Friedman glaubt, dass eine expansive Geldpolitik für eine kurze Zeit gewünschte Zins- und Beschäftigungseffekte bewirken kann, die aber durch die Preissteigerungen über kurz oder lang zunichte gemacht würden.

9.5 Georg Simmel – Das Messproblem

Der deutsche Philosoph und Soziologe Georg Simmel (1858–1918) hat eines seiner Hauptwerke „Die Philosophie des Geldes“ genannt. (Simmel 1900/2009) Das Buch „gehört zu den wichtigsten Texten der philosophischen Auseinandersetzung mit dem Geld.“ (Nonnenmacher 2016: 116) Darin beteuert der Autor, keine Zeile seines Buches sei nationalökonomisch gemeint. (Simmel 2009: 15) Er will „dem historischen Materialismus ein Stockwerk unterbauen, derart, daß der Einbeziehung des wirtschaftlichen Lebens in die Ursachen der geistigen Kultur ihr Erklärungswert gewahrt wird, aber eben jene wirtschaftlichen Formen selbst als das Ergebnis tieferer Wertungen und Strömungen, psychologischer, ja metaphysischer Voraussetzungen anerkannt werden." (Simmel 2009: 17) Das ist kein Affront gegenüber der Ökonomik, sondern vom Prinzip her ein fruchtbarer Ansatz, beide Wissenschaftsdisziplinen zu verbinden und so zum Verständnis dessen beizutragen, was geschieht. Am Anfang und am Ende steht nun einmal der Mensch. So einleuchtend es ist, den Menschen zu begreifen auch als ein Ergebnis der Verhältnisse, die ihn umgeben, so darf nicht vergessen werden, dass die gesellschaftlichen, sozialen Verhältnisse erst vom Menschen – vom wem sonst? –, bewusst oder ungewollt, spontan durch sein Handeln und Verhalten, geschaffen worden sind. Begriff und Entstehung des Geldes, seine Anerkennung als Wert und Nutzung als Tausch- und Zahlungsmittel zu verstehen und zu erklären, erfordert daher, soziologische und psychologische Aspekte zu berücksichtigen. Dem Ökonomen fällt es dann leichter, zu begründen, weshalb es zu unterschiedlichen Zeiten bestimmte Güter waren, die Vorläufer des Geldes geworden sind. Der Herdentrieb des Menschen, wie die psychische „Ansteckung" an den Börsen sind sprichwörtlich. Das gewöhnliche Kaufen und Verkaufen kann man nicht begreifen, wenn die Eigenarten der menschlichen Psyche außer Acht gelassen werden. Anthropologische, psychische Faktoren beeinflussen die Entstehung des Geldes und das Verhalten der Menschen zu ihm. Wie sich Vertrauen in die Kaufkraft des Geldes bildet, Kredit nehmen und Kredit geben, Sparen, Investieren, Spekulieren – alle diese und andere Verhaltensweisen besitzen mehr als nur rein ökonomische Gründe. Gewalt und Dressur, Suggestion und bewusste Täuschung können im Spiel sein. Zwar ist es übertrieben, wie Schmölders zu glauben, dass die ökonomischen Gesetzmäßigkeiten nur äußerliche Erscheinungsformen vieler Zusammenhänge sind, die dem Seelischen entstammen, (Schmölders 1982: 16), aber ohne Einfluss auf jene sind diese nicht. Wenn Menschen Produkte gegeneinander tauschen, ist das keineswegs nur ökonomisch zu verstehen. Der Tausch „kann ganz ebenso legitim als eine psychologische, als eine sittengeschichtliche, ja als eine ästhetische Tatsache behandelt werden." (Simmel 2009: 16)

9.5.1 Geldwert

Simmel glaubte, dass Menschen Wert schaffen, indem sie Objekte herstellen, sich dann von diesen Objekten trennen und dann versuchen, diese Distanz zu überwinden. Er sagt, dass Dinge, die für Menschen zu nah und Dinge, die zu weit weg sind, nicht als wertvoll angesehen werden. (Simmel 2009: 56) Er verwechselt den Wert mit dem Gebrauchswert, begreift ihn als ein subjektivistisches Produkt, spricht von der Wertung, der Bildung der Wertvorstellung. Der Wert, auch der des Geldes, ist das Ergebnis eines psychologischen Vorgangs. Er widerspiegele, wie begehrt Gegenstände sind oder werden. (Simmel 2009: 22 ff, 59) Simmel vertritt eine subjektive Werttheorie und betont, dass die Brauchbarkeit und Seltenheit Konstituenten des Wertes sind.

> Die Brauchbarkeit erscheint hier als erste, in der Verfassung der wirtschaftenden Subjekte begründete Bedingung, [...] Damit es zu einer konkreten Höhe des einzelnen Wertes komme, muß zu ihr die Seltenheit treten, [...] Will man die Wirtschaftswerte durch Nachfrage und Angebot fixieren lassen, so entspräche die Nachfrage der Brauchbarkeit, das Angebot dem Seltenheitsmoment. Denn die Brauchbarkeit würde entscheiden, ob wir dem Gegenstande überhaupt nachfragen, die Seltenheit, welchen Preis wir dafür zu bewilligen gezwungen sind. (Simmel 2009: 81)

Bei der Bestimmung des Wertes müssten, so Simmel, die Knappheit, die Zeit, die Opfer und die Schwierigkeiten berücksichtigt werden, die mit dem Erwerb des Objekts verbunden sind. Der Geldwert hat dann für Simmel folgerichtig nichts zu tun mit einer objektiven, vom menschlichen Empfinden unabhängigen, „inneren Substanz" – gleichwohl hält er die arbeitswerttheoretische Aussage, dass die Arbeit der Wertbildner sei, „wenigstens für die philosophisch interessanteste" Auffassung. (Simmel 2009: 654) Das Geld erhalte seinen Wert durch seine Funktion, quasi seine Nützlichkeit. Die Brauchbarkeit mache das Geld nützlich und somit wertvoll. Der Nutzen des Geldes ist „die verkörperte Funktion des Ausgetauschtwerdens". Das Geld erhält seinen Sinn „nur in der völligen Auflösung in Bewegung und Funktion [...]" (Simmel 2009: 239 f) Im Kern läuft die Auffassung darauf hinaus, dass das Geld eine Anweisung auf die Gesellschaft ist oder auf begehrte Gegenstände ist. Geld ist umso wertvoller, je höher das Vertrauen ist, dass es überall akzeptiert wird, vom Gläubiger und vom Staat.

9.5.2 Wertmaß

Solange Ökonomen eine Wertmaßfunktion des Geldes akzeptierten, waren sie gezwungen darzustellen, auf welche Weise das Geld Werte misst. Die Wertmaßfunktion ist in den neueren Lehrbüchern verschwunden und einer Rechenfunktion gewichen. Wo es keine Wertmaßfunktion mehr gibt, entfällt die Notwendigkeit, sie zu erläutern. Georg Simmel war einer der letzten Autoren, der sich darum bemühte, die Wertmessung durch wertlose Papierzeichen zu erklären.

Bei metallischen Währungen bereitete die Messung des Wertes der Ware keine Schwierigkeiten. Wenn zwei Unzen Gold der Preis für eine Ware X sind, dann deshalb, weil für die Ware X so viel gesellschaftlich notwendige Arbeitszeit erforderlich war, wie für die Gewinnung von zwei Unzen Gold, z. B. Y Stunden. Zwei Unzen Gold, der Preis der Ware X, drücken den Wert der Ware X aus. Der Wert der Ware X ist Y Stunden. Der politökonomische Kern des Messens besteht darin, zu erklären, wie die Preise zustande kommen. Dabei entsteht die Frage, welche Eigenschaften das Geld haben muss, um den Wert der Waren messen zu können. Das „immanente", innere Wertmaß der Waren ist die Arbeitszeit, die gesellschaftlich notwendig ist, die Waren herzustellen. Das immanente Maß wird als solches an den angebotenen Waren nicht sichtbar. Es bedarf eines äußeren Maßes und eines äußeren Maßstabes. Das äußere

Wertmaß ist das Geld, der dazu gehörige Maßstab eine Gewichtseinheit der Geldware. Das Geld als äußeres Wertmaß besitzt folgende Merkmale:

- Es muss von derselben Qualität wie das zu Messende sein, das heißt Geld muss eine Ware sein und einen Wert haben.
- Geld verhält sich gegenüber den zu messenden Werten passiv. Die Geldware misst sich nicht selbst, sondern liefert nur dem Wertausdruck andrer Ware das Material. (MEW 23: 63)
- Es kann wechseln, weil es von derselben Qualität ist, wie die zu messenden Erscheinungen. Der quantitative Ausdruck verändert sich. Er ist nur relativ.
- Geld kann zu einem anderen quantitativen Ausdruck führen als das innere Maß, dessen Erscheinungsform es ist. Der Preis kann durch Disproportionen von Angebot und Nachfrage von der Wertgröße abweichen. Das äußere Maß wird zu „einem nur relativen, schwankenden, unzulänglichen [...] Notbehelf", einem bei allen seinen Mängeln unvermeidlichen Maß im Gegensatz zu dem immanenten, dem „natürlichen, adäquaten, absoluten Maß, der Zeit." (MEW 20: 288)

Eva Müller schreibt, dass dies für das Messen physikalischer Merkmale analog zu treffe.

> Alle Körper, die eine Länge – in einer entsprechenden Maßeinheit ausgedrückt – haben, besitzen in einer Beziehung eine gemeinsame Qualität; sie haben eine Ausdehnung entlang einer Geraden. Diese Ausdehnung muß mit Hilfe eines immanenten (inneren) Maßes meßbar sein, eines ‚absoluten Längenmaßes, zu dem auch ein Maßstab gehört. Die Menschen messen jedoch die Länge in der Weise, daß sie einen von ihnen ausgewählten Körper (z. B. das Lineal) zum allgemeinen Äquivalent, zum äußeren Maß erklären und Einteilungen an diesem zum Maßstab machen. Dieses äußere Maß kann andere Meßergebnisse bringen als das innere, weil viele physikalische und andere Einflüsse zu sogenannten Meßfehlern führen. (E. Müller 1978: 184)

Die Frage, ob Geld Wert besitzen muss, damit es den der anderen Waren messen kann, gehört zu den zentralen Problemen der Geldtheorie. Georg Simmel dazu:

> Die Diskussion über das Wesen des Geldes wird allenthalben von der Frage durchzogen, ob das Geld, um seine Dienste des Messens, Tauschens, Darstellens von Werten zu leisten, selbst ein Wert sei und sein müsse, oder ob es für diese genüge, wenn es, ohne eigenen Substanzwert, ein bloßes Zeichen oder Symbol wäre, eine Rechenmarke, die Werte vertritt, ohne ihnen wesensgleich zu sein. Die ganze sachliche und historische Erörterung dieser, in die letzten Tiefen der Geld- und Wertlehre hinunterreichenden Frage würde sich erübrigen, wenn ein oft hervorgehobener logischer Grund sie von vornherein entschiede. Ein Meßmittel, so sagt man, muß von derselben Art sein, wie der Gegenstand, den es mißt: ein Maß für Längen muß lang sein, ein Maß für Gewichte muß schwer sein, ein Maß für Rauminhalte muß räumlich ausgedehnt sein. Ein Maß für Werte muß wertvoll sein. So beziehungslos zwei Dinge, die ich aneinander messe, auch in allen ihren sonstigen Bestimmungen sein mögen – in Hinsicht derjenigen Qualität, in der ich sie vergleiche, müssen sie übereinstimmen. (Simmel 2009: 156)

In der Metrologie werde mittlerweile anerkannt, setzt Caffentzis 100 Jahre danach dagegen, „dass das Maß von Q nicht selbst an Q teilhaben muss", dass das Maß nicht von der Qualität des zu Messenden sein müsse. (Caffentzis 2011: 489) So könne z. B. die Temperatur eines Gases an der Qualität und Quantität des von dem Gas ausgestrahlten Lichtes gemessen werden. Man benötige zur Wertmessung keine werthaltigen Messmittel mehr wie das Gold. Kreditgeld und Papiergeld, selbst ohne Wert, könnten Werte gleichfalls messen. Das ist nun so, als würde man die notwendigen Arbeitszeiten der Geldware und der, vermittelt über Zeichen oder nicht, gegen diese ausgetauschte Ware direkt messen; denn etwas anderes als die Bewegung der Moleküle, auch in Gasen, ist Temperatur nicht, und ist es möglich, die Intensität dieser Bewegung anders als dadurch zu messen, dass man sie auf die Moleküle eines anderen Stoffes, z. B. des Quecksilbers in einem Thermometer überträgt und dessen Veränderungen an einer Skala abliest – und bei Gasen ist das recht elegant möglich –, dann sei dies unbenommen. Die Besonderheit des gesellschaftlichen „Messaktes" einer Ware durch Geld besteht aber darin, dass er, anders als der physikalische, meist (allerdings nicht zwingend) von einem unmittelbar praktischen Akt ergänzt wird oder mit diesem zusammenfällt: dem Erwerb der Ware. Dieser wäre schon bald am Ende, wenn nicht Wertträger gegen Wertträger getauscht würde, möglicherweise Falschgeld oder stark inflationiertes Geld ins Spiel kommt, was Caffentzis, wäre er konsequent, bestreiten müsste. Nur wenn beide, Messmittel und Messgegenstand die zu messende Eigenschaft, den Wert, besitzen, ist Messen, d. h. quantifizierendes Vergleichen, möglich.

Der Anthropologe David Graeber umgeht die zentrale messtheoretische Frage, obgleich er sagt, dass es beim Tausch ganz auf Gleichwertigkeit ankomme (Graeber 2012: 109) „Wie kann man zwei Dinge vergleichen, die keine gemeinsame Eigenschaft haben?" (Graeber 2012: 296) Er übernimmt die merkwürdige Antwort des Muhammad ibn Muhammad al Ghazālī (1058–1111), eines bedeutenden Denkers des Islam: dies sei möglich, indem man beide mit einem dritten Ding vergleicht, das keine Eigenschaft habe. „Ghazālī übernahm als einer der ersten die aristotelische Lehre. Er entwickelte sie auf seine Art weiter und erklärte", so Graeber, „dass eine Goldmünze an sich keinen Wert habe, sei die Grundlage für ihren Wert als Geld, weil dieses Metall dank seines fehlenden inneren Werts geeignet sei, den Wert andere Dinge zu bestimmen, zu messen und zu regeln." (Graeber 2012: 314) Wie so oft werden hier Gebrauchswert und Wert verwechselt. Ghazālī will dem Gold im Gegensatz zum kriegerischen Eisen oder dem nahrhaften Korn den groben Gebrauchswert absprechen und leugnet auf dieser Basis dessen Tauschwert. Aristoteles hatte begriffen, dass eine Gesellschaft ohne Austausch kaum sein kann, der Austausch nicht ohne Gleichheit und die Gleichheit nicht ohne Vergleichbarkeit. Das Geld mache, einem Maße gleich, die Dinge vergleichbar, um sie dann gleichzusetzen, sagt Aristoteles. In Bezug auf die indische Gesellschaftshierarchie kommt Graeber dieser Einsicht nahe: Das Kastensystem [...]

> beruhte auf der Vorstellung, daß das Universum eine gewaltige Hierarchie war, in der verschiedene Menschen von ganz unterschiedlicher Natur lebten, und dass diese Rangordnung und diese Abstufungen für alle Zeit festgeschrieben waren. Deshalb konnte der Strom von Gütern und

> Dienstleistungen, die sich durch die Hierarchie auf und ab bewegten, unmöglich dem Prinzip des Austauschs (des Gleichheitsprinzips, K. M.) gehorchen, sondern er musste (wie in allen hierarchischen Systemen) dem Brauch und der Rangordnung unterworfen sein. (Graeber 2012: 271)

Ist es nötig, Werte zu messen und, wenn ja, bedarf es dazu einer Geldware oder nicht? Diese Frage muss man für die private Warenproduktion oder solange es einen Markt gibt, bejahen. Eine Geldware ist nötig, weil Werte gemessen werden können nur durch Waren, die Wert besitzen. Papiergeldzeichen können, weil sie wertlos sind, die Wertmaßfunktion nicht selbständig ausüben. Das Papiergeld kann Werte nur „indirekt messen", indem es den Wert anderer Waren in bestimmten Quantitäten repräsentiert. Das kann dann nicht der gerade erst zu messende Warenwert sein, sondern nur der vorausgesetzte Wert einer Geldware, die nicht zwangsläufig Gold und Silber sein muss.

> Das Wertzeichen, sage Papier, das als Münze funktioniert, ist Zeichen des in seinem Münznamen ausgedrückten Quantums Gold, also Goldzeichen [...] Es scheint daher, als ob das Wertzeichen den Wert der Waren unmittelbar repräsentiere, indem es nicht als Zeichen von Gold, sondern als Zeichen des im Preis nur ausgedrückten, aber in der Ware allein vorhandenen Tauschwerts sich darstellt. Dieser Schein ist aber falsch. Das Wertzeichen ist unmittelbar nur Preiszeichen, also Goldzeichen, und nur auf einem Umweg Zeichen des Werts der Ware. (MEW 13: 95)

Die Geldware misst, vermittelt über das Repräsentativgeld, den Wert der Waren. Es besteht kein zwingender Zusammenhang zwischen dem Goldwert und der Menge des zirkulierenden Papiergeldes. Das Repräsentationsgesetz bedeutet nicht, dass ein gesetzmäßiger juristischer oder subjektiver Maßstab fixiert werden könnte, sondern dass, wie auch immer der Maßstab sei, eine bereits bestimmte Goldquantität repräsentiert wird. Wagners Analogie, man brauche heute die Geldware Gold ebenso wenig zur Wertmessung wie das Pariser Urmeter zur Längenmessung (Wagner 1980: 205), ist interessant, aber stimmt die Analogie? Ursprünglich diente das Pariser Urmeter, jener Platin-Iridiumstab mit seinen beiden Endstrichen, als allgemeines Äquivalent eines Vierzigmillionstel des Erdumfangs, den man zuvor mit großer Mühe ermittelt hatte. Ein Triumph der Rationalität, denn er sollte als Bezugspunkt der menschlichen Willkür entzogen sein. Leider erwies sich die Äquatorlänge in winzigen Dimensionen doch als veränderlich, so dass es praktisch war, an die Stelle des Urmeters ein anderes, genaueres Äquivalent zu setzen: die Wellenlänge einer bestimmten Strahlung. In der Ökonomie vollzog sich nicht der formal gleiche, sondern ein anderer Vorgang. Hier wurde nicht das Wertmaß gegen Unfälle geschützt. An die Stelle der herkömmlichen trat keine neue Geldware, die den Wert verlässlicher messen kann. Denn die Geldware wird nur durch wertlose Zeichen in der Zirkulation vertreten.

Kann die Funktion des Geldes als Maß der Werte auf die platonische Bestimmung von Wertrelationen zwischen den Waren reduziert werden? Ist dazu auch wertloses Papiergeld geeignet? So wird behauptet, die in einem Erzeugnis kristallisierte wertbildende Arbeit werde durch den Dollarpreis anerkannt, und weil dies mit allen Waren möglich sei, hätte sich eine Grundstruktur der internationalen Werte in Geldform herausgebildet, welche die Geldware unnötig mache. Diese Erklärung läuft darauf hinaus, die Geldware sei überflüssig geworden, weil Preise existierten und diese untereinander verglichen werden können. Die Wertmaßfunktion reduziert sich auf einen bloßen Preisvergleich, der schon immer möglich war, seit es Märkte gibt. Diese falsche Konsequenz ist zwingend: „Man muß also offensichtlich die Erscheinungen aus sich selbst heraus erklären, wenn man auf die Geldware (mit eigenem Wert) verzichtet." (Danek 1983: 1666). So zu tun, als würden Preise vom Himmel fallen, heißt zu unterlassen, sie zu erklären. Mit der Bildung der Dollarpreise ist die Wertmaßfunktion des Geldes erfüllt. Der Hinweis, dass Preise historisch entstanden seien, zeigt, dass sie nicht theoretisch, sondern aus sich selbst heraus erklärt werden müssten. Dazu kann man nur mit Danek sagen: Das ist „ein von der Politischen Ökonomie sich lösender Pragmatismus [...], dem keine wissenschaftliche Bedeutung zukommt." (Danek 1983a: 79) Das trifft auch auf die Behauptung zu, „daß der Wert als Kristallisation abstrakter menschlicher Arbeit [...] durch [...] Rechengrößen gemessen werde". (Kodinow et al.: 1982: 83) Ein geldtheoretischer faux pas – die Autoren verwechseln Rechnen mit Messen. Rechengrößen, d. h. Zahlen, können nicht messen, sondern nur Werte im Sinne des Symbolisierens ausdrücken. Die Rechen- bzw. Preisgröße, die Zahl, ist das Ergebnis des Messens. Der Preis, das Resultat des messenden Geldes, kann keine wertmessende, sondern nur rechnerische Funktionen wahrnehmen.

Aus Sicht der klassischen Messtheorie überrascht es, wenn Heinz-Dieter Haustein, der sich ausführlich mit der Messproblematik auseinandergesetzt hat, eventuell beeinflusst durch Simmel, schreibt:

> Das Geld als Maß des Tauschwerts löste sich in seiner langen Geschichte immer mehr von der ursprünglichen materiellen Substanz als Gewicht des Kupfers, Silbers oder Goldes und verkörperte schließlich als zahlenmäßiges Symbol ein völlig neues Messen in der Entwicklung der menschlichen Zivilisation. Die Tauschteilnehmer messen den Wert nicht mehr mit einer Substanz, sie setzen als Käufer den Geldwert einer Ware ins Verhältnis zu ihrer Bedarfsrangfolge und zu ihren verfügbaren oder mobilisierbaren Geldmitteln. Allgemein gesagt, wird das Verhältnis des Wertes der einen Ware zur gesamten erreichbaren Warenwelt als äquivalent zum Verhältnis des vorgesehenen Geldbetrags zur gesamten Geldmenge unterstellt. Es herrscht ein gedachtes und auch ein wirkliches Gleichgewichtsprinzip, das überhaupt eine der Grundregeln des Messens ist. Aber es ist beim Geld noch mehr als das. Jede einzelne der Milliarden Transaktionen, die zugleich sozialökonomische Messungen sind, wirkt zurück auf die gesamte Waage, um im Bild zu bleiben. (Haustein 2012: 8).

Ein neues Messen? Wertmessung ohne Wert? Wie soll das möglich sein? Georg Simmel:

> Indem also zwischen den Quanten des einen und denen des anderen Faktors ein konstantes Verhältnis besteht, bestimmen die Größen des einen die relativen Größen des anderen, ohne daß irgendeine qualitative Beziehung oder Gleichheit zwischen ihnen zu existieren braucht. Damit ist das logische Prinzip durchbrochen, das die Fähigkeit des Geldes, Werte zu messen, von der Tatsache seines eigenen Wertes abhängig zu machen schien. Das ist richtig: vergleichen kann man die Quanten verschiedener Objekte nur, wenn sie von einer und derselben Qualität sind;

> wo also das Messen nur durch unmittelbare Gleichung zwischen zwei Quanten geschehen kann, da setzt es Qualitätsgleichheit voraus. Wo aber eine Änderung, eine Differenz oder das Verhältnis je zweier Quanten gemessen werden soll, da genügt es, daß die Proportionen der messenden Substanzen sich in denen der gemessenen spiegeln, um diese völlig zu bestimmen, ohne daß zwischen den Substanzen irgendeine Wesensgleichheit zu bestehen brauchte. (Simmel 2009: 158 f)

Ein bemerkenswerter Satz – aber ist er zutreffend für die Beziehungen zwischen den Waren und dem Geld? Der Wert einer Ware verhält sich zur Wertsumme aller Waren wie eine Geldeinheit zur Gesamtgeldmenge? Tatsächlich glaubt Simmel, es genüge, ein Maßverhältnis zwischen Güterquantum und Geldquantum zu unterstellen, um auf die Geldware verzichten zu können.

> Jede einzelne Ware ist nun ein bestimmter Teil jenes verfügbaren Gesamtwarenquantums [...] der Preis, den sie bedingt, ist der entsprechende Teil jenes Gesamtgeldquantums [...] wüßten wir, einen wie großen Teil der verkäuflichen Werte überhaupt ein bestimmter Gegenstand ausmacht, so wüßten wir auch seine Geldpreis [...] Ganz unabhängig davon also, ob das Geld und jenes wertvolle Objekt irgendeine qualitative Gleichheit haben, gleichgültig also dagegen, ob das erste selbst ein Wert ist oder nicht, kann die bestimmte Geldsumme den Wert des Gegenstandes bestimmen oder messen. (Simmel 2009: 160)

Die auf ihre Art scharfsinnigen Bemerkungen Georg Simmels zum Problem der Wertmessung übersehen einen wichtigen Aspekt. Seine Begründung dafür, Geld könne Wert messen ohne Wert zu besitzen, setzt die interne Homogenität der zu vergleichenden Kategorien voraus. Nur so könnte sich der Wert einer Ware ergeben aus der Proportion zwischen der gesamten Warenmenge und der gesamten Geldmenge. Karl Marx hat sich mit ähnlichen Auffassungen David Humes auseinandergesetzt. Sie galten zwar der Geldware Gold, sind dem Prinzip nach auch für wertlose Papierzettelwährungen zutreffend:

> Bestände nun die Warenwelt aus einer einzigen Ware, z. B. einer Million Quarter Getreide, so wäre die Vorstellung sehr einfach, daß ein Quarter sich gegen zwei Unzen Gold austauscht, wenn zwei Millionen Unzen Gold vorhanden sind und gegen 20 Unzen Gold, wenn 20 Millionen Unzen Gold vorhanden sind, Preis der Ware und Wert des Geldes also in umgekehrtem Verhältnis zur vorhandenen Quantität Geld steigen oder fallen. (MEW 13: 139)

Eine Wareneinheit 1/n entspricht einer Geldeinheit 1/m, wenn Gesamtwarenmenge n und die Gesamtgeldmenge m gleichgesetzt werden. Die interne Homogenität ist nur beim Geld gegeben. Ein Geldzeichen ist gleich einem beliebigen anderen Geldzeichen gleicher Benennung.

> Aber die Warenwelt besteht aus unendlich verschiedenen Gebrauchswerten, deren relativer Wert keineswegs durch ihre relative Quantität bestimmt ist. Wie also denkt sich Hume diesen Austausch zwischen der Masse der Waren und der Masse des Goldes? Er begnügt sich mit der begriffslos dumpfen Vorstellung, daß jede Ware als aliquoter Teil der gesamten Warenmasse sich gegen einen entsprechend aliquoten Teil der Goldmasse austauscht. (MEW 13: 139)

Bestünde die zirkulierende Warenmasse aus 1000 kg Tomaten gleicher Art und liefen 1000 Zettel um, auf denen eine Bezeichnung steht (1 Euro, 1 Dollar, ...), dann ist 1 Euro (1 Dollar, ...) der Preis für ein kg Tomaten. Es wäre ein Preis ohne Wert, es sei denn, die Währungszeichen repräsentierten den Wert einer unterstellten Geldware. Dies aber wurde von Simmel gerade ausgeschlossen. Was nun, wenn die Warenmenge wie in der Wirklichkeit sich aus unterschiedlichsten Produkten zusammensetzt? Welche Warenmenge wird dann von einer bestimmten Geldmenge repräsentiert? Wie finden wir jetzt die Tauschrelationen? Wie erfahren wir, weshalb 1 kg Tomaten 1 Euro, 1 Fahrrad 600 Euro und ein Porsche 100.000 Euro kosten? Wir haben uns im Kreis gedreht. Eine Geldeinheit vertritt jetzt einen aliquoten Teil der Gesamtwarenmenge, also eine Gebrauchswerteinheit. Die Tauschrelationen zwischen den Waren kann man so nicht erklären, weil sie sich aus den Werten ergeben.

Hieke hält den Wert für eine „neue Kategorie", die auf nichts anderes reduziert werden könne als auf sich selbst. Der Wert sei eine „nicht sicht- und greifbare gesellschaftliche Eigenschaft", die keine physikalische Dimension habe. Er sei eine substanzlose Zahl, eine Relation, ohne Inhalt. Wie in der Modellwelt Sraffas stellen bei ihm Werte bzw. Produktionspreise Relationen zwischen stofflichen Mengen dar. (Hieke 2021: 10, 156) Die Heterogenität der Warenmasse, die Unterschiedlichkeit der Gebrauchswerte, verhindert eine Addition. „Die prozessierende Bewegung der Waren, die aus dem in ihnen enthaltenen Gegensatz von Tauschwert und Gebrauchswert entspringt, in dem Umlauf des Geldes erscheint [...] ist also ausgelöscht, und an ihre Stelle tritt die eingebildete mechanische Gleichsetzung zwischen der Gewichtsmasse der in einem Land befindlichen edeln Metalle und der gleichzeitig vorhandenen Warenmasse." (MEW 13: 139 f) Es ist notwendig, die unterschiedlichen Dinge vergleichbar zu machen. Wir entkommen nicht der Aufgabe, ein Gemeinsames, ein Drittes, finden zu müssen.

Eine mit der eben dargestellten Argumentation verwandte These besteht darin, dass Papiergeld nicht den Wert einer Geldware, sondern unmittelbar die Werte der gewöhnlichen Waren repräsentiere. Könnte sie der Schlüssel zur Lösung des Rätsels der Wertmessung sein? Die wertmessende Funktion des Papiergeldes bestehe dann darin, dass es den Anteil des Wertes der einzelnen Waren am Gesamtwert aller Waren zum Ausdruck bringe und damit die Relationen zwischen den in den einzelnen Waren enthaltenen Werten sichtbar mache. Weshalb soll eine Kredit- oder Papiergeldmenge den Arbeitsaufwand zur Herstellung der Warenmasse nicht auch direkt symbolisieren, sondern nur über den Umweg über eine aufwandsäquivalente Geldwarenmenge? Ungelöst ist bei dieser Geldkonzeption, nach welchen Kriterien die Gesamtgeldmenge in Papier oder anderen Geldzeichen bestimmt sein soll. Eine Preissumme kann nicht vorausgesetzt werden, weil sie dann unerklärt bliebe. Die Voraussetzung, dass die einzelne Ware und die Gesamtwarenmenge verglichen werden können, ist objektiv dadurch gegeben, dass Waren als qualitativ Gemeinsames Wert besitzen. Für den tatsächlichen Vergleich kommt hinzu, dass das Gemeinsame sichtbar ausgedrückt worden ist. Ausgedrückt wird es im Preis. Somit kann das Vorhandensein von Warenpreisen als hinreichende Voraussetzung dafür betrachtet werden, Ware und Gesamtwarenmenge quantitativ zu vergleichen. Die Vertreter eines wertmessenden wertlosen Papiergeldes behaupten dagegen, es sei theoretisch erwiesen und praktisch möglich, aus dem Verhältnis von Ware und Gesamtwarenmenge und ihrer Gegenüberstellung zur Menge an Papiergeld, das von ihnen grundsätzlich als Kreditgeld angesehen wird, den Papiergeldpreis einer jeden Ware abzuleiten. Marx nennt es eine „abgeschmackte [...] Hypothese", zu sagen, „daß Waren ohne Preis und Geld ohne Wert in den Zirkulationsprozeß eingehn, wo sich dann ein aliquoter Teil des Warenbreis mit einem aliquoten Teil des Metallbergs austausche." (MEW 23: 138) Offen bleibt, auf welche Weise das Geldpapier den wertdeterminierten Anteil der einzelnen Waren am Gesamtwarenquantum finden kann, selbst wenn unterstellt wird, dass die Gesamtpapiermasse eben den Wert der gesamten Warenmasse repräsentiert. Wie kann die Geldeinheit aus Papier den Anteil des Wertes der einzelnen Ware am Gesamtwert anders zum Ausdruck bringen, als wenn sie Repräsentant eben eines Teils dieser Wertgesamtheit angesehen wird? Dann wird die Wertgesamtheit wiederum vorausgesetzt. Und weil diese nur die Summe der Einzelwerte sein kann, werden es auch die Einzelwerte. Der Defekt dieser Argumentation besteht darin, dass das zu Messende – der Wert der einzelnen Ware – im Wert der Warenmasse vorausgesetzt wird, das Messmittel – das Papiergeld – damit etwas bestimmen soll, von dem es selbst bestimmt ist. Diesem Problem begegnen wir auch, wenn wir annehmen, dass Geldzeichen Repräsentanten einer spezifischen Geldware sind. Auch hier wird die Wertsumme der Gesamtwarenmenge vorausgesetzt.

Gewichtiger erscheint die These, dass mit Hilfe des Papiergeldes die Waren ihre Werte untereinander selbst zum Ausdruck bringen würden. Sie bedienten sich des Papiergeldes als Wertsymbol. Der Fehler: Die gesellschaftliche Arbeitszeit für die Produktion jeder einzelnen Ware wird nicht gemessen, sondern vorausgesetzt. Gerade das ist der Vorwurf, den Marx den naiven Stundenzettlern macht, welche unterstellten, dass die in den Waren enthaltene Arbeitszeit unmittelbar gesellschaftlich sei. Nur unter dieser nicht erfüllten Bedingung könnte das papierne Geldzeichen unmittelbar die Arbeitszeit ausdrücken, wäre es mutiert zu einem Arbeitsgeld. Die Abkopplung des Geldes vom Gold in den 1970er Jahren sei einer Revolution gleichgekommen: „Denn das Geld war plötzlich und endgültig von der materiellen Produktion von Waren, darunter auch des Goldes, abgekoppelt und dem Wesen nach etwas Neues geworden – ein Arbeitszertifikat, ein Zeichen nicht mehr für die Geldware Gold, sondern für gesellschaftliche Arbeit; auch wenn die institutionelle Wirtschaftswissenschaft oder sonst jemand das kaum wahrhaben will".[45]

45 https://das-blaettchen.de/2018/11/buergerbewegung-finanzwende-%E2%80%93-wasmuss-man-was-kann-man-erwarten-46186.html, (letzter Abruf: 15.02.2025)

Aber aufgrund der Differenz zwischen individuellen und gesellschaftlich notwendigen Arbeitszeitquanten ist vor dem Austausch die Wertmessung erforderlich, und sie ist nur mit einem Gegenstand möglich, dessen Arbeitszeitaufwand von vornherein als gesellschaftlich notwendig gilt. Ist es ein formal-logischer Widerspruch, zu behaupten, vor der Realisierung der Waren finde die Wertmessung statt – Wertmessung als Voraussetzung der Zirkulation –, und gleichzeitig zu sagen, dass erst bei der Realisierung der Waren deutlich werde, in welcher Höhe die Gesellschaft Arbeitsaufwand anerkennt? Die neue Marx-Lektüre ist an dieser Frage gescheitert. Ihre Autoren glauben, die Wertmessung finde nicht vor der Zirkulation, sondern in ihr statt. (vgl. dazu Müller 2024a: 122 ff) Die Konsequenz daraus wäre, dass Wert nur gemessen werden könne mit dem, womit sich die Ware tauscht. Wird dann negiert, dass Papiergeld Geldware repräsentiert, dann muss die Behauptung unhaltbar erscheinen, die Geldware messe, vermittelt über ihre Stellvertreter, den Wert der Waren.

Die Preisfindung endet mit der Bestimmung des Preises, der beim Verkauf akzeptiert wird. Wertmessung und damit Preisbildung finden statt, bevor der Preis bezahlt wird und die Ware in die Hand des Käufers geht. Messen mit Zirkulieren zu identifizieren, heißt auch, die Unterschiede zwischen der Funktion des Geldes als Maß der Werte und der des Zirkulations- bzw. Zahlungsmittels zu verwischen. Der Umfang, in dem individuelle Arbeit als gesellschaftliche gilt, wird durch die Wertmessung vor dem Zirkulationsakt ermittelt und in ihm bestätigt. Zur Wertmessung bedarf es der Geldware nur ideell. Die Frage lautet nicht, ob die Papiergeldmenge den notwendigen Arbeitsaufwand zur Herstellung der Warenmenge oder den zur Herstellung einer äquivalenten Geldwarenmenge repräsentieren kann – beides ist möglich. Sie lautet, ob eine kapitalistische Wirtschaft Werte voraussetzen kann, die nur noch symbolisiert zu werden brauchten, um die Verteilung in Gang zu halten, oder messen muss, ob es einer Geldware bedarf oder nicht. Würden von vornherein die Gesamtheit der verausgabten Arbeitszeit und die sie bildenden Teilzeiten für die Herstellung der Waren in gesellschaftlich notwendigen Umfang verausgabt werden, entfiele die Notwendigkeit, den Wert nachträglich zu messen. Auch die Auslegung, Waren messen sich selbst, wobei das Papiergeld die Warenwerte repräsentiere und im Austausch der Waren sich gesellschaftlich notwendige Proportionen langfristig auch ohne Geldware tendenziell durchsetzten, scheint nicht grundsätzlich abwegig zu sein, weil der Wert der Waren nur mit Hilfe anderer Waren gemessen werden kann. Zu bedenken ist, dass dies einem Rückfall in die totale, entfaltete Form des Wertes gleichkäme, mit all ihren Mängeln. Eine nie abgeschlossene Kette von Waren müsste die Äquivalenzfunktion übernehmen. Die Geldware wäre jetzt überflüssig, weil alle Waren Geldwaren geworden wären. Dies jedoch mit der Konsequenz, dass der innere Zusammenhang, die universelle Vergleichbarkeit der Waren, beseitigt wäre. Sie ist nur über die allgemeingültige Darstellung des Wertes aller Waren in einer Geldware möglich. In deren Wegfall eine Weiterentwicklung der Wertformen zu sehen, ist problematisch. Man könnte einwenden, dass die Mängel der totalen, entfalteten Wertform dadurch überwunden bleiben, dass die Äquivalentwaren nicht bekannt sein müssen, weil sie durch das Papiergeld repräsentiert würden.

Insgesamt kann man feststellen, dass alle Versuche, zu zeigen, wie wertloses Papiergeld ohne Bezug zu einer Geldware direkt den Wert der Waren messen kann, unbefriedigend enden. Messtheoretisch scheint nach wie vor alles dafür zu sprechen, dass das Maß (das Geld) von der Qualität des zu Messenden sein muss. Der Inhalt der Wertmaßfunktion des Geldes besteht darin, dass die zu messende Größe – der Wert der in relativer Wertform stehenden Waren – mit einer anderen als Einheit dienenden Größe gleicher Art – der Wert verkörpernden Geldware – verglichen wird. Messen ist quantifizierendes Vergleichen zwischen Größen gleicher Art. Die Wertmaßfunktion bleibt an eine Geldware gebunden. Die zu messende Eigenschaft existiert nicht außerhalb ihrer materiellen Träger, von der Länge bis zur Temperatur beispielsweise, der Wert nicht ohne „seine" Ware.

9.6 Karl Helfferich – Dialektik der Entstehung

Karl Theodor Helfferich (1872–1924) war ein deutscher Wirtschaftswissenschaftler, Bankier und Politiker. Er war während des Ersten Weltkriegs von Januar 1915 bis Mai 1916 Staatssekretär des Reichsschatzamtes und anschließend bis Oktober 1917 Staatssekretär des Reichsamtes des Innern sowie Stellvertreter des Reichskanzlers. Sein Buch „Das Geld" erschien in der ersten Auflage im Jahre 1903, die 6. neu bearbeitete Auflage im Jahre 1923. Ludwig von Mises schrieb in seiner Rezension:

> Als Geldtheoretiker und als Währungspolitiker war Helfferich einst der würdige Nachfolger von Ludwig Bamberger.[46] Er hat Bambergers Lebenswerk, die deutsche Goldwährung, gegen die Angriffe der Bimetallisten und andere Inflationisten verteidigt, er hat die Geschichte der deutschen Geldreform geschrieben und hat schließlich 1903 in seinem Buche „Das Geld" die Lehre der deutschen Goldwährungsschule in abschließender Weise zu einem System verarbeitet. In den 20 Jahren, die zwischen der ersten und der sechsten Auflage dieses Werkes liegen, hat sich in Helfferichs Anschauungen viel geändert. Die entscheidende Wendung hat sich freilich nicht zwischen dem Erscheinen der zweiten (1910) und der vorliegenden sechsten Auflage vollzogen (die dritte, vierte und fünfte Auflage gaben den Text der zweiten Auflage unverändert wieder), sondern schon zwischen dem Erscheinen der ersten und dem der zweiten Auflage. Der Jünger Bambergers ist dem Banne von Knapps staatlicher Theorie verfallen und hat in unhaltbarem Eklektizismus Bamberger und Knapp zu vereinigen gesucht. Das ist der eine Grundfehler des Werkes, wie es nun vorliegt. Der zweite Mangel ist die vollständige Außerachtlassung der ganzen ausländischen – übrigens auch der deutschen – geldtheoretischen Literatur. Das Buch hat noch heute hohen Wert durch seine geldgeschichtlichen und statistischen Ausführungen; in theoretischer Beziehung kann es leider nicht befriedigen. (Mises 1924–1925: 160)

46 Ludwig Bamberger (1823–1899), Mitbegründer der Deutschen Bank und der Deutschen Reichsbank, gilt als Vater der Münzreform und der deutschen Mark.

Helfferichs Wandlung vom Goldtheoretiker zum Epigonen einer chartalen Geldtheorie ändert nichts daran, dass seine Auffassungen über die Entstehung des Geldes, sein tiefes Verständnis für die logisch-historische Dialektik gesellschaftlicher Prozesse ein gewichtiger Beitrag sind, geldtheoretische Fragen, die aktuell erneut oder noch immer diskutiert werden, zu beantworten. So die Streitfrage, ob das Geld bereits vor der Warenproduktion und dem Wert der Waren existiert hat oder ob es ein Produkt der letzteren ist. Helfferich sagt, das Geld ist nicht durch bewusste Willensakte, „die auf einer klaren Erkenntnis beruhen“, geschaffen worden, sondern es hat sich „in einer unbewussten Entwicklung unter dem Drang der täglichen Notwendigkeiten des Lebens“ durchgesetzt. (Helfferich 1923: 7) Dabei könnten Geschenke unter Gleichstehenden, die Relation von Geschenk und Gegengeschenk eine Brücke gewesen sein, die zum eigentlichen Austausch geführt haben. (Helfferich 1923: 10) Marcel Mauss hat den Gedanken ausgebaut. (Mauss 2013: 166–171) Der Übergang vom einseitigen Besitzwechsel zum zweiseitigen Tausch sei ein bedeutsamer Schritt in der Menschheitsgeschichte gewesen, er habe einerseits das persönliche Eigentum vorausgesetzt und zu dessen Ausbildung andererseits erheblich beigetragen. (Helfferich 1923: 11) Zwar sagt er:

> Unsere ganze Wirtschaftsverfassung beruht auf dem Gelde; das Geld erscheint auf Grund unserer Wirtschaftsverfassung so zweckmäßig und notwendig, daß man sich den Gebrauch des Geldes überhaupt nicht wegdenken kann. Aber gerade deshalb muß das Geld in gewissen Beziehungen das frühere gewesen sein; unsere Wirtschaftsverfassung erscheint in vielen und wichtigen Beziehungen als das Produkt des Geldes, und es ist deshalb unzulässig, die Entstehung des Geldes aus seiner Zweckmäßigkeit für unsere heutige Wirtschaftsverfassung zu erklären. (Helfferich 1923: 7 f)

Gerloff deutet das als Bekenntnis zum Apriori des Geldes, das es vor der Arbeitsteilung und dem Tauschverkehr gegeben haben müsse. (Gerloff 1940: 17 f) Doch Helfferich setzt sich mit den ersten Denkern auseinander, die wie Aristoteles und Platon „das Geld für ein Erzeugnis zweckbewußter menschlicher Willenstätigkeit hielten.“ (Helfferich 1923: 7) Und sagt richtig:

> Der Gedanke ist […] naheliegend, daß die uns zweckmäßig erscheinenden Einrichtungen, die ihrer Natur nach Menschenwerk sein müssen, aus der Erkenntnis ihrer Zweckmäßigkeit heraus mit bewußter Absicht geschaffen worden seien […] geistreiche Entdeckungen und Erfindungen eines einzelnen Kopfes. Die geschichtliche Forschung hat jedoch […] aufklärend gewirkt und die sogenannte rationalistische Auffassung der gesamten gesellschaftlichen Entwicklung widerlegt; sie hat gezeigt, daß der Geist der Gesamtheit anders arbeitet als der Geist des Einzelnen, daß das Zweckmäßige im gesellschaftlichen Leben […] sich meist in einer unbewußten Entwicklung unter dem Drang der täglichen Notwendigkeiten des Lebens durchsetzt, ja, daß es oft erst die Verhältnisse schafft, in denen es in seiner vollen Zweckmäßigkeit zutage tritt. (Helfferich 1923: 7)

Ganz klar: „Aus der in unserer historisch gewordenen Wirtschaftsverfassung gegebenen Tatsache des Verkehrs ist die Institution des Geldes erwachsen.“ (Helfferich 1923: 262) Die Behauptung, Geld und Geldgebrauch wären älter als die Waren produzierende Gesellschaft, beruht auf der Tatsache, daß Gegenstände existierten und innerhalb der Gemeinschaft eine besondere Rolle spielten, bevor sie Geld im ökonomischen Sinne wurden. Es scheint, als werde die stoffliche Form, in der Geld erscheinen kann, mit dessen sozialem Wesen gleichgesetzt und damit verwechselt. Solange aber eine Ware keine Geldfunktionen wahrnimmt, ist sie bei entsprechender Eignung allenfalls potenzielles Geld. Im 21. Jahrhundert attackieren Autoren der „Neuen Marxlektüre“ die prämonetäre Werttheorie, die Auffassung, dass die Ware und der Wert historisch-logisch dem Geld vorausgehen. Sie behaupten, Geld sei zuerst da gewesen. Erst dann folgten Waren und Wert. Sie ersetzen prämonetäre durch eine monetäre Werttheorie. (z. B. Heinrich 2017: 196–251) Richtig: Allgemein anerkannte Wertordnungen hat es lange vor Tausch und Kauf gegeben. Die Kulturgeschichte legt Zeugnis davon ab. Doch bedeutet das nicht, dass jegliche Wertordnungen per se Geld gewesen sein müssten. Wo es keinen kontinuierlichen Tausch gibt, gibt es kein Geld, weil die ökonomische Kategorie Geld nicht gebraucht wird.

Das Wesen und die Definition des Geldes müsse an dessen Funktionen anknüpfen, sagt Helfferich, nicht an der Substanz und den Erscheinungsformen des Geldes. So gelange man zur Einsicht, dass unter dem Geld „die Gesamtheit derjenigen Objekte, welche in einem gegebenen Wirtschaftsgebiete und in einer gegebenen Wirtschaftsverfassung die ordentliche Bestimmung haben, den Verkehr (oder die Übertragung von Werten) zwischen den wirtschaftenden Individuen zu vermitteln.“ (Helfferich 1923: 263) Dabei zeige die Ablösung des Waren- durch das Zeichen- und Symbolgeld, dass das Geld keine Ware sein müsse. Aber Wechsel, Schecks und ähnliche Papiere zählen ähnlich wie Briefmarken, Kupons, Konsumvereinsmarken und dgl. nicht zum Geld. Die Auffassung Adolf Wagners teilt er nicht, der selbst die Banknoten den Kupons, Schecks und Sichtwechseln mit Blankoindossament gleichstellt und sie nicht zum Geld zählt, weil sie zwar das Geld in der Funktion als Tauschmittel aber nicht in der Funktion als „Preismaß“ bzw. Wertmesser vertreten könnten. (Wagner 1909: 135 ff) Es stehe aber nichts im Wege, entgegnet Helfferich, auch Forderungen oder Anweisungen irgendwelcher Art zum Gelde zu rechnen, die wie Staatspapiergeld und Banknoten „als Tauschmittel dienen und mithin Träger der Grundfunktion des Geldes sein“ können. (Helfferich 1923: 270) Postwertzeichen, Dividendenscheine, Wechsel und ähnliche Dinge schließt auch er aus dem Geldbegriff aus.

Helfferich kennt neben den Funktionen als allgemeines Tauschmittel, allgemeines Zahlungsmittel und Wertbewahrungs- und Werttransportmittel noch die Funktion des Wertmaßes, relativiert dabei die Auffassung von Carl Menger, der die Funktion des Tauschmittels als die bedeutendste, wesentlichste und historisch primäre Funktion des Geldes ansieht. (Helfferich 1923: 283) Sein Verständnis für die Wertmaßfunktion hängt ab von seinem Wertbegriff. Den objektiven Arbeitswertbegriff lehnt Helfferich ab. „Der Wert ist keine den Dingen an sich anhaftende Eigenschaft wie Ausdehnung, Farbe, Härte, Temperatur; er beruht vielmehr auf Beziehungen, die das menschliche Subjekt zu den Objekten der Außenwelt hat, er ist Ausdruck eines Urteils des Subjektes über die Bedeutung der Objekte der Außenwelt [...] es liegt also nicht eine Wertmessung, sondern vielmehr eine Wertsetzung vor.“ (Helfferich 1923: 298 f) Die Funktion des Geldes als Wertmaß ergibt sich aus der Funktion des Tauschmittels, denn ohne Preise gibt es keinen Tausch. Die Wertmaßfunktion bestehe darin, dass Preise in Geld bemessen werden, „sie bestehen in Geld.“ (Helfferich 1923: 304)

Helfferich stößt auf die „Frage, die ungefähr ebenso alt ist wie das ernsthafte Nachdenken über das Wesen des Geldes; sie lautet: Muß das Geld aus seiner Natur heraus ‚Wert‘ haben [...] oder kann das Geld als solches der Werteigenschaft entbehren?“ (Helfferich 1923: 544) Er kritisiert Knapp dafür, dass dieser das Wertproblem im Gelde eliminiert und in das Reich der Metaphysik verweist. „Man bleibt durchaus auf realem Boden und in dem Kreise der durch die Wissenschaft aufzuklärenden Probleme, wenn man die Frage stellt und untersucht: durch welche Faktoren werden die [...] Austauschverhältnisse zwischen dem Gelde und den übrigen Verkehrsobjekten bedingt und auf welche Weise vollziehen sich die Veränderungen der Austauschverhältnisse? – Dies und nichts anderes ist das Problem des Geldwertes.“ (Helfferich 1923: 545) Er anerkennt, dass es eine Art von Messen gibt, bei der „das zu messende Objekt unmittelbar mit dem messenden Objekte verglichen werde, und hier ist die Artgleichheit zwischen beiden Objekten unbedingt erforderlich.“ (Helfferich 1923: 548) Es gäbe jedoch eine zweite, kompliziertere Art des Messens, bei denen Größen nicht unmittelbar gemessen werden könnten mit gleichen Größen.

So messen wir die Zeit an Bewegungsvorgängen im Raume [...] die Wärme [...] an der Einwirkung der verschiedenen Wärmequanten ausgesetzten Quecksilbersäule [...] nach den Simmelschen Beispielen die verschiedene Stärke des Windes an der Dicke der Zweige [...], die er zu brechen vermag, und die verschiedene Stärke der bewußten Empfindungen an Änderungen äußerer Bewegungen.“ (Helfferich 1923: 548) So wie der Engländer William Jevons die Lustgefühle – das Empfinden der Bedürfnisbefriedigung, die Güter stiften – zu messen vorgab an der Zahl der Käufe dieser Güter.

Geld müsse, so Helfferich, um als Wertmaß agieren zu können, selbst Wert besitzen, aber das müsse kein „Substanzwert“ sein und sei auch keiner. Das Geld habe einen Funktionswert, es teile mit allen anderen wirtschaftlichen Gütern eine erste Voraussetzung des wirtschaftlichen Wertes, die darin besteht, dass es Gegenstand eines Bedürfnisses ist. Es erfülle die genannten Funktionen. Eine zweite wertbildende Voraussetzung sei, dass die Beschaffung des entsprechenden Gegenstandes mit Arbeit und Opfern verbunden sein müsse.

> Beim Gelde ist dieser Fall offenbar in der ausgesprochensten Weise gegeben. Der Staat hat in unserer Rechtsordnung die ausschließliche Befugnis der Herstellung oder der Verleihung des Rechtes der Herstellung derjenigen Münzen und Scheine, denen die Eigenschaft als Geld zukommt. Der Einzelne kann vom Staat das Geld nur erlangen, indem er etwas dafür gibt oder leistet. Der Staat ist mithin an sich zweifellos in der Lage, für sein Geld, auch wenn die natürlichen Schwierigkeiten seiner Erlangung (seine „Produktionskosten“) nahezu gleich null sind, durch Ausnutzung seines Geldherstellungsmonopols ein künstliches Beschaffungshindernis zu errichten und ihm damit die zweite Voraussetzung des wirtschaftlichen Wertes zu sichern. (Helfferich 1923: 557)

Der Geldwert entspräche dann der Kaufkraft der Geldeinheit und könne statistisch anhand von Preisindizes ermittelt werden. Am Begriff zeigt sich der Eklektizismus des Autors: Der Geldwert sei ein Funktionswert, bringe die Nützlichkeit (Brauchbarkeit) und die Schwierigkeiten der Beschaffung des Geldmaterials zum Ausdruck. Die Nützlichkeit sei das Ergebnis eines subjektiven Bewertungsvorgangs, der Geldwert ist ergo ein subjektiv empfundener Gebrauchswert. Gemessen werde er an der Kaufkraft, der Menge an Gütern und Leistungen, die man mit Geld kaufen kann. Das Tauschverhältnis zwischen Geld und Gütern werde geregelt durch Angebot und Nachfrage, wobei die Nachfrage vom Grad der Nützlichkeit abhänge und das Angebot von der Schwierigkeit der Beschaffung. Indem die Höhe des Geldwerts aus der Relation von Angebot und Nachfrage abgeleitet wird, ist er ein Preis. Wert gleich Gebrauchswert gleich Preis. Andererseits – Zugeständnis an Knapp – bestimme der Staat, was der Geldwert ist und wie groß er sei.

9.7 Rudolf Hilferding – Aufhebung des Wertgesetzes

Rudolf Hilferding (1877 – 1941) war ein Theoretiker, Politiker und Publizist der österreichischen und deutschen Sozialdemokratie. Er war in der Weimarer Republik zweimal Reichsminister der Finanzen und verstand sich als marxistischer Theoretiker und Ökonom. Sein Hauptwerk „Das Finanzkapital. Eine Studie über die jüngste Entwicklung des Kapitalismus“ erschien im Jahre 1910 und enthält hervorragende Analysen des in sein monopolistisches Stadium eingetretenen Kapitalismus. (Hilferding 1910/1947) Hilferding wurde 1941 von der französischen Polizei verhaftet und an die Gestapo ausgeliefert, wo er den Misshandlungen erlag.

Hervorzuheben sind seine Untersuchungen zur Rolle des Kredits, abgeleitet von der des Geldes, und seine Arbeiten über das Aktien-, Bank- und industrielle Kapital. Hoch einzuschätzen ist seine Analyse des fiktiven Kapitals und die Entdeckung des „Gründergewinns“. Die Summe des Aktienkapitals, die Preissumme der kapitalisierten Ertragstitel, braucht mit dem ursprünglich in Industriekapital verwandelten Geldkapital nicht übereinzustimmen. Die Differenz zwischen beiden Größen ist der Gründergewinn. Er entspringt „aus der Verwandlung des profittragenden in die Form des zinstragenden Kapitals.“ (Hilferding 1910/1947: 127) Er übernimmt von Marx die Wertformenanalyse und damit die arbeitswerttheoretische Position. So begreift er das Geld als ein gesellschaftliches Verhältnis, das in einem Ding ausgedrückt wird. Das Ding, also das Geld, dient dazu, den Wert der anderen Waren auszudrücken.

Nach Greitens habe Hilferding drei Geldtheorien beschrieben (Greitens 2022: 322): Erstens das Goldgeld, welches einen eigenen Wert besitze, von dem die zirkulierende Geldmenge abhängt. (Hilferding 1910/1947: 18) Nur werthaltiges Geld sei geeignet, den Wert der Waren auszudrücken. Zweitens das Kreditgeld. Es entspringt dem privaten Verhältnis zwischen Schuldner und Gläubiger, sein Wert entspreche dem Zahlungsversprechen des jeweiligen Schuldners. Der Schuldner kann zahlungsunfähig werden.

In diesem Fall wird das Kreditgeld inkonvertibel. Eine Entwertung des Kreditgeldes durch Erhöhung seiner Menge schließt Hilferding aus, da es auf realen Tauschvorgängen beruht. Er akzeptiert die Banking-Theorie des Geldes und die Marxsche Lesart der Quantitätstheorie – das Geldumlaufgesetz (vgl. Abschnitt 8.6) –, wonach die Menge des Kreditgeldes abhängt von der Preissumme der zirkulierenden Waren, die hinter den Zahlungsversprechen stehen. Die Kreditgeldmenge sei demnach endogen bestimmt. Drittens behandelt Hilferding das staatliche Papiergeld mit Annahmezwang, das das Goldgeld in der Zirkulation ersetzen kann, denn dort verflüchtigt sich der Wert des Geldes wieder in die nächste Ware. Das Papiergeld erhalte seinen Wert nach dem Gesetz, dass seine ganze Menge gleichen Wert repräsentiert wie die Preissumme der Waren geteilt durch die Umlaufanzahl gleichnamiger Geldstücke. (Hilferding 1910/1947: 21)

> In der Beziehung des Wertes des Papiergeldes durch den Wert der in der Zirkulation befindlichen Warensumme erscheint der rein gesellschaftliche Charakter des Wertes darin, daß ein an sich wertloses Ding wie Papier dafür, daß es eine rein gesellschaftliche Funktion, die Zirkulation, erfüllt, einen Wert erhält, der bestimmt ist nicht durch den eigenen verschwindend geringen Wert, sondern durch den der Warenmasse, die ihren Wert auf die Papierzettel reflektiert. (Hilferding 1910/1947: 22 f)

Das Papiergeld erhielte seinen Wert vom Wert der Waren. Die Hilferdingsche Geldtheorie bedeute daher, so Kautsky, „eine Aufhebung des Wertgesetzes." (zit. aus Krause, Rudolph 1980: 220) Für Papiergeldwährung lässt Hilferding die Quantitätstheorie, wonach die Geldmenge die Preise und damit den Geldwert bestimme, eine Auffassung, die er grundsätzlich ablehnt, gelten.

9.8 Joseph A. Schumpeter – Statik und Dynamik

Der Österreicher Joseph Alois Schumpeter (1883–1950) war einer der bedeutendsten Ökonomen des 20. Jahrhunderts. Seine Lehrer waren die Wiener Grenznutzentheoretiker Böhm-Bawerk und von Wieser. Schumpeter lehrte an den Universitäten Graz, Bonn und an der Harvard-Universität in Cambridge. Besonders schätzte er Léon Walras, auch dessen Modell des allgemeinen Gleichgewichts, das er aber für zu eng hielt. Als ein statisches Modell werde es dem Phänomen der qualitativen Entwicklung nicht gerecht. Entwicklung ist für Schumpeter kein quantitatives Wachstum. Entwicklung ist qualitatives Anderswerden. Sie störe das alte Gleichgewicht. Gleichgewichte setzen sich tendenziell über permanente Ungleichgewichte durch. Krisen und Zusammenbrüche, wie die Weltwirtschaftskrise Ende der 1920er, Anfang der 1930 Jahre, sind für Schumpeter Bereinigungen von Missständen, die die Wirtschaft zurückführten auf ausgewogene Pfade. Sie sind Form und Element der Gesundung.

9.8.1 Dynamischer Unternehmer und schöpferische Zerstörung

Schumpeter will die Statik durch die Dynamik ergänzen. Wesen und Kraft des Kapitalismus müssten im Strom der Neuerungen gesehen werden, die das System permanent hervorbringt. Die Neuerungen betreffen die Art und die Qualität der Erzeugnisse, die Produktionsmethoden, das Vordringen auf neue Absatzmärkte und die Eroberung neuer Bezugsquellen von Rohstoffen und Halbfabrikaten. Sie erfassen organisatorische Neuerungen und die Schaffung oder das Durchbrechen eines Monopols. (Schumpeter 1997: 100 f) Das Streben nach „Marktlagengewinnen" kennzeichne den „innovatorischen, dynamischen Unternehmer", die zentrale Figur in Schumpeters Konjunktur- und Entwicklungskonzept. Sie setze mit neuen Produktionsverfahren und neuen Produkten, mit der Erschließung bisher unbekannter Absatz- und Bezugsmärkte neue Kombinationen von Produktionsfaktoren durch. Der erfolgreiche Pionierunternehmer finde Nachahmer. Pioniergewinne lockten weitere Unternehmer in die veränderten Kombinationen. Der unternehmerische Herdentrieb bewirke die wirtschaftliche Entwicklung. Der Aufschwung werde finanziert durch ein elastisches Bankensystem, das Kreditgeld aus dem Nichts schaffen könne. Der Innovator entreiße mit Hilfe des Kreditgeldes, das die Banken ihm auf dem Konto gut schreiben, den traditionellen Produzenten die Produktionsmöglichkeiten, indem er sie auf dem Markt überbietet und sie von dort verdrängt. Die neuen Kombinationen ersetzen die alten. „Schöpferische Zerstörung" nannte Schumpeter euphemistisch die Vergeudung von Produktivkräften, die den Zerstörer belohne mit Unternehmergewinnen. Sie, die „Quasirenten" würden stets wieder abgebaut infolge der Konkurrenz und Diffusion der Neuerungen. Wenn sie dennoch permanent existieren, so nur deshalb, weil der Gleichstand bei anhaltender Konkurrenz nie erreicht wird, Produktivitätsvorsprünge egalisiert werden, zugleich aber an alter oder neuer Stelle stets aufs Neue entstehen. Schumpeter hat richtig beobachtet, dass die „Vorsprungprofite" vergänglich sind. Der Zins ist für ihn eine vom Profit abgeleitete Größe, die dem Geldkapitalverleiher zustehe: „Der Zins ist nicht, wie etwa der Unternehmergewinn, eine selbständige Frucht der Entwicklung im Sinne einer Prämie für ihre Errungenschaften, wenn er sich auch nur in der Entwicklung zeigt. Er ist vielmehr eine Bremse – allerdings eine in der Verkehrswirtschaft notwendige Bremse – der Entwicklung, eine Art Steuer auf den Unternehmergewinn." (Schumpeter 1997: 317) Schumpeter irrt, wenn er sagt, die Formen des „Überschusses" – des Mehrwerts –, seien ausschließlich das Ergebnis der Wirtschafts*entwicklung*, resultierten aus der vorübergehenden Knappheit auf dem Produktionsmittelmarkt und verschwänden im Produktivitätsgleichgewicht und in einer stockenden Wirtschaft. Im Gleichgewicht der Wirtschaft existierten weder Profite noch Zinsen. „Die Unfähigkeit, eine Profit- und Zinstheorie für die Wirtschaftsphasen zu liefern, in denen es an expansiven Schüben fehlt, verleitet […] an Schumpeter orientierte Theoretiker dazu, für eine solche Stockungsphase […] ein tendenzielles Verschwinden des Profits postulieren zu müssen – und dabei die völlig konträren Fakten zu leugnen." (Spahn 1984: 248)

9.8.2 Rechenpfennige

Die geldtheoretischen Auffassungen Schumpeters finden sich vor allem in seiner Arbeit „Das Sozialprodukt und die Rechenpfennige", die 1918 veröffentlicht wird. (Schumpeter 1918) Eine geschlossene Monografie über das Geld hat er aber nicht geschrieben, wiewohl ein Leben lang versucht, eine dynamische Theorie von Geld und Bankwesen zu erarbeiten. (Weigl 2021: 435) Michael Peneder und Andreas Resch verfassten eine zusammenfassende Darstellung von Schumpeters Geldtheorie auf der Basis seiner gedruckten Werke und weiterer Manuskripte, die von Schumpeter im Archiv der Harvard University aufbewahrt werden. (Peneder, Resch 2021) Zwanzig Jahre früher hatte Bärbel Naderer in ihrem Buch die geldtheoretischen Ansichten von Schumpeter zusammengefasst (Naderer 1990) und nochmal zwanzig Jahre zuvor Fritz Karl Mann ein Buch über die Schumpetersche „Geldtheorie" aus dessen Nachlass zusammengestellt, der fragmentarisch, unvollendet ausgefallen ist. (Schumpeter 1970) Schumpeters Äußerungen über das Geld lassen sich nicht eindeutig bestimmten Schulen zuzuordnen. Als Dogmenhistoriker, der er auch war, knüpft Schumpeter an viele Vorgänger und ihre geldtheoretischen Vorstellungen an, kritisiert ihre Schwächen und will, wie Jan Greitens bemerkt, Defizite der herrschenden Theorie dadurch beseitigen, dass er versucht, die Gegensätze zu überbrücken und zu versöhnen, indem er einen eklektizistischen eigenen Ansatz entwickelt. „Ein wesentliches Charakteristikum der geldtheoretischen Arbeit Schumpeters bildet der duale Modellansatz der Theorie, welche neoklassische Gleichgewichtstheorie und die auf Marx und die Historische Schule rekurrierende Analyse zu verknüpfen versucht", schreibt Bärbel Naderer. (Naderer 1990: 15) Schumpeter sieht das Geld weniger als eine Ware oder als ein juristisch verordnetes und akzeptiertes Mittel zur Bezahlung von Waren, sondern vor allem als eine Recheneinheit – Rechenpfennige sagt er – und eine Anweisung auf Teile der volkswirtschaftlichen Produktion. (Greitens 2022: 343, 358) Die Funktion des Geldes, Anweisung, ergo Recheneinheit zu sein, ist die wesentliche, alle anderen Funktionen sind nachrangig, am wenigsten bedeutsam sei die Wertaufbewahrungsfunktion. (Schumpeter: 1918: 655) Schumpeter benutzte für das Geld in der statischen Wirtschaft die Bezeichnung “Rechenpfennige”: „Es ist klar, dass die Funktion des Geldes in der Volkswirtschaft prinzipiell nur technischer Natur, d. h., dass das Geld wesentlich ein Hilfsmittel der Abwicklung des Geschäftsverkehrs ist, ein bloßer Satellit der Ware, ein Diener der Vorgänge in der Güterwelt.” (Schumpeter 1918: 630). An anderer Stelle sprach Schumpeter vom Geld als “Epidermis des wirtschaftlichen Lebens”, von der “Hülle der Güterwelt”, der “Hülle des wirtschaftlichen Körpers” oder vom “Eintrittsbillet in das Güterreservoir”. (Schumpeter 2008: XIX).

Aber Schumpeter sieht das Geld nicht nur statisch, sondern er verbindet es mit seiner Theorie der wirtschaftlichen Entwicklung. Der Unternehmer „kann nur Unternehmer werden, indem er vorher Schuldner wird [...] Sein erstes Bedürfnis ist ein Kreditbedürfnis. Ehe er irgendwelcher Güter bedarf, bedarf er der Kaufkraft." (Schumpeter 1997: 148) Das Geldwesen habe die Aufgabe, Kaufkraft zu schaffen und den Unternehmen für die Finanzierung wirtschaftlicher Aktivitäten zu überlassen. Und in der dynamischen Theorie ist das Geld nicht mehr neutral. Geld besitze eine Schlüsselrolle für Innovationen. Die Banken lancierten es über den Kredit in den Umlauf. Sie und das Kreditsystem sind die Geburtshelfer des Neuen. Sie schafften das Neue nicht, aber sie ermöglichten, initiierten es und erweisen sich als Triebkräfte der „schöpferischen Zerstörung“. (Weigl 2021: 435 f) „Kapitalismus ist jene Form privater Eigentumswirtschaft, in der Innovationen mittels geliehenem Geld durchgeführt werden, was im allgemeinen, wenn auch nicht mit logischer Notwendigkeit, Kreditschöpfung voraussetzt.“ (Schumpeter 2008: 234). Schumpeter sah, dass die Banknoten und das Buchgeld, die neuen Formen des Geldes, erlaubten, die zu Zahlungszwecken geeignete Geldmenge zu vergrößern, indem die Banken Kredite gewährten, ohne auf die knappen Münzmetalle zurückgreifen zu müssen. Banken vermittelten nicht mehr nur Ersparnisse an die Unternehmen, die Geld benötigten und Kredite nachfragten. Sie konnten den Geldbestand und Geldumlauf einer Wirtschaft vergrößern, ohne dabei limitiert zu sein durch die bei ihnen angelegten Ersparnisse ihrer Kunden.

Die von den Banken geschaffene zusätzliche Kaufkraft bewirkt zunächst, dass die Preise von Produktionsfaktoren steigen, ebenso die Geldeinkommen, die Zinsen, die Kosten der alten und der neuen Unternehmungen. Aber auch die Einnahmen steigen entsprechend den Ausgaben der Unternehmer für Produktionsgüter und für die Arbeiter usw., die jetzt bei ihnen zu höheren Löhnen beschäftigt werden, und der Empfänger all dieser erhöhten Zahlungen. (Schumpeter 2008: 140–141). Weil der Geldschöpfung zunächst noch keine Güterproduktion gegenübersteht, steigt das Preisniveau. Die Konsumenten können mit ihren Einkommen weniger Güter kaufen als zuvor, obgleich sie ihre Konsumwünsche nicht geändert haben. Es kommt zum Phänomen des “erzwungenen Sparens”. Das „erzwungene Sparen ist eine außerordentlich wichtige Erscheinung, ein wesentliches Stück des kapitalistischen Mechanismus, ein Schlüssel zum Verständnis vieler Erscheinungen des modernen Wirtschaftslebens.“ (Schumpeter 1918: 691) Die Geldschöpfung über die Kreditgewährung an innovative Unternehmen wirkt in einem Konjunkturaufschwung kurzfristig inflationär, auf lange Sicht nicht, weil das Güterangebot den gestiegenen Preisen folgen würde. Darin bestünde die „kapitalistische Funktion des Geldes” (Schumpeter 1918/1952: 707). Schumpeter war überzeugt, dass das Wirtschaftswachstum ohne einen begleitenden Inflationsimpuls unmöglich ist.

Seine einseitige Orientierung auf den kreditfinanzierten Aufschwung schloss die Finanzierung via Eigenkapital aus. Das war zumindest einseitig und wurde heftig kritisiert. Gerade für junge, unerfahrene Unternehmen erscheint sein Finanzierungskonzept nicht sehr realistisch. Denn für eine Bank ist es nicht oder sehr schwer möglich, das Ausfallrisiko eines Kredits für neue Kombinationen zu beurteilen. Sie dürften daher zurückhaltend in der Kreditvergabe agieren, zumal viele Unternehmen keine angemessenen Sicherheiten zur Verfügung zu stellen können. Erich Streißler hat betont, worauf Braunberger hinweist, dass weder zu Schumpeters Zeit noch später österreichische Banken solche Kredite vergeben haben. Innovative Unternehmer finanzieren sich häufig mit Eigenkapital, das unter anderem von spezialisierten Fonds

("Venture Capital") zur Verfügung gestellt wird. Schumpeters Beharren auf der Kreditfinanzierung wird auch „Schumpeter-Irrtum" genannt. (Braunberger 2016: 23)

9.8.3 Geldwert und Quantitätstheorie

Schumpeter verwirft die These der Metallisten, dass der Geldwert der Eigenwert des Geldmaterials sei und bestimmt werden müsste wie der Wert einer jeglichen Ware. Gleichwohl lehnt er die staatliche Theorie Knapps ab. Sie sei völlig unbefriedigend; die Auffassung, der Wert des Geldes entstehe auf Befehl der Staatsgewalt, verkenne das Wesen des Geldes. Zwar werden Geld und Geldwesen juristisch geregelt, aber Wesen und Wert des Geldes kann man nur „aus den inneren Notwendigkeiten der Verkehrswirtschaft" (Schumpeter 1918: 47) heraus erfassen. Schumpeter vertritt eine subjektive Wertlehre. Die subjektive Wertlehre geht davon aus, dass Geld keinen eigenständigen „Stoffwert" besitzen müsse, selbst wenn das Geld aus einem Stoff besteht, der einen Eigenwert hat. „Es ist wahr, daß der Wert des Geldes als Geld nicht von dem Stoff kommt, aus dem es besteht oder den es – wie Goldzertifikate – repräsentiert [...] Aber wenn das wahr ist, so erhebt sich erst recht die Frage nach dem Ursprung und den Bestimmungsgründen des Geldwerts, der deshalb noch lange nichts Willkürliches oder Gleichgültiges ist." (Schumpeter 1918: 46) Die Vertreter der subjektiven Wertlehre gehen von einem persönlichen Wert des Geldes aus und versuchen einen „volkswirtschaftlich subjektiven Geldwert" zu ermitteln, indem sie die einzelwirtschaftlichen Geldwerte addieren. Der persönliche Geldwert werde bestimmt durch die Einkommens- und Vermögenslage des Wirtschaftssubjekts und durch dessen Bedürfnisse. Man könne das Geld mit einer Theaterkarte vergleichen: Geld hat Tauschwert in dem gleichen Sinn wie eine Theaterkarte einen Tauschwert hat gegenüber dem Platz, auf den sie ein Anspruch ist. (Schumpeter 1918/1952: 49) Schumpeter steht wie viele andere Ökonomen (Wicksell, Myrdal, Keynes u. a.) auf dem Standpunkt, dass der „Geldwert" durch das Preisniveau bestimmt, der „Wert" des Geldes nichts anderes als die Kaufkraft der Geldeinheit – bei Schumpeter die Kaufkraft des Einkommens bzw. der Einkommenseinheit – sei. „Das Geldwertproblem ist einfach das Kaufkraftproblem und dieses ist lediglich das Problem des Geldpreises der einzelnen Waren, dessen reziproker Wert eben die Kaufkraft der Einkommenseinheit gegenüber der einzelnen Ware ist." (Schumpeter 1918: 53) Die Einkommenssumme ist nach Schumpeter jener „Teil der zirkulierenden Geldmenge, der [...] auf den Konsumgütermarkt gebracht wird [...]. (Schumpeter 1918: 666 f) Nach Schumpeter müssten die Entstehung und Verwendung des Einkommens analysiert werden, um den Geldwert zu ermitteln.

> Vergleichen wir die Warenmasse mit dem Raum in einem Stehparterre und die Geldeinheiten mit den Eintrittsbilletts dazu, so sehen wir sofort, wovon die Kaufkraft des Geldes abhängen muß, der in diesem Gleichnis der Raum entspricht, welcher dem einzelnen Besucher des Stehpar-

> terres zur Verfügung steht. Aber [...] dieser Vergleich gilt unmittelbar nicht für die Geldmenge, sondern für die Einkommenssumme, nicht von den Geldeinheiten, sondern von Einkommenseinheiten und deren Kaufkraft. Sie und nicht einfach die Geldeinheiten als solche sind die wahren ‚Eintrittsbilletts' zum Güterreservoir. Wenn man ihn so versteht, so liegt in unserem Vergleich wirklich der Schlüssel zur Lösung des Geldwertproblems. (Schumpeter 1952: 49)

Das ist der Grundgedanke der bereits erwähnten Quantitätstheorie. Der Unterschied: Schumpeter reduziert die Handelswaren auf Konsumgüter und nennt die zirkulierenden Geldeinheiten Einkommenseinheiten. Den Begriff der Umlaufgeschwindigkeit hält Schumpeter für unglücklich und ersetzt ihn durch das Wort „Effizienz" (Schumpeter 1918: 667) der Geldverwendung. Er ändert nur den Namen, nicht den Inhalt des Begriffs. Die „Effizienz" des Geldes gibt an, wie oft eine Geldeinheit in einer Periode „zum Element von Geldeinkommen und als solches ausgegeben wird" (Schumpeter 1918: 73), gibt also die Häufigkeit an, mit der eine Einkommen gewordene Geldeinheit für Zahlungszwecke verwendet wird. Trotz Austausch einiger Begriffe und Reduktion der Fragestellung auf die allein für den Erwerb von Konsumgütern zirkulierende Geldmenge, ist die Schumpetersche Gleichung mit der Fisher'schen Verkehrsgleichung identisch. Schumpeter weiß auch, dass die Gleichungen keine Kausalitäten begründen, anders gesagt, dass es möglich ist, verschiedene Kausalitäten in sie hineinzulesen. Er favorisiert die Currency- Auslegung Ricardos, wonach die linke Seite (M · V), also die Erhöhung der zahlungswirksamen Geldmenge eine Steigerung der Preise bewirke. Die Warenmenge bliebe konstant, weil ihre Produktion nicht profitabler werde. Schumpeter erwähnt den emergenten Zusammenhang zwischen einzelnen Preisen und dem Preisniveau: „Man kann auch nicht sagen, daß die gestiegenen Preise ein Ansporn zu Produktionsausdehnungen wären. Das ist nur wieder die alte Verwechslung von Preisniveau und Einzelpreis: Wenn ein einzelner Preis steigt, so wird die betreffende Produktion rentabler, und man wird versuchen, sie auszudehnen, indem man Produktionsmittel aus anderen Branchen heranzieht. Steigen alle Preise, so ist keine Produktion rentabler geworden." (Schumpeter1918: 685 f) Folglich bestünde kein Grund, sie zu erweitern. Naderer schreibt im Gegensatz dazu: „Während die Quantitätstheorie einen einseitigen Einfluß der Geldmenge allein auf das Preisniveau unterstellt, erkennt Schumpeter entgegen der klassisch-neoklassischen Neutralitätsthese explizit die realwirtschaftlichen Wirkungen von Geldmengenvariationen an und konstatiert darüber hinaus weitere Zusammenhänge zwischen *allen* Größen der Quantitätsgleichung." (Naderer 1990: 225)

Bemerkenswert ist, dass Schumpeter, der prinzipiell auf der Currency-Position steht und Ricardos Auslegung des Zusammenhangs zwischen den Geldmengen (Ursache) und den Preisen (Wirkung) zustimmt, Wechselbeziehungen zwischen beiden Größen, d. h. auch eine umgekehrte Kausalität, nicht ausschließt. „Obgleich Veränderungen der Preise und Mengen einzelner oder auch aller Waren [...] unsere Produktensumme nicht direkt beeinflussen [...], so können sie doch eine Wirkung auf die Geldmenge ausüben [...]" (Schumpeter 1918: 697) Das ist der Standpunkt der Banking-School. Schumpeter hält offenbar eine endogene Anpassung der Geldmenge an die

Preissumme des Güterangebots für möglich (Naderer 1990: 159 ff), doch sie sei nicht zwingend und trete auch nicht automatisch ein. In den Wechselbeziehungen zwischen Geldmenge und Preisen sei die erstere die wesentliche, bestimmende Ursache, nicht die Veränderung der Warenmengen und der Warenpreise. (Schumpeter 1918: 18, 80) Im Gegensatz zur herkömmlichen Quantitätstheorie, die nur eine einseitige Kausalbeziehung kennt, ist die Akzeptanz einer Wechselbeziehung zwischen beiden Größen ein Erkenntnisfortschritt. Sie erlaubt Schumpeter die Einsicht, dass die Erhöhung der Geldmenge sich endogen aus dem Geldbedarf der Güterwirtschaft ergibt. Im wirtschaftlichen Aufschwung steigt die Güternachfrage, mit ihr die Nachfrage nach Krediten, die Preise und die Zinsen. Die Banken stellen daraufhin die nachgefragte Liquidität via Kredite zur Verfügung. Die Akzeptanz der Endogenität der Geldmenge, die Übernahme bankingtheoretischer Positionen durch Schumpeter bedeutet nicht, zu behaupten, dass die Banken lediglich eine passive Rolle spielten. „Der flüchtigste Blick auf die Vorgänge der Geldmärkte lehrt, daß sowohl die Spekulation auf dem Effektenmarkt wie der Pulsschlag des industriellen und kommerziellen Lebens von den Banken reguliert, bald gebremst, bald angeregt wird.“ (Schumpeter 1918: 109)

9.8.4 Überforderte Geldpolitik

Schumpeter hatte keine großen Hoffnungen, dass die Zentralbanken mit ihrer Geldpolitik wünschenswerte Ziele erreichen könnten. Zwar akzeptierte er ihren Auftrag, das System zu stabilisieren, er glaubte auch, dass sie helfen könnten, Paniken zu verhindern, aber er zweifelte an der Fähigkeit der Geldpolitik, die wirtschaftliche Entwicklung zuverlässig zu steuern und wirtschaftliches Wachstum anzuregen:

> Wie wir schon oben andeuteten, kann die Zentralbank infolge ihrer hervorragenden Stellung Einfluss auf die Stimmung der Wirtschaft ausüben, der zu gewissen kritischen Zeitpunkten beträchtlich sein kann – insbesondere in der Verhinderung oder Überwindung von Paniken –, der normalerweise aber nicht über den der Ermahnungen von Seiten leitender Staatsbeamter hinausgeht, die sofort durch die Erkenntnis der Tatsache in die Schranken gewiesen werden, dass zyklische Phasen mehr sind als bloße Angelegenheiten der Psychologie. (Schumpeter 2008: 672)

Schumpeters zweifelte daran, dass die Geldpolitik der Zentralbank einen konjunkturellen Aufschwung herbeiführen kann: „Die Tatsache, dass Maßnahmen der Zentralbank manchmal wirksam, manchmal aber auch unwirksam sind, ist ein Problem – und zwar ein unangenehmes – nur für diejenigen, die glauben, dass das bloße Volumen der Kreditmöglichkeiten schon mechanisch die Wirtschaft beeinflussen könne.” (Schumpeter 2008: 673). Daher besteht „auch im Verlauf der Depression kein großer Wirkungsbereich für die Initiative der Zentralbank.” (Schumpeter 2008: 677). „Viele der vor Jahrzehnten von Schumpeter angesprochenen Probleme der Stabilitätspolitik in Krisen sind heute auf erschreckende Weise modern.“ (Braunberger 2016: 31)

10 Geldtheorie im 20./21. Jahrhundert – die umstrittenen Themen

10.1 Das Ende des Goldstandards

Die in der Geldgeschichte früh einsetzende Verdrängung des wertvollen Warengeldes aus dem Umlauf, seine Ersetzung durch wertlose Geldzeichen und die Verwendung von stofflosen Geldsymbolen im Zahlungsverkehr setzten sich fort. Als der erste Weltkrieg ausbrach, stellten Deutschland, Frankreich, Großbritannien, Österreich – die größeren kriegführenden Staaten – die Zahlungen in Gold ein. Banken tauschten Noten und Guthaben nicht mehr in Gold um. Die Verschuldung zur Finanzierung von Rüstung und Krieg war mit den strengen Regeln der Goldwährung unvereinbar. Die Stunde des Goldstandards hatte geschlagen. Die Inflation konnte beginnen. Auf die Anstrengungen, den Goldstandard zwischen den beiden Weltkriegen und danach einzuführen, soll hier nicht eingegangen werden. (vgl. dazu Krüger 2012: 222–292) Die USA hoben in der Weltwirtschaftskrise 1931 die Deckung des US-Dollars mit Gold auf.

Gegen Ende des zweiten Weltkrieges stellte sich die Frage nach der Zukunft des internationalen Finanzsystems neu. Das 1944 in Bretton Woods, dem amerikanischen Kurort nahe der kanadischen Grenze, errichtete Weltwährungssystem, sah vor, die Wechselkurse der Länder an den US-Dollar zu binden. Es war ein System fester Wechselkurse auf Goldbasis. Man nannte es den Gold-Dollar-Standard. Im Mittelpunkt des Systems stand das Gold, über das die Währungen der Welt in festen Verhältnissen zueinander verknüpft waren. Alle Zentralbanken waren anderen Zentralbanken gegenüber verpflichtet, Währung gegen Gold zu einem festen Kurs von 35 Dollar pro Feinunze einzutauschen. Als Überwachungsinstanz wurde der Internationale Währungsfonds (IWF) geschaffen. Er sollte das Funktionieren des Systems gewährleisten. Das System besaß Mängel, welche im Laufe der Zeit deutlicher wurden und letztendlich seinen Bruch herbeiführten. Es gab keine Deckungsvorschriften für den Geldumlauf. Das war ein wesentlicher Unterschied zum System der Goldwährung. Im System von Bretton Woods gab es keinen Geldmengen-Preis-Mechanismus, der Ungleichgewichte in den Leistungsbilanzen der Länder tendenziell beseitigen konnte. Leistungsbilanzdefizite wurden zu einer ständigen Erscheinung und weiteten sich aus. Die Länder konnten eine Geldpolitik betreiben ohne Rücksicht auf ihre Währungsreserven. Viele bevorzugten eine expansive Geldpolitik. Die Kreditgewährung war befreit worden von ihren währungspolitischen Fesseln. Die Staaten glaubten, so ihre Wachstums – und Beschäftigungsprobleme zu lösen. Die Zunahme der Inflation war die Folge. Als das Hauptproblem erwiesen sich die steigenden Leistungsbilanzdefizite der USA und die damit verbundene Dollarschwemme weltweit. Seit den 1960er Jahren sanken die US-Goldreserven dramatisch. Das internationale Vertrauen in die Werthaltigkeit des Dollars schwand zunehmend, als die Kosten des Vietnamkriegs immer größere US-Haushaltsdefizite verursachen. Die US-Inflation stieg. Ab Mitte der 1960er Jahre wurden die Leistungsbilanzdefizite der USA größer, die US-

https://doi.org/10.1515/9783111568331-011

Goldreserven sanken dramatisch. Dollars überschwemmten die Welt. Der Preis von 35 US-Dollar für eine Feinunze Gold – 31,1 Gramm –, von Roosevelt 1934 am Frühstückstisch erdacht, war nicht zu halten. Zwar entsprach er zum Zeitpunkt seiner Festlegung in etwa den realen Verhältnissen, willkürlich war er dennoch in gewisser Weise. Es musste von vornherein klar sein, dass der festgesetzte Goldpreis kaum über Jahrzehnte stabil bleiben würde. Anfang der 1970er Jahre war der Goldpreis nicht mehr zu halten, stieg bis 1973 auf über 100 Dollar. Engländer, Deutsche, vor allem die Franzosen, forderten die USA auf, ihre Dollars in Gold zu wechseln. US-Präsident Richard Nixon weigerte sich. Am 15. August 1971 hob er die in Bretton Woods eingegangene Verpflichtung auf, ausländischen Notenbanken ihre Dollars gegen Gold abzunehmen. Ökonomen weltweit deuteten den juristischen Akt als letzten Schlag gegen die Geldware Gold. Spätestens von da an sei das Gold nicht nur entbehrlich für das Funktionieren der Geldsysteme geworden, es sei auch aus diesem verschwunden. Die Demonetisierung des Goldes, die begonnen hatte mit dem Tag, an dem Gold als Geld in die Zirkulation getreten war, schien durch eine politische Maßnahme der US-Regierung besiegelt worden zu sein. Die scheinbaren „Beweise“: Keiner zahlt mit Goldmünzen. Goldgedeckte Banknoten gibt es nirgendwo. Die Einlösbarkeit des Papiergeldes zu juristisch fixierten Kursen gegen Gold ist weltweit aufgehoben. Empirisch scheint (fast) alles gegen die Aktualität der Geldware Gold zu sprechen. Außer, dass die Zentralbanken und der Internationale Währungsfonds in nahezu unverändert physischen Mengen Gold horten, das Edelmetall weiter als Währungsreserve schätzen. Behauptet wird auch, dass ein Dollar-Öl-Standard zu Beginn der 1970er Jahre den Gold-Dollar-Standard abgelöst habe. (Binder: 2024 175 f) Dagegen spricht, dass die Zentralbanken keine Öl-, sondern Goldreserven halten. Fast 37 000 Tonnen sollen es sein – 740.000 Zentner, etwa 18 Prozent allen Goldes, das Menschen jemals im Laufe ihrer Geschichte schürften. Nachdem das Gold aus seinen juristischen, ökonomisch unbegründeten Fesseln befreit worden war, raste der Goldpreis in die Höhe. Er durchbrach eine „Schallmauer“ nach der anderen, erreichte im Januar 1980 die Höhe von 850 Dollar. Die Auffahrt ging im Zickzack weiter. Der Goldpreis erklomm am 6.9.2011 die bisherige Rekordmarke von 1920,65 Dollar. Danach ging es mit Unterbrechungen abwärts, tendenziell aber weiter hinauf. Eine Unze Feingold, für die USA den Zentralbanken einst 35 Dollar zahlte, kostete im Februar 2025 2 900 Dollar (etwa 2 780 Euro).

10.2 Digitales Geld und die Verdrängung des Bargeldes

Mit dem Zahlungsverkehr hat das Gold längst nichts mehr zu tun. Die Banknoten festigten ihre Position. Sie änderten ihren Charakter, wurden zu gesetzlichen Zahlungsmitteln mit Annahmezwang – zu Papiergeld, da sie nicht mehr von den Banken gegen die Geldware Gold eingetauscht werden konnten. Das Staatspapiergeld mit Annahmezwang oder inkonvertible Banknoten, die diesen Charakter angenommen haben, sind die gesetzlichen Zahlungsmittel des 20. und 21. Jahrhunderts. Seit den 1970er Jahren werden sie langsam, doch unaufhaltsam aus der Zirkulation verdrängt durch technische Innovationen des Buch- bzw. Giralgeldes. Das Bargeld verschwindet. Geld wird unsichtbar. Es existiert „im Hintergrund in anderen Formen und Medien weiter“ und dehnt „seinen Wirkungskreis immer weiter aus – sinnbildlich in Datenströmen, die sich dank digitaler Technologie mit Lichtgeschwindigkeit über den gesamten Globus bewegen und alle Bereiche durchdringen.“ (Engster, Haelser, Schlaudt 2024: 15) Es vollzieht sich eine technisch-digitale Revolution des Zahlungsverkehrs. Die EU fordert für alle Bürger der Mitgliedsstaaten die „elektronische Geldbörse in Form einer Zahlungskarte oder einer anderen Chipkarte“ sowie „als Speichermedien für E-Geld [...] außerdem Mobiltelefone (mit denen auch bezahlt werden kann) und Online-Zahlungskonten“. Schritt für Schritt wird in der EU das Bezahlen mit Bargeld erschwert, Noten und Münzen aus dem Zahlungsverkehr genommen. Obergrenzen für die Benutzung des Bargeldes gibt es in zwölf europäischen Staaten. Der EU-Gesetzgeber hat 2024 eine einheitliche Bargeldobergrenze von 10 000 Euro beschlossen.

Die Skandinavier könnten die ersten sein, die das Bargeld durch modernere Zahlungsarten ganz ersetzen. Die Schweden bezahlen fast alles mit Kreditkarte. Keine Münzen, keine Scheine, weder auf dem Markt, noch beim Bäcker oder am Kiosk. Selbst in Kneipen oder Bars werden sie vereinzelt durch Kartenzahlung ersetzt. Studenten überweisen die Wohnheimmiete per Handy, Kirchengänger spenden per Mobiltelefon auf das Kirchenkonto, statt ihren Obolus in den Klingelbeutel zu werfen. Auch die Obdachlosenzeitung wird per Karte bezahlt. Geldautomaten werden abgebaut. In den Bussen und Straßenbahnen der meisten Städte wird kein Bargeld akzeptiert. Bankfilialen haben komplett auf digitalen Zahlungsverkehr umgestellt. Die Schweden bezahlen höchstens noch 20 % der Einkäufe im Einzelhandel bar, die Niederländer 37 %, die deutschen Verbraucher noch etwas mehr, Tendenz sinkend.

Banknoten und Papiergeld werden durch die Zunahme von Girokonten, Schecks und Kredit- und Geldkarten aus der Zirkulation gedrängt. Die bargeldlose Zahlung und Vermittlung des Warentausches, zunächst mittels Überweisungen, Lastschriften und Schecks, danach mittels diversen Karten, ändern sich unter dem Einfluss technischer Fortschritte. Seit den sechziger Jahren des 20. Jahrhunderts ermöglichen elektronische Datenverarbeitungsanlagen der dritten Generation, das Buchgeld weiterzuentwickeln Mit den neuen Kommunikations- und Informationssystemen kommt es zu grundlegenden Veränderungen im Bankwesen, in den Zahlungs- und Verrechnungsbeziehungen. Auf einer vorläufig letzten Stufe der Geldentwicklung entsteht das „elektronische“ Geld, die modernste Form des Buchgeldes, Es ist eng verbunden mit den revolutionären Fortschritten in der Rechner- und Kommunikationstechnik und existiert als ein entsprechend belegter Speicherplatz in modernen Rechenwerken. Es ist das (Buch)Geld des computerbasierten „High-Tech-Kapitalismus“. (Haug 2012) Bei diesem jüngsten Geld handelt es sich um „elektronische Werteinheiten, die auf einem Medium gespeichert sind. Diese können allgemein genutzt werden, um Zahlungen an Unternehmen zu leisten, die ***nicht*** zugleich die Emittenten sind.“ (Europäische Zentralbank 1998: 8)

Die Europäische Zentralbank bereitet die Einführung eines digitalen Euro vor. Er soll wie Bargeld ein allgemein akzeptiertes standardisiertes Zahlungsmittel werden. (Deutsche Bundesbank 2024: 20 f)

Die Zahlung muss nicht über Bankkonten laufen. Die Werteinheiten auf dem Speichermedium können als vorausbezahltes Inhabergeld verwendet werden, ohne dass die Banken in Anspruch genommen werden. Vorausbezahlte Telefonkarten zählen nicht zum elektronischen Geld, weil Herausgeber und Akzeptant der Werteinheiten identisch sind. Zwar sind die Werteinheiten auch bei Telefonkarten im Voraus bezahlt worden. Aber diese Vorauszahlung kann nur für eine bestimmte Dienstleistung genutzt werden, weil der Herausgeber identisch ist mit dem, der das Geld erhält, z. B. die Deutsche Telekom. Kein elektronisches Geld sind auch diverse Konstruktionen, die auf elektronischem Wege den Zugang zu den herkömmlichen Formen des Buchgeldes wie zu den Sichteinlagen ermöglichen. Sie sind, wie in Deutschland die Eurocheque-Karte, individuelle Hilfsmittel des Zahlungsverkehrs.

Das elektronische Geld tritt in drei Formen auf: Erstens in der Form des klassischen Kontoguthaben (Einlagen- oder Giralgeld). Das Einlagenbuchgeld ist eine Forderung des Kontoinhabers an die jeweilige Geschäftsbank auf Zentralbankgeld. Aus Sicht der Geschäftsbank ist eine Verbindlichkeit gegenüber dem Kontoinhaber, der sie nachzukommen hat – in physischer (Auszahlung in bar) oder in digitaler (elektronischer) Form (letzteres bei Überweisung an ein Konto bei einer anderen Bank). Zweitens tritt elektronisches Geld „karten- oder hardwaregestützt“, als Kartengeld auf. Auf den Plastikgeldkarten ist ein Chip integriert, der Kaufkraft gespeichert, die der Kunde vorab gezahlt hat. Das sind Werteinheiten auf vorausbezahlten Karten. Drittens gibt es elektronisches Geld „softwaregestützt“, die der Übertragung elektronisch gespeicherter Werteinheiten über Telekommunikationsnetze, z. B. über das Internet, dienen. Das ist das Netzgeld, im Voraus bezahlte elektronische Zahlungseinheiten. Sie besitzen gegenwärtig noch keine große praktische Bedeutung, könnten aber die traditionellen Instrumente des bargeldlosen Zahlungsverkehrs künftig ersetzen. Sie eignen sich im Vergleich zu den Kartenprodukten gut für die Übertragung größerer Geldbeträge im nationalen und internationalen Rahmen. Elektronisches Geld ist kein gesetzliches Zahlungsmittel wie das Bargeld. Innerhalb des Euro-Währungsgebietes haben nur Euro-Banknoten und -Münzen diesen Status. Elektronisches Geld erfüllt wie die herkömmlichen Formen des Buchgeldes die Merkmale des Kreditgeldes: Weder der Zahlungspflichtige noch der Zahlungsempfänger sind verpflichtet, Zahlungen in elektronischem Geld zu leisten oder anzunehmen. Die Zahlungen werden wie mit Bargeld durchgeführt. Beim Zahlungsvorgang werden kein Bargeld (Banknoten und Münzen) und Buchgeld (Sichteinlagen) bei Banken bewegt. Stattdessen wird direkt von Speicher zu Speicher übertragen. Die Entwicklung des World Wide Web hat den unbaren elektronischen Zahlungsverkehr möglich gemacht.

Das „elektronische Geld“ wird auf dem Chip oder Magnetstreifen einer Kunststoff-Karte gespeichert. Es ist eine elektronische Geldbörse. Sie eignet sich für den Kleinhandel. Prominentestes Beispiel für Kartengeld in Deutschland ist die GeldKarte, die vom

Zentralen Kreditausschuss der Banken (ZKA) herausgegeben wird. Es wird ein bei vielen deutschen Bankkarten integrierter Chip genutzt, auf den am Geldautomaten Beträge bis zu 200 Euro geladen werden können. Typische Akzeptanzstellen der GeldKarte sind Parkhäuser, Zigarettenautomaten und Nahverkehrsautomaten. Kartengestützte Produkte können im Internet zu Zahlungszwecken eingesetzt werden. Dazu werden Kartenlesegeräte benötigt, die mit dem PC des Zahlungserbringers verbunden sind. Auf Karten gespeichertes Geld kann über den Computer und das Internet versendet werden.

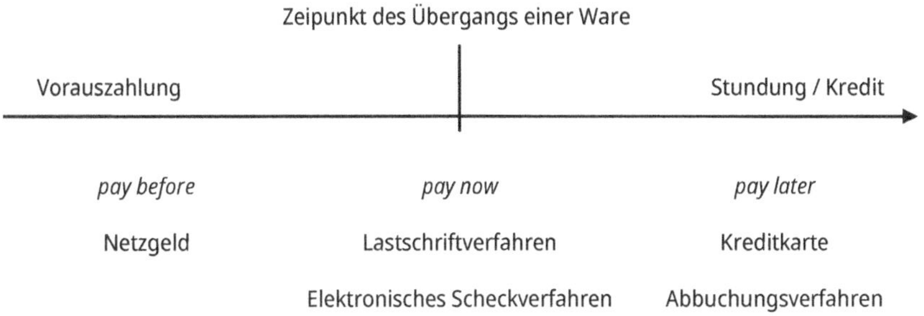

Abb. 1: Moderner bargeldloser Zahlungsverkehr via Internet.

Im Internet genutztes Geld wird als „Netzgeld“ bezeichnet. (vgl. Abb. 1) Das Netzgeld ist die modernste Form, Bargeld und das klassische Giralgeld aus der Zirkulation zu verdrängen. Im Mittelpunkt steht eine Geldbörse, die auf dem Computer des Zahlungserbringers eingerichtet wird. Darin lassen sich Geldeinheiten vor ihrer Verwendung ablegen, die für Zahlungsüberweisungen im Internet zur Verfügung stehen. Das geschieht dadurch, dass der Nutzer des Netzgeldes auf digitalem Wege von seinem Bankkonto oder von einem eigenständigen Netzgeldbetreiber – als Emittent des Netzgeldes – vorausbezahlte elektronische Zahlungseinheiten auf die Festplatte seines PC herunterlädt.

Die NFC-Technik ermöglicht eine Bezahlung mittels mobilen Telefons. Die Abkürzung NFC steht für Near Field Communication (Deutsch: Nahfeldkommunikation), da die Funktechnik Daten innerhalb einer kurzen Distanz von höchstens vier Zentimetern überträgt – bei Bluetooth und WLAN hingegen überwindet die Datenkommunikation je nach Gerät eine Strecke von bis zu 100 Metern. Ob an der Kasse im Supermarkt oder am Parkautomaten – die NFC-Technologie ermöglicht kontaktloses Bezahlen über das Smartphone oder die Bezahlkarte. In Japan stößt das mobile Portemonnaie seit langem auf eine hohe Resonanz und eine weitere Ausbreitung ist gewiss. Dort, aber auch in Skandinavien, Deutschland, der Schweiz, Österreich und anderen Ländern hat die Zukunft längst begonnen. Die Liste der großen und auch kleineren Handelsketten, Supermärkte und Ladengeschäfte, in denen die Kunden mit dem Smartphone bezahlen können, wird immer länger. Bereits seit 2015 haben die Geschäfte in Deutschland, die Kartenzahlungen akzeptieren, ihre Kassen mit NFC-Lesegeräten ausgestattet. Das System funktioniert über eine App, die man auf seinem Smartphone installieren muss. Dann wird die Zahlfunktion aktiviert. Es folgt eine mehrstufige Anmeldung, bei der die Bankdaten abgefragt werden. Man wählt einen vierstufigen Code. An der Kasse öffnet der Kunde die App, wählt „Coupon einlösen und bezahlen" und gibt seine PIN ein. Auf dem Display erscheint eine vierstellige Zahl. Der Kunde nennt sie der Kassiererin. Diese gibt die Zahlen in die Kasse ein. Verfügbare Coupons wie Rabatte, Gutschriften u. ä. werden automatisch berücksichtigt. Der Betrag wird im Lastschriftverfahren abgebucht. (vgl. Abb. 1) Auf dem Handy werden keine Kontodaten gespeichert. Zur Sicherheit kann das Rechnungsvolumen pro Woche begrenzt werden. Über die App können auch Kassenbons vergangener Einkäufe eingesehen werden. Möglich ist auch, dass auf dem Kassensystem des Händlers neben dem Namen des Kunden ein von ihm auf der App hinterlegtes Foto erscheint. Der Käufer autorisiert sich, indem der Händler ihn mit dem Profilbild vergleicht. So könnte das mobile Telefon zur Geldbörse werden und die im Jahre 2025 noch stark genutzten Geld- und Kreditkarten ersetzen.

Das Wie der Zahlungen ändert sich weiter, unterstützt durch technische Neuerungen. Auch wenn im Einzelhandel – anders als im Zahlungsverkehr zwischen den Unternehmen – gegenwärtig das Bargeld noch eine Rolle spielt, wird dies nicht so bleiben. Die Abkehr vom Bargeld ist beschlossene Sache. Aber Bargeld wird nicht verboten werden wie das Rauchen in der Kneipe. Es wird schleichend entsorgt. Und die Bürger sollen das Gefühl haben, frei zu entscheiden. Nach und nach wird den Leuten die Wahl erschwert: „Sie können natürlich frei entscheiden, wie Sie Ihre Rechnung begleichen wollen, aber Lidl, Rewe, Edeka und Aldi haben beschlossen, nur noch Karten zu akzeptieren, ach ja und ihr Vermieter übrigens auch." Neue kostengünstigere Verfahren des Zahlungsverkehrs werden das Bargeld weiter zurückdrängen. Vertreter der Bankenbranche schätzen die Kosten der Bargeldlogistik auf sechs Milliarden Euro jährlich. Damit soll bald Schluss sein. Kosten runter, Profite hoch! Mit Karten und bargeldlosen Zahlungen ist das Profitmachen leicht. Die Kunden zahlen Gebühren für jede Transaktion. Kleinvieh macht Mist. Dass die Gebühren erhöht werden, ist das Bargeld erst verschwunden, ist anzunehmen. Ob es einst ganz weg sein wird, wer weiß? Und wenn, dann soll es am Ende so aussehen, als habe der Bürger das Nichtgewollte gewollt.

Wie auch immer: Der technische Fortschritt ist da, das Bargeld geht. Eine bargeldlose Wirtschaft hat Vorteile – nur deshalb wird sie sich durchsetzen – aber sie hat wie jeglicher Fortschritt auch Nachteile, die wiederum nur mit weiteren Fortschritten überwunden werden könnten. Mit dem Bargeld geht ein Stückchen Freiheit (Dostojewski). Wir wissen noch nicht, was der Verlust des Bargeldes in Gänze bedeuten wird. Klar ist nur, dass der endgültige Rückzug des Geldes und das Einnisten in Rechenwerken eine umfassende Kontrolle aller Geldströme ermöglicht, die lückenlose Überwachung des Menschen, seiner Käufe und Verkäufe. Der gläserne Mensch – er wird noch durchsichtiger. Die Orwellsche Zukunft ist angebrochen.[47]

---

47 George Orwell (1903–1950) hatte in seinem 1949 erschienen Roman „1984" den künftigen totalen Überwachungsstaat vorausgesagt.

Fazit: Wie auch immer: Auf seinem Jahrtausende währenden Weg hat das Geld erstaunliche Wandlungen durchlaufen. Vom wertvollen „Warengeld“ wilder Stämme der Urzeit bis hin zu digitalen Informationen in modernen Rechnern hat es unaufhörlich an Wert und Substanz verloren. Wertvolles Warengeld, Gold, wurde verdrängt von einlösbaren und uneinlösbaren Banknoten, von Papiergeld mit Annahmezwang (Zeichengeld). Dies musste in der Zirkulation Platz machen dem Buchgeld (substanzloses Symbolgeld) und jenes konkurriert in neuerer Zeit mit elektronischen Zahlungseinheiten. Die Menschen des 21. Jahrhunderts erleben, wie das Bargeld verschwindet. Das modernste Geld existiert in Form von Bits und Bytes in Computern. Gehört das Kryptogeld auch dazu? Kryptowährungen sind kein offizielles Geld, weil sie nicht durch die Zentralbanken legitimiert sind. Sie sind eher eine spekulative Anlagemöglichkeit. (Schmidt, Kokol 2024: 34) Im Kern handelt es sich „um den gescheiterten Versuch eines Putsches gegen die Währungsordnung, der die Privatisierung der Geldschöpfungsgewinne zur Folge gehabt hätte und der anschließend in Glücksspiel überging.“ (Kern 2024: 241, Schadt 2025: 170 f)

Für die kommenden Generationen wird es selbstverständlich geworden sein, dass das Geld nirgendwo mehr zu sehen ist, weil es sich als ein elektronischer Träger von Informationen in die digitalen Techniken Informationsverarbeitung zurückgezogen hat. Aber gerade das Unsichtbarwerden des Zirkulationsmittels Geld könnte das Bedürfnis erhöhen, das Risiko von Vermögensverlusten zu mindern, indem handgreifliche Geldwaren – das muss nicht nur das Gold sein – als Reserve- und Wertbewahrungsmedium ein größeres Gewicht erhalten. Welch’ ein Wandel der Formen: Rinder, Muscheln, Speerspitzen, Eisen, Silber, Gold, Banknoten, Handelswechsel, Buchgeld, Papiergeld mit Annahmezwang und rechentechnische Informationseinheiten, das alles ist Geld, wenn wir den Geldbegriff großzügig auslegen. Permanente Neuerungen und Änderungen im Geldwesen und im Zahlungsverkehr sind der Grund dafür, dass auch im 20. und 21. Jahrhundert über die alten geldtheoretischen Fragen neu (und konventionell) nachgedacht und diskutiert wird.

10.3 Unklares Wesen

Was macht das Wesen des Geldes aus, wann und warum ist es entstanden? Die Fragen sind, wie gezeigt werden konnte, sehr alt. Versuche, sie zu beantworten, gibt es zuhauf, die Antworten sind bis in die Neuzeit umstritten geblieben und werden unter den eben skizzierten neuen Modalitäten neu diskutiert. Manchmal werden erkannte und früher erörterte Zusammenhänge sprachlich nur neu formuliert. Das betrifft z. B. den Unterschied zwischen Geld und Geldsurrogaten und das Verhältnis zwischen ihnen. So wird behauptet, dass es keine klare Trennungslinie zwischen Geld und Nichtgeld gebe. „Geld ist immer Geld *und* Antigeld *und* Nichtgeld zugleich, Geld *und* Geldillusion […].“ (Schnaas 2012: 63) Das klingt verwirrend, lässt sich aber in die Sprache der Ökonomen übersetzen. Die Aussage enthält einen wahren Kern, wie die Präzisierung zeigt: „Geld ist Geld *und* kein Geld; als Bares stellt es ein Tauschmittel und ein Vermögen dar, als Kreditschein (Anti-Geld) ein verbrieftes Anrecht auf Schuldbegleichung – und als Monitorgeld (Nicht-Geld) eine Ziffernreihe, die Geld repräsentiert." (Schnaas 2012: 65 f) Die Präzisierung und Differenzierung verweist auf spezifische Geldarten. „Antigeld" ist eine Forderung auf Geld. Es ist Kreditgeld, „Geld", das (anderes) Geld fordert. Eine Forderung auf Geld kann – da eben Forderung –, nicht selbst das Geforderte, d. h. Geld sein. Eine Anweisung auf Geld kann nicht selbst Geld sein. (Philippovich 1919: 321) Oder eben ein Geldzeichen, ein Geldsurrogat. Es gibt uneinlösbare Banknoten, aber es gibt kein „inkonvertibles Kreditgeld", wie manche, die das Kreditgeld anders definieren, das gegenwärtige Geld nennen. (Busch 2016: 291) Die These beruht auf einer Verwechslung von Kredit und Geld (vgl. dazu Abschnitt 10.6) und ist eine Contradictio in adiecto. Nichteinlösbares Kreditgeld gibt es so wenig wie zuckersüße Limetten. Die Begründung, dass Zentralbankgeld eine Forderung an die Zentralbank begründe, überzeugt nicht. Was soll das Forderungsobjekt sein? Der Inhaber von Zentralbankbargeld fordert von der Zentralbank nichts, bekommt allenfalls seine Note umgetauscht. Der Inhaber von Zentralbankbuchgeld dagegen besitzt das Recht, sich Bargeld auszahlen zu lassen. Buchgeld ist stets Kreditgeld. Auch Ziffern in Büchern und elektronischen Rechenwerken sind nach dieser Lesart kein Geld. Sie sind Nichtgeld. Sie sind Informationen, die Spuren des Geldes festhalten, Informationen, die Geld symbolisieren, nicht anders als Worte, die Dinge beschreiben oder Zeichenreihen, die Worte ausdrücken. Sie werden von Ökonomen als Buch- oder Giralgeld bezeichnet, sind so eine spezifische Form eines Kreditgelds. Akzeptiert man die juristische Festlegung, dass nur das Zentralbankbargeld (Banknoten und Münzen) gesetzliche Zahlungsmittel sind[48] und als (richtiges, letztes) Geld gelten, dann ist die Rede vom Nichtgeld oder Antigeld zwar ungewöhnlich, aber nicht unbedingt falsch. Doch für Felix Martin, langjähriger Mitarbeiter der Weltbank, sind Schuldscheine, übertragbare Zahlungsversprechen, das wahre Geld. Er nennt Geld eine „soziale Technik", ein „System von Kreditkonten und ihre Verrechnung", „Geld eine Sonderform des Kredits." (Martin 2014: 24 f.) Geld darf jedoch nicht mit Kredit identifiziert werden. (vgl. dazu Abschnitt 10.6)

Beim Lesen der aktuellen geldtheoretischen Literatur gewinnt man den Eindruck, dass der englische Politiker Gladstone scheinbar Recht behalten hat. Er hatte in einer Debatte des britischen Parlaments über Sir Robert Peels Bankakte von 1844/45 bemerkt, dass selbst die Liebe „nicht mehr Menschen zu Narren gemacht (habe) als das Grübeln über das Wesen des Geldes." (MEW 13: 49) Und obgleich die Literatur über das Geld unermesslich ist – bereits Carl Menger schätzte vor über 130 Jahren die Schriften über das Geld auf 5000 bis 6000 (Menger 1892: 105) –, gehören die Geldtheorien nach wie vor zu den geheimnisvollen Kapiteln der Volkswirtschaftslehre. Ludwig

48 Als Mitglied der Eurozone sind auch in Deutschland nur Euro-Banknoten und -Münzen gesetzliches Zahlungsmittel. Die Gläubiger sind gezwungen, die Eurobanknoten als Erfüllung ihrer Geldforderung zum vollen Nennwert zu akzeptieren. Die Akzeptanz hat eine schuldbefreiende Wirkung für den Schuldner.

von Mises (1881–1973), einer der bedeutendsten Geldtheoretiker, schrieb dies 1924 (Mises 1924: IX). Seitdem sind viele Arbeiten über das Geld hinzugekommen, mehr Licht haben sie nicht gebracht. Eher haben sie die Verwirrung noch verstärkt. Gedanken über das Geld seien wie wandernde Wolken, sinnierte Joseph Schumpeter. (Schumpeter 1965: 369) Vor über hundert Jahren behauptete er, die Nationalökonomie habe zu keiner Zeit über eine Geldtheorie verfügt. Die beiden zentralen Probleme seien ungelöst geblieben: Was sind Wesen und Wert des Geldes? (Schumpeter 1970a: 266, 279, 283, 385, 417 f.) Und Wilhelm Röpke (1899–1966) ergänzt: „Niemand weiß, wie das Geld zum erstenmal in der Menschheitsgeschichte entstanden ist." (Röpke 1937: 78) Werner Ehrlicher (1920–2012) bestätigt, wie wenig sich seitdem an diesem akademischen Zustand geändert hat: „Die Frage nach dem Wesen des Geldes kann nicht allgemeingültig beantwortet werden; es läßt sich nicht einmal generell sagen, welche Merkmale für das Wesen des Geldes konstitutiv sind." (Ehrlicher 1988: 375) Betrachtet man den gegenwärtigen Zustand der Geldtheorie, gewinnt man den Eindruck, dass alle Auffassungen aus der Vergangenheit herübergeschwemmt sind an die Gestade der Gegenwart, einzelne Auffassungen zwar im Laufe der Zeit präzisiert und verfeinert worden sind, die grundlegenden Argumente pro und contra aber die alten geblieben sind. Geändert haben sich manche Akzente, durchgesetzt haben sich aus der Vielfalt konträrer Auffassungen bestimmte Tendenzen. So haben nominalistische Erklärungen der Geldentstehung und des Geldwesens sich gegenüber den arbeitswerttheoretischen und metallischen Konzeptionen durchsetzen können, kein Wunder, angesichts des steten Rückgangs der metallischen Zirkulation, der sukzessiven, langfristig nicht aufzuhaltenden Verdrängung des Bargeldes, der Zentralbanknoten und Scheidemünzen für Zahlungen und des rapiden wachsenden bargeldlosen Zahlungsverkehrs, der im 21. Jahrhundert mittels modernster Computertechnik in elektronischer, digitaler Form einen vorläufigen Höhepunkt erreicht hat.

Auch unter den Warentheoretikern des Geldes mehren sich Zweifel, ob das Gold noch Geld ist, nachdem es schon über 100 Jahre nicht mehr in Form von Münzen an der Zirkulation teilnimmt und nach dem Zusammenbruch des Bretton-Woods-Währungssystems alle nationalen Währungen die juristischen Bindungen an das Gold gelöst haben. Die meisten von ihnen verneinen die Frage. Nur wenige Ökonomen halten an der Auffassung fest, dass Gold die Geldware geblieben „sein könnte" und durch Papier- sowie Kreditgeld repräsentiert werde. (Krüger 2012: 72, 82 ff, 89, 126 ff; Knolle-Grothusen 2009: 116 ff; Haug 2013: 166 ff; Müller 2015: 231 ff; Krätke 2017: 185) Noch biete das Gold die (letzte) Sicherheit in einer Zahlungswelt, die zwar funktioniert mit Banknoten, Kreditscheinen und Buchgeld. Gold sei aber das Medium, die Anhäufung der Forderungen zu überstehen, weil es selbst keine Forderung ist, sondern Wert besitzt und Inflationsschutz bietet. Als Argumente führen sie die riesigen zentralen Goldreserven und die nach wie vorhandene Defacto-Konvertibilität der Währungen an.

Noch toller treiben es die Marxisten, die uns in feierlichem Ernst mitteilen, seit 1971, seit der offiziellen Aufhebung der Konvertibilität des US-Dollars, sei die monetäre Welt aber ganz anders ge-

> worden, als Marx sich das je hätte träumen lassen. Dass legale und faktische Konvertibilität zweierlei sind, dass weder die Goldreserven noch der internationale Goldmarkt – nach wie vor in London – verschwunden sind, dass die zahlreichen Versuche der US-Dollar-Diplomatie, das Gold endgültig zu demonetisieren – um die ‚Dollarisierung' der Währungen in Drittländern zu befördern – allesamt fehlgeschlagen sind, kümmert sie nicht. (Krätke 2017: 185 Fn)

Sie betrachten die Geldzeichen nach wie vor als Repräsentanten der Geldware Gold, obgleich fixe juristische Bindungen zwischen ihnen und dem Gold aufgehoben wurden. Das Papiergeld der Zentralbanken – inkonvertible Banknoten – ist Repräsentativgeld. Die u. a. von Stephan Krüger vertretene Auffassung ist die logisch schlüssige Erklärung des Zusammenhangs zwischen der Geldware und den papiernen Geldzeichen. (Krüger 2012: 72–193) Das inkonvertible Repräsentativgeld „bleibt durch unsichtbare Fäden an die metallische Grundlage der Geldzirkulation, die ihrerseits die Fundamentalbestimmung des ‚Geldes als Ware ausdrückt und Bedingung für die Wertbestimmung durch gesellschaftlich notwendige Arbeitszeit ist, gebunden". (Krüger 2012: 191) Georg Quaas setzt dagegen, dass die von der Zentralbank herausgegebenen Noten den Wert der hinterlegten Wertpapiere repräsentierten, und diese stellten Verfügungsrechte über reale Werte, Immobilien, Unternehmen, Gold und Silber dar. (Quaas 2018: 45)

Interessant ist, dass die Bemühungen, das Wesen des Geldes zu erkennen, untrennbar mit der Analyse der Geldfunktionen verknüpft wurden. Ökonomen sahen in den Funktionen, die das Geld wahrnimmt, zugleich dessen Wesen. Indem sie Geld zu einer Institution erklären, die bestimmte Dienste leistet, reduzieren sie das Wesen des Geldes auf den Inhalt dieser Funktionen. Je nachdem, welche Geldfunktionen für bedeutsam angesehen werden bzw. werden sollen, ergeben sich die scheinbar unterschiedlichsten Bestimmungen des Wesens besagten Geldes. Der methodische Grundfehler: Anstatt die Funktionen des Geldes aus seinem Wesen abzuleiten, wird das Wesen umgekehrt aus den Funktionen herausgebastelt und die eigenständige Suche nach ihm aufgegeben. Der legendäre Satz von John R. Hicks (1904–1989) steht für die Kapitulation: „Geld ist durch seine Funktionen definiert: Geld ist alles, was als Geld benutzt wird. Geld ist, was Geld tut." (Hicks 1967: 1) Die funktionalistische Geldauffassung war nicht neu. Der amerikanische Geldtheoretiker Francis A. Walker (1840–1897) hatte sie fast 100 Jahre zuvor mit den gleichen Worten auf den Punkt gebracht: „Money ist that Money does. (F. Walker 1878: 405) Die Auffassung habe sich in den Wirtschaftswissenschaften weitgehend durchgesetzt, behauptet Otmar Issing. (Issing 2003: 1 f)

So äußere sich das Wesen des Geldes in der Fähigkeit, Werte zu bewahren. Die meisten Autoren sehen das Wesen des Geldes aber darin, den Austausch der Waren zu vermitteln und so zu erleichtern. Von allen Auffassungen über das Wesen des Geldes am geläufigsten: Geld ist ein technisches Hilfs- und Schmiermittel, um den Warentausch zu erleichtern (Weber 1947: 1), oder „nichts anderes als ein technisches Hilfsmittel der sozialen Skontration." (Schumpeter 1970: 232) Ebenso Mises: Wesen und wichtigste Funktion des Geldes ist dessen vermittelnde Rolle im Austausch der

Waren. Geld ist „ein den Austausch von Gütern und Dienstleistungen vermittelndes Gut." (Mises 1924: 7) Selbst Marx war am Anfang dieser Auffassung gewesen. Im Jahre 1844 lobt er James Mill für dessen Aussage, dass Geld den Tausch vermittele. „Sehr gut und das Wesen der Sache in einen Begriff gebracht, ist es, wenn Mill das Geld als den Vermittler des Austausches bezeichnet." (MEW 40: 445) Für manche ist Geld ein „pfiffig ausgedachtes Auskunftsmittel" – Marx widersprach entschieden (MEW 13: 36) –, eine anonyme Bestätigung für eine erbrachte oder zu erbringende Leistung, bloßes Mittel zum Erwerb von Gegenleistungen (Jentsch 1926: 166 ff), ein übertragbarer Anspruch auf Teile des Sozialprodukts, abstrakte Rechnungseinheit, inhalts-, körper- und wertlos, (Liefmann 1922: 108 ff, 131 ff; Cassel 1923: 339) oder eine „Anweisung" ähnlich einem „Eintrittsbillett" oder einer „Spielmarke". (Schumpeter 1952: 39) Das Wesen des Geldes sei es, den Bezug von Gütern zu vermitteln und zu ermöglichen. Geld sei das Recht zum Bezug von Gütern. (Argentarius 2011: 32 ff., 43) Noch wird eingestanden, dass dieses Recht am besten durch wertbeständiges „Goldgeld" oder durch Geld gewährleistet würde, das durch Gold gedeckt sei. (Argentarius 2011: 100 f.) Aber sind nicht auch substanzlose Symbole dazu geeignet? Die Reduktion des Geldes auf das Dasein als Tauschmittel hat zu zwei folgenschweren Irrtümern geführt: Zum einen behauptet John Stuart Mill, dass es nichts Unwichtigeres als Geld gäbe, weil das Geld nur Hilfsmittel und kein letztlich gewünschtes Gut sei (man nehme es, um es weiterzugeben). (Mill 1965: 506) Zum anderen werden Unterschiede und Beziehungen zwischen der Geldware und den Geldsurrogaten, den Geldstellvertretern, negiert. Man vermutet, dass sich hinter den Symbolen nichts Substanzielles verbirgt, weil die Tausch- bzw. Zirkulationsmittelfunktion fraglos durch Symbole und Zeichen wahrgenommen wird, die selbst ohne Wert sind. Aber ist das Wesen des Geldes dadurch erkannt, dass Geldware und die sie vertretenen Geldzeichen gleichgesetzt werden? Manche sehen das so, sagen, die Geldzeichen und die Geldsymbole hätten sich endgültig von jeglicher materiellen Grundlage gelöst. „Um das Wesen des Geldes verstehen zu können, ist es vielleicht besser, daß es diese Goldzertifikate und -münzen nicht mehr gibt. Der mystische Glaube, dass erst die Golddeckung dem Geld seinen Wert verleihe, braucht den heutigen Studenten nicht mehr wie frühere Studentengenerationen in die Irre zu führen." (Samuelson 1980: 360 f.) Andere bezeichnen die Zeichen und Symbole als Repräsentativgeld, was nicht heißt, dass die Zeichen durch Gold gedeckt sein müssten. Sie sind der Meinung, dass Papiergeld- oder andere Symbole, ohne selbst Wert zu besitzen, den Wert der Geldware repräsentieren in dem Maße, wie diese entsprechend dem Geldumlaufgesetz in der Zirkulation benötigt wird. Und dies unabhängig davon, ob es eine Golddeckung gibt und wie hoch eine solche ist. Die Funktion, „Geld zu sein, behält das Gold bis auf den heutigen Tag, ungeachtet der mannigfaltigen evolutionären Veränderungen der kapitalistischen Geldsysteme." (Krüger 2012: 82) Ist das Wertzeichen, Banknote oder Papiergeld praktisch austauschbar gegen Gold, das es nominell repräsentiert, „dann ist es Zeichen der Goldmasse, [...], völlig unabhängig davon, ob es rechtlich konvertibel oder inkonvertibel ist." (Knolle-Grothusen, A. 2009: 206) Die Annahme, das Wesen des Geldes sei identisch mit der Fähigkeit von Dingen, Zeichen und Symbolen, den Warenaustausch zu vermitteln, weil sich die Geldware bei der Vermittlung der Tauschakte vertreten lässt – diese ganz oberflächliche Sicht –, hilft wenig, das Wesen des Geldes zu erkennen.

Für andere ist Geld ein Mittel der Kommunikation, ein Signal oder bloßes Zeichen, zur Natur des Menschen gehörig wie die Sprache, in der sich Menschen über Werte und Wertrelationen verständigten. (Luhmann 1988) „Geld ist 'Spezialsprache', hat die Eigenschaften eines Codes, mit dessen Hilfe Informationen vom Spender zum Empfänger übertragen werden [...], verringert sowohl den Aufwand an Interpretationsleistung wie auch das Risiko des Scheiterns der Verständigung.“ (Habermas 1981: 391 f). Die Sprache des Geldes (oder der Preise) instituiere „keinen Diskurs im eigentlichen Sinne. Vielmehr wirken die Preissignale auf die ökonomischen Akteure ein wie die elektrischen Steuerungsimpulse einer Maschine. Das Geld fällt – als linguistisches Instrument verstanden – somit unter die Zeichensprachen [...] (Engster, Haesler, Schlaudt 2024: 232) Die Einsicht, dass das Geld den Charakter einer Sprache habe, „also dass Preise Informationen transportieren [...]“, komme „einer echten Entdeckung gleich“, die angeblich „dem neoliberalen Vordenker, Marktideologen und Antidemokraten Friedrich von Hayek zu verdanken“ wäre. (Engster, Haesler, Schlaudt 2024: 213) Doch die Meinung ist älter. Schon Marx hatte Anlass, die Auffassung, das Geld sei Sprache, zurückzuweisen: Geld mit Sprache gleichzusetzen, ist falsch. „Die Ideen werden nicht in die Sprache verwandelt, so daß ihre Eigentümlichkeit aufgelöst und ihr gesellschaftlicher Charakter neben ihnen in der Sprache existierte, wie die Preise neben den Waren. Die Ideen existieren nicht getrennt von der Sprache.“ (MEW 42: 96). Mit der oberflächlichen Erscheinung, dass das Geld oder die Preise auch Träger von Informationen sind, kann der Ökonom dennoch einverstanden sein. Sein Anliegen ist, den Inhalt der Information bzw. den der sprachlichen Botschaft zu entschlüsseln. Das Geld sei eine Denkform [...], kein Ding unter Dingen, kein bloßes Objekt [...] Das Geld hat seinen Ort im Subjekt. Es ist [...] eine sprachlich vermittelte Denkform, die soziale Handlungen koordiniert.“ (Brodbeck 2014: 29) Oder das Wesen des Geldes sei der auf Tradition und Gewohnheit beruhende Glaube und das Vertrauen, eine gesicherte Verlässlichkeit, und beinahe mystisch: Geld ist ein Symbol und eine Mischung aus Wissen, Nichtwissen, Glauben und Vertrauen. (Frankel 1979: 49 ff) Geld sei „keine materielle, sondern eine hochgradig spirituelle Angelegenheit ... etwas rein Geistiges.“ Es ist „das universellste und effizienteste System des gegenseitigen Vertrauens“ (Harari 2013: 218, 221 f, 376), oder einfach neue Kaufkraft, „geschaffen aus dem Nichts.“ (Schumpeter 1997: 109) Manche definieren sogar das Geld als ein Nichts, das geschöpft werde aus Nichts. (Riese 1995). Und halten diese Idee für den überzeugendsten Vorschlag zur Lösung des Geldrätsels. Sie erscheint plausibel, solange Zentralbanken ungedecktes Papiergeld – das Fiatgeld –, Geld, dem das Forderungsobjekt abhandengekommen ist, unbegrenzt drucken können. Keynes nennt das Fiatgeld „Willkürgeld“ und versteht darunter ein Zeichengeld „dessen Materialwert von seiner Geltung im Rahmen des Währungssystems losgelöst ist. Es wird [...] vom Staat geschaffen und ausgegeben; es ist jedoch nicht [...] in ein anders Währungsgeld einlösbar und steht nicht in fester Beziehung zu einem objektiven Wertmaßstab." (Keynes 1932: 6) Zentralbanken leihen es für mickrige Zinsen an Banken, die sich bereichern, indem sie es zu höheren Zinsen klammen Staaten geben, um diese vor dem Bankrott zu retten. Plausibel auch deshalb, weil es so scheint, als würden die Geschäftsbanken, indem sie Kredite gewähren und die Guthaben hochschreiben, Giralgeld schaffen, und dies eben aus dem Nichts, denn sie seien bei der Gewährung von Krediten nicht angewiesen auf die bei ihr deponierten Ersparnisse ihrer Kunden. Rettung mit Nichts? Geld ist Nichts? Nicht einmal Antimaterie? Währungen – schwarze Löcher der Weltökonomie? Das Vertrauen könne jeden Gegenstand zu Geld machen, wenn eine Zentralbank diesen knapp halte – scheint die dominierende Auffassung unter den Ökonomen zu sein, die sich gegenwärtig akademisch mit dem Geld befassen. Das Vertrauen als eine wesentliche Komponente des Geldbegriffs zu sehen, läuft auf die zirkuläre Erklärung hinaus, als Geld zu betrachten, was als Geld agiert, ergo die Identifikation des Geldes mit seinen Funktionen oder darauf, was die Menschen als Geld ansehen. Denn das Vertrauen kann sich nur beziehen auf das, wozu Geld benötigt wird: Werte ausdrücken und messen, rechnen, kaufen, verkaufen, bezahlen, tilgen, horten. „Das Wort ‚Geld' fungiert als Platzhalter für die linguistische Artikulation all dieser Praktiken. Um zu glauben, daß etwas Geld ist, braucht man das Wort ‚Geld' nicht. Es ist hinreichend, daß man glaubt, daß die fraglichen Gegenstände Austauschmedien, Wertspeicher, Zahlungen für Schulden, Vergütungen für geleistete Dienste usf. sind." (Searle 1997/2016: 178) Der Staat kann das Vertrauen zerstören und damit die Funktionsfähigkeit der Geldordnung untergraben. So können sich die Akteure des internationalen Währungssystems nicht mehr aufeinander verlassen, weil z. B. der Westen den Russen im Ukrainekrieg den Zugriff auf die Euro- und Dollarguthaben sperrt – die westlichen Schuldner sich weigern, den Gläubigern zu zahlen, was ihnen gehört. Geld wird so zur Waffe, wird militarisiertes Geld. (Sahr 2024a)

Kurz: Geld, egal ob Warengeld, das selbst Wert besitze, Kontrakt- oder Kreditgeld, das eine Anweisung auf Warengeld ist oder Papiergeld, das irgendeine Behörde als wertvoll erklärt – Geld sind alle Dinge, denen Menschen kollektiv die Geldfunktion zugewiesen haben und denen sie vertrauen, jederzeit zu Geldzwecken verwendet werden zu können. Geld sind die Dinge, die Menschen zu Geld machen und akzeptieren.

Diese kollektive Zuweisung erfolgt durch die dauerhafte Anerkennung, dass X (Kauri) als Y (Tauschmittel) gilt. Die Kauri galt in Afrika, Asien und in der Südsee als Zahlungsmittel, nicht jedoch in Europa. Searle ergänzt seine Strukturformel institutioneller Tatsachen daher um einen raumzeitlichen Geltungsbereich K. Die Formel für Geld als institutionelle Tatsache wäre damit: X (bestimmte Papierscheine der Bundesdruckerei) gelten deshalb als Y (Papiergeld) in K (europäische Währungsunion), weil die Menschen die Regel der Verwendung dieser Papierstücke kollektiv anerkennen. (Schneidereit 2016: 169)

In Anlehnung an die Tauschmittelfunktion glauben Ökonomen, das Wesen des Geldes bestünde darin, Rechnungseinheit oder Rechnungsmittel zu sein. Mit dieser

Auffassung wird auch die Erscheinung widergespiegelt, dass der Warenumsatz zwar nach wie vor einer Geldrechnung bedarf, der überwiegende Teil davon aber unter Umgehung der Geldzeichen in Form des bargeldlosen Zahlungsverkehrs abgewickelt wird. Nicht mehr das Geldzeichen selbst, sondern ein auf bestimmte Einheiten dieser Geldzeichen lautendes Guthaben-, Buch- oder Giralgeld, als „Rechnungsgeld“ zusammengefasst, vermittle den Warenaustausch. Geld werde zur „abstrakten Rechnungsskala“ (Cassel 1923: 338 ff., 399) oder zur „abstrakten Rechnungseinheit“, die eine „innerwirtschaftliche Funktion“ ausübe. (Liefmann 1922: 108ff., 131ff.) Diese Funktion bestehe nicht in der Vermittlung des Tausches, sondern im Rechnen, Disponieren und damit in Nutzen- und Kostenvergleichen. Zusammenhänge zwischen Wesen, Formen und Funktionen des Geldes bleiben so unverstanden, gerade weil einzelne rationale Aspekte hervorgehoben werden. Das komplexe Zusammenwirken der Funktionen bleibt im Dunkeln. Keine Frage: Geld ist Rechnungseinheit und mit ihm werden Warenumsätze ausgedrückt. Ist diese Eigenschaft oder Aufgabe das Wesen des Geldes? Es scheint eher so zu sein, als würden damit gewisse Aspekte des Preismaßstabs erfasst. Marx berichtet, dass in englischen Schriften „die Konfusion über Maß der Werte (measure of value) und Maßstab der Preise (standard of value) unsäglich sei. Die Funktionen und daher ihre Namen werden beständig verwechselt.“ (MEW 23: 113, Fn 55) Bedeutet die Aussage, Geld sei die Rechnungseinheit, dass es Werte messe? Das Geld auf die Funktion des Rechnens zu reduzieren, bedeutet im Gegenteil, auf die Anerkennung der Wertmaßfunktion zu verzichten. Denn dem Rechnen muss das Messen vorausgehen. „Um was es nach dem Messen, nach der Verwandlung des Wertes oder seiner Bestandteile in Geldausdrücke geht, ist das Rechnen mit diesen Ausdrücken. Das sind dann aber primär keine ökonomischen Vorgänge mehr, sondern algebraische, rechnerische.“ (Köhler 1977: 83) Die heutigen Lehrbücher der Volkswirtschaftslehre erwähnen drei Grundfunktionen des Geldes: Wertaufbewahrungsmittel, Tauschmittel und Recheneinheit (z. B. Woll 2011: 429–432; Holtemöller 2008: 24–27). Diese Funktionen stellten das Wesen des Geldes dar. Die Definition sei nützlich, weil sie erlaubt, das Geld abzugrenzen von Dingen, die kein Geld sind. Doch sie verweise nur auf eine passive Dimension des Geldes – was machen die Leute mit Geld, das es schon gibt – unterschlage die Frage nach der aktiven Dimension: Wer stellt Geld her, wer hat zuerst Zugang zu ihm, zu welchen Zwecken wird es hergestellt? (Feinig 2024: 260 f) Bezeichnend, aber keineswegs verwunderlich ist, dass von einer Wertmaßfunktion keine Rede mehr ist. Die Funktion des Rechnens ersetzt die des Messens. Damit entgeht man der Notwendigkeit, das Messen und seine Voraussetzungen zu erklären. In älteren Werken wird die Bedeutung des Geldes als Wertmaß noch beschrieben. (z. B. Conrad 1900: 67; Simmel 1900: 156 ff) Eugen von Philippovich (1858–1917) österreichischer Nationalökonom und Professor an der Wiener Universität, nennt neben der Tauschmittelfunktion auch die des Wertmaßes und die des gesetzlichen Zahlungsmittels. (Philippovich 1919: 269 f) Nur wo diese drei Funktionen zusammentreffen, sei Geld vorhanden.

10.4 Der Geldwert

Die Geldtheorie versucht, den Wert des Geldes zu erklären. Die Frage nach dem Wert des Geldes hat die geldtheoretische Diskussion Jahrhunderte lang geprägt. Ralph G. Hawtrey meint, das sei ihre wichtigste, mehr noch ihre einzige Aufgabe: Die Geldtheorie sei die Theorie, die angibt, wie der Geldwert bestimmt wird – weiter nichts. (Hawtrey 1930: 64 -85; zit. aus Pribram 1998: 879 f) Bei denen, die heute auf eine Wertmaßfunktion hinweisen, wird die ganze Konfusion über den Inhalt des Wertbegriffs deutlich. Es ist keineswegs so, dass Ökonomen, sofern sie über die Wertmaßfunktion des Geldes reden, das Gleiche meinen.

10.4.1 Aufwandstheoretische und metallische Erklärungen

Der Wert des Metallgeldes wird bestimmt durch die gesellschaftlich notwendige Arbeitszeit, die seine Herstellung und der Transport zum Verwendungsort erfordert. Papierzeichen und Symbole, die als Geldvertreter fungieren, sind wertlos. Sie repräsentieren in Abhängigkeit von ihrer Menge den Wert der Geldware, die sich den Zirkulationsgesetzen gemäß im Umlauf befinden müsste. Metallische Erklärungen des Geldwerts beruhen nicht auf einer aufwandstheoretischen Grundlage. So wird in der metallischen Geldlehre des Copernikus der Wert der Münze z. B. als die Edelmetallmenge aufgefasst, die in der Münze enthalten ist, d. h. als eine Gewichtsgröße. (Sommerfeld 1978: 133) Es bleibt dann schleierhaft, woher besagtes, wägbares Metall seinen Wert herhaben soll. Ist vom Wert des Metallgeldes die Rede, so ist bei den „Metallisten“ i. d. R. kein Substanz-, kein Arbeitswert, sondern das Edelmetallgewicht gemeint. Die Werteinheit des Geldes ist die Gewichtseinheit des Metalls, welches als allgemeines Tauschgut fungiert, z. B. ein Pfund Silber, ein Kilogramm Silber, eine Unze Gold. Aus diesem Grund ist es falsch, zu behaupten (Ehrlicher 1988: 376), der Arbeitswerttheoretiker Marx sei wie die Mehrzahl der Vertreter der historischen Schule Metallist gewesen. Auch Greitens sagt Marx vertrete „eine streng metallistische Geldtheorie“. (Greitens 2022: 310) Selbst der marxistische Ökonom Eugen Varga (1879–1964) hat die marxsche Geldtheorie „metallistisch“ genannt. (Varga 1979: 20) Nun hat aber Marx Gold und Silber weder von Natur aus mit Geld identifiziert noch dessen Wert als eine Gewichtsgröße verstanden.

Am nächsten kommen jene Metallisten der arbeitswerttheoretischen Erklärung des Geldwerts, die den Wert des Geldmetalls bestimmt sehen durch dessen Produktionskosten. (z. B. Diehl 1918) Namhafte Repräsentanten dieser Auffassung waren William Petty und Nassau W. Senior (1790–1864). Senior sagt, der Wert des Geldes hänge ab von seinen Produktionskosten bzw. Gestehungskosten, die beeinflusst werden durch die Vermehrung oder Verminderung der Nachfrage. (Senior 1979: 107, 119 f) Behauptet wird, dass die Grenzkosten der Goldproduktion und damit der Goldwert niedrig sind, wenn wenig Gold produziert werde. Entsprechend sind die in Gold ausgedrückten Löhne und Warenpreise hoch. Wird die Goldförderung erhöht, steigen die Grenzkosten und mit ihnen der Goldwert. Löhne und Warenpreise fallen. Es werden jetzt weniger Goldeinheiten benötigt, um eine bestimmte Aufwandsmenge mit ihnen auszudrücken. Es scheint, als komme diese Auffassung der Arbeitswertlehre nahe. Doch der Wert als gesellschaftlich notwendiger Durchschnittsarbeitsaufwand und die in Preisen ausgedrückten, d. h. das Geld voraussetzenden betrieblichen Grenzproduktionskosten sind zwei unterschiedliche Kategorien. Die Arbeitswertlehre ist keine Produktionskostentheorie. Die Frage nach dem Geldwert wird durch die Produktionskostentheorie nicht beantwortet. (Ott/Winkel 1985: 85)

10.4.2 Subjektiver Geldwert

Die subjektive Wertlehre geht davon aus, dass das Geld keinen eigenständigen „Stoffwert" besitzen müsse. Ihre Vertreter unterscheiden einen persönlichen Wert des Geldes und versuchen einen „volkswirtschaftlich subjektiven Geldwert" zu ermitteln, indem sie die einzelwirtschaftlichen Geldwerte addieren. Der persönliche Geldwert werde bestimmt durch die Einkommens- und Vermögenslage des Wirtschaftssubjekts und durch dessen Bedürfnisse. Den zu messenden Wert des Geldes setzt Philippovich mit der Kaufkraft der Geldeinheit gleich; nicht der stoffliche Gehalt des Geldes, sondern dessen Funktion als Tauschmittel gebe dem Geld den Wert. Der subjektive Geldwert werde bestimmt durch das Einkommen und die Bedürfnisse der Verbraucher sowie durch die Warenpreise, der objektive Tauschwert des Geldes sei dessen generelle Kaufkraft gemessen am Preis aller Waren. (Philippovich 1919: 275, 305 f)

Der Wert des Geldes wird in dieser Argumentation mit dem Gebrauchswert, d. h. mit der Nützlichkeit des Geldes verwechselt. „Diese Theorien", schreibt Ehrlicher, „laufen darauf hinaus, daß als Geld nur eine Ware fungieren könne, die wegen ihres Eigenwerts geschätzt wird, d. h. also einen unabhängig von der Geldqualität existierenden selbständigen Gebrauchswert hat." (Ehrlicher 1988: 376) Auch bei vielen Ökonomen, die eine Wertmaßfunktion des Geldes akzeptieren, ist das Durcheinander und Verwechseln von Wert und Gebrauchswert, von Wert und Preis, von Wertbildung und Bewertung typisch. Wert und Gebrauchswert werden identifiziert und die Werterklärung löst sich auf in subjektiven Schätzungen. Individuelle Urteile über den Nutzen, das Empfinden der Nützlichkeit eines Gegenstandes treten an die Stelle der Arbeitszeitmessung. Geld brauche keinen eigenständigen „inneren" Wert zu besitzen, da es diesen durch die Schätzung erhalte. Die allgemeine Wertschätzung der Edelmetalle resultiere auch aus ihren stofflichen Eigenschaften. Sie besäßen Wert, weil sie schön und dauerhaft sind, nicht verrosten und weil sie knapp sind. Aber vor allem deshalb, weil sie geeignet sind, Waren zu bezahlen.

Oder der Wert des Geldes werde vom Staat dekretiert. „Die Nominalität der Werteinheit wird vom Staate geschaffen." (Knapp 1921: 32) Die Werteinheit beruhe auf dem staatlichen Willen und auf der – erstaunlichen und in jedem Fall gewalt- und nicht wirtschaftsabhängigen – Macht des Staates, sie zu erzwingen. Der Staat schaffe durch Autorität und Vertrauen „Wert". Dieser „Wert" bleibt im Übrigen ungeklärt. Unter ihm wird die wertende Einstellung der Leute zum Geld verstanden. Damit löst sich eine Theorie, die den Wert des Geldes zunächst als Ergebnis eines juristischen Aktes begreift, in subjektive Wertvorstellungen der öffentlichen Meinung über das Geld auf. Der Geldwert werde bestimmt durch Stärke und Schwäche des Staates bzw. seiner Notenbank und damit durch das Vertrauen, das beide schaffen. Ein starker Staat wie die USA müsste den Wert seiner Währung, mit der er auch außerhalb einkauft, in schwindelerregender Höhe festsetzen können, und der unglückliche Schweizer Franken hätte Pech.

Neuere Erklärungen der „Wertmaßfunktion" des Geldes gehen von anderen nützlichen Eigenschaften des Geldes aus. Unter den Bedingungen einer nichtmetallischen Geldzirkulation begründeten nicht mehr die natürlichen Merkmale der Edelmetalle, sondern andere Gebrauchswerte den „Wert" des Geldes. Geld befriedige als Wertaufbewahrungsmittel das selbständige Bedürfnis „zur Tauschbereitschaft oder zur Liquidität." (Ehrlicher 1988: 376) Das messtheoretische Axiom, quantifizierend nur zwischen Dingen vergleichen zu können, die das zu Vergleichende gemeinsam besitzen, gilt scheinbar nicht, wenn die Bildung von Werten mit dem subjektiven Vorgang des Bewertens verwechselt wird. Wie kann man behaupten, Geld könne Werte „messen", ohne dass es die Qualität des zu Messenden in bestimmtem Umfang selbst besitzt? Köhler schreibt: „Das Maß ist objektiv bestimmt, weil es eben von der Qualität des zu Messenden sein muß." (Köhler 1980: 81)

Bei der heute üblichen Argumentation entfällt die Wertmaßfunktion des Geldes. Nicht das Geld messe, sondern Individuen schätzten, bewerteten das Geld. Geld erhalte Wert durch Wertschätzung. Bleibt dann noch Platz für eine Wertmaßfunktion des Geldes? An deren Stelle rückt eine Rechnungsfunktion, die gerade nicht an einen selbständigen Wert des Geldes gebunden sei. Geld wird als eine Rechnungseinheit begriffen, die jedem Gut einen Wert zuordnet, den es vorher durch Schätzung erhalten habe. Die Wertmaßfunktion – bleibt sie nicht, wie gegenwärtig üblich, ausgespart – verkümmert zu einer Bewertung unter falschen Prämissen. Es ist die wichtigste Funktion des Geldes, um jene, die am engsten mit dem Wesen des Geldes verbunden ist. Die in den Erscheinungen und Prozessen des Geldwesens verborgenen Wesenszusammenhänge bleiben verhüllt. Marx hat das Wesen des Geldes darin gesehen, daß der Wert der gewöhnlichen Waren in einer spezifischen Ware gesellschaftlich gültig dargestellt wird.

10.4.3 Wert des Geldes = Kaufkraft?

„Das Geld ist keineswegs eine materielle und physische Tatsache, sondern im Wesentlichen eine soziale Tatsache, sein Wert ist der Wert der Kaufkraft und das Maß des Vertrauens, das man in es setzt." (Mauss 1914/2016: 140) Wird der „Wert", d. h. der

Grenznutzen der Geldeinheit bestimmt durch die Menge der Waren, die die Leute kaufen, dann sind es die Preise, die diesen „Wert“, weil die Menge der Güter, bestimmen, und der Wert des Geldes entspricht der Kaufkraft des Geldes. Und die Kaufkraft des Geldes entspricht dem Kehrwert des Preisniveaus. „Da die Kaufkraft des Geldes von der Menge der Güter und Dienste abhängt, die eine Geldeinheit kaufen wird, so kann sie nur gemessen werden an dem Preise eines Warenbündels, [...]“ (Keynes 1932: 43) Die Bestimmung des Grenznutzens oder Wertes des Geldes setzt damit die Kenntnis der Preise voraus, die in diesen Geldeinheiten ausgedrückt und gebildet werden, womit wir am unerklärten Ausgangspunkt landen.

Nominalistische Betrachtungen tendieren dazu, den Wert überhaupt aus der ökonomischen Theorie zu entfernen. Es ist zur Gewohnheit geworden, ökonomische Phänomene, auch solche des Geldwesens, ohne werttheoretischen Bezug darzustellen. Gustav Cassel lehnt Wertbetrachtungen ab und hält eine wertlose Preislehre für ausreichend, um alle ökonomischen Fragen theoretisch zu beantworten. (Cassel 1923: III) Das gelte auch für den Geldwert: Der Betrag, zu dem ein Gut in einer solchen abstrakten Rechnungseinheit, die bei Cassel Inhalt des Geldbegriffs ist, geschätzt wird, ist „offenbar ein Preis, die Einheit ist eine Preiseinheit und die ganze Rechnungsskala eine Preisskala.“ (Cassel 1923: 339) Auch auf diese Weise gelangen wir zu der Auffassung, dass der „Wert“ des Geldes durch die Menge an Waren und Dienstleistungen bestimmt ist, die Käufer für Geld erwerben. Cassel definiert den Geldwert als „den reziproken Wert des allgemeinen Preisniveaus“ – d. h. als die Kaufkraft der Geldeinheit. (Cassel 1923: 401) Das ist auch heute im 21. Jahrhundert die dominierende Auffassung. „Der Wert des Geldes findet in seiner Kaufkraft Ausdruck [...] Ein vollkommener Ausdruck der Geldwertbewegung wäre daher der Preisindex aller produzierten Güter.“ (Ehrlicher 1988: 378) Der Zirkelschluss der Argumentation besteht darin, ein Preisniveau mit Geld oder Geldzeichen auszudrücken, um dann von diesem Preisniveau auf den „Wert“ der Geldeinheit zu schließen. Damit gibt es keine Wertmaßfunktion des Geldes mehr. „Wenn der Geldwert mit der Kaufkraft des Geldes identisch ist und somit von seiner Dimension her Preis ist, ist das Resultat seiner Wirkungsbeziehungen zu den Warenwerten bereits vorweggenommen. Sind Maß und Maßstab mit dem zu Messenden identisch, so wird der Maßvorgang tautologisch [...]“ (Schmidt 1980: 304 f.) Der Gedanke, dass der Wert des Geldes durch die Preise der Waren erklärt werden könnte, die mit Hilfe des Geldes gekauft werden, ließ die wissenschaftliche Analyse des Wertes bedeutungslos erscheinen. Zumindest behaupteten das seine Gegner. Fortan wurden Anstrengungen, den „Geldwert“ zu ermitteln, auf die Untersuchung des Preisniveaus und dessen Bestimmungsfaktoren gerichtet. Angebot-Nachfrage-Theorien rückten in den Vordergrund, und diese erklären Preisschwankungen vorzüglich, nur den Durchschnittspreis, der bei allen Schwankungen unterschiedlich bleibt, erklären sie nicht. Das ist insofern dubios, weil die Preise der monetäre, d. h. in Geldeinheiten ausgedrückte Wert der Waren sind. Preise können nicht die Bestimmungsfaktoren des Wertes sein, es sei denn, der Wert wird mit der Menge an Gütern verwechselt, die eine Geldeinheit zu kaufen vermag. Auf die vielfältigen Bemühungen, über die Analyse der Bestimmungsfaktoren von Angebot und Nachfrage die Höhe der Preise und des Preisniveaus zu erklären und auf diese Weise zum Wert des Geldes zu gelangen, wird hier nicht eingegangen. (vgl. Müller 2015: 42–46).

10.4.4 Fazit

Zusammenfassend kann man sagen, dass die herrschende Lehre den Geldwert mit Kaufkraft identifiziert und den Wert als Preis missversteht. Dabei scheint die Argumentation zunächst einleuchtend: Was ist Geld wert? So lautet die Frage. Die Antwort: das hängt davon ab, was wir mit dem Geld kaufen können. Viel, dann hat Geld einen hohen Wert. Wenig, dann hat Geld einen niedrigen Wert. Doch die Kaufkraft des Geldes ist nicht der Wert, sondern der – bei dieser Ware von ihrem Wert abgeleitete – Gebrauchswert, die Nützlichkeit des Geldes. Der Gebrauchswert des Geldes besteht darin, auf dem Markt Konsum- und Investitionsgüter kaufen zu können. Er ist hoch, wenn die Leute viele Waren, und er ist klein, wenn sie wenige kaufen können. Wieviel Waren das Geld kaufen kann – die Kaufkraft –, ist nicht der Wert des Geldes, sondern hängt von diesem ab. Nicht die Preise bestimmen den Geldwert, sondern der Geldwert ist Voraussetzung, Preise bilden und ausdrücken zu können. Der Geldwert wird bestimmt durch den Arbeitsaufwand zur Herstellung der Geldware. Er wird von vornherein als gesellschaftlich notwendig anerkannt. Bei einem Tausch von Äquivalenten stimmen zwar der Wert der gekauften Waren und der Wert des Geldes überein. Das heißt nicht, dass der erste der Bestimmungsgrund des letzten sei. Der Wert des Geldes ist von vornherein gegeben, weil nur so das Geld Äquivalent sein kann. Bei der Preisbestimmung der Waren werden die Wertgröße des als Maßeinheit dienenden Geldquantums, d. h. der Wert des Geldes als gegeben vorausgesetzt. Das Geld lässt Waren zirkulieren, die Preise haben, d. h., die ideell bestimmten Quantitäten der Geldware Gold gleichgesetzt sind. Die Gesamtsumme der Warenpreise ist bestimmt durch den „Preisgrad“ (in Gold ausgedrückte Tauschwerte der Waren) und durch die Summe der Waren zu gegebenen Preisen. (MEW 13: 84 f) Der Wert des Geldes bestimmt nicht den Wert der gekauften Waren; indem das Geld aber diesen ausdrückt, erhalten die Waren ihren Preis. Das Geldumlaufgesetz besagt, dass die Quantität der zirkulierenden Geldware von ihrem eigenen Wert abhängt, der die Preissumme bestimmt, die Warenwerte und die Umlaufgeschwindigkeit als gegeben angenommen. Ein hoher Geldwert ist mit einer hohen, ein geringer mit einer niedrigen Kaufkraft verbunden. Die „Kraft“ des Geldes, Waren zu kaufen, ist aber nicht identisch mit dem Geldwert. Sie ist abgeleitet von ihm. Bei Existenz einer Geldware bzw. bei Gold- und Silberwährung ist dies alles leicht zu verstehen. Und bei wertlosen Geldzeichen und -symbolen?

Anders und doch analog verhält es sich bei Papierzettelwährungen, egal, ob diese juristisch zu einem fixierten Verhältnis in Gold eingewechselt werden können. Papierzettel und Scheidemünzen, die keine Waren sind, sondern Surrogate, d. h. Symbole der Geldware, besitzen keinen Wert und erhalten auch in der Zirkulation einen solchen nicht. Man kann aber die Papiernoten als Stellvertreter der Geldware betrachten. Sie repräsentieren deren Wert abhängig vom Umfang, in dem sie in der Zirkulation sind. Symbolisieren sie weniger Wert, weil ihre Menge groß ist, werden mehr bzw. auf größere Zahlen lautende Einheiten von ihnen benötigt, um den Warenwert symbolisch auszudrücken. Der Preisausdruck wird größer, die Kaufkraft einer Geldeinheit sinkt. Symbolisieren sie mehr Wert, weil ihre Menge klein ist, sind weniger bzw. auf kleinere Zahlen lautende Einheiten von ihnen nötig, um den Warenwert symbolisch auszudrücken. Der Preisausdruck wird kleiner. Die Kaufkraft steigt. Auch jetzt bestimmen nicht die Preise den Wert, der durch Geldzeichen symbolisiert wird. Umgekehrt: Die Höhe der Preise ergibt sich aus dem Wert, den die Geldzeichen symbolisieren. Wer unter dem Geldwert die Kaufkraft versteht, verwechselt die beiden gegensätzlich und sich bedingenden Kategorien „Wert" und „Gebrauchswert". Diese „Verwechslung" kommt häufig vor. Ist der Geldwert die Kaufkraft einer Geldeinheit, dann ist der Wert identisch mit einer Gütermenge. Dahinter verbirgt sich ein sachlich unglückliches, unbrauchbares Wertverständnis.

10.5 „Moderner" Nominalismus

Im 21. Jahrhundert scheint sich der vor Jahrhunderten begonnene Übergang vom einst stoffwertvollen Geld – der Geldware – über stoffwertlose Geldzeichen aus Papier bis hin zu Geldsymbolen, zum Geld als Nichts, zu vollenden. Geld existiert zunehmend als Zahl auf den Speicherplätzen moderner Rechenwerke. Das Bargeld verschwindet mehr und mehr aus der Zirkulation. Das Geld ist digital geworden. Der Siegeszug bargeldloser Zahlungen hält an und erfasst immer mehr auch den nichtkommerziellen Sektor. Angesichts dieser dramatischen Änderungen der letzten Jahrzehnte setzt sich unter Ökonomen die Auffassung durch, dass das Geld nominalistisch erklärt werden muss. Metallische oder arbeitswerttheoretische Erklärungen des Geldes und des Geldwerts rücken in den Hintergrund bzw. werden vollends verdrängt. Der Metallismus in allen seinen Formen – Monometallismus, Bimetallismus – hat ausgedient oder spielt allenfalls eine subalterne Rolle. Metallische Geldwerterklärungen – der Wert sei gleich dem Edelmetallgewicht – erscheinen angesichts der dominierenden Papierzettelwährungen anachronistisch. Der Wert des Geldes habe zu tun mit dem Nutzen des Geldes, und der sei identisch mit der Fähigkeit, Güter zu erwerben.

10.5.1 Politische Theorie des Geldes

Die „modernste" Auffassung vom Geld besteht darin, dass das Geld, das benötigt werde als Rechnungseinheit, nicht spontan aus individuellen Transaktionen hervorgegangen sei, sondern aus Schuldverhältnissen (siehe Abschnitt 10.6) und einer „politischen Ordnung“ bedarf, die mittels Autorität bestimmt, was Geld ist. Diese Autorität sei der Staat. „Durch seine Fähigkeit, Steuerforderungen in einer bestimmten Einheit auferlegen und durchsetzen zu können, ist er in der Lage, die Akzeptanz und Nachfrage nach diesem Zahlungsmittel in der Bevölkerung quasi zu erzwingen [...] Dem Chartalismus zufolge wird ein Gegenstand also insbesondere dadurch zu Geld, dass er als gesetzlich zugelassenes Zahlungsmittel für regelmäßig fällige Steuern akzeptiert wird.“ (C. Müller 2024: 81 f) In nominalistischen Geldtheorien erscheint das Geld als ein Produkt des Staates. Die „modernste“ Auffassung ist also eine sehr alte. Schon Aristoteles hatte die Frage gestellt, ob das Geld von Natur sei oder aus dem Gesetz stamme. Die christlichen Philosophen des Mittelalters, die Scholastiker, glaubten, dass der Wert des Geldes nicht aus den Beziehungen der Warenproduktion resultiere. Als „valor impositus“ komme er vielmehr durch Befehl der Staatsgewalt zustande. Georg Friedrich Knapp hat diese Gedanken aufgenommen und zugespitzt. Geld wird zu einer juristischen Kategorie und der Staat zu dessen Schöpfer. John M. Keynes schließt sich der Meinung an, dass das Geld ein Geschöpf der Rechtsordnung sei. Der Staat lege fest, was Geld ist und verleiht ihm einen Wert. Das ist der Inhalt der chartalen Geldtheorie (siehe auch Abschnitt 9.3.3) Sie hat sich behauptet, wird selbst vertreten von Geldtheoretikern, die einer Geldwarentheorie nicht gänzlich verständnislos gegenüberstehen. So wird betont, dass der einseitige Fokus auf Staaten „der dem Geld innewohnenden Verbindung zwischen staatlicher und privater Macht analytisch nicht gerecht“ werde. (Binder 2024: 172) Andrea Binder sieht das Geld nach wie vor in irgendeiner Weise gekoppelt an Waren. Ein Wandel habe sich vollzogen vom Goldstandard (Ende des 19./Beginn des 20. Jahrhunderts) über den Gold-Dollar-Standard (1944 bis zu Beginn der 1970er Jahre) zu einem Dollar-Öl-Standard. In den 2020er Jahren herrsche ein Interregnum; die alte Geldordnung ende, ohne dass eine neue schon begonnen habe. Tendenziell werde die vermeintliche Rolle des Öls im Währungssystem übernommen von den erneuerbaren Energien. Wie diese aber die Geldfunktionen erfüllen, wird nicht ausgeführt. (Binder 2024: 188–192)

In neuerer Zeit wird die Auffassung, dass der Staat das Geld schaffe, in Form der Modern Monetary Theory (MMT) propagiert. In Deutschland vertreten Dirk Ehnts, Michael Paetz und Maurice Höfgen die Auffassung. (Ehnts 2022, Paetz 2022, Höfgen 2020) Ihre Absicht ist lobenswert. Sie plädieren dafür, dass der Staat Geld schöpft, es in den Umlauf bringt, so Arbeitsplätze schafft, die Infrastruktur verbessert und die natürliche Umwelt erhalten hilft. (Feinig 2024: 245 ff, 262 ff) Ihre Kernaussagen: Staaten, die eine eigene Papierzettelwährung (eine Währung ohne inneren Wert und die kein Anspruch ist auf anderes Geld ist) herausgeben, könnten mit ihr Waren, Dienstleistungen und finanzielle Vermögenswerte bezahlen, ohne vorher Geld in Form von Steuern oder Anleihen einnehmen zu müssen. Sie können nicht durch Verschuldung in der eigenen Währung in Insolvenz geraten. Ihr Kraft Geld zu schöpfen, werde nur durch die Inflationsgefahr begrenzt, die steige, wenn die die realen Ressourcen sich erschöpften.

10.5.2 Zentralbanken – Schöpfung von Geld aus dem Nichts?

Auf welche Weise, in Abhängigkeit wovon und durch wen Geld „geschöpft“ werden kann, war in der Geschichte der Geldtheorien stets umstritten. Inzwischen vertreten die meisten Geldtheoretiker die Auffassung, Banken schöpften das Geld aus dem Nichts. (Riese 1995; Riese 2000) Von der Annahme, seine Autorität versetze den Staat in die Lage, Geld zu schöpfen, bis zur These, er könne es voraussetzungslos tun und stoße dabei auf keine Grenzen, ist es nicht weit. Die Zentralbank gebe „das ranghöchste Zahlungsversprechen heraus. Sie benötige deshalb anders als die Geschäftsbanken, kein hierarchisch höheres Zahlungsversprechen zum Ausgleich [...] Damit ist es ihr grundsätzlich möglich, unbegrenzt Geld zu schöpfen.“ (C. Müller 2024: 88)

Wahr ist zunächst, dass die Zentralbank in Form von Zentralbanknoten und -guthaben Geld schaffen kann, und sie tut das in dem Maße, wie sie dazu gezwungen ist oder es für wünschenswert hält und die Geschäftsbanken diese Pläne nicht durchkreuzen. Da die von der Zentralbank emittierten Noten nicht fällig werden und als gesetzliche Zahlungsmittel akzeptiert werden müssen, könnte man denken, dass die Zentralbank theoretisch auf keine Grenzen stößt, Geld zu „produzieren“. In Wirklichkeit ist sie nicht in der Lage, frei über die Höhe der Banknotenemission zu entscheiden. Als Element der kapitalistischen Reproduktion ist sie an gewisse Voraussetzungen gebunden, wie die Produktions- und Preisentwicklung, das Angebot an Wertpapieren und Devisen, an die Bereitschaft der Geschäftsbanken, ihrer Politik zu folgen und an die Wünsche der Bankkunden, Bargeld zu verwenden. Und sie ist gezwungen, Wirkungen ihres Tuns auf den Produktionssektor zu beachten. Die Auffassung, dass Zentralbanken nach Belieben die Wirtschaft mit Zentralbankgeld versorgten, stößt auf den Einwand, dass ausschlaggebend dafür, wie viel Geld auf den Markt kommt, die Nachfrage nach Geld und das „Gewinnmaximierungskalkül“ der Unternehmer ist. Insofern gibt es Grenzen für die Emission der Zentralbanknoten. Deren Quantifizierung ist jedoch schwierig. Zentralbankgeld entsteht keineswegs aus dem Nichts, nur deshalb, weil es den Zentralbanken gerade eingefallen ist, es zu mehren. Die Zentralbanken sind bei der Schaffung ihres Geldes darauf angewiesen, dass die Geschäftsbanken daran mitwirken. Und die Geschäftsbanken werden bereit sein, mitzuwirken, wenn es ihre Kunden, die Nichtbanken ebenfalls sind, wobei die Initiative zur Kreditvergabe in der Regel von letzteren ausgeht. „Weshalb sollten Geschäftsbanken die Pläne der Zentralbank durchkreuzen wollen?“, fragt Quaas, um gleich selbst darauf zu antworten: „Keine marktwirtschaftlich eingebettete Zentralbank der Welt kann die Geschäftsbanken zwingen, mehr Kredite zu vergeben, als diese für richtig halten.“ (Quaas 2018: 32 f) Die Banken brauchen zur Durchführung ihrer Transaktionen Zentralbankgeld. Das Geld der Zentralbanken gelangt in den Umlauf, indem die Zentralbank Kredite an Geschäftsbanken gewährt, die sich verpflichten, das geliehene Geld zurück- und Zinsen obendrauf zu zahlen. Und in der Lage sind, Sicherheiten in Form von Wertpapieren zu stellen. Es findet ein Tauschgeschäft statt. Die Zentralbank beleiht oder kauft Wertpapiere – v-a. Staatsanleihen, aber auch andere Schuldverschreibungen –, Devisen und eventuell Gold gegen gesetzliche Zahlungsmittel. Sie will so die Kreditausreichung der Geschäftsbanken an Unternehmen und Haushalte anregen und das Wirtschaftswachstum fördern. Verkauft sie Wertpapiere, dann will sie dazu beitragen, dass die Preise stabil bleiben. Sie würde in diesem Fall Zentralbankgeld „vernichten“. Geld verschwinde dorthin, wo es herkam: im Nichts. Ohne die Bereitschaft und Fähigkeit der Geschäftsbanken daran mitzutun, kann weder Zentralbankgeld geschaffen noch zurückgeholt werden. Gründe, dass die Geschäftsbanken, die Intentionen der Zentralbank durchkreuzen, also z. B. keine Wertpapiere an die Zentralbank verkaufen wollen, gibt es mehrere; so könnte ihnen der Zinsabschlag zu hoch sein, oder sie erwarten einen Kursanstieg, sie bekommen Geld auf dem Geldmarkt günstiger oder aufgrund einer Rezession ist der Bedarf der Unternehmen und Haushalte an Krediten gering. Quaas bezweifelt, dass die Zentralbank unter bestimmten Bedingungen zur Ausgabe von Zentralbanknoten gezwungen sein könnte, „da es doch ihre ureigene Aufgabe ist, die Geschäftsbanken mit Geld zu versorgen“. (Quaas 2018: 32) Man kann sich aber vorstellen, dass die Zentralbank entsprechend der Wirtschaftslage zu einer restriktiven Geldpolitik neigt, aber aufgrund unkontrollierbarer Devisenzuflüsse infolge von Überschüssen in der Leistungsbilanz unter bestimmten Bedingungen, z. B. zur Sicherung der Wechselkurse, gezwungen ist, Zentralbankgeld in unerwünscht hohem Umfang – also wider Willen – zu emittieren. Sie wird außerdem die Liquiditätswünsche der Banken jederzeit erfüllen, sofern sie entsprechende Sicherheiten stellen. „Welche Situation auch immer vorliegt“, schreibt Krüger, „die Vermehrung oder Verminderung des Umfangs der Wertzeichenzirkulation folgt keinen selbstgesetzten Zwecken der Zentralbank.“ (Krüger 2012: 423) Das Zentralbankgeld wird, worauf auch Georg Quaas verweist, nur gegen ausreichend hohe Sicherheiten in Umlauf gebracht. Der Tausch der Zentralbanknoten gegen hochwertige und marktgängige Eigentumstitel erzeuge „wertstabiles“ Geld. Zentralbankgeld sei deshalb das allgemeine Äquivalent aller ökonomischen Werte. (Quaas 2018: 43–46) Man muss dem nicht unbedingt zustimmen. Permanente Preissteigerungen untergraben den Geldwert. Und schwankende Kurse von Wertpapieren sind ein unzuverlässiger Garant für Stabilität. Richtig aber ist zweifelsohne, dass Zentralbanken keineswegs Geld aus dem Nichts erzeugen. Obwohl anders, ähnelt die Argumentation jener, mit der die Stabilität des sozialistischen Geldes erklärt und zu erreichen versucht worden war. Im Sozialismus hätte es keiner Geldware Gold bedurft, weil das Geld durch materielle Fonds, durch bedarfsgerechte Waren gedeckt und der Kredit an ihre Produktion und Zirkulation gebunden gewesen sei. (Ehlert, Hunstock, Tannert 1985: 43 f) Das mag aus heutiger Sicht etwas gewagt erscheinen, wies doch die Warendecke in den sozialistischen Ländern regelmäßig Löcher auf. Sie konnten zum Teil gestopft werden, entstanden an unterschiedlichen Stellen immer wieder neu. Doch falsch ist die These deshalb nicht. Hätte die Warendeckung staatlich garantiert werden können, wäre auch das Geld stabil gewesen. Doch war das eben nicht der Fall. Und deshalb halfen auch staatlich garantierte Planpreise nicht, die Wertstabilität des Geldes zu sichern. Zwar bezahlte man in der DDR, um ein Beispiel zu nennen, etwa 30 000 Mark für einen PKW Wartburg. Es gab Leute, die bezahlten diese Summe bereits, um eine Anmeldung zu erwerben, de facto also für das Fahrzeug das Doppelte.

10.5.3 Modern Monetary Theory

Eng mit der These, Zentralbanken schöpften nach Belieben Geld aus dem Nichts, hängen die Aussagen der Modern Monetary Theory (MMT) zusammen. Rätselhaft an ihr ist, weshalb sie sich als modern bezeichnet. Ihr Kern ist alt. Scheinbar neue Einsichten knüpfen an alte Dogmen an: an die Quantitätstheorie des Geldes, den Nominalismus, vor allem an die Auffassung Georg Friedrich Knapps, dass der Staat das Geld unbegrenzt aus dem Nichts schöpfe und dies, so fügen die Vertreter der MMT hinzu, mit weitreichenden positiven wirtschaftlichen Wirkungen. In ihr mischen sich Richtiges, Widersprüchliches und Falsches. Neu ist die Auffassung, dass der Staat als Emittent des Geldes unbegrenzt Geld neu drucken lassen könne, ohne sich zu verschulden. Er könne nie zahlungsunfähig werden, weil er der „Erzeuger" des Geldes sei. Der Staat verfüge über eine unerschöpfliche Geldquelle und könne problemlos alle seine Ausgaben finanzieren. Zudem lenke der Staat als Nachfrager brachliegende Ressourcen und Geld in die bedürftigen Bereiche des güterwirtschaftlichen Sektors. Er lässt Alten- und Pflegeeinrichtungen, Straßen, Schulen, Sozialwohnungen usw. bauen. Damit verbindet sich die Hoffnung, durch massive Ausweitung der staatlichen Nachfrage die ökologische, soziale und ökonomische Entwicklung zu fördern. Verdienstvoll an der MMT ist, dass sie die neoliberale Sparpolitik, die Schuldenbremsen, die Vernachlässigung der Infrastruktur und den Abbau der sozialen Leistungen kritisiert. Sie zeigt Spielräume auf für eine aktive Wirtschafts- und Sozialpolitik, beruht jedoch auf Annahmen, die nicht überzeugen. Zwar knüpft sie an einigen realen Erscheinungen an: Tatsächlich fand in den jüngsten Krisen eine umfangreiche Staatsfinanzierung über die Zentralbanken unabhängig von Ersparnissen und Staatsquoten statt. Ohne Steuererhöhungen wurden gewaltige finanzielle Mittel bereitgestellt. Das erhärtet den Eindruck, dass Banken und Staat Kredit und Geld aus dem Nichts schaffen würden und zeige, dass der Staat keine Ersparnisse der Privaten und Steuern benötige, um seine Ausgaben zu finanzieren. Im Gegenteil behauptet die MMT, alles Geld entstehe aus dem Kredit und indem der Staat mit dessen Hilfe Ausgaben bestreite, stelle er das Geld erst zur Verfügung, das benötigt werde, um Steuern zahlen zu können. (Ganßmann 2015: 41–45; Pauli 2021: 10 f; Mosler, Ehnts 2023) Der Staat akzeptiere sein Geld als Steuer und daher akzeptierten es die Steuerzahler als Geld.

Widersprochen wird Ehnts und den anderen „modernen" Geldtheoretikern unter anderem von Georg Quaas, der die Annahme kritisiert, dass der Staat Geld aus dem Nichts schaffen könne. Geld entstehe so wenig wie eine Wolke aus dem Nichts, es sei denn, man abstrahiert von allen Voraussetzungen der Entstehung. (Quaas 2018: 2018, S. 67 ff, 87–107, 251) Nach Stephan Krüger ist die MMT „von ihrem ökonomischen Gehalt nicht nur Vulgärökonomie (im Marxschen Sinne), sondern überschreitet bereits die

Grenze zu „Funny Science“, indem sie die Bedingungen der Kapitalverwertung und Kapitalakkumulation ignoriert. (Krüger, Müller 2020: 147 ff) Sie beruht auf dem Irrglauben, mit der unbegrenzt produzierbaren Geldmenge ließen sich alle wirtschaftlichen und sozialen Probleme des Kapitalismus in den Griff bekommen. Zwar zeige die Geschichte, dass die Ausgabe von staatlichem Papiergeld mit Zwangskurs der Erhebung von Steuern und der Errichtung eines funktionsfähigen Steuersystems vorausgehen kann, doch logisch „verhält es sich gerade umgekehrt: das Steuerwesen ermöglicht es, dass die Staatsschuld eine normale Form der Staatsfinanzen“ ist. (Stützle 2021: 86) Die Ansprüche der Gläubiger des Staates sind durch die Steuereinnahmen gesichert. Die Auffassung, dass jegliches Geld Kredit und nichts weiter als Kredit sei, ist falsch und an anderer Stelle widerlegt worden. (Krüger, Müller 2020: 46–50; Stützle 2021: 80) Droht Inflation, solle der Staat via Steuern überschüssige private Nachfrage abziehen. Das sei dann auch der einzige Grund für die Erhebung der Steuer, die er eigentlich nicht brauche, da er sein Geld jederzeit selbst erzeugen könne. Zugleich könnte durch eine Besteuerung der Reichen die ungerechte Einkommens- und Vermögensverteilung gemildert werden – Annahmen, die für eine wohlwollende Aufnahme der MMT auch bei einem Teil der Linken gesorgt haben. (Höfgen 2020) Eine Bank, die Staatsanleihen erwirbt, bezahlt sie mit Zentralbankgeld und verkauft sie i. d. R. mit einem Aufschlag an private Investoren oder an die Zentralbank weiter. Die MMT übersieht, dass den Staatsausgaben Grenzen gesetzt werden durch knappe Ressourcen. Sie wiederholt den Fehler der nominalistischen Geldlehre: Geld wird von der Ware und ihrem Wert gedanklich entkoppelt und dem Staat die entscheidende Rolle für die Entstehung und Schöpfung des Geldes zugewiesen. Die MMT erklärt nicht, warum dem Warentausch die Warenwerte zugrunde liegen und weshalb man dazu das Geld als allgemeines Äquivalent, als Maß der Werte und Mittel der Zirkulation braucht. Geld ist nicht einfach eine Anweisung auf einen Teil des Sozialprodukts, sondern es ist das Mittel, mit dem auf dem Markt anerkannt wird, dass privat geleistete Arbeit Teil der gesellschaftlich notwendigen Arbeit ist. (Stützle 2021: 85) Der naive Glaube, mit aus Nichts geschöpften Geld des Staates allein könne man alle Probleme lösen, ist der Kern der „modernen“ Geldtheorie. Aber hinter dem Geld steht der Wert und hinter dem Wert die Arbeit, die als gesellschaftlich notwendig zählt. Arbeitsressourcen sind limitiert. Man kann sie nicht wie Geldmengen erhöhen. Der Staat und seine Zentralbank können zwar formal Geld emittieren. Doch was diese Währung kann, schreibt Ingo Stützle richtig, „das entscheidet in der kapitalistischen Privatwirtschaft [...] ob das Geld als Mittel der Verwertung fungieren kann oder nicht. Kurzum: Formal ist der Staat beim Gelddrucken souverän, materiell nicht. Er kann Anweisungen ausgeben, aber damit keinen Wert schaffen, keine Verwertung garantieren.“ (Stützle 2021: 83) Ferner kritisiert Stützle an der MMT prinzipiell das Fehlen eines „adäquaten Begriffs von Geld“ und „von Kapitalismus“, und das „gesellschaftliche[n] Machtverhältnisse“ nicht berücksichtigt würden. Ob eine Volkswirtschaft arm oder reich ist, hängt nicht davon ab, wie viel Geld sie besitzt. Natürliche Ressourcen, Arbeitskräfte, Wissen, Konsum- und Investitionsgüter sind entscheidend; keine Notenpresse kann aus Bangladesch ein reiches Land machen. Die MMT krankt, so

Stephan Krüger, „neben [...] Fundamentalfehlern bei den Geldeigenschaften an den Weiterungen, die sich aus ihnen ergeben. Der komplett fehlende Rückbezug auf die Bedingungen der Kapitalverwertung und die unterlassene Unterscheidung zwischen einer langfristig beschleunigten Kapitalakkumulation [...] sowie ihrer gesetzmäßigen Ablösung durch eine strukturelle Überakkumulation von Kapital disqualifiziert diesen Theorienansatz grundsätzlich." (Krüger, Müller 2020: 147 f) Die Arbeitsgruppe Alternative Wirtschaftspolitik setzt daher im Gegensatz zur MMT auf Umverteilung, will Geld von den Einkommensstarken und Reichen über Steuern holen, Finanzierungsüberschüsse der Haushalte und Unternehmen abschöpfen, auch mittels Kredite, um notwendige öffentliche Investitionen und soziale Ausgaben zu bezahlen. (Arbeitsgruppe Alternative Wirtschaftspolitik 2021: 303 f)

10.5.4 Geschäftsbanken – Schöpfung von Giralgeld aus dem Nichts?

Viele sind überzeugt, dass Geschäftsbanken die Gabe haben, durch Federstriche des Bankpräsidenten, der ein Darlehen billigt und den Betrag dem Girokonto des Kreditnehmers via Mausblick gutschreibt, Geld zu erzeugen. Wenn ein Kunde bei einer Bank einen Kredit aufnimmt, schreibt ihm die Bank das Geld auf seinem Konto gut, einfach durch eine Eingabe in ihrem Computer. Es scheint daher, als sei die Geschäftsbank in der Lage, unbegrenzt Geld zu schöpfen, ähnlich wie die alttestamentarische Witwe aus Zarpath bei Sidon, deren Ölkrug während einer Zeit der Teuerung auf Gottes Geheiß nicht leer wurde. (1. Könige 17: 9–11) Auch Marx habe „die Fähigkeit der Banken zur Geldschöpfung – bis zur Jahrhundertwende von der Bankwelt hartnäckig bestritten – bereits eindeutig erkannt." (Kühne, Freeman 2001: 145) Geld aus dem Nichts? Wie verhält es sich mit dieser Zauberei? So einfach, wie es erscheint, ist es nicht. Tatsächlich gewähren Geschäftsbanken Kredite nicht nur aus den Einlagen, die ihre Kunden bei ihnen bilden. Die Fähigkeit der Banken, Kredite an Bankkunden zu vergeben, setzt nicht unbedingt voraus, dass andere Kunden Ersparnisse auf Bankkonten deponiert haben. Eine alte, damals sensationelle, erregende Erfahrung und Erkenntnis: Die Banken können Kredite bewilligen, die ihre Einlagen übersteigen. Gewissermaßen als Vorgriff auf noch zu schaffende Leistungen. Schaffen sie so Geld aus dem Nichts? Aus zwei Gründen kann man skeptisch sein. Der erste: Das von den Geschäftsbanken geschaffene Buch- oder Giralgeld ist eine Form des Kreditgelds. Seinem Wesen nach ist es eine Forderung auf Zentralbankbargeld, bleibt diesem untergeordnet und ist von ihm abgeleitet. Wenn Banken Forderungen auf Zentralbankgeld in Form von Gutschriften auf Konten einräumen, ist Geld nicht geschöpft, sondern vorausgesetzt worden. Eine Bank kann Buch- bzw. Giralgeld nur in dem Maße „schaffen", wie sie in der Lage ist, dieses in das geforderte Zentralbankbargeld umzutauschen, sollten Buchgeldbesitzer dies wünschen. Zwar sei es nicht erforderlich, so Johannes Schmidt, „dass eine Geschäftsbank einen bestimmten Bestand auf ihrem Zentralbankkonto oder eine bestimmte Menge Bargeld in ihrem Tresor benötigt, um

Kredit zu vergeben und damit Zahlungsmittel schaffen zu können.“ (Schmidt 2018: 147) Dennoch ist Zentralbankgeld die Grundlage für die Kreditvergabe und damit für die Giralgeldschöpfung der Banken. Die Höhe, in der Banken Kredite gewähren können, hängt ab von der Menge an Zentralbankgeld, das sie besitzen oder sich kurzfristig beschaffen können. Denn, um Kredite vergeben zu können, benötigen die Banken Zentralbankgeld. Zum einen brauchen sie Bargeld, um die Auszahlungswünsche ihrer Kunden zu erfüllen. Zum anderen benötigen sie Zentralbankguthaben für die Mindestreserven, die sie in Höhe eines bestimmten Prozentsatzes der Einlagen halten müssen. Zentralbankguthaben werden zudem gebraucht für den Saldenausgleich auf dem Interbankenmarkt, wenn sich die Zu- und Abflüsse mit anderen Banken nicht die Waage halten. „Im Unterschied zu Banknoten und Münzen ist das Buchgeld kein gesetzliches Zahlungsmittel. d.h. es besteht keine Annahmepflicht. „Dennoch wird es im Geschäftsverkehr allgemein akzeptiert. Buchgeld kann durch Auszahlung am Bankschalter oder Geldautomaten in Bargeld umgewandelt werden. Umgekehrt wird Bargeld zu Buchgeld, wenn es auf ein Konto bei einer Bank eingezahlt wird.“ (Deutsche Bundesbank 2024: 46) Was wie eine Schöpfung wie aus dem Nichts aussieht, setzt die Verfügbarkeit oder den Zugriff auf Zentralbankgeld voraus. Man erkenne das daran, schreibt Georg Quaas, „dass der gewährte Kredit eine Schuldverpflichtung der Bank gegenüber dem Kreditnehmer darstellt, der sie jederzeit durch Auszahlung oder Überweisung von ZB-Geld nachkommen muss«.[49] Und solange dies unterbleibt, steht in ihrer Bilanz auf der Aktivseite eine Forderung für den gewährten Kredit, den sie sich verzinsen lässt, auf der Passivseite die Einlage ihres Kunden in gleicher Höhe gegenüber. Giralgeld ist durch den Buchungssatz Forderung an Verbindlichkeit geschaffen worden. Der Wiener Ökonom Franz Hörmann nennt dies „ziemlich pervers. Denn die Bank hat eine Forderung, die sie verzinsen lässt, und sie gesteht bilanzrechtlich gleichzeitig ein, dass sie noch nicht geliefert hat. Denn Verbindlichkeit heißt: Ich bin das, was ich eigentlich liefern wollte, nach wie vor schuldig. Und eine Forderung mit einer eigenen Schuld zu begründen, ist zumindest nicht sehr schlüssig.“[50] Doch, sie kann es sein. Die Bank hat eine Forderung geliefert, indem sie ihrem Kunden einen Giralgeldkredit gewährt hat, ergo, eine Kreditsumme auf dessen Girokonto gutgeschrieben hat. Gleichzeitig ist sie ihm gegenüber die Verpflichtung eingegangen, den Betrag ganz oder teilweise in Bargeld auszuzahlen, wenn der Kontoinhaber das wünscht. Tatsächlich besitzt die Bank eine Forderung an ihren Kontoinhaber – den Kredit zurückzuzahlen – und gleichzeitig ist sie ihm gegenüber verpflichtet, jederzeit das Giral- in Bargeld zu tauschen. (vgl. Abschnitt 10.6.4)

49 Georg Quaas, Irrungen und Wirrungen im Umfeld der Geldtheorie: Wohin einseitige Darstellungen der Zentralbanken führen, https://mpra.ub.uni-muenchen.de/79735/1/MPRA_paper_79735.pdf, (letzter Aufruf: 15.02.2025)

50 https://fassadenkratzer.wordpress.com/2014/06/20/die-geldschopfung-der-banken-lizenz-zum-legalen-betrug/, (letzter Aufruf: 15.02.2025)

Die Abhängigkeit des von den privaten Banken geschaffenen Giralgelds vom Zentralbankgeld zeigt sich besonders in Zeiten der Krise. Scheinbar ist Bargeld entbehrlich, solange die Sicherheit anhält, es jederzeit zu bekommen. Werden sich die Leute des Mangels an Bargeld bewusst, schnellt der Bedarf nach ihm hoch. Im Zeitalter des Buchgeldes geht es nicht mehr um die Deckung des Zentralbankgeldes, sondern um die des Buchgeldes. Für das Buchgeld muss Zentralbankgeld zur Verfügung stehen. Natürlich nicht in voller Höhe, obgleich einige Autoren das Vollgeld – das voll gedeckte Giralgeld –, nach der Finanzkrise 2009 forderten. (z. B. Mayer, Huber 2014, vgl. dazu auch Abschnitt 10.9 des Buches) Der in Form von Buchgeld registrierte Anspruch auf Banknoten und Münzen wird, wie einst jener auf Geldware, nur zum Teil eingelöst, läuft die Wirtschaft „normal“. Im Umfang der gegenseitigen Aufrechnung verschwinden Forderungen und machen das Forderungsobjekt entbehrlich. (MEW 25: 488) Das von der Geschäftsbank scheinbar völlig autonom geschaffene Giralgeld ist im Grunde genommen nichts anderes als ein Versprechen der Bank, dem Kunden auf Verlangen Zentralbankgeld in Form von Geldscheinen auszuzahlen, unabhängig davon, ob und in welchem Umfang der Kunde die Auszahlung verlangt. Auch wenn der Kunde Geld an eine andere Bank überweisen will, braucht die Bank dafür Zentralbankgeld. Besitzen die Vertragspartner Konten bei unterschiedlichen Banken – und gegenseitige Verpflichtungen gleichen sich nicht aus –, wird Zentralbankgeld von der Bank des Schuldners zu der des Gläubigers transferiert. Mit dem eigenen Giralgeld geht das nicht. Der Zahlungsausgleich zwischen den Banken des Schuldners und der des Gläubigers „muss mit der hierarchisch höheren Forderung, also dem Zentralbankgeld erfolgen.“ (C. Müller 2024: 85 f) Besitzen Gläubiger und Schuldner ihre Konten dagegen bei derselben Bank, wird kein zusätzliches Zentralbankgeld benötigt. Vorhandenes wird von dem einen auf das andere Konto umgebucht.

Der zweite Grund, weshalb Geschäftsbanken kein Geld aus dem Nichts schöpfen: Wie die Zentralbanken auf ihre Mitwirkung, sind sie bei der Kreditgewährung auf die ihrer Kunden angewiesen. Geeignete Kreditnehmer, die in der Lage sind, ihre Kredite zu tilgen, Zinsen zu zahlen und akzeptable Sicherheiten zu bieten, sind zwingende Voraussetzung dafür, dass die Geschäftsbanken bereit sind, Kredite zu gewähren und so Giralgeld zu schöpfen. Denn die Banken wollen ihr Kreditgeschäft unter Berücksichtigung des Verhaltens der Nichtbanken gewinnmaximierend und risikominimierend durchführen. „Würdige“ Kreditnehmer sind im konjunkturellen Aufschwung leichter zu finden als während der Depression. Wer die Schöpfung des Giralgeldes gleichsetzt mit der Eintragung einer Zahl in ein Buch oder die Belegung eines Speicherplatzes bleibt hängen am unwesentlichen Detail. Er übersieht die Voraussetzungen und Wirkungen des Eintrages, der als eine Bilanzverlängerung oberflächlich richtig wahrgenommen wird. Das Giralgeld ist Symbol und Widerspiegelung komplexer sozialökonomischer Verhältnisse zwischen der Zentralbank, den Geschäftsbanken und den Nichtbanken, den Unternehmen und Haushalten. Wichtigste Voraussetzung ist, dass die Bonität und Solidität des potenziellen Kreditnehmers – des Unternehmens oder des Haushalts –zweifelsfrei sein müssen. Das Unternehmen muss begründeten Kreditbedarf haben. Den hat es, wenn es seinen Bedarf an Material, Maschinen usw. nicht aus dem Eigenkapital finanzieren kann. Der Bedarf an Maschinen, Rohstoffen und Arbeitskräften setzt voraus, die eigenen Produkte verkaufen zu können, also eine entsprechende wirtschaftliche Gesamtlage. Obendrein muss das Unternehmen kreditwürdig sein, Sicherheiten stellen können und die Banken durch Ertragsprognosen überzeugen. Die Kredite ausreichende Bank muss, wenn auch nicht unmittelbar im Moment der Kreditvergabe, über Zentralbankgeld verfügen, wie bereits begründet wurde. Besitzt sie kein Zentralbankgeld, muss sie es sich beschaffen, um Bargeldforderungen ihres Publikums und die Mindestreservepflicht erfüllen zu können. Dazu benötigt sie Wertpapiere, die sie der Zentralbank als Sicherheit für die Kreditaufnahme bieten kann. Das Giralgeld symbolisiert auf diese Weise sowohl Verhältnisse zwischen den Geschäftsbanken und der Zentralbank als auch zwischen den Geschäftsbanken und den Nichtbanken. Wer die vielfältigen Wirkungs- und Voraussetzungsverhältnisse der Entstehung des Giralgeldes übersieht oder unterbewertet, kann den formalen Akt des Eintrages für das Wesentliche und daher die – zugegeben – durchaus originelle Idee einer Schöpfung von Nichts aus Nichts für richtig halten. Aber ebenso könnte man die Ehe als ein Nichts deuten, entstanden aus Nichts, sieht man in ihr in erster Linie den formalen Akt einer standesamtlichen Beglaubigung und ab von ihren Voraussetzungen und Wirkungen. Kurz: Man sieht die Form, übersieht oder unterbewertet den Inhalt. In Wirklichkeit setzt das „Nichts“ Verhältnisse voraus, ohne die es nicht entsteht und es begründet neue Verhältnisse, die ohne ihn nicht zustande kämen. Anzuerkennen, dass Giralgeld weder voraussetzungslos geschaffen werden kann noch wirkungslos ist, dennoch aber an der „Nichts aus Nichts-These“ festzuhalten (Schmidt 2018: 147), ist inkonsequent, wenn auch nicht völlig falsch. Das Argument bezieht sich darauf, dass die Bank im Moment der Kreditvergabe tatsächlich nicht über einen entsprechenden Bestand an Zentralbankgeld, bar oder auf dem Zentralbankkonto, verfügen muss. Nur in diesem Sinne sei es sinnvoll, von einer Kreditvergabe aus dem Nichts zu sprechen, sagt Johannes Schmidt (Schmidt 2018: 147). Aber was ist gekonnt, wenn man einen komplexen Zusammenhang auf eines seiner Elemente reduziert? Nochmal: Entscheidend ist nicht, ob Zentralbankbargeld oder/und Zentralbankguthaben vorhanden sind, sondern dass das Giralgeld der Geschäftsbanken als eine Form des Kreditgelds einen Anspruch auf Bargeld begründet und dies völlig unabhängig davon, ob und wenn ja, in welchem Umfang dieser Anspruch tatsächlich eingelöst wird. Entscheidend ist vielmehr, dass die Banken den Inhabern des Giralgeldes – ihren Kreditnehmern und Kunden, die bei ihnen Einlagen haben – das Giralgeld in Bargeld umtauschen müssen, wann immer diese es wollen. Ebenso klar ist, dass dies misslingen muss, wollten alle Inhaber von Giralgeld ihre Forderungen gegen die Banken zur gleichen Zeit vollständig in Zentralbankbargeld umwandeln. Dass dies außer für akute Krisensituationen ausgeschlossen werden kann, ändert daran nichts und ist kein Indiz für die vermeintliche Unabhängigkeit des Giralgeldes. Giralgeld ist untrennbar mit dem Zentralbankgeld verbunden. Es symbolisiert das Zusammenwirken zwischen den Geschäftsbanken und der Zentralbank, wie auch ein entsprechendes Zusammenwirken der Banken und Nichtbanken, ohne das es nicht geschaffen werden könnte. Ob aufgrund des Bargeldbedarfs oder bei Überweisungen zwischen den Banken, die über Zentralbankkonten abgewickelt werden – die Geschäftsbanken brauchen stets Zugang zu Zentralbankgeld. Denn wenn sie Giralgeld schöpfen, gehen sie die Verpflichtung ein, es gegen Zahlungsversprechen der Zentralbank einzutauschen und diese Verpflichtung müssen sie auf Verlangen erfüllen. Die Zusammenhänge zeigen, dass die These, Geld sei Nichts und entstünde aus dem Nichts, unhaltbar ist.

10.5.5 Umlauf des Zentralbankgeldes vs. Geldschöpfung

Was passiert, wenn Geschäftsbanken Giralgeld schöpfen? Die multiple Schöpfung von Giralgeld wird an einem Standardschema demonstriert. (Abb. 2) Im Beispiel wird unterstellt, dass die Bank über eine Einlage in Höhe von 100 verfügt und jede Bank zehn Prozent der bei ihr gebildeten Einlagen als Reserve zurückbehält, 90 Prozent als Kredit vergibt. Addiert man die gewährten Kredite, dann kommt man nach vier Einlagen und drei Überweisungen auf ein Kreditvolumen von 310 Mill. Euro. Weiter fortgesetzt in einer unendlichen Reihe mit immer kleineren Werten ergibt sich rechnerisch eine Summe von 900 Millionen Euro – eine Verneunfachung der Ersteinlage von 100 Millionen. Helmut Creutz schreibt: „Der Fehler in dieser klassischen Geldschöpfungstheorie ist darin zu sehen, daß man die sich laufend erneut bildenden Guthaben bzw. Kreditposten mit dem eingangs eingespeisten Geld zusammenaddiert und aus dem Ergebnis dieser Addition eine Geld- bzw. Kreditschöpfung ableitet. Oder daß man die mehrfache Verwendung des Geldes mit seiner Vermehrung gleichsetzt, also das Transportmittel mit den Transportvorgängen.“ (Creutz 2003: 241) Klar ist, dass es nicht zu einer Erhöhung der umlaufenden Geldmenge kommt. Auf jeder Stufe addiert sich die Geldmenge aus den bislang gebildeten Reserven und dem zuletzt gewährten Kredit auf 100 Millionen Euro. Ja, nur: Das betrifft die Zentralbankgeldmenge. Und was ist mit dem Giralgeld?

Zunächst: Wenn die Privatbanken, die keine Privatnoten mehr herausgeben, Guthaben einräumen, so stellen sie Forderungen auf Zentralbankgeld in Form der Depositen zur Verfügung. Zentralbankgeld ist nicht gezeugt worden, sondern vorausgesetzt: kein Zentralbankgeld kann ein- (und vorher aus-)gezahlt werden, wenn es nicht durch die Zentralbank emittiert worden ist. Durch Gutschriften können Geschäftsbanken eine bestimmte Kreditgeldart schaffen, das Giral- oder Buchgeld. Sie können das in dem Maße, wie sie in der Lage sind, dem Wunsch nachzukommen, Forderungen in Form des Buchgeldes in Bargeld umzuwandeln, sei es an Eigen- oder an Fremdmitteln. Wollten der Ersteinleger, der eine Gutschrift besitzt, und der Inhaber des von der Bank auf dieser Basis erhaltenen Buchkredits gleichzeitig Bargeld abrufen, müsste die Bank passen. Sie besitzt das Bargeld nur einmal. Die Möglichkeit muss angezweifelt werden, sogenanntes Federstrichgeld zu schaffen, indem die Depositen heraufgeschrieben wer-

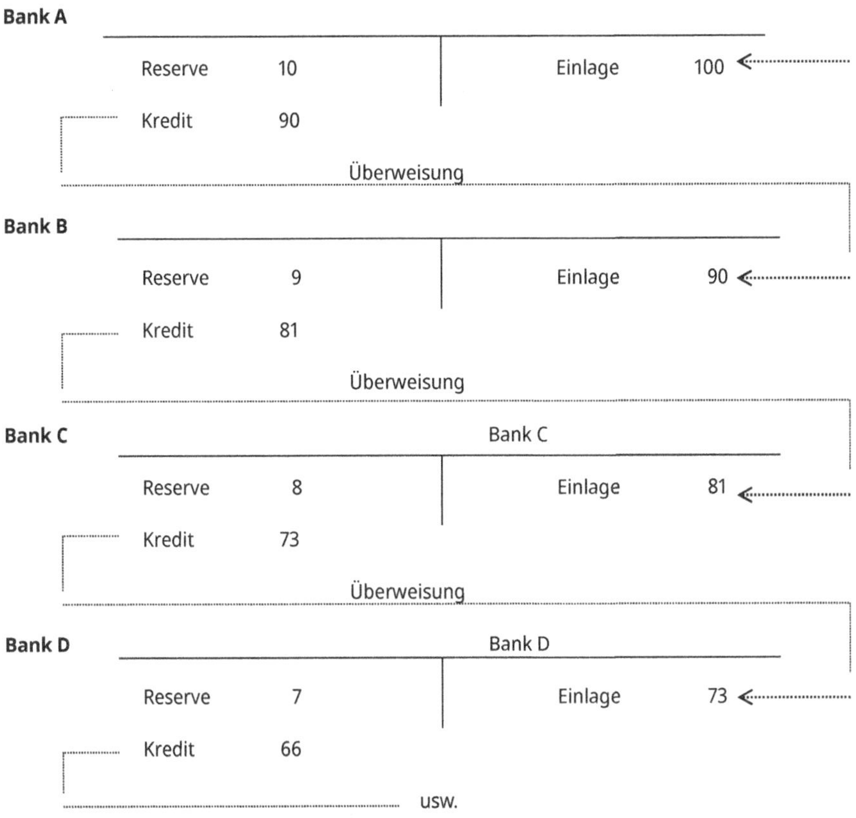

Abb. 2: „Multiple Geldschöpfung“ (Beträge in Millionen Euro).

den. Gewährt eine Bank einen Kredit, indem sie einem Kunden ein Guthaben einräumt, muss sie von nun an damit rechnen, dass dieses bar oder durch girale Verfügung in Anspruch genommen wird. Wollen – aus welchen Gründen auch immer – die Kontoinhaber ihre Guthaben auflösen und Barabhebungen vornehmen, sind die Banken verpflichtet, ihre eingegangenen Verbindlichkeiten in gesetzliche Zahlungsmittel und damit in Geldzeichen umzuwandeln, die sie nicht schaffen können. Das dies unangenehm sein kann, zeigen Bankenzusammenbrüche, die zum Alltag des Kapitalismus gehören.

Die These, „Geschäftsbankengeld“, d. h. Sichtguthaben bei den Privatbanken, sei so gut wie Zentralbankgeld, weil beide die Zirkulationsmittelfunktion ausüben können, ist teilweise richtig. Prinzipiell ist sie irreführend. Das von einer Geschäftsbank geschaffene Guthabengeld ist eine Verbindlichkeit, die auf der anderen Seite der Bilanz ausgeglichen sein muss. Zentralbankgeld bedarf eines solchen Ausgleichs nicht, höchstens aus formalen Gründen. Einmal da, muss es die Wirtschaft absorbieren. Für das Guthabengeld der Privatbanken, das im Zuge der Kreditgewährung eingeräumt wird, existiert ein Mechanismus, der Vernichtung und Schaffung miteinander verbindet. Dieser Mechanismus zeigt, dass die Schaffung und Liquidierung des Kreditgeldes der Privatbanken der Übertragung des Zentralbankgeldes dient und diese Bewegung widerspiegelt. Bekommt eine Geschäftsbank Zentralbankgeld, das sie an A verliehen hatte, zurück und verleiht es an B weiter, so gleichen sich nicht eine Schaffung und eine Vernichtung von Zentralbankgeld aus. Ein und dieselbe Zentralbankgeldsumme hat den Entleiher gewechselt. Sie ist, vermittelt durch die Bank, von dem einen zu einem anderen übertragen worden. „Geschaffen" wird nur die Eintragung des neuen Borgers, gelöscht und vernichtet die des bisherigen. In den Konten der Bank wird ein getilgter Kredit gelöscht. Es erlischt eine Forderung gegenüber A. Und ein neuer Kredit wird eingetragen. Es entsteht eine neue Forderung gegen B. Die Summe an Zentralbankgeld bleibt unverändert. Unstrittig ist, dass die bar abgehobenen Beträge an dritte Personen weitergegeben werden können und dass sie – wie für Schecks oder Überweisungen im Abrechnungsverkehr abgetretene Geldforderungen an andere Banken – sofern der Scheck nicht mit Bargeld eingelöst wird – anderswo Bankguthaben bilden können.

Sollte dies die „autonome" Geldschöpfung der Privatbanken sein? Zeigt sich hier doch vor allem der Umlauf des Zentralbankgeldes. Dieses wird nicht nur zur Bezahlung der Waren und Dienstleistungen verwendet, sondern bildet auch neue Bankguthaben. Daran ändert sich nichts, wenn Geld vom Bankguthaben überwiesen, statt bar ausgezahlt wird. Die Bank überweist nicht das Guthaben oder Buchgeld, die Zahl, sondern nur Bargeld oder Forderungen an andere Banken. Weder das eine – Bargeld – noch das andere – Forderungen an andere Banken – kann die Geschäftsbank schaffen. Die Privatbank kann Kredite gewähren in Abhängigkeit von der Höhe der Einlagen, die ihre Kunden bei ihr unterhalten. Geschieht das dadurch, dass dem Kreditnehmer der entsprechende Betrag auf einem Konto gutgeschrieben wird, ist durch die Privatbank Giral- bzw. Buchgeld geschaffen worden. Das „Geschäftsbankengeld" ist eine Forderung auf Zentralbankgeld, ihrem Charakter nach also Kreditgeld (Antigeld). Es dient dazu, Zentralbankgeld einzusparen, indem dessen Umschlagshäufigkeit erhöht wird. Marx schreibt, daß dieselben Geldstücke „als Instrumente für eine beliebige Anzahl von Depositen dienen" können. (MEW 25: 490, 516, 537) Das heißt nichts anderes, als das eine Zentralbankgeldsumme in einem unterschiedlich großen Depositenvolumen innerhalb des Bankensystems widergespiegelt werden kann. Wie groß dieses Buchgeldvolumen wird, hängt ab von der Entscheidung des Kreditempfängers und den Empfängern seiner Zahlungen, auf welche Weise sie die geliehene Geldsumme verwenden wollen.

Wird der gesamte von einer Bank gewährte Kredit in Form von Zentralbankgeld bar in Anspruch genommen und von seinen Empfängern nicht auf Bankkonten eingezahlt, so entspricht die Giralgeldsumme der geliehenen Zentralbankgeldsumme. In Abhängigkeit davon, wie häufig mit der geliehenen Zentralbankgeldsumme oder mit einem Teil von ihr Sichteinlagen gebildet werden, wächst das Giralgeldvolumen des Bankensystems. Durch die Festlegung von Mindestreserven auf jede Einlage ist die multiplikative Erhöhung der Depositen durch eine unausgesetzte Übertragung des Zentralbankgeldes jedoch begrenzt. Die verleihbare Summe nimmt ab mit steigender Zahl der Übertragungen. Diese Zusammenhänge bilden den rationalen Kern des Geldmengenmultiplikators. Der Geldmengenmultiplikator ist der Quotient aus der Geldmenge, die auch das Kreditgeld der Geschäftsbanken umfasst, und der Zentralbankgeldmenge. Letztere ist die Basisgeldmenge, die der Geldmenge insgesamt zugrunde liegt. Hier liegt eine Analogie zur Tatsache vor, dass das ursprüngliche Kreditgeld, die Forderung auf Geldware, nicht vollständig durch diese gedeckt sein musste, weil diese Forderungen zu einem Teil untereinander aufrechenbar sind. Auch das Depositenvolumen des Bankensystems kann die Zentralbankgeldmenge, die sie widerspiegelt, um ein Vielfaches übersteigen; um wieviel hängt ab von den Entscheidungen des Publikums, Teile davon bar zu beanspruchen und der Geschäftsbanken über die Verwendung ihre Geldmittel sowie von der Höhe der Mindestreservesätze. „Wie alles in diesem Kreditsystem sich verdoppelt und verdreifacht und in bloßes Hirngespinst sich verwandelt, so gilt das auch vom ‚Reservefonds‘, wo man endlich glaubt, etwas Solides zu packen.“ (MEW 25: 490).

Dozenten glauben, mit der Theorie von der Geldschöpfungskraft der Geschäftsbanken die Studenten in Erstaunen versetzen zu können. Creutz vergleicht die Kreditgeldschöpfung ohne Ersparnis mit der Produktion von Falschgeld: „Denn nur Kredite, die aus leistungsbezogenen Ersparnissen stammen, sind durch reale Gegenwerte gedeckt. Wenn die Banken tatsächlich ohne Einlagen der Sparer Kredit schöpfen oder aus einem Dollar an Kaufkraft ein Mehrfaches machen würden, wäre das genauso ein Fall für den Staatsanwalt wie die Inumlaufsetzung von Falschgeld.“ (Creutz 2003: 238) Die Theoretiker des Kreditschöpfungsmultiplikators stellen sinnlose Fragen und auf sinnlose Fragen kann es keine sinnvollen Antworten geben. Sie fragen danach, so Senf,

> auf welche Summe die Kette der Kredite, die sich über der ersten Einlage aufbaut, über unendlich lange Zeit anwächst. Das kann man zwar mathematisch berechnen, und man kann sich an der Eleganz der Formel erfreuen, aber es macht dennoch in einer endlichen Realität keinen Sinn. Man könnte ja auch fragen: Welche Summe von Umsätzen würde sich ergeben, wenn ein Hundertmarkschein über unendlich lange Zeit durch unendlich viele Hände ginge und dabei jedesmal etwas gekauft bzw. verkauft würde. Natürlich unendlich viele Umsätze! Aber was drückt das schon aus? Nichts! (Senf 2005: 161)

Ausgedrückt wird keine „Geldschöpfung“, sondern die Umlaufgeschwindigkeit des Geldes, d. h. die Giralgeldmenge spiegelt wider, wie oft das Zentralbankgeld für Zahlungen genutzt worden ist.

10.5.6 Wider die autonome Schöpfung von Giralgeld

Gegen die Argumente, weshalb die Geschäftsbanken autonom – unabhängig vom Zentralbankgeld – Giralgeld schaffen könnten, sind mehrere Einwände möglich. Helmut Creutz hat sie genannt. Sie werden hier teilweise wörtlich übernommen. (Creutz 2003: 242 – 246):

- „Die Goldschmiede im Mittelalter haben für hinterlegte Goldmünzen umlauffähige Quittungen ausgegeben in einem Umfang, der nicht vollständig gedeckt war, ausgehend von der Erfahrung, dass diese nicht gleichzeitig zur Einlösung vorgelegt werden."

  Dabei bleibt unbeachtet, dass die Banken nicht nur bei einer Inanspruchnahme des Kredits durch Barabhebungen über Zentralbankgeld verfügen müssen, sondern auch bei allen Überweisungen. Die Banken erwarten den Ausgleich ihrer Forderungen in Zentralbankgeld. Sie akzeptieren untereinander kein Giralgeld.
- „Durch die Umwandlung von Bargeld in Giralgeld erhöht sich die gesamte Geldmenge, da ja das Geld jetzt zweimal da ist, als Giralgeld und Bargeld."

  Hier wird übersehen, dass das bei einer Bank eingezahlte und in der Bankkasse liegende Bargeld nicht mehr zur umlaufenden und nachfragewirksamen Geldmenge gezählt wird. Erst durch Abhebung eines anderen Bankkunden, dessen Sichtguthaben sich damit verringert, wird das Bargeld wieder als Tauschmittel aktiv. Durch die Einzahlung von Bargeld auf ein Girokonto „ändert sich die Gesamtgeldmenge nicht, da hier lediglich eine Umwandlung einer Geldart in eine andere vorgenommen wird", zitiert Creutz den ehemaligen Chefvolkswirt der EZB Otmar Issing.

- »Über die Sichtguthaben können sowohl die Einleger als auch die Banken verfügen, womit sich die Nachfragemöglichkeit in der Wirtschaft verdoppelt.«

  Aber die Banken können nur so lange über die Einlagen verfügen, bis die Einleger das selbst tun. Eine gleichzeitige Nutzung durch Bank und Einleger ist ausgeschlossen. Die Geldmenge wird nicht ausgeweitet, sondern nur besser genutzt, indem die Einsatzhäufigkeit (Umschlagsgeschwindigkeit) erhöht wird.

- „Die multiple Geldschöpfung ist zwar nicht mit Bargeld möglich, wohl aber mit Giralgeld."

  Hier wird außer Acht gelassen, dass die Überweisung der Kunden von ihrem Girokonto nur der Schatten der ablaufenden Vorgänge mit Zentralbankgeld-Übertragungen sind. Wenn die Bank A in Abb. 2 im Auftrag ihres Kreditkunden an die Bank 90 Millionen Euro überweist, werden diese dem Empfänger nur gut geschrieben, wenn bei der Bank dieser Betrag in Zentralbankgeld eingegangen ist.

- „Das Übersteigen der Sichtguthaben über die Bargeldmenge ist ein Beweis für die Geldschöpfung durch Banken.«

In Wirklichkeit, so Creutz, ist die Zunahme der Sichtguthaben nur ein Beweis dafür, dass das Publikum aus praktischen Gründen den unbaren Zahlungen immer mehr den Vorzug gibt, ähnlich wie einst bei der Verschiebung zwischen Münzen und Banknoten. Würden sich die Zahlungsgewohnheiten morgen umkehren, gingen die Sichtguthabenbestände zurück und die Zentralbanken müssten mehr Bargeld drucken. Sowenig aber bei diesem Rückgang der Giralgeldnutzung Geld vernichtet wird, sowenig ist es umgekehrt entstanden.

– „Der Dissenz in der Geldschöpfungsfrage resultiert aus den unterschiedlichen Auffassungen, was als Geld angesehen werden muss.“

  In Wirklichkeit, so Creutz, ist die Wahl des Geldbegriffs ohne Belang. Gleichgültig zu welcher Geldmenge man die nacheinander entstehenden Guthaben zählt: Entscheidend für die Schöpfungsfrage ist, ob die Banken aus den Einlagen ihrer Kunden das Doppelte oder sogar ein Mehrfaches an Kaufkraft schaffen können! Im Übrigen sind Kredite – ob geschöpft oder nicht – keine Geldmenge. Dazu zählen Guthaben. Diese werden nicht von den Banken geschöpft. Wenn jemand schöpft, dann die Einleger.

– „Die Banken können durch buchhalterische Bilanzverlängerungen ihre Kreditvergabemöglichkeiten erweitern.“

  Doch mit Buchungen, auch in Bilanzen wird nie etwas Reales geschöpft. Es kann nur etwas real Entstandenes festgehalten werden. Aber auch mit Krediten, die man ohne Einlagen aus dem Nichts schöpfen würde, kann man nichts anfangen. Egal, ob der Kreditnehmer seine geliehene Kaufkraft abhebt oder überweist, benötigt die ausführende Bank in gleicher Höhe Zentralbankgeld.

– „Die Schöpfung ist zwar nicht zwischen den Banken möglich, wohl aber innerhalb einer Bank, weil dort bei einer Überweisung innerhalb des Hauses keine Übertragung von Zentralbankgeld erforderlich ist.“

  Auch diese Vermutung geht ins Leere, schreibt Creutz. In diesem Fall ändert sich auch nichts an den Guthabenbeständen in der Bank: das Konto des Überweisenden vermindert sich im gleichen Umfang, wie das des Empfängers steigt!

Creutz’ scharfsinniger Versuch, die der Giralgeldschöpfungstheorie zu widerlegen, enthält einen Schönheitsfehler. Man muss unterscheiden, ob Geld von den Geschäftsbanken als Kredit ausgeliehen wird oder ob Inhaber der Girokonten Zahlungsverpflichtungen nachkommen, indem sie die Banken beauftragen, die entsprechenden Beträge von ihren Konten auf die der Gläubiger zu überweisen.

Wenn, wie Abb. 2 unterstellt, die Banken das ihnen anvertraute Einlagengeld abzüglich der Kassenhaltung – der Reserve – als Kredit weiterreichen, dann bilden sich im Bankensystem neue Einlagen. Das Einlagen- oder Giralgeldvolumen steigt. Die jeweils vorher gebildeten Einlagen bleiben bestehen. Entscheidend: Das Zentralbankgeld, die Menge des gesetzlichen Zahlungsmittels, ist nicht mehr geworden. Nach drei Krediten beträgt im Schema das Einlagenvolumen, d. h. die Giralgeldmenge, 344, die

Zentralbankgeldmenge nach wie vor nur 100 Millionen Euro. Davon sind 34 Millionen Euro versickert in die Bankreserve, 66 Millionen Euro sind als zuletzt gewährter Kredit „unterwegs“. Man sieht auf den ersten Blick, dass es unmöglich ist, die gesamte Giralgeldmenge in Zentralbankgeld umzuwandeln. In normalen Zeiten gibt es keinen derartigen Wunsch. Das Ganze funktioniert. Darum geht es nicht. Jeder weiß, dass die Inhaber der Girokonten ohne Barabhebung über ihre Einlagen verfügen können, bargeldlos, durch Scheck, Überweisung oder Kreditkarte und neuerdings mittels Smartphone. So erhöht die Kreditgewährung der Geschäftsbanken die Menge des Zirkulationsmittels Giralgeld; die Inhaber der Girokonten können zwar nicht gleichzeitig bar über ihre Einlagen verfügen; giral, d. h. bargeldlos können sie es. Durch Schöpfung von Giralgeld wird die zahlungsfähige, die wirksame Nachfrage ausgeweitet. Dennoch hat Creutz, der dies bestreitet, Recht. Ursache dafür ist die mehrmalige Verwendung einer Zentralbankgeldmenge, d. h. deren Umlaufgeschwindigkeit.

Wenn Geld vom Kontoinhaber an dessen Gläubiger überwiesen wird, ist das anders. Egal, ob Gläubiger und Schuldner bei derselben oder bei unterschiedlichen Banken Konten haben, erhöht sich die Giralgeldmenge im Zahlungsverkehr nicht. Das Konto des Verkäufers erhält eine Gutschrift, das des Käufers eine Lastschrift in gleicher Höhe. Die Vorgänge in Abb. 2 müssen jetzt anders interpretiert werden. Wird ein Betrag von Bank A nach Bank B überwiesen, sinkt die Einlage bei Bank A, während sie bei Bank B steigt. Besitzen Gläubiger und Schuldner ihre Konten bei derselben Bank, wird kein Zentralbankgeld benötigt. Bernd Senf irrt, wenn er schreibt, in diesem Falle schöpfe die Geschäftsbank Kaufkraft, Geld, das sog. Giralgeld – „allein durch Umbuchung von einem Girokonto auf das andere.“ (Senf 2005: 165) Durch Umbuchungen wird nichts geschöpft: Der Zugang auf dem einen entspricht dem Abgang auf dem anderen Konto. Besitzen die Vertragspartner Konten bei unterschiedlichen Banken – und gegenseitige Verpflichtungen gleichen sich nicht aus –, wird Zentralbankgeld von der Bank des Schuldners zu der des Gläubigers transferiert.

10.6 Geld und Kredit

Im Zusammenhang mit der dominierenden Position, die nominalistische Theorien in der geldtheoretischen Diskussion gegenwärtig einnehmen, wird zunehmend bezweifelt, ob das Geld das Ergebnis eines langen historischen Prozesses ist, sich herausgebildet hat mit der qualitativen und quantitativen Zunahme des Warentausches. Vielmehr habe der Staat die Münzen und das Papier zu Geld gemacht, indem er akzeptiert, dass die Untertanen mit ihnen ihre Steuerschuld begleichen. Oder das Geld sei entstanden aus dem Kredit und diene der Verrechnung von Forderungen und Schulden.

10.6.1 Warentausch und Geldherkunft

Von vielen Ökonomen wird in neuerer Zeit die arbeitswerttheoretische und tauschhistorische Begründung des Geldes angezweifelt. Helmut Reichelt behauptet, der Begriff des Geldes bei Marx ließe sich nicht mit dessen arbeitswerttheoretischer Konzeption vereinbaren. Es gäbe keine Waren, die ihren Wert ausdrückten, denn der Wert sei die Austauschbarkeit. Marx habe sich mit der These vom Doppelcharakter der Arbeit eine Lösung des Problems endgültig verbaut. (Reichelt 2008: 16, 149 f, 159) Dieter Wolf wirft Reichelt vor, die abstrakte Arbeit nicht als eine spezifisch gesellschaftliche Form der Arbeit, sondern nur als konkret-nützliche Arbeit wahrzunehmen und das Geld nicht aus dem Tausch der Waren, sondern aus dem Denken abzuleiten. (Wolf 2004: 12, 74 ff, 108) Wolf hält Reichelts Überlegungen für absurd: Produkte werden nicht wie bei Reichelt in Waren verwandelt, indem sie auf das allgemeine Äquivalent bezogen werden, das ohne die Beziehung der Waren zueinander in den Gedankenbewegungen der Austauschenden entstanden sei. (Wolf 2004: 108) Sie sind Waren und austauschbar, weil sie als Produkte für die Gesellschaft produziert werden. Reichelt vergesse „völlig, dass alles, was Marx hinsichtlich der relativen Wertform und der jeweiligen Äquivalentform im ersten Kapitel ausführt, außerhalb der Reichweite des Bewusstseins der Austauschenden liegt." (Wolf 2004: 121 f) Hans Georg Backhaus sagt, in der Wertformanalyse ginge es Marx nicht um den historischen Vorgang der Geldentstehung bzw. „um die Lösung irgendwelcher ‚Geldrätsel', sondern um sehr genau bestimmte Aporien der traditionellen Geldtheorie", also um unlösbare theoretische Probleme. Es sei nicht einzusehen, „dass die [...] logische Entwicklung des Geldes irgendetwas mit einem wirklichen Vorgang zu tun haben könnte, der sich zu irgendeiner Zeit wirklich zugetragen hat [...] Marx meidet [...] jede Berührung mit der Wirklichkeit." (Backhaus 2018: 166, 246 f) Marx komme es bei der Analyse der Wertform auf den Zusammenhang von Form, Substanz und Größe des Werts an, so Michael Heinrich, „und nicht etwa auf eine abstrakte Rekonstruktion der historischen Entwicklung der Wertformen." (Heinrich 2016: 264) Außerdem sei die Einfügung der Geldform in die Wertformanalyse „nicht nur ein Bruch in der dialektischen Darstellung. Marx verwischt damit zugleich den begrifflichen Unterschied zwischen der Formanalyse der Ware und der Untersuchung des Austauschprozesses", behauptet Heinrich. (Heinrich 2017: 227 f) „Ganz im Gegenteil", entgegnet Wolf, „wenn eine Ware, die allgemeines Äquivalent ist, erst durch einen historischen Vorgang zu Geld wird, dann muss die Geldform eingefügt [...] werden." (Wolf 2004: 152 f) Schließlich will Marx das Geldrätsel lösen. „Für die Geldform ist alles wesentliche [...] mit der Ableitung der Äquivalentform erledigt, so dass für die Erklärung der Geldform nur das historische Element herangezogen zu werden braucht." (Wolf 2004: 155) Behauptet wird auch, das Geld sei vor der Ware und dem Wert dagewesen, auch Marx habe bei der Darstellung des Tauschwerts das Geld bereits vorausgesetzt, davon aber aus populistischen Gründen abstrahiert. (Bruschi et al 2013: 28) Tauschakte vor dem Geld – einen „prämonetären" Tausch – habe es nirgendwo und zu keiner Zeit gegeben oder – einschränkend – ein solcher wäre nie quantitativ bedeutsam oder gar vorherrschend gewesen. Und wenn doch, dann ließe sich nicht nachweisen, dass sich eine Geldware aus dem großen Kreis der Äquivalentwaren abgesondert hätte. „So logisch und plausibel die Marxsche Wertformenanalyse ist, historisch ist sie kaum haltbar." (Dunkhase 2016: 197) David Harvey meint, dass die „historische Beweiskraft [...] für die Entstehung der Geldware reichlich dürftig (sei). Geld- und warenähnliche Systeme, religiöse Ikonen, symbolische Zeichen und dergleichen gibt es schon seit langem [...] Angesichts der archäologischen und historischen Befunde würden heute wahrscheinlich viele feststellen, dass die Geldform überhaupt nicht auf die von Marx dargelegte Weise entstanden ist [...] Das historische Argument ist also schwach, das logische Argument ist stark." (Harvey 2011: 44) Und dies wird gesagt, obgleich viele sprachgeschichtliche Verknüpfungen der Geldware Gold mit ihren Vorläufern das Gegenteil besagen, wie z. B. pecunia, das Vieh. Paul Cockshott zitiert den walisischen Autor Glyn Davies, der sagt, die „Überzeugung, die durch die überwältigenden greifbaren Beweise tatsächlicher Arten von primitivem Geld aus aller Welt und durch die archäologischen, literarischen und sprachlichen Zeugnisse der Antike gestützt wird, ist, dass der Tausch nicht der Hauptfaktor bei der Entstehung und den frühesten Entwicklungen des Geldes war." (Davies 2010: 44) Er fügt hinzu, dass unklar sei, ob die Gerste, die die Sumerer als frühes „Geld" und Wertmaß gebrauchten, aus dem Warentausch oder aus den Anforderungen der Steuererhebung entstanden ist. (Cockshott 2024: 101) Die These, dass Dinge Geld wurden, weil der Staat akzeptierte, dass der Bürger mit ihnen Steuern zahlte (Ingham 2004, Cockshott 2024: 108 f), ist auf den ersten Blick plausibel. Doch warum ist der Staat bereit, die Steuern in Münzen anzunehmen? Die Antwort lautet, weil er weiß, dass er mit Münzen und Papier Ausgaben tätigen konnte, ergo alle Waren erwerben konnte, die er nachfragte. Steuern und Abgaben in Form des Geldes setzen vorhandene Ware-Geld-Beziehungen auf angemessenem Niveau voraus, wie später im Feudalismus die Ablösung der Arbeits- und Produktenrente durch die Geldrente eindrucksvoll zeigt. Bestimmte Waren oder Zeichen werden nicht dadurch Geld, dass sie der Staat in Form von Steuern entgegennimmt, sondern der Staat akzeptiert das Geld als Steuer, weil das Geld seine Eignung zum Erwerb von Gütern praktisch unter Beweis gestellt hat.

10.6.2 Kredite

Lucas Zeise und David Graeber sagen, Geld sei nicht aus dem Tausch entstanden, es sei eine Verrechnungseinheit, die aus frühen Kreditbeziehungen resultiere. (Zeise 2019: 12–14) Der Kredit ist ein Vertrauensverhältnis. Er entsteht dadurch, dass die einer Leistung (z. B. der Übergabe einer Ware) folgende Gegenleistung noch aussteht. Wer etwas leistet – eine Ware verkauft, einen Geldbetrag verleiht u. ä. – muss darauf vertrauen, dass sein Schuldner die Gegenleistung – die Bezahlung der Ware, die Rückzahlung der geliehenen Summe und dergl. – in der Zukunft erbringen wird. Der Kreditgeber gewährt Vertrauen – er gibt Kredit –, der Kreditnehmer genießt Vertrauen, er hat Kredit. Das (mangelnde) Vertrauen des Gläubigers kann durch die Gewährung von Sicherheiten des Schuldners erhöht oder oft erst erzeugt werden. Unter Kredit – abgeleitet vom lateinischen credere „glauben, vertrauen“ und creditum „das auf Treu und Glauben Anvertraute“ – versteht man also die befristete Überlassung von Bargeld – Banknoten, Münzen –, von Buchgeld oder von vertretbaren Sachen vom Kreditgeber an einen Kreditnehmer, der sich zu einer späteren Rückzahlung und zu einer Gegenleistung in Form von Zinsen verpflichtet. Geld mit Kredit gleichzusetzen, ist folglich eine zu weite Gelddefinition, weil Kredit mehr umfasst als zeitweilige Überlassungen von Geld. Zugleich handelt es sich um eine zu enge Auffassung, weil das Geld nicht nur als Kredit auftritt. Weshalb sollte das Geld, das Menschen beispielsweise ausgeben zum Erwerb von Konsumtionsmitteln, ein Kredit sein? Allgemein: Das Geld, das Waren zirkuliert? Warum sind die fünf Euro, die der Käufer für das Pfund Erdbeeren zahlt, ein Kredit? Warum ist der monatliche Geldlohn ein Kredit? Dann müsste er an den Kapitalisten zurückgezahlt werden. Wenn von Kredit die Rede ist, dann umgekehrt: Jede Vorleistung bei gegenseitigen Verträgen ist ein Kredit, weil jemand im Vertrauen darauf vorleistet, dass die Gegenseite ihrerseits ihre vertraglichen Verpflichtungen erbringen wird. Genau betrachtet, wären die Erdbeeren der Kredit, wenn ich sie erst im nächsten Jahr bezahle oder zurückgebe. Das konstituierende Merkmal eines Kredits ist die Zeitdifferenz, die zwischen dem Tag der Leistung und dem der Gegenleistung auftritt. Dabei kann es sich auch um Kredite handeln, die in der Überlassung von vertretbaren Sachen bestehen, also um ein Sachdarlehen. Kredite treten dort, wo das Geld der Gegenstand des Kredits ist, in zwei Formen auf: zum einen als Darlehen, wobei der Kreditgeber eine Geldsumme an den Kreditnehmer übergibt, der sich verpflichtet, sie, erhöht um den Zins, zurückzuzahlen. Zum anderen als aufgeschobene, gestundete Zahlung. Hier bedeutet Kredit, dass die Zahlung gestundet wird, die aus einer erfolgten Warenlieferung resultiert. Für unser Problem ist zunächst unstrittig, dass es auch in der Naturalwirtschaft eine objektive Grundlage für Kredite gegeben hat. Erst müssen Rohstoffe und Arbeitskräfte beschafft werden, um zu produzieren und später das Produzierte zu veräußern und zu nutzen. Der Erwerb fremder Produktionsfaktoren, das Ausleihen von Saatgut, von Arbeitstieren und Werkzeugen gehen der Produktion voraus. Sie begründen die Verpflichtung zu einer Gegenleistung, mindestens zur Rückgabe des geliehenen Gutes. Der Zusammenhang existiert unabhängig vom Geld. Die Frage aber ist, ob das Geld diesen Kreditverhältnissen entspringen kann. (siehe Abschnitt 10.6.4)

10.6.3 Kreditgeld

Die dominante Auffassung: Euros, Dollars, Yen – die nationalen Währungszeichen sind Kreditgeld. Es sei keine Forderung mehr auf Geldware, sondern auf gewöhnliche Waren. Es beruhe auf dem Kredit und wird mit ihm gleichgesetzt. „Was in Form des

Kreditgeldes zirkuliert, ist also der Kredit selbst“ oder: „Kreditgeld [...] ist zirkulierender Kredit.“ (Wagner, Mondelears 1986: 26, 31, 36) So ähnlich auch Ingham. (Ingham 2004: 72) Typisches Merkmal sei seine Kreislaufbewegung. Kreditgeld komme über die Gewährung der Kredite in den Umlauf, zirkuliere dort als Geld, vermittele die Warenbewegung und kehre durch die Tilgung der Kredite zum Emissionszentrum zurück. In modernen Lehrbüchern gehen Autoren davon aus, daß es sich beim heutigen Geld, genauer bei den Zentralbanknoten, um Kreditgeld handelt. Bei der Unterscheidung zwischen Papiergeld und Kreditgeld gehen die meisten Autoren hauptsächlich von Unterschieden in der Art der Emission aus. „Staatspapiergeld kommt über Haushaltsemission in Umlauf, indem der Haushalt seinen Verpflichtungen mit gedruckten Papierzetteln nachkommt. Kreditgeld gelangt in die Zirkulation mit der Vergabe eines Kredits und wird der Zirkulation mit der Rückzahlung dieses Kredits wieder entzogen.“ (Wagner, Mondelears 1986: 6) Muss man nicht vor allem die funktionellen Unterschiede zwischen den beiden Geldarten sehen? Man kann sich einigen oder festlegen, das Geld, welches via Kredit in die Zirkulation gelangt, Kreditgeld zu nennen. Ist das aber auch zweckmäßig? Wissenschaftler stimmen überein, dass Definitionen nicht falsch oder wahr sind. Sie sind nur zweckmäßig oder unzweckmäßig. Woran misst sich die Zweckmäßigkeit? Die Definition des Kreditgeldes ist zweckmäßig, wenn sie es gestattet, Unterschiede zu anderen Geldarten zu erkennen. Wichtiges Unterscheidungsmerkmal: Bleiben Schuldverhältnisse erhalten oder werden sie durch das Geld beendet? Sind die Gläubiger gezwungen, das Geld als Auflösung ihrer Forderung zu akzeptieren, gibt es einen Annahmezwang, oder können sie es ausschlagen? Was unterscheidet die inkonvertible Banknote vom staatlichen Papiergeld mit Annahmezwang? Die Herkunft? Die Zentralbanken sind staatliche Institutionen, mögen sie ihre Unabhängigkeit und Eigenständigkeit noch so sehr betonen. Der Zentralbankgewinn geht an den Staat. Die Rettung angeschlagener Banken in den großen Krisen des 20. und 21. Jahrhunderts waren wie die Gewährung neuer Kredite an verschuldete Staaten staatlich initiierte Aktionen. Law gab seine Assignaten, typisches Papiergeld, auch über eine Bank heraus. Die Form? Beides ist Papier, Münzen bestehen aus Metall. Ist es der Forderungscharakter? Auch da kein Unterschied. Inkonvertible Noten sind Forderung nur der buchhalterischen Erscheinung nach. Es gibt kein Forderungsobjekt. Der Annahmezwang? Auch hier kein Unterschied. Die Gläubiger müssen Euro, Dollar usw. akzeptieren und besitzen dann keine weiteren Ansprüche mehr. Außer auf Waren der Gesellschaft. In diesem Sinne, als Anspruch auf gewöhnliche Waren, könnte man jegliches Geld, selbst Gold, als Kreditgeld bezeichnen. Eine Unterscheidung wird so gerade unmöglich.

Was ist Kreditgeld?

a) der Kredit selbst, d. h. die überlassene Kaufkraft?
b) das Geld, das als Zahlungsmittel das Kreditgeschäft abschließt (wäre identisch mit a)? oder
c) das Medium, das, wie z. B. ein Schuldschein, die Trennung von Leistung und Gegenleistung ermöglicht?

Kreditgeld gehört nach Marx einer „höhern Sphäre des gesellschaftlichen Produktionsprozesses“ an (MEW 13: 95 f), ist Merkmal eines hohen Vergesellschaftungs- und Verflechtungsgrades der Produktion, einer Produktion, in der Kreditbeziehungen prägend sind. In diesem Sinne kann man von einem entwickelteren Geldtyp sprechen. Das bedeutet nicht, dass es höherwertiges Geld ist. Im Gegenteil: Es ist minderwertig, weil es Gläubiger-Schuldner-Verhältnisse ausdrückt und nicht auflösen kann. Geeignet als Zirkulationsmittel, bleibt es dem Zentralbankbargeld untergeordnet, das es fordert. „Es muß nie vergessen werden, daß [...] das Geld – in der Form der edlen Metalle – die Unterlage bleibt, wovon das Kreditwesen der Natur der Sache nach nie loskommen kann.“ (MEW 25: 620)

Kreditgeld kann nicht als Zahlungsmittel fungieren. Die Bemerkung von Marx, es trete „in die Zirkulation ein, nachdem die Ware bereits ausgetreten ist“ (MEW 23: 150), bezieht sich nicht auf das Kreditgeld. Es bezieht sich auf das von diesem geforderte Geld. Dieses Geld vermittelt nicht den abgeschlossenen Prozeß, die Warenübergabe. Es tritt als Zahlungsmittel statt als Zirkulationsmittel auf. Das Geldversprechen des Käufers, das Kreditgeld, „bewirkt den Händewechsel der Ware“. Die Ware des Verkäufers realisiert ihren Preis „nur in einem privatrechtlichen Titel auf Geld.“ (MEW 23: 150) Der Titel, also das Kreditgeld, ein Geldsurrogat, übt die Zirkulationsmittelfunktion aus. Ist es sinnvoll, Geld als Kreditgeld zu bezeichnen, weil es über Kredite in den Umlauf kommt und am Ende der Laufzeit des Kredits zum Ort ihrer Emission zurückströmt? Dies ist ebenso problematisch wie die Behauptung, Kreditgeld sei eine Forderung auf Ware. So kann man Kreditgeld und Nichtkreditgeld nicht auseinanderhalten. Jegliches Geld wäre dann Kreditgeld. Aus der Sicht der zweiten Argumentation gleich von Anfang an. Auch Zentralbanknoten und Münzen. Übertragung und Rückfluss von Geld, seine Ausgabe und Vernichtung, sind Merkmale des Kredits. Sie sind auch Merkmale des Kreditgelds. Kredit und Kreditgeld stellen aber Unterschiedliches dar. Die ausschließliche Betonung allgemeiner, für beide zutreffender Eigenschaften erweckt den Eindruck, Kredit und Kreditgeld seien nur zwei Worte für ein und dieselbe Sache. Dann müsste der Rasenmäher, den jemand seinem Nachbarn leiht, zu den Arten des Kreditgelds zählen. Kredit ist Geld, das im Vertrauen auf Rückzahlung anderen überlassen wird. Kreditgeld ist eine verbriefte, übertragbare Forderung auf die Rückerstattung der geliehenen Sache. Die Forderung ist eine Bestätigung, dass Kredit gewährt worden ist, nicht der Kredit selbst. Daraus erklärt sich, dass das Kreditgeld die Beziehungen zwischen Gläubiger und Schuldner nie lösen kann. Seine Funktion ist es, diese Beziehungen zu dokumentieren. Die Auflösung derartiger Verhältnisse bleibt vorbehalten einem Geld, das keine Forderung ist.

10.6.4 Kreditgeld-Kredite

Es ist möglich, Kreditgeld – einlösbare Banknoten und Giralgeld – anderen als Kredit zu überlassen. Ein „reiner“ Kreditgeld-Bankkredit kam einst zustande, indem die

Bank Wechsel mit in Gold einlösbaren Banknoten ankaufte. Man sagte, die Bank diskontierte die Wechsel. Indem sie Wechsel vor Ende der Laufzeit ankaufte, übernahm sie vom bisherigen Wechselinhaber die Gläubigerposition. Aus der Sicht des ursprünglichen Gläubigers bedeutet dies, sofern inkonvertible Banknoten gesetzliche Zahlungsmittel sind, eine vorzeitige Einlösung des Wechsels und damit die Auflösung des Lieferantenkredits. Deshalb auch der Zinsabschlag. Im Falle von konvertiblen Banknoten tauscht der Wechselgläubiger die Forderung aus dem Warengeschäft gegen eine Forderung gegen die Bank. Die konvertible Banknote stellt ein Versprechen der Bank dar, sie auf Verlangen in „letztes" Geld, z. B. in Goldmünzen, umzutauschen. Die den Wechsel kaufende Bank übernimmt die Gläubigerposition gegenüber dem Wechselschuldner. Heute existiert ein Kreditgeld-Kredit in Form von Buchgeld, d. h. in Form von Guthaben an Zentralbankbargeld, die in Büchern vermerkt oder in Speichern von Computern registriert sind. Wird Kreditgeld als Kredit ausgereicht, d. h. ein Kredit der Bank auf dem Konto des Bankkunden eingestellt, entsteht eine Forderung des Kreditgebers, der Bank, auf Rückzahlung des Giralgeldes, das vom Bankkunden für dessen Zahlungsverpflichtungen genutzt wurde. Zugleich entsteht eine Forderung des Kreditnehmers gegen die Bank auf das, was diese mit ihrer Note oder dem „Guthabengeld" verspricht: die Einlösbarkeit in anderes Geld. In diesem Fall ist der Kreditnehmer zugleich der Gläubiger gegenüber der Bank. Er kann von ihr die Einlösung des „Guthabengelds" verlangen, d. h. die Auszahlung in Bargeld. (vgl. Abschnitt 10.5.4) Bezahlt der Kreditnehmer eigene Verpflichtungen mit geliehenem Kreditgeld durch Überweisung von Konto zu Konto, tritt er seine Forderung gegen die Bank an den Empfänger seiner Zahlung ab. Dieser wird dann Gläubiger der Bank. Es ist ein Gläubigerwechsel. Der Kreditnehmer bleibt Schuldner gegenüber der Bank. Das bei einem Kreditgeld-Bankkredit entstehende doppelte Gläubiger-Schuldner-Gefüge enthält zwei Beziehungen, die nicht gleichwertig sind. Löst der Kreditgeld-Kreditnehmer seine damit verbundene Forderung gegen die Bank ein, d. h. lässt er sich Bargeld auszahlen, tauscht er Giralgeld in qualitativ höherwertiges Geld um, hört er auf, Gläubiger zu sein, und die Bank ist ihm gegenüber kein Schuldner mehr. Als Kreditnehmer bleibt er Schuldner der Bank. Die Auflösung des einen Gläubiger-Schuldner-Verhältnisses – Gläubiger: Kreditnehmer, Schuldner: Bank – lässt das andere unberührt – Gläubiger: Bank, Schuldner: Kreditnehmer. Anders, wenn das als Kredit überlassene Kreditgeld zurückerstattet wird. Dann verschwindet mit dem einen auch das andere Gläubiger-Schuldner-Verhältnis. Obgleich es möglich ist, auch Kreditgeld über den Kredit auszugeben, ist gerade diese Eigenschaft kein charakteristisches Merkmal des Kreditgeldes, das geeignet wäre, dessen Spezifik gegenüber anderem Geld zu verdeutlichen.

Kreditgeld kann die Beziehung zwischen Gläubiger und Schuldner nicht lösen. Es drückt sie formell aus. Die Übertragung der Kreditgeldarten und ihr Austausch, zum Beispiel Wechsel gegen Note im Diskontgeschäft, ist ein Übergang des Gläubiger-Schuldner-Verhältnisses auf andere Personen oder Institutionen. Die Auflösung dieser Beziehung bleibt dem Geld vorbehalten, das keine Forderung ist. Kreditgeld existiert heute in Form unterschiedlicher Einlagen bei Banken und des Wechsels, der allerdings mit der Einführung des Euro und der Aufgabe des Rediskontgeschäftes der EZB im Jahre 1999 erheblich an Bedeutung verloren hat. Kreditgeld ist dem Wesen nach ein Zahlungsversprechen bzw. eine Forderung auf Zentralbankbargeld. Neu ist, dass es keine Forderung mehr auf Geldware ist. Es existiert in mehreren Arten mit differenziertem Forderungsinhalt:

- Zentralbankguthaben als Forderung auf Zentralbanknoten
- Depositen bei Privat- oder staatlichen Geschäftsbanken als Forderung der Deponenten (Kreditoren) auf Zentralbankgeld und Verpflichtung der Debitoren (Schuldnerbanken), die Depositen auf Wunsch und zu bestimmten Bedingungen in Zentralbankgeld umzuwandeln (Spar-, Termin-, Sichteinlagen)
- Wechsel als Forderung auf Zentralbankgeld. Wechsel können in Buchgeld umgewandelt werden. Dem Wechselverkäufer steht in diesem Fall die entsprechende Menge an Zentralbankbargeld zur Verfügung, die in Form des Guthabengeldes ausgewiesen wird, solange sie nicht bar in Anspruch genommen wird.

10.6.5 Geldmenge und Schulden

Geldmenge und Schulden sind zwei Begriffe, die für Unterschiedliches stehen, obgleich die Schulden mit einem bestimmten Geldbetrag ausgedrückt werden. Die Höhe der Guthaben und die Kreditbestände – Forderungen und Verbindlichkeiten – können sich ändern, obwohl die umlaufende Geldmenge gleichbleibt. Mit einer bestimmten Geldmenge können unterschiedliche volkswirtschaftliche Werte realisiert werden. Ausschlaggebend dafür ist die Umlaufgeschwindigkeit des Geldes, genauer: die Häufigkeit, mit der gleichnamige Geldeinheiten in einer Periode zu Zahlungen genutzt werden. Wird eine Geldeinheit durchschnittlich zweimal für Zahlungen eingesetzt, bedarf es nur der Hälfte der Geldmenge, die bei einer einmaligen Verwendung der Geldeinheit erforderlich ist, um die Preissumme einer Warenmenge zu bezahlen. Ähnlich verhält es sich mit den Beziehungen zwischen der Geldmenge, den Forderungen und den Schulden. Eine bestimmte Geldmenge ist mit unterschiedlich hohen und sich verändernden Forderungen und Verbindlichkeiten vereinbar. Grund dafür ist, dass jede umlaufende Geldeinheit nicht nur mehrmals Waren kaufen, sondern ebenso mehrmals verliehen und zurückfließen kann. Durch Verleihen und Tilgen ändern sich stets nur die Guthaben und Schulden. Die Geldmenge ändert sich dadurch nicht. Zusammenfassend: Geld ist das Zirkulations- und Zahlungsmittel, das Wirtschaftsakteure in ihren Kassen haben und mit denen sie Waren und Leistungen bezahlen. Es handelt sich dabei um das Bargeld – die Banknoten und Münzen – und das Giralgeld, die Guthaben auf den Girokonten der Banken. Kredit dagegen ist ein Schuldverhältnis. Es verpflichtet den Schuldner, einen vom Gläubiger erhaltenen Geldbetrag nach einer vereinbarten Zeit zurückzuzahlen. Die Nichtidentität von Geld und Kredit erkennt man auch daran, dass jemand Geld in der Kasse haben kann, ohne einen Kredit aufgenommen zu haben. Ihm ist Lohn gezahlt worden oder er hat Erlöse aus dem Verkauf von Gütern erzielt. Umgekehrt kann er Kreditnehmer sein, ohne Geld zu besitzen. Nämlich dann, wenn er mit dem Kredit Güterkäufe finanziert hat.

10.6.6 Kredite – Quellen des Geldes?

Kann es sein, dass das Geld aus Kreditbeziehungen entstanden ist? Das ist möglich, aber unwahrscheinlich. Ingo Stützle widerspricht der These, dass das Geld aus dem Kredit hervorgegangen sei. Er stimmt dem Wirtschaftshistoriker Karl Polanyi zu, der sagt, Geld könne erst Zahlungsmittel werden [...], wenn es als Tauschmittel allgemein akzeptiert ist. (Stützle 2015: 190 f) Tatsächlich setzt die Aufnahme eines Kredits in Geld voraus, dass das Geld ein notwendiges und weithin akzeptiertes Tauschmittel geworden ist. „Kredit konnte nur geben, wer Geld im Überfluss hatte, und Kredit musste nehmen, wer unter Geldmangel litt. All das kann nicht bereits im Augenblick der Entstehung des Geldes da gewesen sein.“ (Kenawi 2021: 10) Die einfache Logik widerspricht der Auffassung, der Kredit sei vor dem Geld dagewesen, das Geld sei aus dem Kredit entsprungen.

Was also ist an der Auffassung jener dran, die den Ursprung des Geldes in Kreditbeziehungen sehen? Die Kredit- und Schuldverhältnisse hat es früh gegeben und sie haben im Altertum eine bedeutende Rolle gespielt. Um das Jahr 600 v. u. Z. waren in Athen das Geld und der Wucher die „Hauptmittel zur Unterdrückung der gemeinen Freiheit“, schrieb Engels.

> Der Schuldschein und die Gutsverpfändung (denn auch die Hypothek hatten die Athener schon erfunden) achteten weder Gens noch Phratrie. Und die alte Gentilverfassung kannte kein Geld, keinen Vorschuß, keine Geldschuld. Daher bildete die sich immer üppiger ausbreitende Geldherrschaft des Adels auch ein neues Gewohnheitsrecht aus zur Sicherung des Gläubigers gegen den Schuldner, zur Weihe der Ausbeutung des Kleinbauern durch den Geldbesitzer. Sämtliche Feldfluren Attikas starrten von Pfandsäulen, an denen verzeichnet stand, das sie tragende Grundstück sei dem und dem verpfändet um soundso viel Geld. Die Äcker, die nicht so bezeichnet, waren großenteils bereits wegen verfallner Hypotheken oder Zinsen verkauft, in das Eigentum des adligen Wucherers übergegangen; der Bauer konnte froh sein, wenn ihm erlaubt wurde, als Pächter darauf sitzenzubleiben und von einem Sechstel des Ertrags seiner Arbeit zu leben, während er fünf Sechstel dem neuen Herrn als Pacht zahlen mußte. Noch mehr. Reichte der Erlös des verkauften Grundstücks nicht hin zur Deckung der Schuld, oder war diese Schuld ohne Sicherung durch Pfand aufgenommen, so mußte der Schuldner seine Kinder ins Ausland in die Sklaverei verkaufen, um den Gläubiger zu decken. Verkauf der Kinder durch den Vater – das war die erste Frucht des Vaterrechts und der Monogamie! (MEW 21: 109)

Aber das Geld kam nicht erst mit dem Kredit. Es kam früh mit der Warenproduktion, mit dem geplanten, regelmäßigen Tausch. Es resultierte nicht aus dem Kredit. Wie soll sich aus individuellen Gläubiger-Schuldner-Verhältnissen das Geld, das allgemeine Äquivalent des Warentauschs, gebildet haben? Realistischer erscheint es, davon auszugehen, dass eine Kreditwirtschaft erst entstehen kann, wenn es bereits einen geregelten Zahlungsverkehr gibt, der das Bedürfnis weckt, Geld einfacher und risikoärmer zu zahlen, Zahlungsstockungen zu vermeiden und die ungleiche Verteilung der Geldvermögen zu überbrücken. Vorher sind Kredite die Ausnahme und die Folge momentaner Zahlungsunfähigkeit. (Hildebrand 1922: 330)

Der Handel in den frühen städtischen Zivilisationen Chinas, Indiens und des Vorderen Orients von 3000 v. u. Z. bis 800 v. u. Z. habe auf Kreditvereinbarungen beruht, Geld sei nur eine Verrechnungseinheit gewesen. (Graeber 2012: 24) Die Entschlüsselung ägyptischer Hieroglyphen und mesopotamischer Keilschriften habe ergeben, dass Kreditsysteme [...] viele tausend Jahre älter waren als die Erfindung des Münzwesens. (Graber 2012: 45) Heißt das aber, Kredit sei dem Geld vorausgegangen? Selbst wenn man das für möglich hält, ist nicht gesagt, dass der Kredit das Geld hervorgebracht hat. Zu behaupten, Kredit sei vor dem Geld da gewesen, fällt leicht, wenn man glaubt, die Geschichte des Geldes habe mit der Münze begonnen. Aber bevor die Menschen die ersten Münzen prägten, hatte sich die Geldform des Werts längst herausgebildet. Der Tausch, der Handel ist älter. Hat es Sinn, Kredit und Tausch gegenüberzustellen? Der Kredit ist mit und aus dem Tausch entstanden, obgleich es Kredite außerhalb des Warenaustauschs gegeben hat. Die ersten Zeugnisse über Schulden und einer Überschuldung, die Anfänge des Kreditwesens also, sind rund 5 000 Jahre alt, so alt wie das Geld. Sie stammen aus der frühen babylonischen Zeit. Missernten, Naturkatastrophen oder Kriege trieben die Menschen zu den Tempelpriestern oder reichen Kaufleuten, um von ihnen Kredite zu erbitten. Sie wurden in Silber und Naturalien, z. B. Gerste, ausbezahlt und führten die Schuldner direkt in die Schuldknechtschaft. Die Zinssätze konnten bis zu fünfzig Prozent der Kreditsumme betragen. In Babylon lag der normale Zinssatz für ein Darlehen in Silber zwischen zehn und zwanzig Prozent, für ein Darlehen in Korn zwischen zwanzig und dreißig Prozent. Im Zuge der Entwicklung eines einfachen Zahlungs- und Kreditsystems wurde Getreidesaat an Bauern verliehen, welches erst nach der Ernte zuzüglich Zinsen zurückgegeben werden musste. Aber diese Kreditbeziehungen setzen das Geld voraus.

Für das Verständnis des Tausches ist der Lieferantenkredit bedeutsam. Im Tausch könnte der Nachfragende zunächst nur einen Schuldschein ausgestellt und auf diese Weise versprochen haben, später zu übergeben, was der andere wünschte und wozu er selbst momentan nicht fähig war. Der Güteranbieter hätte erst einmal kein Gut erhalten. Er bekommt nur eine Forderung gegen den Nachfrager in die Hand, d. h. einen Anspruch auf ein Gut. Der Kredit hätte so geholfen, die doppelte Koinzidenz als Hemmnis des Güteraustauschs zu überwinden. Nach Erfindung der Schrift – auch etwa zu dieser Zeit, d. h. vor 5 000 Jahren – war dies sicher möglich. In Form des Wechselgeschäfts hatte diese Art des Tausches später im Mittelalter ihre Blütezeit. Drei Einwände lassen sich erheben:

Erstens setzen Schulden in einer Geldwirtschaft das Geld voraus. Die Schuld ist dort das Versprechen zu zahlen, also Geld zu übergeben. Schuldscheine sind nicht das originelle Geld. Sie drücken Gläubiger-Schuldner-Verhältnisse aus. Sie sind Forderung auf Geld. Marx subsumiert das Kreditgeld unter die Geldsurrogate (Geldvertreter). Das Begriffsproblem: Geld als Schuld aufzufassen, ist unzweckmäßig, weil Geld und Kredit zwei unterschiedliche Kategorien sind und weil es darauf hinausliefe, jegliche Ware, mit der eine andere bezahlt wird, mit Geld gleichzusetzen. In Auseinandersetzung mit Darimon (1819–1902), der den Geldumlauf und den Kredit identifiziert, sagt Marx, dies ist ökonomisch falsch. (MEW 42: 59) Am Rande: Man könnte sich darauf einigen, jede Ware Geld zu nennen, mit der eine andere bezahlt wird. Dann wären alle Waren zugleich Geld. Was hätte das gebracht? Der qualitative Unterschied zwischen der Geldware und den anderen Waren bliebe verborgen. Ungeklärt bliebe auch, wie und warum sich aus der Warenwelt eine Ware absondert, mit der die Werte aller Waren gemessen werden und die mit allen Waren tauschfähig ist. Für diese Ware, das Geld, bräuchte man einen neuen Begriff, würden alle Waren Geld genannt. Die einfachen Anfänge des Kreditwesens sind bereits um 3000 v. u. Z. in Mesopotamien zu finden. Wie schon erwähnt, wurde im Zuge der Entwicklung eines einfachen Zahlungs- und Kreditsystems Getreidesaat an Bauern verliehen, welche erst nach der Ernte zurückgegeben werden musste. Aber was hat das mit dem Geld zu tun?

Der zweite Einwand: Schwer vorstellbar, dass ein individueller Schuldschein allgemein akzeptiert und damit zirkulationsfähig war. Kennt der Verkäufer den Käufer nicht genau und vertraut ihn deshalb nicht, wird er seine Ware nicht aushändigen gegen das Versprechen des Käufers, irgendwann in der Zukunft eine Gegenleistung zu erbringen. (vgl. Duwendag et al.: 1985: 68) Noch Jahrhunderte später hatte der Wechsel zunächst enorme Schwierigkeiten, die Akzeptanzhürden zu nehmen. Es hat lange gedauert, bis er als Handelsgeld angenommen wurde.

Der dritte Einwand: Die Geldgeschichte ist viel älter, auch wenn einige Autoren sie erst mit der Erfindung der Schrift oder noch später mit der Erfindung der Münze beginnen lassen. Und Kredite vorher, d. h. vor der Entstehung der Geldform? Sind sie vorstellbar? Kredite mit Geldvorläufern, z. B. mit Gerste, hat es gegeben. Sie sind aber nicht typisch und sie begründen nicht das Wesen des Geldes. Immerhin kann man akzeptieren, dass es auch im naturalen Tausch eine objektive Grundlage und die Notwendigkeit von Kreditbeziehungen von Anfang an gegeben haben muss, zu einer Zeit, da vom Geld und der Möglichkeit, Schulden schriftlich festzuhalten, noch keine Rede sein konnte. Aber schwer sich vorzustellen, dass der Tausch so begonnen haben könnte. Das Kreditrisiko wäre viel zu hoch gewesen. Woher sollte das Vertrauen, dass die Gegenleistung in der Zukunft erbracht wird – die wichtigste Voraussetzung eines Kreditgeschäfts – kommen bei Partnern, die sich nicht kennen und die Waren handelten über weite Strecken? Werner Sombart hat Recht, wenn er sagt, dass eine lange Zeit vergehen musste, ehe die Menschen das Misstrauen verloren, der andere (der Fremde!) könne sie mit seiner Gegengabe betrügen wollen. Denn wer Lust zum Tauschen hat, hat auch Lust zum Betrügen. (Sombart 1987: 93) Der Güteranbieter wird sich nicht eingelassen haben auf ein Geschäft, bei dem die Gefahr hoch war, betrogen zu werden. Geld und Kredit gleichzusetzen, ist falsch. Kredit kann Naturalkredit sein.

Wäre der Kredit gleich Geld, hieße das, jegliche Vorleistung, alles, womit eine Gegenleistung erbracht wird, Geld zu nennen. So wird der Geldbegriff verwässert. Da war Marx weiter. Und der Geldkredit – Geld wird geliehen/verliehen –, setzt das Geld voraus. Ergo: Alles als Geld zu bezeichnen, das als Kredit anderen für eine Zeit überlassen wird, um zum Kreditgeber zurückzufließen, hilft nicht, die Bedeutung des Geldes als Element der Warenproduktion zu erhellen.

Realistischer scheint aus all diesen Gründen die Annahme, dass eine Kreditwirtschaft erst entstehen konnte, nachdem sich ein geregelter Zahlungsverkehr durchgesetzt hatte, der das Bedürfnis weckte, einfacher und risikoärmer zu zahlen sowie Zahlungsstockungen zu vermeiden.

10.7 Silvio Gesell – Wider den Zins und die Wertaufbewahrung

In den meisten Lexika und Lehrbüchern Fehlanzeige, im akademischen Lehrbetrieb allenfalls eine Randfigur und einer Nebenbemerkung wert, wenn überhaupt: Silvio Gesell (1862 – 1930). Gesell war ein deutsch-argentinischer Kaufmann. Er war der Namhafteste unter den zahlreichen Dilettanten, die sich zu Beginn des 20. Jahrhunderts auf das komplizierte Feld der Geldtheorie wagten und glaubten, den Kapitalismus von Krisen befreien zu können. In der Münchener Räterepublik 1919 war er auf Vorschlag von Erich Mühsam und Gustav Landauer als Finanzminister tätig. Als „Volksbeauftragter für Finanzen" war er aber nur sieben Tage im Amt. Nach der Zerschlagung der revolutionären Räterepublik musste er sich in einem Hochverratsprozess vor einem Münchner Standgericht verantworten. Er wurde freigesprochen.

Seine „Freiwirtschaftslehre", die Ideen von Tauschringen jenseits von Märkten, von Regional- und Schwundgeld und die barsche Kritik am Zins und dessen Wirkungen sind auch im 21. Jahrhundert nicht verschwunden. Unter anderem werden sie, wenn auch ein wenig verändert, aufgegriffen in den Konzepten einer sich selbstorganisierenden, freiwilligen Produktion, die jenseits des Kapitalismus auskomme ohne Ware, Wert und Geld, ohne Profit, ohne Staat, aber mit dezentralen Plänen der stofflichen Größen, die abgestimmt werden müssten, wenige von ihnen auch zentral. Die sog. „Peer-Produktion" in Commons ist eine Produktion von Gleichberechtigten und orientiere unmittelbar auf die Befriedigung der Bedürfnisse. Gewinnabsichten gibt es nicht. (Siefkes 2008, Sutterlütti/Meretz 2018) Die Peers kooperieren miteinander, freiwillig und auf Augenhöhe. Sie suchen und finden sich im digitalen Netz schnell, haben das gleiche oder ähnliche Ziele und unterstützen sich gegenseitig – nicht, weil sie uneigennützig sind, sondern weil sie gemeinsam weiterkommen wollen.[51]

Ihre Anhänger – Margrit Kennedy (1939–2013), Bernd Senf, Helmut Creutz, Bernard Lietaer, Gwendolyn Hallsmith, Werner Onken und andere – bezeichnen die Frei-

51 https://commons-institut.org/2016/08/was-ist-peer-produktion/, (letzter Aufruf: 15.02.2025)

wirtschaftslehre Silvio Gesells als eine der sieben historisch bedeutsamen Schulen der Volkswirtschaftslehre, neben Physiokratie, klassischer Ökonomie, Marxistischer Politischer Ökonomie, Neoklassik, Keynesianismus und Monetarismus. (Senf 2004: 151–197) Freiwirtschaft ist ein Modell einer „natürlichen" Wirtschaftsordnung, die weder kapitalistisch noch sozialistisch sein soll. Von Zins und Bodeneigentum befreit, beruht sie auf drei Säulen: Freiland, Freigeld und Freihandel. (Gesell: 1916/2007) Seine Idee vom Frei- oder Schwundgeld wurde von dem amerikanischen Grenznutzen- und Geldtheoretiker Irving Fisher (1867–1947) geschätzt, der bekannte, „ein bescheidener Schüler des Kaufmanns Gesell" zu sein (Onken 2011:207). Keynes widmet in seinem Buch „Allgemeine Theorie der Beschäftigung, des Zinses und des Geldes" Silvio Gesell mehrere Seiten und bescheinigt ihm „Einfälle tiefer Einsicht". Er glaube, „dass die Zukunft mehr vom Geiste Gesells als von jenem von Marx lernen wird." (Keynes 1936/1955: 300) In Bezug auf Gesell ist Keynes unter den Akademikern eine Ausnahme. Keynes stimmt mit ihm überein, dass die Geldzurückhaltung der Menschen, aus welchem Grund auch immer, ein Grundübel für die Wirtschaft sei. Schumpeter ist da zurückhaltend: „Ich bin kein Marxist. Dennoch erkenne ich zur Genüge die Größe von Marx an, um mich beleidigt zu fühlen, ihn zusammen mit Silvio Gesell und Major Douglas auf die gleiche Ebene gestellt zu sehen." (zit. bei Onken 2011: 208). Fritz Behrens kommt zu einem vernichtenden Urteil: „Es gibt auf jedem wissenschaftlichen Gebiet Käuze, deren Komik darin besteht, dass ihre Wichtigtuerei ihrer Unkenntnis umgekehrt proportional wächst: die Konstrukteure des perpetuum mobile auf physikalischem Gebiet, die Weiße-Käse-Doktoren auf medizinischem Gebiet und die ‚Frei-Geld-Leute auf ökonomischem Gebiet." (Behrens 1981a: 42) Eine sachliche, emotionslose Auseinandersetzung haben Gesell und vor allem seine heutigen Nachahmer aber verdient.

10.7.1 Tauschringe und regionales Geld

Der Gemeinderat in Wörgl/Tirol, einem idyllischen Ort nahe Innsbruck, stimmte im Juli 1932 für die Einführung eines regionalen Geldes. Anhänger der Lehre Silvio Gesells nennen es heute noch das Wunder von Wörgl. Die regionale Währung sollte für heimische Produkte ausgegeben werden. Sie sollte unter Handwerkern, Produzenten und Händlern im Ort und dessen näherer Umgebung kursieren und so die örtliche Wirtschaft fördern. Organisiert wird der Handel über Tauschringe.

> In einer Tauschring-Gemeinschaft kann jeder jedem eine Leistung erbringen, die der Empfänger nicht direkt durch eine Gegenleistung ausgleichen muss. Vielmehr erhält der Leistungserbringer eine Gutschrift, die er bei jedem anderen Tauschringmitglied einlösen kann. Der Leistungsempfänger erhält umgekehrt eine Lastschrift, die er durch Leistungseinbringungen innerhalb des Tauschrings ausgleichen kann. Guthaben- und Defizitbestände in einem Tauschring sind also immer gleich hoch und in der Saldierung stets Null. Genau betrachtet handelt es sich also um gar keinen Tausch, sondern um wechselseitige Leistungsverrechnungen innerhalb eines bestimmten Teilnehmerkreises. (Creutz 2003: 586)

Auf dem Tauschringkonto erhalten die Verkäufer also ein Plus, die Käufer eine Minusbuchung. Maßeinheit für Soll und Haben ist meist die Arbeitszeit, wobei theoretisch jede Arbeitsstunde gleich viel wert sein soll. (Bierl 2012: 28) Das Konzept ähnelt stark dem Arbeitsgeld. Marx hat die Probleme einfacher Arbeitszeitrechnungen und des Stundenzettelgeldes erläutert, Robert Owen ist an ähnlichen Projekten gescheitert. Das Problem ist, dass jegliche individuelle Arbeitszeit als unmittelbar gesellschaftlich notwendige angesehen wird. „Das Dogma, daß die Ware unmittelbar Geld oder die in ihr enthaltene Sonderarbeit des Privatindividuums unmittelbar gesellschaftliche Arbeit ist, wird natürlich nicht dadurch wahr, daß eine Bank an es glaubt und ihm gemäß operiert. Der Bankerott würde in solchem Falle vielmehr die Rolle der praktischen Kritik übernehmen." (MEW 13: 68) Ob Tauschringe das Modell der Zukunft sind, kann daher bezweifelt werden. Unstrittig aber, dass sie in begrenztem Umfang wirtschaftlich vernünftig sein können. Wie die gemeinsame Nutzung von Konsum- und Investitionsgütern. In der frühen DDR gab es Maschinenausleihstationen! Und die funktionierten sogar. Gemeinsam produzieren und das Erzeugte gemeinsam nutzen, teilen und selbst reparieren – aus Konsumenten werden Produzenten, sogenannte Prosumenten. Wie die Mitglieder des Kartoffelkombinats, einer Erzeuger-Verbraucher-Genossenschaft, in der die Mitglieder einen Beitrag bezahlen. Dafür bekommen sie wöchentlich eine Obst- und Gemüsekiste aus eigenem Anbau. Doch der Mitgliedsbeitrag allein reicht nicht aus, um mitzumachen, denn der Verbraucher muss sich an der Erzeugung und als Erntehelfer selbst beteiligen. Dann darf er dafür sogar mitbestimmen, was angebaut wird." (Giesecke 2014: 553 f) Marx hatte gezeigt, weshalb die Idee der „Stundenzettler" scheitern muss. Letztlich deshalb, weil dem Tausch keine individuellen Arbeitszeiten, sondern gesellschaftlich notwendige zugrunde gelegt werden müssen. Letztere sind den Tauschpartnern unbekannt. Auch Karl Helfferich hat das klar ausgedrückt:

> Wenn eine Tauschbank in unbeschränktem Maße Erzeugnisse irgendwelcher Art annimmt, dann kann sie nicht den Einlieferern schrankenlose Anweisungen auf die Dinge erteilen, die von diesen benötigt werden, ohne gleichzeitig die Macht zu haben, die gesamte Produktion nach den Bedarfe zu regulieren; sie wird große Mengen von Dingen erhalten, die von niemandem gefragt werden, und es werden von ihr gegen die eingelieferten Gegenstände Anweisungen auf Dinge verlangt werden, die sie nicht oder nicht in dem entsprechenden Umfange erhält. Konsequent durchgedacht würde eine solche Tauschbank, die das Geld ersetzen soll, ihre Anweisungen nicht nur gegen Sachgüter, sondern auch gegen alle Arbeitsleistungen, die heute mit Geld entlohnt werden, verabfolgen müssen, und sie würde andererseits nicht nur Anweisungen auf Sachgüter, sondern auch auf Arbeitsleistungen geben müssen. Die Erfüllung dieser Aufgabe ist, ebenso wie die Herstellung eines absoluten und stabilen Gleichgewichts zwischen Produktion und Bedarf, innerhalb unserer Gesellschaftsordnung eine Unmöglichkeit. (Helfferich 1923: 319)

Wie auch immer die Menschen ihr ökonomisches Leben führen werden, ganz ohne eine zentrale Rahmenplanung wird es nicht gehen. Güter, die lebenswichtig sind – Nahrung, Gesundheit, Bildung, Umwelt, soziale Fürsorge, Transport, Energie, Banken, Wasser u. a. – müssen öffentlich und demokratisch kontrolliert werden. Wer ermittelt den Bedarf und wie an Endprodukten und den sich daraus ergebenden Bedarf an Vorprodukten? Verhandeln Produzenten, Konsumenten, Umweltschützer und andere Gruppen über die Verteilung der Ressourcen? Wie wird gesichert, dass die Ermittlungsergebnisse auf den neuesten Stand bleiben, sich den Änderungen anpassen? Klar ist: Nur wenn die gesellschaftlich notwendige Arbeitszeit vor der Produktion ermittelt wird, entfällt die Notwendigkeit, sie nachträglich durch spontane Marktprozesse suchen zu lassen. Cockshott und Cottrell halten einen computergestützten, demokratischen Planungssozialismus für möglich. Dessen wichtigstes Merkmal besteht darin, dass die gesellschaftlich notwendige Arbeitszeit von vornherein ermittelt und geplant werden kann. (Cockshott, Cotrell 2012) Die Methode ist bekannt und die moderne Computertechnologie ermöglicht, sie anzuwenden und vollkommen disaggregierte Volkswirtschaftspläne zu erstellen. (Dunkhase 2022: 77 ff)

Die Tauschringe der Gesellianer und Regionalgeld scheinen in jüngerer Zeit im Aufwind zu sein. In Deutschland gibt es im Jahr 2025 über 300 Tauschringe[52], weltweit mehrere hunderte Regionalwährungen, in Deutschland etwa 30.[53] Das erste Regionalgeldsystem in Deutschland war 2001 der „Roland“ in Bremen, im Januar 2003 folgte südöstlich von München der „Chiemgauer“. Tauschringe und Regionalgeld haben sich unter außergewöhnlichen Bedingungen wie Wirtschaftskrisen, Kriegen, Inflation als Hilfsmittel bewährt, wenn Geldmangel herrschte oder die Leute mit dem „richtigen“ Geld nicht viel anfangen konnten. Die Scheine sind eine Art des Notgeldes. Sie stellen eine regionale Ersatzwährung dar. Ein Vorteil könnte sein, dass regionale Produkte, vor allem Lebensmittel, frisch und zu niedrigen Preisen verkauft werden, weil die Erzeuger auf Zwischenhändler verzichten. Die wirtschaftsregionalen Erfolge der Ersatzwährungen sind jedoch begrenzt. Den größeren Teil des Einkommens geben die Leute immer dort aus, wo sie leben, in welcher Währung, ob in Euro oder bunter Heimatwährung, ist dabei einerlei. Heimische Waren werden bevorzugt, wenn sie besser sind, und nicht, wenn sie mit Spezialgeld bezahlt werden können. Außerdem bleibt nie alles Geld dort, wo es ausgegeben wird. Händler und Produzenten beziehen oft einen Teil ihrer Güter, Arbeitsmittel und Rohstoffe von anderswo. Auch wenn die Einwohner Kühlschränke, Fernseher und Smartphones beim Händler ihres Ortes kaufen und mit Regionalgeld zahlen, hergestellt werden die Produkte dennoch fernab des kommunalen Marktes. Zweitwährungen ändern nichts an der überregionalen und internationalen Arbeitsteilung. (Bierl 2012: 26) Autarkie von Dörfern, Städten und Regionen sind keineswegs wünschenswert. Sie würde den Lebensstandard auf das Niveau des Mittelalters zurückwerfen. Auf Dauer schaden Abschottung und Selbstversorgung der wirtschaftlichen Entwicklung. Margrit Kennedy und andere Gesellianer glauben, dass die bunten Regio-Scheine den angeschlagenen Euro und das internationale Währungs- und Finanzsystem retten könnten. (Kennedy 2009: 417 f.) Das wichtigste Werk

52 https://tauschringadressen.de/ (letzter Aufruf: 15.02.2025)
53 https://de.wikipedia.org/wiki/Regionalw%C3%A4hrung (letzter Aufruf 15.02.2025)

der Befürworterin des Freigeldes und der Komplementärwährungen wurde in 22 Sprachen übersetzt. (Kennedy 2005)

Auf das nationale und internationale Geldsystem lassen sich derartige Projekte aber nur bedingt übertragen. Sie liefen stets darauf hinaus, das bislang etablierte Geld durch ein anderes zu ersetzen. In Frage kommt dies nur, wenn das Vertrauen in das bisherige Geld verloren gegangen ist und mit dem neuen Geld Vorteile erreicht werden können, z. B. die Unterstützung der regionalen Wirtschaft. Auch bei akuter Devisenknappheit und heftigen Erschütterungen der weltweiten Schlüsselwährungen können Regionalwährungen sinnvoll sein. Es hängt aber von vielen Faktoren ab, ob derartige Autarkiebestrebungen langfristig erfolgreich sind. So hat sich fast unbemerkt in Lateinamerika und der Karibik ein neues Buchgeld etabliert, dessen Bedeutung aber seit 2015 zurückgegangen ist. Es wird „Sucre" genannt, nach dem Namen des antikolonialen Freiheitskämpfers Antonio José de Sucre (1795–1830). An dem Verrechnungssystem nehmen Venezuela, Kuba, Bolivien, Ecuador, Nikaragua, die karibischen Kleinstaaten Dominica, St. Vincent, die Grenadinen sowie Antigua und Barbuda teil. Es wird oft mit dem Vorläufer des Euro verglichen, dem europäischen ECU. Hauptziel dieses Währungsbündnisses ist es, die teilnehmenden Länder gegen die Krisen in der Weltwirtschaft zu schützen. Im Jahre 2012 wurden bereits 2 645 Geschäfte in Sucre mit einem Gegenwert von 1,1 Milliarden US-Dollar geschlossen. Vorteil der lateinamerikanischen Regionalwährung ist die Trennung von der US-Dollar-Wirtschaft. Der Handel in Sucre entlastet die Devisenreserven. Die neue Währung könnte helfen, die Ungleichheit zwischen den Staaten der Region zu verringern. Kleine und mittelständische Unternehmen erhalten bessere Handelschancen, wenn die Geschäfte nicht in Dollar ausgeführt werden. Die hin und wieder von einigen, z. B. von der AfD[54], geforderte Rückkehr zur DM wäre nichts anderes als die Rückkehr zum „Regionalgeld" auf höherer Ebene. Die Folge wäre eine Aufwertung der DM und Einbrüche im Export mit den bekannten negativen Wirkungen. Wichtigster Grund für die ausbleibende akademische Resonanz der Gesellschen Zins- und Geldlehre ist, dass sie im Widerspruch steht zur kapitalistischen Wirklichkeit. Hinzu kommen geldtheoretische Unzulänglichkeiten, die Über- und Unterbewertung bestimmter monetärer Kategorien und damit letztlich eine Fehlindikation systemischer Widersprüche.

10.7.2 Schwundgeld – „Rostende" Banknoten

Das Prinzip der Regionalwährungen beruht auf der Schwundgeldidee Gesells, auch wenn sich die Konstruktionen graduell unterscheiden. So verloren die Arbeitsscheine in Wörgl jeden Monat ein Prozent ihres Wertes. Durch Klebemarken konnte dies aus-

54 https://www.faz.net/aktuell/wirtschaft/die-afd-will-die-d-mark-zurueck-und-ein-grundrecht-auf-bargeld-17285753.html, (Letzter Aufruf 15.02.2025)

geglichen werden. Jeder Geldschein enthielt zwölf Felder. Nach Ablauf eines Monats behielt der Geldschein nur dann seinen Nominalwert und wurde akzeptiert, wenn sein Inhaber eine Wertmarke von einem Prozent des Nennwerts auf das entsprechende Monatsfeld geklebt hatte. Wer einen Geldschein zwölf Monate zurückbehielt, konnte ihn nur wieder in Umlauf bringen, wenn er die zwölf Felder mit Wertmarken beklebt hatte. „Das Zurückhalten von 100 Schillingen für die Dauer von zwölf Monaten kostete also eine Gebühr von 12 Schillingen, also 12 Prozent. Je schneller man das Geld wieder in den Umlauf brachte, umso eher konnte man der Gebühr entgehen." (Senf 2005: 123) Das Schwundgeld in Wörgl hatte zwei Wirkungen, schreibt Bierl: „Es funktionierte wie eine Steuer (Schwund), die ärmere Bürger relativ zu ihrem Einkommen stärker belastete als reiche, und wie ein Kredit, den die Kommune bei ihren Arbeitern und Angestellten erhob, indem sie sie mit Schwundgeld entlohnte." Das Geld wurde im Sinne einer nachfrageorientierten Politik verwendet: zum Ausbau der Infrastruktur. Zur Verklärung der Aktion trug bei, dass die österreichische Regierung das Projekt verbot. Im September 1933 musste die Gemeinde die Scheine aus dem Verkehr ziehen. (Bierl 2012: 45)

So ähnlich auch heute: Der „Lausitzer" – Regionalgeld im Süden Brandenburgs und Osten Sachsens – tauscht sich mit dem Euro beispielsweise im Verhältnis 1:1. Das Geld soll im Umlauf bleiben. Es zu sparen hat keinen Sinn. Wie auch die anderen Regionalwährungen verliert es mit an der Zeit an Wert. Der „Chiemgauer" – die größte Regionalwährung in Deutschland mit über 440 Akzeptanzstellen – büßt in jedem Quartal zwei Prozent seines Wertes ein, jährlich acht Prozent. Der Besitzer des „Chiemgauers" muss zum Quartalsende eine Marke kaufen, die zwei Prozent des Wertes eines Scheines kostet, und diesen aufkleben. Um die Gebühr zu sparen, sind die Besitzer daran interessiert, die Scheine vorher auszugeben. (Bierl 2012: 32) Der Wunsch, die Gebühr zu vermeiden, sichert, dass das Geld im Umlauf bleibt.

So abwegig ist die Idee zumindest auf den ersten Blick nicht: Ist zu wenig Geld im Umlauf, werden Austausch und Produktion gelähmt. Krisen, Armut und Elend entstünden, weil die Leute Geld horteten, um Zinsen zu erpressen. Gesell und seine Epigonen fordern deshalb negative Zinsen. Dann entfiele der Anreiz, Geld zu sparen und zu verleihen. Gesell wollte ein Geld, das beim Horten an Wert einbüßt. So würden die Geldbesitzer gezwungen, ihr Geld immer wieder in den Umlauf zu geben. Eine Geldumlauf-Sicherungsgebühr sollte eingeführt werden. Die Geldscheine könnten dabei z. B. durch Farbstreifen als verschiedene „Serien" gekennzeichnet werden. In unregelmäßigen Abständen werden bestimmte Serien für ungültig erklärt und durch neue Scheine ersetzt, außerdem wird auf alle Guthaben eine mit steigender Laufzeit niedriger werdende Abgabe erhoben. Durch diese beiden Maßnahmen wird das Horten von Geld „bestraft". Das Geld werde folglich entweder ausgegeben oder durch langfristige Anlage der Wirtschaft zur Verfügung gestellt. Hierdurch stiege das Geldangebot, so dass die Zinsen um die Null pendeln. „Schwundgeld", Freigeld – vom Zins befreites Geld – oder „rostende Banknoten" nannte Gesell seine Idee. Die Geldscheine sollten altern wie die Waren. Gehortetes Geld verliere fortwährend an Wert. Geld würde nun wie jede andere Ware im Laufe der Zeit „vergammeln". Wer zu Beginn des Jahres 1.000 Euro spart, hätte am Jahresende nur noch 950 oder 900 Euro übrig. Dies zu verhindern, zwänge die Leute dazu, das Horten aufzugeben und mit ihrem Geld Konsum- und Investitionsgüter nachzufragen. Voilá! Krisen ade!

Für Karl Walker (1904–1975), Gesells „bedeutendsten Schüler", liefern die „Brakteaten" den historischen Beweis, dass die Idee des Meisters richtig ist. Brakteaten (bractea – dünnes Blech) nannte man die breiten Silberpfennige des Mittelalters. Sie waren so dünn, dass sie nur einseitig geprägt werden konnten. Die Prägung zeigte sich deshalb auf beiden Seiten, als positives und negatives Bild. Sie nutzten sich im Umlauf schnell und stark ab und wurden ständig „aufgerufen" (einbezogen) und durch minderwertige Münzen ersetzt. Die einen deuteten den ständigen, oft mehrmals im Jahr erfolgenden Wechsel der Prägungen, das „heillose Münzenwirrwarr", als Erscheinungsbild einer zerrütteten Geldordnung. Die Gesellianer dagegen sehen darin die intuitiv kluge Methode, „die Einwohner [...] von der primitiven Schatzbildung abzubringen und sie zum richtigen Gebrauch des Geldes als Zirkulationsmittel zu erziehen. Dazu bedurfte es wohl nachhaltiger, ständig wiederkehrender Impulse, die durch die regelmäßig erfolgende Geldverrufung auch tatsächlich wirksam wurden." (Walker 2009: 43) Auch wenn es den Münzherren allein darum ging, durch die Verringerung des Metallgehalts Gewinn herauszuschlagen, die wohltuende Wirkung für die Volkswirtschaft sei offensichtlich gewesen:

> Niemand im weiten Raum der mittelalterlichen Welt wäre so einfältig gewesen, dieses Brakteatengeld oder auch die sonstigen der zeitweiligen Erneuerung unterworfenen Handelsmünzen, die morgen oder in einigen Wochen vom Bischof oder Landesherrn aufgerufen und gegen Abzug eines Schlagschatzes gegen neues Geld eingezogen werden konnten, länger als verkehrsnotwendig zu behalten oder mit Bedacht zu horten [...] Die Mitte des 12. Jahrhunderts um sich greifende fortlaufende Münzerneuerung verhinderte jetzt auf volle drei Jahrhunderte hinaus ein erneutes Horten, Konzentrieren und Erstarren des Geldes. (Walker 2009: 44 f.)

So sei das Aufblühen des Handwerks und Handels, das Erblühen der Märkte und Städte, die großartigen Leistungen der gotischen Epoche (1140–1550) vor allem das Ergebnis der anhaltenden Münzverschlechterungen. Gesellianer führen die Wirtschaftsblüte des 13. Jahrhunderts darauf zurück, „dass das Geld einzig als Tauschmittel und nicht gleichzeitig als Schatzmittel verwendbar war." (K. Walker 2009: 45) Sie kam mit den Brakteaten und sie ging mit diesen unter. Und so ist es folgerichtig, dass die heutigen Epigonen Gesells eine neue „Renovatio monetarum" fordern.

Es ist nicht völlig auszuschließen, dass die Begrenzung der Geldhortung und die Sicherung des Geldumlaufs dazu beigetragen haben, die wirtschaftliche Tätigkeit zu beleben. Die Wirtschaftsblüte des Mittelalters ist aber ein komplexes Phänomen und keineswegs, und schon gar nicht ausschließlich, Ergebnis der ständigen Münzverschlechterung. Erleichterungen des Handels und Produktivitätssteigerungen mündeten etwa ab 1150 in die Gründung von Städten. Die Feudalherren, welche die Rechte über die Marktsiedlungen besaßen, wurden Stadtherren. Sie verlangten Abgaben für den Schutz des Handels und des Marktgeschehens, für die Benutzung von Brücken und gesicherten Wegen. Die Bürger der Städte, die zu bedeutenden Handelszentren wurden, errichteten als Zeichen ihrer Macht und des Reichtums prunkvolle Rathäuser und Kathedralen. In Italien und Frankreich entstehen prächtige Kathedralen, obgleich dort nie Brakteaten geprägt wurden. Der Grund für die Entstehung der reichen Städte in Italien (Venedig, Genua, Pisa, Mailand, Florenz) liegt in erster Linie an der Ausdehnung des Handels mit orientalischen und byzantinischen Luxuswaren. Die Bürger in den Städten Flanderns (Brügge, Gent, Ypern) hatten sich auf die Produktion von Tuchen spezialisiert. Sie importierten Wolle aus England. Die kostbaren Wolltuche waren in ganz Europa begehrt. Sie wurden gehandelt bis nach der Kiewer Rus, nach Polen, dem deutschen Reich, Italien und Frankreich. Mit dem Umlauf der Brakteaten hat die Belebung des Handels wenig zu tun. Vieles spricht dafür, dass der wirtschaftliche Aufschwung keine Folge der Münzverrufungen gewesen ist. Dieses System diente den Herren nur dazu, Gewinne abzuschöpfen in einer prosperierenden Wirtschaft. In der Begrenzung der Geldhortung das auslösende und beflügelnde Moment einer Wirtschaftsblüte zu sehen, kann bezweifelt werden. (Kenawi 2021: 64)

Nun ist die Nachfrage nach Waren keineswegs nur eine Frage des Vorhandenseins von Geld und der Glaube ein wenig blauäugig, das schrullige Geld, das keiner in der Schatztruhe haben will, würde unentwegt Geschäfte ankurbeln und die Wirtschaft unter Hochdruck halten. In welchem Umfang Nachfrage nach Gütern da ist, hängt auch ab vom erreichten Lebensniveau, von den Ansprüchen der Menschen, den Sättigungs- und Innovationsgraden der Erzeugnisse. In gesättigten Ökonomien wäre ein Wirtschaftswachstum, verursacht und erleichtert durch Schwundgeld, mit einer noch größeren Vergeudung von Ressourcen verbunden.

Geld ist unter anderem Mittel des Tausches und der Wertaufbewahrung. Gesell erkennt nicht den Zusammenhang beider Funktionen, missversteht Letztere gar als einen Missbrauch des Geldes. In Wirklichkeit ergänzen und bedingen sich beide. Geld, das nicht im Umlauf benötigt wird, fließt in die Depots. Von dort strömt es zurück, wenn ein zusätzlicher Bedarf in der Zirkulation entsteht. So gleicht die Wertaufbewahrungsfunktion unentwegte Schwankungen im Geldbedarf aus. Sie „puffert" die Tauschmittelfunktion ab, ist kein Gegensatz zu ihr, sondern ihre sinnvolle und notwendige Ergänzung. Die Wertaufbewahrungsfunktion ermöglicht es, den Tausch zeitlich zu dehnen. Sie macht den Geldumlauf flexibler. Geld zu horten ist kein Missbrauch, ist keine zweckentfremdete Verwendung, sondern ein notwendiges Element der Geldwirtschaft. Dass man auch „schmutziges" Geld horten kann, ist ein Grund, gegen den kriminellen Gelderwerb vorzugehen, nicht aber das Aufbewahren von Geld zu unterbinden. Mit seiner konfusen Auffassung ignoriert Gesell auch den Wunsch nach Altersvorsorge und andere sinnvolle Gründe der Wertaufbewahrung.

Unrealistisch ist es, dass Geld durch Einführung einer „Geldumlaufsicherungsgebühr" zwangsweise von seiner Wertaufbewahrungsfunktion zu entbinden. Geld „fließen" zu lassen, heißt, ihm zu ermöglichen, Güter nachzufragen. Dazu bedarf es mehr als das Horten von Geld unattraktiv zu machen. Weshalb sollten Investitionsgüter beschafft werden, wenn alles gegen die Investition spricht? Weshalb sollten Konsumgüter nachgefragt werden, wenn man diese nicht braucht? Kaufen, kaufen, kaufen, nur um Gegenstände zu haben? Der Mensch entfremdet sich von sich selbst. Er organisiert seine Sinnlosigkeit. Der Mythos Wachstum hat ohnehin längst versagt. Außerdem bestätigen sich Gesells Ideen und die seiner Anhänger gerade in jüngere Zeit empirisch nicht: In der langen Niedrigzinsphase von 2008 bis 2022, in der es zeitweise sogar Negativzinsen gab[55], stiegen die Ersparnisse der privaten Haushalte.[56] Nach Ansicht Gesells und seiner Adepten hätten sie sinken und in den Konsum bzw. die Investition fließen müssen. Scheinwidersprüche wie z. B. zwischen der Zirkulations- und der Wertaufbewahrungsfunktion belegen das mangelnde Verständnis der Gesellianer für die Komplexität ihres Gegenstandes. Auch Keynes hielt die Idee vom Schwundgeld für unrealistisch. Dessen Gebrauch würde dazu führen, dass Ersatzmittel die Funktion des Geldes übernehmen. (Keynes 1936: 195, 301 f.)

10.7.3 Moderne Zinsknechtschaft?

Für die Epigonen der Gesellschen Lehre ist der Zins die Ursache einer von Krisen geschüttelten, ungerechten Welt. Er zwinge zum unsinnigen Wachstum, um die steigende Zinslast zu bezahlen. So werden Ressourcen vernichtet, die Umwelt zerstört und ökologische Katastrophen verursacht. Der Zins erhöht die Kosten der Produktion und damit die Preise. Er bewirke eine riesige Umverteilung zugunsten der Reichen. Er wirke wie eine Pumpe:

> Er pumpt tagtäglich Unsummen von Geld auf undurchsichtige und den meisten unbewusste Weise von der großen Mehrheit zu einer kleinen Minderheit. Wer ‚pumpt' sich eigentlich von wem Geld? Nicht die Kreditnehmer von den Kreditgebern, wie es unsere Sprache nahe legt, sondern – netto betrachtet – die wenigen Reichen von der großen Mehrheit der Bevölkerung, und das alles ohne Arbeit und Leistung, nur aufgrund des Besitzes von großen Geldvermögen. (Senf 2005: 103)

Der Zins, so die Anhänger Gesells, untergräbt die Bereitschaft zu investieren, ist schädlich für die Produktion und erhöht die Arbeitslosigkeit. Er stört den sozialen Frieden und verschärft Konflikte zwischen den Menschen. Er vertieft die Krise des Staatshaushalts und die Schuldenkrise der dritten Welt, weitet die Kluft zwischen armen und reichen Ländern. Am Ende löst er gar atomare und konventionelle Krieg aus. (Creutz 2003: 529; Senf 2005: 81–117) Man müsse die Zinsknechtschaft brechen, eine populäre These, die bis in Kreise der Grünen, bei Attac und Teilen der Linken Zuspruch erfährt. Sie wurde auch von den Nazis kolportiert. Gottfried Feder (1883–1941), Wirtschaftstheoretiker der NSDAP, lehnte zwar Gesells Schwundgeld ab, weil

55 https://de.wikipedia.org/wiki/Negativzins, (letzter Aufruf 15.02.2025)

56 https://www.bpb.de/kurz-knapp/zahlen-und-fakten/soziale-situation-in-deutschland/61775/vermoegensentwicklung/, (letzter Aufruf 15.02.2025)

die Inflation ohnehin genug davon erzeuge. Emphatisch trat er aber für die Brechung der „Zinsknechtschaft“ ein, für ihn identisch mit der „Tatsache der Judenherrschaft“. (Feder 1931: 169 ff)

Heute treibe der Zins die Wirtschaft zum Wachstum. Er sei die Wurzel allen durch Wachstum erzeugten Übels. Der Irrtum und die Übertreibung der Gesellianer: die Annahme, dass der Zins ein Fremdkörper, ein Störenfried, ein übler Bursche ist, der allein Schuld am irrationalen Wachstum und anderer Unvernunft habe. An seiner statt wird der Traum von einer zinslosen Welt geträumt. Die Abschaffung des Zinses, Freigeld, vom Zins befreites Geld, ist unrealistisch, wird den Gesetzmäßigkeiten moderner Ökonomien nicht gerecht. In hoch entwickelten Volkswirtschaften entstehen permanent temporäre Überschüsse an Geld an bestimmten Plätzen (Angebot) und Defizite nach Geld an anderen Stellen (Nachfrage). Im Zins zeigt sich die Rationalität des irrationalen Systems: Irgendwelche Leute haben temporär Geld übrig, anderen mangelt es daran. Finanzmärkte haben die Funktion, dieses Ungleichgewicht – Geld ohne Bedarf hier, Bedarf ohne Geld da – auszugleichen. Sonst brachliegendes Kapital wird einer volkswirtschaftlichen Verwendung zugeführt. Die Ungleichgewichte, Risiken, Größen, Fristen zwischen Angebot und Nachfrage nach Geld über das Kreditsystem auszugleichen, ist die klassische Funktion der Banken und damit des Finanzmarktes. Diese Funktion ist unverzichtbar. Sinnvoll wäre es, das Bankensystem wieder auf seine klassische Ausgleichsfunktion zu beschränken. Nachdenken könnte man über Zinsobergrenzen und über die Regulierung der Spielräume zwischen Soll- und Habenzinsen.

Dass dabei Kreditnehmer, die das geliehene Geld produktiv einsetzen, Kreditgeber am erwirtschafteten Überschuss beteiligen, ist gerechtfertigt. So gesehen, hält der Zins an sich „ethischen Anfechtungen“ stand. Die Wiederbelebung des kritischen aristotelischen Zinsdenkens und die Rückkehr zur christlichen Ablehnung des Zinsnehmens im Mittelalter stehen in so schroffem Gegensatz zur ökonomischen Realität, dass ihnen der Weg ins Zentrum der wirtschaftswissenschaftlichen Meinungsbildung von vornherein verschlossen bleiben musste. Mikroökonomisch gedacht: Wenn jemand sich Geld leiht, um mit ihm produzieren und mit Gewinn verkaufen zu können, weshalb soll er dem, der ihm das ermöglicht hat, indem er ihm sein Geld überließ, nicht am Gewinn beteiligen? Die moralische Pflicht des einen ist das moralische Recht des anderen. (Ich weiß, wie problematisch es ist, der Ökonomie mit Moral zu kommen). Und die, die Geldborger und Geldverleiher zusammenbringen – die Institutionen der Finanzmärkte – sollen auch daran beteiligt werden. Ohne sie würden sich die Geldtauschpartner womöglich gar nicht finden. Der Zins ist Anteil am gemeinsam ermöglichten Gewinn. Seine Berechtigung bei produktiv angelegten Darlehen ist unstrittig. Nur durch das Zusammenwirken dieser drei ist ein Zuwachs zustande gekommen. Bei konsumtiven Darlehen, die im Altertum überwogen, ist es schwieriger: Wenn ich jemandem 1000 Euro leihe, damit er sich ein Haushaltsgerät kaufen kann, weshalb sollte ich dann mehr als diese 1000 Euro zurückfordern? Die Theorie argumentiert hier mit den Opportunitätskosten. Aus der Sicht des Darlehensgebers einigermaßen überzeugend, aus der Sicht des Darlehensnehmers aber nicht.

Die Ablehnung des Zinsnehmens durch Aristoteles und die Scholastiker des Mittelalters war so lange plausibel, wie der Kredit vornehmlich konsumtive Funktionen erfüllte. Das war in vorkapitalistischen Zeiten so. Etwas anderes ist es, wenn der Kreditgeber seine Machtposition ausnutzt und Wucherzinsen fordert. In dem Maße, wie im Schoße der feudalen Gesellschaft Geld- und Waren-Verhältnisse bedeutsamer wurden, erfolgte zwangsläufig die Abkehr von der Zinsauffassung der antiken Wissenschaft. Wege zur Umgehung des kanonischen Zinsverbotes wurden gesucht, gefunden und theoretisch legitimiert. So ist der Rentenkauf eine Vereinbarung zwischen Gläubiger und Schuldner, die heute noch in unterentwickelten Ländern gebräuchlich ist. Im Gegensatz zur Ratenzahlung ist dabei der Zeitraum einer Tilgung oft nicht festgelegt oder begrenzt. Man spricht daher auch vom Ewiggeld. (siehe Abschnitt 3.3) Mit dem Rentenkauf erwirbt der Gläubiger das Recht auf den Bezug einer zumeist jährlich wiederkehrenden Leistung (Rente) aus einem Grundstück oder Haus bzw. als Gegenleistung für eine einmalige größere Zahlung. Der Rentenkauf war vom mittelalterlichen Zinsverbot i. d.R. ausgenommen. Die Eisenkuh oder Immerkuh war in Süddeutschland eine Vereinbarung zwischen Gläubiger und Schuldner, bei der gegen (ewige) Rentenzahlung eine Kuh verpachtet wurde. Auch die Abgabe in Form von Naturalien oder Geld, die dem Wert einer solchen Nutzung entsprach, wurde als Eisenkuh bezeichnet. Es handelte sich um eine Form des Rentenkaufs. (Heydenreuter 2009: 62) Zum Zinsverbot des Mittelalters zurückkehren zu wollen, ist anachronistisch unter Bedingungen einer entwickelten kapitalistischen Waren-, Geld- und Kreditwirtschaft. Die Wirtschaft verlöre mit dem Ausgleichsmechanismus eines ihrer wichtigsten Funktionselemente. Es gäbe überdies enorme Umsetzungsschwierigkeiten: Widerstand der Gläubiger und Zinsgewinner, Kapitalflucht, wachsende Boden-, Aktien- und Devisenspekulationen mangels zinsbringender Anlagen, Beeinträchtigungen der Geldpolitik (obgleich entgegen dominierenden Auffassungen gefragt werden muss, ob es eine solche überhaupt gibt; vgl. dazu Kapitel 11). Solche Versuche würden unterlaufen werden, genauso wie das islamische Zinsverbot unterlaufen wird, z. B. durch Gewinnbeteiligungen. Illusorisch ist auch die Hoffnung, dass in einem zinslosen Geldsystem der „freie Arbeitsmarkt" die sozialen Probleme von selbst lösen könnte, weil, so wird angenommen, der Unternehmer ersparte Zinsen in höhere Löhne verwandeln könnte. Der Zins ist Teil des Mehrwertes, des Profits. Zahlt der Kapitalist keine oder geringe Zinsen, ist der Profit höher, den er sich aneignen kann, der Unternehmergewinn. Eine Illusion ist es auch, anzunehmen, dass niedrige Zinsen oder ihr Wegfall (Nullzinsen) eine Dauerkonjunktur auslösen würden. Empirisch an aktuellen Fakten nachweisbar: Für Einlagen bei den Zentralbanken gab es seit November 2013 null Zinsen. Die Liquiditätsschwemme ergoss sich über die spekulativen Finanzmärkte. Im produktiven Sektor kam sie nicht an. Ein Wunder ist das nicht. Überall Überschüsse weit und breit. Wer leiht sich Geld, das er für sinnlose Investitionen nicht braucht, nur weil der Zins gerade niedrig ist? Durch niedrige Zinsen wird die Spekulation billiger. Die Kurse steigen und halten Kurssteigerungserwartungen an, boomt die Spekulation, Blasen blähen sich auf. Niedrige Zinsen führen also keineswegs automatisch zu mehr Investition und Produktion. Mehr wird dann produziert, wenn die Aussichten günstig sind, die Mehrproduktion mit Profit zu verkaufen und nicht, weil Fremdkapital billig ist. Das ist der große Irrtum derjenigen, die an die Wirkungen einer lockeren, expansiven Geldpolitik glauben, deren Grenzen zwischen 2015 und 2022 wieder einmal sehr deutlich wurden.

Je tiefer die Krise, je stärker die Unzufriedenheit über die Ungerechtigkeiten, umso ausgeprägter ist das Bemühen, Ursachen dafür zu finden. Und da die immense Umverteilung von unten nach oben auch über Kapital- und Zinsflüsse stattfindet, und der Zins mit nahezu allen Elementen des ökonomischen Systems verknüpft ist, ist es verständlich, dass sich die Kritik auch gegen ihn richtet. Nur ist das eine oberflächliche Kritik, wenn auch gut gemeint, eine Kritik an den Symptomen. Letzter Grund ist nicht der Zins, sondern die ungleiche Verteilung des Eigentums, aus der die Ungleichheit der Einkommen und des Vermögens resultiert. Jeder Ärger sucht sich ein Ventil. Frühere Herrschaften hatten den Juden – das „raffende" Kapital –, dem sie die Schuld für ihnen angetanes Unrecht zuwiesen. Heute müssen Zins und Euro dafür herhalten. Aber es ist ein Irrtum, zu glauben, dass mit dem Wegfall des Fremdkapitalzinses auch der Wachstumsdruck entfiele. Der Profit bliebe auch in einer denkbaren zinslosen Wirtschaft das Maß aller Dinge, Wachstumsmotor Nr. 1. Nicht der Zins als ein Teil des Profits, der Profit selbst ist das Problem.

Bei allen schwerwiegenden geld- und zinstheoretischen Mängeln muss betont werden, dass die Kritik von Creutz, Senf und andern „Gesellianern" an der omnipräsenten Giralgeldschöpfungstheorie der herrschenden Lehre, wenn auch nicht fehler- und widerspruchsfrei, so doch beachtenswert ist. Ihre Einwände gegen die Mär von der Fähigkeit der Geschäftsbanken, unbegrenzt Giralgeld zu schöpfen, sind ein kaum beachteter, aber sehr wohl ernst zu nehmender Beitrag zur wissenschaftlichen Diskussion. (Creutz 2003: 236–249; Senf 2005: 159–171)

10.8 Inflation und Deflation

Unter Inflation wird ein anhaltender Anstieg des Preisniveaus verstanden. Die Änderung wird auch als eine Geldentwertung bezeichnet. Solange Metallwährungen dominieren, ist die Erklärung logisch. Sobald aber wertlose Geldzeichen und Geldsymbole dominieren, entsteht eine erste Frage: Wie kann Geld, das keinen Wert besitzt, sich entwerten, also an Wert verlieren? Anders gefragt: Wird die Papierzettelinflation korrekt erfasst, wenn man sie als eine Geldentwertung bezeichnet? Die inzwischen geläufige Annahme, der Geldwert sei die Kaufkraft der Geldeinheit, hilft nicht weiter, da er lediglich eine tautologische Aussage ist. Der Geldwert ist der Kehrwert des Preisniveaus. Indem man sagt, dass das Preisniveaus steigt, sagt man, dass der Geldwert sinkt, erklärt und begründet damit nichts.

10.8.1 Inflationsursachen

Autonome nichtmonetäre Erhöhungen der Gesamtnachfrage sind die Ursache der Inflation für keynesianisch orientierte Ökonomen. Die Nachfragezuwächse stoßen auf ein begrenztes Güterangebot und lösten Preissteigerungen aus. Manchmal, wie in der Inflation in den frühen 2020er Jahren, sei es durch Pandemie, Covid-Lockdowns und Quarantäne zur Verknappung des Angebots gekommen, wodurch ein Anstieg der Preise ausgelöst worden sei. Die Monetaristen sagen, eine Erhöhung des Geldangebots im Vergleich zum realen Güterangebot löse die Inflation aus. So habe die Europäische Zentralbank mit ihrer extrem lockeren Geldpolitik – Quantitative Easing – seit 2008 fünf Billionen Euro durch Ankauf von Wertpapieren in den Bankensektor gedrückt, die Verschuldung der Staaten zu niedrigen Zinsen ermöglicht und für ausreichend Inflationspotenzial gesorgt. Doch solange das viele Geld auf der hohen Kante liegt oder auf den Finanzmärkten bewegt wird, gehen auch von massiven Geldüberhängen weder Wachstumsimpulse noch inflationäre Preissteigerungen bei Konsum- und Investitionsgütern aus. Monetäre und nichtmonetäre Nachfragesogtheorien der Inflation führen zum gleichen Ergebnis. Sie unterscheiden sich darin, dass einmal die Inflation vom Gütermarkt ausgeht – eine Zunahme der Güternachfrage steigende Geldmengen und Preise nach sich zieht (nichtmonetärer Nachfragesog) –, zum anderen die Inflation vom „Geldmarkt" ausgelöst werde – eine erhöhte Geldmenge einen Anstieg der Nachfrage nach Investitions- und Konsumgütern verursache. Die Nachfragesogtheorie der Inflation wird ergänzt durch eine Kostendruckinflation. Steigende Rohstoffpreise und demzufolge Materialkosten, vor allem Löhne bewirkten einen Anstieg der Preise der Finalerzeugnisse, wenn die Unternehmen den Preisanstieg der Produktionsfaktoren (Arbeitskräfte, Material, Maschinen) nicht durch Produktivitätssteigerungen kostenneutral abfangen könnten. „Profit-push"-Inflationen werden für möglich gehalten, seien aber wenig wahrscheinlich, wird wider den empirischen Befunden behauptet, weil Unternehmer auf ihren guten Ruf bedacht sein müssten und bei allzu aggressiver Preispolitik mit Rückgängen der Nachfrage rechnen müssten. (Cassel 1988: 281 f) Tatsache ist, dass vor allem Monopole und Oligopole aufgrund ihrer marktbeherrschenden Position die Möglichkeiten besitzen, die Preise profitbringend zu erhöhen. Die oligopolistische und monopolistische Struktur der Volkswirtschaft ist der Grund dafür, dass das Preisniveau anhaltend hoch bleibt und langfristig steigt. Dauerhafte Preisniveaurückgänge gibt es nicht und sie sind auch nicht erwünscht.

Ein geldpolitisches Bonmot lautet: „Inflation entsteht, wenn die Menschen anfangen über Inflation zu reden." (WISU – das Wirtschaftsstudium 12/2021: 1244) Und sie fangen an, über Inflation zu reden, wenn sie sie erwarten. Der ehemalige Chef des ifo Instituts für Wirtschaftsforschung Hans-Werner Sinn sagt, die Preissteigerungen würden sich fortsetzen, weil die Konsumenten mit ihr rechneten und aus diesem Grund Anschaffungen vorziehen würden. Der Nachfrageschub drücke die Preise in die Höhe. (WISU – das Wirtschaftsstudium 12/2021: 1244) Daraus resultiert die Idee, Inflation ließe sich vermeiden, wenn es gelänge, die Bevölkerung davon zu überzeugen, dass die Zentralbank eine Inflation verhindern wird. Man solle das Feuer einer Inflation sofort austreten, d. h. den Leuten die Gewissheit ausreden, dass der Preisanstieg anhalten wird. Auch wenn Erwartungen sich eher aus realwirtschaftlichen Gegebenheiten ableiten als umgekehrt diese aus jenen, können Erwartungen über künftige Preise die Entwicklung der tatsächlichen Preise beeinflussen, wie Börsenspekulationen immer wieder zeigen. Die neuere Standardtheorie behauptet sogar, dass das Inflationsgeschehen vor allem durch Erwartungen geprägt werde. (Schrooten 2022: 27) Die Inflation, einmal in Gang gekommen, verstärke sich von selbst. Konsumenten würden verstärkt kaufen, weil sie glauben, dass sie die Ware nie wieder so preiswert erhalten wie heute. Lieber heute noch beginnen, ein Haus zu bauen als später. Unternehmer horten Vorprodukte, um der Inflation zu entgehen und schüren sie wie die Haushalte gerade durch Hamsterkäufe. Die Annahme, dass eine vorgezogene Nachfrage einen Preisauftrieb zumindest begünstigt, ist vorstellbar. Daraus resultiert die verbreitete Auffassung, eine geringe Inflation – etwa zwei Prozent – könne die Nachfrage und das wirtschaftliche Wachstum beleben. Unternehmen kalkulieren erwartete Kostensteigerungen in die aktuellen Kosten. Die Annahme dagegen, dass Gewerkschaften die erwartete Inflation in aktuellen Lohnforderungen selbst gegen den Widerstand der „Arbeitgeberverbände" mühelos durchsetzen würden, ist jedoch eine heroische Vereinfachung. Dass es den Arbeitern gelingt, die erwartete Inflationsrate durch einen entsprechenden Aufschlag auf die von ihnen geforderten Nominallöhne zu kompensieren, ist zwar möglich, aber eher unwahrscheinlich. Man muss generell unterscheiden zwischen der Erwartung, die zu niedrig oder zu hoch ausfallen kann, und der Möglichkeit, sie in eigene Politik oder Forderungen umzusetzen. Etwas zu erwarten und das Erwartete durch Verhalten vorwegzunehmen (zu antizipieren), sind zwei verschiedene Paar Schuhe. Unternehmer kalkulieren Preise auf Basis erwarteter Kostensteigerungen, weil jegliche Kontrolle fehlt und sie bei ihrer Preisfindung auf keinen Widerstand stoßen, sieht man von denkbaren negativen Nachfragewirkungen ab.

10.8.2 Ein Ohmsches Gesetz der Inflation?

Gängige Erklärungen des Inflations-Phänomens, kann man, wie differenziert und heterogen sie auch immer sein mögen, zurückführen auf Verschiebungen im Verhältnis von Angebot und Nachfrage. Entweder Angebotsverknappungen oder/und Nachfragezuwachs seien die Ursache dafür, dass die Preise inflationär (also im Durchschnitt und andauernd) steigen würden. Auf den Punkt gebracht heißt das, Inflation entstehe, weil die Nachfrage nach Verbrauchsgütern das Angebot übersteige, eine durchaus eingängige, manchmal – keineswegs immer – auch an den Erscheinungen wahrnehmbare und überprüfbare, und doch nur eine pseudowissenschaftliche Erklärung. Warum argumentiert, wer die Inflation ausschließlich oder vorrangig als ein Problem von Angebot und Nachfrage deutet, oberflächlich und pseudowissenschaftlich?

Völlig ausgeblendet wird dabei, dass Entscheidungen über Preise, Angebot und Nachfrage (wie auch über alle anderen ökonomischen Sachverhalte) von Menschen getroffen werden. Ob und in welchem Umfang die Anbieter Preise erhöhen, hängt von zahlreichen Faktoren ab, so auch von Angebot und Nachfrage und den sie beeinflussenden Bedingungen und Faktoren. Bürgerliche Ökonomen tun so, als existierten zwischen den Kategorien Preis, Angebot und Nachfrage quasi naturgesetzliche Beziehungen, die a la Gesetz des freien Falls unabhängig sind vom Wollen und Bewusstsein der Menschen, so ähnlich wie zwischen der Spannung U, der Stromstärke I und dem elektrischen Widerstand R. Aus dem Ohm'schen Gesetz $I = \frac{U}{R}$ ergibt sich, dass bei gegebener Spannung U, die Stromstärke I mit sinkendem Widerstand R steigt und mit steigendem Widerstand R sinkt. Bei gegebenem Widerstand R steigt die Stromstärke I mit steigender Spannung U und sinkt mit abnehmender Spannung U. Eine scheinbare Analogie zu den bürgerlichen „Preisgesetzen" ist nicht zu übersehen. Sie lassen sich vereinfacht erfassen mit der Formel $P = \frac{N}{A}$.[57] Die Formel zeigt, in welcher Weise die Preise P von der Nachfrage N und dem Angebot A abhingen: Bei gegebener Nachfrage N führt eine Verringerung des Angebots A zu steigenden Preisen P, eine Erhöhung des Angebots A zu sinkenden Preisen P. Und bei gegebenem Angebot A führt die Erhöhung der Nachfrage N zu steigenden Preisen und eine Verringerung der Nachfrage zu sinkenden Preisen.[58] Dies alles unabhängig davon, was Menschen wollten, wünschten, für richtig oder falsch hielten.

Marx hat den Zusammenhang zwischen Preisen, Werten, Angebot und Nachfrage ähnlich gesehen: Stimmen Angebot und Nachfrage überein, dann ist der Preis gleich dem Wert, übersteigt das Angebot die Nachfrage, dann ist der Preis kleiner als der Wert und übersteigt die Nachfrage das Angebot, dann sei der Preis höher als der Wert der Ware. Den Zusammenhängen liegt die vereinfachende Annahme einer freien, ungehinderten Konkurrenz zugrunde. Übersteigt das Angebot die Nachfrage, rivalisierten die Produzenten (Anbieter) um den Absatz ihrer Waren und unterböten sich gegenseitig bis die Preise so tief gesunken sind, dass sich Angebot und Nachfrage ausgleichen. Übersteigt umgekehrt die Nachfrage das Angebot, rivalisierten die Konsumenten (die Verbraucher) um die Ware, überböten sich gegenseitig bis die Preise so hoch gestiegen sind, dass Angebot und Nachfrage übereinstimmen. Einen solchen Mechanismus gibt es. Er ist zu beobachten an Börsen und auf Auktionen, für die Kon-

57 Die Formel ist keine mathematische Gleichung.

58 Auf von Monopolen dominierten Märkten geschieht teilweise das Gegenteil von dem, was die Preisgesetze suggerieren. So erhöhen Wasser- und Energieversorger die Preise, wenn die Nachfrage zurückgeht. Mieten steigen bei zunehmenden Leerstand an Wohnungen, Zeitungspreise bei rückläufigen Abo- und Verkaufszahlen usw. Lt. „Preisgesetzen" müssten Preise und Mieten nachgeben, doch steigen sie, weil die Unternehmen dadurch, dass die Absatzmengen zurückgehen, steigende Stückkosten haben und bei einer mindestens gleichbleibenden Profitmarge auf die höheren Kosten die Preise anheben.

sumgütermärkte trifft er nicht zu. Dort werden die Preise von den Anbietern gesetzt. Die Nachfragenden sind gezwungen, sie zu akzeptieren oder auf das Produkt zu verzichten. Bereits die Ankündigung, die Produktion einzuschränken, ist für Monopole und Oligopole Anlass, die Preise hochzusetzen, wie z. B. der Ölmarkt regelmäßig zeigt. Die Preise für Lebensmittel und Kraftstoffe sind nicht deshalb in den letzten Jahren (seit 2020) exorbitant gestiegen, weil die Käufer an der Supermarktkasse oder die Autofahrer an den Tankstellen versucht hätten, sich gegenseitig mit Preisgeboten zu überbieten, Kassiererinnen im Supermarkt den Vanille-Pudding und Verkäufer an Tankstellen das Benzin an den Meistbietenden verhökern würden, sondern weil Anbieter dadurch ihre Profite steigern wollen. Die Kunden müssen die von den Anbietern verlangten Preise akzeptieren, nicht sie, sondern die Konzerne setzen die Preise fest, und eine angeblich gestiegene Nachfrage oder ein unzureichendes Angebot, ist nur ein Vorwand, sie zu erhöhen, der eigentlich Grund des Preisanstiegs ist der Wunsch, mehr Profit zu erlangen. Und dazu nutzt man jede sich bietende Gelegenheit.[59] Der Fehler der Angebot- und Nachfragetheorien der Inflation besteht darin, anzunehmen und den Eindruck zu erwecken, zwischen Angebot, Nachfrage und Preisen existiere wie zwischen den physikalischen Größen Widerstand, Spannung und Stromstärke ein naturgesetzlicher Zusammenhang, dem Verkäufer und Käufer hilflos ausgeliefert seien. Übersehen wird dabei, dass die Eigentümer der Produktionsmittel, v. a. die Großkonzerne das Privileg haben, die Preise ihrer Produkte festzulegen. Sie sind objektiv an hohen Preisen interessiert, weil hohe Preise unter sonst gleichen Umständen hohe Profite bedeuten und die ökonomische Lage des Preissetzenden verbessern. Fazit: Indem sie sich auf Angebot und Nachfrage fokussiert, umgeht die bürgerliche Ökonomie die tieferen Ursachen der Inflation, diskutiert die Bedingungen, unter denen der von Menschen gemachte Anstieg des Preisniveaus stattfindet, wobei sie von den menschlichen Entscheidungen und den hinter ihnen liegenden Beweggründen ablenkt.

10.8.3 Verringerung des Preismaßstabs

Ist die Geldentwertung auch für die Papiergeldinflation ein zutreffender Begriff? Papiergeld ist wertlos. Wie kann etwas Wert verlieren, was keinen Wert besitzt? Marx argumentiert bezüglich des Papiergeldumlaufs widersprüchlich. Einerseits sagt er zwar: „Während Gold zirkuliert, weil es Wert hat, hat das Papier Wert, weil es zirkuliert." Der Wert des Papiers hänge ab „von seiner zirkulierenden Quantität. Daher ‚scheinen' (Hervorhebung K.M.) die Warenpreise zu steigen oder zu fallen mit dem

59 Im November 2023 zahlte ich in Hannover für ein Einzelzimmer, dass normal 120 Euro pro Nacht kostet, 260 Euro. Nur für einen Tag wurde der Preis um mehr als verdoppelt. Als Begründung musste die Messe herhalten, die in der Stadt stattfand, obwohl ich der einzige Gast war, der das Zimmer nachfragte.

Wechsel in der Quantität des zirkulierenden Papiers." (MEW 13: 100) Dass es so scheint, heißt nicht, dass es so ist. Denn anderseits hält er an seiner Interpretation des Preis-Geld-Zusammenhangs fest:

> Das Steigen oder Fallen der Warenpreise mit dem Steigen oder Fallen der Papierzettelmasse [...] ist also nur durch den Zirkulationsprozess gewaltsam bewirkte Geltendmachung des von außen mechanisch verletzten Gesetzes, dass die Quantität des zirkulierenden Goldes durch die Preise der Waren und die Quantität der zirkulierenden Wertzeichen durch die Quantität der Goldmünze bestimmt ist, die sie in der Zirkulation vertreten. (MEW 13: 100)

Daher ist es richtig, dass die Quantität des zirkulierenden Papiers wechselt mit dem Auf und Ab der Warenpreise. (MEW 25: 132) Es ist schwer zu begründen, weshalb und wie die umlaufende Geldmenge, die sich an die Preissumme der zirkulierenden Waren anpasst, umgekehrt die Preissumme bestimmen soll. Es wäre daher zu untersuchen, ob der Begriff „Geldentwertung" bedeutet, dass sich die Repräsentation von Wert durch wertlose Geldzeichen verringert – eine naheliegende Definition der Papiergeldinflation – und ob ein solches Verständnis dem inflationären Zustand gerecht wird.

Unterstellt wird, dass Papiergeld Repräsentativgeld ist. Es repräsentiert, unabhängig davon, ob ein juristisch fixiertes und garantiertes Umtauschverhältnis besteht, die Geldware Gold. Papiergeld vertritt *die* Geldware Gold in der Zirkulation, die entsprechend den im Umlauf befindlichen Warenwerten zirkulieren müsste, wenn von der Umlaufgeschwindigkeit abgesehen wird, ließe sie sich nicht durch Geldzeichen repräsentieren. Die Geldware Gold kann durch eine beliebig andere Geldware bzw. einen Geldwarenkorb ersetzt werden, wenn begründet nachgewiesen werden kann, dass sie das Gold aus seiner exponierten Geldrolle verdrängt haben. Empirisch belegt ist, dass die die Goldwerte keinen Einfluss auf die Preise haben können, wenn die Preise in Papierwährungen ausgedrückt werden. (Krüger 2012: 367 ff)

Was ist eine Inflation im geldtechnischen Sinne, unterstellt man, dass die Geldzeichen und -symbole Repräsentativgeld sind? Kommt es zu einer preisbedingten Aufblähung der Papierzettelmenge, die nicht auf eine wertbedingte Erhöhung der Geldwarenmenge oder des Wertes der gewöhnlichen Waren zurückgeführt werden kann, also zur „Überfüllung der Zirkulationskanäle mit Geldzeichen" (MEW 23: 142), verändert sich die Mengenrepräsentation, worunter der Preismaßstab oder z. B. der Goldgehalt der Zettelwährung verstanden wird. Eine Zentralbankgeldeinheit repräsentiert eine verringerte Geldwarenmenge. Die Papiergeldinflation ist eine Verringerung der Mengenrepräsentation und äußert sich in einem Anstieg des Preisniveaus.[60] Es wird klar, worauf sich die „Überfüllung der Zirkulationskanäle mit Geldzeichen" bezieht, zumal der Begriff „Überfüllung" verwundert, da die Zirkulationskanäle theoretisch ein unbegrenztes Volumen wertloser Geldzeichen aufnehmen können. Wenn auch aus vielen Gründen nicht erwünscht, ist das bei fehlender Konvertibilität möglich,

60 Zur näheren Begründung vgl. Müller 2022b: 68–77.

weil die Geldsymbole, welche die Menge Geldware repräsentieren, nicht durch Eigenwert bestimmt sind. „Überfüllung" kann sich nicht auf die Beziehung der Geldzeichen zum Wertvolumen beziehen. Wie groß auch die Geldzeichenmenge sein mag, sie symbolisiert stets das gegebene bzw. erforderliche Wertquantum. In Bezug auf das Wertquantum kann es kein Zuviel und kein Zuwenig an Geldzeichen geben. (MEW 23: 142) Geldzeichenüberschuss kann es auch nicht in Bezug auf die Preise geben. Preise sind Geldausdruck der Werte, damit sind sie das Ergebnis der Anwendung von Geldzeichen oder besser Geldnamen, die für die Bildung der Geldausdrücke benötigt werden. Eine Ausdehnung der zirkulierenden Geldmenge über die benötigte Geldmenge hinaus ist unmöglich. Die Inflation kann keine Verletzung des Geldumlaufgesetzes sein. Daraus ergibt sich: Der Begriff „Überfüllung" der Zirkulationskanäle mit Geld kann sich nur auf den bisherigen Preismaßstab – die Mengenrepräsentation – beziehen. In Bezug auf ihn existiert ein temporärer Geldüberhang. Er ist die Vorstufe der Inflation, nicht deren Ursache. Zur Inflation kommt es, wenn der Geldüberhang abgebaut wird, indem der Preismaßstab oder, was dasselbe ist, die Mengenrepräsentation – das Repräsentationsverhältnis zwischen den Geldzeichen und der erforderlichen Geldwarenmenge – verkleinert wird. Es zeigt sich, dass die Inflation im technischen Sinn als eine Verringerung des Preismaßstabes verstanden werden kann, d. h. als die Verkleinerung der Menge an Geldware, die durch eine Papiergeldeinheit repräsentiert wird. Je größer die Menge der Geldzeichen, umso kleiner die Menge der Geldware und umso kleiner auch der Wert der Geldware, den eine Papiergeldeinheit repräsentiert, desto kleiner schließlich die Kraft dieser Geldeinheit, Waren zu kaufen, und umgekehrt. Inflation ist die Verkleinerung des Preismaßstabs, herbeigeführt durch das preisbedingte Wachstum der zirkulierenden Papiergeldmenge.

10.8.4 Inflationäre Umverteilung

Die Inflation ist kein monetäres Phänomen allein. Die rein geldtechnische Komponente der Inflation verbindet sich mit dem sozialökonomischen Effekt der Umverteilung von Einkommen und Vermögen. Ökonomen listen gewissenhaft alle denkbaren Umverteilungseffekte auf, die nicht nur dadurch entstehen, dass das Preisniveau steigt, sondern auch, weil Einkommensempfänger vom Anstieg unterschiedlich stark betroffen sind und vor allem, weil die Inflation verbunden ist mit einer unterschiedlichen Änderung der einzelnen Preise. Man sagt, die relativen Preise – die Preisstrukturen – ändern sich. Die Einkommensbezieher verlieren, deren Einkommen weniger stark steigen als die Preise, die sie zahlen müssen. Diejenigen gewinnen, deren Einkommen stärker steigen als die Preise, die sie zahlen müssen. Von der Inflation profitieren jene, die verkaufen und Preise setzen, es verlieren die, die Preise zahlen und keine Möglichkeit haben, sie auf andere abzuwälzen. Die Inflation verteilt Einkommen und Vermögen um zwischen Besitzern von Finanz- und Sachvermögen, Besitzern von Spareinlagen und Wertpapieren, Grundbesitzern, Hauseigentümern, Aktionären und Antiquitätenbesitzern, Gläubigern und Schuldnern, Beziehern von Löhnen, Gehältern, Profiten, Dividenden, Zinsen, Mieten und sozialen Leistungen, Unternehmern der volkswirtschaftlichen Zweige (Landwirtschaft, Industrie, Dienstleistungen), Haushalten und Unternehmen, Privaten und dem Staat, monopolistischen bzw. oligopolistischen und nichtmonopolistischen Unternehmen, Inland und Ausland. (Cassel 1988: 310) Zwar stimmt es, dass es auf jeder dieser Verteilungsebenen Gewinner und Verlierer gibt. Wird aber daraus gefolgert, dass es schwer zu sagen sei, wer per Saldo durch die Inflation gewinnt oder verliert, da „die Haushalte, Unternehmen, Institutionen und öffentliche Hände über mehrere Vermögensarten verfügen und folglich ihr Einkommen aus verschiedenen Quellen beziehen, gleichzeitig in verschiedenen Sektoren agieren und Gläubiger und Schuldner zugleich sind" (Cassel 1988: 310), wird die soziale Brisanz der inflationären Umverteilung verharmlost. Denn es besteht kein Zweifel, dass die Inflation den Lohnabhängigen, Rentnern, Arbeitslosen und Sozialhilfeempfängern Einkommen entzieht und preissetzende Unternehmen sowie der Staat von Preissteigerungen profitieren. Der Staat gehört zu den Inflationsgewinnern. Er profitiert von höheren Steuern. Träfen Geldmengenausdehnung und Preiserhöhungen alle Einkommenskategorien gleichzeitig und gleich stark, könnte aus ihnen keine Umverteilung entstehen. Es würde sich zwar auch um eine Preismaßstabsänderung handeln, erfüllt wäre mit ihr nur das geldtechnische Merkmal der Inflation. Die Preismaßstabsverringerung bewirkt keine Umverteilung der Einkommen. Die Umverteilung ist vielmehr aus der Art und Weise zu erklären, wie die Verkleinerung des Preismaßstabs zustande kommt. Die Preise steigen weder zur gleichen Zeit noch im gleichen Maße. Das allgemeine Preisniveau hebt sich, indem sich die Preisrelationen unentwegt ändern. Entscheidend für die konkreten Verteilungswirkungen sind Macht und Zeitvorsprung, die Monopole und Oligopole bei ihrer Preisfindung gegenüber nichtmonopolistischen Produzenten und Einkommensbeziehern besitzen. Zu den Inflationsgewinnern gehören die Schuldner. Die Gläubiger, auch die kleinen Sparer, sind Inflationsverlierer. Schuldner zahlen Kredite zurück, die nur noch einen Bruchteil der Kaufkraft haben, die sie am Tag der Inanspruchnahme besaßen. Ein reizvoller Tausch im Szenario der 1920er Jahre: Man nimmt einen Kredit auf zu 5000 Reichsmark, kauft dafür eine hochwertige Maschine, und zahlt später die 5000 Reichsmark zurück, als man für die Summe gerade noch eine Schachtel Zündhölzer oder eine Fahrkarte für eine Fahrt mit der Straßenbahn bekam.

10.8.5 Austauschbarkeit von Arbeitslosigkeit und Inflation?

Der neuseeländisch-britische Ökonom Alban W. Phillips hatte für fast ein Jahrhundert (1862–1957) gezeigt, dass die Arbeitslosenquoten stiegen, wenn die nominalen Löhne sanken. Bei hohen Nominallöhnen waren die Arbeitslosenquoten niedrig. (Phillips 1958) Die theoretische Begründung des Zusammenhangs hatten Adam Smith, David Ricardo und Karl Marx vorweggenommen: Löhne folgen der Beschäftigungsdynamik.

Ihre Höhe ist Wirkung, nicht Ursache der Arbeitslosigkeit. Die Beschäftigung bzw. die Arbeitslosigkeit sind abhängig von Produktion und Akkumulation. In Umkehrung des tatsächlichen Zusammenhangs, wonach »die Größe der Akkumulation [...] die unabhängige Variable (ist), die Lohngröße die abhängige, nicht umgekehrt«, (MEW 23: 648) führen neoliberale Ökonomen Krisen auf dem Arbeitsmarkt auf überhöhte Löhne zurück. Phillips' später mehrfach bestätigte Analyse ließ die neoklassischen Hypothesen in einem zweifelhaften Licht erscheinen. Die empirischen Befunde über den Zusammenhang zwischen Löhnen und Arbeitslosigkeit erregten die Ökonomen. Der Mainstream redet unverdrossen Lohnsenkungen und Lohnzurückhaltung das Wort. Der Zusammenfall von hohen Löhnen mit niedriger Arbeitslosigkeit (bzw. steigenden Löhnen und sinkender Arbeitslosigkeit) passt nicht in sein Konzept. Kein intellektueller Aufwand wurde gescheut, um den Zusammenhang zu zerreden, den Phillips' Zahlen belegen. Ökonomen drechselten aus dem ihnen unangenehmem Fakt Zug um Zug ein Argument gegen hohe Löhne. Samuelson und Solow besannen sich der Lohn-Preis-Spirale und „entdeckten" eine Austauschbeziehung zwischen der Inflationsrate und der Arbeitslosenquote. (Samuelson, Solow 1960/1974) Eine hohe Nachfrage nach Arbeitskräften ermögliche einen Anstieg der Löhne. Mit den Löhnen aber stiegen zugleich die Preise. Auf diese Weise seien Arbeitslosigkeit und Inflation „austauschbar": wenige Arbeitslose, dafür hohe Preise oder niedrige Preise, dafür mehr Arbeitslose. Arbeitslosigkeit oder Inflation, lautet jetzt scheinbar die Wahl. An Keynes orientierte Ökonomen haben einfach unterstellt, dass die Kosten der Arbeitslosigkeit um ein Vielfaches höher seien als die der Inflation. Daraus schlussfolgerten sie, die Wirtschaftspolitik solle ein gewisses Maß an Inflation tolerieren als den Preis für Vollbeschäftigung. (Woll 2001: 395) Lieber drei Prozent Inflation statt fünf Prozent Arbeitslosigkeit, hieß es seitens der Politik.

Empirische Untersuchungen sind widersprüchlich. Sie ergeben, dass steigende Arbeitslosenquoten sowohl mit sich beschleunigenden als auch mit sinkenden Preissteigerungsraten auftreten können. (Quaas, Klein 2011) Das Problem ist komplexer, als es von Samuelson und Solow gesehen wird. Die Frage ist nicht, ob Inflation und Arbeitslosigkeit sich ausschließen oder bedingen, sondern unter welchen Bedingungen das eine und unter welchen das andere eintritt. So verengen sich in der Rezession die Spielräume, die Preise zu erhöhen, weil das Güterangebot die zahlungsfähige Nachfrage übertrifft. Die Arbeitslosigkeit schwillt an, Löhne oder Lohnsteigerungsraten fallen. In aufsteigenden Phasen, in denen die Nachfrage dem Angebot vorauseilt, werden die Preiszuwachsraten größer, Löhne steigen und in begrenztem Maße können mehr Arbeitsplätze geschaffen werden. Wie viele, hängt ab vom Wachstum der Produktivität und davon, in welchem Umfang die Unternehmer Arbeitskräfte durch leistungsfähigere Maschinen ersetzen. Beschäftigung und Preisbewegung spiegeln nicht die Lohnbewegung wider, sondern unterschiedliche Gesamtkonstellationen in den Phasen des Zyklus. Der „Austausch von Arbeitslosigkeit und Inflation" ist nicht lohnbedingt, sondern zyklusbestimmt. Die Bewegung der Preise ist nicht nur zyklisch verursacht. Von ihr gehen auch unterschiedliche Effekte auf den Zyklus aus. In der Frühphase des Aufschwungs regt der Anstieg der niedrigen Preise, der verbesserte Verkaufsmöglichkeiten signalisiert, Investitionen und Produktion an. In der Prosperitätsphase erschlafft die stimulierende Wirkung steigender Preise – und schlägt in ihr Gegenteil um. Preiserhöhungen wirken jetzt hemmend, weil sie die Nachfrage beschränken, und beschleunigen den Eintritt in die Krise. Sie verschlechtern die Beschäftigungslage. Der Zyklus zeigt, dass es nicht nur eine inverse Beziehung zwischen Preisen und Arbeitslosigkeit gibt. Niedrige oder steigende Preise sind mit einem Abbau von Arbeitslosigkeit ebenso vereinbar wie hohe oder steigende Preise mit einer Freisetzung von Arbeitskräften. Das letzte spielt kurz vor dem Eintritt in die Rezession, das erste für deren Beendigung eine gewisse Rolle. Der Zusammenfall von Inflation und Arbeitslosigkeit – man nennt ihn Stagflation – hat weitere Ursachen: Konzentration des Kapitals, Monopole und Oligopole ersetzen den Wettbewerb durch Absprachen und Monopolpreise. Zwar stoßen die Kapazitäten der Produktion an die Enge des Marktes. Die Macht der Monopole aber verhindert, dass das Preisniveau abnimmt. Die Verlangsamung des wirtschaftlichen Wachstums und der Abbau der Arbeitsplätze resultieren aus dem hohen Niveau der Produktion und der Produktivität in gesättigten Märkten. Im Denkmodell der Neoklassik müssten unter diesen Bedingungen – hohes Angebot stößt auf begrenzte Nachfrage – die Preise sinken. Dem Zwang zu Preissenkungen entziehen sich die mächtigen Monopole und Oligopole. Letztere sind de facto Quasimonopole.

Die Diskussion des Phillips-Theorems schließt zwei geldtheoretische Aspekte ein, die, keineswegs neu, bis hinein ins neue Jahrtausend ergiebig diskutiert worden sind: die Unterscheidung zwischen kurz- und langfristigen Wirkungen – worauf schon David Hume hingewiesen hatte (siehe Abschnitt 6.3.3) – und die Bedeutung von Erwartungen nach einer monetären Expansion. Kurzfristig wird angenommen, dass die Produktionskapazitäten nicht voll ausgeschöpft sind. Dann könnte es zu einem vorübergehenden „Tausch von Arbeitslosigkeit" und Inflation kommen. Die Erhöhung der Geldmenge weitete die Nachfrage aus, die Preise steigen. Die Arbeitslosigkeit würde zugleich sinken, weil bei unausgelasteten Kapazitäten und sinkenden Reallöhnen die Unternehmer kostengünstiger produzierten und mehr Arbeitskräfte einstellten. Hohe Preise verbänden sich so mit einer niedrigen Arbeitslosigkeit. Aber nur solange die Leute erwarteten, dass die Inflation niedriger ausfällt als dies in Wirklichkeit der Fall ist. Bemerkten die Arbeiter aber später ihren Irrtum und forderten, die Löhne an die vorausgeeilten Preise anzupassen, stiege die Arbeitslosigkeit auf ihr Ausgangsniveau. Ökonomen, die an rationale Erwartungen glauben, wie Lucas (Lucas 1969) und Sargent (Sargent 1973), gaben die Annahme der Geldillusion auf und ersetzten sie durch ihr Gegenteil. Sie behaupten, dass Wirtschaftssubjekte alle verfügbaren Informationen in ihre Entscheidungen einbezögen und die künftige Inflationsrate voraussehen würden. Sie seien in der Lage, dieser sofort durch entsprechende Erhöhungen der Nominallöhne zuvorzukommen. So verhinderten sie, dass die Reallöhne sinken. Deshalb wäre selbst eine vorübergehende Zunahme der Beschäftigung unmöglich, weil dafür ja angeblich die Reallöhne sinken müssten. Die Erhöhung der Geldmenge bewirke ausschließlich Inflation. Sie könnte nicht einmal für eine kurze Zeit die Arbeitslosigkeit mindern – so lautet die düstere Botschaft. Mit ihr drehen die Ökonomen den Spieß um: Löhne sind jetzt nicht mehr die Folge der Beschäftigung, sondern deren Ursache. Die Verwässerungen des von Phillips statistisch bestätigten Zusammenhangs zwischen Löhnen und der Arbeitslosigkeit sind „Anschauungsmaterial für Vorgehensweise und politische Funktion einer Form von Wirtschaftswissenschaft, die es hinsichtlich apologetischer Leidenschaft und argumentativer Skrupellosigkeit mit jedem fundamentalchristlichen Bible-Belt-Evangelisten aufnimmt“, schreibt Holger Wendt treffend. (Wendt 2017: 180–182) Sie beruhen auf mehreren obskuren Annahmen:

- Erhöhungen der Geldmenge führten zu Preissteigerungen. Das ist möglich, doch bedarf es dazu weiterer Voraussetzungen. Zusätzliches Geld muss auf die Gütermärkte strömen. Grundsätzlich verhält es sich umgekehrt: Die Unternehmen erhöhen die Preise. Dadurch steigt die Geldmenge.
- Löhne stiegen weniger stark als die Preise, weil Arbeitende das Ausmaß der künftigen Inflation unterschätzten. Der geringere Anstieg der Löhne beruht nicht auf diesem erdachten Irrtum. Die Unternehmer können viel leichter Preise erhöhen, als es Arbeitenden gelingt, angemessene Lohnerhöhungen zu erkämpfen. Das ist eine Frage des Kräfteverhältnisses.
- Gelänge es den Unternehmen, die Reallöhne zu senken, entstünden mehr Arbeitsplätze. Wer soll bei sinkenden Löhnen mehr kaufen? Die Unternehmer stellen nicht mehr Arbeitskräfte ein, wenn sich die Arbeiter über die Höhe der Inflation täuschten und die Reallöhne sinken, sondern wenn die Zahl der Beschäftigten nicht reicht, um die Nachfrage nach Gütern zu decken. Die Anpassung der Löhne an die höheren Preise kann umgekehrt Arbeitsplätze sichern, wenn der Absatz steigt.
- Es wird so getan, als sei es für die Arbeitenden kein Problem, beliebige Löhne durchzusetzen. Egal, ob die Löhne in einem gemessen an der Inflation zu geringen oder im „richtigen“ Umfang steigen. Das Kräfteverhältnis der Tarifparteien spiele keinerlei Rolle. Die Unternehmer erscheinen als willenlose Akteure, die von den Arbeitenden beliebig gesteuert würden. Was für eine Entstellung der Lohnfindungsprozesse!

Die Diskussionen um den von Phillips nachgewiesenen Zusammenhang zwischen Löhnen und Arbeitslosigkeit, der im Widerspruch zur neoklassischen Arbeitsmarkttheorie steht, haben einzig das Ziel, diese zu retten. Dazu müssen fragwürdige Hypothesen herhalten: Wacklige Konstruktionen, reduktionistische Vereinfachungen, Realitätsferne. Es wundert nicht, dass die empirische Forschung die Hirngespinste widerlegt hat (Kromphardt, Logeay 2011: 201) und ebenso wenig, dass sich die Lehrbuchautoren darüber hinwegsetzen. Empirische Analysen über den Zusammenhang zwischen Beschäftigung, Preisen und Lohn bestätigen, dass Phillips’ Erkenntnisse eine höhere Erklärungskraft besitzen als alle Versuche, die Zusammenhänge zu verwässern. (Quaas, Klein 2011: 364)

10.8.6 Das Gespenst der Deflation

Während Ökonomen des 21. Jahrhunderts eine sanfte Inflation mit Preissteigerungsraten um die zwei Prozent nicht nur für tolerierbar, sondern für wünschenswert halten, warnen sie empathisch vor dem Gegenteil, vor einer Deflation. Schlimmer als stabile seien sinkende Preise, heißt es. Ein absehbarer Preisverfall, zu dem es natürlich nirgendwo gekommen ist und der unter mono- und oligopolistischen Bedingungen äußerst unwahrscheinlich ist, bedrohe auf breiter Front die Wirtschaft und den Wohlstand der Menschen. Was soll bloß werden, wenn die Preise fallen? Eine negative Abwärtsspirale aus sinkenden Preisen, Kaufzurückhaltung und Investitionsstau würde die Wirtschaft in den Ruin treiben. Ein Schreckensbild, das schlimmer nicht sein könnte: Konsumenten, die in Erwartung sinkender Preise nicht kaufen. Unternehmer, die in Erwartung ausbleibender Käufer nicht produzieren, nicht investieren und Arbeitskräfte entlassen. Deflation mache die Wirtschaft platt – stürze sie in den Abgrund! Die linkskeynesianischen Ökonomen der Arbeitsgruppe „Alternative Wirtschaftspolitik" verteidigen daher die niedrigen und Negativzinsen der Zentralbank und loben deren angeblichen Mut. Mit dem Vorwurf, niedrigste Zinsen „enteigne(n) die Sparerinnen und Sparer und belaste(n) die private Kapitalvorsorge für das Alter, (werden) die positiven Folgen dieser vorausschauenden Geldpolitik schlichtweg ausgeblendet [...] Diese Geldpolitik lässt sich mit dem Hinweis auf eine erfolgreiche Verhinderung einer Deflation bis hin zu einer tiefen Wirtschaftskrise rechtfertigen." (AG Alternative Wirtschaftspolitik 2014: 101, 107) Dass dieses Urteil eine erstaunliche Überschätzung der Geldpolitik enthält, spielt erst in zweiter Hinsicht eine Rolle. Das Lob überbewertet mögliche negative Wirkungen sinkender Preise für die Anbieter und zeigt, wie leicht man irren kann, fokussiert man sich einseitig auf bestimmte Zusammenhänge oder verkennt die Kausalitäten. Man muss fragen, ob es realistisch ist, zu erwarten, dass die Leute ihren Konsum einschränken, weil sie mit sinkenden Preisen rechnen. Menschen, die nichts essen, nur weil das Brot bald billiger sein könnte? Arbeiter, die nicht zur Arbeit fahren, weil der Benzinpreis bis zum Wochenende um zwei Cent fallen soll? Das defekte Dach, durch das Regenwasser in den Frühstückskaffee tropft, bleibt durchlässig, weil die Schindelpreise nächsten Monat sinken werden? Die Öfen werden im Januar nicht mehr geheizt, weil die Brennstoffe im März voraussichtlich zu niedrigeren Preisen gekauft werden können? Ökonomen tun so, als ängstigten sie sich, dass die Menschen Konsum und Investition einstellen könnten, beseelt von der Hoffnung, künftig gratis zu erhalten, worauf sie heute verzichten. Sie darben und entsagen im Glauben, dafür einst beschenkt zu werden. Man redet den Leuten ein, dieses Verhalten führe zur Deflation, und die sei furchtbar. Die Verwirrung ist gewollt: Die Leute sollen Angst bekommen vor Preissenkungen. Sie sollen sich lieber eine deftige Inflation wünschen – von der seit jeher die reichen Schuldner und Sachvermögensbesitzer auf Kosten der einfachen Bürger profitieren –, in Dreiteufelsnamen aber keine Preissenkung! Das wäre die Katastrophe.

Das Argument von den angeblichen Gefahren einer Deflation ist schwach, wie auch der Versuch, es mit der Weltwirtschaftskrise empirisch zu „beweisen". In Überproduktionskrisen sinken Preise und Löhne, die Arbeitslosigkeit steigt. Betriebe machen massenweise Bankrott, die Produktion bricht ein. Wer dies sieht, muss es noch nicht verstanden haben. Auf die Kausalität kommt es an: Der Preisrückgang in der Krise war stets die Wirkung der Überproduktion und des Überangebots, nie deren Ursache. Friedrich Engels:

> In der ganzen Tat, seit 1825, wo die erste allgemeine Krisis ausbrach, geht die ganze industrielle und kommerzielle Welt, die Produktion und der Austausch sämtlicher zivilisierter Völker [...] so ziemlich alle zehn Jahre einmal aus den Fugen. Der Verkehr stockt, die Märkte sind überfüllt, die Produkte liegen da, ebenso massenhaft wie unabsetzbar, das bare Geld wird unsichtbar, der Kredit verschwindet, die Fabriken stehen still, die arbeitenden Massen ermangeln der Lebensmittel, weil sie zuviel Lebensmittel produziert haben, Bankrott folgt auf Bankrott, Zwangsverkauf auf Zwangsverkauf. Jahrelang dauert die Stockung, Produktivkräfte wie Produkte werden massenhaft vergeudet und zerstört, bis die aufgehäuften Warenmassen unter größrer und geringrer Entwertung (also sinkenden Preisen, K.M.) endlich abfließen, bis Produktion und Austausch allmählich wieder in Gang kommen. Nach und nach beschleunigt sich die Gangart, fällt in Trab, der industrielle Trab geht über in Galopp, und dieser steigert sich wieder bis zur zügellosen Karriere einer vollständigen industriellen, kommerziellen, kreditlichen und spekulativen Steeple-chase (Hindernisrennen, K.M.), um endlich nach den halsbrechendsten Sprüngen wieder anzulangen – im Graben des Krachs. (MEW 19: 219)

Oft weigern sich Ökonomen, so zu denken, wie es erforderlich wäre: komplex. (vgl. Kapitel 11) Und nicht selten verwechseln sie Ursachen und Wirkungen oder unterschätzen die Wechselbeziehungen zwischen den ökonomischen Größen. Könnte es nicht vielmehr so sein, um auf die Deflation zurückzukommen, dass niedrige Preise armen Leuten ermöglichen, sich satt zu essen und ein Auto zu kaufen? Können sich die Leute jetzt nicht das leisten, worauf sie wegen der zu hohen Preise bisher verzichten mussten? Niedrige Preise erlauben es, wieder ab und zu ins Kino oder Theater zu gehen, eine Urlaubsreise zu machen und das Wohnhaus instand setzen zu lassen. Niedrige Preise, wie sie sich einst gegen Ende einer Krise einstellten, könnten, wenn die Bedingungen dazu insgesamt reif sind, helfen, die Wirtschaft wieder zu beleben, und Investitionen auslösen, die aus der Krise herausführen. (Mottek 1982) Die geschürte Deflationsangst beruht auf einem rationalen Element: PKW-Fahrer, die glauben oder wissen, dass am Mittwochabend der Liter Super 1,79 Euro kostet, werden nicht zwei Tage zuvor für 2,09 tanken. Es sei denn, der Tank ist am Montag leer und sie müssen am Dienstag fahren. Der Fehler der Deflationsangsttheorie beruht darauf, dass das spekulative Element, das unseren Kaufentscheidungen innewohnt, verabsolutiert wird. Erstens können Menschen nicht aufhören zu konsumieren und ihren Konsum bis zum Sankt-Nimmerleinstag aufschieben. Und zweitens kaufen sie eher im gesicherten Wissen, dass die Ware heute billiger ist als sie gestern war. Die bereits eingetretene Preissenkung ist ein Anreiz, zu kaufen. Die unsichere Ahnung dagegen, dass der Preis in einiger Zeit noch niedriger sein könnte, wird den Kauf notwendiger Güter kaum aufhalten. Ökonomen begründen ihre Ängste vor Preissenkungen damit, dass dadurch die Gewinne der Unternehmen sinken würden und dies zu niedrigeren Löhnen und mehr Arbeitslosigkeit führen würde. Sie vertreten offenbar die Auffassung, dass der Profit Gradmesser für Richtiges und Falsches in der Gesellschaft sein müsse, blenden aber selbst dabei andere denkbare Abläufe aus – wie steigende Gewinne bei sinkenden Stückgewinnen durch Mehrabsatz – und ignorieren die enormen Gewinnspannen vieler Produkte.

10.9 Vollgeld

Das zweistufige Banken- oder Geldsystemsystem – Banken und Zentralbank – existiert in nahezu allen Ländern und besteht darin, dass die Geschäftsbanken (kurz die Banken) Giralgeld schöpften, das zwar kein gesetzliches Zahlungsmittel ist, mit dem aber anstandslos alle Zahlungen abgewickelt werden können. Die Zentralbank allein bringt das gesetzliche Zahlungsmittel – das Zentralbankgeld – in den Umlauf und versorgt damit die Wirtschaft. Die Banken sind in der Lage, mehr Kredite zu vergeben, als sie über Einlagen verfügen. Mit anderen Worten: Sie können ihre Einlagen mehrfach ausleihen, weil sie aus Erfahrung wissen, dass die Kredite im Bankensystem zu neuen Einlagen führen und teilweise vor der Tilgung zur kreditgewährenden Bank zurückfließen können. Übersteigen die gewährten Kredite die Einlagen einer Bank und kann sich diese die benötigten Mittel am Geldmarkt bei anderen Banken leihen, die über Überschüsse verfügen. Oder sie refinanziert sich bei der Zentralbank, die deshalb auch „Lender of Last Resort" genannt wird – die Kreditgeberin der letzten Instanz.

10.9.1 Das zweistufige Banken- und Geldsystem

Zwar erfolgt die Schöpfung von Giralgeld nicht voraussetzungslos und unbegrenzt (siehe Abschnitt 10.5.4), aber sie entzieht sich weitgehend der Kontrolle der Zentralbank, engt deren Macht erheblich ein. Die Banken erzeugen Giralgeld, indem sie Kredite ausreichen, Aktien und andere Wertpapiere kaufen. Den Bedarf der Banken an Zentralbankgeld für Reserven und Bargeldauszahlungen muss die Zentralbank sichern, damit der Zahlungsverkehr nicht behindert wird. Das Zeichen- und Symbolgeld der Banken ist nicht juristisch an eine Wertbasis gekoppelt, seine Menge kann tendenziell unbegrenzt steigen, auch wenn kurzfristig Grenzen bestehen. (vgl. Abschnitt 10.5.3) Es scheint, als hinge die Zentralbank am Gängelband der Banken, sei deren Erfüllungsgehilfe. Verhängnisvoll sei das besonders dann, wenn dadurch die Inflation über ihr erwünschtes Maß hinaus angeheizt würde oder, wie in den Finanzkrisen des 21. Jahrhunderts, wilde Finanzspekulationen finanziert würden, die zu einer „Inflation der Vermögenswerte" (Assetinflation) führten und die berüchtigten Blasen an den Börsen entstehen ließen. Der Vorgang ist verbunden mit erheblichen Umverteilungseffekten. Eine rasante Ausdehnung der Geld- und Finanzaktive im Vergleich zum Inlandprodukt verschiebt die ohnehin ungleiche Einkommensverteilung zugunsten der Kapitaleinkommen, zulasten der Arbeitseinkommen. Banken und Vermögende, die entsprechende Sicherheiten bieten können, erwerben mit dem zusätzlichen Geld Immobilien und Vermögenswerte, deren Preise daraufhin steigen. Verlierer der Giralgeldschöpfung sind jene, bei denen das Geld nicht ankommt, die aber die höheren Preise z. B. in Form von Mieten zahlen müssen. Die privaten Banken eignen sich den Gewinn an, der bei der Geldschöpfung entsteht. Sie leihen dem Staat Geld, das sie selbst geschaffen haben, indem sie dessen Anleihen kaufen, und refinanzieren sich bei der Zentralbank. Der Staat zahlt ihnen den Zinsaufschlag aus Steuermitteln.

Der postkeynesianische Ökonom Hyman P. Minsky (1919–1996), ein Schüler Schumpeters, beschreibt, wie deregulierte Finanzmärkte zum Crash tendieren und die wirtschaftliche Stabilität insgesamt untergraben. Finanzkrisen können entstehen, obwohl oder weil die Wirtschaft floriert. Das Wirtschaftswachstum und sprudelnde Profite verleiteten die Investoren, spekulative Finanzinvestitionen zu wagen, die ihnen aussichtsreich erscheinen. Banken, Unternehmen und Konsumenten verlören im Boom das Gefühl für Risiko und würden leichtsinnig gewagte Transaktionen vornehmen. Aus den regulären Einnahmen werden die Zinsen der aufgenommenen Kredite bedient, die Kredite selbst abgelöst durch neu aufgenommene Kredite. Die Investoren gehen schließlich zu einem Schneeballsystem über, finanzieren selbst ihre Zinslast mit neuen Krediten, solange sie noch hoffen, dass zum Schluss die Einnahmen aus der Investition ausreichen, um alle aufgelaufenen Verpflichtungen erfüllen zu können. Insgesamt wird die Wirtschaft labiler, bis die Spekulationsblase platzt und eine Finanzkrise ausbricht. (Minsky 1990/2007)

Fazit: Das Giralgeldregime der Banken erweise sich als die Ursache der Instabilität und Krisenanfälligkeit des Wirtschaft- und Geldsystems. Es müsse ersetzt werden durch ein Vollgeldsystem, in welchem die Banken das Recht verlieren, Giralgeld kreieren zu können und wieder ausschließlich als Kreditvermittler agieren.

10.9.2 Die Idee

Das als Mittel gegen Finanzkrisen, Inflation und Wirtschaftskrisen empfohlene Vollgeld beruht auf dem chartalischen Geldverständnisses. Der Staat besitze die Macht, zu befinden, was Geld ist. Banken sollen danach nur dann Kredite ausgeben dürfen, wenn die entsprechende Summe durch Kundeneinlagen oder bei der Zentralbank geliehenes Geld vollständig gedeckt ist. Vertreter des Vollgeldkonzepts sind Christoph Binswanger, Joseph Huber (Binswanger, Huber et al. 2015), Helge Peukert[61]. Vollgeld-

61 https://www.postwachstum.de/vollgeld-als-ein-reformschritt-in-die-postwachstumsgesellschaft-20110904, (letzter Aufruf: 15.02.2025).

anhänger finden sich auch unter den „Gesellianern“, z. B. Margrit Kennedy, in Teilen der Occupy-Bewegung und vornehmlich unter Wachstumskritikern. Namhafte Vertreter haben sich im Verein Monetative organisiert. In den 1930er und 1940er Jahren hielten viele Nationalökonomen, z. B. Irving Fisher, Vollgeld für eine gute Idee. Grundgedanke war, eine hundertprozentige Deckung des Giralgeldes durch Zentralbankgeld vorzuschreiben und so die Geld- und Kreditschöpfung der Geschäftsbanken zu zügeln. Der deutsche Wirtschaftswissenschafter und Mitglied des Direktoriums der Deutschen Bank Rolf Gocht schlug 1975 eine neue Geldordnung vor, welche die Geldschöpfung durch Geschäftsbanken verhindern würde. (Gocht 2011) Im Gegensatz zu Fisher wollte er, dass nur noch die Zentralbank Geld ausgeben darf. Joseph Huber, Wirtschaftssoziologe an der Martin-Luther-Universität Halle-Wittenberg, und James Robertson haben die Idee weiterentwickelt und als Vollgeld-System bezeichnet. Bankengeld gibt es nicht mehr, alles Geld sei nur noch staatliches Geld, emittiert von der Zentralbank. (Huber, Robertson 2008; Huber 2013: 103, 138) Das Vollgeldkonzept besitzt zwar Ähnlichkeiten mit dem von Fisher in den 1930er Jahren vorgeschlagenen Geldsystem, welches eine Mindestreservepflicht von 100 Prozent verlangt. Davon unterscheidet es sich aber in einem entscheidenden Punkt: Beim „100-Prozent-Geld“ können die Banken weiterhin Geld als Kredit gegen Zins in Umlauf bringen, sind aber verpflichtet, ihre Sichteinlagen zu 100 Prozent mit Zentralbankgeld zu hinterlegen. Beim Vollgeldkonzept dagegen kann lediglich die Zentralbank Geld schaffen. Sie stelle es dem Staat zinsen- und schuldenfrei zur Verfügung. Der Staat bringt es durch Ausgaben in die Zirkulation. Zentralbanken können im zweistufigen Geldsystem zwar in engen Grenzen die Geldmenge kontrollieren, die sie den Banken überlassen. Wie viel Geld am Ende in der Wirtschaft ankommt, hängt aber von den Banken und ihrem Publikum ab. „Heute brauchen die Banken nur gut drei Euro Zentralbankgeld, um 100 Euro Giralgeld zu schöpfen“, sagt Joseph Huber. „Im Vollgeldsystem müßten es 100 Prozent sein. Es geht darum, die Kontrolle über die Geldschöpfung wiederzugewinnen.“[62] Das zweistufige Banken- und Geldsystem führe zu Krisen. Die Banken neigen dazu, in guten Zeiten zu viel Kredit zu vergeben und in schlechten Zeiten zu wenig. So verstärken sie den Aufwärtstrend der Wirtschaft und ihren Abwärtstrend. In Boomphasen heizen sie gefährliche Spekulationsblasen an, in Krisenphasen bekommen gesunde Unternehmen im Zweifel keine Kredite. Durch die Einführung des Vollgeldes werde es den Geschäftsbanken unmöglich, nicht durch Zentralbankgeld gedeckte Sichteinlagen an Kunden weiterzugeben. Die Banken dürfen kein Giralgeld mehr schöpfen, sondern nur Einlagen annehmen, verwalten und weiter verleihen. Die Banken dürften kein Geld mehr „aus dem Nichts“ schöpfen. Und Kredite dürfen sie nur dann vergeben, wenn sie die entsprechende Summe auch wirklich vorrätig haben – entweder durch Kundeneinlagen oder durch Geld, das sie sich bei der Zentralbank geliehen

62 http://www.spiegel.de/wirtschaft/soziales/goldstandard-und-vollgeld-zweifel-am-finanzsystem-a-853621-3.html, (letzter Abruf: 15.02.2025).

haben. Der Grundgedanke ist, dass die Banken nur noch Kredite gewähren dürfen, wenn dem ein Sparen vorausgeht. Damit verbindet sich die Hoffnung, Blasenbildung, Börsenkrisen und Wirtschaftscrashs zu erschweren und zu verhindern.

10.9.3 Kritik

Ob das bislang noch nirgendwo erprobte Vollgeldkonzept – die Schweizer haben sich in einer Volksabstimmung im Juni 2018 gegen die Einführung eines solchen einstufigen Banksystems entschieden – die Stabilitätsprobleme der Wirtschaft lösen und Finanzkrisen verhindern kann, ist offen. Der Wiener Ökonom Stephan Schulmeister zweifelt daran und bezeichnet das Vollgeldsystem als ein „gutgemeintes Fiasko".[63] Das Konzept beruht auf der fragwürdigen, von monetaristischen Ökonomen vertretenen These, dass die Zentralbanken die Volkswirtschaft mittels Variationen der Geldmenge steuern könnten (vgl. dazu Kapitel 11). Schulmeister:

> Denn wie viele Kreditmittel tatsächlich zur Verfügung stehen, wird durch eine Vielzahl von Zwischenschritten bestimmt: In Schritt 1 schöpft die Notenbank Vollgeld, das sie dem Staat schenkt. In Schritt 2 kommt dieses Geld in Umlauf, indem der Staat es ausgibt, und zwar über unterschiedliche „Kanäle", je nachdem, wofür er es ausgibt. In Schritt 3 entscheiden die Begünstigten, wie viel sie davon sparen und wie viel sie durch Konsum- oder Investitionsausgaben, Lohnzahlungen etc. weiter zirkulieren lassen. In Schritt 4 bestimmen die Haushalte und Unternehmen, wie viel vom gesparten Vollgeld sie einer Bank als Spareinlage zur Verfügung stellen. Wegen dieser Zwischenschritte kann die Notenbank mit der Schöpfung von Vollgeld weder das gesamte Kreditpotenzial der Banken steuern, noch das Kreditangebot der nach Regionen und Branchen stark unterschiedlichen Kreditnachfrage anpassen.

Fragwürdig ist, ob das Vollgeld die Spekulation auf den Finanzmärkten und an den Börsen eindämmen kann. Dagegen spreche, dass selbst, wenn die Notenbank die Geldmenge konstant halten könnte, durch eine höhere Geschwindigkeit des Handelns – unterstützt durch modernste Computertechnik und Internet werden im „high frequency trading" Finanztransaktionen in Milli- bis Mikrosekunden abgewickelt – die Finanztransaktionen steigen können, zumal man auch mit Vollgeld spekulieren kann. „Die Verlockung für Unternehmen und Haushalte, nunmehr mit Vollgeld zu spekulieren, ist in schlechten Zeiten besonders groß: Bei Nullzinsen und erhöhtem Risiko werden sie kaum bereit sein, der Bank einen Kredit in Form einer Einlage einzuräumen, sondern versuchen ‚ihr Geld arbeiten zu lassen.' Vorstellbar ist, dass die Versorgung der produzierenden Bereiche mit Krediten häufiger beeinträchtigt wird und gesamtwirtschaftliche „Nachfragelücken" entstehen. Stephan Schulmeister begründet den Effekt so:

63 https://makronom.de/das-vollgeldsystem-ein-gut-gemeintes-fiasko-15614, (letzter Aufruf 15.02.2025).

> Wenn jener Teil des BIP, den die Haushalte nicht nachfragen wollen (= ihr Sparen), größer ist als das, was die Unternehmen als Investitionen zusätzlich zum Konsum der Haushalte nachzufragen planen, dann ist die geplante Gesamtnachfrage kleiner als das Gesamtprodukt (BIP) – es besteht somit eine „Nachfragelücke“ bzw. „deflatorische Lücke“. Das bedeutet: Die Unternehmer bleiben auf einem Teil ihrer Produktion sitzen, die unfreiwilligen Lagerbestände steigen. Die Unternehmer werden daher ihre Produktion so lange einschränken, bis die Spar- und Investitionspläne – auf niedrigerem BIP-Niveau – wieder übereinstimmen (diese Einsicht ist ein Kernstück der Theorie von Keynes).

Fazit: Um etwas gegen Krisen zu tun, wäre es besser – wenn auch nicht hinreichend – Finanzinvestments und kreditfinanzierte Spekulationen zu unterbinden, die Deregulierung der Finanzmärkte zu beenden. Die umstrittene Schöpfung von Giralgeld durch die Banken ist nicht die primäre Krisenursache, auch wenn sie zur Ausbreitung und Vertiefung von Krisen im Finanz- und Sektor erheblich beitragen kann. Ausschließen kann man außerdem nicht, dass eine „Vollgeld-Zentralbank“ in beliebiger Höhe Geld druckt und ihre neue Macht missbraucht.

11 Geldwirkungslehren im 21. Jahrhundert

11.1 Das geldpolitisch-theoretische Problem

Geldpolitische Debatten drehen sich seit Jahrzehnten um die Frage, ob eine Zentralbank mit den ihr gegeben geldpolitischen Instrumenten gewollte Wirkungen in der Produktion – Wirtschaftswachstum, Preise, Beschäftigung, außenwirtschaftliche Effekte – erreichen kann. Dazu gehört die Frage, ob eine zentrale Steuerung des Zinsniveaus Preissteigerungen verhindern und eine fortschreitende Inflation brechen kann. Aber auch: Kann die Zentralbank die zirkulierende Geldmenge und das Zinsniveau auf den Märkten steuern? Das wäre eine erste Voraussetzung dafür, weitergehende Ziele erreichen zu können. Agieren die Notenbanken souverän oder reagieren sie vornehmlich auf Prozesse, die weitgehend unabhängig von ihnen ablaufen? Wie ist der Zusammenhang zwischen der umlaufenden Geldmenge, den Preisen und den Zinsen? In vielerlei Hinsicht erinnern die „modernen" Fragen an theoriengeschichtliche Debatten vergangener Jahrhunderte, so an die quantitätstheoretischen Diskussionen oder an die Ansichten über die Geldwirkungen eines David Humes oder Richard Cantillons. (vgl. Abschnitt 5.8 und 6.3.3)

Die Theorien der Geldpolitik beschreiben, wie Zentralbanken mittels Geldmengen- und Zinspolitik güterwirtschaftliche Größen beeinflussen, also Preisniveaustabilität, Beschäftigungs- und Wachstumsziele sichern helfen. Die Zentralbanken in den USA und Europa schworen sich vor allem auf das Ziel Preisstabilität ein. Stabil seien die Preise, wenn sie im Durchschnitt um zwei Prozent steigen. Empirische Analysen sind ernüchternd. Sehr oft werden die geldpolitischen Ziele verfehlt. John K. Galbraith konstatierte: „Seit der Gründung der US-Zentralbank im Jahr 1913 blieben ihre Maßnahmen gegen steigende Teuerungsraten und insbesondere gegen konjunkturelle Abschwünge von nachhaltiger Wirkungslosigkeit." (Galbraith 2005: 85 f.) Galbraiths Bewertung der US-Zentralbank gilt allen Zentralbanken der Welt:

> Entscheidungen, die in altehrwürdigen Sitzungssälen unter den ehrfurchtgebietenden Porträts der Amtsvorgänger gefällt werden, können nur allgemeinen Beifall finden. So sollten wirtschaftspolitische Entscheidungen getroffen werden. Daß sie wirkungslos verpuffen, wird geflissentlich ausgeblendet. Der Glaube, etwas so Komplexes, Heterogenes und seinem Wesen nach für jeden einzelnen Menschen so Wichtiges wie Geld lasse sich durch gründlich erörterte, aber einfache Entscheidungen beeinflussen, die in einem gefälligen und unauffälligen Gebäude der amerikanischen Hauptstadt getroffen werden, entspringt nicht nüchternen Realitätssinn, sondern frommen Wunschdenken. So viel inbrünstige Realitätsverleugnung ist schier unglaublich. (Galbraith 2005: 89)

Ein schönes Trugbild: Ein paar smarte Krawattenträger im feinen Zwirn und in pompösen Zentralbankgebäuden beherrschen ganze Volkswirtschaften. Sie zauberten nach Belieben wirtschaftlich Wünschenswertes herbei, indem sie Zinssätze, Kreditfazilitäten und den Umfang der Offenmarktgeschäfte änderten. Selbst Neoliberale sind

https://doi.org/10.1515/9783111568331-012

da skeptisch. Friedrich von Hayek (1899–1992), einer der Wortführer des Neoliberalismus, meint, dass die Zentralbanken als Währungsmonopolisten die Frage nach dem angemessenen Zins oder einer angemessenen Geldmenge nicht beantworten könnten. Ihnen mangelte es an dazu notwendigen Informationen. Hayek will das Geld „entnationalisieren", den Zentralbanken ihr Emissionsmonopol nehmen und private Emittenten mit der Geldversorgung beauftragen. Im Wettbewerb der privaten Geldanbieter würde sich das beste Geld behaupten. Und mit ihm sich das optimale Marktgleichgewicht einstellen. (Hayek 1978, vgl. auch Dümmler, Kienle 2012; Derix 1985) Der Vorschlag beruht auf dem blinden Glauben an die Selbstheilungskraft des Marktes. Die Ohnmacht der Notenbank ist kein Informationsproblem; die Ursachen liegen tiefer: Vertraut wird einem Mechanismus, der schon auf den Gütermärkten versagt. Nobelpreisträger Hayek übersieht, dass ein Verdrängungswettbewerb über kurz oder lang erneut ein Monopol nach sich zöge. Hayeks Vorschlag, das Geld zu privatisieren und das Monopol der Notenbanken durch konkurrierende Währungen zu ersetzen ist wie die neoliberale Gleichgewichtswelt eine Illusion, ein realitätsfernes Modell, historisch überholt und untauglich zur Lösung moderner Probleme. Unter besonderen Bedingungen können aber, wie die Geschichte zeigt – hier kann nicht darauf eingegangen werden – Parallelwährungen und Regionalgeld sinnvoll sein.

Im ökonomischen Mainstream wird allen empirischen Erfahrungen zum Trotz daran festgehalten, dass die Zentralbanken, indem sie die Leitzinsen und Geldmengen – ihre angeblich „schärfsten Waffen" – variierten, die Lebenshaltungskosten, das Wirtschaftswachstum und die Beschäftigungsgröße in ihren Währungsräumen bestimmen könnten. Erhöhen sie die Leitzinsen, müssten die Kreditinstitute den Zins für die von ihnen gewährten Darlehen auch erhöhen. Unternehmen investierten dann weniger, weil das zu Investierende zu teuer geworden ist und die Anlagen auf den zinsbringenden Märkten sich mehr lohnen. Verbraucher schränkten aus ähnlichen Gründen die Kreditaufnahme ein. Die Nachfrage nach Gütern und Dienstleistungen sinke. Für die Anbieter werde es schwieriger, die Preise zu erhöhen. Hochzinspolitik und Geldverknappung der Zentralbank würden den Preisauftrieb dämpfen, und jedoch, als unerwünschte Nebenwirkung, Investitionen und Produktion abwürgen.

Über Geldpolitik nachzudenken, muss damit beginnen, sich über die grundsätzliche Rolle der Zentralbank klar zu werden. Wie ist das Wechselspiel zwischen der monetären und der güterwirtschaftlichen Sphäre und welche Rolle kommt dabei der Zentralbank zu? In den traditionellen Geldwirkungslehren der Mainstream-Ökonomik werden akribisch Wirkungen zentralbankpolitischer Geldimpulse in den güterwirtschaftlichen Sektor hinein verfolgt. Dabei bleibt unterbelichtet, dass in der Regel originäre güterwirtschaftliche Veränderungen Anpassungen im monetären Bereich erzwingen. Die entgegengesetzten Wirkungsketten werden in der geldtheoretischen Literatur mitunter zwar erwähnt, aber nicht analysiert. Sie stellen eine wichtige Ergänzung der herkömmlichen Geldwirkungs- und Transmissionslehren dar. Die übliche einseitige Fokussierung der Geldtheorie auf Ausstrahlungen des Geldsektors auf den produzierenden Bereich wird den komplexen Wechselbeziehungen zwischen der monetären und der nichtmonetären Sphäre nicht gerecht. Was die Inflation betrifft, der die Zentralbank angeblich mit hohen Zinsen und der Reduzierung der Zentralbankgeldmenge begegnen will oder soll: Klar ist, dass die Zentralbank am unmittelbaren Preisbildungsprozess der Unternehmen nicht beteiligt ist. Die Frage, ob sie durch ihre Geldpolitik trotzdem die Entwicklung des Preisniveaus und damit die Inflation zu steuern vermag, setzt die Beantwortung von zwei anderen Fragen voraus. Erstens die Frage, ob die Zentralbank monetäre (Zwischen)ziele wie Geldbasis, Geldmengen, Zinsniveau steuern kann, ihre Politik also ausschlaggebend ist für die Höhe und Änderung der umlaufenden Geldmenge und der Geldmarkt- und Kapitalmarktzinsen.

Unter der Geldbasis (auch Geldmenge M0) versteht man nach Definitionen der EZB die Summe aus Bargeldumlauf und Zentralbankgeldbestand der Kreditinstitute. Die Geldmenge M1 enthält den Bargeldumlauf unter den Nichtbanken plus die Sichteinlagen der Nichtbanken, die jederzeit in Bargeld transformiert oder für den bargeldlosen Zahlungsverkehr eingesetzt werden können. Sie enthält nicht die Kassenbestände der Geschäftsbanken. Zur Geldmenge M2 gehören neben der Geldmenge M1 die Einlagen mit vereinbarter Laufzeit bis zu zwei Jahren und Einlagen mit gesetzlicher Kündigungsfrist bis zu drei Monaten, zur Geldmenge M3 außerdem Anteile an Geldmarktfonds, Verbindlichkeiten aus Wertpapiergeschäften, Geldmarktpapiere und Bankschuldverschreibungen mit einer Laufzeit bis zu zwei Jahren. Die Inflation erkennt man daran, dass die zirkulierende Geldmenge und das Preisniveau steigen. Die zirkulierende Geldmenge ist die, die Waren bezahlt. Sie ist mit keiner der genannten Geldmengenaggregate identisch. Am nächsten kommt ihr die Geldmenge M1. Zweitens geht es um die Frage, ob, vorausgesetzt, die Zentralbank könnte Geldmengen- und Zinsänderungen herbeiführen, dadurch gewollte Effekte im güterwirtschaftlichen Bereich (Preise, Wirtschaftswachstum, Beschäftigung) erzielt werden können. Die zweite Frage erübrigt sich, müsste die erste verneint werden. Die seit Jahren sehr kontrovers und dennoch einseitig geführte Debatte dieser Fragen soll hier aufgegriffen und aus unkonventioneller Sicht diskutiert werden.

11.1.1 Kontroversen

Über die geldpolitischen Möglichkeiten der Zentralbank sind vier Auffassungen mit unterschiedlichem Gewicht in der theoretischen Diskussion vertreten:

Erstens: Die Zentralbank könne die Geldmenge, nicht den Marktzins steuern. Das ist im Wesentlichen die neoliberale-neomonetaristische Meinung Friedmanscher Prägung. Milton Friedman, US-amerikanischer Ökonom und Nobelpreisträger (1912–2007), lehrte an der Universität Chikago und galt als das Haupt der sog. Monetaristischen Schule der Wirtschaftstheorie.

Zweitens: Die Zentralbank könne den Zins, nicht die Geldmenge steuern. Diese Auffassung dominiert gegenwärtig und wird von Ökonomen geäußert, die sich in der Tradition des britischen Ökonomen John Maynard Keynes (1883–1946) sehen oder eine gewisse Affinität zu dessen Lehre nicht bestreiten. Auf Differenzierungen, wie die von Postkeynesianern vertretene Auffassung einer Asymmetrie der Geldpolitik – die Zentralbank könne nur mit Zinssteigerungen, nicht mit Zinssenkungen auf den Prozess der Giralgeldschöpfung einwirken – soll hier nicht eingegangen werden. (vgl. Herr 1986: 81 ff.)

Drittens: Die Zentralbank könne die Geldmenge *und* den Zins exakt kontrollieren. Sie könne zwar beide Kategorien nicht unabhängig voneinander gleichzeitig steuern, aber wahlweise sich für eine Stabilisierung des Zinsniveaus oder für die der Geldmenge entscheiden. So behauptet z. B. William Poole, Ökonom an der University of Delaware, dass die Zentralbank zwischen der Geldmenge oder dem Zins als Zwischenzielgröße wählen könne. (Wagner 2004: 202 f.)

Viertens: Die Zentralbank könne weder die umlaufende Geldmenge noch den Marktzins nach Belieben steuern und verändern, wobei ihr eine gewisse Einflussmöglichkeit zugestanden wird, einer Auffassung, der sich der Autor anschließt.

Sowohl Keynesianer als auch Monetaristen argumentieren nicht schlüssig: Wird der Zins als Preis für geliehenes Geld bzw. Geldkapital gesehen, wogegen kaum Vernünftiges zu sprechen scheint, so ist zunächst verwunderlich, weshalb entweder *nur* die Geldmenge oder *nur* der Zins politisch steuerbar sein sollen. Zumindest indirekt ist stets auch die jeweils andere Größe betroffen. Ein wechselseitiger Zusammenhang zwischen der Geldangebotsmenge, der Geldnachfragemenge und dem Zins ist weithin anerkannt. So auch, dass der Zins das Verhältnis zwischen Geldangebot und Geldnachfrage sowie dessen Veränderung widerspiegelt. Die eine Größe als endogen (Monetaristen: Zins; Keynesianer: Geldmenge), die jeweils andere aber als exogen (Monetaristen: Geldmenge, Keynesianer: Zins) zu betrachten, ist dann erstaunlich. Denn wer die Endogenität der einen Größe akzeptiert, die Abhängigkeit der anderen von dieser Größe ebenfalls, zugleich aber auf der Exogenität dieser anderen Größe beharrt, argumentiert intransitiv und inkonsistent. Der Vorwurf, diesen logischen Defekt ihrer jeweiligen Argumentation zu übersehen, trifft Keynesianer und Monetaristen gleichermaßen.

11.1.2 Exogenität oder Endogenität der Geldangebotsmenge?

Die Monetaristen wollen, dass die Zentralbanken das Wachstum der Geldmenge kontrollieren. Ihr Stammvater Milton Friedman behauptet, die Währungsbehörde könne u. a. „das umlaufende Währungsgeld zuzüglich berichtigter Sichteinlagen oder diese Gesamtgeldmenge zuzüglich der Termindepositen der Geschäftsbanken“ steuern. Er schlägt vor, dass sie ein etwa 3 – 5 prozentiges Wachstum des umlaufenden Währungsgeldes zuzüglich aller Depositen der Geschäftsbanken oder eine etwas geringere Wachstumsrate des Währungsgeldes zuzüglich der Sichteinlagen organisieren solle. So könnte die Zentralbank eine wünschenswerte, mäßige Inflation ermöglichen und eine Deflation verhindern. „Stetiges Geldmengenwachstum würde ein monetäres Klima bewirken, das für eine effektive Wirkungsweise jener grundlegenden Kräfte des Wagemuts, des Scharfsinns, der Erfindung, der harten Arbeit und der Sparsamkeit, die die wahren Quellen wirtschaftlichen Wachstums sind, vorteilhaft ist." (Friedman 1980: 22 f) Die empfohlene Geldmengenpolitik ist in mehreren Ländern versucht worden. Auch die deutsche Bundesbank hat sich von 1975 bis 1998 Geldmengenziele gestellt. Bis 1987 bezog sich das Ziel auf die Zentralbankgeldmenge, danach auf die Geldmenge M3, die nicht so stark auf die Entscheidungen der Privaten reagiert und deshalb, so die Annahme, mit größerer Sicherheit vorausgesagt werden kann. Die EZB hat das Procedere fortgesetzt; seit 2003 gibt sie das angestrebte Wachstum der Geldmenge öffentlich bekannt, vermeidet aber den durch häufige Verfehlungen diskreditierten Begriff des Geldmengenziels. Dieser erweckt den Eindruck, als setze sich die Bank ein Ziel und versuche, es mit allen Mitteln zu erreichen. Ein Irrtum: Die Entwicklung der Geldmenge wird bestimmt durch das Wirtschaftswachstum, den Preisanstieg und die Umlaufgeschwindigkeit des Geldes. Auf diese drei Faktoren hat die angeblich politisch steuernde Bank keinen direkten Einfluss. Das Verhalten der Unternehmen und Konsumenten entscheidet über sie. Die sog. Geldmengenpolitik besteht praktisch darin, die Veränderung dieser drei Bestimmungsfaktoren zu schätzen und daraus das voraussichtliche Wachstum der Geldmenge abzuleiten, meist realistischerweise in Form einer Bandbreite, eines „Zielkorridors" von 2 bis 3 Prozent. Die Vorgabe von Zielen hat mit einer strengen Planung und entsprechendem Einsatz von Mitteln, um die Vorgaben zu erreichen, nichts zu tun. Sie ähnelt eher einem „heiteren" Ratespiel. Zielverfehlungen sind an der Tagesordnung. Warum dann das Vorgaberitual, wenn doch nichts getan werden kann, die „Ziele" zu erreichen? Die angekündigten Zahlen über das Wachstum der Geldmenge sollen privaten Wirtschaftsakteuren über den zu erwartenden „monetären Rahmen" informieren. Verbunden wird dies mit der stark vereinfachenden Annahme, die Wirtschaftsakteure orientierten sich daran. Der Glaube, Produzenten, Investoren oder Konsumenten ließen sich in ihren Entscheidungen leiten von geschätzten Geldmengenzahlen der Zentralbanken, mutet naiv an. Schon Mitte der 1980er Jahre wird die Zweckmäßigkeit des Vorhersagerituals, das man euphorisch Geldmengenpolitik nennt, bezweifelt. Man wechselte zur keynesianischen Zinspolitik. Doch besser wurde dadurch nichts. Das quantitätstheoretische Postulat aber, eine steigende Geldmenge löse einen Anstieg aller Preise aus, „zu viel Geld jage zu wenig Güter", jene „uralte" Hypothese, die den Kern der monetaristischen Denktradition bildet, gilt im 21. Jahrhundert als wissenschaftlich überholt (Sahr 2024: 11) – was nicht heißt, dass sie jegliche Anhänger verloren habe.

Die Autoren der keynesianisch geprägten Lehrbücher betonen die Endogenität der Geldmenge und zeigen diese an einfachen Modellen. Aus diesen geht hervor, dass

Zentralbanken nicht einmal das Wachstum der Zentralbankgeldmenge im Griff haben, ganz zu schweigen das der Giral- bzw. Kreditgeldmenge der Geschäftsbanken. So wird der Liquiditätsbedarf der Banken außer dem Mindestreservesoll von Faktoren bestimmt, die sich einer unmittelbaren Kontrolle und Einflussnahme der Zentralbanken entziehen. Zu diesen sog. autonomen Faktoren gehören neben der Umlaufgeschwindigkeit des Geldes der Banknotenumlauf, die Einlagen der öffentlichen Haushalte, die Währungsforderungen und Währungsverbindlichkeiten, schwebende Verrechnungen aus der Abwicklung des Zahlungsverkehrs und die im Eurosystem erzielten Zinserträge. (Deutsche Bundesbank, Monatsbericht November 2022: 26) Ein Beispiel: Nationale Währung gelangt durch den Ankauf von Devisen in den Umlauf. Wie viel nationales Geld gegen Devisen ausgegeben werden muss, hängt von der Stärke des Devisenzustroms und nicht vom Willen der Zentralbank ab. So ist vorstellbar, dass die Zentralbank aufgrund einer hohen Inflation zu einer restriktiven Geldpolitik neigt, aber wegen unkontrollierten Devisenzuflüssen gezwungen ist, Zentralbankgeld wider Willen in großem Umfang zu emittieren. Vorstellbar sind auch Situationen, die Geschäftsbanken veranlassen, die Pläne der Zentralbank zu durchkreuzen. Gründe gibt es mehrere dafür, dass Geschäftsbanken nicht mittun, wenn Zentralbanken versuchen durch Offenmarktoperationen Geld in das Bankensystem zu drücken. Ihr Interesse, der Zentralbank Wertpapiere zu verkaufen, wird gering sein, wenn der Zinsabschlag zu hoch ist, mit einem Kursanstieg gerechnet wird, auf dem Geldmarkt Geld günstiger erhältlich ist oder wegen einer Rezession der Bedarf der produzierenden Unternehmen an Krediten gering ist. Was die geldpolitischen Impulse der Zentralbank bewirken, hängt ab vom Verhalten der Kreditinstitute, von ihrer Mitwirkungsfähigkeit und Bereitschaft, zentralbankpolitische Ambitionen zu unterstützen. Solange die Geschäftsbanken Kreditbedarf haben und über beleihungs- oder verkaufsfähige Wertpapiere verfügen, kann ihnen die Zentralbank ein Kreditangebot unterbreiten. Mit der Erhöhung ihrer Leitzinsen kann sie versuchen, die Bereitschaft der Geschäftsbanken einzuschränken, Notenbankkredite in Anspruch zu nehmen. Lassen sich die Banken dennoch nicht davon abhalten, weil z. B. der Kreditbedarf ihrer Klientel hoch ist, läuft ihre Reaktion den zentralbankpolitischen Zielen zuwider, zumindest was den Mengeneffekt von monetären Impulsen betrifft. (Duwendag et al. 1985: 193) Es gibt wenige Geldpraktiker, die der Meinung sind, dass Geldmengen und Marktzinsen allein von der Politik der Zentralbanken bestimmt werden. Die Zentralbanken agieren nicht im luftleeren Raum. Sie reagieren auf Änderungen auf den Finanz- und Gütermärkten, also auf endogene Variable. Das wird auch von namhaften Geldtheoretikern so gesehen: „Die Bundesbank kann den Kreditinstituten nicht Zentralbankgeld zu konstanten Reservesätzen[64] qua Injektion verabreichen. Im Grunde kann die Bundesbank den Kreditinstituten nur

64 Gemeint ist der Mindestreservesatz. Mindestreserven sind Einlagen, die die Geschäftsbanken zwangsweise bei der Zentralbank halten müssen.

einen Expansionsspielraum einräumen, der von der Höhe der freien Liquiditätsreserven determiniert wird. Zusammen mit der Gestaltung der Notenbankzinsen und der Geldmarktkonditionen kann dies eine bestimmte Kredit- und Geldschöpfung bewirken, die eine bestimmte Zunahme der Zentralbankgeldmenge zu konstanten Reservesätzen **zur Folge (aber nicht als Ursache!)** hat." (Duwendag et al. 1985: 305) (Hervorhebung K.M.) Bestimmungsfaktoren der sich im Geschäftsbankenbereich bildenden Giralgeldmenge sind:

- der Überschuss an Zentralbankgeld und die Mindestreservesätze (Faktoren, über die die Zentralbank in den Kreditgeldschöpfungsprozess eingreift)
- die freie Liquiditätsquote, über deren Höhe die Geschäftsbanken entscheiden
- die Barabzugsquote, die Wünsche der Nichtbanken über die Art der Inanspruchnahme ihres finanziellen Vermögens widerspiegelt und schließlich
- die Marktzinsen, die über das Verhältnis von Angebot und Nachfrage auf den Finanzmärkten informieren.

Nach dem Scheitern monetaristischer Geldpolitik sind zu Beginn des 21. Jahrhunderts amerikanische, britische wie auch die Europäische Zentralbank dazu übergegangen, wohl auch unter dem Eindruck der keynesianischen Lehrbuchweisheit, dass die Stabilität der Preise nicht durch eine direkte Geldmengenregulierung, sondern durch das richtige Zinsniveau erreicht werden könne und müsste. Eine „optimale" Zinspolitik habe dabei zwischen der Stabilität des Geldwertes und der Beschäftigungsstabilität abzuwägen. Pikanterweise halten die Monetaristen aber von einer Zinspolitik dasselbe, was die Keynesianer von einer Geldmengenpolitik halten: nichts. „Wenn, wie es oft geschehen ist, die Währungsbehörde die Zinssätze [...] als unmittelbares Eingriffskriterium auswählt, so wird sie wie ein Raumschiff agieren, das auf den falschen Stern gerichtet ist. [...] das Raumschiff wird sein Ziel verfehlen." (Friedman 1980: 20 f) Es sei ein weit verbreiteter Fehler anzunehmen, so Friedman, „das FED könne irgendwie die Zinsen steuern [...] Das FED kann [...] die Geldmenge kontrollieren [...] Aber die Zinsen werden durch den Markt bestimmt, nicht durch die Notenbank (vgl. Friedman 1982: 12, Friedman 1980: 12 f).

11.1.3 Exogenität der Zinsen?

Der Glaube ist verbreitet, dass die Zentralbanken über die Veränderung ihrer Zinsen wichtige Determinanten der Geldmengenentwicklung bestimmen könnten. Insbesondere wird angenommen, dass sich die Geldmarktsätze (Zinssätze für Tagesgeld, Termingeld u. ä.) nach den Variationen der Zentralbankzinsen richteten. Weil das Zentralbanksystem als Monopolist den Kreditinstituten jeweils für eine begrenzte Zeit Zentralbankgeld zur Verfügung stelle, bestimme es mit seinen Konditionen auch die Zinssätze auf dem Geldmarkt. Die Banken, andere Finanzintermediäre und Großunternehmen tauschen dort untereinander kurzfristige Liquidität. Ein solcher Zusammenhang existiert, nur sollte er nicht verabsolutiert werden. Im Fall eines Niedrigzinsniveaus am Geldmarkt hängt die Wirkung des zentralbankpolitischen Gegensteuerungsversuchs von der Ausgangskonstellation und der Mitwirkungsbereitschaft der Marktteilnehmer ab. Lagen die Zinssätze der Zentralbank bereits vor ihrer Erhöhung über denen des Geldmarktes, war die Refinanzierung der Geschäftsbanken bei der Zentralbank also bisher schon unattraktiv, bliebe die Zinserhöhung ohne Wirkung. Offensichtlich scheint die Argumentation zu unterstellen, dass eine stabile Nachfrage am Geldmarkt existiere und die Angebotsüberschüsse dort im Wesentlichen daraus resultierten, dass die Banken ihren Finanzierungsbedarf bei der Zentralbank deckten. Sind aber die Angebotsüberschüsse vor allem eine Folge der Nachfrageschwäche am Geldmarkt, würde die Erhöhung der Zentralbankkreditzinsen ebenfalls nichts bewirken. Das v. a. dann nicht, wenn die schwache Nachfrage am Geldmarkt güterwirtschaftliche Ursachen hat. Sind die Angebotsüberschüsse am Geldmarkt groß genug, refinanzieren sich die Banken dort bei niedrigen Zinsen. Sie unterlaufen die höheren Zinsen der Zentralbank.

Auch im Fall eines Hochzinsniveaus am Geldmarkt hängt die Wirkung einer Zinssenkung der Zentralbank von der Ausgangskonstellation und der Mitwirkungsbereitschaft der Geschäftsbanken ab. Diese Maßnahme wird erfolglos bleiben (oder nur wenig bewirken), wenn die Zinssätze der Zentralbank trotz ihrer Minderung noch höher als die Geldmarktsätze bleiben. Sie wird es auch, wenn die Zentralbankzinsen bereits vorher niedriger als die Geldmarktsätze waren, die Geschäftsbanken aber die besseren Refinanzierungskonditionen bei der Zentralbank aus unterschiedlichsten Gründen bisher schon ausschlugen.

Unterbietet die Zentralbank die Geldmarktsätze dagegen erstmals, dann sind die erwünschten Verhaltensänderungen nicht ausgeschlossen: Banken reduzieren die Aufnahme von Geldmarktkrediten und verlagern ihre Refinanzierung zur Zentralbank. Der so bewirkte Nachfragerückgang am Geldmarkt führt dort zur Zinssenkung, wodurch das Geld- und Kreditangebot ausgeweitet werden könnten. (vgl. z. B. Jarchow 1988: 116 ff) Insgesamt ist jedoch keineswegs bewiesen, dass die Zentralbank erfolgreich gegen das Marktzinsniveau steuern, d. h. den Marktzinsen die entgegengesetzte Entwicklungsrichtung vorschreiben könnte. Schließlich ist die Wirksamkeit auch von den Kräfterelationen abhängig, d. h. vom Umfang der zusätzlich von der Zentralbank angebotenen bzw. nachgefragten Mengen im Vergleich zu den am Markt bereits vorhandenen Mengen.

Die Vermutung, dem Zusammenhang zwischen Zentralbankzinsen und Geldmarktzinsen durch eine empirische Analyse auf die Spur zu kommen, bestätigt sich nicht. Der empirische Befund kann theoretisch unterschiedlich interpretiert werden. So ist zwar der tendenzielle, langfristige Gleichlauf zwischen den Zentralbankzinsen und den Zinsen am Geldmarkt bekannt. Aber in der Regel beginnen die Marktsätze zu steigen oder zu fallen, bevor die Zentralbankzinsen ihre Richtung ändern. Das ist langfristig empirisch belegt und trifft auch auf die jüngere Entwicklung zu. So war den ab Mitte 2022 erfolgenden Zinserhöhungen der Zentralbanken ein kräftiger Anstieg der Zinsen auf dem Geldmarkt, so für den Euribor und für Konsumentenkredite, aber auch für Hypothekarkredite, für Investitionskredite der Unternehmen und staatlichen Stellen vorausgegangen. Der Euribor ist der Zinssatz, zu dem sich europäische Banken Kredite mit einer Laufzeit von einem, drei, sechs und zwölf Monaten in Euro gewähren. Während der EZB-Hauptrefinanzierungssatz bis Juli 2022 0 Prozent betrug, lagen die Euro Short-Term Rate und der Dreimonats-Euribor im Negativbereich. Die Euro Short-Term Rate ist ein Referenzzinssatz, der von der EZB ermittelt wird und der auf der Geldmarktstatistik des Eurosystems beruht. Er ist ein Tagesgeldsatz. Der Dreimonats-Euribor stieg von Anfang Januar 2022 bis Anfang Juli 2022 um 69, der Sechsmonats-Euribor um 144 und der Zwölfmonats-Euribor um 292,5 Prozent. Erst danach hob die EZB die Hauptrefinanzierungs- und Spitzenrefinanzierungssatze an![65]

Da i. d. R. die Zentralbankzinssätze neu festgelegt werden, nachdem die Marktzinssätze ihre Richtung änderten, bedurfte es des Erwartungsarguments, um die These von der zentralbankpolitischen Determiniertheit des Geldmarktzinsniveaus aufrechterhalten zu können. So heißt es, die Akteure auf dem Geldmarkt würden erwartete Leitzinserhöhungen in ihre Zinssätze „einpreisen". (Deutsche Bundesbank November 2022: 29) Mit der Fokussierung auf den Zentralbankzins wird dabei dessen bestimmende Rolle aber nicht bewiesen, sondern vorausgesetzt. Erwarten die Marktteilnehmer, dass die Zentralbank die Zinsen anheben (senken) wird, nicht in erster Linie deshalb, weil diese am Markt schon seit längerem steigen (oder zurückgehen)? Widerlegt ist die Annahme nicht, dass im Wechselspiel von Markt- und Zentralbankzinsen auch unter dem Aspekt der Erwartungen die dominierende Rolle den Ersteren zukommt. Und schließlich das logische Gegenargument zur Exogenitätsthese des Zentralbankzinses: Wird die Endogenität der angebotenen Geldmenge akzeptiert (die der nachgefragten Geldmenge wird es ohnehin), dann kann auch der Zins entgegen der keynesschen Lehre nicht exogen bestimmt sein.

Zinsniveau und Zinssätze variieren in Abhängigkeit von Angebot und Nachfrage auf den Geld- und Kapitalmärkten. Angebot und Nachfrage auf diesen Märkten sind bei aller relativen Selbständigkeit, die nicht bestritten werden kann, grundsätzlich eine Funktion der wirtschaftlichen Veränderungen auf den Güter- und Faktormärkten. Ein Anstieg der Marktzinsen wird in erster Linie durch güterwirtschaftliche Prozesse hervorgerufen, die sich in Angebot- Nachfrageänderungen äußern. Er veranlasst die Geschäftsbanken sich bei gegebenen Refinanzierungskosten stärker zu refinanzieren, um so ihr Kreditangebot ausweiten zu können. Eine höhere Nachfrage der Geschäftsbanken nach Refinanzierungsmitteln bei der Zentralbank zwingt diese, ihre Zinsen gleichfalls zu erhöhen. Wenn umgekehrt Angebots- und Liquiditätsüberschüsse an den Geld- und Kapitalmärkten die Nachfrage nach Zentralbankkrediten zurückgehen lassen und die Geldüberschüsse vom Geldmarkt zur Zentralbank transferiert werden, wird diese früher oder später mit der Rücknahme ihrer Zinsen reagie-

65 https://www.euribor-rates.eu/de/aktuelle-euribor-werte/2/euribor-zinssatz-3-monate/, (letzter Aufruf 15.02.2025)

ren. Die Zentralbank muss sich dem Druck beugen, der von den Geld- und Kapitalmärkten kommt, insbesondere, wenn dieser stark genug und anhaltend ist. Sie muss sich dem Marktzinsniveau anpassen, das sich im Spiel von Angebot und Nachfrage bildet. Ausschlaggebenden Einfluss auf die Zinsentwicklung haben (neben hier nicht näher zu untersuchenden Faktoren wie z. B. das Ausmaß und die Struktur der Staatsverschuldung und Portfolioumschichtungen) die im Konjunkturverlauf wechselnden Verhältnisse zwischen Kreditangebot und Kreditnachfrage sowie die langfristigen Tendenzen dieses Verhältnisses. Wenn in der theoretischen Literatur und wirtschaftspolitischen Kommentaren fast ausnahmslos so getan wird, welche kluge Entscheidung der Zentralbank es sei, in der Rezession die Zinsen zu senken und im Aufschwung zu erhöhen (um die Inflation zu bannen), sollte man nicht übersehen, dass genau diese Zinskorrektur sich bereits vorher spontan auf den Märkten vollzieht. Dies als Übergang von einer restriktiven zu einer expansiven Zins- bzw. Geldpolitik (oder umgekehrt) zu bewerten, ist deshalb nur die halbe Wahrheit. Vielmehr zeigt die zyklische Entwicklung der Marktzinsen, dass die Zentralbank sanktioniert, was auch ohne ihr Zutun geschieht.

Die direkte Inflationssteuerung (inflation targeting), auch „einstufige Strategie" genannt – einstufig, weil auf nicht steuerbar herausgestellte Zwischenziele wie Geldmengen und Zins verzichtet wird –, ist nichts anderes als die Schätzung der zu „steuernden Preisgröße". Sie wird veröffentlicht und mit dem Inflationsziel (z. B. 2 Prozent) verglichen. Liegt die prognostizierte Inflation über dem Zielwert, habe die Geldpolitik einen restriktiven Kurs zu verfolgen, liegt sie unter dem Zielwert, sei eine expansive Geldpolitik vonnöten. Der Zielwert ist willkürlich, die erwarteten Werte naturgemäß unsicher. Wie die sog. „Geldmengenregulierung" beruht auch die „direkte Inflationssteuerung" auf Schätzungen und bedient sich weitgehend stumpfer zins- und geldmengenpolitischer Instrumente.

11.1.4 Individuelle Preisbildung und zentrale Steuerung des Preisniveaus?

Einerseits behauptet die Theorie, Preise bildeten sich spontan, fair und in „richtiger" Höhe auf Wettbewerbsmärkten. Andererseits, und im Widerspruch dazu, wird gesagt, Preise und Preisniveau könnten das Ergebnis von Zentralbankinterventionen sein. Wie kann die Geldpolitik der Zentralbank verhindern, dass es zu einem Preisniveauanstieg kommt, wenn Anbieter und Nachfrager ihre Preise autonom festlegen? Allein die Vorstellung ist abwegig, die Preissprünge auf den Gütermärkten (Öl, Kraftstoffe, Strom, Lebensmittel u. a.) zu Beginn der 2020er Jahre hätten auch nur im Geringsten etwas mit den Zinsentscheidungen und Geldmengenvorhersagen der Zentralbank zu tun. Das würde heißen, dass diese Preissteigerungen bei einer „richtigen" Zins- und Geldmengenpolitik unterblieben wären. Ursachen für Preissteigerungen sind – sieht man von den spekulativen Preisblasen an den Rohstoffmärkten einmal ab – nicht eine verfehlte Kredit- und Zinspolitik der Zentralbank (was nicht heißt, dass es eine solche nicht geben würde), aber auch nicht in erster Linie die Aufwandsveränderungen bei der Güterherstellung. Durch den Produktivitätsanstieg sind aufwandsbedingte Kostenerhöhungen die Ausnahme geworden. Die Preise vieler Güter (nicht nur pharmazeutische Produkte, Kraftfahrzeuge u. a.) haben mit den Aufwendungen (Werteverzehr), die bei der Herstellung der Produkte anfallen, nur noch wenig zu tun. Dass die Preise mindestens die Kosten decken müssen, ändert daran nichts und gilt selbstverständlich nach wie vor. Kostenkalkulierte Preise, d. h. Preise, die proportional den Kosten folgen, aber sind eher selten. Mit Preisen soll vorrangig (vermutetes) Liquiditätspotenzial an Märkten abgeschöpft werden. Oligopolistische und monopolistische Strukturen, dominierend in nahezu allen Branchen, erleichtern dies. Marktmacht ermöglicht es, die Preise von den Kosten zu lösen, m. a. Worten hohe Gewinnspannen zu kalkulieren. So belegen neue und ältere Studien, wie die von der Saarbrücker Hochschule für Technik und Wirtschaft erstellte, dass die Stromrechnungen der deutschen Verbraucher zwischen 2000 und 2006 um 50 % und für die Industrie sogar zwischen 58 und 77 Prozent gestiegen sind. Die geschätzten Gewinne der vier großen Energieversorger Vattenfall, E.on, RWE und EnBW stiegen zwischen 2002 und 2007 von 6 auf 18 Milliarden Euro, ein eindeutiger Beleg dafür, dass Preissteigerungen keine Kostenerhöhungen kompensieren, sondern höhere Gewinne und Renditen bringen sollten. Die explodierenden Energiepreise bescherten den Strom- und Ölkonzernen auch in jüngere Zeit Riesenprofite. Allein der US-Ölriese Exxon hat 2022 einen Gewinn von 56 Milliarden Dollar erzielt. Damit steigerte das Unternehmen das Nettoergebnis gegenüber dem Vorjahr um rund 140 Prozent und klagt selbstverständlich gegen eine von der EU geplante „Übergewinnsteuer".

Materialkosten beispielsweise beruhen immer weniger auf effektiv gezahlten Einstandspreisen für Vorprodukte, sondern oft auf Verrechnungspreisen, in die vermutete künftige Preissteigerungen (Wiederbeschaffungspreise) eingeschlossen werden. Die Preise steigen dann nicht deshalb, weil die Herstellungsaufwendungen für die Güterproduktionen zugenommen hätten, sondern weil in die Kosten erwartete, noch gar nicht eingetretene Preissteigerungen hineingerechnet werden. Genauer müsste man sagen, in steigenden Preisen widerspiegeln sich weniger wachsende Aufwendungen, sondern zunehmende Gewinnansprüche, mitunter auch inflationäre Ängste. Abschreibungen, die den Periodenverbrauch der Anlagegüter ausdrücken, werden noch kalkuliert, wenn der ursprüngliche Anschaffungswert längst über den Absatz der Produkte auf den Märkten wieder freigesetzt und „zurückverdient" worden ist.

Nur wenn die Preisentwicklung auf den Gütermärkten in erster Linie die Wirkung von zins- und kreditpolitischen Maßnahmen der Zentralbank wäre, ließe sie sich mit Maßnahmen dieser Art auch stoppen. Das aber ist nachweisbar nicht der Fall. Mit Regelungen zur Geldemission und Kreditgewährung kann die Geld- und Wirtschaftspolitik zweifelsohne Einfluss auf das Ausmaß inflationärer Preissteigerungen nehmen. Nur: Zentralbanken befinden sich im Wirkungsfeld der von den Güter- und Finanzmärkten ausgehenden Kräfte, auf die sie immer nur reagieren. Was den Zentralbanken abgesprochen werden muss, ist nicht jeglicher Einfluss auf die Felder und die Geschehnisse, die für ihr Agieren verantwortlich sind, sondern die Fähigkeit zur souveränen, zielgerichteten und planvollen Steuerung dieser Prozesse.

Alles in allem kann die Zentralbank mit ihren Versuchen, Geldpolitik zu betreiben, keine Preisstabilität garantieren. Sie garantiert stets nur den geldpolitischen Rahmen, den Produktions- und Preisentscheidungen der Unternehmen erfordern. Erst steigen die Preise und dann werden die benötigten Geldmengen abgerufen, von der ohnehin durch die Zentralbanken nicht beeinflussbaren Größe der Geldumlaufgeschwindigkeit (der durchschnittlichen Einsatzhäufigkeit einer Geldeinheit) ganz abgesehen.

11.2 Transmission von Geldimpulsen

Wohlwollend angenommen, die Zentralbanken könnten trotz der begründeten Bedenken mit ihren geldpolitischen Instrumenten die Höhe und die Entwicklung der Geldmengen und der Zinsen hinreichend genau steuern. Welche Auswirkungen hätte das für die ökonomischen Variablen des güterwirtschaftlichen Bereichs der Wirtschaft? Die Frage wird in einer Vielzahl von Transmissionskonzepten zu beantworten versucht. Mit ihnen versuchen Ökonomen, die Wirkungen von monetären Impulsen auf die Produktion von Waren, und dort vor allem auf Investitionen, Produktionsmenge, Beschäftigung und auf die Preise theoretisch zu beschreiben.

11.2.1 Transmissionskonzepte

Unterschieden werden kredittheoretische Ansätze wie das Liquiditätssaldokonzept, das Kreditverfügbarkeitskonzept, das Konzept der „subjektiven Liquidität" und vermögenstheoretische Konzepte wie ein monetaristisches Konzept oder das Portfoliokonzept. (Duwendag et al. 1985: 294 ff.) Die zahlreichen Ansätze kann man in zwei Gruppen einteilen: In den vermögenstheoretisch-bestandsanalytischen Modellen werden durch notenbankpolitische Maßnahmen die relativen Preise der Vermögensobjekte und ihre Renditen geändert. Dies sei für Banken, Unternehmen und Haushalte der Grund, ihre Vermögen umzuschichten. In den kredittheoretisch-stromanalytisch konstruierten Modellen verändern die Maßnahmen der Zentralbank die Einnahmeströme der Wirtschaftssubjekte, die mit einer Anpassung ihrer Ausgabenströme darauf reagierten.

Transmissionskonzepte zeichnen Übertragungswege – Kanäle genannt – nach, die Geldimpulse der Zentralbank bis in den leistungserbringenden Bereich hinein zurücklegen. Der Transmissionsmechanismus bestehe aus mehreren Kanälen, über die sich geldpolitische Maßnahmen der Zentralbank bis hinein in die Produktion fortpflanzten. Die Argumentation ist überwiegend logisch stringent, ihr Manko, dass sie der Komplexität des Zusammenhangs zwischen monetären und güterwirtschaftlichen Wechselbeziehungen nicht in angemessener Weise Rechnung trägt und damit die Realität falsch abbildet. Sie beschreibt Möglichkeiten, die stets auf Vereinfachungen beruhen und Konstellationen als Nebenbedingungen unterstellen, die, wenn überhaupt, bestenfalls im Ausnahmefall zutreffend sind. Die Übertragung von geldpolitischen Impulsen ist unsicher.

Was sollten die gigantischen Anleiheankaufsprogramme der Zentralbanken seit 2015 bewirken? Das Ziel war, das Wirtschaftswachstum anzuregen und die Inflationsentwicklung zu stimulieren. Verhindert werden sollte, dass die Preise fallen und die Wirtschaftsleistung sinkt. Die Hoffnung war, das Ziel

erstens über den Portfolioumschichtungskanal zu erreichen: Indem die Zentralbank auf dem Finanzmarkt Wertpapiere in größerem Umfang kauft, reduziert sie deren Angebot und erhöht die umlaufende Geldmenge. Die Verringerung des Angebots an Wertpapieren und die hohe Nachfrage nach ihnen würden bewirken, dass die Wertpapierkurse steigen und die mit diesen Papieren zu erzielenden Zinsen sinken. Investoren versuchten ihr Portfolio umzuschichten, indem sie auf andere Wertpapiere ausweichen würden, wodurch auch deren Preise steigen und ihre Verzinsung sinken würde. Die nun auf breiter Front fallenden Zinsen stimulierten den privaten Konsum und die Investitionen. Die gesamtwirtschaftliche Nachfrage nach Konsum- und Investitionsgütern nehme zu und führe zu einem steigenden Preisniveau.

Zweitens setzten sich Geldimpulse im Signal- und Ankündigungskanal fort: Indem die Zentralbank Wertpapierkäufe ankündigt, verdeutliche sie ihre Absicht, einen expansiven geldpolitischen Kurs einzuschlagen oder fortzuführen. Die Marktteilnehmer rechneten damit, dass dadurch die Zinsen sinken werden und erhöhten die Investitions- und Konsumnachfrage.

Drittens existiere ein fiskalischer Kanal: Kauft die Zentralbank Staatsanleihen, „monetarisiere sie die Staatsschulden“. Erwirbt sie Staatsanleihen auf unbegrenzte Zeit oder ersetzt auslaufende Papiere durch neue Ankäufe in entsprechender Höhe, verringere sich de facto die öffentliche Verschuldung in Höhe der Anleihekäufe. Sind die Käufe dagegen nicht dauerhaft, so verringere sich die Neuverschuldung um die mit den angekauften Anleihen verbundene Zinslast, denn: „Der Staat zahlt Zinsen statt an private Halter der Anleihen nun an die Zentralbank. Diese wiederum schüttet ihre Gewinne, die dann Zinserträge aus Anleihen enthalten, an den Staat aus. Dadurch wird die öffentliche Budgetrestriktion gelockert, was den Spielraum für finanzpolitische Maßnahmen erweitert, ohne dass sich der öffentliche Schuldenstand erhöht.“[66]

Die Veränderung der Zentralbankzinsen soll über die Steuerung der Geld- und Geldkapitalmarktzinsen die Bankenliquidität erhöhen oder verringern, die Kreditkosten verkleinern oder vergrößern, und so helfen, das Wirtschaftswachstum und das Preisniveau zu steuern. Die Wirkungsstränge im Zinskanal: Der Finanzierungs- oder Kapitalkosteneffekt führe dazu, dass die Erhöhung der Zentralbankzinsen die Refinanzierungskosten der Geschäftsbanken steigen lasse. Die Geschäftsbanken erhöhten daraufhin ihre Kreditzinsen. Die Kreditnachfrage sinke. Investitionen würden ver-

66 https://www.diw.de/de/diw_01.c.505657.de/anleihekaufprogramme.html, (letzter Aufruf 15.02.2025)

langsamt, die Produktion gedrosselt, zugleich mit dem abnehmenden Kreditvolumen das Geldmengenwachstum gebremst. Und da vom Geldmengenwachstum die Preise abhingen, käme es zu einem preisberuhigenden, antiinflationären Effekt. Umgekehrt, umgekehrt: Senkt die Zentralbank ihren Zins, würden Produktion, Investition und Preise anziehen. Der Substitutionseffekt verstärke die Wirkung: Die zentralbankpolitisch ausgelöste Erhöhung der kurzfristigen Zinsen verringere die Profitabilität von Investitionen in produktives bzw. Sachkapital. Investitionen würden eingeschränkt. Haushalte reduzierten die Nachfrage nach Eigentumswohnungen, Möbel, Autos und anderen langlebigen Konsumgütern, weil finanzielle Anlagen attraktive Zinsen abwerfen und Kredite zu teuer sind. In die gleiche Richtung zielen Einkommens- und Vermögenseffekte. Der Einkommens- oder Cash Flow-Effekt besagt, dass höhere Zinszahlungen die Einkommen mindern und die Nachfrage dämpften. Niedrige Zinsen erhöhen das Einkommen und belebten die Nachfrage. Die These ist nur plausibel, wenn die Schuldner eine höhere Ausgaben- bzw. Konsum- oder Investitionsneigung besitzen als die Gläubiger. Der Vermögenseffekt besagt, dass Zinssteigerungen zu Kursverlusten bei festverzinslichen Wertpapieren und Aktien führen und diese Kursverluste die Konsum- und Investitionsnachfrage reduzierten. Zinssenkungen bedeuteten dagegen Kursgewinne, die das Gegenteil bewirkten. Zu nennen ist schließlich der Wechselkurseffekt von Zinsänderungen: Zinserhöhungen locken ausländisches Kapital an. Es kommt zur Aufwertung der Inlandswährung, wodurch Importe billiger und Exporte teurer werden. Die Inlandsproduktion gerät unter Druck. Zinssenkungen lösten eine Kapitalwanderung in höher verzinste Währungen aus. Die Inlandswährung wertet ab, Importe werden teurer, Exporte billiger. Die inländische Produktion steigt. Sicher ist das alles nicht. Die Zinswirkungen der Notenbankpolitik wie auch die Wechselkurswirkungen können durch gegenläufige Zins- und Wechselkurserwartungen überlagert werden, die die von der Notenbank beabsichtigten Kapitalbewegungen durchkreuzen. (Görgens, Ruckriegel, Seitz 2014: 292) In den Lehrbüchern wird außerdem ein Kreditkanal genannt. Er bestehe aus einem Bankkanal und einem Bilanzkanal. (Holtemöller 2008: 187) Die Geschäftsbanken reagieren unterschiedlich auf eine restriktive Geldpolitik der Zentralbank: Statt die höheren Zinsen weiterzugeben, könnten sie die Kreditgewährung verringern. Kleinere Banken mit einer geringeren Liquidität werden das Kreditangebot i. d. R. deutlich einschränken, größere Banken, die über eine hohe Liquidität verfügen, könnten ihr Kreditangebot weniger stark senken. Von der Abnahme der Kreditgewährung würden v. a. die privaten Haushalte und kleinere Unternehmen betroffen sein. Größere Unternehmen können eher auf den Kapitalmarkt ausweichen. Dieses Verhalten der Banken kann damit erklärt werden, dass die Banken bei höheren Kreditzinsen höhere Ausfallrisiken befürchten, weil die Kreditnehmer bei hohen Kreditzinsen eher dazu neigen, hoch profitable und riskante Projekte zu wagen und dies gegenüber der kreditgebenden Bank verheimlichen. Für die Banken wäre das ein Grund, die Kreditvergabe sehr vorsichtig zu handhaben. Der Bilanzkanal hebt hervor, dass die Erhöhung der Zentralbankzinsen den Unternehmenswert und andere Kreditsicherheiten beeinflussen. Wenn die Erhöhung des Zentralbankzinses zu einem höheren Zinsniveau und zu sinkenden Kursen für Rentenpapiere und Aktien führt, außerdem das Einkommen aufgrund der höheren Zinszahlungen sinkt, mindert sich die Basis für die Besicherung der Kredite. Das Eigenkapital schrumpft, wodurch der Fremdkapitalbedarf steige. Die Banken werden einen Risikozuschlag auf die Zinsen vornehmen, um den geringeren Wert der Kreditsicherheiten ihrer Kunden zu kompensieren – ein weiteres Argument, weshalb sich Zinsimpulse der Notenbank auf die Kreditbeziehungen zwischen den Geschäftsbanken und dem Bankpublikum auswirken können. Zusammengefasstes Beispiel einer einfachen Transmissionserklärung:

Phase 1: Um die Konjunktur zu beleben und eine Deflation zu verhindern, kaufen die Zentralbanken auf dem offenen Markt Wertpapiere. Die Zentralbankgeldbestände der Banken – Überschussguthaben – bzw. die Geldbasis steigen, die Bankzinsen sinken.

Phase 2: Die Banken kaufen mit ihrer Überschusskasse inländische Wertpapiere bei Nichtbanken. Dadurch steigen die Kurse der Wertpapiere und ihre Renditen sinken. Der Geldbestand (Geldmenge M1) der Nichtbanken steigt. Jetzt beginnt der eigentliche Transmissionsprozess.

Phase 3: Nichtbanken erwerben zu Lasten ihrer überschüssigen Kassenhaltung vorhandenes Sachvermögen – die Unternehmen Investitionsgüter, die private Haushalte Konsumgüter. Die Güterpreise könnten steigen.

Phase 4: Die Erhöhung der Investitions- und Konsumausgaben führt zu steigenden Investitionen, zu höherer Produktion, zunehmender Beschäftigung und wachsendem Einkommen. Bei unzureichendem Produktivitätszuwachs werden die Preise steigen.

Phase 5: Eventuell steigen die Ausgaben für die Aus- und Fortbildung.

Fazit: Der Geldimpuls der Zentralbank hat durch die Veränderung der relativen Preise und der Geldbestände ein Verhalten der Wirtschaftsakteure herbeigeführt, das im Endergebnis zu einer höheren Produktion oder/und zur Erhöhung des Preisniveaus geführt hat. Der schlüssigen Erklärung kann man sich schwerlich entziehen. Und doch ist die Wahrscheinlichkeit, dass sich in der Realität alles so oder so ähnlich – Phasen können übersprungen oder ausgetauscht werden – abspielt, sehr gering. So kann der Transmissionsprozess, noch bevor er richtig begonnen hat, bereits in der ersten Phase enden. Die Banken müssen ihren Wertpapiererlös nicht im Inland verwenden. Sie können ihre Überschussguthaben in Devisen tauschen und ins Ausland transferieren. Weder die Geldmenge M1 würde geändert, noch würden die inländischen Nichtbanken und ihr Verhalten erreicht. Der monetäre Impuls bliebe gleich am Anfang im Geschäftsbankensektor stecken. Und abrupt enden kann er in jeder Phase des Transmissionsweges. In der zweiten Phase bricht die Übertragung ab, sollten Nichtbanken aus welchen Gründen auch immer – z. B. skeptische Zukunfts- und Ertragserwartungen –, eine höhere Geldhaltung vorziehen. Güterwirtschaftliche Zielgrößen werden verfehlt. Kein Wunder, dass Geldtheoretiker trotz stringenter Modelle (Ehrlicher 1988: 430–436; Spahn 2009: 100 ff.; Görgens/Ruckriegel/Seitz 2014: 272–349; Kath 1988: 200–203; Jarchow 2003: 168–278; Duwendag/Ketterer/Kösters/Pohl/Simmert 1985: 176–300, Holtemöller 2008: 185–234) deren Aussagekraft skeptisch beurteilen. Die Adressaten können monetäre Signale der Zentralbank abweisen. Die Wirksamkeit der Geldpolitik hängt ab von den Reaktionen der betroffenen Wirtschaftssubjekte (Kreditinstitute, produzierende Unternehmen, Haushalte) und die können sehr unterschiedlich sein. In Transmissionskonzepten wird meist eine vereinfachte, „lineare" Kausalität angenommen. Danach sind Ursachen und Wirkungen proportional: schwache Ursachen haben geringe, starke Ursachen große Wirkungen. Die Autoren wissen, dass es sich lediglich um Vereinfachungen handelt. Die Ergebnisse sind durch die Prämissen determiniert, die den Modellen zugrunde gelegt werden. Transmissionskanäle zeigen stets nur Möglichkeiten von Geldwirkungen. Sie begründen keine Zwangsläufigkeit. Ursachen und Beispiele dafür, dass es der Zentralbank misslingen kann, überhaupt monetäre Impulse auszusenden, dass solche unterwegs verpuffen oder im güterwirtschaftlichen Bereich Zustandsänderungen bewirken, die nicht beabsichtigt waren, finden sich im geldtheoretischen Schrifttum zuhauf. Das zeigt, dass man sich mehr oder weniger der außerordentlichen Komplexität des Untersuchungsgegenstandes bewusst ist. Einseitigkeiten der Transmissionsmodelle wurden früh bemängelt. (Köhler 1983: 170 ff.; Duwendag u. a. 1985: 185; Neubauer 1980: 65–72) Heute wird hervorgehoben, dass „Verästelungen und zirkuläre Verknüpfungen, das interdependente Geflecht vieler Elemente" (Görgens, Ruckziegel, Seitz 2014: 274) die hohe Unsicherheit bei der Übertragung monetärer in güterwirtschaftliche Veränderungen begründeten. Außerdem sind empirische Untersuchungen über die Transmissionswirkungen wegen länderspezifischer Unterschiede nicht eindeutig (Görgens, Ruckziegel, Seitz 2014: 273, 299, 310–324). Realistisch heißt es: Wie die „Übertragungswege, die Transmissionsmechanismen, zwischen monetären Impulsen und bestimmten realen oder nominalen Größen letztlich genau aussehen und welche zeitlichen Verzögerungen (time lags) bestehen, ist weder theoretisch noch empirisch klar." (Görgens, Ruckziegel, Seitz 2014: 272) Der Weg von monetären zu den güterwirtschaftlichen Größen ist sehr unsicher. „Empirisch können einzelne Effekte oder Teilschritte des Transmissionsweges vielfach nicht nachgezeichnet oder wegen des geringen Gewichts und interdependenter Zusammenhänge nicht identifiziert werden." (Görgens, Ruckziegel, Seitz 2014: 293) Die Geldtheorie sei schlecht informiert über den Transmissionsprozess der Geldpolitik. (Bofinger 2007: 417 f.) Folgerichtig werden die Chancen einer Geldpolitik gering veranschlagt oder von einer solchen abgeraten.

Der entscheidende Einwand gegen die Transmissionsdeutungen richtet sich gegen die Verabsolutierung der Impulswirkung einer Geldmengen- und Zinsänderung. Die Modelle, so unterschiedlich sie auch konstruiert sein mögen, laufen im Kern darauf hinaus, dass entweder durch ein Geldmengenwachstum und Zinssenkungen die produktiven Anlagen bevorzugt werden, weil sich deren Rendite relativ dadurch verbessert, dass die der anderen Anlagen (z. B. auf den Geld- und Geldkapitalmärkten) sich verschlechtert. Oder umgekehrt, dass durch einen Geldmengenrückgang und Zinserhöhungen die produktiven Anlagen ausgeschlagen werden, weil sich die Rendite relativ dadurch verschlechtert, dass die der anderen Anlagen (z. B. auf den Geld- und Kapitalmärkten) sich verbessert. Dass die in unterschiedlichen Modellen konstruierten Wirkungsketten von Substitutionsbeziehungen zwischen Vermögensarten so oder so ähnlich ablaufen können, ist bei Akzeptanz der engen Modellprämissen nicht widerlegbar, dass sie so ablaufen müssen, nicht zwingend. Die reale Wirklichkeit zu denken, erfordert die Enge der Modelle, deren Erkenntnisfunktion unstrittig ist – zu fliehen und zu versuchen, die Komplexität zu erfassen. Darin besteht die notwendige Relativierung auch aller noch so stringenten und eindrucksvollen Transmissionsmodelle. Von den zahlreichen Gründen, weshalb Geldmengen- und Zinsimpulse die Produktion gar nicht erreichen, sondern vorher verpuffen können, wird ein Aspekt aufgegriffen, der in der Geldliteratur zwar bekannt ist, aber so gut wie ignoriert wird: die Abhängigkeit des monetären Sektors und der Geldpolitik von güterwirtschaftlichen Vorgängen. Das dialektische Problem wird auch in der bürgerlichen Literatur sehr wohl begriffen: Die Elemente des monetären und des güterwirtschaftlichen Bereichs wechselwirken miteinander. In Modellen muss man sich daher entscheiden, welche der sich wechselweise beeinflussenden Größen als originärer Ausgangspunkt gewählt wird, von dem die anderen Größen abgeleitet werden. Die Transmissionskonzepte der herrschenden Geldlehre betrachten die wie auch immer motivierte Verhaltensänderung der Zentralbank als den Ausgangspunkt und versuchen, den Verlauf eines von ihr ausgelösten Zins- oder/und Geldmengenimpulses im Banken- und Wirtschaftssystem zu verfolgen. Gerechterweise muss man sagen, dass den Konstrukteuren dabei nicht ganz wohl ist: „Auf der Suche nach einem unbeeinflussten, d. h. von anderen Größen unabhängigen (‚exogenen') Ausgangspunkt drehen wir uns also im Kreise – was in einem System mit interdependenten Variablen natürlich nicht anders zu erwarten ist. Diese Tatsache zwingt zu einer rigorosen, nur aus analytischen Gründen zu rechtfertigenden Abstraktion von der Realität." (Duwendag u. a. 1985: 204)

11.2.2 Umgekehrte Transmission – die Endogenität des Zentralbankzinses

Transmissionskonzepte verfolgen den Weg eines Geldmengen- oder Zinsimpulses bis in den güterwirtschaftlichen Bereich hinein. Die Frage, wie umgekehrt autonome Veränderungen in diesem Bereich auf die monetäre Sphäre wirken, wird in der Geldliteratur zwar aufgeworfen, aber, wenn überhaupt, stiefmütterlich oder gar nicht behandelt wird. So besagt die Theorie „Realer Konjunkturzyklen" (Real Business Cycles, RBC), dass güterwirtschaftliche „Schocks" die gesamtwirtschaftliche Entwicklung bestimmten und von der Geldpolitik unabhängig sind. (Holtemöller 2008: 129, 232) Wahrscheinlicher ist jedoch, dass sich monetäre und güterwirtschaftliche Sphäre nicht ein-, sondern wechselseitig beeinflussen. Dabei spricht vieles (z. B. Dimensionen, Prozessabläufe u. a.) dafür, dass der güterwirtschaftliche Sektor in diesem Wechselspiel Priorität besitzt, originär ist und dominiert, der Geldsektor davon abgeleitet ist, reagiert und zurückwirkt. Es soll nicht negiert werden, dass es Konstellationen geben kann, bei denen der Einfluss des Geldsektors auf den „güterwirtschaftlichen" Bereich stärker sein kann als die Einflüsse des letzteren auf den ersteren. Grundsätzlich aber dominieren die güterwirtschaftlichen die monetären Verhältnisse. (Deshalb ist die These, der heutige Kapitalismus werde von den Finanzmärkten „getrieben", sehr fragwürdig, aber das ist ein anderes Thema). So ergeben sich entgegengesetzte Wirkungsketten, die die herkömmliche Geldwirkungs- bzw. Transmissionslehre zwar nicht widerlegen, aber ganz wesentlich ergänzen und die zeigen, dass eine Umkehrung der Ursache-Wirkungsbeziehungen plausibel und die Fokussierung einzig auf Ausstrahlungen des Geldsektors auf die produzierenden Bereiche einseitig ist.

Man kann sich vorstellen, dass im konjunkturellen Aufschwung folgendes geschieht:

Die Zunahme der Massenkaufkraft, Präferenzwandel und Innovationen, unterstützt durch niedrige Sollzinsen für Kredite, hohe Wertpapierkurse und niedrige Wertpapierrenditen (die Nachfrage nach Wertpapieren lohnt sich nicht) bewirken, dass die Nachfrage nach Konsumgütern und Dienstleistungen steigt. Dadurch wird die Vergrößerung der Produktion und des Güterangebot angeregt.

Die verstärkte Nachfrage der Nichtbanken nach neuen Gütern und Dienstleistungen führt (in Abhängigkeit vom Grad der aktuellen Kapazitätsauslastung) zu einer verstärkten Nachfrage nach Produktionsfaktoren und Vorprodukten (Vorleistungen). Die Investitionen nehmen zu und ist die Multiplikatortheorie richtig, sogar überproportional.

Die flächendeckende Zunahme der Nachfrage auf den Güter- und Faktormärkten bewirkt, dass auch die Nachfrage nach Bankkrediten steigt. Der erhöhte Bedarf an fremden Finanzierungsmitteln resultiert aus dem Mengenwachstum auf den Gütermärkten, der notwendigen Vorfinanzierung der Produktion und daraus, dass die Zunahme der wirtschaftlichen Aktivität mit Preissteigerungen bei Konsumgütern, Dienstleistungen und Investitionsgütern verbunden ist. Mehr Geld wird benötigt, um den Aufschwung zu finanzieren. Das ist auch dann so, wenn wie in einer Stagflation die Preise gerade nicht wegen eines konjunkturellen Aufschwungs, sondern aus anderen, z. B. aus spekulativen Gründen steigen.

Auf die verstärkte Nachfrage der Nichtbanken nach Krediten reagieren die Geschäftsbanken, indem sie die Sollzinsen erhöhen. Der Anstieg der Banksollzinsen ist zugleich Voraussetzung und Anreiz für die Banken, die gestiegene Kreditnachfrage zu befriedigen. Bankenerträge steigen und die Erwartung, dass dies eine Weile so bleibt, auch.

Die zunehmende Bereitschaft der Banken bei steigenden Sollzinssätzen die Kreditgewährung zu erleichtern und zu erhöhen, begründet zusätzlichen Refinanzierungsbedarf (in Abhängigkeit von der freien Liquiditätsquote und der Entscheidung, deren Größe zu ändern).

Der zusätzliche langfristige Refinanzierungsbedarf der Banken, hervorgerufen durch die Belebung der Investitionstätigkeit, muss bei gegebenem Angebot am Geldkapitalmarkt die Kapitalmarktzinsen steigen lassen.

Der Anstieg der Zinsen am Kapitalmarkt kann durch Arbitragevorgänge auf den Geldmarkt überschwappen. In dem Maße wie die Kapitalmarktzinsen steigen, lohnt es sich, die Kapitalmarktkredite durch revolvierende kurzfristige Engagements zu substituieren, wodurch die Zinsen am Geldmarkt ebenfalls steigen werden.

Der Anstieg der Marktzinsen verschlechtert die Refinanzierungsbedingungen auf den Geld- und Kapitalmärkten. Er veranlasst die Geschäftsbanken, verstärkt das Kreditangebot der Zentralbanken zu nutzen. Die sich zur Zentralbank verlagernde Kreditnachfrage ist der Grund dafür, dass sich auch die Zentralbanken früher oder später zur Erhöhung ihrer Zinsen entschließen werden. Der vom Markt kommende Druck ist die Ursache dafür, dass die Zentralbank ihre Zinsen korrigiert.

In einer konjunkturellen Krise funktioniert der Anpassungsprozess zwischen beiden Sphären etwa so (die Aufeinanderfolge kann variieren):

Zyklische Überproduktion an Gütern, Überakkumulation an Kapital, das relative Zurückbleiben der zahlungsfähigen Nachfrage (Reallohnrückgang) bei hohem Zinsniveau (der Aufschwung wurde v. a. durch Kredite finanziert) führen dazu, dass die Umsätze zurückgehen und die Produktion eingeschränkt wird.

Die zurückbleibende Nachfrage nach Konsumgütern und Dienstleistungen bewirkt, dass auch die Nachfrage nach Investitionsgütern, Vorprodukten bzw. Vorleistungen abnimmt. Investitionen sinken und ist die Multiplikatortheorie richtig, sogar überproportional.

War der zu Ende gegangene Aufschwung mit einer spekulativen Blasenbildung an den Warenbörsen verbunden (wie z. B. im Jahr 2008), sind die negativen Signale aus dem Güterbereich ein Grund dafür, dass die Spekulanten Angst vor der eigenen Courage bekommen und verstärkt verkaufen. Der Herdentrieb setzt ein. Die Blasen platzen. Der Verlust an Börsenwerten wirkt negativ auf Konsum- und Investitionsbereitschaft zurück.

Die flächendeckenden Überschüsse auf den Güter- und Faktormärkten bewirken, dass die Nachfrage der produktiven Investoren nach Bankkrediten sinkt. Der gesunkene Bedarf an fremden Finanzierungsmitteln resultiert aus dem Mengenrückgang auf den Gütermärkten und daraus, dass die Abnahme der wirtschaftlichen Aktivität damit verbunden ist, dass die Preissteigerungen geringer werden. Partiell können Preise sogar sinken. Kredite werden nicht nachgefragt, weil mehr Geld in dieser Situation nicht benötigt wird. Fällt dies mit einer Kredit- bzw. Subprime-Krise wie im Jahre 2009 zusammen, können faule Kredite von den Schuldnern nicht zurückgezahlt werden, gibt es allerdings einen hohen Geldbedarf im Finanzbereich. Die den angeschlagenen Banken vom Staat zugeschanzten Milliardenbeträge werden von Kapitaldienstverpflichtungen aufgesaugt. Das güterwirtschaftliche Problem lösen sie nicht. Produktive Geldkreisläufe kommen so nicht in Gang.

Auf die abgeschwächte Nachfrage der Nichtbanken nach Krediten reagieren die Geschäftsbanken, indem sie die Sollzinsen senken. Der Rückgang dieser Zinsen ist Wirkung der gesunkenen Kreditnachfrage. Mit ihm mögen die Banken die Hoffnung verbinden, den Nachfragerückgang abbremsen zu können, denn je niedriger die Nachfrage nach Krediten, umso geringer ist der Bankenertrag.

Die abnehmende Möglichkeit bei sinkenden Sollzinsen Kredite gewähren zu können, senkt den Refinanzierungsbedarf der Banken.

Der rückläufige Refinanzierungsbedarf der Geschäftsbanken, hervorgerufen durch das Nachlassen der Investitionstätigkeit, muss bei gegebenem Angebot am Geldkapitalmarkt die Kapitalmarktzinsen sinken lassen.

Der Rückgang der Zinsen am Geldkapitalmarkt kann durch Arbitragevorgänge auf den Geldmarkt überschwappen. In dem Maße, wie die Kapitalmarktzinsen sinken, lohnt es sich, Überschüsse am Geldmarkt anzubieten, wodurch auch dort die Zinsen sinken.

Der Rückgang der Marktzinsen verbessert die Refinanzierungsbedingungen an den Geld- und Kapitalmärkten. Er veranlasst die Geschäftsbanken, verstärkt das Kreditangebot dieser Märkte zu nutzen und Angebotsüberschüsse zur Zentralbank zu verlagern. Diese Veränderungen führen dazu, dass sich Zentralbanken früher oder später zur Senkung ihrer Zinsen entschließen werden. Die Leitzinssenkungen der Zentralbanken sind Reaktion auf Impulse, die von den Märkten kommen. Als das Ergebnis von Anpassungen stehen sie am Ende einer Wirkungskette und bewirken zunächst wenig. Die Hoffnung, dass die Banken mehr Kredite vergeben, nur weil sie sich zu null Prozent bei ihren Notenbanken refinanzieren können, erfüllt sich so lange nicht, wie die Bedingungen für eine Kreditaufnahme im güterwirtschaftlichen Bereich noch nicht herangereift sind.

Während des Abschwungs kommt es zu positiven (die Rezession abschwächenden) Rückkopplungseffekten. Die Verringerung der Zinssätze und damit der Renditen für Zinspapiere bei wieder steigenden Wertpapierkursen (abnehmende Kreditnachfrage = abnehmendes Wertpapierangebot) führt irgendwann dazu, dass die gesamtwirtschaftliche Güternachfrage aufhört, weiter zu sinken. So (und im Zusammenhang mit anderen Faktoren) erzeugt die Rezession die Voraussetzung für ihr Ende. Zeitliche Voraussagen, wann dies sein wird, sind aufgrund der hohen Komplexität nicht möglich.

Irgendwann wird sich die Rezession abschwächen und schließlich zu Ende gehen. Das wird auch dadurch bewirkt, dass in dem Maße, wie Rezession und Kaufzurückhaltung noch dominieren, das anwachsende Antirezessionspotenzial an materiellen und finanziellen Ressourcen, verbunden mit einem relativ niedrigen Preisniveau auf den Güter- und Faktormärkten, die Nachfrage der Nichtbanken auf diesen Märkten und zeitlich verzögert auch die Nachfrage auf den Geld- und Geldkapitalmärkten wieder steigen lassen wird.

11.3 Fazit

Es ist eine Illusion, anzunehmen, die Zentralbanken könnten eine souveräne Geldpolitik betreiben und mit ihr gewollte Wirkungen herbeiführen. Der Zins ist ebenso wenig geldpolitisches Resultat, Instrument oder Ziel, wie es die Geldbasis oder die diversen Geldmengenaggregate sind. Zinsen und Geldmengen sind beide endogene Resultate wirtschaftlicher Prozesse, auf die die Zentralbanken reagieren. Gleichwohl wirken die Entscheidungen der Zentralbank auf die Geld-, Kapital- und Gütermärkte zurück. Sie verstärken, schwächen bzw. modifizieren damit Bedingungen auf diesen Märkten. Das Wechselspiel zwischen monetärem und nichtmonetärem Sektor zeigt, dass die Zentralbanken keine „neutralen", von „außen" souverän steuernde externe Institutionen sind. Sie sind vielmehr immanentes Element eines komplexen Wechselmechanismus, dessen Gesetzen, Bedingungen und Abläufen sie sich nicht entziehen können. Zins und Geldmenge sind die Wirkung einer langen Kette von Ursachen und sie sind die Ursache einer großen Kette von Wirkungen. Sie sind eingebunden in das ökonomische Geflecht von ökonomischen Variablen. Es scheint, als überforderten Multikausalität und Komplexität die theoretische Ökonomie. Diese wurschtelt monokausal durch die selbst konstruierte ökonomische Scheinwelt. Sie beachtet zu wenig die typischen Eigenschaften komplexer volkswirtschaftlicher Systeme, deren Funktionsweise sie zu beschreiben und zu erklären vorgibt. Eine in sich geschlossene Geldtheorie, die das komplexe, widersprüchliche und wechselseitige Zusammenwirken von monetären und nichtmonetären Faktoren erklärt, existiert nicht. Sie ist in absehbarer Zeit auch nicht zu erwarten.

Sollen die Geldmenge oder der Zins politisch gesteuert werden? Sollen die Mindestreservepolitik, die Refinanzierungspolitik oder die Offenmarktpolitik vorrangig genutzt werden? Soll die Geldpolitik neben der Preisstabilität auch für Wachstums- und Beschäftigungsziele mobilisiert werden? Das sind Fragen, die weitgehend hypothetischen Charakter tragen. Beachtet man, dass die Zentralbank auf realwirtschaftliche Veränderungen, die von den Güter- und Faktormärkten ausgehen, reagiert, erweist sich, dass die Bedeutung dieser Fragen überschätzt und der Zentralbank eine wirtschaftliche Souveränität eingeräumt wird, die sie nicht besitzt.

11.4 Komplexität und Geldpolitik

Die herkömmlichen Geldwirkungslehren kranken daran, dass sie vornehmlich einseitig ausgerichtete Kausalketten konstruieren und den wechselseitigen Zusammenhängen zwischen monetären und güterwirtschaftlichen Größen nicht die gebührende Anerkennung zollen.

11.4.1 Mangelndes Komplexitätsbewusstsein

Mit zinspolitischen Maßnahmen und Variationen der Geldbasis können Zentralbanken versuchen, gezielte Wirkungen im güterwirtschaftlichen Bereich auszulösen (Preisniveau, Wirtschaftswachstum, Beschäftigung, Kapazitätsauslastung, Konsum, Investitionen, Exporte, Importe). Ein erfolgreiches Agieren setzt Kenntnisse darüber voraus, auf welche Weise monetäre Impulse sich in den nichtmonetären Bereich fortpflanzen. Die Komplexität des Untersuchungsgegenstandes wird zwar von den meisten Autoren erkannt, aber ökonomische Forschung und Wissenschaft werden dem gewachsenen Komplexitätsbewusstsein nicht gerecht. Mechanistisch- technizistische und einfache mathematische Modelle dominieren, deren Annahmen auf Rationalität, Linearität und simpler Gleichgewichtsarithmetik beruhen. Isolierte lineare Ursache-Wirkungsverbindungen erfassen aber nur Teilaspekte einer Ganzheit. Dem ersten Schritt zu einer komplexen Theorie der Geldpolitik (sich der Komplexität bewusst zu werden) müssen weitere folgen. Schrittweise müssen Grundlagen, Prinzipien und Methoden der Modellbildung der Komplexität des theoretischen Untersuchungsgegenstandes angepasst werden. Die Geldtheorie muss beginnen, sich über die Stellung der Geldpolitik im Gesamtzusammenhang zwischen den Elementen der monetären und güterwirtschaftlichen Sphäre klar zu werden. Umfangreiches, brauchbares Partialwissen dazu liegt vor. Es muss angereichert und systematisch nach seinem inneren Zusammenhang geordnet werden. Nur so kann eine Theorie entstehen, welche die Interdependenzen zwischen monetärem und güterwirtschaftlichem Bereich umfassend widerspiegelt. Beginnen muss das Ganze damit, die methodologischen und theoretischen Schwächen der herkömmlichen Geldwirkungslehren aufzuzeigen.

11.4.2 Notwendigkeit komplexen ökonomischen Denkens

Das Erfordernis komplexer Analysen resultiert aus der ganzheitlichen Daseinsweise der wirtschaftlichen Realität. Der in der Theorie herrschende Reduktionismus behindert die ganzheitliche Erfassung der ökonomischen Wirklichkeit. Partialbetrachtungen betreffen Ausschnitte aus ihr, ermöglichen immer nur Teilerkenntnisse. Es kommt darauf an, den Gesamtzusammenhang der Erscheinungen zu erfassen. Der erkenntnistheoretische Paradigmenwechsel weg von einfachen, eindimensionalen, linearen hin zu komplexwissenschaftlichen Denkmodellen steht nicht nur in der Geldtheorie noch aus. Er ist generell nicht vollzogen. Zu den Eigenschaften komplexer Systeme gehören (Mitchell 2008; Mainzer 2008; Müller 2019: S. 85–134, Müller 2020: 8–24):

Vielzahl: Das ökonomische System besteht aus zahlreichen Komponenten und Proportionen auf unterschiedlichen Ebenen. Eine zu erklärende Größe wird durch mehrere Faktoren bestimmt, deren spezifische Einflussstärken unterschiedlich hoch und variabel sind. Sehr viele Ursachen bzw. Elemente sind an ökonomischen Erscheinungen beteiligt und begründen eine Streubreite von Möglichkeiten. Was bestimmte Veränderungen (Ursachen) bewirken, hängt von vielen Bedingungen, Voraussetzungen und begleitenden Faktoren ab. Deshalb ist es z. B. absurd zu behaupten, ein Preisanstieg in Höhe von drei Prozent senke die Arbeitslosigkeit um ein Prozent, oder höhere Leitzinsen bewirkten, dass das Preisniveaus zurückginge. Derartige Ansagen haben mit der Realität wenig zu tun. Der Hang zu monokausalen und eindimensionalen Erklärungen führt in multikausalen Mehrebenensystemen nicht zu brauchbaren Erkenntnissen.

Wechselwirkung (Interaktion) und Rückkopplungen: Die Bestimmungsfaktoren einer Erscheinung sind selbst wiederum erklärungsbedürftig, wobei man beachten muss, dass sie oft auch gegenseitig aufeinander einwirken. Komplexe Systeme sind gekennzeichnet von einer Vielfalt von interaktiv erzeugten Erscheinungen. Fast immer gibt es Rückwirkungen der zu erklärenden ökonomischen Größen auf ihre Determinanten. Die Elemente des Systems können sich dabei gegenseitig verstärken oder abschwächen.

Variabilität und Variantenreichtum: Unterschiedliche Kopplungsmuster und Freiheitsgrade der Agentien, historisch-logische Stringenz einerseits und Zufallsepisoden andererseits ermöglichen verschiedenste Zustände, alternative Abläufe, diverse Komponentenrelationen und mannigfaltige Ergebnisstrukturen.

Dynamik und Offenheit: Kontinuierliche Veränderungen, endogene Prozesse und exogene Anpassungen an die Systemumgebung sind Ausdruck dafür, dass komplexe System lernfähig sind, sich selbst organisieren und steuern können.

Nichtlinearität: In komplexen, nichtlinearen Systemen können kleine Veränderungen bei bestimmten Elementen zu großen Wirkungen bei anderen Elementen oder im globalen System führen. Das hochkomplexe Zusammenwirken der Elemente in dichten Kausalnetzen ist nicht eindeutig. Widersprüchliche, sich ändernde Verhaltensmuster und Reaktionen charakterisieren ein labiles, chaotisches System. Voraussagen über Wirkungen und Veränderungen sind nicht möglich. So ist es erheiternd, wenn Forschungsinstitute ihre Wachstumsprognosen regelmäßig für das nächste Jahr in Zehntelprozentpunkten verkünden, um sie – nicht verwunderlich – kurz darauf korrigieren zu müssen.

Emergenz: Wirkungen und Merkmale eines Prozesses auf höherer Organisationsebene (Volkswirtschaft) können nicht aufgrund bekannter Merkmale und Wirkungen auf niedrigeren Ebenen (Unternehmen, Haushalte) vorausgesagt bzw. erklärt werden. Gesamtwirtschaftliche Phänomene kann man nicht aus einzelwirtschaftlicher Sicht allein und hinreichend genau erfassen. Auf übergeordneten Ebenen können sich Ordnungen bilden und Zustände entstehen, die nicht durch die Eigenschaften einzelner Systemelemente oder durch die Summe der Systemelemente erklärbar sind, sondern nur durch die spezifische Art ihrer Wechselwirkungen. Das Wechselspiel der Teile führt zu Systemeigenschaften, welche die Teile selbst nicht besitzen. Weil man das

Ganze nicht auf die Summe seiner Teile reduzieren kann, führt keine noch so akribische Erforschung der Elemente und Teile allein bereits zum Gesamtverständnis. (Beispiele dazu in Müller 2019: 108–117)

Das defizitäre Komplexitätsdenken äußert sich in einer unzureichenden Systembeschreibung, der Überbetonung des Gleichgewichtsgedankens, in einseitigen, brüchigen und unvollständigen Kausalketten, in der Vernachlässigung von Wechselwirkungen.

11.4.3 Unzureichende Systembeschreibung

Die Art des komplexen Systems Volkswirtschaft ist ungenügend erforscht. Insbesondere betrifft dies das Zusammenspiel individuellen Verhaltens und der Dynamik globaler Größen. Die Neigung, die theoretische Ökonomie zu einer mathematisch-naturwissenschaftlichen Disziplin, ähnlich der Physik, genauer vielleicht der Mechanik oder Hydrodynamik umzugestalten, führte weg von der spezifischen Beschaffenheit des sozialökonomischen Gegenstandes. Hinter den ökonomischen Kategorien aber stehen Menschen mit biologischen Grundausstattungen, mit Ansichten, Erfahrungen, Wissen, Nichtwissen, mit Vorlieben und Emotionen. Sie sind selbst komplexe biopsychosoziale Geschöpfe, deren Tun und Lassen man nicht mit einfachen algebraischen Formeln beschreiben kann. Alles, was in der Wirtschaft passiert, beruht auf menschlichen Entscheidungen. Dabei müssen es nicht die „Animal Spirits" (Akerlof, Shiller: 2009), die Urinstinkte des Menschen allein sein, die dessen Verhalten erklären. Aber zwischen Rationalität und Irrationalität, zwischen genetisch bestimmten Persönlichkeitsmerkmalen und Einflüssen der Umwelt existiert ein weites Feld menschlicher Unberechenbarkeit. Die ökonomische Wissenschaft hat dies ausgeblendet und mit der Gestalt des Homo oeconomicus eine schwerwiegende Prämissenreduktion vorgenommen. Diese abstrakte Figur in die Modelle zu implementieren, sie mit einer Zielfunktion zu versehen, die unter bestimmten Nebenbedingungen nur noch optimiert wird, reduziert den Menschen auf eine tote, unbewusste Rationalitätsmaschine. Diese Gefahr unangemessener Simplifikationen und falscher Abstraktionen besteht selbst im ökonomischen Systemdenken. Auch komplexe Modelle können kausalmechanische Irrtümer enthalten, wenn der Mensch nicht als biopsychosoziale Einheit, sondern als unbewusste Maschine oder lebloses Glied eines Gleichungssystems erscheint. Wirtschaftliche Instabilitäten kann man als Missverhältnis makroökonomischer Größen beschreiben: Gesamtnachfrage, Gesamtproduktion, Gesamtbeschäftigung, Gesamtgeldmenge, Preisniveau, Gesamtsparmenge, Gesamtinvestitionsmenge und dergleichen. Zu glauben aber, die Disproportionen einfach dadurch beheben zu können, dass man mittels einer Geld- und Fiskalpolitik diese abstrakten Totalgrößen anders dosiert, ist zu einfach. Obgleich unter historisch-konkreten Bedingungen keineswegs erfolglos, übersieht ein solches Herangehen, dass makroökonomische Relationen das Ergebnis millionenfacher, richtiger und falscher einzelwirtschaftlicher Entscheidungen auf Haushalts- und Unternehmensebene, von Anbietern und Nachfragern, Konsumenten und Produzenten, Investoren und Sparern sind.

> Die Gewohnheit des Denkens in Totalquanten [...], dem dann durch mathematische Symbole so leicht der verlockende Anstrich der Exaktheit gegeben werden kann und dieses Aufmarschierenlassen von Gleichungen, die so beglückend leicht aufgehen, verführt uns dazu, die strukturellen Anpassungsprobleme zu ignorieren und das Heil dann in großzügigen Gesamtmaßnahmen vor allem monetärer Art zu sehen [...] Es ist eine technokratisch-herrische Denkweise, die vor Gleichungen und Gesamtquanten nicht mehr die wirklichen Zusammenhänge in all ihrer höchst unmathematischen Subtilität sieht und deren verräterisches Vokabularium – „Kreislauf", „Kaufkraft", „Volumen" und so fort – für die entscheidenden konkreten Dinge keinen Platz hat, am wenigsten für die eigenwilligen Menschen, es sei denn als Massenpartikel, deren Konsum man „lenkt", deren Arbeitskraft man „einsetzt", deren „Kaufkraft" man abschöpft, und deren Gesamteinkommen man durch Bemessung der entsprechenden „Volumina" dosiert. (Röpke, 1949: 348)

Menschen, Unternehmen und Haushalte sind keine willenlosen Moleküle oder Atome. Deshalb existieren keine Bewegungsgleichungen für individuelles Verhalten auf der Mikroebene volkswirtschaftlicher Systeme. Allerdings erzeugen Präferenzen, Durchschnittsverhalten, kollektive Anpassungen globale Trends, die mit statistischen Verteilungsgrößen dargestellt werden können. Makrostrukturen und –tendenzen wirken auf das Verhalten der Einzelnen zurück, deren Anpassungen wiederum die globale Systemdynamik verstärken oder bremsen. Röpkes Aversion gegen die Ausschließlichkeit globalen Denkens ist begreiflich. Es aber gänzlich zu verwerfen, wäre nur eine weitere Art eines fehlerhaften Reduktionismus. Makroökonomische Modellierungen haben geholfen, Einsichten zu gewinnen. Worauf es in komplexen Systemen ankommt, ist nicht, diese über Bord zu werfen und die Mikro- gegen die Makrobetrachtung zu setzen, sondern das wechselseitige Aufeinandereinwirken der Mikro- und Makrodynamik des Systems, die Wechselwirkungen zwischen den güter- und geldwirtschaftlichen Bereichen zu erforschen. Dabei darf der Mensch –und da hat Wilhelm Röpke noch immer Recht – nicht als unrealistische Kunstfigur verunstaltet in globalen Totalquanten untergehen. Er muss vielmehr als handelnder Akteur in seiner ganzen Widersprüchlichkeit erfasst werden. Weder biologische Strukturen und Abläufe noch psychische, soziale, kulturelle, politische, wirtschaftliche Prozesse kann man erklären wie die Bewegung toter Körper unter dem Einfluss von Kräften. Die Newtonschen Axiome eignen sich nicht zur Erklärung sozialökonomischer Phänomene. Menschen und menschliche Systeme funktionieren nicht wie Maschinen.

Ordnungs- und strukturtheoretische Inkonsistenz der herrschenden Geldlehren sind, worauf schon aufmerksam gemacht wurde, evident: Im neoliberalen Mainstream steht die private Preisautonomie außer Frage. Preise bildeten sich spontan, fair und in „richtiger" Höhe auf Wettbewerbsmärkten. Zugleich, und im Widerspruch dazu, wird behauptet, Preise und das Preisniveau wären das Ergebnis von Zentralbankinterventionen. Eine Geldpolitik mag vorübergehend den Rahmen hergeben, innerhalb dessen sich die profitdeterminierte Preisbildung vollzieht. Der ordnungstheo-

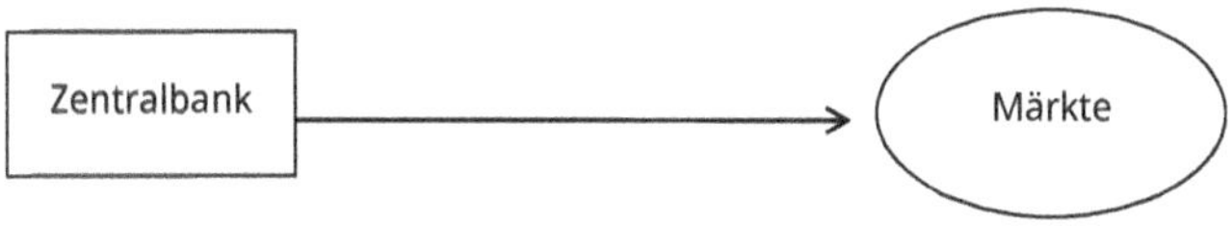

Abb. 3: Unterstellte Kausalität 1.

retische, methodologische Ausgangspunkt ist aber anfechtbar: Die Zentralbank wird außerhalb der Märkte platziert, als eine Institution, die sich den Marktprozessen entzogen habe und von außen ihre prädeterminierte Fähigkeit nutze, die Vorgänge auf den Märkten zu steuern. (siehe Abb. 3)

Den Anbietern und Nachfragern sei es zwar auf den Märkten möglich, die Preise autonom festzulegen, die Geldpolitik der Zentralbank könne jedoch jederzeit verhindern, dass es zu einem Preisniveauanstieg komme. Wie soll das gehen, dass massenhaft einzelne Preise steigen und gleichzeitig das Preisniveau unverändert bleibt? Preissteigerungen bei Preisniveaukonstanz ist ein Widerspruch in sich, wenn gleichzeitige Preisrückgänge bei einzelnen Waren ausgeschlossen werden müssen. Die Wirklichkeit steht diesem Bild entgegen; der ordnungspolitisch-logische Defekt ist offensichtlich. Die Zentralbank ist keine Anstalt, die unberührt von Marktprozessen über diese herrscht und die nach ihrem Gusto die Märkte dirigiert. Sie ist vielmehr Element einer wirtschaftlichen Realität und Gesamtheit, deren Gesetzen und Zwängen sie sich nicht entziehen kann, an die sie sich im Gegenteil anpassen muss, auf die sie reagiert, und dies, das sei noch einmal gesagt, nicht wirkungslos. Der türkischen Notenbank zum Beispiel gelang es Ende Januar 2014 den Verfall ihrer Lira vorübergehend zu stoppen, indem sie den Leitzins von 4,5 auf 10 Prozent anhob. Im „Kapital" liest man, dass die Regierung die Bank von England zweimal, am 25. Oktober 1847 und am 12. November 1857, jeweils auf dem Höhepunkt der Wirtschaftskrise, von der Beschränkung ihrer Banknotenausgabe befreite, „und dies reichte beidemal hin, die Krise zu brechen." (MEW 25: 571) Das klappt nicht immer: Die Senkung der EZB-Leitzinsen auf 0,15 Prozent und die Verhängung eines Strafzinses für Einlagen bei der Zentralbank im Juni 2014 hat die Spekulationslust angefacht und den DAX erstmals über 10 000 Punkte getrieben.[67] Eine Belebung der Konjunktur blieb aus. Dafür satte Bereicherung für die Banken, die das billige Geld teurer an marode Staaten liehen. Keine Frage auch, dass die Dispo-Zinsen im zweistelligen Bereich blieben.

Die Zentralbank wirkt auf das, wovon ihr Tun bestimmt ist, zurück, doch ist sie nicht in der Lage, auch nicht bei konsequenter monetärer Steuerung und engem monetärem Rahmen, Preisniveausteigerungen zu verhindern. In jüngster Zeit verstärkt sich der Eindruck, dass sie nicht einmal das Ausmaß dieser Veränderungen beeinflus-

67 Im Dezember 2024 übersprang der DAX erstmals die 20 000 Punkte. Der DAX ist der bedeutendste deutsche Aktienindex. Er misst die Kursentwicklung der 40 größten und liquidesten Unternehmen des deutschen Aktienmarktes.

sen kann. Eine Geldmengen- und Zinspolitik könnte dann zur Begrenzung privatwirtschaftlicher Preiserhöhungsspielräume taugen, wenn sie im Zusammenwirken mit anderen Maßnahmen und bei einer generellen antimonopolistischen Grundorientierung der Wirtschaftspolitik gegen die Marktkräfte betrieben würde. Zurzeit erzwingt das System vielmehr, dass von den Unternehmen ausgehende Preissteigerungen, die ihrem Wesen nach profitdeterminiert sind, durch die Zentralbank monetär alimentiert werden. Soll Geldpolitik erfolgreich sein, bedarf es eines passenden ordnungspolitischen Rahmens und geeigneter Wirkungsbedingungen. So müsste, um die Effizienz der Geldpolitik zu erhöhen, die private Preisfindung ordnungspolitisch gezügelt werden. Ein weiterer Mangel der unzureichenden Erfassung intersystemarer Beziehungen ist die zins- und preistheoretische Intransitivität. Aus ordnungstheoretischen Widersprüchen ergeben sich inkonsistente Argumentationsketten im Detail. So sei der Zins Resultat des Marktes, seine Höhe und Veränderung widerspiegele die Relationen zwischen Geldangebots- und Geldnachfragemengen sowie deren Bewegung. Zugleich ließe er sich unabhängig von Angebots- und Nachfragegrößen an den Finanzmärkten steuern. Wie den Zins lenken, wenn dieser das Verhältnis von Geldangebot und Geldnachfrage widerspiegelt, von Größen abhängt, die sich nach Auffassung keynesianisch orientierter Ökonomen gerade nicht beherrschen ließen, sondern durch individuelle Entscheidungen der Banken und Nichtbanken zustande kommen? Ebenso unbefriedigend ist die Umkehrargumentation der monetaristischen Theoretiker. Sie behaupten, die Geldmenge, nicht der Zins könnten zentralbankpolitisch bestimmt werden. Wer diese Auffassung vertritt, muss sich fragen lassen, wieso sich der Zins nicht führen lasse, wenn er von Geldmengenkonstellationen abhänge, die durch die Zentralbank bestimmt und beeinflusst werden könnten?

11.4.4 Verabsolutierte Gleichgewichtsökonomie

Transmissionsmechanismen beruhen auf dem Gedanken, dass Maßnahmen der Zentralbank ein Angebot-Nachfrage-Gleichgewicht störten. Damit würden Prozesse angestoßen, die ihrem Wesen nach Anpassungen der Banken, Unternehmen und Haushalte darstellten. Diese führten zu einem neuen Gleichgewicht. Das Bestreben, Gewinnchancen zu nutzen und Verlustrisiken zu umgehen, kann Kapitalübertragungen zwischen den Branchen und Bereichen auslösen (Portfolioumschichtungen). Dadurch ändern sich Angebot und Nachfrage auf den Märkten und mit ihnen die Preise. Wo Kapital abfließt, kann das Angebot unter die Nachfrage fallen, wodurch Preise, Gewinne und Profitraten steigen. In Bereichen, die Kapital aufnehmen, kann das Angebot die Nachfrage übertreffen. Dadurch sinken Preise, Gewinne und Profitraten. Auf diese Weise pendele sich, gelenkt durch die „invisible hand“ des Adam Smith ein „natürlicher“ Preis ein, der Angebot und Nachfrage in Übereinstimmung bringe. Auf den Gütermärkten entspräche der Gleichgewichtspreis der ökonomischen Klassik zufolge dem Arbeitswert. Die Vorstellung, dass sich Marktpreise durch Anpassungen von Angebot und Nachfrage einem durchschnittlichen, natürlichen Preis näherten, ist im Prinzip korrekt, aber eine Vereinfachung.

In der Regel stoßen zentralbankpolitische Maßnahmen auf wirtschaftliche Ungleichgewichte, welcher Art diese auch immer sein mögen. Zudem ist es fragwürdig, dass ausgerechnet geldpolitische Impulse den Markt helfen würden, ein neues Gleichgewicht zu finden. Gleichgewichtsmodelle setzen hochidealisierte, reibungslos funktionierende Märkte ohne Informationsentropie voraus, die in der ökonomischen Realität nicht existieren. Der Gleichgewichtsgedanke ist möglicherweise der Grundirrtum aller bekannten ökonomischen Modelle. Er ist an sich nicht falsch. Zum Ausgleich hin tendierende Kräfte wirken im ökonomischen Mechanismus. Karl Marx hat auch nach dem Inhalt der ökonomischen Größen im Gleichgewicht gefragt. Falsch ist die Annahme, diese Kräfte des Ausgleichs könnten irgendwann und für längere Zeit ihr Ziel erreichen. Die Marktwirtschaft ist kein System, das sich durch Selbstorganisation von einem Gleichgewicht zum anderen hangelt. Sicher gibt es ausgleichende Faktoren bzw. Wirkungskräfte. Aber damit ist nicht gesagt, dass diese sich auch durchsetzen könnten. Die Durchsetzung von Gleichgewichten, ökonomische Gesetze generell können nur als Tendenz begriffen werden. Sie sind empirisch nicht nachweisbar, vollziehen sich in einem komplexen System, in welchem sich ausgleichende und differenzierende Einflüsse überlagern. Ähnlich wie biologische Ökosysteme ist auch das komplexe System Volkswirtschaft ständigen Veränderungen unterworfen und reagiert auf Einflüsse umgebender Systeme. In ihm agieren Menschen, die zwar lernfähig sind, aber Probleme und Situationen unvollständig und ungenau wahrnehmen. Ihren Entscheidungen liegt nur eine beschränkte Rationalität zugrunde. Innovationen können Wachstumsschübe im Großen nach sich ziehen. Kleine Veränderungen, ja bloße Vermutungen, können überzogene Reaktionen auslösen. Spekulationen können sich zu unkontrollierbaren Verhalten hochschaukeln. Börsenblasen platzen mit chaotischen Rückwirkungen auf die güterwirtschaftlichen Entscheidungsprozesse. Nicht Gleichgewichte, sondern permanente Instabilitäten sind für marktwirtschaftliche Systeme dominant und typisch, die tendenziell einem Gleichgewicht zustreben, das sie nicht erreichen.

11.4.5 Einseitige Kausalitäten – verkannte Wechselwirkungen

Die in den Transmissionslehren gezeigten Kausalketten decken Zusammenhänge auf, die aus den gegebenen Annahmen resultieren. Zentralbankpolitik kann wirken, so wie die Fachbücher es beschreiben, muss aber nicht. Die Fehler der Modelle bestehen darin, dass sie erstens nur eine Kausalrichtung in den Mittelpunkt rücken, quasi „Einbahnstraßendenken" favorisieren (obgleich sie auch Rückkopplungseffekte enthalten), zweitens zu wenig Augenmerk der Tatsache widmen, dass ökonomische Kategorien wechselweise miteinander verbunden sind und drittens, in der Unterstellung, Zentralbanken wären in der Lage, ihren Einflüssen auf das wirtschaftliche Geschehen Dominanz zu verschaffen (Köhler 1983: 171). Die in den geldtheoretischen Wirkungsketten unterstellte Kausalität hat mit der tatsächlichen nichts gemein. Unterstellt (nicht bewiesen) wird, dass die Zentralbank mit ihren offenmarkt- und refinanzierungspolitischen Instrumentarien die Geldmenge und den Zins bestimme und auf diese Weise Investoren, Sparer, Unternehmen und Haushalte auf den Investitions- und Konsumgütermärkten zu einem preisstabilitäts- und wachstumsgerechten Verhalten zwinge. (siehe Abb. 4)

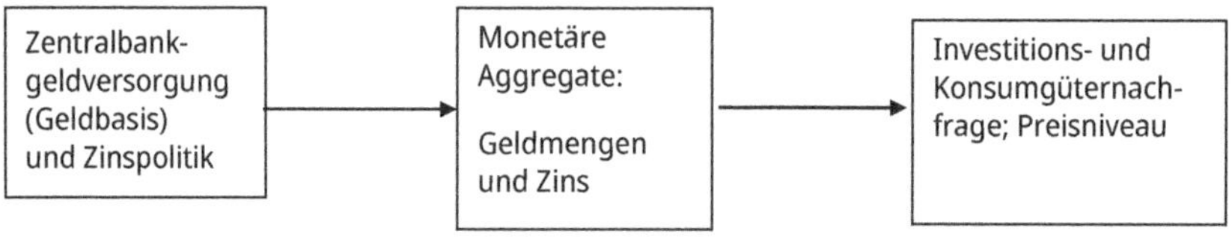

Abb. 4: Unterstellte Kausalität 2.

Eine Zentralbank kann den Geschäftsbanken zusätzlich Zentralbankgeld anbieten. Ob diese es a) annehmen und b) zu einer erhöhten Kreditgewährung an ihre Kunden einsetzen, ist erstens ihre freie Entscheidung (Walter 2009: 636; Holtemöller 2008: 187) und hängt zweitens davon ab, ob die Nichtbanken gestiegenen Kreditbedarf anmelden oder nicht, und wenn ja – das ist letztlich entscheidend – ob sie drittens die Geschäftsbanken mit ihren Ertragsprognosen und Unternehmenskonzepten zu überzeugen vermögen. Viele kleine und mittlere Unternehmen erhalten selbst für aussichtsreiche Investitionsvorhaben keine Kredite, weil sie für kreditunwürdig gehalten werden. Mehr Zentralbankgeld, mit denen das Liquiditätspotenzial der Geschäftsbanken aufgestockt wird, kann das Problem nicht lösen. Welche Effekte eine erleichterte und erhöhte Versorgung mit Zentralbankgeld bringt, ist letztlich güterwirtschaftlich bedingt. Die Angebot-Nachfrage-Konstellationen auf den Gütermärkten sind dafür ausschlaggebend. Denn ein Unternehmen ist kreditwürdig, wenn seine Produkte nachgefragt werden und wenn es auf dieser Grundlage nachhaltig im Gewinnbereich zu produzieren vermag. Analog gelten diese Zusammenhänge auch für eine Politik der Geldverknappung. Die finanzielle Flexibilität der Nichtbanken ist für Erfolg oder Misserfolg einer restriktiven geldpolitischen Strategie entscheidend (Köhler 1983: 176 ff). Innerhalb der Wechselbeziehungen zwischen Zentralbankgeldversorgung, Zinsen, Geldmengen, der volkswirtschaftlichen Investitions- und Konsumgüternachfrage und dem Preisniveau existieren auch entgegengesetzte Ursache-Wirkungsketten. Dabei kann die „umgekehrte Transmission" („reverse causation") dominieren. (Holtemöller 2008: 60 f, 65; Tobin 1970) Zentralbanken geraten dann in das Schlepptau der Nichtbanken und Geschäftsbanken (Köhler 1983: 176 ff).

Nichtbanken entscheiden über ihre Investitions- und Konsumausgaben, bestimmen damit die volkswirtschaftliche Gesamtnachfrage und beeinflussen die monetären Größen. Die Zentralbank reagiert und wirkt auf die ihr Verhalten bestimmenden Prozesse zurück. (siehe Abb. 5)

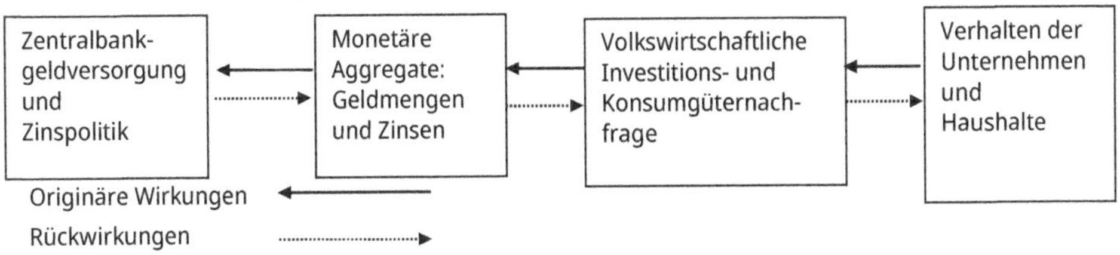

Abb. 5: Tatsächliche Kausalität.

11.4.6 Brüchige Kausalketten

Im komplexen Kausalfilz muss man zwischen Hauptsträngen (dominanten Wirkungsrichtungen) und Nebensträngen (derivaten Wirkungsrichtungen, Rückwirkungen) unterscheiden. (siehe Abb. 6) Ferner sind die Geschehnisse in jedem Knotenpunkt in der Regel das Ergebnis multikausaler Einflüsse. Die Sicht des Betrachters ist subjektiv. Die Frage ist, ob dabei das quantitative und qualitative Ordnungssystem realistisch wahrgenommen wird. Unbewusst oder auch bewusst wird unterstellt, dass der betrachtete Strang (Wirkungskette) auch der im realen Netz dominierende wäre. Im System kann aber durchaus ein Zusammenhang dominant sein, der aus der Sicht des Betrachters nur als Nebenstrang (als „Störfaktor", Hemmnis und dergleichen) wahrgenommen wird. In den Knotenpunkten ist es notwendig, die Voraussetzungen für die Übernahme und Weitergabe des Impulses zu klären. Welche Merkmale, welche anderen Einflüsse verstärken oder schwächen bzw. überlagern den zu untersuchenden Impuls?

Anders ausgedrückt: Es ist erforderlich, das relative Gewicht der im Knotenpunkt wirkenden Einflüsse zu analysieren. Erst daraus ergibt sich, welches Signal von diesem ausgehen kann. Möglich ist, dass der eingehende Impuls linear weitergegeben, verstärkt, abgeschwächt oder durch andere Faktoren unterdrückt und kompensiert wird. Zum Beispiel müssen Geldmarktzinsen nicht, wie im „normalen" Transmissionskanal angenommen, durch Arbitragegeschäfte auf die längerfristigen Zinsen des Kapitalmarktes durchschlagen, wenn letztere durch gegenläufige Einflüsse (Erwartungen über Inflation und Änderungen der Währungskurse, Spekulationen, Gewinnaussichten und die Nachfrage nach Investitionen u. a.) stärker bestimmt werden (Görgens, Ruckziegel, Seitz 2014: 278).

Niedrige Zinsen mögen ceteris paribus beschäftigungsfreundlicher sein als höhere Zinsen. Doch die These, man müsse lediglich die Stellschraube Zins bedienen, um den gewünschten Beschäftigungsstand herbeizuführen, vereinfacht komplexe ökonomische Beziehungen sehr stark. Vereinfachungen sind verbreitet. Man brauche nur die Zinsen senken und die Geldschleusen öffnen, dann könnten Rezessionen überwunden oder vermieden werden (Krugman 2000: 18, 25, 45, 130, 160). In der Regel wird der Einfluss des Zinses auf Produktion, Investition und Beschäftigung aber

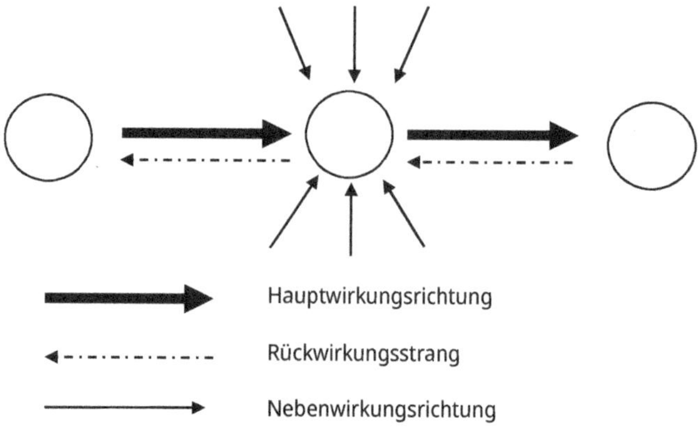

Abb. 6: Verflechtungen zwischen ökonomischen Größen.

durch andere Faktoren überlagert. Reagieren die Investitionen zinsunelastisch, ist das „Nadelöhr" zwischen monetärem und güterwirtschaftlichem Bereich verstopft. Aber selbst wenn die Investitionen zinsabhängig sind, können sie in noch höherem Maße von anderen Faktoren bestimmt sein. Die Frage ist dann, welchen Anteil Zinsänderungen an Investitionsentscheidungen besitzen.

Angenommen, es gelänge der Zentralbank durch eine Niedrigzinspolitik im Bankensektor und auf den Märkten ein niedriges Zinsniveau herbeizuführen. (Das ist keineswegs selbstverständlich: Weshalb sollen Monopolbanken bei entsprechender Kreditnachfrage niedrigere Refinanzierungszinsen an ihre Kunden weitergeben, wenn sie, unterlassen sie dies, ihre Gewinnspanne erhöhen?) Auch dann bleibt offen, ob und wie Investitionen und das Wirtschaftswachstum darauf reagieren. Neben dem Zinsniveau gibt es weitere Einflussfaktoren, Bedingungen und Voraussetzungen für Wachstum. (Schelkle 2024: 129) Der Zins ist nicht die einzige Determinante für das Wachstum und er ist auch nicht die wichtigste. Gesättigte Bevölkerungen, mangelnde Zahlungs- und Kaufkraft können die zumindest theoretische Zinswirkung im Keime ersticken. Weshalb sollen Haushalte nachfragen, was sie nicht brauchen, Unternehmen produzieren, was keiner will, nur weil der Zins gesenkt wurde oder niedrig ist? Japan hat mit seinen Nullzinskrediten Anfang der 1990er Jahre entsprechende Erfahrungen gesammelt. Die USA machten die gleichen Erfahrungen 18 Jahre später. Europäische Länder folgten kurz darauf. Billiges Geld kurbelt die Wirtschaft nicht automatisch an. Umgekehrt begründen ungesättigte Märkte einen hohen Güterbedarf. Das ist selbst bei hohen und steigenden Zinsen eine gute Voraussetzung für Produktion und Investition. Nach der Wende begannen Hausbesitzer im Osten Deutschlands trotz hoher Zinsen für Wohnungsbaukredite massenweise mit der Restaurierung ihrer Gebäude und Gebäudeeinrichtungen, viele unbemittelte Bürger sogar mit dem Neubau von Wohnhäusern. Ein ineffizientes Wirtschaftssystem und eine fehlerhafte Wirtschaftspolitik hatten eine verfallene und verrottete Wohn- und Gebäudesubstanz und einen gewaltigen Erneuerungs- und Sanierungsbedarf hinterlassen. Dessen Befriedigung vermochten auch höchste Zinsen nicht zu bremsen. Eine andere Frage ist, ob in „reifen“ Volkswirtschaften das geforderte Wachstum überhaupt gebraucht wird. Es liefe dort auf eine Vergrößerung der Überschüsse hinaus.

Die Forderung, den Zins vor die Wachstumspolitik zu spannen, ist problematisch: Erstens wird Wachstumsbedarf einfach unterstellt, zweitens die Komplexität des Problems unterschätzt und der Einfluss des Zinses überbewertet, drittens eine Zins-Wachstums-Kausalität angenommen, die so nicht existiert und viertens eine positive Korrelation zwischen dem Wachstumstempo der Produktion und der Beschäftigung unterstellt, die es aufgrund der Produktivitätsdynamik (intensive Erweiterung des Produktionsapparates) nicht gibt. (Müller 2008: 225–254)

11.5 Geldmengen und Preise

Der Zusammenhang zwischen Geldmengen und den Preisen wird von den Ökonomen seit Jahrhunderten diskutiert. Heute wie damals sind die Meinungen unterschiedlich. Klar ist nur, dass ein Zusammenhang zwischen beiden Größen besteht, da Preise Geldbeträge sind. In der Banking-Currency-Kontroverse ging es u. a. um die Frage, ob die Geldmenge die Preise oder umgekehrt die Preise die Geldmenge bestimmten. (siehe Abschnitt 7.5)

11.5.1 Quantitätstheoretischer Background

Die Quantitätstheorie des Geldes ist im Buch mehrfach erwähnt und dargestellt worden. Das naive quantitätstheoretische Konzept wurde zwar durch den Transaktionsansatz von Irving Fisher, den Kassenhaltungsansatz der Cambridge Schule und der Kaufkraftparitätentheorie von Gustav Cassel „modernisiert“ (Braun, Krause, Müller: 146–168), viele Theoretiker lesen aus ihr aber nach wie vor heraus, dass die Geldmenge die Preise bestimme. Spätestens seit Keynes wird die Grundaussage abgeschwächt, der sagt, die Quantitätsgleichung sei eine Identitätsgleichúng. Richtiger hätte er sagen müssen, dass die Quantitätsgleichung keinen Aufschluss gibt über die Art der kausalen Verknüpfung der Variablen. Jegliche Gleichung ist eine Identität. Was links vom Gleichheitszeichen steht, ist identisch mit dem Eintrag auf der rechten Seite, sonst wäre das Zeichen zwischen ihnen fehl am Platze. Und identisch mit sich selbst kann man nicht sein. Der Inhalt der Quantitäts- oder Verkehrsgleichung ist banal. Die Gleichung besagt nur, dass für Waren bezahlt werden muss, was sie kosten. Ein Satz, der ex-post stets richtig ist. In den Auffassungen zwischen Keynesianern (Fiskalisten) und Monetaristen wiederholt sich heute, wenn auch im Detail modifiziert und durch neue Argumente angereichert, grundsätzlich der alte Streit. Die „Currency“-Position wird heute von den Monetaristen vertreten. Die Geldmenge sei die bestimmende, Preisniveau und Geldwert die davon abgeleiteten Größen. Keynesianer halten die „Banking"-Theorie für richtig: Wirtschaftsakteure entscheiden durch ihr Verhalten über das Preisniveau. Die Geldmenge sei eine endogene Größe. Sie passe sich den Preisen an.

Der hinter der naiven Quantitätstheorie stehende Gedanke ist recht einfach, sagt Paul Samuelson. „Vermehrt der Staat die Geldmenge M um das Tausendfache, lässt sich eine Hyperinflation voraussagen, in deren Verlauf das Preisniveau ebenfalls um das Tausendfache ansteigen wird. So naiv diese Ansicht auch ist" – sie unterstellt, dass das Verhältnis der Umlaufgeschwindigkeit des Geldes zum Handelsvolumen konstant ist (K.M.) – „hat sie doch einen gewissen Aussagewert." (Samuelson, Nordhaus 1987: 504) Und den „gewissen Aussagewert" könnte man z. B. daran erkennen, dass es im Jahre 1923 zu einem milliardenfachen Preisanstieg gekommen sei, weil der Präsident der Reichsbank waggonweise Papiergeld drucken und in den Umlauf bringen ließ. Die eingängige These leuchtet vielen ein. Die deutsche Hyperinflation muss jedoch anders erklärt werden. Krieg, Kriegsfinanzierung und die Folgen des Krieges hatten zu einem hohem Importbedarf und zu hohen Zahlungsverpflichtungen gegenüber dem Ausland geführt. Die Sieger verlangten, dass das Land die Reparationen in Gold und in Devisen zahlte. Auf den internationalen Finanzmärkten tauschte daher Deutschland große Mengen deutscher Mark gegen Dollar. Die steigende Nachfrage des verschuldeten deutschen Staates nach Dollar ließ den Dollarkurs steigen bzw. den Kurs der Reichsmark sinken. Die Geschäftsleute setzten die Preise jeweils nach dem letzten Stand des Dollar herauf. Sie akzeptierten oft für den Verkauf ihrer Waren nur die harte, goldgedeckte Auslandswährung. Das allgemeine Preisniveau stieg, weil für einen Dollar immer mehr Reichsmark gezahlt werden mussten. 4,2 Billionen Mark waren es am 20. November 1923, auf dem Höhepunkt der Inflation – vor dem Krieg waren es 4,20 Reichsmark, die der Dollar kostete. Die Löhne wurden in sich beschleunigt entwertender Reichsmark gezahlt. Da die Gewerkschaften eine Anpassung der Löhne an die steigenden Preise erzwangen, erhöhte sich der Geldbedarf der Wirtschaft und führte zu einer erhöhten Notenausgabe. „Der Kern dieser Argumentation ist also, dass nicht die vermehrte Notenausgabe durch die Reichsregierung das auslösende Moment, sondern diese vermehrte Notenausgabe die Folge der Preissteigerung und der Abwertung der Mark nach außen war." (Scherf 1988: 161) Leibiger schreibt richtig: „Die Produktionseinschränkungen des Ersten Weltkriegs und die in Gütern zu entrichtenden Reparationsleistungen hatten zu einem Angebotsmangel geführt. Die Unternehmen konnten massive Preissteigerungen durchsetzen, die eine erhöhte Geldmenge, Papiergeld natürlich, erforderlich gemacht hatten. Auch die Staatsausgaben wurden mittels inflationstreibender Anleihen finanziert:" (Leibiger 2023: 6) Und so blieb es bis zum Höhepunkt der großen Inflation: Die Unternehmer orientierten sich am gewaltigen Kursverfall der nationalen Währung bzw. dem gigantischen Anstieg des Dollarkurses. Sie erhöhten ihre Preise in dem Maße, wie der Dollar gegenüber der Reichsmark zulegte. Und die inflationären Preissteigerungen führten dazu, dass der Dollarkurs in schwindelerregende Höhen stieg – eine verhängnisvolle Wechselbeziehung. Die vor allem ab 1920 bis Ende 1923 erfolgenden dramatischen Preissteigerungen erzwangen die ebenso dramatische Erhöhung des Notenumlaufs.

Die naive Quantitätstheorie des Geldes nimmt an, dass eine stabile, langfristige 1:1-Beziehung zwischen dem Wachstum der Geldmenge und dem Wachstum des Preisniveaus besteht. Man glaubte daher, mit der „Steuerung" der Geldmenge könne man die Preisstabilität wahren. Schon sehr früh in der Geschichte wird, worauf u. a. Gustav Cassel hinweist, beanstandet, dass sich diejenigen, die behaupten, steigende Geldvolumina müssten die Preise in die Höhe treiben, keine Gedanken darüber machen, zu welchen weiteren Wirkungen die Erhöhung der Geldmenge führen kann. „Diese Wirkungen [haben] eine zu große Bedeutung, um vernachlässigt werden zu können, und sie [müssen] in der Wirklichkeit die von der Quantitätstheorie behauptete Wirkung einer Vermehrung der Geldmenge immer durchkreuzen." (Cassel 1923: 412) Hinzu kommt, dass kaum einer der Quantitätstheoretiker versucht, den Mechanismus aufzuzeigen, auf welche Weise aus erhöhten Geldmengen höhere Preise werden. Die Kausalität wird angenommen, aber nicht begründet. Einen kausalen Automatismus zwischen den Geldmengen und den Preisen gibt es jedenfalls nicht.

11.5.2 Endogene Geldmenge

Was besagen empirische Analysen? Die Bundesbank berichtet, dass ein linearer Zusammenhang zwischen der Geldmenge und dem Preisniveau, wie ihn die naive Quantitätstheorie unterstellt, empirisch nicht nachgewiesen werden konnte. Es „lässt sich jedoch [...] kein quantitätstheoretischer Zusammenhang finden [...] kein erkennbarer Zusammenhang zwischen Geldmengenwachstum und Inflation." (Deutsche Bundesbank Monatsbericht Januar 2023: 18) Und: „Es gibt keine Hinweise auf einen Vorlauf des Geldmengenwachstums vor der Inflation." (Deutsche Bundesbank Monatsbericht Januar 2023: 20) Verwundern kann das nicht, schließlich hat die weit gefasste Geldmenge M3 mit der Preissumme der gehandelten Güter auch nichts zu tun. So wird z. B. anerkannt, dass rein nachfragebedingte Portfolioumschichtungen die Entwicklung der Geldmengen beeinflussen können, ohne dass sich daraus Wirkungen auf die Preise ergeben. (Deutsche Bundesbank 2005: 24) Untersucht werden hätte die umlaufende Geldmenge und zu beachten gewesen wäre die Umlaufgeschwindigkeit des Geldes.

Die logische Struktur der Begriffe: Der Wert ist das Ursprüngliche, der Preis und das Geld (die Geldmenge) von ihm abgeleitet. Für die Richtigkeit spricht der gesunde Menschenverstand. Ein Beispiel: Der Preis einer Ware sei 1 000 Euro. Der Interessent an dieser Ware besitzt diesen Betrag, kann die Ware also kaufen. Erhöht sich sein Einkommen um 500 Euro, ist noch kein Preis gestiegen und er muss es auch nicht zwingend tun. Weshalb sollte der Käufer von sich aus plötzlich 1 500 Euro für die Ware zahlen, nur weil er es könnte? Eine Preisfindung via Auktionen ist in der „normalen" Wirtschaft untypisch. Nicht die Nachfragenden setzen die Preise fest oder bestimmen sie. Die Anbieter tun es. Es verbessern sich nur die Möglichkeiten, dass Anbieter höhere

Preise durchsetzen, wenn sie wissen, dass die dafür benötigte Kaufkraft vorhanden ist und die Nachfragenden keine Alternativen haben, sich dem teuren Angebot zu entziehen. Erhöht sich dagegen der Preis der Ware um einen bestimmten Betrag, z. B. von 1 000 auf 1 500 Euro, dann ist, will jemand die Ware kaufen, zwingend zusätzliches Geld in dieser Höhe erforderlich. Hat der Kaufinteressent nicht so viel, muss er versuchen, sich den Fehlbetrag zu leihen. Es geht beim Geldumlaufgesetz bzw. bei der Quantitätsgleichung des Geldes nicht um irgendeine beliebige Geldmenge. Es geht um die, die zirkuliert, um die, die gebraucht wird, um die Waren zu bezahlen. Der Preis ist das Bestimmende, das Vorausgesetzte, die Höhe der Geldmenge ist abhängig von der Preissumme. Höhere Preise erfordern mehr Geld, niedrigere Preise weniger bei unterstellter Geldumlaufgeschwindigkeit, der Häufigkeit, mit der Geldeinheiten für Zahlungen verwendet werden. Zuviel Geld kann gar nicht zirkulieren. Was nicht zirkuliert, sich nicht in der Zirkulation aufhält, Geld, das keine Waren bezahlt, ist kein Bestandteil der Geldmenge, nach der im Geldumlaufgesetz gefragt wird. Es ist immer so viel Geld im Umlauf, wie zur Bezahlung der Preise benötigt wird. Geld zirkuliert, heißt nur, dass es Waren bezahlt. Das setzt voraus, dass die Waren Preise haben. Der Preis geht logisch dem Geld voraus. Deshalb sind die milliardenschweren Anleihekäufe der Zentralbank – die EZB hatte seit März 2015 in erweitertem Umfang Wertpapiere am offenen Markt gekauft, bis Ende Juli 2024 belief sich der Bestand aufgekaufter Anleihen auf 2,8 Billionen Euro – auch nicht die Ursache für den rasanten Preisauftrieb seit 2021 gewesen, den sie ganz sicher nicht gehemmt haben.

11.6 Zinsen

Die Zinsen haben von Anfang an in der geldtheoretischen Diskussion eine gewichtige Rolle gespielt. Es ging um ihre Berechtigung, um ihre Höhe (siehe Abschnitt 3.3), später vor allem um ihre Bestimmungsgründe und Wirkungen. In jüngerer Zeit, da die Existenzberechtigung des Zinses im akademischen Kurs längst nicht mehr angezweifelt wird – obgleich es auch diese Auffassung noch gibt, siehe Gesell (Abschnitt 10.7) – rücken die Wechselbeziehungen zwischen den Zinsen, den Geldmengen, den Preisen, der Produktion und Beschäftigung in den Fokus.

11.6.1 Zinsen, Geldmengen und Preise

Die Zins-Preis-Hypothese – der Zins beeinflusse über die Geldmenge das Preisniveau negativ – ist einseitig und zweifelhaft. Die Behauptung, Banken könnten durch hohe Zinsen Preisstabilität wahren oder zurückgewinnen, und sinkende Zinsen würden umgekehrt ein hohes Preisniveau hervorrufen und die von einigen Ökonomen als besonders gefährlich betrachtete Deflation abwenden, verkennt entscheidende Determinanten der Preisbildung. Die herrschende Lehre hat sich darauf versteift: Sinkt die

Geldmenge, dann auch die Preise (oder ein langsames Steigen der Geldmenge bewirke ein langsames Steigen der Preise). Zugleich müssten die Zinsen steigen, wenn mit der sinkenden Geldmenge auch das Angebot an Krediten abnehme. Folglich gehörten hohe Zinsen und niedrige Preise zusammen. Das kann manchmal sein. Daraus aber ein ehernes Gesetz zu machen und von Zentralbankpolitik zu fordern, mit hohen Zinsen die Inflation zu stoppen, ist aus mehreren Gründen zweifelhaft.

Wohlwollend angenommen, die Geldmenge sinke tatsächlich, weil aufgrund hoher Zinsen weniger Kredite abgerufen würden. Werden dadurch die Preise sinken? Das scheint vielen plausibel, weil sie denken, dass die gesunkene Inanspruchnahme von Krediten die Güternachfrage verringere. Selbst wenn das zuträfe, werden jetzt die Anbieter die Preise senken oder weniger stark erhöhen? Die Antworten sind offen. Es gibt viele Beispiele, dass gerade ein Rückgang der Nachfrage und des Verbrauchs die Anbieter veranlasst, die Preise zu erhöhen (Wasser- und Abwasserversorgung, Strom, Zeitschriften u. a.) Die Annahme, dass Zinssteigerungen Preisrückgänge nach sich zögen, eine Auffassung, die Zentralbankpräsidenten, „Geldexperten", Politiker, Ökonomieprofessoren und Wirtschaftskommentatoren für eine Selbstverständlichkeit zu halten scheinen, weil die ökonomische Logik durchaus überzeugt, ist eine Illusion.

Empirische Untersuchungen belegen schon seit Thomas Tooke, der sie auch theoretisch begründet (vgl. Abschnitt 7.5.4), dass die langfristigen Kapitalmarktzinsen und das Preisniveau positiv miteinander verbunden sind. Der englische Nationalökonom Alfred. H. Gibson hatte dies für England in der Zeit von 1820 bis 1920 nachgewiesen und u. a. Wolfgang Filc später für die Bundesrepublik Deutschland bestätigt. (Filc 1992: 85 ff.) John M. Keynes hielt die Gleichläufigkeit von Zins und Preisniveau für „eine der unumstößlichsten empirischen Fakten auf dem Gebiet quantitativer Beziehungen des Wirtschaftslebens" (Keynes 1932: 458), für die er lange versucht habe, „eine theoretische Hypothese zu finden". (Keynes 1932: 457) Er scheiterte daran und nannte sie daher das „Gibson-Paradoxon". Das mag aus neoklassischer Sicht so sein, doch existieren vernünftige Gründe – schon Thomas Tooke nannte sie –, die zeigen, dass der Zusammenhang alles andere als paradox ist. Richtig sind zunächst zwei Aspekte: Zinsen beeinflussen ceteris paribus die Geld- und Kreditnachfrage negativ; zirkulierende Geldmengen und Preise korrelieren positiv. Aber erstens sind, wie bereits begründet, zirkulierende Geldmengen nicht die Ursache, sondern die Wirkung der Preise und zweitens muss beachtet werden, dass die Zinsen für die Unternehmen Kosten und damit Bestandteil der Preiskalkulation sind. Auf Märkten, auf denen Monopole und Oligopole dank ihrer Marktmacht den Preiswettbewerb ad absurdum geführt haben, ist es üblich, dass auch höhere Zinsen auf die Preise übergewälzt werden. Die Lehrbuchliteratur erwähnt zwar mitunter einen „Kostenkanal" der Transmission, interessiert sich aber kaum für ihn. (Görgens, Ruckriegel, Seitz 2014: 322) Preissteigerungen fallen daher mittel- und langfristig umso höher aus, je höher die Zinsen sind. Hohe Zinsen bedeuten hohe Preise und hohe Preise erfordern einen Anstieg der Geldmenge. Dass darüber hinaus leicht zu erklären ist, weshalb im konjunkturellen Aufschwung Zinsen und Preise steigen, im Abschwung beide fallen, war auch Keynes klar. (Keynes 1932: 457) Auch neuere Entwicklungen stützen die These nicht, dass sich mit hohen Zinsen die Inflation eindämmen ließe. So lagen beispielsweise in Sachsen im Februar 2023 die Baupreise – Preise für den Bau von Wohngebäuden, Büro- und Betriebsimmobilien – trotz steigender Zentralbank- und Marktzinsen fast 20 Prozent über denen des Vorjahres. Auch der Straßenbau verteuerte sich im gleichen Zeitraum um 22, 6 Prozent.[68]

Außerdem kann man beobachten, dass die Zahlungs- und Tilgungstermine umso kürzer werden, je stärker die Zinsen steigen, von denen man erhofft, dass sie die Geldmenge reduzieren und so die Inflation dämpfen. Man vereinbart kürzere Zahlungs- und Tilgungstermine, um der erwarteten Geldentwertung zuvorzukommen und später zu höheren Zinsen auszuleihen. Das bedeutet, dass die Umlaufgeschwindigkeit des Geldes steigt. Und das heißt: Weniger Geld wird benötigt. Selbst wenn durch die Zinspolitik eine Verringerung der Geldmenge erreicht werden könnte, ist zu befürchten, dass der immerhin denkbare preisberuhigende Effekt nicht eintritt, weil die Umlaufsgeschwindigkeit des Geldes zunimmt.

Die Zins-Preis-Kausalität ist ergänzungsbedürftig auch aus der Sicht der Transmissionsrichtung. Der Zins beeinflusst nicht nur die Nachfrage nach Geld oder nach Krediten, er reagiert auch auf Änderungen dieser Nachfrage. Im Aufschwung wird die steigende Nachfrage auf den Gütermärkten dazu führen, dass die Preise erhöht werden, wenn das Angebot nicht mithalten kann. Der Geld- und Fremdkapitalbedarf erhöht sich. Das geschieht auch, wenn wie in den Jahren nach 2020 die Preise nicht konjunkturbedingt steigen. Steigende Preise ziehen steigende Zinsen nach sich. Beispielsweise nahmen die Inflationsraten in Deutschland seit 2020 zu, der Tagesgeldsatz (Basiszinssatz), Hypothekenzinsen (5 und 10 Jahre) und der 6-Monate-Euribor aber – um nur einige Zinsen zu nennen – begannen erst zwei Jahre später zu steigen. In rezessiven und depressiven Wirtschaftsphasen ist es umgekehrt: Die zurückgehende Nachfrage auf den Gütermärkten bewirkt bei gegebenem Angebot, dass Preise fallen oder das Tempo der Preissteigerungen zurückgeht. Der Fremdkapitalbedarf nimmt ab, die Zinsen sinken. Auch umgekehrt (Preis = Ursache, Zins = Wirkung) ist der Preis-Zins-Zusammenhang also positiv. Auch Irving Fisher hatte beobachtet, dass nicht nur eine Parallelität zwischen hohen (niedrigen) Preisen und hohen (niedrigen) Zinsen empirisch üblich ist, sondern dass die Entwicklung der Zinsen der Entwicklung des Preisniveaus zeitlich folgt. (Duwendag et al. 1985: 163) Die zyklisch bedingten Zinsschwankungen als das gewollte Produkt bewusster Entscheidungen der Zentralbank zu deuten und als Anlass zu sehen, die Weisheit ihrer Direktoren zu rühmen, ist erheiternd, weiß man, dass sich ohne Zutun der Zentralbank vollzieht, was als deren Erfolg gepriesen wird.

Unklar ist ferner, ob die Banken ihre Kreditvergabe als Reaktion auf die Anhebung (Senkung) des Notenbankzinses einschränken (ausweiten). Was passiert, hängt vom wirtschaftlichen Umfeld ab. Es wird eingestanden, dass es schwierig sei, allge-

68 Statistisches Landesamt Kamenz, Freie Presse Chemnitz, 28.3.2023, S. 1.

meine Aussagen über das Kreditangebotsverhalten der Banken als Reaktion auf geldpolitische Impulse der Zentralbank zu machen. (Görgens, Ruckriegel, Seitz 2014: 323) Beispielsweise war im dritten Quartal 2022 die Kreditnachfrage der „nichtfinanziellen Unternehmen" hoch geblieben und die Kreditvergabe der Banken hatte kräftig zugelegt, obgleich die Markt- und Leitzinsen vorher gestiegen waren. Ursache dafür waren die Angebotsengpässe auf den Gütermärkten, eine schwächere Innenfinanzierung der Unternehmen (Finanzierung aus Gewinnen, Abschreibungen und Rückstellungen), weil zu hohe Gewinne ausgeschüttet worden waren, und die immer noch relativ günstigen Kreditkonditionen im Vergleich zu den gestiegenen Kosten der Anleihefinanzierung am Kapitalmarkt. Die Geld- und Kreditnachfrage hatte nicht zuletzt zugenommen durch den Preisanstieg, insbesondere für Betriebsmittel und Vorleistungen, wodurch sich auch die Lagerhaltung verteuerte. Viele Unternehmen unternahmen angesichts labiler Lieferketten und in Erwartung weiter steigender Kosten (auch steigender Zinsen) und Preise Hamsterkäufe, vergrößerten ihre Lagerhaltung. Längerfristige Kredite wurden in kaum veränderten Maß nachgefragt; der Mittelbedarf für Anlageinvestitionen ging aber zurück. So auch die Nachfrage nach Wohnungsbaukrediten und Konsumentenkrediten. (Deutsche Bundesbank Januar 2023: 36 ff; November 2022: 30 ff) Die hohen Energie-, Bau- und Lebensmittelpreise verringerten die Kaufkraft, wirkten sich negativ auf den Konsum und positiv auf das Einlagengeschäft der Banken mit den privaten Haushalten aus.

Ob eine Leitzinserhöhung von den Banken stärker und schneller weitergegeben wird, hängt also von weiteren Faktoren ab, und die können, wie gerade am Beispiel der Unternehmenskredite und der Konsumentenkredite gesagt wurde, unterschiedlich sein. Eine Rolle spielen u. a. die Interessenkonstellationen zwischen Zentralbank, Geschäftsbanken und Unternehmen, die Stellung der Banken im Finanzsystem wie Bankenmacht, der Interbankenwettbewerb und der Wettbewerb mit anderen Finanzintermediären, die Bankenstrukturen (z. B. Verhältnis Klein- zu Großbanken), die Liquiditätsgrade, die Regeln der Besicherung, die Kreditsicherheiten, die Kreditwürdigkeit, die Risikosicherungspotenziale, die Art der Verbindung zwischen Banken und Bankkunden (z. B. Hausbankprinzip), das Verhältnis längerfristiger gegenüber kurzfristigen Finanzierungs- und Anlageformen, das Verhältnis zwischen Innen- und Außenfinanzierung, die Informationsausstattung, die Informationskosten, die Umlaufgeschwindigkeit des Geldes, die Unternehmensgrößen [...]. (ausführlich in: Görgens, Ruckriegel, Seitz 2014: 272–349) Der sich bei den Unternehmen bildende Kreditbedarf ist auch für die Kreditvergabe entscheidend. Und: Gewöhnlich werden Erhöhungen der Leitzinsen schneller weitergegeben als eine Senkung, die Sollzinsen eher erhöht oder später gesenkt als die Habenzinsen. Was geschieht, ist ein komplexes Problem.

Bei negativen Realzinsen – die Nominalzinsen sind kleiner als die Inflationsrate – wird eine Entwertung und Umverteilung ausgelöst: Erstens werden die Geldvermögen der Bevölkerung entwertet. Zinsen gleichen den inflationären Geldwertverlust nicht aus. Die Sparer werden enteignet. Kreditnehmer, vor allem Staat und Unternehmen, werden zweitens entschuldet. Sie nehmen zu niedrigen Zinsen Kredite auf. Ihre Schulden verringern sich mit jedem Tag real durch die Inflation. So wird Reichtum umverteilt: zu Lasten der privaten Haushalte und zu Gunsten der Unternehmen und des Staates. Sachkapitalbesitzer profitieren gegenüber den Besitzern von Geldkapital.[69]

11.6.2 Zinsen, Investitionen und Beschäftigung

Niedrige Zinsen sind ceteris paribus beschäftigungsfreundlicher als hohe. Es war bereits gesagt worden, dass es zu einfach wäre, zu glauben, man könne mit Zinssenkungen die Wirtschaft ankurbeln. (siehe Abschnitt 11.4.6) In der Regel wird der Einfluss des Zinses auf Produktion, Investition und Beschäftigung von anderen Faktoren überlagert und von Ökonomen überschätzt. Die Frage ist dann, welchen Anteil Änderungen des Zinses an den Entscheidungen der Investoren besitzen.

Zunächst ist nicht sicher, ob die Zentralbank im Bankensektor und auf den Märkten ein niedriges Zinsniveau herbeiführen kann. Weshalb sollten Monopolbanken bei entsprechender Kreditnachfrage niedrigere Refinanzierungszinsen an ihre Kunden weitergeben, wenn sie, unterlassen sie dies, ihre Gewinnspanne erhöhen? Selbst, wenn dies gelänge, bliebe offen, wie Investitionen und das Wirtschaftswachstum darauf reagieren. Eine Senkung der Zinsen kann den Marktwert des installierten Kapitals, den Aktienkurs, erhöhen und so Investitionen kurzfristig anregen. Steigende Preise der Kapitalgüter und die Erwartung, dass die Gewinne sinken werden, bremsen und beenden später die Investitionen. Gesättigte Märkte, mangelnde Zahlungskraft und hohe Preise für Investitionsgüter können die zumindest theoretische Wirkung des Zinses von vornherein im Keime ersticken. Reagieren Investitionen zinsunelastisch, ist die Verbindung zwischen Geld- und Güterwirtschaft blockiert. Der Zins ist nicht die einzige Bestimmungsfaktor des Wachstums und er ist auch nicht die wichtigste. Ob und wie Zinsen auf Investitionen wirken, hängt von vielen Einflüssen ab, die den Knotenpunkt „Investition“ erreichen. Dabei kann selbst die keynessche Wetter- und Verdauungsabhängigkeit der Entscheidungen im Einzelfall eine Rolle spielen. Eine unvollständige Ergänzung der genannten Faktoren unterstreicht die Komplexität des Zusammenhangs: Fiskal- und lohnpolitische Faktoren, außenwirtschaftliche Komponenten, Marktlagen und Marktmacht, Markt- und Preisveränderungsspielräume, güterwirtschaftliche Determinanten der Preisbildung, Innovationsgrade, erwartete Entwicklungen der Nachfrage, Erlöse, Gewinne und Renditen, Unternehmensgrößen, Investitionsdimensionen und -kosten, Kapitalintensitäten, konjunkturelle Lagen, Liquiditätsausstattungen, Liquiditäts- und Vermögensumfang, Entscheidungsfreude und Risikoaversionen, Verhältnis zwischen Innen- und Außenfinanzierung, zwischen Eigen- und Fremdfinanzierung, Konsum-

69 http://das-blaettchen.de/2014/06/die-kalte-enteignung-der-sparer-29180.html, (letzter Aufruf: 15.02.2025)

und Staatsquoten u. a. (Görgens, Ruckriegel, Seitz 2008: 341 ff.) Einige der Faktoren sind wechselweise mit dem Zins verbunden. Weshalb sollen Haushalte nachfragen, was sie nicht brauchen und Unternehmen produzieren, was keiner will, nur weil der Zins gesenkt wurde? Billiges Geld kurbelt die Wirtschaft nicht automatisch an. Umgekehrt begründen ungesättigte Märkte einen hohen Güterbedarf. Das ist selbst bei hohen und steigenden Zinsen eine gute Voraussetzung für Produktion und Investition.

Eine Frage ist auch, ob in „reifen" Volkswirtschaften Wirtschaftswachstum noch gebraucht wird. Dieses liefe auf eine Vergrößerung der Überschüsse hinaus. Den Zins vor die Wachstums- und Beschäftigungspolitik zu spannen, beruht auf dem Irrglauben, die Zentralbank könne das gewünschte Zinsniveau auf den Märkten herbeiführen. Es wird Wachstumsbedarf unterstellt, die Komplexität unterschätzt und der Einfluss des Zinses auf das Wachstum überbewertet. Die positive Korrelation zwischen dem Produktionswachstum und der Beschäftigung hat sich wegen des Anstiegs der Produktivität stark gelockert.

11.6.3 Fazit

Abschließend ist festzuhalten: Die Geldmenge ist keine exogene Größe, die durch die Zentralbank bestimmt werden kann. Sie ergibt sich endogen aus den volkswirtschaftlichen Kreisläufen, wobei die Preisbildung originär ist. Das gilt auch für das Zinsniveau. Es wird von den Angebot-Nachfrage-Verhältnissen auf den Geld- und Kapitalmärkten bestimmt und nicht durch Entscheidungen der Zentralbankpräsidenten. Die Zentralbank ist keine Institution, die mittels Geldpolitik nach ihrem Gusto die Märkte dirigiert. Sie ist Element einer komplexen wirtschaftlichen Ganzheit, deren Gesetzen und Zwängen sie sich nicht entziehen kann, an die sich im Gegenteil anpasst, auf die sie reagiert – und dies keineswegs wirkungslos. Falsch ist, zu behaupten, dass die Zentralbanken mit ihrer Geldpolitik keinen Einfluss auf die Finanzmärkte ausüben könnten und damit auch auf Güter- und Faktormärkte. Doch sind die Wirkungen unsicher. Sie werden gebrochen durch die spezifischen Umstände, auf die jene Maßnahmen treffen. Was den Zentralbanken abgesprochen werden muss, ist nicht jeglicher Einfluss auf die Objekte, die für ihr Agieren verantwortlich sind, sondern die Fähigkeit zur souveränen, zielgerichteten und planvollen Steuerung dieser Prozesse. Zentralbanken reagieren auf Marktkräfte, denen sie langfristig unterlegen sind. Ob es jemals möglich sein wird, eine geschlossene, komplexe Theorie der Geldwirkungen zu formulieren, ist fraglich. Notwendig wäre es, um dem Ziel nahe zu kommen, der Tatsache gebührende Aufmerksamkeit zu widmen, dass die vielen Elemente in den Transmissionskanälen zwischen der geld- und der güterwirtschaftlichen Sphäre wechselseitig aufeinander einwirken und die güterwirtschaftlichen Prozesse letztlich die monetären auslösen und dominieren.

12 Meinungsverschiedenheiten

Ist die Wissenschaftsgeschichte ein Vorgang, der Stück für Stück näher an die Wahrheit heranführt, der Lücken schließt, Falsches überwindet und Wertvolles vervollkommnet? Wo die Leute am Ende klüger sind und mehr wissen als am Anfang? Für die meisten Wissenschaften treffen Erkenntnisgewinn und Fortschritt sicher zu. Für die Geschichte der Geldtheorie eher nicht, wie der Streifzug durch zweieinhalb Jahrtausende geldtheoretischen Denkens zeigt. Wissenschaftliche Diskussionen und Anstrengungen haben wenige neue Erkenntnisse gebracht. Autoren wiederholten Gedanken und Auffassungen über das Geld, versuchten zwar, sie anzureichern und den sich wandelnden gesellschaftlichen Bedingungen anzupassen. Aber sie fügten dem Bekannten kaum neue Einsichten hinzu. Man gewinnt den Eindruck, als hätte der große Spötter Karl Valentin an die Geldtheorie gedacht, als er meinte, dass schon alles gesagt sei, nur noch nicht von allen. Was sich änderte, sind neben einigen Termini und Ausdrucksweisen weniger die grundsätzlichen Auffassungen über das Geld als die Bedeutung, die Ökonomen ihnen zu unterschiedlichen Zeiten beimaßen und beimessen.

12.1 Wesentliche Divergenzen

Die Meinungsverschiedenheiten betreffen das Wesen des Geldes, den Geldwert, die Herkunft und die Entstehung des Geldes, den Zusammenhang seiner Formen und Arten, die Kausalität zwischen Geldmengen und Preisen, die Möglichkeiten der Geldpolitik und andere Probleme. Der folgende (unvollständige) Überblick kann dem Leser als eine Zusammenfassung der Untersuchungsergebnisse dienen und ihm helfen, sich im Buch und in der Theoriengeschichte des Geldes zu orientieren.

Wesen des Geldes

Geld ist eine Ware. (Oresme, Biel, Justi, Boisguillebert, Menger) Geld ist die allgemeine Äquivalentware, die den Wert der gewöhnlichen Waren ausdrückt. (Petty, Smith, Marx, Price, Merkantilisten, Knies, Hilferding, Krüger, Krätke)

Das Wesen des Geldes sind seine Funktionen. „Geld ist, was Geld tut." (F. Walker, Hicks, Helfferich) Geld sind die Dinge, denen Geldfunktionen zugewiesen werden. (Searle)

Geld ist alles, was zur Bezahlung von Gütern und Dienstleistungen oder zur Abdeckung anderer wirtschaftlicher Verpflichtungen akzeptiert wird. (Jarchow)

Geld ist Tauschmittel. (Aristoteles, Magnus, der frühe Marx, Hume, J. St. Mill, von Mises, A. Weber)

https://doi.org/10.1515/9783111568331-013

Geld ist Wertaufbewahrungsmittel. (Oresme, Biel, Hales)

Geld ist Einheit von Tauschmittel, Wertmaß und gesetzlichem Zahlungsmittel. (Philippovich)

Geld ist die Einheit von Wertmaß und Zirkulationsmittel. (Johann Köhler)

Geld ist allgemein anerkanntes Zahlungsmittel und Wertaufbewahrungsmittel. (Duwendag, Ketterer, Kösters, Pohl, Simmert)

Geld ist eine Recheneinheit und eine Anweisung auf Waren. (Galiani, Davenant, Ricardo, Fullarton, Adam Müller, Hildebrand, Liefmann, Schumpeter, Cassel)

Geld sind bloße, wertlose, nominelle Zeichen oder Symbole. (Aristoteles, Platon, Aquino, Davanzati, Knapp)
Geld sind wertlose Repräsentanten der Ware. (Hume)

Geld ist Substitut und Geschöpf des Staates bzw. der Rechtsordnung. (A. Müller, Kant, Fichte, Knapp, die „Modern Monetary Theorie"- Autoren Mosler, Ehnts, Paetz, Feinig, Höfgen)

Geld ist Sprache und Mittel der Kommunikation, eine sprachlich vermittelte Denkform, die soziale Handlungen koordiniert. (Luhmann, Habermas, Engster, Haesler, Schlaudt, Brodbeck)

Geld ist ein System gegenseitigen Vertrauens. (Harari)

Geld ist Kredit, ein Verhältnis zwischen Gläubigern und Schuldnern. (Wagner, Mondelears, Ingham)

Geldwert

Metallismus: der Geldwert ist ein Sach-, Stoff- bzw. Substanzwert. Er ist gleich der Edelmetallmenge, die die Münze enthält. (Buridan, Oresme, Biel, Davanzati, Mun, Child, Davenant) Der Münzwert ist gleich der Metallmenge plus den Prägekosten (Zusatzwert). (Bodin, Merkantilisten, Justi)

Arbeitswerttheoretische Erklärung: der Geldwert entspricht der Arbeitszeit zur Herstellung der Geldware (Petty, Boisguillebert, Mun, Child, Davenant, Smith, Ricardo, Tooke, Marx, Kant, Kraus, Hilferding)

Der Wert des Geldes entspricht den Produktionskosten der Geldherstellung (Magnus, Senior, Diehl)
Der Geldwert ist ein „innerer Wert", Valor intrinsecus, intrinsischer Wert. Er ist objektiv, existiert unabhängig und außerhalb des menschlichen Bewusstseins. (Andreae, Biel, Oresme, Antonin von Florenz, Malynes, Mun, Metallisten und Arbeitswerttheoretiker)

Nominalismus: Der Geldwert ist ein „äußerer Wert", Valor impositus, ein vom Staat oder von Menschen durch Konvention zugewiesener Wert (Platon, Aristoteles, Lessines, Aquino, Locke, Fichte, A. Müller, Knapp)

Der Geldwert ist ein subjektiver Wert. Er drückt den „Funktionswert" des Geldes aus, d. h. dessen Nützlichkeit (Gebrauchswert), und beruht auf Wertschätzungen. Er wird dem Geld von Menschen zugeordnet. (Buridan, Galiani, Hufeland, Simmel, neoklassische Ökonomen, Schumpeter, Helfferich)

Der Geldwert entspricht der Kaufkraft der Geldeinheit, dem Kehrwert des Preisniveaus. Er ist gleich der Menge an Gütern, die eine Geldeinheit zu kaufen vermag. Der Geldwert werde bestimmt durch die Preise der Güter und die Preise der Güter widerspiegelten das Verhältnis von Angebot und Nachfrage nach ihnen. (Wieser, Menger, von Mises, Philippovich, Fisher, Cassel, Helfferich, Mauss, Schumpeter, Wicksell, Myrdal, Keynes, Ehrlicher)

Herkunft und Entstehung des Geldes

Das Geld ist das spontane Ergebnis von Tauschhandlungen. (Biel, Smith, Marx, Galiani, Knies, Menger, von Mises, Helfferich)

Geld ist eine Vereinbarung zwischen den Wirtschaftssubjekten, die den Informationsmangel und die daraus resultierende Unsicherheit, die beim direkten Naturaltausch auftreten, begrenzt, die doppelte Koinzidenz aufhebt, die Transaktionskoten senkt und so den Tausch erleichtert und beschleunigt. (Duwendag, Ketterer, Kösters, Pohl, Simmert, Holtemöller)

Das Geld ist das Produkt des Staates, ein Geschöpf der Rechtsordnung, eine juristische Norm. (A. Müller, Knapp, Keynes, Autoren der „Modern Monetary Theory")

Das Geld ist ein Derivat von Kreditverhältnissen (Graeber, Zeise, Ingham) oder/und Steuererhebungen des Staates. (Davies, Cockshott)

Das Geld hätte es schon vor dem Tausch gegeben. (Schumpeter, Lederer, Heinrich)

Endogenität/Exogenität der Geldmenge (Geldmengen-Preis-Zusammenhang)

Quantitätstheorie: Die Geldmenge bestimmt die Preise. Die Geldmenge ist exogen. (Bodin, Locke, Hume, Malynes, Davanzati, Cantillon, Loyd, Torrens, Ricardo, Marshall, Pigou, Fisher, Schumpeter (der die umgekehrte Kausalität nicht gänzlich ausschließt), Friedman.

Reverse Quantitätstheorie: Die Preise (und das Handelsvolumen) bestimmen die Geldmenge. Die Geldmenge ist endogenes Resultat güterwirtschaftlicher Vorgänge. (Petty, Boisguillebert, Smith, D. North, Steuart, Tooke, Fullarton, Marx, Hilferding, G. Cassel, Keynesianer)

Geld und Geldformen

Gleichbehandlung von einlösbaren Banknoten und uneinlöslichem Papiergeld (Law, die Vertreter der Currency School Torrens, Wilson, Loyd)

Einlösbare Banknoten sind Geldsurrogate. Sie sind eine Kreditgeldart. Forderungen auf übergeordnetes Geld sind Kreditgeld. Die Geldware oder staatliches Papiergeld mit Annahmezwang sind übergeordnetes Geld. Sie lösen Gläubiger-Schuldner-Verhältnisse auf, die vom Kreditgeld repräsentiert werden. (Vertreter der Banking School Tooke, Fullarton), Marx, Knies, Philippovich)

Zeichen und Symbole sind Repräsentativgeld. (Marx, Krüger, Krätke, Knolle-Grothusen)

Geldpolitik

Zentralbanken könnten die Geldmenge, nicht den Zins steuern. (Neomonetaristen um Friedman)

Zentralbanken könnten den Zins, nicht die Geldmenge steuern. (Neokeynesianer)

12.2 Offene Fragen

Im 21. Jahrhundert ist fast alles offen geblieben: Entspringt das Geld dem Warentausch, der Verschuldung oder dem fiskalischen Wunsch des Staates, Steuern zu erheben? Ist es eine staatliche Institution, eine Anweisung der Staatsmacht, ein Geschöpf der Rechtsordnung? Oder ist das Geld ein nichtstaatliches Phänomen? Etwas Materielles oder ein bloßes Zeichen, Symbol oder belegter Speicherplatz in modernen Rechnern? Ist es Sprache oder hat es einen Inhalt, eine Substanz? Gibt es einen inneren Wert oder erhält das Geld seinen Wert von außen? Besitzt das Geld einen Stoffwert oder einen Funktionswert? Ist das Wesen des Geldes identisch mit seinen Funktionen oder ausgewählten von ihnen? Werden die Geldmenge und der Zins endogen oder exogen bestimmt? Wie ist die Kausalität zwischen der Geldmenge und den Preisen? Ist die Inflation nur ein Problem der Geldmenge oder der Relation von Angebot und Nachfrage? Ist es opportun, die Erscheinungen des Geldes mit dessen Wesen gleichzusetzen? Oder muss zwischen dem Wesen des Geldes, seinen Erscheinungen und Formen unterschieden werden? Ist das moderne Papiergeld Kredit-, Hybrid- oder staatliches Geld mit Annahmezwang? Kann wertloses Papiergeld Werte messen? Löst die Verdrängung des Bargeldes aus der Zirkulation die Bindung zur Geldware vollends oder stellt sie sie versteckt wieder her? Schöpfen die Banken das Geld voraussetzungslos oder gar aus dem Nichts? Gibt es eine Geldpolitik und wenn ja, was kann sie bewirken? Viele Fragen, viele diffundierende Antworten. Der englische Politiker William Ewart Gladstone hatte in einer Debatte des britischen Parlaments über Robert Peels Bankakte von 1844 und 1845 gesagt, dass nur die Liebe mehr Menschen zum Narren gemacht habe als das Grübeln über die Natur des Geldes. Muss man ihm, 180 Jahre nach diesem Statement, immer noch zustimmen? Kann es gelingen, eine in sich geschlossene, konsistente Geldtheorie zu erarbeiten, die sämtliche Aspekte erfasst und von allen akzeptiert wird? Vielfältige Interessenunterschiede, die ungeheure Komplexität des Gegenstands mit vielen unterschiedlichen Möglichkeiten, ihn wahrzunehmen und Akzente zu setzen, der starke, ungebrochene Hang zu einfachen Lösungen, stehen dem entgegen. Es gibt keine von allen Ökonomen akzeptierte *ökonomische* Geldtheorie, erst recht keine „Gesamtgeldtheorie“. Was im Buch Gegenstand der Untersuchung gewesen ist, ist daher weniger die Geschichte der Geldtheorie(n), sondern ausgewählte Versuche, sie zu finden und zu formulieren. Dass soll keine Kritik sein. Vielmehr eine mit Respekt vor den „Alten“ verbundene Aufforderung und Ermunterung an die gegenwärtigen und künftigen Wissenschaftler, weiter nachzudenken und zu suchen nach gültigen Antworten auf die alten, offen gebliebenen Fragen der Geldtheorie.

Literatur

Die Werke von Marx, Engels und Lenin im Text sind unter den folgenden Siglen nachgewiesen:
MEGA Marx-Engels-Gesamtausgabe, Berlin 1975 ff.
MEW Marx-Engels-Werke, Berlin 1956 ff.
LW Lenin-Werke, Berlin 1961 ff.

Akerlof, George A.; Shiller, Robert J., Animal Spirits – Wie Wirtschaft wirklich funktioniert, Frankfurt am Main 2009.

Anikin, Andrej W., Ökonomen aus drei Jahrhunderten, Berlin 1974.

Aquino, Thomas von, Opera omnia, tomus III; Summa theologica II/II, quaestio 32. Übers. nach: Ausgewählte Schriften zur Staats- und Wirtschaftslehre des Thomas von Aquino, Jena 1923.

Arbeitsgruppe Alternative Wirtschaftspolitik, Memorandum 2014, Kein Aufbruch – Wirtschaftspolitik auf alten Pfaden, Köln 2014.

Arbeitsgruppe Alternative Wirtschaftspolitik, Memorandum 2021, Corona – Lernen aus der Krise! Alternativen zur Wirtschaftspolitik, Köln 2021.

Argentarius, Vom Gelde. Briefe eines Bankdirektors an seinen Sohn, Hamburg 2011.

Aristoteles, Politik, Leipzig 1948.

Aristoteles, Nikomachische Ethik, Berlin 1974.

Asmuth, Christoph et al. (Hrsg.), Texte zur Theorie des Geldes, Stuttgart 2016.

Augustinus, Aurelius, Ausgewählte Briefe, Leipzig 1966.

Backhaus, Hans-Georg, Dialektik der Wertform, Untersuchungen zur marxschen Ökonomiekritik, 3. Aufl., Freiburg, Wien 2018.

Becher, Johann J., Politischer Discurs von den eigentlichen Ursachen des Aufnehmens der Städt, Länder und Republicken, 2. Aufl., Frankfurt a. M. 1673.

Behrens, Fritz, Grundriss der Geschichte der politischen Ökonomie, Bd. I, 2. Aufl., Berlin 1981.

Behrens, Fritz, Grundriss der Geschichte der politischen Ökonomie, Bd. IV., Berlin 1981a.

Bernstein, Wilhelm, Vorlesungen über das deutsche Wechselrecht, Tübingen 1909.

Bierl, Peter, Schwundgeld, Freiwirtschaft und Rassenwahn. Kapitalismuskritik von rechts: Der Fall Silvio Gesell, Hamburg 2012.

Binder, Andrea, Das Vermächtnis des Dollar-Öl-Standards, in: Sahr, Aaron (Hrsg.) Geldpolitik im Umbruch, Bundeszentrale für politische Bildung, Bonn 2024, S. 171–193.

Binswanger, Hans Christoph; Huber, Joseph et al., Die Vollgeld-Reform. Wie Staatsschulden abgebaut und Finanzkrisen verhindert werden können, 4. Aufl., Hamm, Solothurn 2015.

Blaug, Mark, Systematische Theoriengeschichte der Ökonomie, Band 1, München 1971.

Block, Herbert, Die Marxsche Geldtheorie, Jena 1926.

Bockelmann, Eske, Im Takt des Geldes. Zur Genese modernen Denkens, Springe-Völksen 2004.

Bodin, Jean (1568), Response to the paradoxes of Malestroit, translatet und edited by Henry Tudor and R.W. Dyson, Bristol 1997.

Bofinger, Peter, Grundzüge der Volkswirtschaftslehre. Eine Einführung in die Wissenschaft von Märkten, 2. Aufl., München 2007.

Böhm-Bawerk, Eugen von, Kapital und Kapitalzins. Geschichte und Kritik der Kapitalzinstheorien, 4. Aufl., Jena 1921.

Bog, Ingomar, Kapitalismus, in: Handwörterbuch der Wirtschaftswissenschaften (HdWW), Bd. 4, Stuttgart/Tübingen/Göttingen 1988.

Born, Karl Erich, Geldtheorie und Geldpolitik II: Geldgeschichte, in: Willi Albers et al. (Hrsg.) Handwörterbuch der Wirtschaftswissenschaft, Dritter Band, Stuttgart und New York 1988, S. 360–374.

Bornitz, Jakob, Aerarium sive tractatus politicus etc., Frankfurt a. M., 1612.

https://doi.org/10.1515/9783111568331-014

Brandt, Hartwin, Zeitkritik in der Spätantike, Beiträge zur Geschichte, Bd. 40, München 1988.
Brangsch, Lutz, Monetarismus, Neomonetarismus, in: Wolfgang Fritz Haug et al. (Hrsg.) Historisch-kritisches Wörterbuch des Marxismus, Band 9/II, Hamburg 2023, Spalten 1289–1304.
Braudel, Fernand, Sozialgeschichte des 15. bis 18. Jahrhunderts: Der Handel, Frankfurt a. Main – Wien 1986.
Braun, Manfred; Krause, Günter; Müller, Klaus, Neomonetarismus. Kritische Untersuchungen einer konservativen staatsmonopolistischen Wirtschaftslehre, Berlin 1989. Nachdruck.
Braunberger, Gerald, Joseph A. Schumpeter: Ein Pionier der Makrofinanz, Schumpeter Discussion Papers, No. 2016-007, University of Wuppertal, Schumpeter School of Business and Economics, Wuppertal 2016.
Brecht, Bertolt, Prosa, Bd. 4, Berlin-Weimar 1975.
Brodbeck, Karl-Heinz, Die Herrschaft des Geldes. Geschichte und Systematik, 2. Aufl., Darmstadt 2012.
Brodbeck, Karl-Heinz, Faust und die Sprache des Geldes. Denkformen der Ökonomie – Impulse aus der Goethezeit, Freiburg-München 2014.
Brodbeck, Karl-Heinz, Goethe und das Papiergeld, Working Paper Serie, Institut für Ökonomie und Institut für Philosophie der Cusanus-Hochschule, Nr. Ök-14, Bernkastel-Kues 2015.
Bruschi, Valeria; Muzzupappa Antonella; Nuss, Sabine; Steckner, Anne; Stützle, Ingo: PolyluxMarx, Bildungsmaterial zur Kapital-Lektüre, Erster Band, 2. Aufl., Berlin 2013.
Bücher, Karl, Die Entstehung der Volkswirtschaft, Bd. 2, Tübingen 1918.
Burchardt, Michael, Die Banking-Currencey-Kontroverse – Beitrag Nr. X, Kredit und Kapital, Berlin 1985, Vol. 18, Iss. 4, S. 457–477.
Busch, Ulrich, Die Welt des Geldes, Potsdam 2016.
Busch, Ulrich, Geldkritik. Theorien – Motive – Irrtümer, Abhandlungen der Leibniz-Sozietät der Wissenschaften, Band 65, Berlin 2020.
Caffentzis, George C., Der Marxismus nach dem Untergang des Goldes, in: Linden, Marcel van der, Roth, Karl-Heinz, Über Marx hinaus, 2. Aufl., Berlin, Hamburg 2011, S. 467–493.
Cameron, Verney L., Across Africa, London 1877.
Campanella, Thomas, der Sonnenstaat, Berlin 1955.
Cantillon, Richard, Essai Sur la Nature du Commerce en Général (französische Erstausgabe 1755), in Deutsch: Abhandlung über die Natur des Handels im allgemeinen, hrsg. von Friedrich A. Hayek, Sammlung sozialwissenschaftlicher Meister, Jena 1931.
Carey, Henry Charles, The Past, the Present, and the Future, Philadelphia 1848.
Cary, John, An essay on the state of England in relation to its trade, Bristol 1695.
Cassel, Dieter, Inflation, in: Vahlens Kompendium der Wirtschaftstheorie und Wirtschaftspolitik, band 1, 3. Aufl., München 1988.
Cassel, Gustav, Theoretische Sozialökonomie, 3. Aufl., Erlangen/Leipzig 1923.
Child, Josiah, A new discourse of trade, London 1693.
Child, Josiah, Tratés sur le Commerce etc. 1669, Ausgabe Amsterdam und Berlin 1754.
Cockshott W. Paul, Was die Welt am Laufen hält. Die Geschichte menschlicher Arbeit vom Beginn bis heute, Aus dem Englischen übersetzt von Helmut Dunkhase, Kassel 2024.
Cockshott, W. Paul, Cotrell, Allin, Alternativen aus dem Rechner. Für sozialistische Planung und direkte Demokratie, 2. Aufl., Köln 2012.
Conrad, Johannes, Grundriss zum Studium der politischen Oekonomie, Erster Teil: Nationalökonomie., 3. wesentlich erweiterte Aufl., Jena 1900.
Creutz, Helmut, Das Geldsyndrom. Wege zu einer krisenfreien Marktwirtschaft, 5. Aufl., Aachen 2003.
Danek, Paul, Die Bedeutung der Marxschen Geldtheorie für polit-ökonomische Untersuchungen über das Geld in der Gegenwart, in: Wissenschaftliche Zeitschrift der Universität Halle, Heft 2/1983.
Danek, Paul, Zur methodologischen Disziplin im geldtheoretischen Meinungsstreit, wirtschaftswissenschaft, Heft 11/1983a.

Davenant, Charles, An essay on the East India trade, London 1693.
Davenant, Charles, Essay upon ways and means of supplying the war, London 1695, 3. Aufl. London 1701.
Davenant, Charles, Discourses on the publick revenues, and the trade of England etc.“, London 1698.
Davies, Glyn, History of Money, University of Wales Press 2010.
Defoe, Daniel, Plan of the English commerce, 1728, Neudruck London 1928.
Derix, Hans-Heribert, Säkulare Inflation, kompetitive Geldordnung und „unbeschränkte Demokratie“. Zu Bedeutung und Problematik der politischen Theorie der Inflation F. A. von Hayeks, Stuttgart/ New York 1985.
Deutsche Bundesbank, Geld und Geldpolitik, Schülerbuch für die Sekundarstufe II, Frankfurt/Main 2024. Diehl, Karl, Über Fragen des Geldwesens und der Valuta, Jena 1918.
Diehl, Karl, Einleitung, in: Karl Diehl, Paul Mombert, Vom Gelde, Ausgewählte Lesestücke zum Studium der politischen Ökonomie, Frankfurt a. Main, Berlin, Wien 1979, S. 1*–11*.
Dobretsberger, Josef, Das Geld im Wandel der Wirtschaft. Vierzehn Studien zu den Währungsfragen der Gegenwart, Bern 1946.
Donat, Peter; Neumann, Hans; Audring, Gert, Geschichte. Lehrbuch für Klasse 5, Berlin 1988.
Dümmler, Tobias; Kienle, Stephan, Hayek – Die Entnationalisierung des Geldes, in WiSt, Wirtschaftswissenschaftliches Studium, Heft 10/2012, S. 557–559.
Dürr, Ernst, Goldstandard, internationaler, in: Handwörterbuch der Wirtschaftswissenschaften (HdWW), 3. Band, 3. Aufl., S.699–708), Stuttgart und New York, Tübingen, Göttingen und Zürich 1988.
Dunkhase, Helmut, Zu Klaus Müller, Historizität und Messbarkeit abstrakter Arbeit, in: Z. Zeitschrift Marxistische Erneuerung, Frankfurt/M., Heft 108 /2016.
Dunkhase, Helmut, Plädoyer für Planwirtschaft. Vom Umgang mit Widersprüchen in DDR, Sowjetunion und VR China, Köln 2022.
Duwendag, Dieter; Ketterer, Karl-Heinz; Kösters, Wim; Pohl, Rüdiger; Simmert, Diethard B. (1985), Geldtheorie und Geldpolitik. Eine problemorientierte Einführung mit einem Kompendium bankstatistischer Begriffe, 3. Aufl., Köln.
Eberle, Ute, Die Insel des Vergessens, in: GEOkompakt, Nr. 37, 2013, S. 134–137.
Ehlert, Willi; Hunstock, Diethelm: Tannert Karlheinz (Hrsg.), Geld und Kredit in der DDR, Berlin 1985.
Ehnts, Dirk, Modern Monetary Theory, Eine Einführung, Wiesbaden 2022.
Ehrlicher, Werner, Geldtheorie und Geldpolitik, Handwörterbuch der Wirtschaftswissenschaften (HdWW), Stuttgart/ New York/ Tübingen/ Göttingen/ Zürich 1988, Bd. 3, S.374–391.
Eich, Stefan, The Currency of Politics. The Political Theory of Money from Aristotle to Keynes USA, Princeton, 2022
Engels, Friedrich, Herrn Eugen Dührings Umwälzung der Wissenschaft, in: Marx-Engels-Werke (MEW), Bd. 20, Berlin 1962.
Engster, Frank; Haesler, Aldo; Schlaudt, Oliver, Kleine Philosophie des Geldes im Augenblick seines Verschwindens, Berlin 2024.
Epperlein, Siegfried, Karl der Große, Eine Biographie, Berlin 1971.
Erasmus von Rotterdam, Lob der Torheit, hrsg. von Claus Träger, Leipzig 1961.
Erasmus von Rotterdam, Das Fischgericht, in: Erasmus von Rotterdam, Auswahl seiner Schriften, hrsg. von Anton Gail, Düsseldorf 1948.
Europäische Zentralbank (EZB), Bericht über elektronisches Geld, Frankfurt/Main 1988.
Fabiunke, Günter, Geschichte der bürgerlichen politischen Ökonomie, Anschauungsmaterial, Berlin 1975.
Fabiunke, Günter, Die Entwicklung des ökonomischen Denkens bis zur Entstehung der politischen Ökonomie, in: Herbert Meißner (Hrsg.), Geschichte der politischen Ökonomie, Grundriß, Berlin 1985, S. 31–69.
Feder, Gottfried, Brechung der Zinsknechtschaft, NS-Jahrbuch 1931, München 1931.

Feinig, Jakob, Das Ende der Schweigsamkeit. Ein Plädoyer für die Demokratisierung der Geldschöpfung, in: Sahr, Aaron (Hrsg.) Geldpolitik im Umbruch, Bundeszentrale für politische Bildung, Bonn 2024, S. 245–267.
Fichte, Johann Gottlieb, Der geschlossene Handelssaat. Ein philosophischer Entwurf als Anhang zur Rechtslehre und Probe einer künftig zu liefernden Politik, Berlin 1845, Leipzig 1943; auszugsweise abgedruckt in: Asmuth, Christoph, Nonnenmacher, Burkhard und Schneidereit, Nele (Hrsg.), Texte zur Theorie des Geldes, Stuttgart 2016, S. 81–88.
Filc, Wolfgang, Theorie und Empirie des Kapitalmarktzinses, Stuttgart 1992.
Fisher, Irving, The Purchasing Power of Money, New York 1911.
Fisher, Irving, 100 % Money, New York 1935.
Frankel, Herbert S., Geld: Die Philosophie und Psychologie des Geldes, Wiesbaden 1979.
Friedell, Egon, Kulturgeschichte Ägyptens und des alten Orients, München 1998.
Friedman, Milton, Anna J. Schwartz, A Monetary History oft he United States, 1867 – 1960, Princeton 1963.
Friedman, Milton, The Role of Monetary Policy, in: The American Economic Review, Vol. 58, 1968, S. 1 –17.
Friedman, Milton, Die optimale Geldmenge und andere Essays, München 1970.
Friedman, Milton, Die Rolle der Geldpolitik, in: Jürgen Badura, Otmar Issing (Hrsg.), Geldpolitik, Stuttgart, New York 1980, S.8 –23.
Friedman, Milton, „Wirtschaftswoche", Düsseldorf, 17.9.1982.
Fritsch, Bruno, Die Geld- und Kredittheorie von Karl Marx, Frankfurt/M. und Wien 1968.
Fullarton, John, On the regulation of currencies, 2. Edition, London 1845, in: Karl Diehl und Paul Mombert (Hrsg.), Vom Gelde, Ausgewählte Lesestücke zum Studium der politischen Ökonomie, Frankfurt a. M. – Berlin – Wien 1979, S. 90* – 115*.
Gaettens, Richard, Inflationen. Das Drama der Geldentwertungen vom Altertum bis zur Gegenwart, München 1955.
Galbraith, John K., Geld. Woher es kommt, wohin es geht, München, Zürich 1976.
Galbraith, John K., Die Ökonomie des unschuldigen Betrugs. Vom Realitätsverlust der heutigen Wirtschaft, München 2005.
Galiani, Ferdinando, Della moneta, Neapel 1751, deutsche Übersetzung: Über das Geld, Düsseldorf 1999.
Ganßmann, Heiner, Modern Money Theory – eine Kritik, in Z. Zeitschrift Marxistische Erneuerung, Heft 102, 2015, S. 41–51.
Gerloff, Wilhelm, Die Entstehung des Geldes und die Anfänge des Geldwesens, Frankfurter Wissenschaftliche Beiträge. Kulturwissenschaftliche Reihe, Bd. 1, Frankfurt/M.,1940.
Gesell, Silvio, Die natürliche Wirtschaftsordnung durch Freiland und Freigeld, Selbstverlag, Les Hauts Geneveys 1916, 4. Aufl. 1920, neue Ausgabe Lütjenburg 2007.
Giesecke, Dana, Postwachstum: Geschichten „zur Senkung der Arbeitsmoral", WSI-Mitteilungen, Heft 7/ 2014, S. 551–554.
Gocht, Rolf, Kritische Betrachtungen zur nationalen und internationalen Geldordnung, 2. Aufl., Berlin 2011.
Goethe, Johann Wolfgang, Faust. Der Tragödie zweiter Teil, Leipzig 1945.
Görgens, Egon; Ruckriegel, Karlheinz; Seitz, Franz, Europäische Geldpolitik, 6. Aufl., Stuttgart 2014, S. 271–349.
Graeber, David, Schulden. Die ersten 5 000 Jahre, 7. Aufl., Stuttgart 2012.
Greitens, Jan, Geld-Theorie-Geschichte, 2. überarbeitete Aufl., Marburg 2022.
Greitens, Jan, Georg Friedrich Knapp und die Modern Monetary Theory, Wirtschaftsdienst 3/2022a, S. 193–198.
Grierson, Philip, Münzen des Mittelalters. Übersetzung ins Deutsche von Alfred P. Zeller, München 1976.
Grünert, Heinz; Guhr, Günter, Urgesellschaftliche Produktionsweise, in: Radandt, Hans et al., Handbuch Wirtschaftsgeschichte, Bd. 1, Berlin 1981.
Grünert, Heinz et al., Geschichte der Urgesellschaft, Berlin 1982.
Habermas, Jürgen, Theorie des kommunikativen Handelns, Band 2, Frankfurt/M. 1981.

Hahn, Young Bin, Die Geldtheorie von Marx und Keynes. Ein Vergleich in bezug auf den Krisenbegriff in der Geldwirtschaft, Berlin 1999 (Freie Universität).
Harari, Yuval Noah, Eine kurze Geschichte der Menschheit, München 2013.
Harvey, David, Marx' „Kapital" lesen, Hamburg 2011.
Haug, Wolfgang Fritz, Hightech-Kapitalismus in der großen Krise, Hamburg 2012.
Haug, Wolfgang Fritz, Das Kapital lesen. Aber wie? Materialien zur Philosophie und Epistemologie der marxschen Kapitalismuskritik, Hamburg 2013.
Haustein, Heinz-Dieter, Zeitenwechsel. Der aufhaltsame Aufstieg des Geldkapitals in der Geschichte, Wien, Berlin 2012.
Hawtrey, Ralph G., Money an Index Numbers, in: Journal oft he Royal Statistical Society 93, 1930, S. 64–85.
Hayek, Friedrich August von, Denationalisation of Money – The Argument refined. An Analysis of the Theory and Practice of Concurrent Currencies. Second Edition. Published by the Institute of Economic Affairs, London 1978.
Hecker, Rolf, Springpunkte. Beiträge zur Marx-Forschung und „Kapital"-Diskussion, Berlin 2018.
Hecker, Max (Hrsg.), Der Briefwechsel zwischen Goethe und Zelter. 1828–1832, 3. Band. Leipzig 1918.
Heinrich, Michael, Wie das Marxsche „Kapital" lesen? 3. Aufl., Stuttgart 2016.
Heinrich, Michael, Die Wissenschaft vom Wert, 7. Auflage, Münster 2017.
Helfferich, Karl, Das Geld, 6. Aufl., Leipzig 1923.
Herodot, Neun Bücher zur Geschichte, Vollständige Ausgabe (nach einer Übersetzung von Dr. Chr. Bähr, Berlin Schöneberg 1898), 3. Aufl., Wiesbaden 2011.
Herr, Hansjörg, Geld, Kredit und ökonomische Dynamik in marktvermittelten Ökonomien – die Vision einer Geldwirtschaft, München 1986.
Heydenreuter, Reinhard; Pledl, Wolfgang; Ackermann, Konrad, Vom Abbrändler zum Zentgraf. Wörterbuch zur Landesgeschichte und Heimatforschung in Bayern. 2. Auflage, München 2009.
Hickel, Rudolf, Die Lehre vom Geld – neu betrachtet, in: Karl Diehl, Paul Mombert, Vom Gelde, Ausgewählte Lesestücke zum Studium der politischen Ökonomie, Frankfurt a. Main, Berlin, Wien 1979, S. VII–LX.
Hicks, John R., Critical Essays in Monetary Theory, Oxford 1967.
Hildebrand, Bruno, Nationalökonomie und andere Schriften, Band I, Jena 1922.
Hilferding, Rudolf, Das Finanzkapital Wien 1910; unveränderter Nachdruck Berlin 1947.
Hieke, Manfred, Weltmacht Warenproduktion, Leipzig 2021.
Hoffmann, Friedrich, Kritische Dogmengeschichte der Geldwerttheorien, Leipzig 1907.
Hoffmann, Walther G., Das Wachstum der deutschen Wirtschaft seit der Mitte des 19. Jahrhunderts, Berlin, Göttingen und New York 1965.
Hoell, Günter, Cassel (Karl) Gustav, in: Werner Krause, Karl-Heinz Graupner, Rolf Sieber (Hrsg.) Ökonomenlexikon, Berlin 1989, S. 85–88.
Holtemöller, Oliver, Geldtheorie und Geldpolitik, Tübingen 2008.
Höfgen, Maurice, Mythos Geldknappheit, Modern Monetary Theory oder Warum es am Geld nicht scheitern muss, Stuttgart 2020.
Hörnigk, Philipp Wilhelm von, Österreich über alles, wenn es nur will, 1684, Frankfurt a. M. 1948.
Huber, Joseph; Robertson, James, Geldschöpfung in öffentlicher Hand. Weg zu einer gerechten Geldordnung im Informationszeitalter, Kiel 2008.
Huber, Joseph, Monetäre Modernisierung, 4. Aufl., Marburg 2013.
Hufeland, Gottlieb: Neue Grundlegung der Staatswirthschaftskunst durch Prüfung und Berichtigung ihrer Hauptbegriffe von Gut, Werth, Preis, Geld und Volksvermögen mit ununterbrochener Rücksicht auf die bisherigen Systeme. 1807.
Hufeland, Gottlieb, Die Lehre vom Gelde und Geldumlaufe, Giessen 1819.
Hume, David, Essays and treatises on several subjects, Bd. 1, London 1977.

Hume, David, Vom Gelde, in: Karl Diehl und Paul Mombert (Hrsg.), Vom Gelde, Ausgewählte Lesestücke zum Studium der politischen Ökonomie, Frankfurt a. M. – Berlin – Wien 1979, S. 47–61.
Hutten von, Ulrich, Vadiscus oder Römische Dreyfaltigkeit, in: Ulrich von Hutten, Deutsche Schriften, Bd. 1, Leipzig 1972.
Hutten von, Ulrich, Klagschriften. An Kaiser Karl, in: Ulrich von Hutten, Deutsche Schriften, Bd. 2. Leipzig 1974.
Ingham, Geoffrey K., The Nature of Money, Cambridge 2004.
Issing, Otmar, Einführung in die Geldtheorie, 13. Aufl., München 2003.
Jarchow, Hans-Joachim, Theorie und Politik des Geldes II, Geldmarkt und geldpolitische Instrumente, 5. Aufl., Göttingen 1988.
Jarchow, Hans-Joachim, Theorie und Politik des Geldes, 11. Aufl., Göttingen 2003.
Jastrow, Ignaz, Kopernikus' Münz- und Geldtheorie, in: Archiv für Sozialwissenschaft und Sozialpolitik, Jahrgang 38, 1914, S. 734–751.
Jentsch, Carl, Volkswirtschaftslehre, Leipzig 1926.
Jevons, William S., Die Theorie der politischen Ökonomie, Jena 1924.
Justi, Johann Heinrich, Gottlob von, Staatswirthschaft oder systematische Abhandlung aller ökonomischen und Cameral-Wissenschaften, die zur Regierung eines Landes erfordert werden, Leipzig 1755, 2. Aufl. Leipzig 1758.
Justi, Johann Heinrich, Gottlob von, System des Finanzwesens, Halle 1766.
Kaemmel, Ernst, Finanzgeschichte, Berlin 1966.
Kant, Immanuel, Die Metaphysik der Sitten, 1797; mit einer Einleitung hrsg. von Hans Ebeling, Stuttgart 1990, S. 137–140; abgedruckt in: Asmuth, Christoph, Nonnenmacher, Burkhard und Schneidereit, Nele (Hrsg.), Texte zur Theorie des Geldes, Stuttgart 2016, S. 75–80.
Kath, Dietmar, Geld und Kredit, in: Vahlens Kompendium der Wirtschaftstheorie und Wirtschaftspolitik, Band 1, 3. Aufl., München 1988, S. 198–203.
Kenawi, Samirah, Geschichte des Geldes. Verpflichtung versus Verschuldung. Die Quadratur des Geldes, Norderstedt 2021.
Kennedy, Margrit, Geld ohne Zinsen und Inflation. Ein Tauschmittel, das jedem dient, München 2005.
Kennedy, Margrit, Was uns fehlt, ist eine Vielfalt von Geldern, in: von Lüpke (Hrsg.), Zukunft entsteht aus Krise, München 2009.
Kern, Florian, Fiat-, Krypto- oder Goldstandard? Wer von welchem Geld profitiert, in: Sahr, Aaron (Hrsg.) Geldpolitik im Umbruch, Bundeszentrale für politische Bildung, Bonn 2024, S. 217–244.
Keynes, John M., „Review „Theorie des Geldes und der Umlaufsmittel" by Ludwig von Mises and „Geld und Kapital" by Friedrich Bendixen, Economic Journal, 24(95), 1914, S. 417–419.
Keynes, John M., Vom Gelde, München, Leipzig 1932.
Keynes, John M., Allgemeine Theorie der Beschäftigung, des Zinses und des Geldes, Berlin 1936/1955.
Knapp Georg F., Die Währungsfrage, vom Staate aus betrachtet, Rede gehalten am 1. Mai 1907, in: Karl Diehl und Paul Mombert (Hrsg.), Vom Gelde, Ausgewählte Lesestücke zum Studium der politischen Ökonomie, Frankfurt a. M. – Berlin – Wien 1979, S. 202–214.
Knapp, Georg F., Staatliche Theorie des Geldes, Leipzig 1905; 3. Aufl., München und Leipzig 1921.
Knies, Karl, Die Wissenschaft der Nationalökonomie seit Adam Smith bis auf die Gegenwart, in: Die Gegenwart, 7. Bd., Leipzig 1852.
Knies, Carl, Geld und Kredit, Zweite Abtheilung, Berlin 1879.
Knies, Karl, Das Geld, 2. Aufl., Berlin 1885 in: Karl Diehl und Paul Mombert (Hrsg.), Vom Gelde, Ausgewählte Lesestücke zum Studium der politischen Ökonomie, Frankfurt a. M. – Berlin – Wien 1979, S. 184–201.
Knolle-Grothusen, Ansgar, Der Zusammenhang von Geldfunktionen und Geldformen im Kapital, in: Knolle-Grothusen, Ansgar;, Krüger, Stephan; Wolf, Dieter, Geldware, Geld, Währung. Grundlagen zur Lösung des Problems der Geldware, Hamburg 2009.

Kodinow, Stoil et al.: Währungsprobleme des heutigen Kapitalismus, Berlin 1982.
Köhler, Claus, Geldwirtschaft. Dritter Band: Wirtschaftspolitische Ziele und wirtschaftspolitische Strategie, Berlin 1983.
Köhler, Johann, Strittige Probleme der marxistisch-leninistischen Werttheorie, Freiberger Forschungshefte D 98, Leipzig 1977.
Köhler, Johann, Beiträge zur Theorie der Politischen Ökonomie, Teil I, Bergakademie Freiberg, 1980.
Krätke, Michael R., Neoklassik als Weltreligion? in: Loccumer Initiative Kritischer Wissenschaftler und Wissenschaftlerinnen (Hrsg.), Die Illusion der neuen Freiheit: Realitätsverleugnung durch Wissenschaft (Kritische Interventionen), Hannover 1999.
Krätke, Michael R., Kritik der politischen Ökonomie, Hamburg 2017.
Kraus, Christian Jacob, Vermischte Schriften, Bd. 2, Königsberg 1819.
Krause, Werner; Rudolph, Günther, Grundlinien des ökonomischen Denkens in Deutschland 1848 bis 1945, Berlin 1980.
Kromphardt, Jürgen; Logeay, Camille, Birgt der nächste Aufschwung Inflationsgefahren? in: Fritz Helmedag / Jürgen Kromphardt (Hrsg.), Nachhaltige Wege aus der Finanz- und Wirtschaftskrise, Schriften der Keynes-Gesellschaft, Bd. 4, Marburg 2011, S. 192–196.
Krüger, Stephan, Politische Ökonomie des Geldes. Gold, Währung, Zentralbankpolitik und Preise, Kritik der Politischen Ökonomie und Kapitalismusanalyse, Bd. 2, Hamburg 2012.
Krüger, Stephan, Müller, Klaus, Das Geld im 21. Jahrhundert, Köln 2020.
Krugman, Paul, Schmalspurökonomie. Die 27 populärsten Irrtümer über Wirtschaft, Frankfurt am Main 2000.
Kruse Alfred, Geschichte der volkswirtschaftlichen Theorien, München 1953.
Kühne, Karl, Freeman, Alan, Geld, in W.F. Haug (Hrsg.), Historisch-kritisches Wörterbuch des Marxismus, Band 5, Hamburg/Berlin 2001, S. 143–148.
Kuczynski, Jürgen, Die Geschichte der Lage der Arbeiter unter dem Kapitalismus, Band 10, Berlin 1960.
Kuczynski, Jürgen, Die Geschichte der Lage der Arbeiter unter dem Kapitalismus, Band 26, Berlin 1965.
Kuczynski, Jürgen, Studien zur Geschichte der Gesellschaftswissenschaften, Band 1, Berlin 1975.
Kulischer, Josef, Allgemeine Wirtschaftsgeschichte des Mittelalters und der Neuzeit, Nachdruck der 1. Aufl., München, Berlin1928, München und Wien 1988.
Latherus, Herman, De censu Tractatus nomico-politicus, Frankfurt a. M. 1618.
Laum, Bernhard, Heiliges Geld. Eine historische Untersuchung über den sakralen Ursprung des Geldes, Tübingen 1924.
Law, John, Money and Trade considered with a proposal for supplying the nation with money, 1705, in: Karl Diehl und Paul Mombert (Hrsg.), Vom Gelde, Ausgewählte Lesestücke zum Studium der politischen Ökonomie, Frankfurt a. M. – Berlin – Wien 1979, S.12*–32*.
Law, John, Oeuvres complétes, Paris 1934.
Lederer, Emil, Aufriß der ökonomischen Theorie, 2. Auflage, Tübingen 1931.
Lehmann, Hermann (Hrsg.), Grundlinien des ökonomischen Denkens in Deutschland. Von den Anfängen bis zur Mitte des 19. Jahrhunderts, Berlin 1977.
Leibiger, Jürgen, Eigentum im 21. Jahrhundert. Metamorphosen, Transformationen, Revolutionen, Münster 2022.
Leibiger Jürgen, 1923 – Ruhrbesetzung, Inflation und „deutscher Oktober", Das Blättchen, Nr. 2/2023, 16. Januar 2023.
Lemmnitz, Alfred, Zum Charakter des Weltgelds im heutigen Kapitalismus, IPW-Berichte, Heft 2/1977, Berlin.
Leverkus, Erich, Freier Tausch und fauler Zauber. Vom Geld und seiner Geschichte Frankfurt/Main 1990.
Liefmann, Robert, Grundsätze der Volkswirtschaftslehrte, Stuttgart, Berlin 1922.
Lips, Julius E., Lips, E. [Übers.], Vom Ursprung der Dinge, 4. Aufl., Leipzig 1961.

Locke, John, Some considerations oft he consequences oft he Lowering of interests and raising the value of money, in: The Works of John Locke, Bd. 2, London 1722.
Locke, John, The Second Treatise of Gouvernment/Über die Regierung. Engl./Dt. Übersetzung von Dorothee Tidow. Hrsg. von Peter Cornelius Mayer-Tasch., Stuttgart 2012, S. 77–85.
Lotz, Walther, Die drei Flugschriften über den Münzstreit der sächsischen Albertiner und Ernestiner um 1530, Leipzig 1893.
Loyd, Samuel Jones, Zur Theorie der Banknotendeckung, London 1844, in: Karl Diehl, Paul Mombert, Vom Gelde, Ausgewählte Lesestücke zum Studium der politischen Ökonomie, Frankfurt a. Main, Berlin, Wien 1979, S. 72*–90*.
Lucas, Robert E., Price Expectations and Phillips Curve. The American Economic Review, Vol. 59, Menasha, Wisc. 1969, S. 342–350.
Luhmann, Niklas, Die Wirtschaft der Gesellschaft, Frankfurt/M. 1988.
Luhmann, Niklas, Die Wirtschaft der Gesellschaft, in: Asmuth, Christoph et al. (Hrsg.), Texte zur Theorie des Geldes, Stuttgart 2016, S.158–167).
Luther, Martin, An den christlichen Adel deutscher Nation von des christlichen Standes Besserung (1520), in: Hutten, Müntzer, Luther, Werke in zwei Bänden, 2. Bd., Berlin 1970.
Luther Martin, Von Kaufshandlung und Wucher, in: Hutten, Müntzer, Luther, Werke in zwei Bänden, 2. Bd., Berlin 1970.
Magnus, Albertus, Ethica, in: Karl Diehl und Paul Mombert (Hrsg.), Ausgewählte Lesestücke zum Studium der politischen Ökonomie, Vierter Band, Jena 1923.
Mainzer, Klaus, Komplexität, Paderborn 2008.
Mandel, Ernest, Marxistische Wirtschaftstheorie, Frankfurt a. M., 1970.
Mandeville, John, Voyages and Travels, London 1705.
Martin, Felix, Geld, Die wahre Geschichte. Über den blinden Fleck des Kapitalismus, München 2014.
Marx, Karl, Grundrisse der Kritik der Politischen Ökonomie (Rohentwurf), Berlin 1974.
Mauss, Marcel, Grundlegende Anmerkung zum Gebrauch des Geldbegriffs (1923), in: Asmuth, Christoph, Nonnenmacher, Burkhard und Schneidereit, Nele (Hrsg.) Texte zur Theorie des Geldes, Stuttgart 2016, S. 145–148.
Mauss, Marcel, Die Gabe. Form und Funktion des Austauschs in archaischen Gesellschaften, Frankfurt a. M. 2013, S. 166–171.
Mauss, Marcel, Die Ursprünge des Geldbegriffs, 1914, in: Marcel Mauss, Schriften zum Geld, hrsg. Von Hans Peter Hahn, Mario Schmidt und Emanuel Seitz, Berlin 2015.
Mayer, Thomas; Huber, Roman, Vollgeld: Das Geldsystem der Zukunft. Unser Weg aus der Finanzkrise, Baden-Baden 2014.
Meißner, Herbert (Hrsg.), Geschichte der politischen Ökonomie, Berlin 1985.
Menger, Carl, Grundsätze der Volkswirtschaftslehre, Wien, Leipzig 1871.
Menger, Carl, Geld, in: Handwörterbuch der Staatswissenschaften, IV. Bd., Jena 1892, 2. Aufl. Jena 1900.
Menger, Carl, Schriften über Geld und Währungsprobleme, in: Gesammelte Werke, Band 4, 2. Aufl., Tübingen 1970.
Mill, John S., Principles of Political Economy with Some of Their Applications to Social Philophy (1848), Collected Works of John Stuart Mill, Vol. III, hrsg. von John M. Robson, Toronto und London 1965.
Minsky P. Hyman, John Maynard Keynes. Finanzierungsprozesse, Investition und Instabilität des Kapitalismus, Marburg 1990, 2. Auflage 2007.
Mises, Ludwig von, Theorie des Geldes und der Umlaufmittel, München und Leipzig 1924.
Mises, Ludwig von, Rezension: Das Geld von Karl Helfferich, Zeitschrift für Volkswirtschaft und Sozialpolitik, Neue Folge, 4. Band, 1924–1925.
Mitchell, Sandra, Komplexitäten. Warum wir erst anfangen, die Welt zu verstehen, Frankfurt a. M. 2008.
Mombert, Paul, Geschichte der Nationalökonomie, Jena 1927.
Montchrétien, Antoine, Traité de l'oeconomie politique, Paris 1615, 2. Aufl., Paris 1889.

Morus, Thomas, Utopia, Leipzig 1974.
Mosler, Warren; Ehnts, Dirk, Moderne Geldtheorie, Essays zu Modern Monetary Theory, Berlin 2023.
Mottek, Hans, Die Krisen und die Entwicklung des Kapitalismus, Berlin 1982.
Mottek, Hans, Wirtschaftsgeschichte Deutschlands. Ein Grundriss, Berlin 1983.
Müller, Adam, Die Elemente der Staatskunst, Berlin 1809.
Müller Adam, Versuche einer neuen Theorie des Geldes mit besonderer Rücksicht auf Großbritannien, Leipzig und Altenburg 1816, Jena 1922.
Müller, Carolin, Warum ist Geld politisch? Monetäre Theorien und die Institutionen der Geldschöpfung, in: Sahr, Aaron (Hrsg.) Geldpolitik im Umbruch, Bundeszentrale für politische Bildung, Bonn 2024, S. 75–97.
Müller, Eva, Zur quantitativen Analyse in der politischen Ökonomie, in: Hofmann, P., Richter, H., Tjulpanow, S.I., Theoretische und methologische Probleme der politischen Ökonomie, Berlin 1978, S. 17–192.
Müller, Klaus, Makroökonomische Rahmenbedingungen für unternehmerisches Wachstum in hoch entwickelten Volkswirtschaften, in: Götze, Uwe; Lang, Rainhart, Strategisches Management zwischen Globalisierung und Regionalisierung, Wiesbaden 2008.
Müller, Klaus, Geld. Von den Anfängen bis heute, Freiburg 2015.
Müller, Klaus, Auf Abwegen. Von der Kunst der Ökonomen, sich selbst zu täuschen, Köln 2019.
Müller, Klaus, Mikroökonomie. Eine praxisnahe, kritische und theoriengeschichtlich fundierte Einführung, 8., aktualisierte und verbesserte Auflage, Chemnitz, Lößnitz 2020.
Müller, Klaus, Das Geld, Köln 2022.
Müller, Klaus, Monopole, Köln 2020a.
Müller, Klaus, Inflation, Köln 2023a.
Müller, Klaus, Ein marxistisches Inflationsmodell, Marxistische Blätter, Heft 6/2022b, S. 68–77.
Müller, Klaus, Geldpolitische Illusionen. Zentralbanken und die Inflation, isw-report Nr. 132, München 2023b.
Müller, Klaus, Neue Aspekte der Inflation, in: Marxistische Blätter 4/2024, S. 144–150.
Müller, Klaus, Steile Pfade, lichte Höhen. Marxistische Wirtschaftstheorie im 21. Jahrhundert, Kassel 2024a.
Müller, Klaus, Ausbeutung, Köln 2024b.
Mun, Thomas, Englands Treasure by Forraign Trade or The Ballance of our Forraign Trade ist the Rule if our Treasure, in: K. Diehl, P. Mombert, Ausgewählte Lesestücke zum Studium der politischen Ökonomie, Bd. IX, Jena 1923, S. 34–46.
Myrdal, Gunnar, Das politische Element in der nationalökonomischen Doktrinbildung (Neudruck 1962), Berlin, 1932.
Naderer, Bärbel, Die Entwicklung der Geldtheorie Joseph A. Schumpeters.: Statische und dynamische Theorie des Geldes im kapitalistischen Marktsystem. (Volkswirtschaftliche Schriften, Band 398), Berlin 1990.
Neelsen, Karl; Müller-Bülow, Klaus, Ware und Geld, Berlin 1973.
Neubauer, Werner, Über die Konvergenz der Transmissionstheorien, in: Badura, Jürgen; Issing, Otmar (Hrsg.), Geldpolitik, Stuttgart – New York 1980, S. 65–72.
Neuberger, Doris; Kern, Udo (Hrsg.), Karl Marx – Aspekte seines Wirkens, Wiesbaden 2019.
Nonnenmacher, Burkhard, Georg Simmel, in: Asmuth, Christoph, Nonnenmacher, Burkhard und Schneidereit, Nele (Hrsg.) Texte zur Theorie des Geldes, Stuttgart 2016, S. 116–127.
Nonnenmacher, Burkhard, Niklas Luhmann, in: Asmuth, Christoph, Nonnenmacher, Burkhard und Schneidereit, Nele (Hrsg.) Texte zur Theorie des Geldes, Stuttgart 2016, S. 157–167.
North, Dudley, Discourses upon Trade etc,. London 1691.
North, Michael, Kleine Geschichte des Geldes. Vom Mittelalter bis heute, München 2009.
Nussbaum, Helga, Monopole, in: Radandt, Hans; Musiolek, Peter et. al., Handbuch Wirtschaftsgeschichte, Band 2, Berlin 1981, S. 724–733.

Obrecht, Georg, Fünff underschiedliche Secreta politica von Anstellung, Erhaltung und Vermehrung guter Policey und von billicher rechtmäßiger und nothwendiger Erhöhung eines jeden Regenten jährlichen Gefällen und Einkommen, Straßburg 1617, Hildesheim 2003.
Onken, Werner, Silvio Gesell, Reichtum und Armut gehören nicht on einen geordneten Staat, Werkauswahl zum 150. Geburtstag, Hamburg 2011.
Oresme, Nikolas von, Traktat über Geldabwertungen, Berlin 1999.
Ott, Alfred E., Winkel, Harald, Geschichte der Volkswirtschaftslehre, Göttingen 1985
Paetz, Michael, Modern Monetary Theory. Rückkehr des gesamtwirtschaftlichen Denkens, In: Geldpolitik, Zeitschrift der Bundeszentrale für politische Bildung, 18–19/2022, S. 46–50.
Pahl, Hanno, Geldtheorie, politisch: Literaturessay zu "The Currency of Politics: The Political Theory of Money from Aristotle to Keynes" von Stefan Eich. Soziopolis: Gesellschaft beobachten, 2022.
Pauli, Roland Charles, Die Macht der EZB. Geldpolitik, Staatsfinanzierung und die Rolle der Zentralbank, isw-report Nr. 125, München 2021.
Peneder, Michael; Resch, Andreas, Schumpeter`s venture money, Oxford 2021.
Petty, William, A Treatise of Taxes, and Contributions, Lodon 1667.
Philippovich, Eugen von, Grundriß der Politischen Ökonomie, Bd. 1, Allgemeine Volkswirtschaftslehre, 13. unveränderte Aufl., Tübingen 1919.
Phillips, Alban William H., The Relation between Unemployment and the Rate of Change of Money Wage Rates in the United Kingdom 1862–1957, in: Economica, Vol. 25, 1958, S. 283–299.
Pierenkemper, Toni, Geschichte des ökonomischen Denkens. Große Ökonomen und ihre Ideen, Göttingen, Bristol 2012.
Pigou, Arthur C., The Value of Money, in: Quartely Journal of Economics, Vol. 32, Oxford 1917, S. 38–65.
Pigou, Arthur C., The veil of Money, London und New York 1949.
Polo, Marco, Die Wunder der Welt, Frankfurt a. Main 2003.
Pribram, Karl, Geschichte des ökonomischen Denkens, Erster und Zweiter Band, Frankfurt am Main 1998.
Quaas, Georg; Klein, Mathias, Die Phillips-Kurve und ihre Gültigkeit für Deutschland, in: WiSt, Wirtschaftswissenschaftliches Studium, Heft 2/2011, S. 360–366.
Quaas, Georg, Die ökonomische Theorie von Karl Marx, Marburg 2016.
Quaas, Georg, Relationale Geldtheorie, Zur aktuellen Diskussion über das Geld, Marburg 2018.
Radandt, Hans et al., Handbuch Wirtschaftsgeschichte, Band 1, Berlin 1981.
Reichelt, Helmut, Neue Marx-Lektüre. Zur Kritik sozialwissenschaftlicher Logik, Hamburg 2008.,
Ricardo David, Der hohe Preis der Edelmetalle, ein Beweis für die Entwertung der Banknoten, in: Karl Diehl/Paul Mombert (Hrsg.), Vom Geld, Ausgewählte Lesestücke der politischen Ökonomie, Frankfurt/ M. – Berlin – Wien 1979.
Ricardo, David, Über die Grundsätze der Politischen Ökonomie und der Besteuerung, 1817, hrsg. von Gerhard Bondi, Berlin 1959.
Richter, Horst, Schließer, Waldfried (Hrsg.), Politische Ökonomie des Kapitalismus und des Sozialismus, Berlin 1974.
Ridgeway, William, Origin of metallic currency and weight standards, Cambridge 1892.
Riese, Hajo, Geld: Das Rätsel der Nationalökonomie, in: Schelke, Waltraud, Nitsch, Manfred (Hrsg.), Rätsel Geld. Annäherungen aus ökonomischer, soziologischer und historischer Sicht, Marburg 1995.
Riese, Hajo et.al., Geld – die unverstandene Kategorie der Nationalökonomie, in: Ethik und Sozialwissenschaften, Band 14, Heft 4/2000, S. 487–498.
Rieter, Heinz, Ökonomische Theoriengeschichte im zeithistorischen Kontext, Ausgewählte Aufsätze, Marburg 2014.
Rist, Charles, Geschichte der Geld- und Kredittheorien, Berlin 1947.
Röpke, Wilhelm, Die Lehre von der Wirtschaft, Bern 1937.
Röpke, Wilhelm, Civitas humana: Grundfragen der Gesellschafts- und Wirtschaftsreform, 3. Aufl., Erlenbach-Zürich 1949.

Roscher, Wilhelm: Geschichte der National-Ökonomik in Deutschland, München, Oldenburg 1874.
Rudolph, Günther, Ulrich von Huttens sozialökonomische Auffassungen, in: Deutsche Zeitschrift für Philosophie, Heft 12/1972, S. 1474–1492.
Rudolph, Günther, Müller, Adam Heinrich, in: Werner Krause, Karl-Heinz Graupner, Rolf Sieber (Hrsg.), Ökonomen-lexikon, Berlin 1989, S. 374–376.
Sahr, Aaron, Die Politik des Geldes ist in Bewegung, in: Sahr, Aaron (Hrsg.) Geldpolitik im Umbruch, Bundeszentrale für politische Bildung, Bonn 2024, S. 7–25.
Sahr, Aaron, Waffenfähige Ansprüche. Zur Militarisierung des Geldes im Ukrainekrieg, in: Sahr, Aaron (Hrsg.) Geldpolitik im Umbruch, Bundeszentrale für politische Bildung, Bonn 2024a, S. 195–216.
Salin, Edgar, Geschichte der Volkswirtschaftslehre, Bern, Tübingen 1951.
Samuelson Paul A.; Solow, Robert M., Analytical Aspects of Anti-Inflation Policy. American Economic Review. Papers and Proceedings, Vol. 50, 1960, S. 177–194; deutsche Übersetzung: Analytische Aspekte der Anti-Inflationspolitik, in: E. Nowotny (1974), Löhne, Preise und Beschäftigung, Frankfurt/M., S. 197–217.
Samuelson, Paul A., Volkswirtschaftslehre, Köln 1980.
Samuelson, Paul A.; Nordhaus, William D., Volkswirtschaftslehre, Grundlagen der Makro- und Mikroökonomie, 8. Aufl., Köln 1987.
Sargent, Thomas J., Rational Expectations, the Real Rate of Interest and the National Rate of Unemployment, Brookings Papers on Economic Activity, Vol. 2, Washington D.C. 1973, S. 429–472.
Schadt, Peter, Digitale Währungen, in: Z. Zeitschrift Marxistische Erneuerung, Nr. 141, März 2025, S. 162–175.
Schelkle, Waltraud, Besser als sein Ruf? Der Euro im Zentrum geldpolitischer Spannungen, in: Sahr, Aaron (Hrsg.) Geldpolitik im Umbruch, Bundeszentrale für politische Bildung, Bonn 2024, S. 126–145.
Scherf, Harald, Inflation, in: Handwörterbuch der Wirtschaftswissenschaften, Band 4, Stuttgart, Tübingen, Göttingen 1988.
Schmidt, Florian; Luca Kokol, Die Sprache der Geldpolitik. Ein einführendes Glossar, in: Sahr, Aaron (Hrsg.) Geldpolitik im Umbruch, Bundeszentrale für politische Bildung, Bonn 2024, S. 27–51.
Schmidt, Hans, Zu einigen strittigen politökonomischen Fragen der Geldtheorie im Sozialismus, Wirtschaftswissenschaft, Heft 3/1980.
Schmidt, Johannes, Streit um's Geld – und ein Versuch der Klärung, in: Gischer, Horst, Hartwig, Jochen, Beda Sahin (Hrsg.), Bewegungsgesetze des Kapitalismus, Festschrift für Fritz Helmedag, Marburg 2018, S.131–149.
Schmölders, Günter, Psychologie des Geldes, München 1982.
Schmoller, Gustav, Zur Litteraturgeschichte der Staats- und Sozialwissenschaften, Leipzig 1888.
Schnaas, Dieter, Kleine Kulturgeschichte des Geldes, München 2012.
Schneidereit, Nele, John Locke, in: Asmuth, Christoph, Nonnenmacher, Burkhard und Schneidereit, Nele (Hrsg.) Texte zur Theorie des Geldes, Stuttgart 2016, S. 43–49.
Schröder, Wilhelm von, Fürstliche Schatz- und Rent-Cammer, Leipzig 1686.
Schrooten, Mechthild, Inflation und Inflationsangst, in: Geldpolitik. Aus Politik und Zeitgeschichte – APuZ 18–19/2022 (Bundeszentrale für Politische Bildung).
Schumpeter, Joseph A. G.F. Knapp (Nachruf), Economic Journal, 36(143), September 1926, S. 512–514.
Schumpeter, Joseph A., Kapitalismus, Sozialismus, Demokratie, Bern 1946.
Schumpeter, Joseph A., Das Sozialprodukt und die Rechenpfennige, in: Archiv für Sozialwissenschaft und Sozialpolitik, 44. Band, 1918, S. 627–715 und in: ders., Aufsätze zur ökonomischen Theorie, Tübingen 1952.
Schumpeter, Joseph A., Geschichte der ökonomischen Analyse, Göttingen 1965.
Schumpeter, Joseph A., Das Wesen des Geldes. Aus dem Nachlaß, hrsg. Und mit einer Einführung versehen von Fritz Karl Mann, Göttingen 1970.

Schumpeter, Joseph A., Wesen und Inhalt der theoretischen Nationalökonomie, Berlin 1908, (Neudruck 1970).

Schumpeter, Joseph A., Theorie der wirtschaftlichen Entwicklung. Eine Untersuchung über Unternehmergewinn, Kapital, Kredit, Zins und den Konjunkturzyklus, 9. Aufl., Berlin 1997.

Schumpeter, Joseph A., Konjunkturzyklen, Göttingen 2008.

Seaford, Richard, Money and the Early Greek Mind. Homer, Philosophy, Tragedy, Cambridge 2004.

Searle, John, Die Konstruktion der gesellschaftlichen Wirklichkeit. Zur Ontologie sozialer Tatsachen, Hamburg 1997, in: Asmuth, Christoph, Nonnenmacher, Burkhard und Schneidereit, Nele (Hrsg.) Texte zur Theorie des Geldes, Stuttgart 2016, S. 168–182).

Seckendorff, Ludwig Veit von, Teutscher Fürsten-Stat, Frankfurt a. M. 1656.

Seckendorff, Ludwig Veit von, Teutscher Fürsten-Stat, 3. Aufl. 1695.

Seckendorff, Ludwig Veit von, Christen-Stat, Jena 1685.

Seidel, Helmut, Von Thales bis Platon. Vorlesungen zur Geschichte der Philosophie, Berlin 1982.

Seidel, Helmut, Aristoteles und der Ausgang der antiken Philosophie. Vorlesungen zur Geschichte der Philosophie, Berlin 1984.

Sellnow, Irmgard, Weltgeschichte bis zur Herausbildung des Feudalismus, Berlin 1977.

Seneca, Lucius Annaeus, Philosophische Schriften, II. Bd., Leipzig 1923.

Seneca, Lucius Annaeus, Philosophische Schriften, III. Bd., Leipzig 1924.

Senf, Bernd, Die blinden Flecken der Ökonomie. Wirtschaftstheorien in der Krise, 3. Aufl., München 2004.

Senf, Bernd, Der Nebel um das Geld. Zinsproblematik, Währungssysteme, Wirtschaftskrisen. Ein AufklArungsbuch, 8. Aufl., Lütjenburg 2005.

Senior, William N., Drei Vorlesungen über den Wert des Geldes, in: Karl Diehl, Paul Mombert, Vom Gelde, Ausgewählte Lesestücke zum Studium der politischen Ökonomie, Frankfurt a. Main, Berlin, Wien 1979, S. 104–149.

Siefkes, Christian, Beitragen statt tauschen, Neu-Ulm 2008.

Simmel, Georg, Philosophie des Geldes, Berlin 1900, neu gedruckt Köln 2009.

Simon, Dietrich, Eine ganze Milchstraße von Einfällen. Aphorismen von Lichtenberg bis Raabe, Rostock 1974.

Smith, Adam, Eine Ursachen über das Wesen und die Ursachen des Reichtums der Nationen, Band I, übersetzt und eingeleitet von Peter Thal, 2. Aufl., Berlin 1976.

Smith, Adam, Eine Ursachen über das Wesen und die Ursachen des Reichtums der Nationen, Band II, übersetzt und eingeleitet von Peter Thal, Berlin 1975.

Sohn-Rethel, Alfred, Warenform und Denkform, Frankfurt a. M. 1978.

Sombart, Werner, Der moderne Kapitalismus, Bd. 1, Die vorkapitalistische Wirtschaft, Erster Halbband, Unveränderter Nachdruck der 2. neubearbeiteten Aufl. 1916, München 1987.

Sombart, Werner, Der moderne Kapitalismus, Bd. 2, Das europäische Wirtschaftsleben im Zeitalter des Frühkapitalismus, Erster Halbband. Unveränderter Nachdruck der 2. neubearbeiteten Aufl. 1916, München (1987a).

Sombart, Werner, Der moderne Kapitalismus, Bd. 3, Das Wirtschaftsleben im Zeitalter des Hochkapitalismus, Erster Halbband, Unveränderter Nachdruck der 1. Aufl. 1927, München (1987b).

Sommerfeld, Erich, Die Geldlehre des Nicolaus Copernicus, Berlin 1978.

Sonnenfels, Joseph von, Grundsätze der Polizey, Handlung und Finanz, Wien 1763, 3. Aufl. 1777.

Spahn, Heinz-Peter, Marx-Schumpeter-Keynes: Drei Fragmente über Geld, Zins und Profit, in: Jahrbuch für Nationalökonomik und Statistik, Bd. (Vol.) 199/3, Stuttgart 1984, S. 237–253.

Spahn, Heinz-Peter, Geldpolitik, Finanzmärkte, neue Makroökonomie und zinspolitische Strategien, 2. Aufl., München 2009.

Sperlich, Waltraud, Alles Mythos! 20 populäre Irrtümer über die Steinzeit, Darmstadt 2013.

Stadermann, Hans-Joachim, Von der Naturalwirtschaft zur Geldwirtschaft – Entstehung des Geldes und Folgen für die Dynamik des Wirtschaftens, in: Biervert, B., Held, M. (Hrsg.), Die Dynamik des Geldes. Über den Zusammenhang von Geld, Wachstum und Natur, Frankfurt/M., New York 1996.

Stafford, William, Drei Gespräche über die in der Bevölkerung verbreiteten Klagen, 1581, Nachdruck Frankfurt a. M. 1948, hrsg. von August Skalweit.

Stigler, George, Does Economy have a Useful Past?, in: History of Polical Economy, Duke University Press 1969, Band 1.2.

Stützle, Ingo, Der Gott der Waren. Die ökonomische Theorie und ihr Geld, in: PROKLA 179, Zeitschrift für kritische Sozialwissenschaft, Nr. 2/2015.

Stützle, Ingo, Money makes the world go green? Eine Kritik der Modern Monetary Theory als geldtheoretisches Konzept, in: Prokla, Zeitschrift für kritische Sozialwissenschaft, Heft 202/2021, S. 71–94.

Sutterlütti, Simon; Meretz, Stefan, Kapitalismus aufheben. Eine Einladung, über Utopie und Transformation neu nachzudenken, Beiträge zur kritischen Transformationsforschung 5, Hamburg 2018.

Suzman, James, Sie nannten es Arbeit – eine andere Geschichte der Menschheit, München 2021.

Thal, Peter, Zur Stellung des klassischen bürgerlichen Ökonomen Adam Smith in der Geschichte der politischen Ökonomie, Habilitationsschrift, Halle-Wittenberg 1965.

Thal, Peter, Adam Smith gestern und heute. „200 Jahre „Reichtum der Nationen“, Berlin 1976.

Thal, Peter, der Höhepunkt der klassischen bürgerlichen politischen Ökonomie in Großbritannien: Adam Smith und David Ricardo, in: Herbert Meißner (Hrsg.) Geschichte der politischen Ökonomie, Berlin 1985, S. 136 –174.

Thal, Peter, Law, John, in: Werner Krause, Karl-Heinz Graupner, Rolf Sieber (Hrsg.), Ökonomen-lexikon, Berlin 1989, S. 290–293.

Thal, Peter, Petty, William in: Werner Krause, Karl-Heinz Graupner, Rolf Sieber (Hrsg.), Ökonomen-lexikon, Berlin 1989a, S. 425–428.

Thünen, Johann Heinrich von, Ausgewählte Texte, Meisenheim / Glan 1951.

Tilly, Richard, Zur Geschichte der Bankenregulierung, in: Dietrich von Delhaes-Guenther, Karl-Heinz Hartung und Uwe Vollmer (Hrsg.), Monetäre Institutionenökonomik, Schriften zu Ordnungsfragen der Wirtschaft, Bd. 67, Stuttgart 2001, S. 3–27.

Tobin, James, Money and income: Post hoc ergo propter hoc, in: Quarterly Journal of Economics, 84 /1970, S. 301–317.

Toepel, Achim, Boisguillebert, Pierre le Pésant Sieur de, in: Werner Krause, Karl-Heinz Graupner, Rolf Sieber (Hrsg.), Ökonomen-lexikon, Berlin 1989, S. 58–61.

Tooke, Thomas, An Inquiry into the currency principle, the connection of currency with prices etc., 2. Edition, London 1844.

Tooke, Thomas, History of Prices from 1839 to 1847, London 1848.

Trautwein, Hans-Michael, Knies' Erörterungen über den Kredit, Vortrag vor dem Dogmenhistorischen Ausschuß des Vereins für Socialpolitik, Ulm 1999.

Tubb, Jonathan N., Völker im Lande Kanaan, Stuttgart 2005.

Varga, Eugen, Das Geld: Seine Herrschaft in Friedenszeiten und sein Zusammenbruch während des Krieges, in ders., Ausgewählte Schriften 1918–1964, Bd. 1, Berlin 1979.

Wagner, Adolf, Sozialökonomische Theorie des Geldes und des Gelswesens, Leipzig 1909.

Wagner, Hans, Die Darstellung der Wertformanalyse und Wertformentwicklung durch Marx und ihre methodologische Bedeutung in der Gegenwart, Deutsche Zeitschrift für Philosophie, Heft 12/1980.

Wagner, Hans, Mondelears, Rudolf, Grundfragen der Kredit- und Kreditgeldzirkulation. Zur Diskussion um den heutigen Charakter des Geldes, 25. Lehrbrief für das Hochschulfernstudium, Berlin 1986.

Wagner, Helmut, Stabilitätspolitik, München 2004.

Walker, Francis A., Money, New York 1878.
Walker, Karl, Geld in der Geschichte, Hamburg 2009.
Walter, Johann, Geldkreislauf und Geldversorgung in unterschiedlichen monetären Systemen, in: WiSt, Wirtschaftswissenschaftliches Studium, Heft 12/2009, S. 635–638.
Weber, Adolf, Geld, Banken, Börsen, München 1947.
Weigl, Andreas, Schumpeter und das Geld, Wirtschaft und Gesellschaft, Heft 3/2021, S. 434–436.
Wendt, Holger, Das richtige Buch im falschen Verlag, Marxistische Blätter, Heft 3/2017, S. 180–182.
Wennerlind, Carl, David Hume's Monetary Theory Revisited: Was He Really a Quantity Theorist and an Inflationist?, in: Journal of Political Economy, Vol. 113, Heft 1, 2005, S. 223–237.
Westphal, Horst M., Kaufkraftparitätentheorie, in: Friedrich Geigant, Dieter Sobotka, Horst. M. Westphal, Lexikon der Volkswirtschaft, 5. Aufl., Landsberg/Lech 1983, S. 353 f.
Wicksell, Knut, Geldzins und Güterpreise, Jena1898, Neudruck Aalen 1984.
Wieser, Friedrich von, Der natürliche Werth, Wien 18889, unveränderter Nachdruck Frankfurt a. M. 1968.
Wolf, Dieter, Kritische Theorie und Kritik der Politischen Ökonomie, in: Dieter Wolf, Heinz Paragenings, Zur Konfusion des Wertbegriffs. Beiträge zur »Kapital«-Diskussion, Hamburg 2004.
Woll, Artur, Geschichte der Geldtheorie im 20. Jahrhundert, in: Delhaes-Guenter Dietrich von; Hartwig, Karl-Hans; Vollmer, Uwe, Monetäre Institutionenökonomik, Schriften zu Ordnungsfragen der Wirtschaft, Band 67, Stuttgart 2001.
Woll, Artur, Volkswirtschaftslehre, 16. Auflage, München 2011.
Zeise, Lucas, Finanzkapital, Köln 2019.

Internetquellen

https://de.wikipedia.org/wiki/Acheul%C3%A9en# (letzter Aufruf: 15.02.2025)
https://www.planet-wissen.de/geschichte/menschenrechte/sklaverei/index.html, (letzter Aufruf: 15.02.2025)
https://de.wikipedia.org/wiki/Aristoteles (letzter Aufruf: 15.02.2025)
http://www.linke-buecher.de/texte/romane-etc/Aristoteles–Nikomachische%20Ethik.pdf, S.214 (letzter Aufruf: 15.02.2025)
https://www.sozialoekonomie.info/Grundlagen-3.a-roland-geitmann-bibel-kirchen-zinswirtschaft.html (letzter Aufruf: 15.02.2025)
https://de.wikipedia.org/wiki/Lex_Salica (letzter Aufruf: 15.02.2025)
http://www.bauernkriege.de/gaismair.html, (letzter Aufruf: 15.02.2025)
https://de.wikipedia.org/wiki/Tommaso_Campanella, (letzter Aufruf 15.02.2025)
https://www.marxists.org/deutsch/archiv/hilferding/1911/04/merkantilismus.htm, (letzter Abruf 15.02.2025)
https://museum.nbb.be/de/resources/die-banknote-eine-chinesische-erfindung#:~:text=Marco%20Polo%20berichtete%20nach%20seiner,Papiergeld%20in%20Europa%20eingef%C3%BChrt%20wurde. (letzter Aufruf: 15.02.2025)
https://das-blaettchen.de/2018/11/buergerbewegung-finanzwende-%E2%80%93-wasmuss-man-was-kann-man-erwarten-46186.html, (letzter Abruf: 15.02.2025)
https://mpra.ub.uni-muenchen.de/79735/1/MPRA_paper_79735.pdf, (letzter Aufruf: 15.02.2025)
https://fassadenkratzer.wordpress.com/2014/06/20/die-geldschopfung-der-banken-lizenz-zum-legalen-betrug/, (letzter Aufruf: 15.02.2025)
https://commons-institut.org/2016/08/was-ist-peer-produktion/ (letzter Aufruf: 15.02.2025)
https://tauschringadressen.de/ (letzter Aufruf: 15.02.2025)

https://de.wikipedia.org/wiki/Regionalw%C3%A4hrung (letzter Aufruf 15.02.2025)
https://www.faz.net/aktuell/wirtschaft/die-afd-will-die-d-mark-zurueck-und-ein-grundrecht-auf-bargeld-17285753.html, (Letzter Aufruf 15.02.2025)
https://de.wikipedia.org/wiki/Negativzins, (letzter Aufruf 15.02.2025)
https://www.bpb.de/kurz-knapp/zahlen-und-fakten/soziale-situation-in-deutschland/61775/vermoegens entwicklung/, (letzter Aufruf 15.02.2025)
https://www.postwachstum.de/vollgeld-als-ein-reformschritt-in-die-postwachstumsgesellschaft-20110904, (letzter Aufruf: 15.02.2025)
http://www.spiegel.de/wirtschaft/soziales/goldstandard-und-vollgeld-zweifel-am-finanzsystem-a-853621-3.html, (letzter Abruf: 15.02.2025)
https://makronom.de/das-vollgeldsystem-ein-gut-gemeintes-fiasko-15614, (letzter Aufruf 15.02.2025)
https://www.euribor-rates.eu/de/aktuelle-euribor-werte/2/euribor-zinssatz-3-monate/, (letzter Aufruf 15.02.2025)
https://www.diw.de/de/diw_01.c.505657.de/anleihekaufprogramme.html, (letzter Aufruf 15.02.2025)
http://das-blaettchen.de/2014/06/die-kalte-enteignung-der-sparer-29180.html, (letzter Aufruf: 15.02.2025)
https://www.soziopolis.de/geldtheorie-politisch.html, (letzter Aufruf 15.02.2025)
https://www.gold.de/goldreserven/, (letzter Aufruf 15.02.2025)
https://de.wikipedia.org/wiki/M%C3%BCnze, (letzter Abruf: 15.03.2025)

Abbildungsverzeichnis

https://doi.org/10.1515/9783111568331-015

https://doi.org/10.1515/9783111568331-016

Anhang

Zeit	Wirtschaft/Gesellschaft	Technik	Geld	Geldtheorie
40000–8000	Jäger und Sammler, Nomaden Einzelne, zufällige Tauschakte	Stein-, Holz- und Knochengeräte, Schmalklingentechnik, Speere, Pfeil und Bogen, Lanzen, Harpunen	Zufälliger Tausch; Geschenktausch; einfache, einzelne und zufällige Wertform, kein Geld, keine Geldvorläufer	
8000–3000	Ackerbauer und Viehzüchter; Aussonderung des Handwerks, zunehmender Austausch von Produkten und Überschüssen	Lehmziegel und Häuserbau im Vorderen Orient, Töpferscheibe, Sicheln aus Schiefer, Mörser, Reibplatte, Geräte aus Obsidian, Kupferguss, Vorratsbehälter, Pflug, Bodenbewässerung	Totale, entfaltete Wertform; allgemeine Wertform (Geldvorläufer: „Naturalgeld“, „Nahrungsmittel-Bekleidungs-, Vieh- Gerätegeld“ u. a.)	
3000–1800	Ständiges Mehrprodukt, Stadtstaaten, Großreiche in Babylon, Ägypten, Indien, China; Auflösung der Urgesellschaft	Pyramiden, Rad, Karren Wasserleitung Ruderschiff Segelschiff (Ägypten) Wasserrad Hakenpflug Kupferguss Bronze	Geldform des Werts: Gold und Silber als Geld; Tontafeln bescheinigen in Keilschrift Einzahlungen eines Darlehens (früheste Vorläufer des Kreditgelds in Mesopotamien)	

(fortgesetzt)

(fortgesetzt)

Zeit	Wirtschaft/Gesellschaft	Technik	Geld	Geldtheorie
1800–750	Sklavenhalterstaat in Griechenland Fernhandel mit Lastwagen und Schiffen	Speichenrad Pergament Segelschiff (Phönizien) Eisenmetallurgie Windmühle (Vorderer Orient) Kompass (China) Pumpen	Metalle (u. a. Bronze, Eisen) in Form von Barren, Äxten, Beilen, Bratspießen, Edelmetalle als Gewichtsbarren, gekerbte Drähte, Hacksilber, Goldstaub, Goldkörner, Ringe	
750–0	Zerstörung Babylons Baubeginn der „Via Appia" und der „Großen Mauer" Spartakusaufstand	Eisenwerkzeuge: Zahnrad, Axt, Schere, Flaschenzug Eiserne Waffen Wasseruhr Wasserwaage Hebelpresse	Geprägte Münzen aus Elektron (Lydien) Silbermünzen in Griechenland (Drachme) Goldmünzen in Lydien und Persien Kupfermünzen (Rom, Ägypten) Erste Banken (Ägypten) „Schreibgeld" aus Papyrus oder Pergament (Anfänge des Kreditwesens)	Xenophon und Platon: Begründung von Arbeitsteilung und Handel; Geld als Tausch- und Wertaufbewahrungsmittel: Geld als eine Konvention Aristoteles: Tauschwert und Gebrauchswert; Tauschhandel und Chrematistik; Geld als Produkt des Gesetzes und entwickelte Gestalt der einfachen Wertform; Geld – Ware oder Symbol? Geld als Gleichmacher ungleicher Gebrauchswerte

0–400	Untergang Pompejis durch Vesuvausbruch Teilung des Römischen Reiches Einfall der Hunnen in Osteuropa Feudale Verhältnisse	Papier in China Postkutsche in Rom Fensterglas Seife Talg- und Wachskerzen Römische Steinbrücke über den Rhein bei Köln	Aureus (Römische Goldmünze = 25 Silberdenare) Verringerung des Silbergehalts des Denars durch die römischen Kaiser (Unter Claudius II. enthielt der Denar nur noch Spuren von Silber). Münzmanipulation, Münzgeldinflation	Seneca, Gregor von Nyssa, Clemens von Alexandrien, Laktanz, Tertullian, Augustinus u. a.: Gleichbewertung der körperlichen Arbeit Ablehnung des Zinses und Begründung des gerechten Preises im Gütertausch
400–800	Zerschlagung Westroms durch die Germanen Völkerwanderung Rodungen in Mitteleuropa 800: Kaiserkrönung Karls des Großen Feudalismus setzt sich durch	Wasserrad als Antrieb von Getreidemühlen Gänsekiel als Schreibfeder Porzellan in China „Griechisches Feuer“ (Explosivstoff) Dreifelderwirtschaft Holzblockdruck (China)	Goldmünze Solidus (1 Pfund Gold = 72 Solidi) Silbermünze: Siligua Kupfermünze: Follis Bis Ende der Merowingerzeit (751): Nachprägung spätrömischer Münzen in Mitteleuropa Karolingische Münzordnung: Silberne Denare oder Pfennige	Die Kirchenväter hielten am Zinsverbot fest
800–1300	Entstehung des deutschen Staates Stadtgründungen Kreuzzüge Arbeits- und Produktenrente wandelt sich zur Geldrente	Windmühlen in Europa Pflug mit Bespannung Sächsischer Silberbergbau Papierherstellung in Italien Sonnenuhr (Fulda) Hufeisen für Zugtiere Hafenkrane, Tretrad	Münzverrufungen Denarperiode (Silberwährung) 1 Pfund = 20 Schillinge = 240 Denare Regionaler Pfennig (Zersplitterung des Münzregals) Einseitig geprägte Münzen mit kunstvollen Bildern (Brakteaten) Karolingisches Pfund wird durch die Mark ersetzt (etwa 2/3 Pfund) Handelswechsel in Italien (erste Form des Kreditgelds) Wechselmessen	Heinrich von Gent verwarf den „Rentenkauf“ zur Umgehung des Zinsverbots

(fortgesetzt)

(fortgesetzt)

Zeit	Wirtschaft/Gesellschaft	Technik	Geld	Geldtheorie
1300–1600	Gründung der Hanse 100jähriger Krieg zwischen England und Frankreich Um 1500: Frühkapitalismus in Deutschland Deutscher Bauernkrieg Geografische Entdeckungen	Räderuhren Eiserne Öfen Brille Drehbank Buchdruck (Gutenberg) Schienenbahn auf Holzgleisen Mikroskop Thermometer (Galilei)	Schilling als Großmünze in Frankreich Nachprägung als Prager und Meißner Groschen und Weißgroschen in Trier Rheinischer Münzverein (1386) Pfennige und Heller als Scheidemünzen Kampf gegen Münzverrufungen Goldmünzen: Florene, Dukaten (Italien), Gulden (Böhmen, Rheinland), Ecu (Frankreich), Escudo (Spanien), Sovereign, Guinea (England) 1515: Joachimsthaler: Guldengroschen aus Silber (Taler), der Eingang in das Münzsystem aller europäischen Staaten fand	Antonin von Florenz, Nider u. a.: Auflockerung des Zinsverbots Albertus Magnus: Beachtung der Kosten und der standesgemäßen Ausgaben bei der Bestimmung des gerechten Preises Thomas von Aquino übernimmt die Auffassung von Magnus und kritisiert den Handelsprofit. Er lehnt den Zins ab. Geld sei Tauschmittel und besitze keinen inneren Wert. Lessines: Staat bestimmt den Geldwert (Valor impositus) Andrea: Geld habe inneren Wert (Valor intrinsecus) Buridan: subjektiver Geldwert Oresme: Metallismus, Wert der Münze = Edelmetallgehalt

1600–1900	30jähriger Krieg (1618–1648), 7jähriger Krieg (1756–1763) 1776: Unabhängigkeitserklärung der USA 1789: Französische Revolution 1799: Napoleon übernimmt die Macht Manufakturen und Ursprüngliche Akkumulation und Durchsetzung der kapitalistischen Produktionsweise Industrielle Revolution Zunahme des Welthandels Monopole in der Wirtschaft	Rechenmaschine (Pascal) Porzellan in Europa (Böttger) Dampfmaschine Spinnmaschine Eisenbrücke in England Mechanischer Webstuhl Spiegelteleskop (Newton) Eisenbahn Schreibtelegrafie Fotografie Optische Geräte Glühlampe Telefon Bessemerbirne Siemens-Martin-Ofen Verbrenner- und Elektromotoren Automobil Beginn der Elektrifizierung Beginn der Chemisierung in der Landwirtschaft	Minderwertige Münzen und Inflation zur Finanzierung der Kriege Kipper- und Wipperzeit 1750: Münzreform in Preußen: 14 Taler = 1 Mark Silber Goldmünze Friedrichsdor = 14 Taler Ab 1774: Goldmünzen sind einzig unbeschränktes „Zahlungsmittel“ in England. Silbermünzen nur bis 25 Pfund für Zahlungen verwendbar Konvertible Banknoten in England und Frankreich, Verwandlung durch Nichteinlösbarkeit in Staatspapiergeld Buchgeld und bargeldloser Zahlungsverkehr	Kampf gegen Münzverschlechterungen und Raffgier der katholischen Kirche (Hutten, Luther); Kritik der Kaufleute und des Handelsprofits (Erasmus von Rotterdam) Calvinismus Peutinger: Funktion des Kredits, Verteidigung des Kaufmannskapitals Monetarismus: Reichtum – das ist Geld Frühe Quantitätstheorie des Geldes (Jean Bodin, David Hume) Merkantilismus: aktive Handelsbilanz (Mun, Child, Davenant) Copernicus‘ Geldlehre Sächsischer Münzstreit Cantillon-Effekt: („Konsumkanal“ eines Geldimpulses) Steuarts Ablehnung der Quantitätstheorie Laws Papiergeld Kameralismus, Colbertismus Currency-Banking-Kontroverse Geldlehre der Klassik (Petty, Smith, Ricardo, Marx)

(fortgesetzt)

(fortgesetzt)

Zeit	Wirtschaft/Gesellschaft	Technik	Geld	Geldtheorie
1900 – 2025	Zwei Weltkriege Entstehung und Zusammenbruch des sozialistischen Weltsystems 1929/32 Weltwirtschaftskrise	Flugzeuge, Luftverkehr Rundfunk, Film, Fernsehen Transistoren, Atomenergie, Weltraumraketen, Satelliten Mikroelektronik, Roboter Mobilfunk, I-Phone, Smartphone Elektroautos	Silber-, Doppel-, Parallelwährungen Durchsetzung des Goldstandards in Europa, Japan, USA (1900) Papiergeld, Goldhortung und Aussetzung der Goldeinlösepflicht zur Finanzierung des 1. Weltkrieges 1922/23 Hyperinflation in Deutschland 1924: Goldkern- bzw. Gold-Devisenwährung in Deutschland Ende des Goldstandards 1944 Währungssystem von Bretton Woods: Internationaler Währungsfonds, 35 Dollar = 1 Unze Feingold, feste Wechselkurse, Interventionspflicht Anfang der 1970er Jahre: Zusammenbruch des Bretton-Woods-Systems, frei schwankende Kurse gegenüber dem Dollar Europäische Einheitswährung Euro Einschränkung des Bargeldumlaufs durch Kreditkarten und elektronisches Geld	Chartale vs. Metallische Geldtheorie Wicksell: Geldschleier und Umlaufgeschwindigkeit des Geldes Verfeinerung und Neubelebung der Quantitätstheorie (Fisher, Friedman) Kassenhaltung (Pigou) Wertmessung (Simmel) Keynes: Liquiditätspräferenz (Geldnachfragetheorie) Schumpeter: Anweisungstheorie Schöpfung von Geld aus dem Nichts? Modern Monetary Theorie Kreditgeldtheorien Gesell: Tauschringe und Schwundgeld Inflations- und Deflationstheorien Vollgeld Geldwirkungslehre: Inhalt und Kritik von Transmissionskonzepten Diskussion über Zusammenhänge zwischen Geldmengen, Preisen und Zinsen

Personenverzeichnis

https://doi.org/10.1515/9783111568331-017

Sachregister

https://doi.org/10.1515/9783111568331-018